Hermann Gundert

Tagebuch aus Malabar 1837–1859

herausgegeben von
Albrecht Frenz

Ulm 1983
Kommissionsverlag J. F. Steinkopf Verlag, Stuttgart

CIP-Kurztitelaufnahme der Deutschen Bibliothek

Gundert, Hermann:
Tagebuch aus Malabar 1837–1859
Hermann Gundert.
Hrsg. von Albrecht Frenz.
Stuttgart: Steinkopf, 1983.
ISBN 3-7984-0569-7

Umschlagfoto: Hermann Gundert, Fotografie um 1845, im Gundert-Bungalow auf Nettur/Tellicherry
Umschlaggestaltung: typofilm ulm, rudi rampf gmbh
Herstellung: Süddeutsche Verlagsgesellschaft mbH, Ulm
Kommissionsverlag: J. F. Steinkopf Verlag GmbH, Stuttgart
ISBN 3-7984-0569-7

Inhaltsverzeichnis

Vorwort

Seit der ersten Beschäftigung mit seinen Schriften und Briefen vermutet der Herausgeber, daß Dr. Hermann Gundert ein Tagebuch geschrieben haben mußte. Groß war deshalb die Freude, als dieses vorlag. Dafür gilt Frau Rita Spring und Herrn Georg Schürle vom Steinhaus in Calw mein herzlichster Dank.

Schon während der Übertragung der handgeschriebenen Aufzeichnungen Gunderts in ein Schreibmaschinenmanuskript überzeugten die Unmittelbarkeit, die Offenheit und Ehrlichkeit, mit der Hermann Gundert seine Erlebnisse und Erfahrungen niederschrieb. Dieser Eindruck verstärkte sich bei der weiteren Bearbeitung und vertiefte sich in den dem Tagebuch beiliegenden Schriften, Briefen, Briefentwürfen, Berichten und Fragmenten. Die ersten Tage der evangelischen Kirche in Malabar durch die Basler Mission sind verbunden mit den Orten Tellicherry, Cannanore und Anjerkandi, später mit Chombala, Badagara, Chirakkal, Taliparamba, Calicut und Palghat. An diesen Orten bildeten sich Basler Missionsgemeinden. Der erste, der dort im Dienst der Basler Mission arbeitete, war Hermann Gundert. Neben seiner Missionarstätigkeit kümmerte er sich schon sehr früh um ein geordnetes Schulwesen. Hierin wurde er von seiner Frau Julie geb. Dubois sehr unterstützt. Bald folgte die Einrichtung einer Druckerei, in der Traktate, Schulbücher, Bibelteile und andere Schriften gedruckt wurden. Gundert zeichnete damit einen richtungweisenden Weg vor, der sich über viele Jahrzehnte hin als tragfähig erwies. Zu Gunderts vielseitigen Fähigkeiten gehörten auch seine geniale Sprachbegabung, seine umfangreichen Sprachenkenntnisse und seine linguistische Schöpferkraft. Dies zeigte sich in mannigfaltigen Werken, wie den Tamil- und Malayalam-Grammatiken, Sprichwortsammlungen, Katechismen, Liturgien, Liedern, Universal- und Kirchengeschichten, Traktaten, Übersetzungen ins Malayalam und ins Deutsche, der Bibelübersetzung ins Malayalam und dem Malayalam-Englisch Wörterbuch.

Als Missionar, Sprachforscher und Literaturschöpfer gehört Dr. Hermann Gundert zu den großen Persönlichkeiten der Basler Mission aus dem schwäbischen Pietismus. Aufbruch, Weite und Dialogfähigkeit öffneten ihm den Zugang zur indischen Geisteswelt, die vom orthodoxen Hindu bis zum europäischen Lebemann, vom fanatischen Moslem bis zum schicksalsergebenen Animisten reicht. In dieser Vielfältigkeit zeigte Gundert einen klaren Weg für ein vom Abendland geprägtes Christentum in neuer Umgebung. Dies spiegelt sich in seinem Tagebuch wider. Denn es meidet weitgehend das Familiäre und konzentriert sich auf das missionarisch gemeindebildende Geschehen der Botschaft des Heils. Für Hermann Gundert war Christus die Mitte seines Lebens. Alles weitere war für ihn dem untergeordnet. Das Tagebuch ist somit eine lebendige Missionsgeschichte für die hiesige Kirche und der Beginn der evangelischen Kirchengeschichte in Malabar. Der Herausgeber sieht in der Veröffentlichung dieses Tagebuchs einen Beitrag zur Beschäftigung mit der eigenen Missionsgeschichte und zur Aufarbeitung der Kirchengeschichte in Malabar. Was damals durch die württembergischen und schweizerischen Missionare begonnen wurde, kommt heute als Herausforderung und Anregung auf uns zurück. Keine Kirche kann für sich allein existieren, sondern ist darauf angewiesen, daß sie sich auf das Miteinander einläßt, das im Neuen Testament angelegt ist - auf das Miteinander unterschiedlicher christlicher Ausprägungen und verschiedener Religionen.

Gleichzeitig verdeutlichen Hermann Gunderts Schriften die Verflechtung verschiedener Lebens- und Denkbereiche, die sich nicht auseinanderreißen lassen. Sprachforschung, Mission und Literaturschaffung gehören unabdingbar zusammen und haben ihre Auswirkung in allen sozialen Bereichen. Mit der Erforschung und Vergleichung der dravidischen, d. h. südindischen Sprachen wurde Hermann Gundert zu einem der Väter der Dravidologie. Bis heute wird sein Werk nicht nur von den hiesigen Indologen, sondern auch von den indischen Linguisten geschätzt und immer wieder zu Rate gezogen. In seinem Doppelwerk als Missionar und Sprachwissenschaftler liegt Hermann Gunderts bleibende Mahnung und Herausforderung, besonders für all diejenigen, die das eine vom anderen abtrennen wollen. Gundert hat den Dialog weder geplant noch gelehrt, sondern gelebt und gestaltet.

Stünde das Tagebuch allein, bliebe es ein Torso. Deshalb soll diesem Band bald ein weiterer folgen, der weitere und zusammenhängendere Informationen bietet. Um jedoch ein einigermaßen vollständiges Bild über Hermann Gunderts Arbeit und Werk in Indien zu bekommen, sollten auch seine Briefe erschlossen und veröffentlicht werden.

Zum besseren Verständnis wurden dem Tagebuch Kartenskizzen beigegeben, ebenso zwanzig Bilder, die vom Herausgeber oder seiner Frau im Dezember 1973, im Februar 1976 bzw. im Mai 1979 aufgenommen wurden. Die Bilder auf den Seiten xv und 333 stammen aus dem Album von Emma Plebst geb. Gundert - im Besitz von Familie Gundert, Neu-Ulm. Worterklärungen und eine Ortsnamenliste (die verschiedenen Schreibweisen der Orte wurden soweit wie möglich vereinheitlicht) am Schluß der Einleitung geben eine kurze Hinführung zu dem manchmal nicht ohne weiteres verständlichen Zusammenhang.

Ohne die selbstlose und freundliche Mitarbeit von Frau Emma Blessing und Frau Ilse Peppel wäre die Kollationierung nicht möglich gewesen. Die nicht einfache Reinschrift besorgten Frau Carmen Amerson und Frau Ilse Peppel, die die Hauptlast dabei trug - ihnen allen danke ich herzlich. Meiner Frau verdanke ich durch ihre familiäre Bindung nicht nur das Tagebuch, sondern auch das Gelingen dieser Herausgabe, indem sie unermüdlich mitkorrigierte, mitberiet und mitplante - unsere Kinder Margret, Christoph, Amrei und Stefan nahmen es verständnisvoll hin, wenn wir uns statt ihrer Gundert widmeten. Herrn Vogt danke ich für seine Beratung und der Süddeutschen Verlagsgesellschaft, daß sie den Druck besorgte, ebenso Herrn U. Weitbrecht, daß er das Werk in Kommission des J. F. Steinkopf Verlags übernahm.

Ulm, den 4. Februar 1983

Albrecht Frenz

Einleitung

Lebenslauf

Dr. Hermann Gundert wurde am 4. Februar 1814 in Stuttgart geboren und starb am 25. April 1893 in Calw. Sein Vater, Ludwig Gundert, war der Gründer der Traktatgesellschaft in Stuttgart sowie einer der fünfzehn Gründer der Stuttgarter Bibelgesellschaft, zu deren erstem Sekretär er berufen wurde. Zwischen Papierballen und Druckerpresse verbrachte Hermann Gundert seine Kinderjahre. Fünfeinhalbjährig trat er zusammen mit seinem älteren Bruder Ludwig ins Stuttgarter Gymnasium ein. Im Jahr 1827 wechselte er ins kirchliche Seminar nach Maulbronn und trat 1831 ins evangelische Stift in Tübingen ein. An der Tübinger Universität studierte er evangelische Theologie und Philosophie. Sein Studium war geprägt von David Friedrich Strauß, von dem er sich später als sachlicher Kritiker distanzierte.

Hermann Gunderts Wende zum Pietismus fiel ins Todesjahr seiner Mutter, 1833. Die Bindung an die Mutter (Christiane geb. Enßlin) war so stark, daß er deren echte pietistische Frömmigkeit nicht beiseite schieben konnte. Auch machte er die schmerzliche Erfahrung, daß er seine Probleme und Fragen nicht nur mit der ratio lösen konnte. Durch die Erfahrung einer Gebetserhörung, bei der sich ein vor dem Suizid stehender Kommilitone eines anderen besann, verband sich bei Gundert der Wunsch, Missionar in Indien zu werden. Seine Hinwendung zu der pietistischen Gruppe erfuhr indes bald eine Klärung. Nach dem Freitod eines anderen Kommilitonen nahm er an dessen Beerdigung und als einziger der pietistischen Studentengruppe am Leichenschmaus teil. Er erfuhr die Einsamkeit zwischen den geistigen Strömungen, aber auch die Tragfähigkeit des Glaubens. Er fing an zu predigen und begeisterte in seiner Anschaulichkeit vor allem Kinder. Im Jahr 1835 legte er das theologische Examen ab und wurde im Mai desselben Jahres zum Dr. phil. promoviert.

Um diese Zeit erreichte ihn über das Basler Missionshaus die Anfrage des englischen Privatmissionars Groves, als Hauslehrer für dessen Söhne mit nach Calcutta, Indien, zu gehen. Von November 1835 bis April 1836 bereitete sich Gundert in Bristol, England, auf die Ausreise vor. Er lernte Hindi und Bengali, das er dann bereits auf dem Schiff Mitreisende lehrte, unter denen auch Julie Dubois war. Nachdem das Schiff vor Madras Anker geworfen hatte, entschloß sich Groves kurzerhand, in Madras zu bleiben. Nun wurde Tamil und Telugu gelernt. Da sich aber bald zeigte, daß an einem Hauslehrer kein Bedarf war, wurde Hermann Gundert von August 1836 bis März 1837 nach Sinduponturai bei Tirunelveli geschickt. Dort wirkte der berühmte Missionar T. E. Carl Rhenius.[1] Bei ihm sollte Gundert die Tamil-Sprache erlernen und in die Missionsarbeit eingeführt werden. In dieser Zeit schon begann er, eine Tamil-Grammatik und eine Universalgeschichte in Tamil zum Unterricht am Katechisten-Seminar in Tirunelveli zu schreiben. Auf seiner Rückreise nach Madras faßte er den Entschluß, eine Missionsstation zu gründen, worauf Groves nach einigem Zögern einging.

Mit Chittoor wurde ein passender Ort im Sprachengrenzgebiet von Tamil und Telugu gefunden. Im August 1837 hielt Hermann Gundert dort seine erste Tamil-Predigt, und an Weihnachten konnte er zusammen mit drei zum Christentum übergetretenen

---

1. 1790 in Westpreußen geboren, lutherisch ordiniert, 1814 durch die CMS von London aus nach Südindien entsandt, 1838 dort gestorben.

Indern das Abendmahl feiern - ein tiefes Erlebnis, das ihn in die Demut vor Gott und in die Freude des Missionierens führte. Von da an war es ihm das Höchste, mit Indern zusammen Abendmahl zu feiern oder nach der Ordinierung der ersten einheimischen Katechisten Brot und Wein aus indischer Hand zu empfangen. Die Zusammenarbeit mit Groves wurde jedoch zunehmend durch Spannungen belastet. In dieser Zeit fand Gundert in der Familie Lascelles den familiären und beratenden Anschluß. Frau Lascelles gab dann auch den letzten Anstoß zur Heirat mit der bei Frau Groves arbeitenden Julie Dubois aus Corcelles bei Neuchâtel am 23. Juli 1838.

Schon eine Woche nach der Hochzeit verabschiedeten sich die beiden von Chittoor, das ihnen in den eineinviertel Jahren mit seiner kleinen Gemeinde und Schule sehr ans Herz gewachsen war. Zu den Mühsalen der Reise nach Tirunelveli kam die Frage nach einem künftigen Wirkungsfeld. Gunderts Überlegungen trafen sich mit denen der Basler Missionare in Mangalore. Sie schrieben an ihn mit der Bitte, nach Mangalore zu kommen - gleichzeitig schrieb Gundert an sie und bat um Aufnahme. Als die Einladung kam, zogen Hermann und Julie Gundert erleichtert und erfreut weiter. In Nagercoil fand Gundert einen Mann, der für den Druck seiner Tamilausarbeitungen - eine Hebräische Grammatik, eine ausführliche Kirchengeschichte bis auf Gregor VII und ein Griechisches Lexikon - sorgen wollte. Von Quilon aus fuhren sie mit dem Schiff nach Mangalore - an Tellicherry vorbei. Am 2. November 1838 fielen sich die ehemaligen Studienfreunde Herrmann Mögling und Hermann Gundert in die Arme. Die Gunderts hatten ihren Wirkungskreis gefunden. Dr. Herrman Mögling[1)] und Hermann Gundert besaßen außergewöhnliche Begabungen, die sich in zahlreichen Veröffentlichungen niederschlugen. Beide blieben zeitlebens, auch durch schwerwiegende Differenzen hindurch, Freunde. Ihnen gegenüber war Samuel Hebich[2)], der zusammen mit den Missionaren Joh. Chr. Lehner und Chr. Leonh. Greiner als erster Basler Missionar nach Südindien und am 30. Oktober 1834 nach Mangalore gekommen war, der glühende Evangelist, der am liebsten auf Festen predigte und von einem Ort zum anderen reiste.

Im Januar 1839 machte sich Hermann Gundert auf, einen ehemaligen Katechisten von Rhenius auf der großen Zimtplantage in Anjerkandi zu besuchen. Sein Weg führte ihn über Tellicherry, wo er sich einige Tage aufhielt und dabei den Richter Strange traf. Am 27. Februar bot dieser sein Haus in Tellicherry auf dem Hügel Nettur der Basler Mission an mit der Bedingung, eine Missionsstation zu errichten. Hermann Gundert wurde zusammen mit Joh. Jak. Dehlinger von der Generalkonferenz der Mangalore-Brüder nach Tellicherry entsandt. Wegen einer schweren Krankheit mußte allerdings Dehlinger schon nach wenigen Wochen wieder wegziehen.

Am 12. April 1839 erreichten Hermann und Julie Gundert Tellicherry. Bereits am 18. April wurde ihr ältester Sohn Hermann geboren. Rasch fand sich Gundert im Malayalam, das er intensiv erlernte, zurecht und versuchte, eine Gemeinde zu gründen oder, wie in Anjerkandi, die Verhältnisse zu bessern. Es kann als sein Verdienst angesehen werden, daß in der dortigen Gegend das Schulwesen einen Aufschwung nahm und die Sklavenarbeit abgeschafft wurde. Viele Waisenkinder fanden Aufnahme im Mädchenheim, das von Julie Gundert geleitet wurde. Wegen der vom Stadtzentrum entfernten Lage des Missionshauses auf Nettur mietete sich

---

1. Geb. 29. Mai 1811, gest. 10. Mai 1881.
2. Geb. 29. April 1803, gest. 21. Mai 1868.

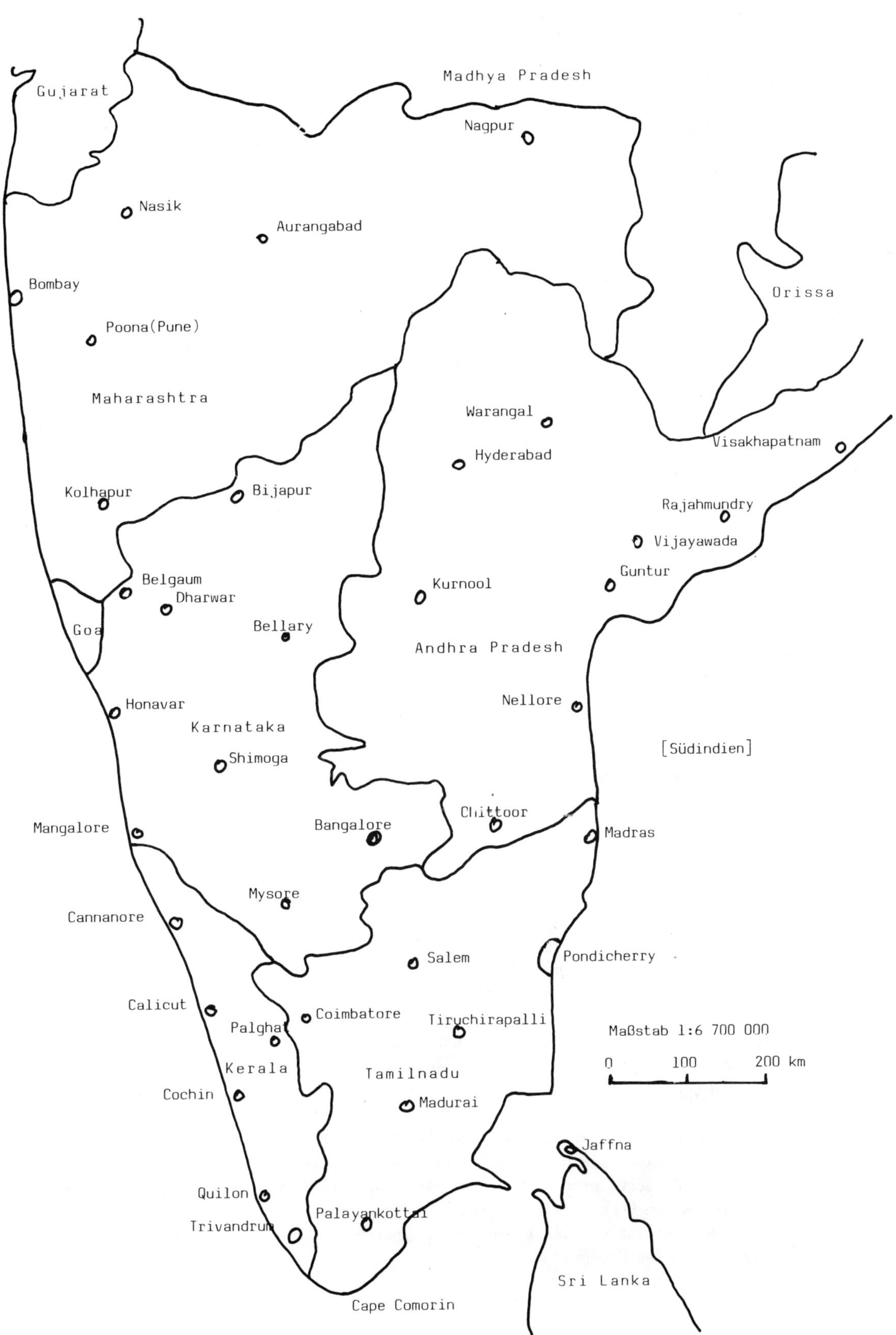
Gujarat
Madhya Pradesh
Nagpur
Nasik
Aurangabad
Bombay
Orissa
Poona(Pune)
Maharashtra
Warangal
Hyderabad
Visakhapatnam
Kolhapur
Bijapur
Rajahmundry
Vijayawada
Guntur
Belgaum
Dharwar
Kurnool
Goa
Bellary
Andhra Pradesh
Honavar
Nellore
Karnataka
[Südindien]
Shimoga
Chittoor
Mangalore
Bangalore
Madras
Mysore
Cannanore
Salem
Pondicherry
Calicut
Coimbatore
Tiruchirapalli
Palghat
Maßstab 1:6 700 000
0
100
200 km
Kerala
Tamilnadu
Cochin
Madurai
Jaffna
Quilon
Palayankottai
Trivandrum
Sri Lanka
Cape Comorin

Gundert bald ein Haus inmitten der Stadt Tellicherry, gleich am Bazar. Dadurch konnte er besser und nachhaltiger mit der Bevölkerung zusammenkommen. Am liebsten verteilte er Traktate und lud diesen oder jenen zu einem Gespräch zu sich nach Hause ein. Nach zwei Jahren zog Familie Gundert wieder in den Missions-Bungalow auf Nettur.

Gunderts literarische Arbeiten gewannen schnell Gestalt. Schon im Oktober 1839 gründete er eine Traktatgesellschaft in Tellicherry. Aber nicht alle von ihm verfaßten Traktate wurden von der Basler Missionsleitung gutgeheißen. Dem deutschen Auge und Ohr hatte Gundert zu viel Indisches, "Mythologisches", mitverarbeitet (ein ähnlicher Vorwurf erhob sich Jahre später, als er Schulbücher schrieb und herausgeben wollte - sie wurden teilweise mit der Begründung abgelehnt, daß sie zu wenig biblische Geschichten enthielten). In den folgenden Jahren erschienen dann die ersten Auflagen seiner Malayalam-Grammatik und -Syntax, ebenso eine umfangreiche Sprichwortsammlung. Gunderts Ziel von Anfang an war, sich in die indische Lebens- und Denkweise einzuarbeiten, um dem Christentum von vornherein eine indische Ausprägung geben zu können. Er war der Meinung, daß eine Missionarsgeneration genügte, einen Kern fürs Christentum zu gewinnen, der dann seinerseits die Ausbreitung des Evangeliums in indischem Gewand ohne die Hilfe der Europäer weitertriebe. Damit war Gundert seiner Zeit um ein Jahrhundert voraus. Er besaß die Bescheidenheit und Geduld, die Hoffnung und Vision, einem eigenständigen indischen evangelischen Gemeinde- und Kirchenwesen schon im frühesten Stadium die volle Verantwortung zuzutrauen.

Durch sein Interesse für das indische Denken und durch seine Sprachbegabung öffneten sich ihm bei den Vertretern der verschiedenen Religionen, Konfessionen und Kasten immer wieder Möglichkeiten, die zu einem fruchtbaren Miteinander der Gegensätze führten und dem Christentum Achtung und Ausstrahlungskraft verschafften. Andererseits mußten manche fundamentalistische Eiferer und Nachlässige im Sprachenerlernen einsehen, daß sie mit ihrer engen Art und ihrem Desinteresse für die indische Kultur alle Türen, vor allem die für den Eingang des Evangeliums, nachhaltig zuschlugen. Hermann Gundert war von Anfang an den Malayalis ein Malayali. Dies sagte er nicht nur, sondern er lebte es. Nur so ist zu erklären, daß auf der IX All India Conference of Dravidian Linguists 1979 in Calicut von einem bedeutenden Gelehrten - einem Hindu - Gundert als Missionar, Sprachwissenschaftler und <u>Heiliger</u> bezeichnet werden konnte (im fernen Kerala wird Gundert mehr beachtet und geschätzt als im eigenen Land!). Durch die Gründung einer Wochenzeitung in Tellicherry und durch seinen guten Ruf als medizinischer Ratgeber und Helfer genoß Hermann Gundert ein hohes Ansehen unter dem Volk, das unterschiedslos zu ihm kam. Er konnte sehr streng verfahren mit Leuten, die ihn belogen oder bestahlen. Um der Wahrheit willen schreckte er nicht vor Züchtigungen zurück, wenn er den Eindruck hatte, daß den Betreffenden dadurch zum Besseren geholfen werden konnte. Neben der damaligen pädagogischen Ansicht und Erziehungsmethode ist dabei auch zu bedenken, daß die ersten evangelischen Christen großenteils aus den untersten Schichten kamen und nicht selten Wanderbekehrte waren - gefiel es ihnen an einem Ort nicht mehr, so zogen sie zum nächsten Missionar, ließen sich (wieder) bekehren und oft genug verhalten, um dann bei einer kleinen Unpäßlichkeit weiterzuziehen. Um so erfreulicher vermerkte es Gundert, wenn sich echte Bekehrungen vollzogen, vor allem auch von Leuten aus den höheren Kasten. Bei ihnen ging dies meist mit heftigen familiären Auseinandersetzungen einher, aber nicht selten wurden sie zu Stützen in der Ausbreitung des Evangeliums.

Hermann Gunderts sprachwissenschaftliche Arbeit hatte eine dem Malayalam gerechtwerdende Bibelübersetzung zum Ziel. An diese Aufgabe machte er sich schon anfangs der vierziger Jahre. Da es zu keiner Einigung mit dem englischen Übersetzer Bailey kam, der in Kottayam für die Anglikanische Kirche eine Malayalam-Bibelübersetzung herausgab, mußte Gundert eigene Wege gehen. Dies sollte sich später als richtig erweisen. Gundert folgte im Gegensatz zu Bailey strikt dem hebräischen und griechischen Urtext und erreichte so eine exaktere Übersetzung, die obendrein sprachlich wesentlich besser war. Neben der ausgezeichneten Kenntnis des Hebräischen und Griechischen war Gunderts Kenntnis der Malayalam-Hoch- und Volkssprache so gut, daß er eine genuine Malayalam-Bibelübersetzung schaffen konnte. Ihm kam seine - heute allgemein anerkannte - Feststellung zugute, daß das Griechische und Hebräische dem Malayalam in vielem näher stehen als irgendeine moderne europäische Sprache. Gundert nahm den Kontakt zum Volk wahr, wo immer er konnte. So wird in Kerala von ihm berichtet: Wenn Hermann Gundert unterwegs einen Bauern auf dem Feld sah, ging er zu ihm hin und fragte ihn: "Was hast Du in der Hand? Wie heißt das? Weißt Du noch ein Sprichtwort?" und schrieb alles auf. - Seine Arbeit und seine Wirkung fürs Malayalam drängen den Vergleich mit Martin Luther im Deutschen auf.

Während er sich der Missions-, Schul- und Übersetzertätigkeit widmete, ging Julie Gundert den Mädchen in Heim und Schule nach, unterrichtete und sah nach dem Rechten. Im Laufe der Jahre wurden ihnen sechs Söhne und zwei Töchter geschenkt, die bis auf einen, der in Indien starb, in ihren Kinderjahren zur Erziehung und zum Schulbesuch in die Heimat geschickt wurden. Das Jahr 1846 verbrachte Familie Gundert im Heimaturlaub in Deutschland und in der Schweiz. Dabei hielt Hermann Gundert unermüdlich Vorträge, besuchte viele Leute und sprach überall für die Mission in Indien.

Als sie wieder nach Indien zurückgekehrt waren, dehnte sich die Gemeinde durch eine Erweckungsbewegung stark aus. Immer mehr Kräfte mußten für Ausbildung, Erziehung und für die Heranbildung von einheimischen Katechisten freigestellt werden. Auch in der Nachbarstadt Cannanore, wo seit Sommer 1840 Samuel Hebich wirkte, wurde die Arbeit immer umfangreicher. Dabei war es nicht immer leicht, Entlastung zu bekommen. Nach langen Überlegungen wurde Tellicherry neu besetzt und Gunderts zogen am 21. Mai 1849 nach Chirakkal, um Hebich zu entlasten. Bald darauf stollte sich bei Gundert ein Brust- und Kehlkopfleiden ein. Fieber und Atemnot lähmten ihn beinahe. Schließlich versagte die Stimme für annähernd drei Jahre. Noch mehr als bisher mußte er sich der literarischen Arbeit widmen. Neben Traktaten, einer verbesserten Auflage der Malayalam-Grammatik und -Syntax, der erweiterten Sprichwortsammlung, verschiedenen Gesangbuchausgaben, Liturgien, Schulbüchern und einer K.-Geschichte[1)] entstand nun Zug um Zug die Malayalam-Übersetzung der neutestamentlichen Briefe, der Offenbarung und der Evangelien, der Psalmen und Kleinen Propheten. Sie wurden auf der Presse in Tellicherry gedruckt und fanden im ganzen Malayalam-Sprachbereich, der sich weitgehend mit dem heutigen Kerala deckt, große Beachtung. Obwohl Gundert schwer tat, die stumme Zeit als eine gute Erfahrung zu werten - denn was sollte ein Missionar ohne Stimme - zeigt sich heute, daß es diese Zeit war, die wesentlich zur Fundierung der Basler Missionskirche in Malabar beitrug. Mit den geschaffenen Kirchenbüchern und der Bibelübersetzung hatte die evangelische Gemeinde eine gute Grundlage zu neuem Wachstum. Diese junge Kirche fand ihren festen Platz in der multireligiösen Gesellschaft Indiens.

---

1. Wohl Kirchengeschichte, könnte aber auch Kerala-Geschichte bedeuten.

Mitten aus dieser fruchtbaren Schaffensperiode wurde Gundert 1856 durch seine Berufung nach Mangalore herausgerissen. Die Umsiedlung dorthin bedeutete nicht nur einen gewöhnlichen Ortswechsel, sondern auch den Übertritt in ein anderes Sprachgebiet. Denn Mangalore liegt bereits in Karnataka (Kannada), in dem Kanaresisch bzw. Tulu gesprochen wird. Die verwickelte Gemeinde-Situation in Mangalore machte Gunderts Anwesenheit erforderlich. Er löste die Probleme mit der ihm eigenen Offenheit, Geradlinigkeit, Strenge und Standhaftigkeit, aber auch mit Liebe, Zuversicht, Hoffnung und Geduld. Es gelang ihm nach kurzer Zeit, die der Gemeinde abträglichen Personen entweder eines anderen zu überzeugen oder sie auszuschließen.

Ende 1857 kam Gunderts Tochter Marie, die spätere Mutter von Hermann Hesse, nach Indien zurück und begleitete ihren Vater auf mancher Reise. Denn in der Zwischenzeit hatte sich schon wieder ein Wechsel vollzogen. Hermann Gundert war Schulinspektor der Regierung für die Gebiete Malabar und Südkanara geworden. Der Wohnsitz wurde nach Calicut verlegt. Gunderts Aufgabe bestand in der Visitation und Beratung der Schulen von Trichur im Süden bis Dharwar im Norden. Die ausgedehnte Reisetätigkeit rieb Gunderts Gesundheit so auf, daß er schon nach weniger als zwei Jahren wieder aus dem Regierungsdienst ausschied. Seine Gesundheit war so in Mitleidenschaft gezogen, daß er sich auch der Missionsarbeit nicht mehr widmen konnte. So entschloß er sich für einen Heimaturlaub und nahm am 12. April 1859 in Calicut von seiner Frau und Tochter Abschied in der festen Überzeugung, binnen Jahresfrist wieder zurück zu sein. Aber seine Gesundheit besserte sich nur langsam, und die Basler Mission wollte ihn nicht mehr hinaussenden. Da der Calwer Verlagsverein gerade einen Nachfolger für Dr. Barth suchte, wurde Gundert nahegelegt, diese Stelle zu übernehmen. Er nahm sie an und zog nach Calw. Schweren Herzens verließ auch seine Frau Indien und kam mit der Tochter nach Calw.

Obwohl ihn die Verlagsarbeit, verbunden mit einer regen Reisetätigkeit, ganz ausfüllte, fand Hermann Gundert die Zeit, das Malayalam-Englisch Wörterbuch fertigzustellen. Dieses wurde nach bangem Sorgen und auch unter ungewöhnlichen Umständen in Mangalore auf der Missionspresse gedruckt und lag Ende 1872 mit über tausend Seiten fertig vor. Es wurde für lange Zeit zum Standard-Wörterbuch des Malayalam und wird heute noch als anerkannte Autorität herangezogen und zitiert. Nicht zuletzt auf dieses Werk geht die Redeweise in Indien zurück, Gundert sei ein Inder gewesen, der aus Versehen in Deutschland zur Welt gekommen sei.

Auch das Alter verbrachten Hermann und Julie Gundert in Calw. In der Lebensskizze bei der Beerdigung seiner am 18. September 1885 gestorbenen Frau faßte Hermann Gundert den Aufenthalt in Indien in die Worte: "Da hat sie denn eifrig die Sprache gelernt, hat mit aller Kraft und Liebe an den Herzen von Mädchen und Frauen gearbeitet, hat Schule gehalten vom Morgen bis zum Abend und doch die eigenen Kinder, die Gott ihr schenkte, nicht vernachlässigt. Sich aufs Nötige zu konzentrieren, die Aufgabe jeder Stunde mit ganzer Seele zu verrichten und sich selbst nicht zu schonen, war ihr zur andern Natur geworden. Welche Hilfe ich an ihr hatte in all den schwierigen Fällen, die eine einsame Missionsfamilie treffen können, läßt sich nur andeuten. Zur Steuer der Wahrheit seis gesagt, daß sie nicht bloß in der Arbeit, sondern auch im innern Leben mir mehr zur Stütze ward als ich ihr. Ich war noch ein junger Christ, während sie eine ungewöhnliche Reihe von Erfahrungen und Kämpfen hinter sich hatte. Den Ernst des Lebens, die Hohlheit der Welt, die Listen des Feindes, die Notwendigkeit sich zusammenzuraffen zum Streit, die stete Zufluchtnahme zu Gebet und Glauben, die Seligkeit allein zu stehen

Oben: Indisches Gehöft
Unten: Manjil

mit Gott, das alles hatte sie gründlicher erkannt, hatte sie regelmäßiger geübt, als der arme, von mancherlei Interessen umgetriebene Kandidat; so ist ihr auch vielleicht bleibendere Frucht geschenkt worden als mir."

Auch in diesem Urteil charakterisiert sich Hermann Gundert ein Stück weit selbst - vor allem tritt darin seine tiefe Achtung des anderen zutage, wie auch seine Bescheidenheit, den anderen mehr zu rühmen als sich selbst. Nach seinem Tod am 25. April 1893 hielt Pfarrer Kinzler aus Basel im Namen der Basler Mission einen Nachruf. Dabei sagte er: "Draußen im ostindischen Malabar ist er der vornehmste Begründer und Vater unserer dortigen Missionskirche gewesen, hat ihr das Wort Gottes in ihrer Sprache und Zunge gegeben und sonst durch Wort und Schrift während eines Vierteljahrhunderts den Samen des Evangeliums ausgestreut und die aufgegangene Saat mit aller Treue und Hingebung gepflegt. Erst gestern noch hat ein eben in diesen Tagen zurückgekehrter älterer Malabar-Missionar mir erzählt von dem Segen der langjährigen Arbeit des Herrn Dr. Gundert in jenem Lande, und wie noch heute mancher eingeborene Prediger und Lehrer und Gemeindeglieder mit innigem Danke dieses ihres geistlichen Vaters gedenken."

Bei Hermann Gundert werden Zusammenhänge sichtbar, die für ein tragfähiges Miteinander unter den Menschen, unter den Völkern und unter den Leuten verschiedener Kontinente, Rassen und Religionen grundlegend sind. Die Beschäftigung mit der anderen Kultur und Landschaft erschließt uns hier neue Wege und Zugänge zum Menschen. Über die Erfahrung der Mission bekommen der Dialog unter den Menschen und die Ökumene neue, entscheidende Impulse. Hermann Gundert vertiefte sich in die Malayalam-Sprache und schuf durch seine Bibelübersetzung und andere sprachwissenschaftliche Werke eine Grundlage für die evangelische Kirche in Malabar, ja, für ganz Kerala. Die Geschichte lehrt, daß eine solche Arbeit weiter reicht als alle materielle Hilfe. Gunderts Dialog setzte im Denken an, veränderte es und gab damit der sozialen Veränderung, die sich mit der Sammlung der Christengemeinden einstellte, einen sicheren Halt, der für die Zukunft richtungweisend und tragend wurde.

Kurze Beschreibung des Tagebuchs

Das aufgefundene Tagebuch Hermann Gunderts beginnt mit seiner Studienzeit und hat ab 1832 regelmäßige Eintragungen. Nicht vorhanden sind Aufzeichnungen von seinem Englandaufenthalt und aus der ersten Zeit in Indien. Ab 1. September 1837 liegt das Tagebuch in verschiedenen Heften und Kalendarien bis zum Lebensende Gunderts vor. Es ist überwiegend als fortlaufender Text geschrieben. Die einzelnen Teile des Tagebuchs sind gut erhalten und außer einigen Randeinrissen, Beschädigungen und Verwischungen auf den jeweiligen Vorder- und Rückseiten eines Heftes gut erhalten.

Immer wieder finden sich, u. a. erkenntlich an der anderen Tinte, spätere Zusätze, Korrekturen und Bemerkungen. Wo es notwendig erschien, wurden diese Stellen in < > gesetzt. Bei Auflistungen werden nicht selten einer oder mehrere Punkte übersprungen, so kann auf 9. gleich 11. folgen. Teilweise ist das Datum versetzt, so kann z. B. der 28. vor dem 25. stehen. Bei der Herausgabe wurden die einzelnen Tage voneinander abgesetzt und das Datum herausgerückt. Zur besseren Übersicht wurde am oberen Rand der Seiten das betreffende Jahr angegeben.

Die Handschrift Gunderts läßt Varianten im Lesen zu. So kann l statt t gelesen werden und umgekehrt; n statt u; c und nachfolgendes e verschmelzen manchmal zu n oder u; c steht häufig für k. Nicht selten bereiten Kürzel Schwierigkeiten, vor allem, wenn sie innerhalb von Wörtern stehen, wie 1 für ein; 8 für acht-; z.B. in "Dreieinigkeit"; "Ehe man das erreicht, erhebt sich aus dem weitausgedehnten Sand ..."; fst kann Fest, fest und fast meinen. Groß- und Kleinschreibung sind nicht einheitlich, ebensowenig Zusammen- bzw. Getrenntschreibung. Eine Eigenart ist, daß mehrere Wörter aneinandergehängt werden und nur wenige Satzzeichen gesetzt sind. Bei der Herausgabe wurden die Satzzeichen, wenn der Zusammenhang eindeutig ist, nach heutigem Gebrauch eingefügt.

Immer wieder läßt Gundert englische Wörter miteinfließen oder er deutscht sie ein, z. B. schreibt er war für Krieg; will für Testament; fined für mit einer Geldstrafe belegt; gemindet für gesinnt; gesettelt für erledigt, gelöst; improven für verbessern; meeten für treffen. Auch benützt er Wörter aus dem Hebräischen, Griechischen, Lateinischen, Sanskrit, Malayalam, Tamil, Arabischen u. a. Diese Wörter wurden aus dem Original übernommen. Hin und wieder legt sich die Vermutung nahe, daß Gundert absichtlich ein fremdes Schriftzeichen wählte, wie "lu" für Ludwig. Die Schreibung besonders der Namen ist uneinheitlich, oft werden Abkürzungen benützt. So finden sich Sara und Sarah; Nema und Mema; Ovva, Ovah, Oma, Omah und Havah; Fennel und Fennell; Beutler und Beuttler; Boßhard und Bosshardt; Duhner und Dühner; Friedrich, Friederich, Fried., Fred und Frederick; Gananamuttu, Gnanam und Gnan für dieselbe Person; Vau für (Sohn) Paul; vgl. Malayalam, Malayalim und Malayahlam. Da die Ortsnamen in der Schreibweise z. T. stark variieren, wurden sie bis auf wenige nach einschlägigen Karten vereinheitlicht. Die Varianten der Ortsnamen werden unten in einer gesonderten Liste aufgeführt - die scheinbaren Verschiedenheiten sind meist auf die verschiedenen Möglichkeiten der Transskription zurückzuführen. Die Erklärung indischer Wörter unterblieb im Text, wird jedoch für die wichtigsten unten angegeben.

Erklärung einiger Wörter

Adhicari, adhicara	Ortsvorsteher, offizielle Autorität
Agampadien, Akampadi	Kastenbezeichnung
Angela	Schiffsname
Ayah	Kinderfrau, Haushilfe
Badagas	"Nördliche", ein Stamm von Kannada-Bauern
Bandi, bandy	zweirädriger Wagen, vgl. bullockbandi
Bandicaren	Bandimann
Banian	heiliger Baum
Batta, Bhatta	Küstenbewohner, (Kaufmanns-)Kaste
Bima, Bimah, Beemah	Bootsname
Brahma	Gott
Brahman	das Höchste
Brahmane, Brahmin	Angehöriger der höchsten (Brahmanen-)Kaste
Brox burnshire	Schiffsname
Buddhi	Verstand, Weisheit
Bullock bandi, bullockbandi	zweirädriger Ochsenwagen
Bungalow	größeres Haus
Cal, callu	Palmwein
Cambu	Rispenhirse; Stock
Candahar	Schiffsname
Carnac	Schiffsname
Casu	Münze
Chalier	(Fischer-)Kaste
Chattram, Tchattram, Chatram, Chattiram	Rasthalle, Herberge
Chavadi, Tchavadi, Chawadi	eine Art Chattram
Chetti, Tshetti	(Händler-)Kaste
Choultry	= Chattram
Collector	Verwaltungsbeamter eines Bezirks
Compound	Grundstück, oft mit einer Mauer umgeben oder umzäunt
Concani, Conkani, Konkani	Sprache oder Bewohner des Konkan (das Tiefland im Westen der Ghats; das Konkani wird vor allem von Katholiken gesprochen)
Cooly, Coolies	Kuli, Kulis
Curawer	(Ohrlochbohrer-)Kaste
Curithi Cadu	unkultiviertes Landstück
Cutcheri, Cutcherry, Catcheri, Catsheri, Katcheri	Gemeindeamt
Dasra, Dassera	zehntägiges (Hindu-)Fest
Dhooli	Schmutz, Dreck
Eastern Monarch	Schiffsname
Eshwantee*	Name eines Pattimar
Feroze frigate	Schiffsname
Godown, Reisgodown	Waren-, Zollager, Reislager
Gujarati, Guzerati	Sprache und Bewohner von Gujarat

Hindi	Sprache Nordindiens (heute angestrebte Nationalsprache)
Hindostanee, Hindustani	Sprache in Nordindien und Pakistan
Hindu, Hindoo	Bewohner und Religion Indiens
Jam	Wurzelfrucht
Kanara, Canada, Kannada, Cannada, Canara	Land Karnataka und dessen Sprache
Keimasa, Keimasaka	Gift, Gift-Zauberei
Khunda	Blume, Jasminblüte
Kshatriya, Cshatriy(a)	(Krieger-)Kaste
Lingite	Phallus-Verehrer, Shiva-Verehrer
Madu	Kuh
Maharashtra, Mahratha, Mahratta, Marastha	Land Maharashtra
Malabar	Landschaft Südwestindiens
Malayalam, Malayahlam, Malayalim	Sprache Keralas
Mamul	Brauch, Sitte
Manji	kleines Boot
Manjil	Pfad zwischen Reisfeldern; Tragegestell
Mapla, Mapula, Mopla	(Moslem-)Kaste
Margam, marcam	Weg, Pfad
Mucwatti	Kastenbezeichnung
Muharra, Moharum, Moharrum, Muharam, Muharran	islamisches Fest
Mukwen, Mucwa, Mucwer, Mucwatti	Kastenbezeichnung
Mundu	Männerbekleidung
Munschi, Monshi, Munshi	Lehrer
Munsiff, Moonsiff, Munciff	Richter des Zivilgerichts
Nasrani, Nasr.	Thomaschrist
Navaratri	(hinduistisches) Fest der neun Nächte
Nayer	(Gutsbesitzer-)Kaste
Numberboat	Boot
Owen Glendower, Owen Glendover	Schiffsname
Palankin, palankeen, palanqueen	Palankin
Palestine	Schiffsname
Palli	Tempel, Haus
Palmira, Palmyra	Palmenart
Pandel, pandal	Schutzdach, meist aus Palmblättern
Pappadam	dünnes, rundes, knuspriges Gebäck
Paraier, Pareiar, Pariar	Kastenlose
Pattimar, Pattamar	Schiffsart
Peon	Diener, Angestellter
Pilley	Name, Kastenbezeichnung
Plantains	Bananen
Pownah, Powna	Bootsname
Puleier, Pulayer, Pulien, Pulier, Pulluwer	(damals) Reissklaven
Putshi	Ungeziefer

Raja, Raj, Rajah	Herrscher, König
Ramacharitam, Rama Charitam	Ramas Leben(sbeschreibung)
Retti, Reddi	Name, Kastenbezeichnung
Rival	Schiffsname
Sanyasi	heimatloser Bettler, der sich aufs Abscheiden aus der Welt vorbereitet
Saheb, Sahib	Herr
Saraswata	Kastenbezeichnung
Selam, Salam	Gruß
Selamti - Sheikh Harun	Name eines Pattimar
Seringapat	Bootsname
Shanatti	Kastenbezeichnung
Shastra, Shastram, Schaster	Lehrbuch
Shiva, Siva	Gott
Shrestadar, Shrested, Shristadar, Shristedar	Stellvertreter des Tahsildar
Shudra, Sudra	(Gutsbesitzer-)Kaste
Sipahi, Sepahi, Sepoy, Sipay	indischer Soldat im englischen Heer
Sivaratri	Shivafest
Socinian	Sozinianer, Antitrinitarier
Tahsildar	Steuereinnehmer, Verwaltungsbeamter (unter dem Collector)
Tali	Halsschnur der Ehefrau
Taluk, Talook	Verwaltungsbezirk
Tamban	eine Kshatriya-Kaste
Tamil, Tamiler, Tamuler, Tamilian, Tamulian	Land, Sprache und Bewohner von Tamilnadu
Tanni	Wasser
Tappalwriter	Briefschreiber
Telugu, Teloogoo	Sprache von Andhra Pradesh
Tiatti	Bezeichnung für eine Frau
Tier	(Kokosbauern-)Kaste
Toddy	Palmwein
Tola	ein Gewicht
Tschakkili	(Schuhmacher-)Kaste
Tucudi	Gericht
Tuluken, Tuluker	Moslembezeichnung für Tamil usw.
Vannatti, Vannan	Wäscherin, Wäscher
Vettuwer, Vettuver, Vettuwen, Wettuwer	(Jäger-)Kaste
Victoria	Schiffsname

Verzeichnis der wichtigsten Ortsnamen mit verschiedener Lesart

Die Ortsnamen wurden in ihrer Schreibweise nach folgenden Karten weitgehend vereinheitlicht: Bartholomew, world travel map, INDIAN subcontinent, Edinburgh; Government of India, New State Map of Kerala, Delhi 1976; Nirdosh Publications, India Roads, Delhi; Nirdosh Publications, Tamil Nadu Roads, Delhi; Wilhelm Schlatter, Geschichte der Basler Mission 1815 - 1915, Bd. II, Basel 1916, Kartenbeilage.

Alikodu* - Alikkod
Alleppey - Allepie
Anjerkandi - Anjercandi, Antscharakandi, Antscharkandi, Anjircandi, Anjercandy
Arikkod - Aricodu, Ariacod, Ariacodu, Ariyacode

Badagara - Badagherry, Vadagara, Vadagherry
Balmatha - Balmattha
Bekal - Becal
Beypore - Beypoor, Beypur

Caccadu - Cacadu
Calpadi - Callabadi, Callapadi
Cannanore - Cannanur, Kannanur
Canote - Cannot, Canoti
Chavakkad - Chavucadu, Chawcadu, Chawucadu, Chowghat
Cherikal - Cheracal, Cherical, Tscherikal, vgl. Chirakkal
Chirakkal - Chiracal
Chittoor - Chittore, Chittur
Chowghat - Chowghaut, vgl. Chavakkad
Cochin - Cotschin, Cotshin
Coimbatore - Coimbatur, Coimbatoor
Conjeeveram - Canjeveram, Kanchipuram
Coondapoor - Cundapur
Coonoor - Cunnur
Coorg - Curg
Cotakal - Cotacal, Cottakal
Cottapilly - Cottapalli, Cotapilly

Mt. Delly - Dilli, Mt. d'Eli, Eli Berg
Dharmapuri - Dharampuri

Edakkad - Edacadu, Edaccadu
Edavanna - Edawanna
Elattur - Ellattur

Fraserpet - Fraserpett
French Rocks - Frenchrocks

Gokarn - Gocara, Gocarna
Gudalur - Gudelur
Gudiyattam - Goriattum
Gunnoti - Gunnot

Haliyal - Hallihal
Hardwar - Haridwar
Harnai - Harni

Homsoor - Homsur, Hunsur
Honavar - Honor, Honore
Hosdrug - Hossdroog
Hubli - Hoobly, Hubly

Iruvaram - Iruwaram

Jagadalle - Jackatalla
Jalalabad - Jellalabad

Kadika - Cattagi
Kalyanapur - Kalianpur
Karachi - Kurrachee
Kasaragod - Casergode, Casergudi, Casergodi, Cassergodi, Cassergudi
Kasi - Casi (= Benares)
Keti - Kaeti, Kaity
Kodungallur - Codungalur
Koroth - Corottu
Kotagiri - Cotirg., Cotirgherry, Kotirg., Kotergery
Kottayam - Cottayam
Kudremukh - Guduremukh, Mukh
Kumbla - Coombla, Cumbla
Kumta - Comptu, Coompte
Kunnamkulam - Cunnancolancara?, Cunnanculam, Cunnenculam
Kuttipuram - Cuttipuram
Kuttuparamba - Cuttuparambu, Cutuparambu
Kuttyadi - Cutiadi, Cuttiyady

Laccadive - Laccadiv, Laccediv (Lakshadweep)

Madurai - Madura
Malappuram - Malap., Malapuram
Manantoddy - Manantavadi
Mangalore - Mang., Mangalur
Manjeshvar - Manjeshwar, Manjeswar
Masulipet - Masulip., Masulipatam
Mattur - Matur
Melpadi - Melpaddi, Melpatti
Mettuppalaiyam - Metap., Metapalliam, Metupaliam, Metupalian
Movattu - Moratta, Morattu
Moylan Fort - Moylam Fort
Mudabidri - Mudbidri
Mulki - Moolky, Mulky
Mundagoda - Mundegode

Nadavenur - Nadawenur, Naduvannur?, Nedavenur
Namakkal - Namacul
Narsingarowpetti - Narsingapett, Narsingarowpett
Nilgiris - Nilagiri, Nilgiri

Omalur - Vomalur
Ootacamund - Ott., Ottacamund, Ooty
Ottappalam - Ottapalayam

Palayangadi - Payangadi, Payengadi
Palayankottai - Palamcottah, Palayancottai

Palmaner - Palamer, Palamnair
Parappanangadi - Parappanengadi
Pattikod - Patticad
Payavur - Payawur
Payyannur - Payanur, Payenur
Periya - Periah
Pondicherry - Pondichery
Ponnani - Ponani, Ponany
Pune - Poona

Quilandi - Coilandy

Rameswaram - Ramesvar
Ranipet - Ranipetti
Rettigonda - Rettigondah

Samireddipalli - Samareddipilly
Sirsi - Sircy
Suratkal - Suratcal

Taliparamba - Taliparambu
Tanur - Tanore
Tellicherry - Tal., Talay?, Talatsheri, Taleitchery, Taleitscheri, Taleccheri
Thanjavur - Tanjore
Tikkoti - Tickodi
Tirtala - Tirtalla, Tritala, Trittala
Tiruchirapalli - Tiruchchirappalli, Trichinopoly
Tirunelveli - Tinn., Tinnevelly
Tiruppattur - Tripatur
Toppur - Tappur
Trichur - Trichoor, Tritschur

Udipi - Oodapi, Udapi, Udupi
Utchila - Utshila

Vadagara - vgl. Badagara
Vadakkancheri - Vadackencheri
Valarpata - Valarptin, Valarpatna, Valarpatu
Valitcheri - Valitsheri
Vaniapettei - Vanarpettei
Vasapalli - Vasapalla
Vayittiri - Veitery, Vytery
Vellore - Vellur
Vencadu - Vencada
Vencatagherry - Vencatagerry
Vengurla - Vingorla
Visakhapatnam - Vizagapatnam

Wallajahbad - Walajapet, Wallajahnagar
Wandur - Vandur, Wandoor
Wayanadu - Wynad

Yelwall - Jelwall, Yelwal

Abkürzungen

A	Anna (= 1/4 Rp)
As	Annas
CMS	Church Missionary Society (auch C. M. S.)
Fan	Fanam (Geldeinheit)
Fl	Gulden
HG	Hermann Gundert
LMS	London Missionary Society (auch L. M. S.)
Rp	Rupee
Rs	Rupees
SH	Samuel Hebich

Zeichenerklärung

<>	Randbemerkung oder Einfügung Hermann Gunderts
<	gegen
[]	Ergänzung durch den Herausgeber
[<>]	Streichung durch den Herausgeber
*	Unsichere Lesart
...	Unleserlich, nicht mehr vorhanden

Zeichenerklärung bei Rezepturen

ʒ	Drachme (= ca. 3,75 g)
	Mengenbezeichnung hinter dem Gewichtssymbol: 1=j, 2=ij, 3=iij, 7=vij
gr	Gran (1 Pfefferkorn) (= ca. 0,0625 g)

Rezepturbeispiele (vgl. S. 191)

Rp	Balsami Copaivae	3 Drachmen
	Mucilag. Acaciae	3 Drachmen
	Tinct. Cantharidum	2 Drachmen
	Mixe fiat mixtura	

Rp	Pil. Hydrargyri	1 Gran
	Pulv. Alves	1 Gran oder Bruchteil
	Pulv. Magnesii carbon	3 Gran
	Pulv. Spicis	4 Gran
	Mixe fiant in* Pulveres	
	Mitte XII [= schicke 12 Stück] für Friedrich	

1. September 1837 - Januar 1840

Friday, 1 September 37. Commencement of the English-Telugu-School by the 3 brethren.

4 September, Monday. Commencement of Mrs. G. Day School intended primarily for girls on the compound. 2 girls only came on the first day. As those girls who come get daily one meal in the compound, more will come, as soon as it is known.

Tuesday, the 5th. I began an exploratory tour in the western valley of Chittoor on the Palmaner road, taking Andrew and Vedamuttu with me in the bullock bandi. Stopped first at Iruvaram, a village of Telugu Rettis, rich people it seems, who have a great desire for a school. They were shy in the beginning, but took books; I was especially interested in a modest young Brahmin who acquired not without concern it appears. Walked from them to the Pariar village on the foot of the Mountains, behind Iruvaram. These are all Tamiler; as none knows to read I had offered them a school already several weeks ago. But apprehensions of the kind so common amongst them led them hitherto to seek for excuses. They come neither to a decisive no, nor to a decisive yes. Sat under the big tree, under which their 8 stone idols - roundshaped <as*> stones, without any human resemblance, of different sizes between 1/2 and 2 feet height anointed with oil are placed. We had a lively conversation about them, and the contrast of the living God (one man calls them servants, Butler, Meti, Sweeper etc. of the great Turei God). They find no other excuse against our doctrine except that they do not yet see this our God: as soon as they shall see him in the other world they will - say they - believe and understand him at once. I directed them from the eyes to the ears. If a father standing behind the house, calls the child, the child has to come, as soon as it is sure that it is the father's voice. I feel much comfort in the view of αναμνησις ... Plato takes for our knowledge of divine things. "My sheep know my voice" - heathens also felt it, only in an inexpressible way - there is some φως a priori which distinguishes between different lights some recollection of a voice, of a tender fatherly voice which once was heard and understood by man in his childhood. - He who believes this will be mightily encouraged to set the witness of the light before the heathens without fear or an immoderate desire after proving every point. - As I went back through the Retti village, several men followed me to the tree where I drank my coffee, and got more familiar under conversations about the business and state of a Missionary that he is not sent by the Cumpiniar about salvation, and the necessity of regeneration. One man feeling the power of sin asked how evil lusts and desires can be banished. I wish I could more paint before their eyes the realities and beauty of heavenly things. But they are bound up with what appears to the eye undeniable reality, it appears so sensible to believe that to be the most important what next surrounds oneself. I took this up and came to the law of loving each other, even one's neighbour as oneself and doing and wishing as much good to him as to ourselves - this they acknowledged they never thought of. - Went again back to the Palmaner road, passed the river, and reached Vencatagherry after a very uniform journey - only a few houses and a wandering village of Curawers (ear-diggers) with pigs and dogs appeared on the way through the jungle. - I was pretty exhausted, and had to wait for some rice till dusk, as my servant had lost the way. After dinner went into the village. All Telugus, some Canarese and several Maharashtrar. A proud fat Brahmin, writer in the Cutcherry, had the goodness to let us talk a little with him, but only in order to prostitute himself with his belly worship before the people. He acknowledged in a scoffing light way all to be true what we said, but he has no time to care or think about these things: the lasting fire will not please him, but as for now he will not think of it. What gives a situation that is* God, was his motto. Some others listed to what we said and took a few books. Hardly anybody understood our talk. We saw that from here the border of Tamil begins: as the valley was so ... that with our bandi we could not turn to the south we were obliged to return. On this side therefore the river will for now form the western boundary of the sphere allotted to our labours. Afterwards Vencatagherry might be a nice station for a school especially as the residence of the Cutcherry people makes the people less shy against the Europeans. - We 3 had prayers together, slept well, got up Wednesday about 1 o'clock and were with daybreak in Chittoor.

Wednesday, 6 September, examination of Lascelles school. The old girls answer very well: it is a great mercy to see at least so much of Christian knowledge spread through the rising generation of Chittoor in consequence of the efforts of dear d'Aere and his successors. They learn the sermon of the mount and [illegible] by heart - and understand many great and difficult things with an ease and interest, which I wonder at when comparing it with my knowledge of heavenly things when I was of this age. God bless them more and more with his spirit!

Thursday, 7 September. 5 o'clock walking till 7 <to the southwestern valley> - then in the common bullock bandi - to Nararipetty (6 Tamil miles fr[om] Ch[ittoor]) where we took our abode in the bungalow (a place without chairs, and hardly ever visited). The village near to it is small, consists of Bazar Telugus - we spoke with several high men, sitting down in the verandahs of their houses: they took several Telugu books, and understood also Tamil, though they do not read it. The big man amongst them said yes to every thing, confessed also their ignorance, but none of them though nearly all the men present listened in passing by, seemed to be anxious for that spiritual food we offered to their souls in return for the bodily food we and others bought from them. They confessed that they are rich and want nothing for the present. One wished us not to trouble him and made a very nice speech, the contents of which were - all what we say is true etc. but - go. - Well so we went. - Here an old Tuluken who reads only Persian. - After dinner went to the village on the road somewhat North - Tantrapetti, a larger place but peopled with poorer and more ignorant people. They are mostly engaged in reaping cambu: to some we went into the field, but be it from fear or some other cause they would not hear, using <for> as shield the common excuse, [illegible]. It is in vain to tell them, that just for this reason we come to them, they go on, [illegible] until you go. I tried it then with all the other men in the village, which I could find: none knows to read. The place being a central one I offered to establish a school and wished the men to consider it well* but their fear did not allow them to listen and reason concerning our proposal. The excuse was, there are no children, and if there are they have all some work with sheep and oxen and fields. - Went from thence a mile distance (ENE through the fields) to Vasapalli, a large and wealthy place, accessible only by walking. Some men we met in the fields were open, and went with us into the village to consider the question of a school with the other men. But the common word was: what can we do - if the Retti wishes it, well. - After we had spoken with some people (all Telugus) the big man came, interested in the beginning but then evidently more and more afraid of the revolution which such a new proceeding was calculated to produce in the village. If all know to read and write (and we said, it must be also for Pariars as all are children of one father) if all know God themselves, then where is the monopoly of a headman. Therefore after a very long conversation - before plenty of intelligent men, the result was - no school! for the Retti teaches his sons himself and the others do not want it. Still we were very thankful to have had so much opportunity to tell them the call of the gospel. The Retti's son (ein interessantes Günzler-Gesicht) took a tract, but his father obliged him to give it back. After the Retti had done I got up, it was already dark - told them in short that we are all Sandaler, fallen from the cast of our father who is the perfection of all qualities, and having become the very contrary of his nature, that he calls us back, but that new birth and holiness is necessary, before we shall see his face, because he can not take his abode in a Sandaler's house. If they wish to remain outcast, they must at all events know that the father has called them. - A young man evidently afraid of the assembly, followed as in secret to the former village and took two tracts. - All what Jesus has said about men is true and justifies him and his word in my inmost conscience. Because they love darkness rather than light, they will hear something new, something burning and shining, but when it pricks the heart and old custom, they reject it. - I am glad to see Andrew not discouraged by the people's behaviour. He read before going asleep, Luke 12 and prayed earnestly with us (ein Trost für mich nach den betrübenden Erweisen auch seiner Schwachheit in Besoldungssachen).

Friday, 8 September, arrived with daybreak in Pallur bei Bammasamudram 2 miles south. Choultry on the road Vellore side. Went into the village and talked in the street - all Telugus, one only reads - the others spoke Tamil. They also feared, have no wish for school; are everywhere surprised of our coming, and have never heard of Christ even from afar (the man could hardly read the name, although he reads well) still some listed and thought knowledge of heavenly things would be a good thing, but hard to be attained. They also have Gurus, the Carma Guru who teaches what is to be observed in Tirtams, Asarams etc., and the Gnana Guru who tells of things eternal - but who knows truth. I told him of the Guru who came down from heaven, and teaches what he has seen. But the Choultry Peons unwished for presence and desire to get people to talk with me seemed to make them glad at my going. - After breakfast walked with Andrew first to the Pariar village south - but no man was to be seen - all in the fields. Then to the Sackili village - east: tried it with every man - but they would not hear, would not answer, will not die, want not to go to heaven, will not even receive money because they do not want it, want not to learn, have no buddhi etc., at last we went off. Who will find access to these miserable beings, who are thus taught to believe themselves lower than beasts - [illegible] !! On the road met a Muhammedan, who was somewhat open, and confessed to have not got* taught much of his worthiness to appear before God. Whilst talking with him, a Chittoor country-born, who seeks a situation at Vellore passed by, and accepted of my offer to take some tracts along for distribution on his way. What a comfort to know that the Lord will bless what appears least before men! - About 3 o'clock the sun being covered by clouds I went with Andrew to a village on the west side of the road, south of King Bamma's great tank which gives the name to this place and valley. The tank is at present empty, but may in the rainy season fill nearly the whole valley, which has here a broad bosom. The people, though they all complain of their poverty, seem all rich, have round storehouses in their compounds - a thing unseen in Tirunelveli - reap twice, are nearly all [illegible] (here common term for - [illegible] -??). In the first village we now came to no man was to be seen, the women run away -

so we went; the second village directly east to the tank is larger. The men of the village where the Chattram is, had on a[n] other way run before us, and stood together with nearly all the Pariars of the village on the one side of the road, on the other side gathered by and by the highcastes with haughty manners. Whilst hardly any had heard of such a thing as [Tamil] and Jesus, a highcaste had formerly received a tract in Greenpetti, and others knew of the different ways and riches of the English through the Taluk, whose* centre is in the village. They were therefore less shy than in the other villages. The Pariars evidently wished a school, but the highcaste after having heard by Andrew and me the great contents of the gospel rejected it with the excuse "if the Ganakucaren agrees, there is no obstacle" - but for now we were glad to have so far overcome their fears, gave some tracts which mostly after some reading were returned - and returned after having with much weakness, also of body, delivered our message. To the men who ask us why we come just to them, we call ourselves [Tamil] of the great [Tamil], the Lord of heaven and earth, who according to his commandment must tell their message to all subjects of all classes in all villages. None objected to the propriety of our acting in this way; they said [Tamil], some perhaps despising us for being only messengers and poor, and not as their Gurus are, telling their own imaginations. - Having returned to our Chattram with the going down of the sun, a man of the village - the first - came to us, - and as there fell some rain, took courage to enter under our roof with us. He took a tract, heard from Andrew the history of man's fall and read it himself - took also the tract home. Also others came now near and seemed to have lost of their fear. In this as well as in the other men's going before us the Tamil mile to the village east of the tank - shows me that it is of some use, to stay a whole day, or some time in a village, until people get courage to hear and see one. - Also the Peon heard something, and with the Bandicaren I had a conversation about the new ashes he had smeared - and about the way in which Christ was offered as a sacrifice. - East of the Vellore road the first Tamil tracts were asked for. Those on the road are nearly all Telugus, but speak Tamil. - The whole evening I heard the men of the village near the Chattram speak and debate with great interest the merits of our [Tamil]. They sat under the tree and repeatedly the word [Tamil] and others came into my ears, though the deliberation was unintelligible to me, being carried on in Telugu. ... and the other men are willing to send their children into a [Tamil], but others object earnestly. - Slept till 1 or 2 o'clock, and then returned on the road we had come

(Saturday, 9 September). At 5 o'clock, after some rain, we reached a place from which 2 villages were visible, to the one of which a shed for selling liquors seems an appendix. We made there fire under a tree, Vedamuttu got goats' milk from a herd near our tree, and so I had my breakfast. Vedamuttu could not find a place for staying in the villages, but as I went into the larger one, towards west, Cottapilly (holy to Puleiar) I saw immediately a nice Chattram, built as we then heard by the [Tamil][1] to whom the village belongs; sent Andrew out to fetch the bandi, and sat down under the large tree before the Chattram. Immediately people came, and were soon most interested in what they heard. They also understood me very well, which was a great comfort to me, as in many cases I had been frightened by people's excuse for their not hearing "I do not understand your [Tamil]". - One man especially after leaving us several times for doing business, returned again and again to hear or to ask. We spoke especially about the way of salvation, which I get more desirous to make the one and only object of my talk. Andrew spoke of their Puranas, endeavouring to prove their falsehood; but that they agreed to and wanted only to hear of ours. O that we would more announce the kingdom of Christ, whose herolds we are, as the

1. Darüber geschrieben [Tamil]

only object to which men can be invited. I believe now more and more, that people who wish to understand you can in a few hours sometimes hear quite enough to make it a serious and real choice for them, whether they will accept or reject truth. Afterwards also a Peon came, who took a Tamil tract about sin and death and acknowledged together with the others present, that the [illegible] of the first is death: who also is satisfied of the truth of Monotheism, but sounded with curious precaution whether we only come to give [illegible] to the people or wish them to embrace our [illegible]. I said him, of course we give first [illegible] or light, but then for no other reason, than that people might be enabled to form their own choice, and if they are really wise they will not only see the new good things but eat them. But I said that of course I have no power, no salary etc. which then was inquired into by them with much interest. They also came to no decision about a school, but asked repeatedly whether we intend to stay at Chittoor; so that there seems to be hope, they want only to have more confidence in us in order to avail themselves of what was acknowledged by themselves an offer for their best.

Monday, 11 September. Tiefe Erfahrung mit Andrew. Er fordert Batta, obgleich wir für seinen ganzen Haushalt in der Zeit seiner Reise mit mir gesorgt und ihm auch Essen angeboten hatten. Er wurde sehr ergrimmt über die Worte, die ich von Geldliebe fallen ließ, und mehr noch über was ich sagte, daß seine üble Laune ihn gehindert habe, Christum so völlig zu predigen, als er wohl sonst getan hätte, mehr noch endlich, daß ich sagte, dieser sein Zorn und Stolz sei seine Lieblingssünde nach dem, was Schaffter mir geschrieben habe. Während ich Tränen vergoß über meine getäuschte Hoffnung, einen Freund an ihm zu haben, wie ich ihm durch Gleichstellung auf der ganzen Reise hatte zu beweisen gesucht, - ging er mit Ramasami, dem Heiden als Dolmetscher, zu Groves und verklagte mich, als ob ich ihn Geizhals geheißen und ihm a bad character gegeben hätte. Sicherlich, uns Staub- und Asche-Geschöpfen gehört a bad character, aber Preis dem Lamm. - The Lord strengthening me, I overcame fear and unbelief, also by the ensample of my dear Br. Mögling and began preaching on the Bazar of Chittoor. Many heard, took tracts, some also could not but acknowledge the truth of our Saviour's words. Distributing the [illegible] I met a Roman Catholic, the petitioner against Mr. Lascelles, from Pondicherry before his house, with whom I sat and had a conversation first in Tamil then in French. It did strike me how far more infecting the French tone is to natives and how far more perfectly they get master of it than of the English. - Now Lord bless.

Tuesday, 12 September. Again on Bazar. The words of the sermon of the mount strike. A man called all what I said of God a lie, because one sees him not, bringing no other reason. I took the other men to witness, that none of them had seen the words which just had escaped his mouth, that these therefore were all lies. - Spoke about God's way of recommending his love to us, taking Zalenius* example. O Lord, keep me near to the word of thy own mouth, and to the name from which alone salvation flows out. - Andrew having excused or rather defended himself in the morning, not yielding a point, wrote in the afternoon a deprication, comparing himself with the [illegible], - after having been given to understand that he may choose to stand with us on a spiritual ground or to seek elsewhere better worldly prospects. It seems he as also formerly the boys thought, we could not dispense with them: but it makes one's hands indeed free, if one can dispense with any thing besides the Lord. About this we read also in the evening with the Lascelles (Mt 7) "strait and narrow path" - it is indeed not lying on roses, that one enters to the gate or does any effective work in the kingdom of Christ. - Immer noch bin ich gestärkt und erheitert durch Oehlers und

Betulius Briefe, angelangt während meiner Reise und gelesen Samstag nachts (Sonntag morgens predigte ich über Glauben, zeigte an Bartimäus, was Glauben ist).

Saturday, 16 September. Br. Groves brought Dean Drews from the London Society's bungalow to our humble dwelling. It seems he felt in the beginning not so comfortable here, as towards the end; Mrs. Dr[ew] liked to stay <(she died February 1838 with 2 children)>. On Saturday evening he went with me to the Bazar, but got entangled with a scoffing Brahmin.

Sunday, 17 September. I preached in Tamil (Mt 22) ... calling to the marriage supper and the 4/5 who are not chosen. I trust the Lord will have made them to understand at least something. Also Drew's servants were present and many boys, his bearers, listened to some words outside. - Dr[ew] preached at Bilderbeck's on our Lord's coming. Afterwards conversation with him about Tamil language, studies, preaching, translating, profitable to me, I trust. In the evening he took also the Lord's supper with us. - My going in the sun to Bilderbeck's chapel did put me in a feverish state of health through some days of the following week. God's mercy did however not let the sickness prevail. More trying and humbling than this weakness (through which I fell asleep in the Thursday evening meeting 21 September) was the spiritual weakness which accompanied it and made me repeatedly to regard all Tamil preaching at least from my mouth all but wind, lie and foolishness. I did not go regularly to the Bazar, flesh and Satan lent excuses.

Saturday evening, 23 September. I was however really blessed in preaching, reading and conversing on the Bazar. - The people heard and understood at least something: and though a selfwise merchant ridiculed me, by lifting up a tract to hear whether God would speak from it - and an old grey man told me "my labouring is in vain and black people will not be changed, but smear ashes and cry Rama as before", and went away stopping his ears, still some also heard willingly and asked of what use these news are to them. - Evening miss[ion] meeting. Question whether the old girl Isabella, whose father had been persuaded by monthly pay of 2 Rs to let her go to Chittoor and who liked no more to obey for Caste reasons, should be kept or for the best of school and Mistresses be left at freedom to go? Br.* Groves led all to decide upon the latter. Susan, who has countenanced Isabell's pride and also in other points was no [illegible] to the younger girls was dismissed the school, and shall now probably have to work in Mrs. Groves' room. This will under God's mercy tend to keep the schoolgirls nearer to the level on which Christ's humiliation has placed us all.

Sunday, 24 September, preached about the Brazen Serpent - far weaker and less to the point than I had previously felt God's spirit working out the thought in me. O what a perfect child I am yet to speak of Christ crucified. Lord mend this: let the other things go. - Grieving occurrence between Archdeacon Harper - passing through this - and Lascelles about preaching in the Prov[incial] Court! O bear with us, good Lord!

Friday, 29 September. Had the mortification and comfort of a Palayankottai letter, comforting me about Andrew's misgivings and giving a key to the conduct of poor poor Christian. He wrote true and false complaints, why he does not like Chittoor: 1. no regular [illegible] and not treated as proper [illegible] (what I had never promised to do), 2. not allowing them to go into the villages (true in the forenoon but gave them the time from 4 o'clock free), 3. that we, the Missionaries, sit still and hope Churches will fly to us as in the Tirunelveli without our moving a finger (Lord thou knowst our - better, my - laziness! Part of this complaint also is true - I move hardly one, 2 fingers and have a whole hand, but still a bruised and wounded one; but I expect no Churches, but from thee and the work of thy hand, and will - nimm mich beim Wort - will also first labour, and suffer for it). If in a month no change should follow, he will join Bilderbeck or go to Madras or to Tirunelveli. I told the whole to Br. Groves also that Br. Müller wrote it seems the 3 had conspired for a regular opposition against us. We immediately called the 3, read to Christ[ian] the contents of the letter, and declared the connexion with him to be dissolved, left to the 2 others (of whom Andrew had twice asked Sch[affter] for "a character") their choice whether they will stay or not. Andrew and Vedamuttu humbled themselves: the latter knew nothing of the letter which Christ[ian] wrote, using "we", to David Pilley. Andrew asked forgiveness for what has passed a month ago. Vedamuttu wished farther instruction with cloth and eating. With the latter I was always more pleased than with Christian's sometimes so flattering, sometimes so proud and vain behaviour. In the evening a letter from Christian came, well written, but what do I know of the contents? He repents very well in words - as naturally as he wept some weeks ago about my accusing him of hypocrisy.

Saturday morning (30 September) he came to ask for an answer to his letter. I told him what Br. Groves thought about it: 1. that we forgive him, 2. but for this reason we are not obliged to renew our superintendence over him. We shall write to Palayankottai what Rh[enius] thinks best to be done to him. I really do not know whether a Pariar life in his village will not do far better for him, than a learning in order to appear something great.

Sunday, 1 October, preached of Christ's crucifixion according to Luke - the 3 crucified ones on Golgotha. O that I had more persuasion of the words being really the Holy Ghost's, that I might know more what a sword I wield. - Groves about 1 Petr touching at people's calling. Christ a Blasphemer and Sabbath-breaker, much to the purpose: as the Archdeacon in open company had called Groves without specification a preacher of blasphemous doctrines.

Monday, 2 October, evening left for the Arcot road. Came first to my last stage when travelling from my* Madras. Nobody could or would read, hardly speak. Slept in the cart: morning after breakfast walked to Narsingarowpetti, guarded by clouds, which dropped also a little rain on us. Walking through the Bazar we found none who would read, until at last in the school a boy began to take a Telugu book, there a conversation ensued: and after having returned to the Chattiram I had continually old and young around me, Telugus, but who spoke Tamil and could read their language. The men understood me uncommonly well, having evidently a desire to know something better than the fables about which they laugh. All my "Criticisms on Schasters" went off, and I could have spent more, had I had them. Mr. Bilderbeck seems to have been here before, but only once as it appears. Andrew and Christian had gone to Small Narsingapetti but had hardly found anybody who would listen to them. Evening to Poonay. People entirely unacquainted with the name of Jesus came into our reach. - Tracts went pretty well off (Tamil). We entered also into a Tamil school of the villagers and had there some talk with the Schoolmaster who looked rather suspicious on our giving books to his oldest boys.

Wednesday morning - after a strong nightrain to Melpatti: the day most delightful for walking. The highcaste people there had never yet seen a Missionary in their village. Many listened for a considerable time, said yes to the nothingness of their idolatry and their ways and endeavours to obtain salvation, but took only few books. We saw then the Numbercaren, who with his fellows had already heard of Jesus in Arcot or elsewhere: but having to care for his office and getting money by it he has not a bit of time to spare for reading our books. An old nice looking gentleman was present who confessed that when invited to a marriagefeast they had always time to spare: also the others looked a little up from their deis and listened when I told them to what a marriagefeast we are invited. They also took at last some books. The Tirunelveli tracts in small 12° are especially liked. - Evening - nearly all walking to <u>Arcot</u>, met on the < [illegible] > road an old Schoolmaster employed by Rhenius and Bilderbeck who believed that the Holy Ghost has taken his abode in him, who also answered other questions very satisfactorily; only there also was the word [illegible] before and behind, in his talk both with me and Andrew. - Saw the 4 Germ[an] brethren's house from afar: passed Church. Pellew called me himself into his compound, as I just was doubting whether I am in the right. - Nice refreshing evening. Dear Lieut. Walker came immediately over and stayed the evening with us. Before he came, and whilst Pellew was in the lines I had free conversation with Mrs. Pellew esp. on Mr. More's state of mind. I concluded from what she said that one has to talk very cautiously with him as he hears and receives so very cautiously. He would also not come over with W. according to his own explanation "because he is often very curious" - (and had had some dreams). - Spoke a few words on Hebr 9.10 about Christ's Highpriesthood. The Lord seems to have blessed the recollection of it to dear Br. Walker. He really doubts whether More has even heard so much as Christ's having offered himself for us as one perfect sacrifice, able to perfect all who believe in it.

Thursday, 5 October. After a morning ride with Mr. and Mrs. P[ellew] we went over to W[alker] and M[ore]. I am sorry to see that for the present they seem not much furthered on by their being together, as W[alker] can hardly get M[ore] to a confidential conversation and then also presses perhaps many things too strongly on M[ore]'s agitated mind. - The Tomes pretty cool, but kind. The Rev. Sir seems to begin a critic of Gr.'s New Testament in the blood of Jesus by showing 1. that the title is at all events wrong, as a testament, that is covenant, can never be a rule, etc. - I heard that Dr. Scudder has distributed plenty of Luke's gospels in Vellore and Arcot on his last passing through: but as they are bound people endeavour to sell them again. May many at last come into proper hands. - Andrew and Christian went into some bazar streets, found that Mr. Bilderbeck had been repeatedly there, and people had considerable knowledge, knew of all the tracts except the Palayankottai ones: so Arcot is not the place for us to go to. - Walker and the Knox's came to dinner - it was a pleasant quiet evening. Mrs. P[ellew] began a talk about being crucified with Christ (f.i. who loves father and m[other] more than me, is not worthy of me). I proposed then Luke 23 which we read and about which I spoke. The Knox's are much to be liked. They seem deeply impressed with the truth. I also wanted to set before them that our faith stands not on doctrines, but on realities, facts which were then <u>done</u>. - Left about 8 o'clock, Pellew walked with me yet a considerable distance and spoke warmly and sincerely: seeing he is the Honourable P[ellew] what do we want much other witness? - Reached Lalap[etti] on horseback; Andrew and Christian had been there for 4 hours, and conversed much with people, who knew all something (probably not only from Bilderbeck but also in Arcot from Rh[enius] etc.) and liked the one God, but hated and feared so much as the name of Jesus. Therefore Lalap[etti] also is to be counted Arcotground.

Friday, 6 October morning. I left Lalap[etti] (after having obliged the Lascelles on their way to Arcot to partake of my coffee) - was against my will carried so far as Poonay; whereas I looked continually out for the village promised to be between Melpaddi and Poonay. As it was already noon, I could not go into the village. The bandi was very hot and the way had affected my headnerves. - In the evening we stayed again not in a village near the road hitherto unvisited, as I had desired it, but the bandi man etc. were again in Narsingapetti, wishing to stay there throughout the night. I see from various experiences that even Andrew has something like apprehension in going into any new village: all the natives like to go to places where they have once formerly made a fire and bought rice and found water near. I reproved them this time and went on - the sun was already down, till we came to Muttukur on the right hand the road, where old and young passed by the topu we were in, in order to see the wise man and how he drinks tea. The people are Telugus. After having passed the night in the bandi, we spoke with them, but only a few would or could read, and there was a great deal of reserve about them. We went to the village of Tamil Pariars on the other side of the topu. There we got into freer conversation and they liked the idea of a school to be established amongst them: confessed the foolishness of their worship and that they are in utmost ignorance of the way of salvation. From thence to Velcur [illegible]

(Saturday, 7 October) where we stopped in the Chavadi (kind of occasional office for men of business, generally serving for Chattiram). The people came soon round me, took Telugu books and spoke of the onehanded [illegible] who had seen them before (Mimmo) and also spoken of Jesus. He had given 10 Rs to a man, who regarded this as great [illegible] for the missionary <d'Aere had spent plenty of money among them>, so we got into talk about [illegible] and I explained them the true proportion of a gift pleasing to God, and also the royal way in which God gives to us not alms but all the fullness of Deity. - People listened well and with some reverence: At last their Guru came: a Roman Guru would not have borne so patiently what we said about the blind guiding a blind. We warned all the people of him and had long talk with himself about what is truth - even that which came down from heaven. When we called their stone idols lifeless he had the curious idea, to say, that still there is fire in it, and where fire is there is also life: this led me to explain to him the difference between those various powers of life diffused through all creation and between that indissolvable life, which is God's existence according to his own will. This is actus purissimus, < [illegible] > all the other passive, comparatively will-less - but the latter I did not tell him; but simply that God is everywhere, but has chosen to himself a peculiar dwelling place in heaven to which Christ is way and ladder. He to be known and found by prayer. He could not understand how God talks with us, and I would not explain it: saying it was like the taste of something new (I showed him bread) if I would tell him much of this taste he would still not perfectly understand me, but if eating himself he would know it. Thus we went on, gave our last Telugu books - and one or 2 Tamil ones (a Teluguschool is in the village, no Tamil one). At last the children of the Brahm. School there came, sang and played before me till my ears nearly burst and pressed a present out from me. Evening arrived in Chittoor in good health (a copra capell* [couple?] had just been killed in my room).

Donnerstag, 12. Oktober. Gr[oves] gab mir den Bericht von Möglings Ordination und Kapffs 2tem Advent Christi, die wohl viele Monate zuvor ausgesandt wurden und jetzt unter altem Papier sich fanden, in die Hand. Das war ein Fest, unerwartet, spät nachgeholt. Ich bin und bleibe eben doch Schwabe; o Gott, möge ich nur der Welt, auch der schwäbischen, täglich entrinnen.

Friday, 13 October. Susan was found out in a texture of lies - had said to Andrew, one wanted her to take over Chatties to the Dayschool and because she would not do it, was sent off the school - had taken a jacket of Isabelle, said first it was Isabelle's, then - she gave it, then I took it, then - is not Isabelle's but Andrew's. It was found out afterwards she had not taken it, but told the Ayah for [illegible] she had taken it. I told her after the wish of Mrs. Groves that we think her for the present worse than a heathen. I told Andrew that his preaching and praying is all a farce, as long as he has not yet ordered his house - all the compound people despise the name of Christ for such reasons. Here ist faith and patience, hoping, where nothing is to be hoped. - A week's labour on the Bazar and (in Sandapetti School) etc. is over - o Lord, who has heard thy report and to whom is thy arm revealed? Be with me, that I may not stand so lonely, so weakly, so full of doubt and a hard unbelieving hard [heart?] - but that I may thank thee for the white harvest and reap with the sword of thy Spirit. O risen Lord, heavenly King, for more gifts from thee, from on high, that I may not grovel longer at this poor dying rate, but live and repand life. O let not Satan laugh and triumph over me, nor the men who hear me be deceived by his instruments among them and their smooth words, but be with thy word, in my mouth, that some at least may stick like nails. I want Christ, and they want Christ: o may I revolve thy name more in my heart and on my lips, than they do with Hari and Rama and Siva. Bless also the books, and bring those near me, who really seek salvation. I would ask for many inquirers, for many brethren to come, but because of my own weakness I will only say - one o Lord, one who takes thy cross on himself, and dies, rises, ascends, lives, dwells and serves with thee* one in whom I can rely and who may stir myself on in my poor work. - Christian is received upon the clear understanding that he has now not to hope for any money, nor even for an office at the end, but that he may learn and after a year go back to Tirunelveli. - I am disquieted in my mind whether I shall as heretofore spend so much with the 2 youths alone. Lord show what I have to do. -

Division in Chittoor about God's word, originating in Mrs. Onslow on the one side and her sister Mrs. Brett on the other - Mr. Casamajor, influenced by B[rett], zealous for the law, writes to Madras he shall not support any Mission connected with Groves - great loss!! Only for more faithfulness in our closets, and though many things would grieve, they would only grieve us for the sake of those who are losers by it. For really we are the gainers by what ever God sends us. - Mrs. van Sömeren died 14 October in the bungalow at Vencatagherry.

Saturday, 21. John Groves arrives.

Sunday, 22 October, finished a number of sermons on Christ's death, resurrection, ascension, and Pentecost. How much seed was there in it? The question, how much of it will spring up, is taken out of my hand and is now thine.

Monday, 23. Andrew met me when going to the Bazar, and asked me to take him along. So I did, for the first time. - Mr. and Mrs. Groves went with Lascelles to Palmaner, where the purchase of a Missionary bungalow is contemplated.

Wednesday, 1 November. The rains have set in with might. When walking with Andrew to the Lascelles he confessed how also he thinks that Susan is not yet converted (she is in a continual falsehood-system in order to avoid doing work) and that he often repents of his marriage. She is too lazy to do even the most necessary things for him.

In einer Unterredung mit Frau Lascelles sagte sie mir mütterlich: ich sei zu allein, solle heiraten. Statt einer Ausflucht sagte ich ihr geradezu, warum ich warte. Ich bin betrübt über das, was ich von Groves 2ter Heirat durch das Medium, von H. Gr. und G. L. höre, daß nämlich Fr. G. sich durch A.-N.* G. dringendes Bitten sich genötigt glaubte, von ihrem höheren Rang herabzusteigen, und seine Hand anzunehmen. Ihr Sich-nicht-Herabdemütigen bringt viel Not ins Haus. Armer Gemahl.

12 and 19 November, Sundays. Visits of a Palicot nominal Christian. The latter day I told him plainly, that though he has received outward baptism and some instructions, his want of the firelike inward baptism makes his punishment only somewhat harder than that of a heathen. He confessed that there is no communion with Jesus about him. - Also as other interesting inquirer. Men who wish to become schoolmasters begin to learn with me: at present 3,4. My great fear of quarrels with B. nearly fulfilled, he lying according to the Spirit that is in him, as if we and Mrs. Lascelles gave rupees to draw people over. - This was spoken of 27 November when in the evening Lascelles Casamajor met without knowing of each other here. Bilderbeck seems to be afraid of losing his church, and likes therefore to believe stories of his catechist.

20 November. A regular evening meeting in Tamil and English begun with Mrs. L[ascelles] and the natives around us. Oh for more spirit into our willing, but weak forms. - Have 3 schoolmasters learning with me for their schools' best - but they do it for [illegible] sake. Bless also this, father of all the Spirits and thou Son who hast bought these all with thy own heart's blood. - I see daily that what I want and lack most is that patience, which made our Lord a perfect highpriest, and without which none can be an ανεξικακος as Paul wishes all Bishops to be. And I still pretend to aspire after the office if not the name of a Pastor. If thou givest me a church, it will prove that I aspire not with my natural heart, but according to the mind of thy Spirit. ει τις επισκοπας ορεγει καλ... εργου επιθυμες[1]

Saturday, 2 December (Ludwig's birthday). I found out that the Sandapetti Schoolmaster, already teacher in dear d'Aere's time understands not yet the most simple questions about Scripture. I therefore shall try to get all the Schoolmasters Saturday afternoon together to have thorough conversation with them, and to keep them continually learning. - The Lord helps me evidently to come down to the simple talk of the natives. - With regard to the English preaching God's interference is manifested in dear Mrs. Onslow's whole-heart-conversion, in her distress both with regard to sister and husband; but also they seem to think it a real thing what beforehand they had so entirely despised. Mr. Brett spoke out very decidedly and with pretty clear looks what he seeks in Christianity, on Wednesday, 29 November (when we drank tea with Mr. Casamajor and I came to sit near Mrs. Brett). O Lord carry on this work and have especially to dear Br. Groves the hands free for a full and uncurtailed missionary ministry.

Friday, 1 December. 2 Brahmins humbled me on the Bazar more than I had ever experienced before, I spoke of love of [illegible], they showed then how wicked Hindu black man is for seeking [illegible], and how wise and good the great white man, who seeks not [illegible] but [illegible] - etc., etc. Such exercise will be necessary and wholesome for a heart so proud and impatient as that in my breast continually manifests itself to be.

---

1. Ει τις επισκοπης ορεγεται, καλου εργου επιθυμει.

Monday, 4 December. Iruvaram school begun. Mrs. Lascelles' love prepared me a fear and 7 people came, wishing for instruction and baptism. Now Lord guide me, that <u>I guide none astray</u>, and myself walk in straight paths.

Tuesday, 5 December. On the evening, when Onslows and Bretts intended the first time to go to the evening reading at Groves's, I left on the Vellore road, reached first the village I was in 9 September. As it was dark already I made haste to address the people under the great village tree. Had again as the last time rather interesting conversations, though they are chiefly Telugus and know hardly to read. We have a God who talks with us - well said they, ours never talk. We have a God, who loves all - they not: one whom we love - they not. I preached especially 2 things, of whose meeting in God I said, the heathen have no conception - God's wrath and his love. Showed how they meet in Christ's face, but weakly!! They asked when I shall come again. - After tea I took a walk through the whole village, but nobody to be seen, all inside houses. The few I met would not take tracts, I made the ronde a second time, then I called a man in one of the last houses out, found he was one who had rather willingly inquired and gladly took a few tracts. Now may they be a seed which brings fruit in its season! - Christian runs now always after me, though I prefer to go alone. He speaks hardly a word, but wishes to appear - or to be - what do I know - in love with me. I had spoken seriously with both on the road. For as I had long observed their coolness against each other, I now thought it necessary to tell them that all their being not satisfied with things as they are, arises from their mutual want of love. Asked, why they love not each other, found out more and more, that Vedamuttu distrusting Christian (for his tongue's sake it appears) does no more talk with him. I put the question so distinctly that they had either to say, one thinks the other to be no Christian or that I had to say, I think none of them a Christian: because they (viz. Vedamuttu) had declared the breach incurable except by separation. But I think seriously of the latter. Told at all events both, that for their sake I was so slack in administering the Lord's supper in Tamil.

Wednesday, 6 December. Morning again to Pallur. After breakfast went into the village (NB the Choultry-peon told me of Mr. Bilderbeck's having been here on his last journey and having inquired after my transactions here and in the villages about. May the Lord give me grace to make the best use of the many who lie in wait about us, or watch us). The people understood not to read. I was carried to the Chetti who allowed me to enter into his house and sit on the ground. Told what Christ had done for us, wishing to pay all our sins, if we will have them paid. Again excuses for not understanding - but some things surely they understood. Took a Telugu tract, and laid it to the other the Peon had given him. The people both laughed and listened around me, according to their fashion. At last he said - pongel [gehen Sie!] - and so we went. - After dinner to Bammasamudram, rather a long round about walk, which however had much that pleased from the aspect of the large lake and the people working at and near it, as well as the fresh breeze which came from it. It was no more that intense heat of the last time. The valley then so dry now one watersheet. When I had arrived in the village and spoke with the people, amongst whom only a Brahmin woman had courage or Tamil enough to talk freely with me, I saw Chr[istian] standing near me, though I had not called him after me. I said nothing, though I sometimes feel my throat very narrow when he stands near me, and pleases me with every member of his body and soul. - The people of the first village sent us to the [illegible] [illegible], where the Retti is. With him we had conversations, and he being acquainted with Greenpetti and Chittoor, thought seriously of the offer of a school - but with Sudra master - although he dryly remarked, that in this village it was not mamul, and that all the children have other work. He promised to see me in Chittoor. Few tracts. - Evening Vellore; passed the fort when the last red clouds were reflected by the broad full fort ditch (there are said to be crocodiles in). Passed the night in the bungalow.

Morning 9 o'clock to Capt. Ottley fortadjutant who expected me from a note I had sent him beforehand. C.G.P. I found him playing guitar, which seems to be his hobby. Pictures all around, girls, horses, hunting, books besides Shakespeare, Byron, and Ovid Art to love. Only Musik and about Horsescience. A man to be known at the first look. After I had heard a long piece on guitar, and heard of Marjoribanks great "fortune" having left to him by his father 50 000 £, we went to the fort. Large stonemasses, built in a nice taste. Col. Stewart laconic but kind. Fortschool, built in the manner of large Granit-chattrams. On one side the girls whom a white lady taught Scriptures. The schoolmaster of the boys I soon found to be a pious man from the intelligent answers the boys gave on Scriptural questions. I heard also that he is an undefatigable man. - The lady was Mrs. Bisset, as Ottley oddly says: "worth 100s of her husbands." As the examination was finished (at 12) Mrs. Bisset left for home. So did I, but Ottley drove me first to Capt. Awdry who had invited him and me to dinner. He was not at home, only Mrs., who is it appears yet far from the light, which I hear her husband lately received frightened by disease (made up a quarrel with Ottley, thinking his last hour come). Nice forward children. Then to Bissets. He evidently much pressed down: his wife though suffering in her health very cheerful with the little girl on her lap. His first question was, whether Gr[oves] is not much opposed to the army. I laughed and explained, but soon felt, what Ottley confirmed, that he feels himself very uncomfortable as officer and in consequence may be afraid of Gr[oves]'s view being correct. Then about Chittoor. I told her who daily visits the girls of our girlschool, in which she was much interested. "B[ilderbeck] that delightful Missionary" - "Casamajor, who helps so much to the kingdom - whether he gives also to us?" - This I explained according to truth, but nothing about B[ilderbeck]. At last lively conversation about party spirit: I telling much of the state of the German church, its enemies and persecutors, and the love kindled thereby - which pleased Capt. Bisset evidently. Still <u>he</u> did not ask for Gr[oves]'s coming: she seems to be without fear rather desiring it. Tomes has frightened him, as Ottley tells me. - I told Mrs. Bisset much of our doings. She offered handshaking when parting. Ottley remarked that both she and I have felt union in our "ideas": she is evidently preaching by her quiet amiable conduct sermons twice as powerful as her busband of whom Ottley says, that he cannot bear his canting always Jesus Jehovah and repeating it 200 times over like the names of a Hindu god. - 3 o'clock dinner at Awdrys'. Col. Stewart and Wilson (very old, talks always of promotion) with 2 captains more besides P. and O. and their respective ladies made the party. I was requested to ask a blessing. But not a bit of nice talk, so much that I doubted whether I had been invited for Ottley's sake, or because Awdry wished to make our acquaintance. A great deal of money talk (about Palmaner house. 950 Rs. Onslow wrote that morning an answer fr[om] Babington). After dinner walked in the garden (hörte hier, daß Lascelles by carrying official things with too high an hand einen Streit mit dem Hausherrn gehabt, nur in Briefen, der einen gegen Lascelles ausfallenden Beschluß der höhern Behörde nach sich zog. Das betrübte mich. Hörte im Beigehen von Ottley, daß Lascelles es wünsche gutzumachen). Dann Ausfahrt mit Ottley, der Gr[oves] hochhält, vielleicht getrieben im Geist, etwas Besseres zu suchen als er hat. Weil er uns für zu heilig hielt, lüftete ich den Schleier von meiner eigenen sündigen Natur. - At home met a letter from Collector Huddlestone in Madras, who after having lost his wife, writes that he thinks he shall soon die too suddenly and follow his adorable wife and sent already his music to Ottley. He then showed me the letter of Huddlestone wherein he announced her death. That led to conversations on the misery of man in his natural state without hope or God and gave me a welcome help to speak as strong as possible of what alone gives peace in God. He confessed much - wishes to have Gr[oves] "though his house is not worthy to receive him" - promises also all help from Col. Stewart towards it. So I hope he will go. - The conversation was so welcome to me that I postponed my going till morning

(Friday, 8 December) when I first went to Christianpetti a Roman Catholic village, the last place in the Vellore valley towards Chittoor. They are Telugus from Punganoor*. Speak Tamil little. Carried me to their Church, said yes to my exhortations, and wondered that we have just the same things in our Vedam as they in theirs. They look at all events happier than heathens - but wish still for more money, and though they acknowledge they have enough will spare nothing for a school. (I hear that the LMS Cat[echist]s in Vellore speak almost only with Roman Catholics, not with heathens - from fear. The Priest tells his people to hear these Catechists as the only difference between their and our creed is about worshipping images. This appears liberal and is at all events not much risked, because he knows that none will have a doubt as to the propriety of idols. Also my bandicaren acknowledged this in conversations with Ottley's horsekeeper, a Roman Catholic, that our Vedam the Luz vedam, is worth nothing, because there is no [illegible] nor [illegible] in it). - After breakfast, to Nararipetti, where we arrived at 12. Went first to Vasapalli, where I found that people remembered what I had told them, some liked to hear and talk more, asked about consequences of this marcam both for them and for me and received a free answer. They say if the Retti receives it, they would also. I showed how foolish such a talk is. But the Retti was rather angry when I told him the same and was glad when after I had tried to get tracts for all the reading people in the village I marched off. - In the village near the road again as beforehand driven away by obstinate silence and deafness.- The same in the Retti village near the bungalow.

Saturday, 9 December, early morning to Rettigonda where I had breakfast. In the house near us people ran from all sides. A girl had been seized by a devil ([illegible], but from fear the[y] call it only [illegible], [illegible]) - they got then a man, who by a mightier devil will drive out the weaker one. I thought again, how nice it would be if I could just help them with the name of Jesus, for Vedamuttu had already entered the village and heard, that nobody could (or would) read. People appeared to me also nearly inaccessible. Still I went after breakfast into the village, and met a man in his little compound who knew our books from Madras. Also an old Sepoy and others were present who have no fear to hear and to converse. As many Hindus, so this man also believe[s] that there is only one God and by saying [illegible] to him we will be saved. I pointed out to him how wrong these conclusions were: and showed him that we first want pardon for our sins before we can praise God: and then how the praise ought to be not with lips only, but with the whole heart and all members. He seemed to like the proposal of a school and will propose it to the other villagers, who in concequence of Greenpetti's example will see no great obsticle in the way.

10*. After leaving the village, we got yet another big man to take a Telugu tract.

Monday, 11 December. Told today Christian that he has to leave us, and wished him to go back to Tirunelveli. The dissension between him and the other had come to such a hight that he could no more longer stay with us. The servants already knew it and in part also the reasons (Fleischeslust, ausgesprochen gegen Susanne und alle die übrigen - nebenbei Unredlichkeit im Wegnehmen kleiner Bücher von uns - und alles das heißt er noch immer [illegible]). Es ist was Schweres für mich, aber ich kann's nicht ändern. Herr, trage du mit ihm und mach ihn noch zu was Tüchtigem, wenn er sich dermaleinst bekehrt! - Lascelles's waterwoman seems converted.

Donnerstag, 14. Dezember. Christian zu Bilderbeck. - Bilderbeck schrieb mir eine Note, sich nach Christian erkundigend. Ich antwortete nicht im Detail <I pointed out a lie in his application that I took him for help, did not enquire into V[edamuttu]'s complaint said* ... helper* is no more required>, doch sprach ich von Geldlust und Zungensünden, sagte, daß ich um Christians selbst willen die particulars seiner Entfernung nicht erwähnen wolle, sagte auch, warum wir wünschten, er würde nach Tirunelveli zurückkehren und erklärte jedenfalls, daß wir ihn zu keinem geistlichen Amt tüchtig gefunden haben <pharisian pride, underhand dealings, sins of tongue, ... of money>. Er sagte zu Brett, Gundert habe ihm eine kurze grobe Note geschrieben, keine Antwort, nur schlechtweg, if you will take him take him. O Teufel, wie hast du deine Freude am Verunehren des hochheiligen Christennamens!

Montag, 24. Dezember. Abendmahl mit Fr. Onslow und Bretts von* Tomes, auch die Knoxs waren gegenwärtig. Dies ist das erstemal, daß ich's nach der C. E.* Weise tat, um dem Ärgernis entgegenzuarbeiten.

25. Dezember. Abendmahl in Tamil mit Andrew, Vedamuttu, Samson in meinem Zimmer. Samson ist ein durch Mr. Laidler in Bangalore vor 10 Jahren bekehrter Christ, gegenwärtig Pellews servant. - Wir waren fröhlich beisammen; und ich beneidete die große Partie nicht (Lasc., Gr., Onsl., Br., Knox, Walker, Pellew, and families), die ich bei den Lascelles gelassen hatte. Gr. asked Mrs. P. to give up her servant to our establishment, but although P. had offered it to Mr. G. and me, Mrs. P. and therefore it seems also our Lord would not agree.

Sunday, 31 December, preached on Baal and Jehovah. Younger Walker, br[other] of the Bangalore W[alker] stood with us. Eine gute Seele, geplagt mit etwas dogmatischem Prophetism, vom Bruder aufgeschnappt und einigen großtuerischen Zweifeln betreffend Fatalism. Er gab mir eine goldene Kette für Rhenius. Hatte

1. Januar 1838 nachts eine lange Unterredung mit ihm, wünschte ihm Sünde sündhaft und Jesus liebenswürdig zu machen.

Wednesday, 3 January, baptized (Ramayen) Lazarus on his bed, as he wished it so much before his death by consumption. He says he believes in Christ, Lord, then give him thy holy Spirit.

Friday, 5 January. Capt. Chalmers with Mrs. Smith and a child passed through. Diese ganze Woche liegt Fräulein Emma Groves darnieder - an Leiden, die die Unrätlichkeit unverheirateter weiblicher Missionsarbeiter zu beweisen scheinen. Sie und Julie hatten Streit, die eine hielt die andere für alles nur kein Weib, und diese bezweifelte den christlichen Sinn der andern. Der arme Frank hat mit Sich-Versprechen und dann Absagen nichts Gutes gestiftet. Er schreibt von Portonovo, daß er Tamil lerne. Emma dauert mich: und nun sie auch Frau Groves dauert, hat Julie die Vergleichungen zu büßen.

Sonntag, 7. Januar. Abendmahl im Bungalow mit der Tanjore-Ayah, ihrem Bruder, dem Christenbeschwörer John und Compagnie.

Montag, 8. Januar, ging mit Vedamuttu nach Ventamalai auf dem Weg nach Gudiyattam. Vedamuttu asked me why I gave offence to some people by calling Christ bridegroom. Hatte am Abend lange Unterredung mit ihm über T[irunelveli] und headcatechists daselbst. Hörte von Samuels Ehebrecherei, der Oberkatechisten Schlauheit, Savori Muttus* Lügen, Muttu Samis treu- und glaubenslosem Wesen und wurde tief betrübt. O Herr, prüfe und reinige das Werk daselbst, aber zerstöre es nicht. Andrew möchte nicht nach Tirunelveli zurückkehren, der Oberkatechisten und Rhenius beliebiger Katechistenversetzung halber. V[edamuttu] sieht's sehr deutlich, wie nötig Gleichheit, besonders im Gehalt, für die Christen ist. Sie haben in Tirunelveli noch zuviel von einem Furchtsystem, und das läßt volle Liebe nicht aufkommen. Leite uns auf richtiger Bahn.

Tuesday, 9 January. Walked in the morning very early to Pardarami, 10 natich. from Chittoor, a nice way through a long Palmira forest. In the village people were astonished at my coming, as it was something quite new and so nobody would confess that he knew reading, nor talk. Still, one of the men talked a little and to him I said what we want besides our earthly occupations. He also repeated the common saying, if you tell no lie how will you get on in life. Whilst walking through the village, met a Tuluker school. There were boys in without the fear of the old ones. One ran at once and showed me a thing which reminded me of marketdays in my childhood - a common Nürnberg Dial, the use of which he wanted to know. I showed it to him and wrote the Hindostanee numbers at the side of the Romish, by which he was greatly delighted. From the village I walked to the southern half of it. There some devil's dancers were showing their God and drummed, danced, sang and conjured before him. People again told lies in order not to be questioned. However when I was just parting after all had refused the Lord heard yet my prayer, that he may not suffer my visit to this village, to be entirely useless, and sent out of the last house (near the bungalow) a Tamil man who by his confident open looks seemed rather to ask for a tract than to wait for being asked. Whilst he heard my explanation also others gathered around and thought it rather a good work of me to walk about in order to tell these things! So I gave some tracts, Telugu and Tamil. If I had Marashta tr[acts] the counting people would be glad to receive some. - From Pardarami in the evening to Callapadi. The way leads at first through a rich highground, full of water and ricefields. I took V[edamuttu] into the bandi and read with him the English tract concerning Jerusalem and the Jews. After that we were obliged to separate, as the way became extremely trying for the poor animals. It leads through pleasant jungles over a low arm of the Ghauts* (called Pardarami Pass). The descent is very steep and hardly anything like road. Pretty tired we arrived after sunset at Callapadi, 5 nat from Pardarami, a very large village hanging on the side of a rocky mountain. At the entrance is a topu of Banian and other trees, full of monkies. We went to the Chavadi (a poor place), then into the village. The men were mostly gone. Still there were 2 in the lower part of it, who liked to hear and took tracts for their school. The annunciation of God's fatherly love and the whole business we came for appeared to the one so new, that he could not help laughing aloud for astonishment. The other, an elderly man, was rather interested in our statement and will read the books attentively. Eingewickelt in Kleider, schlief ich auf dem Boden und träumte, ich sitze an meines

Vaters Tisch mit Brett und Fr. Onslow und frage meinen Vater, warum er mir denn nach Indien nur 2 Briefe geschrieben habe. Auch Josenhans und der Schöntaler Weitbrecht kamen herein. Dem letzteren sagte ich von seinem Bruder in B... Als ich erwachte, war der Mond schon nahe am Horizont. Ich brach auf, gestärkt, aber die Seele sehnte sich doch nach der Heimat. Ich kann verstehen, warum Odysseus Auge tränte, da der Sänger von Troja und den νόστοι erzählte. Aber getrost. Der Herr hat der Fremdlingschaft seines Volks ein Ende zu machen verheißen, und wir werden nicht ewiglich παροικοι und διασποραι[1] sein.

Wednesday, 10 January. Soon after daybreak to Gudiyattam ([Tamil script]) 5 n. from C[allapadi], lernte unterwegs der engen Schuhe und wunder Füße halben barfuß gehen. The town north of the river, with ruins of an old fort ist very extensive. This we passed and lodged in one of the 3 bungalows beyond the riverbed. After breakfast went to the bazarstreet of the southern part and had rather an encouraging reception. After some preaching in the street a man invited me to sit in his bazar on a beanbasket, and another took his place before me and so amongst a great crowd he carried on a talk with me, very kind and obliging though he called me [Tamil script], only complaining about my eating beaf. I said I have not done it for more than a year, and to oblige him I might leave it off entirely: but showed why it was no sin, as God had given all creatures into man's hands. But said he, the Shastrams, I asked who they were by. He said from Brahma. So I reminded him of Brahma's lie: and said shortly to a God who once has told a lie I have not to believe any farther. This appeared most reasonable to all. I told him then of that God who tells no lies, and of his incarnation not as fish, which only can interest fishes, nor as pig nor as tortoise, but his coming into man's flesh for man. One man seemed to understand what I said of sin being born with us as a seed, and growing with years till the burden of it seems to be beyond bearing. Explained also what birth from above is and told of the sower's parable. All Tamil tracts I had taken along were taken. Also some Telugu ones. The counting people would take Mahratta ones. [Tamil script] would be a desirable present to one of the Brahmins. - In the afternoon about 10 came to me in the bungalow, asking for more tracts. The one who remembered having seen me on the Ch. Bazar, complained about our reviling their Gods in our tracts, calling them liars etc. I said that we do not call them so, nor did Christ ever speak of their Gods; it is only their own books which deride their Gods. I told him then how these ideas of lying and adulterous Gods arose, even from forming a God after fallen man's nature and justifying them by the wickedness of this nature. I farther explained why we tell them some words of this blind way, that they may become afraid of farther progress on it and hear more readily of any new way offered. Read then several things from Luke's gospel and explained, several hearing attentively. A big schoolmaster asked for the gospel, saying he would teach it to his 100 children. At last I was obliged to part with all the gospels I had. This is the first visit of this kind, and with people who understand Tamil well. These are the first gospels also I gave on my excursions. - Went evening again into the large Bazarstreet and was invited by some Tamiler and Moslems to sit down in their shop. The crowd round us was so great that I felt nearly suffocated by dust and heat. They were very inquisitive - mentioned again the proceedings of Government and the administering of oaths in courts as justifying their idolatry. Another said that God gave one way to each caste - others disallowed this. Again one asked me which caste of all that exist is the greatest, expecting I would say the Europeans. But I told him that there are only 2 castes, a natural one and one of birth from above and that from above is the more exellent. Life,

---

1. διάσπορα

death, sin, immortality were also spoken of. The Moslem were kinder and more - if I may say - on one scale and one voice with the Hindus than anywhere else I saw. Old and young nearly rent* me for tracts. - (With regard to the Mohammedans Vedamuttu tells me that they are always more one with the Hindus, where there are no Europeans. The pride of the latter seems to induce them to draw a greater line of demarcation between themselves and their former subjects).

Thursday, 11 January. Went in the morning early across the river to Vaniapettei (or Vannarpettei). Part of the people were afraid to take tracts, because one cried they will make all to be of one Vedam, and because I instead of denying it, expressed my joy that he sees the reasonableness of this. In passing through the streets people gathered round us on 2 occasions, to whom we preached the one thing necessary in different ways. The second troop consisted chiefly of Brahmins[1], one of whom spoke a little English and took an English tract. To them I told the prophecies about what will stand at last and what will fall. They were a little ashamed, but not yet angry, perhaps because the thing was new to them. I comforted them also that for the present the Comp[agnie] pays yet for their childish plays and that therefore no violence is to be feared from us, but that the Lord in his own time will make to fall what has no foundation. One asked what I meant by the statement that there is no true love amongst them, which I explained, taking the stature of Christ's love, even that of venturing one's life in order to save. Here also many tracts went off. It is new year's day with them and Pongalfeast. - After breakfast several men, also plenty of Canarese came to fetch tracts. - Canarese tracts will soon be required. Amongst the Tamulians there was a young man in 1818 in Madras, knew of Rh[enius] and was in Sawyer's school. His name Muttusami. - He has still a Matth. gospel in his house, does not well understand it, wishes to learn more: but has never accustomed himself to work with his hands and seeks therefore a place with a Turei. He was quite ready to go with me and follows perhaps afterwards. <A Doctor passing through 10 days ago had spoken Hindustanee to the people>. People went on visiting till sunset, until tracts and nearly also my tongue failed; there were low cast, Brahmins, Telugus, also a Conjeeveram Panderam who spoke conceitedly of wisdom. Some said it would be well if I would stay yet longer: and I am satisfied the visitors would have been more with every day. They already were very courageous, because they were not kept in strict bonds as with other Tureis, sat unasked into chairs, asked for pens, some looked after all my things, boys wanted a bit of fine paper, others wanted to see my handwriting in Tamil etc. - Nächtliche Unterredung mit Vedamuttu, in welcher er die Gefahr erzählte, in die ihn fleischliche Lüste bringen, nämlich daß er oft wünsche, lieber Christus nie gekannt zu haben und im Alter kennenzulernen. Ich kam ihm durch Gottes Gnade ziemlich nahe mit Bibeltrost.

Friday, 12 January. Morning to Callakadi, stayed in the Chavadi. People after their மதாபயம was over, came repeatedly in crowds: but the end still was that sin is dear to them. They regard it as a favourable epoch for their village that again a Turei visits it. The Schoolmaster wanted a "slate" - was 14 years ago with a Mr. Kohl (Kohloff) in Vellore (from Tiruchirapalli) who told him nothing of Christ but gave English spelling books, a bible etc. which all were burnt with his house. He also perhaps comes to Chittoor. I am struck with the observation that one or the other accident in my first coming to a village imparts a certain character to my whole reception; where for instance one has made the beginning with saying he does not read all follow in pretending not to know it and stop their ears with one accord. Where once fear is overcome, you gain nearly immediately a certain

1. Am unteren Rand ist angefügt: Weitbr. about Häberlin and Kälberer Calc[utta] letters. Schaffter to B. about Ch. Chapman for letters.

ascendancy over them and they feel as if they had got a protector more. - After dinner passed the mountains for Pardarami, where I had a pretty long conversation with the Telugus in the southern village. They thought our way to be the [illegible] laughed at their Gods, confessed that they like sin and that for this reason they do not like our talk. - I hope if we come a second time they will not reject us so shortly as they had done last Tuesday.

Saturday, 13 January. Morning early to Vendamur, where I drank coffee and sought conversations with the Brahmins and the Comedier of the place. But they hear so much of the Greenpetti sermons that they rejected books most impudently. Having made our ronde through the village I found at last a man who took our last Telugu and a Tamil tract. The low cast with whom I spoke and who seem rather intelligent, wished for a school; but whether the highcast will not oppose it, time must teach. Arrived at 8 morning in Chittoor. - Here there had been visits from the Dobbs.

Wednesday, 17 January. Lieut. Boswell and Mylne passing through with their regiment from Bang[alore] to Samulcottah, nice young Christians.

Saturday, 20 January. Mutters Todestag. Baynes arrived from Bombay. Augustus Oakes guest.

21 January. Brett und Augustus Oakes bei des Herrn Abendmahl.

22 January. Susans Vater Mariadasen und Br. Mose nehmen sie auf Besuch für ihre Entbindung hinweg.

Saturday, 27. Lazarus died morning 1 o'clock, the name of Jesus on his lips : buried in the afternoon.

Thursday, 25. Was in [illegible] ; people are ready to give a schoolplace; altogether a nice spot, central and yet untrodden. O for more Spirit!!

Wednesday, 24. Major Purton arrived here, in order to stay. He has not suffered himself to be frightened by the warnings he got in Madras concerning these unsettlers. But his little wife wishes to be kept in the Ch. of E.

Tuesday, 30 January. Miss Groves departs for Madras (warum? die Leute lügen, es ist wegen Johns Abreise, im Grunde ist's Groves jüngerer Sohn).

Thursday, 1 February. Baptized Fr. Lascelles waterwoman in the evening. She is a joy to me and a great comfort, showing what the Lord may make out of such baby.

Sunday, 4 February. Bin 24 Jahr alt, der Herr segne mich nicht bloß mit Jahren, sondern Wachstum am Geist.

Monday, 5 February. Abends nach Cottapalli. Went to one of the next houses, where I spoke with two men. They say they are satisfied with their Sawmi because he is a Shottusami: and although there is only one God, you want many just as you want salt, rice, brimjoal and other things for dinner. He laughed at what I said.

Tuesday, 6 February. Walked in the morning to Pallur, where we arrived with sunrise. The man in the Choultry said yes to everything I said. Passed in the afternoon Christianpetti where I entered and perceived several men sitting in a large house. We went near, it seems to be the Roman Catholic Catechist's house. So I entered. The books I offered, none would read, all being kept under a kind of charm, till the most intelligent looking of them began to talk. He carried on a dispute on the differences between Protestant and Roman Catholic, called our Vedam one made 300 years ago - spoke about Luther's having permitted double marriage to one of his princes, about saints, images, submission and belief in gurus, celibacy, regeneration by water and spirit, bible translations - he got several times very angry; the people were very friendly and seemed to respect my remaining always calm and speaking only scriptural words. He asked why I enter, said it is not necessary - it will be d[h]armam to go to heathens as the Brahmins in a neighbouring village are, but they being Christians want me no more. I appealed to Paul's wish that everyone should exhort the other and warn of the devil's snares - he spoke of the [illegible] who troubles the sheep, took no books nor did he allow to take except the Priest permitted, wanted me to speak rather with Owunor* etc. to which I said in reply that the gospel is preached to the poor and least to rich monopolists. He obliged me at last to leave. He seems intelligent and well instructed in his way, arrived at sunset in Vellore where in entering I met a man who formerly had visited me in Chittoor and now expressed his surprise in seeing me walking in. He is interesting but still smears ashes. Camerer also told me that he spoke with him, that he allows catechists and white people to enter into his house: but still talks so much of the insignificance of outward things compared with inward. - When I came to Capt. Ottley's house he was not at home, but at Capt. Perreau's. When he came wished he me to go to this gentleman who had kindly invited me; because Ottley's house was filled with Madras visitors (Mrs. Worcester). Ottley appears as weak and worldly as before: there are some Christian books among horse- and other scientific works. - At Perreau's I met the whole evening with poor young officers, in whose talk nothing was remarkable but the witness they gave to the decisive piety of Mrs. Bisset. She is indeed like a shy gazelle, appearing to be always afraid of a devil, but no doubt endeavouring to do right in everything according to her judgment and ability. - Perreau was very kind and obliging, walking on sticks, because he had twice broken his legs. With me he put on the coat of formal Scottish religion, and felt annoyed by the profligate talk of his companions.

Wednesday, 7 February, morning early I wrote to Kohl who on his part wished me to come to his house. So I walked over and saw him and Camerer, remained also with them till 12. Kohl explained the misunderstanding he had caused, hopes now to become a good neighbour, relates of sickness and travelling to Tranquebar and Tiruchirapalli. Camerer is kind, remembers Mrs. Lascelles but assumes a very high tone in his official capacity. Much talk about Missionary interference (concerning Mr. B's stations). To dinner I felt obliged to repair to Capt. Perreau. I came then near him; speaking about sin and the love of Christ; also the evil example of Europeans: he sighed deeply. Recollections from his youth seem to make him an unhappy sinner. He wished he had become a clergyman. I spoke about the comparatively greater temptations such as one has. Perhaps my words appeared to him far more pointed than I thought - as it was only after I had taken farewell, that I heard of his sinful life. - He wished me to see him also in future, if I should feel any pleasure in coming to him. I wish to feel it an honour to be with great sinners, only without the danger of encouraging them thereby. (Er ist ein beständiger Ehebrecher - sonst ein sehr guter Mann, wie seine katholischen Diener sagen. Seine Frau und Kinder sind in England. Vielleicht hat er auch seinen Beinbruch als Strafe anzusehen. Ich dachte mir nicht, daß ich von solchen Ursachen mir sein fließendes Tamulisch-Sprechen müsse zu erklären haben). In the evening went over to Kohl. Camerer left in palankin for Bangalore and Mysore. Spoke with Kohl, who is in a nice state of heart, but strangely deceived by a (Roman Catholic) natural sentiment for everything grand imposing and mysterious, an inclination which his judgment justifies by mingling all kinds of OTl* notions with the spirit of the Old Testament. (No Lord's supper except in church. [<">]Sacraments μυστηρια not to be brought to hear by continual use, nor by laic administration. Allows his Catechist to baptize but only by the priest's authority - whilst he has no discernment as to the character of natives cfr. his miserable housekeeping. Public preaching immensely differing from speaking in houses or family worship. He wishes even candles on the Lord's suppertable, whether by day or by night. - Ministry 3 orders, although in history he allows πρεσβ and επισκ to mean one and the same thing). He agrees with the difference of law and gospel but is frightened by many things he heard. Archdeacon made him acting Chaplain at Vellore. He does not like it, but cannot avoid it, wishes to learn Tamil but speaks with servants always English. (Klagte, daß Gr[oves] sich mit den Engl[ändern] so viel zu tun gebe und Geld, für Heiden gegeben, in ihrem Dienst verbrauche. Ich sagte, nicht die Engländer, sondern Bauwesen (für Heiden), habe Gr[oves] so distrahiert). Capt. Awdry will introduce him in the surrounding villages, Kohl gave me 2 Southindian repositories concerning Miss[ion] work for Perr[eau], Rh[eniu]s' review for Kohl Gr's law and ministry influence. Rh[eniu]s Brief. - Stood up with him till midnight. At 4 o'clock left in his palankin and reached the bandi in Tencal

(Thursday, 8 February): formerly a large place, plenty of Muhammedan houses stand now as ruins. After breakfast (in T[encal]) walked through the village. Few people took tracts (Tamil). Entered into a Tamil school where the boys from fear pretended not to be able to read the books only their oleis; spoke with the men there, who heard but could not read. Arrived about 10 at Arcot. Mrs. Bushby was present. Walker came to dinner. Afterwards he complained very much about the want of brotherly love amongst Christians and believes even there is more amongst worldly men. Confesses that they all want an elder, because everyone distrusts each other's abilities to explain the word of God. They all had hoped for Major Perthius*. Saw the Knox's. - Evening spoke with Chr[istian] Sam's brother, who wishes to be baptized and with the Ayah, who complains of their being left now without instruction. Whether we ought not to send Andrew sometimes over. Evening we all came together (without More and Cumberledge) (read Hebr XII) after unprofitable singing.

Friday, 9 February, morning later than I wished to Lalapetti. As I could not go myself into the village I sent Vedamuttu with tracts and a gospel. He found some people willing to hear, one wished a gospel. They were saying that they worship what the Brahmins just tell them, at present a Goddess Mari, made of the 5 metals. - Arrived about sunset in Poonay and walked alone into the village. People crowded around me with twice the confidence they had the last time, took tracts and heard. The Schoolmaster who asked me to sit in his verandah was the only overwise one of them all, and said Jesus has spoken [illegible] lies. I asked why? - why, because Mr. Lascelles believes false witness and cannot find out the truth: and so are all the Christians. They say they have the truth and can still not distinguish between lies and truth. But he was angry that Government gave him, such an able man and good speaker, no [illegible]. I told him, what a fool he was to call Chr[ist] a liar without knowing what he said and to impute to Chr[ist] all the shortcomings of his followers. He will now come to Ch[ittoor] and get a large Telugu book to learn all these things. But perhaps he seeks employment. The other people listened well and as my tracts did not suffice, some followed me to the bungalow and took tracts there also. - Took tea with Vedamuttu and asked him about what I had observed - a kind of coldness and emptiness that could not be hidden. It was nicht seine Hochzeitangelegenheit, sondern Zerstreuung des Geistes, angeregt durch das viele Gerede mit Dienern und die Unterbrechung der biblischen Nahrung, die er so regelmäßig in Ch[ittoor] hat. Fr.* glaubt, er leide allemal durch Reisen. Ich sagte, es ist nicht das Reisen, sondern der Mangel an Wachsamkeit, der allen jungen Christen und mir auch so gefährlich ist; er sagte auch, er fürchte sich oft zu fallen, wie er für 6 Monate nach seinen ersten christlichen Entschlüssen im Palayankottai Seminar gefallen sei, und nach dem Fallen sei das Aufstehen so viel schwerer. Hatte liebliche Unterredung mit ihm: besonders über das Gebet für Leute vor und nach der Besprechung.

Saturday, 10 February, before sunrise to Narsingarowpetti, where I drank coffee. The people again as stiff as when I asked them the last time. My feeling is, they have a bad impression from something past which I do not know. But the boys flocked to me and gave me opportunity to speak through the books I gave them, also to their parents. The Pariars (towards N) are willing to hear, but understand only Telugu. - Arrived about 10 in Chittoor.

Christian's marriage on Wednesday, 7 February, quarrel of Reader Daniel with Andrew about Church differences. Chr[istian] seems to have learnt how to work in his situation, from* Mr. Pettitt. They speak already of the glory of the Society and their continual supply of labourers etc., etc.

Sunday, 11 February. Taufte Fr. Lascelles vom Bazar erkauften Arthur; und Andr[ew] die zwei Mädchen, Sarah und Mariah - der Schulmeisterin Ruth. - Bis hieher Tagebuch.

Sonntag, 18. Februar. Nachdem den 17. Februar John Gr[oves] von Vellore hier angelangt war und wir am Sonntag Fr. Lascelles [illegible] Frank getauft, Ambros[ius] nachmittags verheiratet hatten, hatten wir

Montag, 19. Februar, die Freude, Frank Gr[oves] unter uns zu haben. Aber ich bin vorderhand betrübt, ob er gleich Griechisch und Tamil lernt, weiß ich doch nicht, wie weit sein Herz des Herrn ist: und da stehe ich denn noch gerade so allein wie bevor.

22. Februar, Donnerstag, kam Betulius Heftchen über Tirunelveli an; war 3/4 Jahr unterwegs. Auch Addis, brother-in-law of Rhenius, war von diesem Donnerstag bis Montag, 26. Februar, hier; sah ihn mit Baynes auf Gr[ove]s dringenden Wunsch

23. Februar, Freitag, und hatte eine awkward Begegnung mit ihm, denn Bild[erbeck] hat ihm genug von uns vorgeschwätzt.

1. März, Donnerstag. Mr. Waters durch Chittoor, mit Lascelles. Pellews going to Bangalore. - Nun hat Gr[oves] begonnen, Tamil statt Telugu zu lernen. Ach, die Wechsel sind so viele und die Gründe für jeden Wechsel so einleuchtend, daß ich nicht weiß, was ich sagen soll. Bewahre mich, o Herr, vor Stolz und Verachtung vor einem hochfahrenden Auge! Aber das gestehe ich dir, daß du mich an G[roves] gelehrt hast, nicht aufs Große, scheinbar Weithinwirkende zu sehen, sondern aufs Kleine, Unscheinbare, Dienende. Wie viele große Predigten und exhortations in fluent Englisch wiegt vielleicht eine selbstverleugnende Herablassung zu diesem und jenem schwarzen Kinde auf, wie sie beinahe täglich zu Julies Los fallen!

4. März, Sunday. Siray und Isabell und der Halbtaube nahmen das Abendmahl, Magdln. wollte es nehmen, ich verhinderte sie daran, schlechten Benehmens halber. Bewegung unter den älteren Mädchen, weinen, lesen, beten, wünschen um Taufe. Das wolle der Herr, Gott, der auf der Himmelsleiter zu oben steht, herab- und hinauffuhr und durch seine Engel alles, besonders Kinder, hinaufzubringen trachtet, befestigen, vollenden - bis auf seinen großen Tag! -- Aber einige Tage darauf sagten Isabell, Penina, Josephine Lügen. - (In Arcot Bewegung über meine αποκαταστασις;- was mein ist, falle, Herr, deine Wahrheit stehe - ich will nicht barmherziger sein als du! -). Davis (durch B.?) hat O. überredet, sein Weib sei durch Gr[ove]s Fleischlichkeit bekehrt und Grovesanisch geworden - Eifersucht macht ihn nun wütend!

5. März, Monday evening (no visits from the poor people . Examined the 1st class of Mrs. L[ascelles'] girls in Tamil grammar). To Vendamur: where a Mr. Elliots servants had laid hold of the bungalow, made a dreadful row when we wanted a small place of it, called V[edamuttu] sackili, because he came near their pots <(Henry Groves along)> - so we went to the house of a Comedi where the bazarverandah stood to our disposal. After H. had arrived we had tea and after tea a long talk with a Brahmin who sat in the verandah, before several attentive people. The question about schools, also seems to be renewed there, but nothing decided.

6. März, Tuesday. Pardarami before sunrise. In the northern village, where they formerly would not even receive us, they now took tracts and talked pretty freely, especially some Tamulians. In the village south now everything dumb, the Ganakupilley having gone to Pallicondah. Had Hebrew and English scripture reading. At 3 over the mountains to Calpadi where the people gathered as the last time und understood very well what I said of man's fall and rise through Christ. I should think some people there quite ready to give up idolatry. But one grieved me by alluding to the dissension of the Roman Catholics as exhibited in Vellore shows at Christmas (hanging plantains at the doors). - After tea one came for an Almanack or Calendar, which gave me some opportunity to speak of the different worlds, of times past and future. - Wir hatten Tee ohne Milch mit Eiern getrunken. Das wirkte so auf meinen Magen, daß ich in der Nacht mit starkem Erbrechen aufwachte und an Cholera dachte. Die folgenden Träume waren schreckend: die Nacht eine Ewigkeit. Sonderbar, daß ich gerade an dieser Schlafstelle Träume voll ernster Erinnerungen habe - aber auch dies sind Stufen der Himmelsleiter. Sehr geschwächt

morning 7 March, Joh.* Müllers* Geburtstag nach Gudiyattam. Had again many hearers in the village near the bungalow: and some visitors in the bungalow (Muttusawmi). This village is still the most universally interesting of those I am acquinted with. In the afternoon we were in the villages north, especially with Mahratta Brahmins, who dispised us greatly and felt a little uncomfortable about the things we told the people around. Through many streets we went distributing tracts, and giving occasionally explanations about the reason for our doing so. Also in a large Telugu school, and to Moormen.

8 March, Thursday, early to Pallicondah, opposite to Mr. Ogilvie's tents in the bungalow. Went after breakfast into the bazar to speak and to distribute tracts. Many Musulmen. About Christ's incarnation, which I spoke of as the way in which God was pleased to remove sin, a Mus[ulman] observed: so has God a material form? that is Tamil Shastram! I said that God has it in his will to manifest himself in whatever

form he wishes, only we the creatures are not allowed to confine God to this or that form of our own invention. He gave no heed to this, but a proud Lingite who at first had declined everything with smooth verses, seemed to get interested in the talk and came afterwards for a gospel to the bungalow. Several children also came there to fetch books. One of whom when I asked them seriously about God and what his life consists in, said that indeed at daytime their Samis have no life, but only at nighttime. He added: "but I do not know this myself: the great people who have seen it, tell so." - The day having passed (especially in Persian conversations of Henry with the old Sepoy there), we went again through the bazar on our way back to Gudiyattam, distributed many books, the children pursued us even to the river. I only got them off by commanding the servant to lift one in the bandi to take him along to Chittoor. In Gudiyattam a Colonel had arrived (Col. Finkh) suffering from Podagra, the Peons said, he had questioned them the day about God and things future: still we came in no contact with him, having removed to the old bungalow.

9 March, Friday. Went early over the mountains back to Samireddipalli, a Telugu village (at late hour, for the bandi had hard work, and was twice to be seen the wheel on the top). Drank coffee there. Found the accountant teaching the Telugu letters to 6 children. He liked to enter into conversation, was glad that there is no idol in their village and believed a God in the heart, but could hardly believe that this God will hear if we cry. Old women stood around us, while we talked together, and wondered and nodded when I called God father, them children, and explained what consequences follow from this. He took tracts, so also did two other men, a Telugu and a Moorman. - Dinner at Pardarami. - Cloudy afternoon to Caseral, a village of Ideer, Pariar, Paneiar, in 3 divisions. With the latter we took our abode in a shelter for drying fruits. Hardly any Tamil spoken, nor Telugu read in both villages. To the accountant's son, who reads a little, I gave Tamil and Telugu tracts to be delivered to his father when he comes home.

10 March, Saturday. Home by way of Iruvaram where we drank our coffee and saw the school with some people.

Sunday. Pellews here and Brett and Purton at Lord's supper.

Monday, 12 March. Lazar's wife accused by Papa of adultery, the latter being the only witness, after having had quarrel about rice. Circumstances rather prove the contrary, although she showed herself to be uncautious in her behaviour towards men, more perhaps from foolishness than from uncontrolled lusts. - Auch diesen Montag kamen die Weiber nicht - wohl weil Fr. Groves sie auch am Montag zu sich ruft: und Ramasami nach seiner Art sie nicht zu mir will kommen lassen.

17 March, Saturday. Hörte, daß Emma sich mit Lieut. Walker von Arcot versprochen, was mich sehr erfreut. Der Herr hat so der bösen Geschichte mit Frank ein Ende gemacht, und wie ich mir denke, alles zum Wohl der 2 Geschwister lieblich vorbereitet.?

18. März. Da mir Butschi, eine der Weiber, heute geradezu sagte, Frau Groves rufe auch sie am Montag zu sich, bat ich mir eine Unterredung mit Frau Groves aus, in der ich alles geradezu aussprach. Ihre ganze Feindschaft gegen mich rührt von Eifersucht 1. aus dem Gedanken, daß ich die Johns mehr liebe als sie, was Parnell sagt, 2. aus einem Gefühl, daß ich bereit sei, für sie alles zu tun, um was sie mich bitte, für Frau Lascelles aber auch mich zu Diensten anbiete. Sie gestand manche Fehler, daß sie von Haus aus dictatorial und nicht angenehm sei etc., und sie auch wünschte nun freie Besprechung über vorkommende Beschwerden.

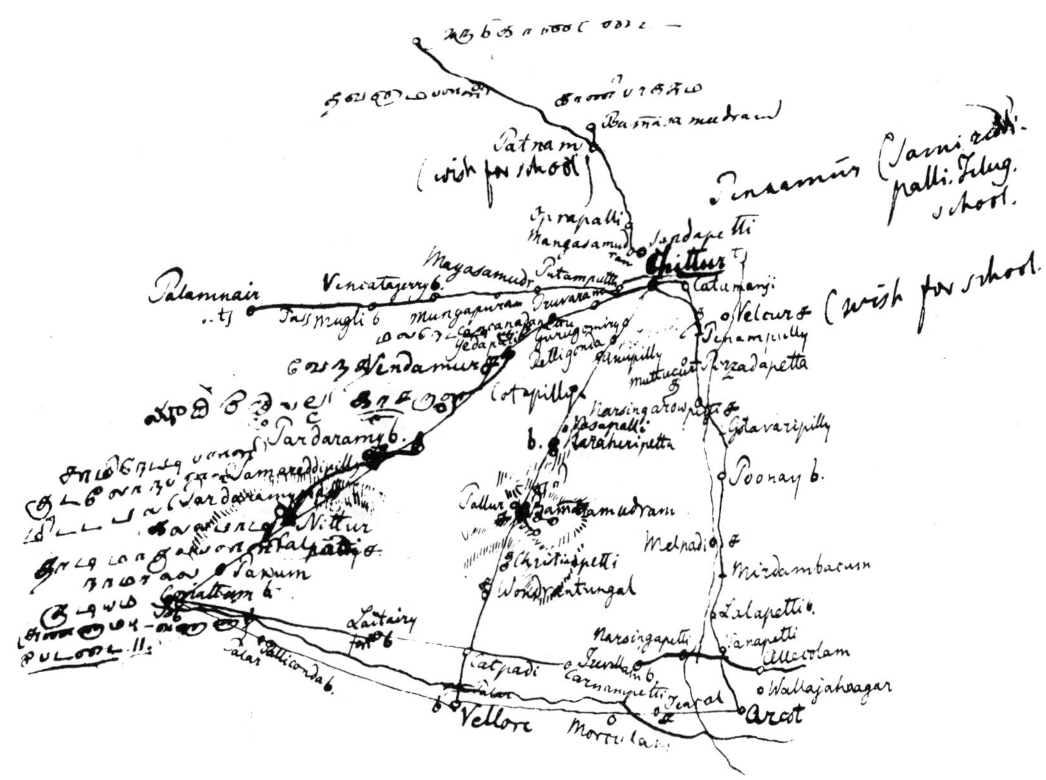

In the last week of March new trouble because of the girls' schools. The parents discontent of many little things and stimulated by hope of money and fields through the new friend of Mr. B. the Socinian Lewin, as well as by Anei, who wanted to revenge herself of Mrs. Lascelles having discontinued her excess of kindness towards her. Wanted their children and turned mostly to Bilderbeck. So we have less care. But Mr. Lewin as already about to depart again, his wife being sick on the hills. New plan introduced the

1 April, Sunday, to write down for the children 1/4 Rp per month and not to give it, except child stays some time.

April, 1-4, the Groves and Lascelles in Palmaner to begin house buying. I went

Tuesday, 3 April, to Patnam, walked to and fro in a hot day, which brought me a fever, but found nice people and really desirous after a school although I should oppose their religion. - The Purtons are going owing to Madras (for Coimbatore).

9 April, Monday, to Vellore, on horseback, passed the night in the bungalow, arrived at Vellore morning 8 o'clock. Dear Kohl had been affected in the liver. Stood with him, read, spoke, helped him also a little in the servants' management.

Wednesday, 11 April, went morning with him into a heathen school just begun near the entrance of the bazar - quite out of order, in consequence of his illness. Preached there to the people, of whom some took tracts also: one cried out, yes this is a true and righteous religion. (In the evening of Tuesday the Cat[echist] had a long talk with me about Sabbath law, human nature of Christ, Groves and Cronin - all the miserable consequences of B's loveless calumnies). Evening to another Roman Catholic school - this is interesting. The boys reading Catholic legends, still there are many regularly together and some answered my queries with intelligence although without the slightest knowledge of Christ. Here also something could be preached to the surrounding Roman Catholics of whom one was just about to atone for a sin with the wax candle in the hand. - At midnight Dr. Cumming called me out of bed to see a poor officer's corpse (Buée). He seems to have died by an apoplectic stroke in consequence of drinking. Saw there dear Br. Bisset, and spoke some few words with him and to the countryborn near him. All endeavours to revive the dead proved vain. The servants related his last struggle in an awful way. - I had no sleep that night, and the fever returned. So I could not make visits in the morning. Ottley came to see me, evidently shaken by the death of his comrade. During the day I took medicine, and left Kohl when he was just preparing to go to the burial. - Reached the bungalow about 9 o'clock with trouble. The Lord sent a heavy rain and tempest that hung over me, to another direction, and so I had only a few drops and the wind on the back. Awoke in the morning at 3, and arrived at sunrise, thoroughly fatigued, in Ch[ittoor]. The Lord's mercy be praised which taught me many things on the way, also practically explained to me why the Litany prays "keep us from evil sudden death". - Saw in Kohl the evil of a solitary Missionary.

13. April, Goodfriday. Wieder eine Art Kriegserklärung von Frau Groves. Wie lange das noch währen wird, ist Gott allein bekannt. Ach daß ich mir nur nicht so oft die Ruhe in Gottes Willen dadurch rauben ließe. Je mehr ich ihr ausweiche, desto mehr bewacht sie mich.

15. April, Easter. Der Herr öffnete mir am Morgen meinen Mund, das Wunder seiner Auferstehung zu verkündigen. Ich erklärte, warum die Jünger die Schrift nicht verstehen, die überall vom Leben aus dem Tod mittelst Glaubens im Tod predigt (Jona, David, Daniel etc.). Daß die Jünger von Christi Glauben nicht überschwenglichere Schlüsse zogen, ist ein auffallendes Zeichen ihres noch sehr heidnischen Sinns. Der Jünger, den Jesus lieb hatte, glaubte. Auch 1 Kor 15 zeigt, daß der Glaube, der einen aus dem Heidentum reißt, der Glaube an Christum auferstanden ist. Das befähigt einen auch, allein mit Christus zu sterben. - Nachmittag, Vedamuttu mit Isabell verheiratet, ohne Edelsteine und Blumen. Sie lieben sich? - möge der Herr es heiligen. Armes Herz, wie bist du doch noch so tief eingeflochten in den Leib der Sünde und des Todes, und wie schwer liegt nicht oft die Fremdlingsschaft auf dir. Herr, du kennest und erfährest mein Herz, gib mir ein neues festes Herz, das Tod und Leben, Gut und Bös, richtet durch Riechen in der Furcht des Herrn, ein Herz, das einfache ewige Pfade wählt und der Trüglichkeit des Zeitbaren sich in Jesu entzieht. Mit dir bin ich doch auferstanden und in himmlische Plätze versetzt, - warum beengen mich denn die Glieder hier auf Erden noch so. Aber du willst mich Mitleid lehren, auch mit der, der ich meinem Leib und Seelenwesen nach so sehr zuwider bin! Lehre mich's!

Donnerstag, 19. April. Einige Tage Schnupfen, Fieberisch-Sein und Einsamkeit hat der Herr zu Hilfe genommen, die verwirrtfliegenden Gedanken zu beschneiden und zu vereinfältigen. Isabell hat sich gestern zur Richterin über Julies Strafjustiz in der Schule aufgeworfen, und da diese sagte - wenn so, dürfe sie nicht in die Schule zurückkommen, meldete sie es Vedamuttu mit Verdrehungen. Obgleich ich geduldig und mit augenscheinlicher Liebe untersuchte, wollte sie doch den getanen Schritt nicht zurücknehmen, nicht bekennen, sondern fuhr im Stolz zu lügen fort. Ich stellte dies Vedamuttu vor, dem die Sache nach der Ergötzung der letzten

Tage nicht wohl schmeckt - und sagte ihm, wie wir darum in Christo miteinander verbunden sein müssen, nämlich einer gegen des andern Sünden, und warnte ihn, sein Weib nicht in der Sünde zu verstocken. - Alles [illegible], ruft der Prediger. Und es muß ja sein, damit du mir Eins und Alles werdest, Unveränderlicher in deiner Liebe, Langmut und Treue - Unscheinbarer für hochmütige Gedanken - Unüberschwenglicher für ein gedemütigtes Herz! <Vedamuttu und Isabell wollen Andrea nicht das bessere Haus einräumen.>

Samstag, 21. abends. Höre heute, Herr Start sei einige Tage bei meinem Vater gewesen und habe ihn wohlgetroffen. Es ist bitter, durch ihn so armselige Nachrichten zu erhalten. - Nachdem mir Frau Lascelles am Sonntag Quasimodogeniti mehr von Julies Stand und Anfechtungen gesagt hat, schickt sich's für mich - wie ich denke, die Zukunft besser ins Auge zu fassen. Wolle der Herr mich prüfen und leiten.

1. Soll ich nach Umlauf der 4 oder 5 Jahre heimkehren und in den Staatsdienst eintreten: oder davon Freiheit erhaltend, mich an Basel anschließen und aufs neue nach Indien herauskommen? - Hierin ist <u>gegen</u> mein Fleisch, daß ich noch jahrelang allein zu stehen habe: <u>für</u> mein Fleisch, daß ich Württemberg wieder sehe.

2. Soll ich bestimmter Maßen in Indien bleiben und
a) entweder mit Groves (- aber Frau Groves, Rangstreit etc.)
b) halb mit Groves (in Vellore und Gudiyattam. Allein stehen ohne deutschen Bruder)
c) in Tirunelveli (falls Lechler stürbe - sie einladeten, Julie mitgehen könnte)
d) in Verbindung mit Basel (aber die werden nichts im Tamil wollen) am Werk des Herrn bleiben.

<u>Zeichen, auf die ich zu warten habe</u>
1. Brief von Hause. - Herr, höre mich, laß mich nicht so lange harren
2. Wendung der Tirunelveli und LMS Verbindung
3. Zusammenkunft mit den Brüdern der westlichen Stationen.

Donnerstag, 19. bis Sonntag, 29., ist Groves in Madras, Zahngeschäfte halber. Lechler will nach Penang gehen (1. oder 2. Mai).

Samstag, 28., begann die Knabenschule in dem neuen Hause.

Montag, 30. April. Groves von Madras zurückgekehrt. Frage, ob F. Newman sich an uns anschließen soll? - Ruths kleinstes Kind beerdigt. Ich betete mit ihr, daß der Herr auch dieses Leiden ihr segnen wolle. Es ist mir ein großer Trost, sie zu sehen: auch kam mir der Gedanke, daß es doch der Mühe wert sein möchte, solcher Früchte halber in Indien zu bleiben. (Da Groves abwesend war, hatte ich Donnerstag abends eine Lektion in Englisch über Joh 14 und Sonntag, den 29sten, Predigt über 1 Joh 2. Bleibet in ihm - abends über 2 Mos 23,20-33, wie der Herr einen reinen Dienst durch Segnen von Brot und Wasser (gegen Krankheit und Unfruchtbarkeit und für volles Leben) durch den Engel bezahlen wolle, den er vor uns hersandte, uns auf dem Wege zum vorbereiteten Platze zu bewahren).

1. Mai. Definitive Eröffnung der Knabenschule, die erste Woche mit 8 beschlossen.

Friday, 4 May, Briefe von Mögling und Kälberer - also Steudel ist tot! Lieber Heiland, laß mich auch dort unter deinen Erlösten wiedersehen, wir beide, befreit von allem, das uns trennen könnte. Kälberer beauftragt mich, bei Julie für ihn zu werben. O Fleisch, du mußt ans Messer. Herr Jesu, lehre mich Ruhe in deinem Allerheiligsten Willen, daß ich mich nicht über Wechsel verwundere, nicht wenn du mich erhöhest, nicht wenn du mich demütigest. Das, Herr, sei alles dir befohlen!

Sonntag, den 6. Mai, schrieb ich auf Frau Lascelles Rat, die die schwierige Sache nicht für mich übernehmen wollte, an Herrn Groves und bat ihn, Julie die Auszüge aus Kälberers Brief mitzuteilen. Groves kam gleich nach der Tamil-Predigt zu mir, sagte, wie er ganz an Julie irre würde, wenn sie es annähme und das Werk verließe, in dem sie so glücklich sei. Aber er denke, er kenne sie besser. Abends vor dem Tamil-Abendmahl fragte mich Julie mit großer Fassung betreffend den Brief und auch meine Meinung über Kälberer, was ich geradezu sagte. Sie sagte, wie bitter es sie betroffen habe, daß Frau Groves ihr es habe anzukündigen gehabt. Denn kaum habe Julie geantwortet, daß man darüber beten müsse, wies es Frau Groves beinahe mit Verachtung ab, zeigte ihr nicht den Brief, erzwang beinahe ein augenblickliches Nein. Und noch vor Bettgehn kommt Groves zu mir und sagt mit Frohlocken, wie Julie, fast ohne sich zu besinnen, Nein gesagt habe und gar nicht einmal auf den Gedanken eingegangen sei. Das ist wieder der Lügengeist, der keine Persönlichkeit schont. Groves scheint sich eines selbstischen Gefühls, betreffend Julies Verlust, bewußt geworden zu sein und sagt, er streite dagegen. - Aber es ist bitter, so ganz das Eigentum anderer geworden zu sein. Herr, du hast die ganze Verhandlung besser notiert als ich: ordne alles zu deiner Ehre. Vergib auch mir, worin ich mag mißgegriffen haben. - Isabell am Sonntag in [illegible].

Dienstag, 8. Mai, setzte Julie durch, zu Frau Lascelles zu gehen und ihr ihr Herz auszuschütten. Frau Lascelles sprach den Tag darauf nach der Schulexamination mit mir über den Gegenstand, und ich sagte ihr auch alle meine Gedanken darüber. Ich könnte es dem Herrn tun, Julie zu heiraten, wenn ich nur über Briefe von Hause und die Verbindung mit Groves oder sonst einer Station gewiß wäre. Dann würde Indien Heimat. Herr, laß mich nicht gefangen genommen werden von den fliegenden Gedanken und dem Streit innen, sondern laß mich frei bleiben und auf dein Angesicht schauen.

Sonntag, 13. Mai. Hatte Isabell in der Kirche wiederholten Safran-Beschmierens halber öffentlich zu beschämen. Der Herr wolle es ihr nicht bloß zum Zorn, sondern zur Einsicht wenden.

Montag, 14. Mai. Abschiedsbesuch bei Frau Lascelles.- Meiner Maria Nichte, Pungavena, ertappt auf unanständigen Gebärden mit dem Koch. O Fleischeslust!

Dienstag, 15. Mai. Groves kommt zurück von kurzem Vellore-Besuch. Die Lascelles gehen nach Arcot ab, sie, um ihre Schwester, Frau Kindersley, auf dem Calymera-Vorgebirg zu sehen.

Mittwoch, 16. Mai. Ließ mich in Lascelles Haus nieder, um die Schulen hier zu beaufsichtigen. Maj. Alexander, der von den deutschen Miss[ionaren] in Malacca erzählte, war ein lieber Gesellschafter.

Donnerstag, 17. Mai werde ich Deserteur von meinem Werk und was nicht alles geheißen. Niemand zählt all die scharfen Pfeile. Herr, sei du mein Schild und sehr großer Lohn, ich bitte dich, laß deine Barmherzigkeit mich halten, daß Satan nicht über mich und all mein schwaches Tun hohnlache.

Freitag morgens kam Kohl von Vellore herüber, besuchte die Groves Freitag abends, ging am Sonntag nicht zur Kirche.

Montag, 21. Mai. Morgens 2 Uhr ging er nach Palmaner weiter. Ein kleiner Bruder von Fr. Bisset, Richard Coxton, war mit ihm. Kohl durch Rauchen, Trinken, Ruhen, Isoliertheit fast aufgetrieben und aufgerieben an Körper und Seele. Betrübter Besuch.

Mittwoch, 23. Mai. Frau Groves zeigte ihren Widerwillen auf neue Weise, indem sie [·<mit>] George und Frank Lascelles zu sich nahm und über mein Wegsein losfuhr, weil dadurch die Knabenschule vernachlässigt werde. Es ist nämlich zum Ende gekommen mit der sinnlosen Verbindung, in welcher Frau Groves Isabell mit sich und der Schule, festhalten wollte. Sie entschied's mit [illegible] . Frau Groves bestrafte mit Einschließung, ich erlöste sie daraus, erklärte ihr, daß sie nicht mehr zur Schule kommen solle und daß ich sie als von der Kirchengemeinschaft ausgeschlossen betrachte, bis sie sich demütige. Vedamuttu war närrisch auf sein Recht mit ihr erpicht, und insultierte Frau Groves, immer für sein Weib schreiend [illegible] . - Dasselbe hat er vor wenigen Tagen getan, als sein Weib Streit mit Andr.s blöder Schwester anzettelte. - Frau Groves hat durch ihre törichte Erhebung von Isabell diese dahin gebracht, sich für unentbehrlich zu halten: sie hat Vedamuttu gelehrt, Julie als Lügnerin zu verachten, weil sie jene stolze Bewegung, die sie an Isabell gesehen hatte ("wenn noch einmal so, komm nicht mehr zur Schule"), am Ende bewogen wurde, möglicherweise für Selbsttäuschung anzusehen. Vedamuttu und Isabell handhabten das Geschäft ohne Gnade und sind, ich fürchte, sehr in fleischlichem Taumel. Aber die Scheidung ist wohltätig für Frau Groves, Julie und die Mädchenschule. Lascelles sagte mir das alles offen und bot Geld zum Hausbau an,

Donnerstag, 24. Mai, und ich sagte ihm von etwas wie einem Traum, daß ich Julie im bullockbandi gesehen habe, und mich hintennachlaufend, der Punkt des Kompasses aber, zu welchem zu gehen, ist mir noch nicht bekannt.

Freitag, 25. Da ich der Mädchenschule halber ins Grovessche Haus kam, sagte ich auch Groves, daß ich nicht glaube, daß unsere Verbindung länger dauern könne als früher stipuliert wurde, sage bis Oktober 1839. Daß ich aber für wahrscheinlich halte, ich werde Indien nicht verlassen. Es scheint ihn sehr angegriffen zu haben, doch sprach er sich in einem lieblichen Geist darüber aus und vermied, wie ich auch erwartete, mich über die Gründe zu befragen.

Samstag, 26., sagte Vedamuttu, daß wenn er sich so hochmütig betragen habe, um von uns loszukommen, er es besser offen sage, so könne er im Augenblick gehen und sagte, daß in 2, 3 Tagen Demütigung oder Entlassung erfolgen werde. Des Abends kam er demütig und sagte, er habe es nur ([illegible]) gesagt im zu vielen Vertrauen auf sein Weib. Ich sagte, es müsse zu förmlicher Abbitte kommen.

Sonntag, 27., kamen er und sein Weib nicht zur Kirche. Hatte George, den Halfcast, auf den Boden zu deprimieren.

Montag, 28., kam Vedamuttu morgens zu mir und Groves und gestand seine Fehler, ob des salarys halber weiß ich noch nicht. Er weinte: gestand, daß er viel Schuld von Anfang an auf sich habe: ich sagte ihm, wie ich ihn für so berauscht von neuen Ehren nach* d[em]* Fleischesgenuß halte, daß ich nicht wisse, ob etwas Geist noch dabei am Leben sei. Daß mir heidnische Schulmeister lieber seien als Namenchristen, die auf diese Weise zum Sprichwort der Diener werden. Er wollte, daß wir alles vergessen, aber zwischen Vergeben und Vergessen ist ein Unterschied!

Freitag, 1. Juni, sagte mir A., daß Vedamuttu mit Katechist Peter und durch ihn mit Bilderbeck in Unterhandlungen getreten sei von dem Augenblick, da ich von Entlassung gesprochen habe. Darum kam er 3. Juni nicht zum Abendmahl: an seiner Statt waren Penina, Anema, Charles, Josephine zugegen, samt Magdl.s Großvater (vergiß nicht ihn und seinen Sohn Salomon, früher jailpeon, der noch nichts von Neugeburt weiß). Nach dem Abenomahl ging Andr. fort. Montag morgens verklagt Vedamuttu A.s Schwester, daß sie Reis und Currystoff beiseitlege, verkaufe und sich bereits davon einen Ring angeschafft habe. Sollte es auch wahr sein, so hat doch Vedamuttu es nur aus Neid (A. und seine Schwester wurden mit Kleidern beschenkt) getan und mit wirklicher Furcht, nur nachdem A. fortgegangen war.

Donnerstag, letzter, 31. Mai, awful occurrence in Madras. Walker breaks the connexion with E. off on the morning of the marriage, pretendingly because she had not told him that her father had been an innkeeper on the Isle of Wight, which he himself had kept her from doing saying upon her "he was in business". Do you believe me only a Professor? - She has again lost the full use of her senses.

Donnerstag, 7. Juni. Frau Lascelles kehrt zurück - Lascelles und Groves entfremden sich etwas in Geldgeschäften, letzterer verbaut mehr denn er glaubt. Herr, sieh darein.

Montag, 11. "Rhenius entschlafen", schreibt Schaffter. Habe ich hinabzugehen? Vedamuttu falscher Anklagen halber in das alte Haus zurückgeschickt.

Dienstag, 12. Groves setzt mich frei hinabzugehen - ohne meine Bitte - wenn ich Berufung fühle, will nur noch 6 Wochen und drüber lernen! Gott läßt sich nicht unbezeugt. Auf langgedehnte Wartenszeiten folgen oft Entscheidungen Schlag auf Schlag.

Donnerstag, 14. Kälberer dankt mir für die Mühe, die ich mir genommen und ist völlig zufrieden.

Samstag, 16. Juni. Obadya, Bilderbecks Schulmeister, wünscht, bei uns aufgenommen zu werden.

Sonntag, 17. Juni. Taufte die [illegible] Chinnama - Sarah, Ruths Schwiegermutter Naomi, Marias Tochter Cali - Elisabeth. Voll der gestern angelangten Briefe von Dann etc., nahm ich Tit 3 zum Predigttext: und sprach von Erneurung der tierischen, kretischen und anderer Natur. Verheiratete William Brown, the carpenter, mit seiner Beischläferin Elisa. Julie war gegenwärtig mit 7 Kindern unsrer Schule und der Platz gedrängt voll. Herr, segne die Worte, gesprochen in Schwachheit.

Montag, 18. Juni. Baynes und ich kamen aneinander, da er einem meiner Worte mißtrauend, mich fragte, ob ich bei den Lascelles gewesen sei. Ich habe ihm geradezu gesagt, daß ich ihn nicht für schuldig halte, sondern nur für Werkzeug eines gewichtigeren Geistes. - Baynes erfreut sich der Lügen, die seine Katechisten von Sophia, unsres Ambros. altem Weib aufgegabelt haben. Diese Lügen bringen Mgd. mit Virappen, Strai mit Vedamuttu etc. zusammen. - Ach Herr, behüte die Kinder vor Unreinigkeit.

Bewahre die, die Wegfrauen sind, in Keuschheit, laß sie nicht dem Teufel in die Schlingen fallen! - Sabina aus der Schule gewiesen - will sie denn dem Feind zuteil werden?

Freitag, 21. Juni. Diesen Abend wollte ich mit Groves betreffend der Samstag-Missions-Zusammenkunft sprechen, schlug mehr Regelmäßigkeit vor. Er war so pointed, daß ich nicht umhin konnte, ihm zu sagen, wie er durch seine Verwundbarkeit es mir unmöglich mache, je ein Wort zu sagen. Er sagte - und mit Stolz, fürchte ich - es sei wahr, er sei verwundet, und das weil er mich für seinen Zensor halte. Ende der ganzen Unterredung, daß er glaubte, ich hasse ihn, Groves, daß er aber jedenfalls wisse, daß sein Weib nur mit der höchsten Liebe und Achtung von mir gesprochen, nie mit einem Worte mir entgegengetreten sei. Er erkannte als seinen Fehler an, daß er nie sich gegen mich ausgesprochen und daß er Tamil nicht mit mir begonnen habe.

Samstag abends wurde Elisabeths traurige Lage (ihr tali vom Gemahl zerrissen, sie verstoßen, der Taufe halber) besprochen. Von Lascelles gezüchtigt, nahm er sie wieder an.

Sonntag morgens, 23. Juni, sprach Frau Groves über meine Anklage, sagte auch flathin, sie wisse nichts, ist aber freundlich: und so segnet der Herr den Abschied.

Samstag, 30. Juni. Sandte A. zu Vedamuttu, sich zu entscheiden. Er will nicht bleiben, außer für höhern Gehalt. So war das also entschieden. - Auch ein bitterer Fersenstich, voll Undanks und schlauer List. Wir wollen es jetzt mit Siva Rettinam probieren. - Am Abend gab es ein Zusammenstoßen, weil ich nach Tirunelveli um einen Katechisten für die Lascelles geschrieben hatte ohne vorgängige Beratung. Frau Lascelles hatte es gegen Frau Groves geäußert, da die aber sich ärgerlich darüber ausdrückte, den Gegenstand fallen lassen. - Casamajor kommt Freitag, 29. Juni, voll Widerspruchs gegen Groves.

Montag, 2. Juli. (Andreas auf 10 Rs erhöht). Loquitur sapientia non per verba sed per res, חָכְמָה λεγει [λογος] nicht durch Worte, sondern augenblicklich durch Sein. Das ist φιλοσοφια, der Prozeß des <u>Lebens</u> ζωη aus dem bloßen Sein durchs Wort (δια του λογου) ins Denken, aus dem bloßen Denken durchs Wort (μεσιτης) ins Sein. Herr, befestige, belebe, verwirkliche die irrenden Gedanken, bis sie dir durch Gedanken, Worte und Taten in und aus Jesu Lobgesang bringen.

Dienstag, 3. Juli. Miss. Campbell from Bangalore here, says that Bilderbeck can and will not take Vedamuttu if things are in such a state as we stated. O armer Knabe!

Mittwoch, 4. Juli abends rief ich den armen Vedamuttu, der nun glaubt, daß ihn der Herr gefunden hat, und gab ihm einen hint, das Vorgefallene niederzuschreiben und sich zu demütigen.

Donnerstag brachte er das Papier, sein Weib aber, als sie ins Bungalow kam, gestand nichts von den alten Fehlern. So sandten wir sie weg. Abends aber brachte Andreas sie zum Entschluß, bei den Frauen um Verzeihung zu bitten. Das tat sie Freitag heuchlerisch und

Samstag, 7., nahm ich Vedamuttu wieder an. - Groves vergeht sich durch Undankbarkeit und mürrisches Geldfordern an Lascelles. Durch Abweisen persönlicher Unterstützung an Casamajor (dem ich Samstag, 7., von meinem Tun Rechenschaft geben mußte. An demselben Tag war die von Hanne bewachte und bedrückte Julie nahe daran, zu Frau Lascelles zu fliehen. Groves predigte dann natürlich den ganzen Sonntag gegen uns).

Mittwoch, 11. Juli. Capt. McNair gestorben, Frau Lascelles dadurch sehr angegriffen, in der Nacht durch Irritabilität an die Notwendigkeit einer Fahrt nach England gemahnt.

Freitag, 13. Juli. Die Tirunelveli-Brüder laden mich. Lob und Dank gesagt, mein Herz, und freue dich auf die Läuterungswege des Herrn! Las abends 103. Psalm im Bungalow, Julie einen Vorschmack von dem Trost zu geben, den der Herr für uns beschlossen hatte. Denn die Tirunelveli-Brüder wünschen, daß ich heiraten möge. Sagte alles noch am Abend Groves der sagt, er habe keine persönlichen Gefühle, mich von Julies affection versichert und hoffte, wir würden glücklich sein. Das wolle der Herr walten.

Samstag, 14. Juli, ging morgens früh zu den Lascelles und sagte ihnen alles. Nachher kam Groves dahin; und kam mit Tränen über Lascelles Offenheit heim. Ich sagte Groves, er möchte nun mit Julie sprechen, das tat er und kam mit Ja heim. Dann wünschte ich, sie zu sehen, und Groves brachte sie ins Bungalow, wo ich sie geradezu fragte, ob sie den Willen des Herrn darin erkenne, und alle Schwierigkeiten offen gestand. Ich erzählte ihr auch, wie alles aufeinander gefolgt sei.

Am Sonntag, 15. Juli, sagte mir die* Lascelles, wie fürchterlich sich Groves ereifert habe, sogar ans Festhalten von uns dachte, wie Lascelles dann ihm alles frei heraus gestanden. Groves war nahe daran, jede Verbindung mit Lascelles abzubrechen. Dies der Herr hat einstweilen verhütet. Aber es wird nicht wohl lange zu binden sein. - Den ganzen Sonntag plagte die arme Frau Groves Julie meines abominablen Charakters wegen.

Dienstag gab es Erklärungen, Mittwoch Abbitten, Zubereitungen.

Montag, 23. Juli, Hochzeit. Lascelles las Gebet, Brett und Casamajor gegenwärtig. Tag über mit den Lascelles und ihrem* Hause. - In den folgenden Tagen bis

Donnerstag, 26. Juli, machte ich die ersten Proben ehelichen Lebens und lernte Gott danksagen auch für diesen bis jetzt mir noch oft fast unbegreiflichen Schritt. Der Herr hat uns Augen und Herzen gegeneinander geöffnet, daß wir frei einander ansehen und auf den Herrn hoffen, ihm auch alle unsre Anliegen zusammen vorlegen können.

Mittwoch, 25. Juli. Kistnen (der aussätzige Simon) Munchi (Marta) mit ihren Kindern Stephan, Elisa, Urani, Titus 2 Kinder Isaak und Anna, John* Howes Kind Mari getauft, am Abend in Lascelles Bungalow.

Freitag, 27. Juli morgens, kehrte mit Julie auf Spaziergang zu den Groves zurück.

Sonntag Predigt über Phil 2. Abends Abendmahl in Englisch und Tamil, Röm VIII, daß denen, die von Gott berufen sind, alle Dinge zum Besten dienen müssen. - Erhielt noch am Samstag und beantwortete am Sonntag eine Ordinationsepistel vom lieben Schaffter (als wir am Samstag nach Bretts sumptuosem dinner im Lasc. Compound die Christen zu besuchen gingen).

[illegible]

[illegible]
[illegible]
[illegible]
[illegible]

எ-து. [illegible]

௧. [illegible]

எ-து. [illegible]

௨. [illegible]

எ-து. [illegible]

௩. [illegible]

எ-து. [illegible]

௪. [illegible]

எ-து. [illegible]

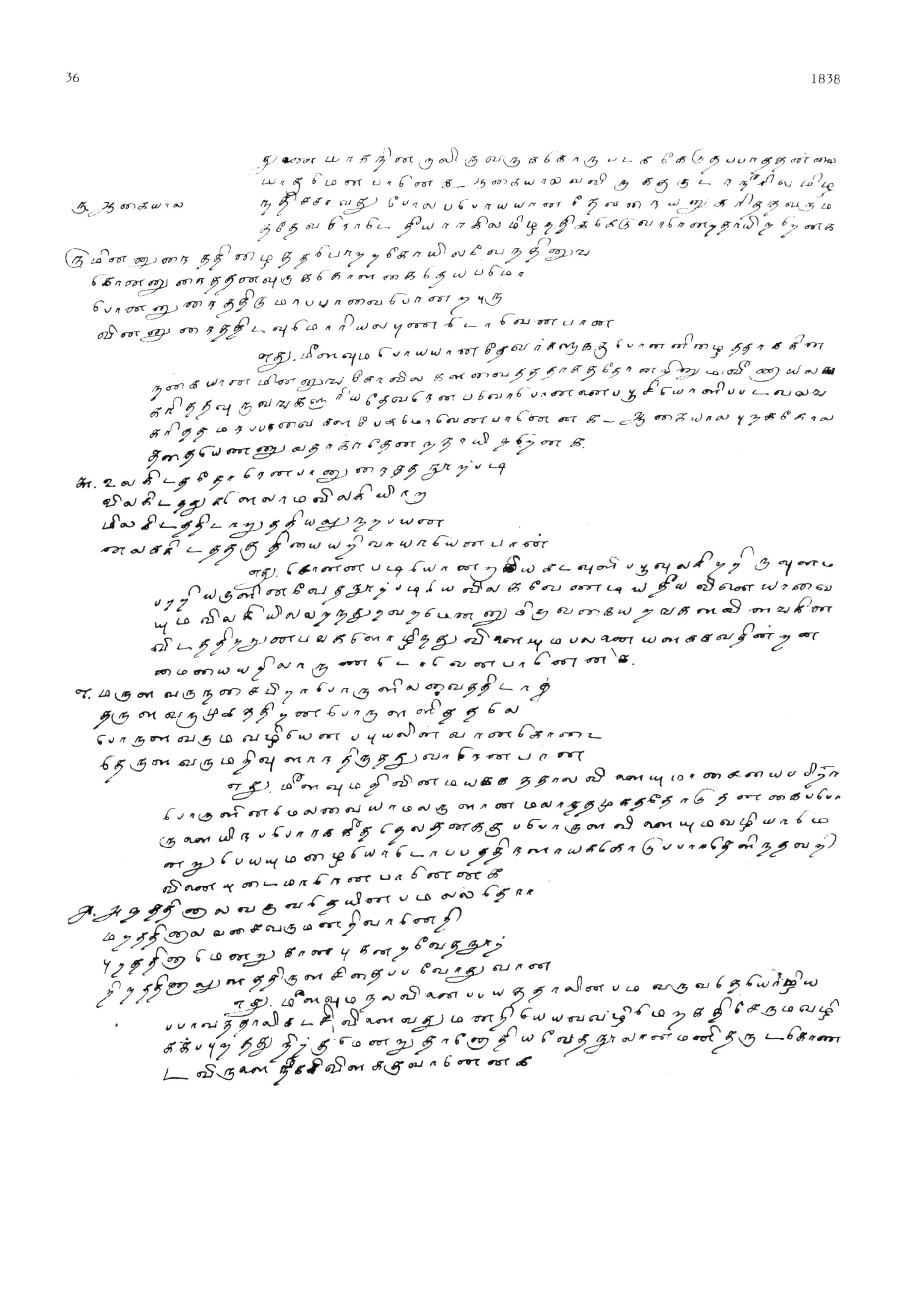

[illegible]

[illegible]

[illegible]

[illegible]

[illegible]

[illegible]

[illegible]

[illegible]

[illegible]

[illegible]

Montag, 30. Juli. Letztes Morgengebet mit den Schulkindern etc. Act 1. Der Herr auferstanden, gen Himmel gefahren, hebt dahin die Augen auf. Abschied von Andreas schwer (er nannte sich in tiefer Niedergedrücktheit [illegible]). Vedamuttu auch fühlt sich ganz von Groves frei. Die Mission halt im Aufruhr über Groves ungeduldiges, schonungsloses Betragen gegen den an Julies Soll ins Bungalow aufgenommenen Gnanamuttu, seine Enkelin Margaret, die Schulmeisterin Ruth. Ich fürchte, es wird kein Jahr vergehen, ehe die Mission zu Stücken geht. - Herr, sieh du auch meine Tränen. Es kam mir vor, als müsse ich von Groves nun dasselbe erfahren, was Rhenius von Tucker, weil ich mich vorher so viel über Tucker und CMS ereifert. Ach, die Gesellschaften sind doch soviel mehr Männerwerk als dies Gefappel der Groves etc. Ich bin nun frei von ihm, frei durch bittere herzzerschneidende Erfahrungen, muß die, die sich mir angeschlossen haben, einem Fremden in die Hand geben, und alles noch so fein tun, als ob ich auch nicht einen Gedanken hätte, daß ich mehr Recht an sie habe als Groves, der nie an ihnen gearbeitet. Ich muß sehen, wie die Kinder und alle fast krampfhaft uns festhalten wollen, weil sie sich vor dem [illegible] fürchten. O Herr, hilf Andreas und allen dort. Nach heftigem Weinen konnte ich zum letzten Gebet kommen. (Lascelles und Brett). 4 1/2 off for Nararipetti und Bilderbeck for Wallajahbad.

Tuesday, 31 July. Morning at Vellore. Kohl received us with all his heartfelt politeness. Major Purtons, when I visited them, were very kind. Evening a walk towards the fort and consultation whether Kohl should make use of his sick-certificate to leave for the Straits and China, or stay and marry?

Wednesday, 1 August, early to Pallicondah. Evening preaching in Bazar and books distributed, especially gospels to Mohammedan Schoolmasters. Found the former visit not forgotten, books kept and read.

Thursday, 2 August. From 4 - 12 on the road to Ambur - 19 long miles. The way turns out of the Palar valley between mountains of somewhat more European appearance than those at Chittoor. First Palmyra top - afterwards fine wet and dry cultivation. In Ambur one countryborn Tappalwriter came for tracts, told of more than 40 Roman Catholic families in a village near. On the bazar many Muselmen* very desirous after books. Among the Heathens a Brahmin judged very hardly about the money robbing God preaching white men, whom I then showed that he ought rather first to hear than to speak. I was nearly besieged in the bungalow for books. A candidate for baptism with the Roman Catholics and a Roman Catholic halfcast came also for Gospels to whom in the presence of a Mohammedan I spoke about Christ's birth and youth and growth without apparently offending the Mohammedan.

Friday, 3 August, early arrived in Vaniyambadi, large village consisting of 5. People at first shy. A Brahmin boy scoffing. But after one had taken books all strov. to get them and came also to the bungalows.

Saturday, 4 August. Tiruppattur many pagodas. People by Missionaries prepared for reception of books and hearing. Roman Catholic beggars with great professions.

Sunday, 5 August. Mattur. There came a man here to me, somewhat stirred up to enquiry by a tract given by Mr. Addis, 6 months ago. He did not keep the contents well, but remembered the gentleman had said these are books, conducive for heaven. Mr. Stonehouse passing through in the evening.

Monday, 6 August. Irumalur after passing the Ponnaiyar already more Canarese. 2 men came, one formerly with Mr. Crisp in Salem. Care for livelihood more than for knowledge.

Tuesday, 7, through Dharmapuri, large native town with a few Subaltern European Magistrates, old fort. Christian School exhibited on the bazar.

Wednesday, 8, from Adamankottai (where many Roman Catholic Churches with schools and a Roman Catholic Peon asking for books for his son) through Toppur pass. I was riding on the குறுவழி and arrived in the village, waited long for my lady, till Siva Rettinam came and of the breaking of the bandi related. Met my lady 2 after noon walking. The bandi brought by 8 coolis.

Thursday, 9, bandi etc. removed to Omalur, my wife sitting on the samanbandi. No mender to be found.

Friday, 10 August, after a new rainy night to Salem, where we had sent the bandi before to Rev. G. Walton. Most friendly reception. The native Catechists sat for several hours together with me, talking and hearing. Feast for Mr. and Mrs. return. Union and familiarity with the natives, furthered by the keeping aloof of the

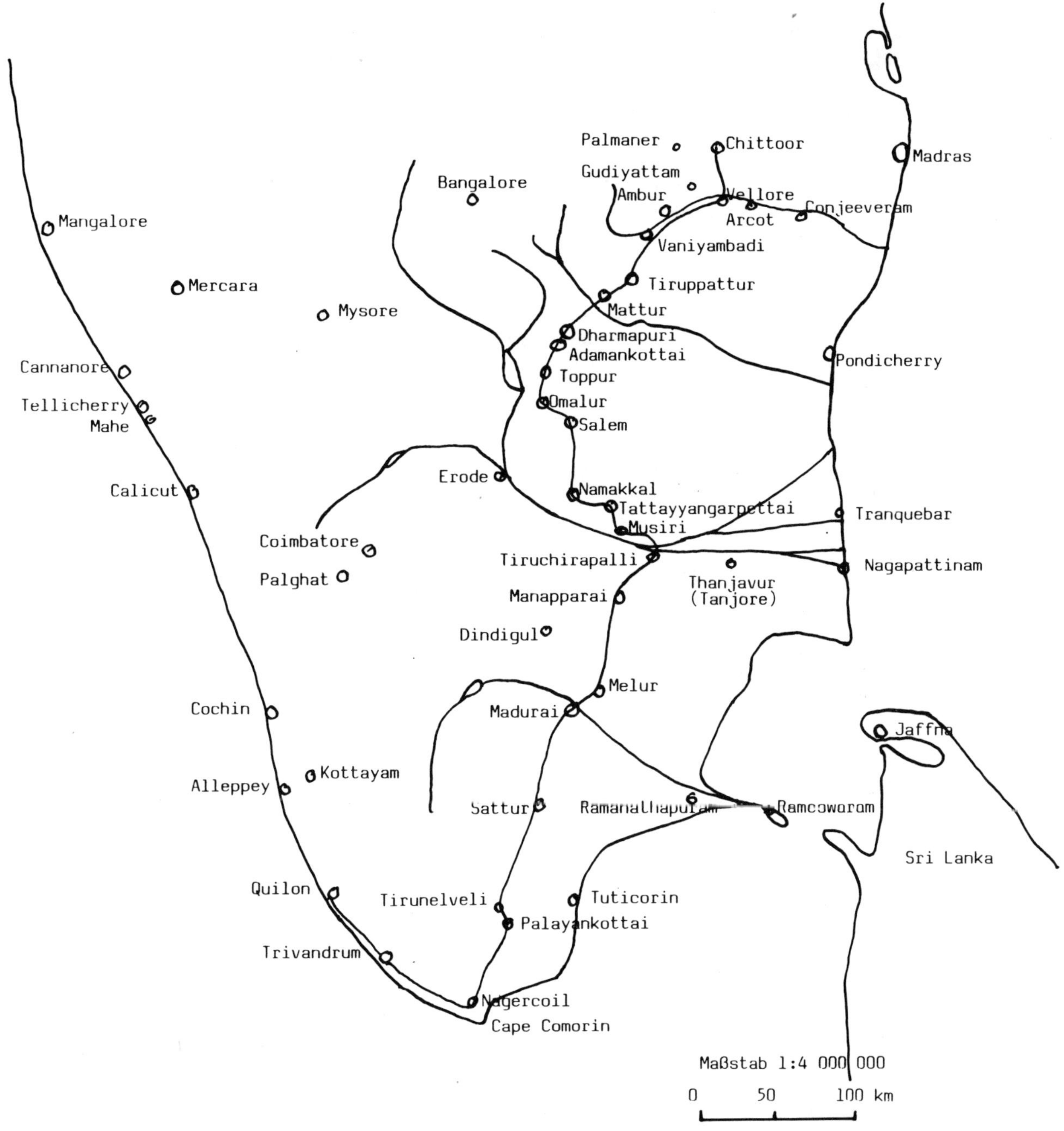

[Gunderts Reise von Chittoor nach Palayankottai und weiter über die Westküste nach Mangalore von 30.7. bis 2.11.1838]

Europeans. Empfehlenswert für Fr[au] Lascelles von der Antipathie gegen countrybore geheilt zu werden.

Saturday, 11, Munchavadi. Sepoys do not read, Brahmins not receive. The saltpetre-miners confident, ignorant. Women alone in the village, Baumwolle spinnend.

Sunday, 12, Namakkal, splendid fort upon a ∩ granit rock pagoda under it. Plenty of gospels required. One boy knew the whole criticisms 1 chapter by heart (Telugu).

Monday, 13, Tattayyangarpettai. 2 gatams. Long stage. The madu tired. Saw with Julie a funny schoolmaster among his children who took 2 books.

Tuesday, 14, [Musiri] Bungalow-library.

15. August. Julie sieht im Traum Kränze um des Vaters Leiche. Srigambur. A thief is detected in stealing our bedsheet. But we did not deliver him over to the judge.

16 August, Thursday morning passed Coleroon and Cauvery. Tiruchirapalli Miss Lloyd soon arrived after our arrival in Schreyvogel's house and brought me letters. Schreyvogel and M. have applied to the CMS. This sounds rather astonishing. But as our father has counted the sparrows he has also counted our days and stages. We could not stay at Tiruchirapalli to wait for an answer. So we go on to Tirunelveli only for a visit, no more for participation in labour. The anxiety we cast on thee, who for us hast had so many anxieties already, dear Lord and Saviour! - Schreyvogel from Lindau. Schmitz from Berlin born 18 May 1816, leichtsinnig. Missionsschulen etc. kostspielig, vom Government erbaut, aber kein Leben. Schreyvogel rühmt sich, daß er Kasten niedergeschlagen: daneben hat er die Deutschen veranlaßt, ihm noch Geld zu geben (1000 Taler jährlich) für sogenannte hallische Anstalten, die unter Aufsicht des Bischofs aber nicht der Gesellschaft stehen sollen.

Left 17 August, Friday, very late, all the servants unwilling to go, nothing prepared although they knew our time. Horsekeeper nearly sent back, Siva Rettinam also spoiled through excess of kindness. We learn to treat them sharper.

22. August. Melur. Arulappen.

23. August. Madurai.

29. August. Schaffter diktierte den Knaben zum Schluß alte Universalgeschichte in 14 Tagen.

1. Oktober, entschieden für Mangalore, wenn Basler Mission annimmt.

2. November, angelangt. Ich fiel Mögling um den Hals, konnte kaum Deutsch sprechen. Er, von Bauchentzündung gerade geheilt, sagte: "nun ist alles recht." Möge es immer mehr so werden.

11. November. Englisch Predigen angefangen, apokalyptische Briefe, geendigt 20. Januar. Bekanntschaft mit White, dem Montmein* Baptisten.

14. November. Gnanamuttu und Satianaden mit Pferd angelangt.

15. November. Mögling nach Bombay. Auch recht des Argwohns halber.

25. November. Lehner mit seiner Emma angelangt, ach, Geist des Feuers und der Kraft, warum spüren wir dich nicht mehr.

Anfang Dezember. Meti will fort, herabgesetzten Gehalts wegen, Chinnappen folgt als Schwanz. - Hichens and Mrs. Minto, McKenzie.

6. Januar. Lehner ab (trutzig).

15. Januar 1839. Supper, Sutter, Hiller, Essig, Dehlinger auf der Mermaid angelangt, hinter ihnen Mögling. Blieb noch etwas über eine Woche bei ihnen. Dehlinger krank im Unterleib und auf der Brust.

Mittwoch, den 23sten, ging Lösch fort morgens früh. Der arme Br[uder] war sehr bewegt, bat um Verzeihung, wenn er irgendeinem sollte Anstoß gegeben haben.

Donnerstag, den 24sten morgens ging ich auf Pattamar ab. Abschied von meiner Frau, wie viel schwerer als sonst Abschiede von Haus! Herr, vergelte ihr die treue Liebe, die sie für mich hat. Mögling begleitete mich auf den Pattamar. Mit Sonnenaufgang fuhren wir zum Fluß hinaus. Den ganzen Tag halb betäubt, las Malayalim, schlief kaum, abends 2mal seekrank. In der Nacht an Delly vorüber, morgens gelandet in Cannanore. Maj. Wallace begegnet auf Morgenritt. In Wests' house zuerst er, dann seine Frau zutunlich. Manche Christen hier. - Fürs Zirkular guter Prospekt. Bekehrter Capl. Lugard, auch bekehrte europäische Soldaten, Stiefsohn des Sergeanten vielleicht zu englischem Schulmeister fähig. Lazar. von Alleppey, Verwandter Satianadens, wartet hier auf mich, sagt, er habe jetzt ein neues Kleid angezogen. Er hält Satianaden für viel besser als Gnanamuttu. Schlimme Nachrichten von Alleppey (Benjamin). Chinnappen, höre ich, will hier heiraten, schämt sich aber seines Betragens. - Gute Zeugnisse über Michael, mit dessen* Halfcast-Bruder, der eine Verfolgung gegen ihn erhoben. Manche der bekehrten Sklaven schleichen sich sonntags 14 Meilen weit, in die Predigt zu kommen.

Sonntag, 27. 2 Tage lange Besuche. Sonntag 2 Tamilpredigten. Butler John Peter und Paul Katechist or* Churchmeeting*. Lugard predigte abends über Zach., ich morgens über Eph 6, abends über Isaaks Opferung. Sah Michael und 2 seiner Sklaven. Herr, hilf mir, wenn ich jetzt unter die Schafe und Böcke hineinkomme, daß ich nicht zu scharf und nicht zu schwach sei. Fürchterliches Verfahren der 2 Halfcast-Brüder, Ehebruch begangen mit jeder, die ihnen beliebt.

Montag abends über Petri Konversion, vgl. mit Paul vor Muleyar* und anderen Soldaten.

Dienstag kamen Johnston und Regby zu mir, und während ihrem Besuch Brief von Weib, Mögling, Vater!!!!!! und besprachen sich frei über das experience Wesen. Abends Maj. Aubins christlicher Tee. Lugard, besonders Mrs., über CMS.

Mittwoch, 30. Januar, ritt morgens nach Tellicherry. Heimwehstunden und Schmerzen. Herr und Frau Anderson sehr freundlich. Schrieb an J. Brown, der war zurückgekehrt, ließ mich nicht gehen, hielt bis Samstag hin. Ich sah ihn Donnerstag. Er fragte, ob man nicht alle Sklaven zumal taufen könne. Fürchtet sich vor mir.

Freitag, Cutti Amal und Djadeiappen, Stranges butler. Seminar in seinem Haus. Arznei ihrer Martha. - Brown-Besuch, Abreise auf Samstag abend fixiert.

Samstag, Tiffin mit J. Brown und einem kathol. port.-french Halb-Gentleman, Silva. Dann im Tragsessel nach Anjerkandi. Schöner Weg durch Eden. Sago, Jute, Cinnamonpflanzung, Pfeffer, alle Gewürze. Um 6 Uhr über den Fluß, Plantage düster, sklavisch aussehend. Michael am Ufer; J. Brown introduzierte ihn bei mir. Am Abend wollten mich Georg, mehr noch J. Brown beständig bei sich haben, ich hatte aber doch Zeit, die Knaben, die immer um mich herstanden, zu examinieren. Die Antworten meistens überlegt; keine voreilig bei halbem Wissen, statt Halbwissen wollten sie lieber unwissend erscheinen. Vor Bettgehen sagte der Kaufmann noch als französischem Kompliment: ich werde ihnen doch morgen eine Predigt geben. Ich sagte, ich sei bereit, wo immer ich Ohren finde. Er fixierte - unbestimmt natürlich - auf 11 Uhr. Forschierende Gespräche - gröbste historische und biblische Unwissenheit verratend. Arabischer Sal's* Tempel.

Morgens 3. Februar. Ich mußte morgens mit John in der Pflanzung spazierengehen. Ohne eine Frage ließ er alle zur Kirche kommen: ich sagte, Michael habe gestern 8 Uhr mit mir ausgemacht. Ja, so soll's 8 Uhr sein. Indessen, die Leute waren beieinander, und während wir weitergingen, hielt Michael kurze Anrede. Um 8 Uhr ging ich hinauf und sprach über Wiedergeburt (Kaste. Samen der Tiere und Pflanzen, entgegen dem bloßen Religions-, Kleider- und anderen Wechsel). Alle hörten den Gleichnissen, die ich vorbrachte (vom König in Tanjore) aufmerksam zu. Viele ernste Gesichter - auch leichtsinnige und dumpfe. - Nachher rief ich Michael zum Privatgespräch. Aber seine Herren beauftragten ihn, jetzt müsse er sie loben, nichts ihnen zuwider sagen etc. Michael kam auf mein Zimmer, da wir belauscht waren, wünschte er mich lieber in der Schule zu haben, dort könne er frei sprechen. Dahin ging ich denn. Fürchterliche Eröffnungen! Ostern 35 war Michael gesandt worden (Jacobs Freund gegen David), keine Frage über Gehalt, hörte in Quilon vom Anjerkandi-Elend: ging aber, ungeachtet Thomson ihn behalten wollte. Der Europäer sah in 3 Monaten (131 Rs), daß er 10 Rs brauche, gab's, seither kein Wort darüber. Aber auch vom Europäer kein Zeichen, daß er die Sklaven je freilassen wolle. Begann zu lehren. Einige hörten, andere spotteten. Schulstunden 10-1, dann 11-1, dann 11 1/2 bis 1, dann 12-1, durch viel Remonstrieren wieder 11 1/2 bis 1. Der gute Same schlug Wurzel, dann Verfolgung. Die Aufseher der Sklaven erbittert über ihr entschiedenes Auftreten gegen Fleischeslüste. Oktober 37 ging der Europäer. Jetzt war der Unzuchtsteufel los. Keine Rücksicht auf Alter, Ort, Zeit, die Widerstrebenden geschlagen, eine starb. Etliche, die davonsprangen, waren ohne Unterhalt. Jeder in der Nachbarschaft fürchtete sich, die Browns zu beleidigen, da sie durch falsche Zeugen jeden Prozeß gewinnen (Tiers Weib): fielen darum, da sie jung waren, wieder in schlechte Hände. Die Schulknaben einmal von George Brown examiniert, antworteten über Vibasaramy - Christus sage anders als er, nicht Stehlen, Lügen, Unterhandwerk, sondern nach einem Weib lüsten etc. sei Ehebruch. Die Flüche und Gerichte der Ehebrecher auf Malayalam - Blättchen in der Herrn Weg gelegt. Der Katechist eifert. - Schläge und neue Verfolgung. Viele Knaben und Jünglinge wollen davonspringen, aber sie fürchten, der Katechist werde es nur noch schlimmer haben, so bleiben sie. Er wolle auch fort, fürchtet sich aber vor Jonas Schicksal. Seit Rhenius Tod wurde er vollends als Knecht von allen Herrn verlassen behandelt, sie glauben, er bleibe nur des Gehalts wegen. Manchmal nach Cannanore. - Da West um Besuch schrieb, wurde das Cannanore-Besuchen in Freistunden verboten, Sklaven dürfen sich nicht Herren gleichstellen. Dennoch geht's fort. Man hätte den Katechisten entlassen, fürchtete man sich nicht vor dem Europäer. Viele falsche Anklagen der Hausdiener gegen ihn. - Wir waren nicht allein, die Knaben hörten tiefbetrübt zu, - mehrere hatten Tamil gelernt. - Um 11 Uhr zurück, aber keine englische Predigt, Hunderte von Kaufleuten, Moplas etc. hatten das Haus umringt, denn Sonntag ist Zahltag, nichts gehört als Lachen, Schimpfen, Rupieklappern. - Am Essen hieß es, das Werk sei noch nicht alles getan, also erneuertes Rupiegezähle, und Betrunkenheit unter denen, die bezahlt waren. Die Herrn hielten das für unschuldige Ergötzung. Ich ging nach dem Essen über den Hügel zu des Katechisten Haus, fand ihn nicht, er war ins Dorf gegangen. Dorthin ging ich auch, fand Sklaven der Umgegend um ihn versammelt, das Wort zu hören. Obgleich der Katechist nicht reisen kann, kommen sie zu ihm, wünschen, Christen zu werden. Hier hatten wir langes freies Gespräch mit allen, die zur Kirchenveranda kamen. Gebet in der Straße. - Ging dann zu des Katechisten Haus, sah sein Malayalam [illegible] etc. <einen Tamil-Mann, der Taufe würdig, wie es scheint>, versprach, zum Abendgebet zu kommen, als Brown eifersüchtig das erstemal in seinem Leben dem Haus nah kam und mich zum Spaziergang abrief. Ich war lang still. Begann dann: ob er jeden Sonntag so vertreibe? wie viel Zeit er auf den Körper, wie viel auf die Seele verwende? Sprechen machte mich kühn: Er sagte, die crops warten nicht auf ihn, jede Stunde müsse gebraucht werden. Ich: Wenn heute seine Seele abgerufen werde, dann warten die crops auf ihn. Fragte, ob er Freude hätte zu sterben, Nein. Sagte vom Kaufmann, der die Perle kauft. Er lachte über den törichten Mann. Ich sagte, ich spreche nicht von Padre-Interessen, sondern im Interesse seiner bei ihm zu kurz kommenden Seele. Kein Ohr. Giles begann dann über Pauls Traktat [illegible], es sei gegen die Römisch-Katholischen. Ich: Paul sei selbst Römisch gewesen, habe daher eine Kenntnis davon und warne Seelen bei der Cholera etc. nicht auf Dinge zu bauen, die nichts helfen, wie Sebast. Prozession etc. Er entschuldigte die Römischen (und sich als tolerant) etc. Keine Zeit zu Tamil-Abendgebet. Gab ihm zum Abschied ein Büchlein (Infirmary).

Montag, 4. Februar (bin 1/4 Jahrhundert alt). Morgens gleich zu Michael. Hatten Morgengebet "verleugne sich selbst, nehme Kreuz auf sich". - Hörte von Regierungsgrund in der Mitte zwischen Anjerkandi und Cannanore (weil Sklaven nicht in Städte kommen dürfen). Nach Frühstück zur Malayalam-Schule. Sah die Mädchen und Knaben. Etliche wünschen, kanaresisch zu lernen. Denen ließ ich Hilfen zurück, - auch kommen kanaresische Leute dorthin. Nach dem Essen gab ich George Brown ein Buch, Anxious Enquiry after Selonkron*, sagte, er könne es vielleicht einmal brauchen, warnte vor unbereitetem Tod. Der schien's anzunehmen. John nahm ein anderes nur als keepsake von mir an. Beide herzlich froh, daß ich gehe, hatten auch es schon am ersten Abend, als die bearers gehen wollten, angedeutet, ich soll mit denen zurück. (The Butler hatte Lugard um Taufe angegangen, so tat ich's nicht). Die Knaben sprangen mit mir beinahe halbwegs - soviel ihre Arbeit getan hatten. Weiber, denen ich begegnete, flohen davon, als sie das Wort [illegible]. hörten - es heißt, dessen Bedeutung sei großer Schurke. - Ehe wir auf die Landstraße kamen, nahm Michael Abschied, solle ihm fein schreiben. Eine Rp für die Armen wollte er kaum annehmen: ich sagte, für die, die des Evangeliums halber leiden (oft keine Arznei bekommen, einer starb so). Gnanamuttu, der Tamil gelernt, 1/2 Katechist ist, ging mit mir, starke entschiedene Seele, Bibelkenner, Götzenvertilger, hat eine 8jährige Schwester, über die er schon mit der Mutter sprach (die sagte, wenn der, der Reis gibt, ruft, wer kann Nein sagen). Unterredung bis Cannanore. Wollte kein batta annehmen*, nur ein Buch, ging nachts noch zurück. (Michael: der Knabe wolle nicht Geld noch Leckerbissen, sondern Bücher). Nacht auf den

Dienstag, 4.-5., starkes Erbrechen etc. durch Pfefferminz geheilt, sehr müde. Muttu, Wests Diener, wünscht Taufe. Chinnappen hat nun auch Appavu etc. zu unterrichten. - Rajah in Chirakkal, Freund Wests.

6. Februar abends (Mittwoch), verließ Cannanore über Valiapuram nach Payengadi, spät angelangt, Fall vom Pferd durch vorhangenden Baumzweig, aber wohlbehalten.

7ten morgens von Payengadi nach Caray - Seeufer. Tamil-Sepahi Muttien von Madras, der seine 3 Kinder, Ramen und 2 Mädchen, übergibt, den ersteren, weil er so ausgelassen, ungehorsam sei, nur unreife Mango esse und immer davonspringe. Ging der Kinder wegen nachts auf dem Boot um Caducatsheri herum, 2 Stationen nach [Puthukottai] vor Hosdrug, wo wir morgens,

8ten (Freitag), anlangten. Abends aufgesessen nach Bekal (viele Mopla-Dörfer hier). Von hier

9ten (Samstag) morgens, 1 Uhr nach Kasaragod und Kumbla, wo ich um 7 1/2 Uhr anlangte. Sehr ermüdet, nächtliche Sternenbetrachtung. Burgen auf jeder Höhe. Abends nach Manjeshvar im brennenden Sand des Seeufers - fühlte mich sehr müde. Der Herr hat meine Reisen angesehen: und bringt mich Unwürdigen mit Segen zurück.

Sonntag, 10ten, so schnell das Pferd mich trug, nach Mangalore. Die Überfahrt über den letzten Fluß hielt mich 1/2 Stunde auf, so kam ich zum Frühstück angeritten. Meine liebe Frau gedrückt durch meines Vaters Brief. Du Herr, mußt auch hier helfen, wie es dir eben gerade recht dünkt.

Montag, 11., mein Reisebericht beschlossen, ich soll kanaresisch lernen der Verbindung wegen. An Lösch, der in Honore mit meiner Frau Dienstfertigkeit unzufrieden wurde, schrieb ich. Greiner ist sehr betrübt, daß ich sage, ich würde fortgehen, wenn seine Heirat durch meine ein Hindernis träfe.

Freitag, 15ten, Lugard hier. Brief von Michael über neue Verfolgung.

16ten morgens Besuch von seinem Philipp, einem Bangalore-Christen, von Laidler getauft, aber ohne Kenntnis, hat bisher mit einer römisch-katholischen Frau gelebt und ist vielfach gehindert.

17., Lugard predigt und Abendmahl (Gemeinschaft mit Gott und miteinander).

Vom 17-18ten nachts träumt, Vater sei tot, habe es in portugiesischer Zeitung gelesen. Ach, mir war's, als hieß es, ich habe ihn getötet. Herr des Lebens und des Tods, in deiner Hand steh ich, sei du gepriesen!

Dienstag, 19. - Mittwoch, 20. Alle zusammen im in Gudpoor. Eine heiße Hinfahrt im Boot von 8-3 Uhr nachmittags, und nächtliche Heimfahrt von 4-11 nachts. Die Kinder glücklich, meine liebe Frau etwas nervenangegriffen.

Sonntag, 24sten morgens. Vaters Segen langt an. Blumhardt tot!

Mittwoch, 27sten. T. L. Strange bietet sein Haus in Tellicherry an. Meeting.

Freitag, 8ten März. Dharwarbrüder wollen kleine Missionsberatung haben. Ach Herr, nur nichts wie in Tirunelveli, ich bitte dich. Mit Dehlinger Malayalam gerlernt.

Montag, 18ten, nach Tellicherry zu gehen, beschloß (1. Hausplan, 2. Papiere titledeed, 3. Meubles, 4. Michael, 5. Besuche*, 6. Lugard).

Am Gründonnerstag zurückgekehrt, fand Frau und Hebich und Lehner beim Abendmahl.

Ostern, 31. März. Taufe von Tobia - Abrahams Weib Sara, Enoch, Petrus, Simeon und Hanna, Jacob und Johannes.

30. März, beschlossen, die Tellicherry-Station anzufangen. Langten

Freitag, 12. April, in Tellicherry an. Dehlinger bald ruhrkrank. Streit von Laws Diener Prager mit Butler.

Sonntag, 14. April. Lugards Abendpredigt. Pragers gehen

Mittwoch, 17. April, nachmittags Zeichen baldiger Niederkunft (ich kopfschwer vom Besuch bei Vaughan), schwere Nacht.

Donnerstag, 18. April morgens, der Erstgeborene erscheint. Doktor Moule* lispelt mir zu "tot", aber der Kleine schreit.

Mittwoch, 24. Mögling nachts 10 Uhr von Cannanore zu Fuß. Beratung über Dehlinge . Frau Andersons Freundlichkeit und Hilffertigkeit.

Sonntag, 28. Herrmann getauft. Durch Mögling erste englische Predigt in der Kapelle durchgesetzt. Satianadens Heiratsgeschichte zerblasen.

Freitag, 3. Mai. Dinner mit Lugard bei Andersons. Vaughan schimpft über den entlassenen Lascelles. Tucker gibt die Kapelle an die Kirche der Bischöflichen hier ab.

Samstag, 4. Mai. Dehlinger mit Mögling bei Land ab.

Sonntag, 5. Mai, wieder Predigt, seither geschwollenes Gesicht, Blutegel etc.

Donnerstag, 9. Mai, Himmelfahrt, Stunde bei Schmidt.

Freitag, Schulvisitation.

Samstag, 11. Mai. Nervenanfall von meiner Frau, glaubt, sie sei mir keine Hilfe, eher eine Last - der Herr half durch.

Sonntag, 12. Mai. Englisch und Tamil wie sonst.

Montag, 13. Besuche bei Harris und Anderson mit meiner Frau. Besuche der ältesten Schulknaben. 3mal in der Woche. Geographie, Neue Geschichte.

Donnerstag, 16., in town. Begann, William Silva zu examinieren und zu unterrichten, sein Vater sehr dankbar.

Samstag, 18. Besuche von Frau Harris, die sich jetzt offen als Bekehrte seit dem Tod ihres ältesten Mädchens ankündigt, dem Kleinen zum Klistier verhilft, Frau Anderson abends. Monsun. Im Monsun Grammatik.

Lascelles waterwoman Virata bapt. 1. Febr., Thursday, Maria
Baya - aufrichtig, hat böse Füße. Mutter von Mellama und Virata
Tchineyen sollte lesen lernen
(horsek. Aruland.) Dindigul Christ*, versteht ziemlich wohl - ceased to come
Marias Antonias Mutter Anei - Betrug in appam. her brother Viraten, Vater of Cutti*, his wife, a Telugu, bearing mud
Kistnen (leprous) understands well - but seems lazy and desirous of bettering his condition by turning a Christian
Ramayam ([illegible]) Lazarus bapt. 3. Jan., his wife Mutti (though unmarried) behaves well in serving him, wishes also baptism
lepr. woman
Butchi - a working woman. Pappa working Sudrawoman
Mark the gardener who has driven away his wife whilst being with child
Lascelles Chinama - (ältere Schwester Rom. Kath.) is out for grass continually
Tanicasi, der Kanaresisch spricht, will Schulmeister werden, war Zollschreiber

Schoolgirls
Charli, Port.
Josephine
Penina 19, Chinama 5 } John Howe
Anema 10, Gnanam 8 } his sister Rachel

gone
Maria, Antonia } of Anei, deceitful
returned Cutti 4 of Viren (Aneis brother) and Gingi the mudwoman
Martha 8 of Philemon, a Christian whose child lies* not
Mellama 8, Virata 5 } of Vartappen
Alemel 5 of Munnien, who will go to Bangal!

Elisa 9 of Hagar, the wife of Esudasen <1/2 Rp to be paid to her for Mutti>
Mangali 10 grandmother Ambai, uncle John
Munchi 6, Urani 4 } of Lazar and Mutti, the mother of Munien
Sarah 5 (of Ruth, the schoolmistress?)
Maria 4 of Mrs. Lascelles
Esther 5 Jacob Jan. 1839 make beginning
countryborn Mary 7
Fanny 3
Maria Campbell 7 y.

opened 1 May

1. Samuel (son of Simson) 7 years (came in Febr.)
2. George White 15 y. fr. Arcot (Dr. Knox) April
8. Simson 9 y. (Joseph [illegible]) 1 May
5. Pondicherry boy. Lázar Browne, 4 June 1832 (sister Mary 2 Sept. 1830) 2 May
4. Devaprasadam Gnanapracasam - (Mother Susanah, died) 12 years, 1 May
Rebeccah Accal
3. Son of Mutti, Munnnien. 1 May, 9 years
6. Vencatasawmi, son of Viri, Iruvaram pareicheri, 2 May
9. Chitturan, son of the Cooks Annen, 3 May
10. Daniel Coyle, son of an Arcot Trumpeter, 8 years, 2 May
11. Jacob, son of Arokyam, Chittoor great Pareicheri, 7 years
12. Elia (Sancani*) son of Perumal durch Ellis from Poonay, 7 y.
16. Elia, 15 y., christlich
13. Ananden, Verw. of Anboy (10 June), 7
14. Payani, son of a Heath, 9, 24 June
15. Pareien, 8, 16 Jul., Mettur

Dr. Hermann Gundert

Januar 1840. Du, o Herr, kennst und erfährst mich! Ich kenne mich nicht - und erfahre mich nur langsam. Laß mich dich kennen, dich erfahren in deinem Namen, deiner Schechinah, deinem Königreich! Was mich alles drückt, ist dir bekannt: Im Herzen tief *Feigheit*, das Evangelium zu verkündigen mit Kraft und Tat; diese Feigheit seit dem vermehrten Wissen (von August an Sanskrit und Malayalam-Geschichte) größer geworden. Also auch Undankbarkeit und *Selbsterhebung*: und darum ängstliches Umherschauen aufs wechselvolle Mangalore, auf das (antipathisch?) beengende Dharwar, auf die gedämpfte Liebesverbindung mit der Heimat. Betulius hat zum neuen Jahr wieder gemahnt, Mögling sich wieder tief gedemütigt: Herr, demütige mich auch, daß du mich erheben kannst. Reiße alle Gefallsucht und allen Widerwillen, alle Sklaverei und Eigensinn aus mir - mache mich reif zu einem Werkzeug deiner freien Gnade unter den Heiden! Lasten, die noch vom alten Jahr aufliegen: die Heiratsgeschichte, verbunden mit Parnells unerwarteter völliger abschlägiger Antwort (Heimbezahlung betreffend): die Regierung wird über die Mission und Pietisten-Sache noch etwas ungünstiger gestimmt; Strange hat noch nicht geschrieben, und ich fürchte, unvorsichtig geschrieben zu haben (die Mobilien betreffend - auch ohne Konferenz, was Greiner mir als Fehler aufdeckte), für die native Christen - nicht ein bißchen besser (Neujahrskuchen!!!) auch meiner Sünden wegen, - wenn neue Brüder kommen, wie soll ich sie ehren, wie ihnen zum Nutzen statt zum Ärgernis werden? Sutter hätte nicht bleiben mögen. Warum nicht? Wie wenn Mögling käme. Und dann ich vor der Zeit gereifter (nicht in Weisheit und Gnade). Vater, habe auch noch eine Bitte, neue Erwartungen betreffend - wie leicht du sie vernichtigen könntest, hast du am 5ten gezeigt (vor der Predigt). Lehre und erziehe mich, mache mich selig in deiner Erkenntnis!

13. April 1839 - 1. Januar 1843

13. April 1939. Die Brüder Gundert (mit seiner Frau) und Dehlinger sind am 11ten April morgens von Mangalore im Auftrag der Generalkonferenz abgefahren und am 12ten April nachmittags in Tellicherry angelangt in der Absicht, in dem von Herrn Strange geschenkten Haus eine Missionsstation für das nördliche Malayalim-Volk zu begründen.
Beschlossen
1. Bruder Gundert soll Stationsvorsteher und Bibliothekar sein.
2. Br. Dehlinger soll Stations-Protokollführer, Archivar und Stationskassier sein.
3. Geschwister Gundert führen die Haushaltung.[1]

14. April, Lugard tauft Butler Emanuels Kinder. (2. März, Emanuel < Tschadeappen).

18. April 1839. Geboren (vormittags 9 Uhr): Herrmann Gundert jun. Die Taufe vollzogen 28. April (Sonntag) durch Br. Mögling, der am 24sten (nachts) von Mangalore angekommen war.

28sten April. Infolge der Aufforderung des Rev. M. Lugard sowie der hiesigen Residenten ist heute morgen Gottesdienst in englischer Sprache (11 Uhr) angefangen worden. Abends Erbauungsstunde im Hause eines eingeborenen Protestanten. (Jes. Schmidt, Sohn eines deutschen Soldaten).

30. April. Beschlossen: Br. Dehlinger soll mit Br. Mögling nach Mangalore und von dort nach Dharwar reisen. Ein Ruhranfall, der in Mangalore anfing und hier noch vernachlässigt wurde, hat seine Gesundheit so sehr geschwächt, daß der hiesige Arzt einen Aufenthalt an der Küste während des bevorstehenden Monsuns für durchaus unratsam erklärt. Dies ist auch Br. Dehlingers und unsere Ansicht. Da die - angeratene - Reise nach den Nilgiris und der Aufenthalt dort dem Br. Dehlinger zu beschwerlich und kostspielig wäre, so glauben wir, daß Dharwar oder Hubli des Klimas und anderer günstigen Umstände wegen der geeignetste Platz für ihn sein werde. Donnerstag, der 2te Mai, ist zur Abreise nach Mangalore festgesetzt. (Die 2 Brüder gingen 4. Mai, Samstag, zu Land ab).

3. Mai. Infolge Briefs von Herrn Tucker hat Herr Lugard die hiesige Kirche an die Zivilbeamten hier abgegeben, der Bischof von Madras ist für beständigen Trustee erklärt.

6. Mai. Die Schule von Frau Anderson, unter Schulmeister Baptiste, wird unter Aufsicht der Mission gestellt und wöchentlich ein Tag für ihre Beaufsichtigung bestimmt. Die Geldsachen aber bleiben mit Frau Anderson.

10. Mai. Mit den ältesten Knaben, die wöchentlich 3 Nachmittage ins Haus kommen, werden Geographielektionen angefangen.

14. Mai. In der Veranda eine Malayalam-Schule unter dem ersten Munschi angefangen.

30. Mai. Die Mädchen von Frau Andersons Schule lernen in den Nachmittagen Handarbeit bei Frau Gundert.

---

1. Nicht Gunderts Handschrift. Die Eintragung unter diesem Tag dürfte von Dehlinger stammen.

Tellicherry, 1. Juni 1839. Verehrteste Komitee!

Nach einer Verordnung der Generalkonferenz Ihrer Missionare auf der Westküste von Indien sollte Ihnen zunächst ein Bericht von der Tellicherry-Station mit dem Juni-Dampfboot übersandt worden sein. Der beschleunigte Abgang dieses Dampfboots hat unvorhergesehenerweise die Ausfertigung desselben unmöglich gemacht. In der Hoffnung, daß Sie mit Nachsicht die wenigen Nachrichten aufnehmen werden, die sich über ein erst im Beginnen begriffenes Werk geben lassen, wird nun der vorliegende Bericht geschrieben und an die nördlichen Stationen gesandt, von wo aus er vielleicht mit einem Dampfboot nach dem Persischen Meerbusen wird befördert werden können.

1. Die Brüder Gundert und Dehlinger gingen den Beschlüssen der Generalkonferenz zufolge 11. April von Mangalore nach Tellicherry ab, um in dem von Herrn Strange Ihrer Mission geschenkten Hause eine Missionsstation für das Malayalam-Volk zu begründen. Durch die Gnade des Herrn langten sie wohlbehalten am 12ten April an und hatten sich bald in ihrem neuen Wohnsitz eingerichtet, da Herr Strange Vorbereitungen für die Bedürfnisse der zu erwartenden Brüder getroffen hatte. Als sie jedoch das Erlernen der Malayalam-Sprache, worin in Mangalore ein Anfang gemacht worden war, sich mit Ernst zur Hauptaufgabe vorsetzten, gefiel es dem Herrn, Br. Dehlinger durch eine langwierige Diarrhöe, die jetzt in Ruhr überging, von dem Pult weg ins Bett zu nötigen. Nachdem Br. Mögling (zur Taufe eines dem Br. Gundert am 18. April geborenen Sohns) hier am 24sten April angelangt war, machte das zusehends verschlimmerte Befinden des kranken Bruders eine Beratung nötig, was unter solchen Umständen getan werden müsse. Der Arzt riet zu einer schleunigen Reise auf die Nilgiris, ehe der Einbruch des Monsun alle Wiederherstellung auf dieser Küste unmöglich mache. Da unsererseits von Dharwar und Hubli Erwähnung getan wurde, hielt er das dortige Klima noch für ratsamer als das der Nilgiris. Infolgedessen machte sich Br. Dehlinger mit Br. Mögling auf den Weg nach Mangalore (4. Mai), wo er den 7. Mai, noch immer sehr geschwächt, anlangte. Durch diese ernste Fügung ist die neue Station eines Arbeiters beraubt worden, dessen ganzes Herz in diesem Werke war: und die seitherigen Beratungen Ihrer Generalkonferenz sind bisher noch nicht zu einem Ausschlag gediehen, der zur Hoffnung berechtigte, diese Station bald vollständig besetzt zu sehen. Hieraus können Sie leicht schließen, mit welchem Verlangen wir alle der Aussendung von neuen Brüdern entgegensehen.

2. 3. Da Bruder Gundert im vergangenen Monat Mai sich beinahe ausschließlich mit Erlernen der Malayalam-Sprache beschäftigt hat, blieb keine Zeit für Missionspredigt übrig, auch wenn er sich schon hätte zutrauen dürfen, mit öffentlichem Vortrag in dieser Sprache einen Anfang zu machen.

4. Für Seelsorge ist hier bereits ein ziemlich weites Feld offen. Unter der bedeutenden Anzahl von Indobriten und Indoportugiesen sind auch etliche protestantische Familien, die [sich] über die Errichtung einer Missionsstation hier und über Hausbesuche freuen. Einer von ihnen, Schmidt, Sohn eines deutschen Soldaten, hat sich, während er an den Pocken krank lag, tägliche Besuche ausgebeten, in welchen er seine Unwissenheit in geistlichen Dingen bei ziemlichem Kopfwissen bekannte. - Es sind auch etliche Tamil-Christen hier, mehr oder weniger aufrichtig, obgleich vielleicht keiner mit Zuversicht bekehrt genannt werden kann. Die Familie von Herrn Stranges Oberknecht, den der Cannanore-Kaplan vor Abreise des Herrn Strange taufte, und dessen Kinder seither auch getauft wurden,

wird wiederholt besucht, namentlich in Krankheitsfällen, wo sich zu den zahlreichen Inwohnern und Besuchern manches heilsame Wort aus dem Evangelium sprechen läßt. - Für die Dienerschaft, die fast ganz aus Tamil-Christen besteht, wird in regelmäßigen Abendandachten eine Harmonie der Evangelien gelesen und erklärt. Der in Mangalore vor kurzem getaufte Tobias hat ein offenes Ohr für die Wahrheit. Er und die anderen Diener sind aufgemuntert worden, täglich in der Malayalam-Schule lesen zu lernen, um auf den bevorstehenden Wechsel der beim Gottesdienst gebrauchten Sprache vorbereitet zu werden. <An Sonntagen regelmäßig Tamil-Predigt.>

5. Die Besuche im Missionshaus sind namentlich seit dem Anfang der Regenzeit sehr selten geworden. Doch kommen immer von Zeit zu Zeit etliche Eingeborene, zum Teil in den früheren Missionsschulen Unterrichte[te], welche Traktate suchen, und mit denen nach Vermögen Malayalam gesprochen wird.

6. Katechisten sind von den Tirunelveli-Brüdern versprochen, aber noch nicht geschickt worden. Br. Müller will einen im dortigen Seminar erzogenen jungen Mann schicken, der Freudigkeit hat, hierherzukommen. Br. Schaffter hat Lust, einen oder 2 geprüftere Arbeiter abzusenden, wenn sie sich willig finden lassen. Michael, der Anjerkandi-Katechist, hat wiederholte Besuche im Missionshaus abgestattet und gibt ziemlich erfreuliche Berichte über den Fortgang des dortigen Werks. Seine Herren zeigen mehr Willigkeit als zuvor, der Verbreitung christlicher Erkenntnis Vorschub zu tun, seit Aussicht auf regelmäßigere Besuche eines Missionars vorhanden ist.

7. Auf Verlangen der englischen Beamten ist englischer Gottesdienst am Sonntag vormittag angefangen und seit dem 28sten April ohne Unterbrechung fortgesetzt worden. Die von den hiesigen Einwohnern erbaute Kapelle ist nicht konsekriert; in der Erwartung aber, daß der Bischof dies bald tun wird, hat der Kaplan den Wunsch ausgedrückt, daß die Missionare der deutschen Kirche sich des Lesepults statt der Kanzel bedienen. Der Besuch des Gottesdiensts ist bisher von den Engländern ziemlich regelmäßig eingehalten worden. Für die Indobriten ist im Hause des obengenannten Herrn Schmidt eine Erbauungsstunde Donnerstag abends angefangen worden, wozu sich etwa 18 Zuhörer, worunter auch Katholiken, einfinden.

8. Die englische Schule hier, welche im Juni vorigen Jahrs durch Beiträge der Einwohnerschaft unter dem alten Schulmeister Baptiste neu errichtet wurde, nachdem die kirchliche Mission sie etliche Jahre zuvor aufgegeben, wird von etwa 50 Knaben und 6 Mädchen besucht. Die Aufsicht darüber ist der Mission übertragen worden. Donnerstag ist der zum Besuch und Examination der Schule festgesetzte Tag. Die meisten Knaben sind Katholiken, die Minderzahl Heiden. - Montag, Mittwoch und Freitag nachmittags kommen etwa 10 der Vorgerückteren ins Missionshaus, wo sie Unterricht in Geographie erhalten. Etliche der Mädchen kommen an heiteren Nachmittagen, um bei Schwester Gundert Handarbeit zu lernen.

9. In der Mitte Mai ist eine Malayalam-Schule in der weiten Veranda des Missionshauses eröffnet worden. Die Schule begann mit etwa 10 Knaben, zu welchen 3 Mädchen der Dienerschaft und diejenigen Knechte kommen, welche Malayalam lesen lernen wollen. Der Schulmeister ist ein in Baptistes Schule erzogener junger Hindu, ohne große Gaben, aber willig, unsere christlichen Bücher lesen zu lehren. 4 der Knaben, die ziemlich fertig lesen, werden täglich von Br. Gundert über das Gelesene katechisiert, in Gegenwart des Munschis.

11. Die Ökonomie betreffend ist zu bemerken, daß die Entfernung des Hauses von der Stadt, die noch nicht ganz vollendete Einrichtung der neuen Bauten und die Ausdehnung des Guts über eine ziemliche Strecke fruchtbaren Landes besonders bis zum Anbruch der Regenzeit mancherlei Sorge und Arbeit veranlaßten. Sollte der Herr in Zukunft weitere Türen öffnen, so könnten wohl viele eingeborne Christen sich auf diesem Boden niederlassen und zugleich ihr Brot darauf verdienen. Solang freilich nur ein Missionsbruder hier ist, muß dieses Kapital unbenützt liegen, wenn nicht wichtigere Geschäfte vernachlässigt werden sollen. Die betreffenden Sorgen, die größtenteils auf Schwester Gundert fallen, sind durch besondere Fügung des Herrn sehr erleichtert worden, indem die 2 nächsten Nachbarn des Missionshauses, die Frauen der Richter Anderson und Harris, sich angelegen sein ließen, durch Sendung von Viktualien, Gerätschaften und Arbeitern alle erdenkliche Hilfe zu leisten.

12. Im ganzen ist auffallend, wie bereitwillig die Engländer hier sich zeigen, der angefangenen Missions-Station Vorschub zu tun. Der Abgang Br. Dehlingers hat bei den meisten aufrichtige Teilnahme erregt. Auch in der Nachbarschaft, in Cannanore, sowie bei den Missionaren im Süden des Landes, hat die Errichtung der neuen Station Anlaß zu Dank und Freudenbezeugung gegeben. Möge der Herr denn bald viele Arbeiter in dieses weite Feld senden! Möge er besonders Ihnen, verehrteste Komitee, Freudigkeit geben, vor der nächsten Regenzeit eine Anzahl frischer Missionsbrüder auf die so schwach besetzten Stationen dieser Küste zu senden.

H. Gundert

15. Juni. Nach Berichten von Mangalore bereitet sich eine neue Station auf den Nilgiris vor. In bezug hierauf ist ein Brief von Richter Lascelles in Ootacamund der Mangalore-Station mitgeteilt worden.

20. Juni. Ein [illegible] Mangadi [illegible] mit seinem Bruder und 2 Kindern, der seit 3 Jahren bei Michael gelernt, ist in die Missionsfamilie eingetreten. Er arbeitet vorerst im Feld und Garten und erhält weiteren Unterricht. - Chapl. Lugard auf Besuch vom 20-25sten (sonntags), tauft Menisses Kind (französischer Katholik, mit einer Bombay-Protestantin verheiratet), erlaubt aber in solchen Fällen geistliche Funktionen der Missionare, wo keine Governments-Diener beteiligt sind.

20. Juni. Betreffend die Mädchen und Knaben aus der Freischule[1] verfügt, daß die Knaben an Montag, Mittwoch, Freitag Nachmittagen kommen, die Mädchen Dienstag, Donnerstag, Samstag. Die Abendstunde bei Schmidt auf Dienstag verlegt. (Bald unmöglich erwiesen, weil Herr White bis 6 Uhr Court hält. Statt dessen Bibellesen mit Harris).

23. Juni. Der Abendgottesdienst von jetzt an in Malayalam zu halten.

1. Juli. 3 portugiesische Waisenmädchen, Francisca und Arabella Caldera (Enkel of John Fogoul) von Madras und Martha (Vaters Name unbekannt) sind durch Lugard der Mädchenschule beigefügtworden. - Chinnappenwieder in den Missionsdienst aufgenommen, nachdem er für seine Mangalore-Vergehen Buße getan.

5.-8. Juli. Besuch in Cannanore (West, Lugard).

---

1. Sonst auch Freeschool.

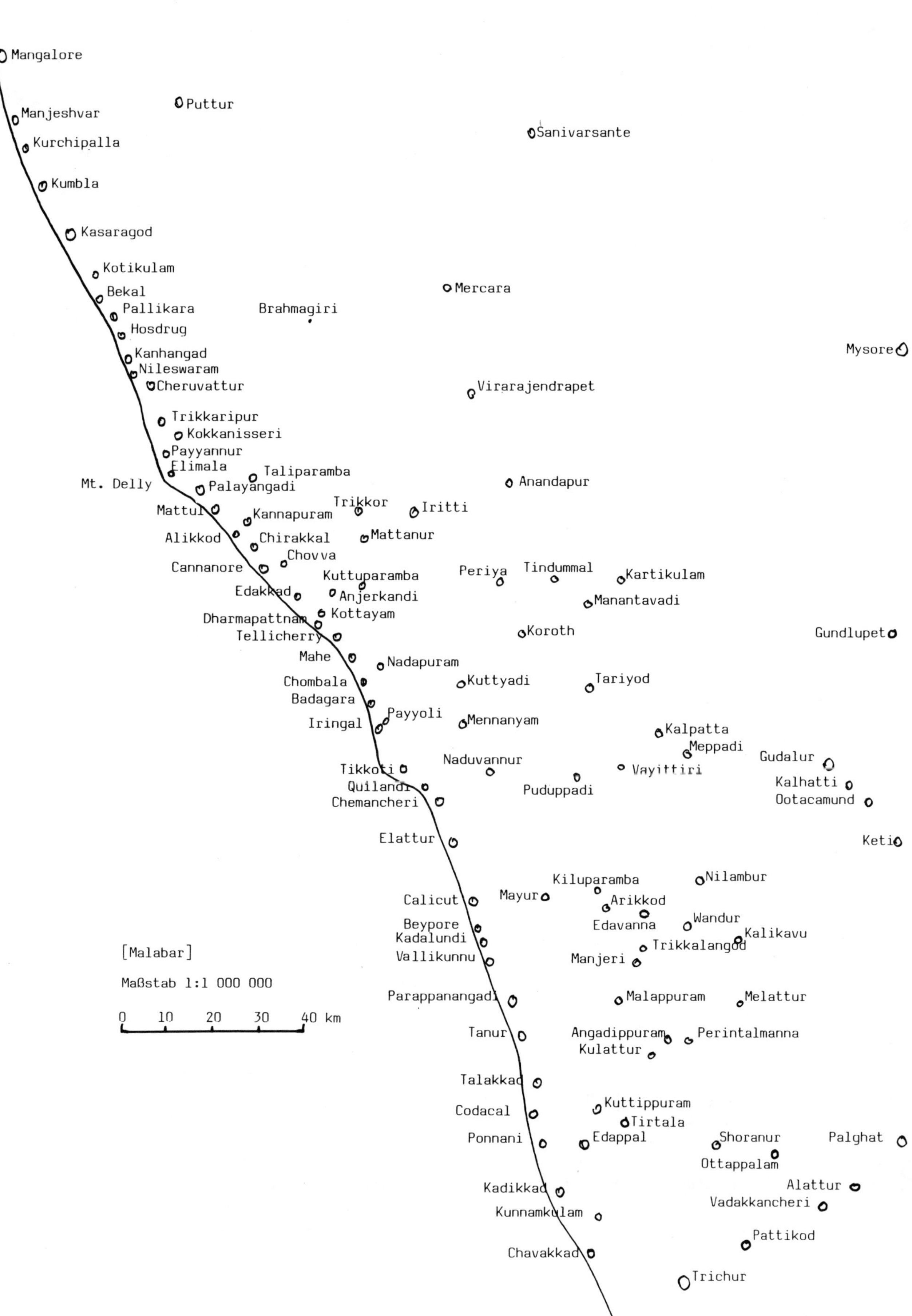
Mangalore
Puttur
Manjeshvar
Sanivarsante
Kurchipalla
Kumbla
Kasaragod
Kotikulam
Bekal
Mercara
Pallikara
Brahmagiri
Hosdrug
Kanhangad
Mysore
Nileswaram
Cheruvattur
Virarajendrapet
Trikkaripur
Kokkanisseri
Payyannur
Elimala
Taliparamba
Mt. Delly
Palayangadi
Anandapur
Trikkor
Mattul
Iritti
Kannapuram
Alikkod
Chirakkal
Mattanur
Chovva
Cannanore
Tindummal
Periya
Kuttuparamba
Kartikulam
Edakkad
Anjerkandi
Manantavadi
Dharmapattnam
Kottayam
Tellicherry
Koroth
Gundlupet
Mahe
Nadapuram
Chombala
Kuttyadi
Tariyod
Badagara
Payyoli
Iringal
Mennanyam
Kalpatta
Meppadi
Naduvannur
Gudalur
Tikkoti
Vayittiri
Puduppadi
Quilandi
Kalhatti
Chemancheri
Ootacamund
Elattur
Keti
Kiluparamba
Nilambur
Calicut
Mayur
Arikkod
Beypore
Edavanna
Wandur
Kadalundi
Kalikavu
Trikkalangod
Vallikunnu
Manjeri
[Malabar]
Maßstab 1:1 000 000
0 10 20 30 40 km
Parappanangadi
Malappuram
Melattur
Tanur
Angadippuram
Perintalmanna
Kulattur
Talakkad
Kuttippuram
Codacal
Tirtala
Ponnani
Edappal
Shoranur
Palghat
Ottappalam
Alattur
Kadikkad
Vadakkancheri
Kunnamkulam
Pattikod
Chavakkad
Trichur

Am Samstag [6.] Gespräch mit Taufkandidaten, einem Tamil-Koch und seiner Frau, der alten Mutter einer christlichen Ayah Mariama, einem Malayalam-Schulmeister. Alle wünschen Taufe zur Rettung ihrer Seele, wissen aber nichts vom Blut Jesu noch vom Heiligen Geist.

Sonntag [7.] Tamil-Predigt: Taufe eines Knaben Joseph, Sohn von Jesuadiyan und Sarah, Enkel eines Tranquebar-Christen, der durch die Taufe von der Erbsünde geheilt, seit dem Erwachen seiner Geisteskräfte sich keiner Sünde in Gedanken, Wort und Tat bewußt ist (verwandt mit Cutti Amal). Malayalam-Abendlektion.

Montag [8.] Gespräch mit Capt. Millingens Telugu-Diener, der Taufe wünscht und ernstlich Bibel liest. Hat viel mit Zweifeln zu tun, weil er keinen nach dem Evangelium wandeln sieht.

13. Juli. Besuch in Mahe. C. Menesse, Tessier, katholischer Padre, Dr. Palmer.

15. Juli. Chinnappen bei Michael in die Lehre gegeben, auf 2, 3 Monate.

22. Juli. 2 portugiesische Mädchen, Nestis* und Catharina, sind von West aus der Mädchenschule in Coimbatore (Addis) genommen und uns übergeben worden.

27. Juli. Gnanamuttu von Mangalore angelangt; lernt und lehrt Malayalam im Beisein von Schwester Gundert in der Mädchenschule.

7. August. Besuch in Anjerkandi, erhielt unbeschränkte Einladung, ihn zu wiederholen.

12. August, Harris nach Cochin ab, seine Frau mit dem Versprechen, eine Mädchenschule bauen zu lassen.

15. - 16. August .Besuch in Cannanore. Sprach mit Lugard über Entlassung Imanuels, seiner berüchtigten Hausgeschichten wegen: sodann mit ihm und West über die Taufe von des letzteren Kind, da er keine Godf[ather] und Godm[other] will. Johnson, Vater von Whittle, sagt, sein Sohn sei so gern in Mangalore und spricht von einem andern wohlerzogenen Sohn in Cuddapah, derzeit Erzieher von Howells Kindern, den er auch in den Dienst unserer Mission zu bringen wünschte. Visitierte die Malayalam-Freischule und hatte lange Unterredung mit dem (von Spring getauften) Schulmeister.

18. August, Sonntag. Vedamuttu, Tschakkili, 30 Jahre alt, Periamuttu (seinem ungetauften Weib) und Asirvadam (7 Jahre alt), Esuadian (2 1/2 Jahre), seinen Kindern und Bruder Ananten, 22 Jahre alt, im Seminar erzogen, mit Annammah (seinem ungetauften Weib, 8 Monate schwanger) und Joseph, ihrem Neffen, Waisen, 12 Jahre alt, ihrer Mutter, Mari Ammah (ungetauft) - 8 Seelen, sind heute im Missionshaus angelangt. Sie scheinen in diesem Lande mehr Aussicht zu haben, für den Herrn zu wirken, als in ihrem Lande, wo der Name ihrer Kaste ihnen so sehr im Wege steht. Vielleicht steht ihnen ein Feld in Anjerkandi offen. - Sie lernen Malayalam jeden Morgen eine Stunde bei Br. Gundert, dann in der Schule. Brinnens 9jährige Tochter Flora in Pension genommen, geb. 1. Juni 1830 von einer Tiatti.

24. August, Saturday. Br. Hiller von Mangalore angelangt, den compound einzurichten.

28. August. Von einem Mangalore-Beschluß benachrichtigt, der Br. Essig innerhalb 8 Tagen nach Dharwar versetzt, haben wir dagegen protestiert,

1. der überschrittenen Stationsrechte wegen,
2. wegen der unverhältnismäßigen Besetzung von Dharwar, Hubli ... mit 8, Mangalore, Tellicherry, Nilgiris mit 5,

sodann die Frage der Tellicherry-Stationsbesetzung wieder aufgenommen, die Art und Ausdehnung der hiesigen Arbeit dargelegt und vorgeschlagen,

1. daß Whittle nach Dharwar gehe, um unter Br. Lehners Aufsicht die englische Schule zu führen,
2. Br. Sutter ihn begleite und dort einleiten helfe,
3. Br. Essig bis zur Rückkehr von Sutter oder Hiller in Mangalore bleibe, dann aber (Br. Hebichs Vorschlag zufolge) nach Tellicherry komme: wo er doch immer wieder zur Verfügung der Generalkonferenz steht.

1. September, erstes Abendmahl, Arulappen, John, Tobia, Vedamuttu, Ananden, Gnanamuttu.

2. September. Butler Emanuel ist aus dem Missionsdienst entlassen wegen fortgesetzten Verkehrs mit 2 Weibern. Cutti Ammah wird mit ihm der christlichen Kirchenrechte verlustig erklärt, weil sie durch ihre Ratschläge am meisten zum Schüren des Feuers half. Es ist kaum einem Zweifel unterworfen, daß der Plan war, die der Taufe widerstrebende, rechtmäßige Frau zu entlassen und der andern Taufe und Weibsrechte zu geben.

8. September. Mangadi mit seiner Schwester und deren 2 Kindern läuft in der Nacht aus dem compound, weil sie ihre Rechnung nicht hier fanden. Candappen blieb.

12. September. Besuch von Hiller und Gundert in Cannanore. Beschlossen: daß am ersten Montag jedes Monats Missionsbetstunde in Cannanore sein soll, wozu Lugard, West und Roberts das Anerbieten gemacht haben.

16. September. Diesen Morgen langten Briefe von Ootacamund an, welche jede Aussicht auf die Unterstützung einer dortigen Station durchs Government wegnehmen. Br. Greiner legt der Generalkonferenz zur Beratung vor, ob auf diesem wenig bevölkerten kostspieligen Platze eine Mission soll angefangen werden. Unsere Ansicht ist unter solchen Umständen, daß wir uns kurzweg von den hills zurückziehen sollten, um weder mit den bürgerlichen und kirchlichen Behörden noch auch mit andern Missionsplanen in Kollision zu kommen. Über Br. Greiners Versetzung wünschten wir, daß die kanaresischen Stationen Vorschläge machten, falls er nicht selbst einen Wunsch vorbringen sollte.

17. September. Herr Silva hat heute infolge dringlicher Vorstellungen eine Liste der in Stranges Hause gelassenen Effekten mit einer Ermächtigung, dem butler die Schlüssel abzufordern, geschickt. Beschlossen: weitere verdächtige Umstände nicht weiter zu verfolgen.

18. September. Besuch von Br. Gundert und Hiller in Anjerkandi, um Bambus zu kaufen; Herr Brown schenkte uns soviele, als wir hauen lassen wollen.

23. September - 26. Besuch in Calicut, Holz-und Bambus-Bestellungen durch Mr. Platell. Richter J. Walker zur Missionsaushilfe bereit (geht nach Caddapa).

27. September. Br. Hiller geht mit den 2 Knaben der Katechisten nach Mangalore ab.

28. September. Vorgeschlagen, daß die Generalkonferenz Herrn Inspektor Hoffmann zu einem Besuch

in Indien einladen solle. Am Abend Br. Sutter auf Besuch von Mercara angelangt.

5. Oktober. Dharwar-Konferenzvorschläge erhalten: und ihnen beigestimmt:
1. Br. Greiner in Hubli zu stationieren,
2. die Verteilung der im Oberland befindlichen Brüder den dortigen Stationen zu überlassen.

Mangalore-Vorschläge

1. Wir stimmen dem Verfahren der Brüder - betreffend die native Christians und Institutsknaben bei. Eigene Erfahrung hat uns auch hier gezeigt, daß "Willigkeit zur Dienstarbeit" der Hauptpunkt ist, an welchem wir die Aufrichtigkeit von Christen oder Christ-werden-Wollenden prüfen können. Diese Willigkeit in den Knaben zu pflanzen, ist Aufgabe der sie erziehenden Brüder. Erreichen sie ihren Zweck, so dürfen wir überzeugt sein, daß namentlich für dieses Volk unsere Zöglinge ein Licht sein werden.

3.4. Zu dem Vorschlag, einen Teil des Mangalore-compounds zu vermieten und einen Bruder auf dem Bazar wohnen zu lassen, müssen wir in wahrer Freude glückwünschen. Hier in Tellicherry hat es sich so gefügt, daß durch Herrn Babers Rückkehr ein weiteres Haus für die Zivilbeamten nötig wurde: und wir haben dem Wunsch des Herrn Harris entsprochen, ihm die alten Zimmer des Hauses zum Gebrauch einzuräumen. Br. Gunderts werden dann hauptsächlich in dem von Frau Harris gebauten Schulhause sich aufhalten, aber auch die im Haus neugebauten 2 Verandazimmer behalten, so daß für 2 weitere Brüder Raum ist. Wir haben keine Furcht, daß die Miete nicht reichlich wieder einkommen werde.

5. Die Tellicherry ist von den Süd-Malayalam-Stationen aufgefordert worden, eine Hilfstraktatgesellschaft für den Norden zu bilden. Für nördliches Malayalam und Tulu ist ein Alphabet: kanaresiche Schulbücher, namentlich Bibellektionen, könnten gleicherweise darauf gedruckt werden. Wir haben hier einen hungernden Madras-Christen, der Setzen und Drucken versteht. Auch ist Br. Gundert von Jugend auf mit dem Geschäft etwas bekannt geworden und hat das Anerbieten der Brüder im Süden, ihm zur Errichtung einer Presse behilflich zu sein.

Nro 7.8. halten wir aller Beachtung wert: es ist uns klar, daß wir noch manches zu lernen und zu verlernen haben, bis wir vom Herrn an die Heiden gesandte Missionare heißen können. Wir sehen mit Verlangen der Antwort aller Brüder auf diese Bedenklichkeiten entgegen.

H. Gundert
G. F. Sutter

4. Oktober. Nach Chinnappens Rückkehr von Anjerkandi sagt sich Michael faktisch von der Mission los, wenn er nicht gleich einen Helfer erhalte (droht, einen solchen von Lugard zu erbitten), s. 10. November.

5. - 7. Oktober. Mr. Baber arrived. Besuch in Cannanore. Erste Missionsbetstunde.

10. - 15. Oktober. Besuch von C. West, Postmeister; dessen Kind Charlotte Maria, geb. 18. Juli, mit Lugards Genehmigung ohne Gevattern getauft wurde. Er nahm am Abendmahl 13. Oktober mit uns Anteil.

19. Oktober. Anandens neugeborenes Kind begraben. Beschlossen, das Missionshaus zu vermieten und in die Stadt zu ziehen. Gründe: 1. die Entfernung von Bazar und Schule, 2. finanzielle.

21. Oktober. Die Harris arrived von Cochin. Mit ihnen ein portugiesisches Mädchen Rosina, 7 Jahr alt, und Moses, 2 Jahr alt, der Mission übergeben.

24. Oktober. Von Cochin angelangt:

1. Thomas, Sohn Varkis, merchant, Valiaparamba, N. of Cochin Nazarani, 13 years old,
2. Domingo, Sohn Avaras, merchant, Madattiparamba, Naz., 12 years old,
3. Mattu, Sohn Varkis (rice merchant), Maracamvidu, Naz., 11 years old,
4. Vaitchen, Sohn Domingos(merchant <no: fisher>),cast of Cochin, Naz. (?), 10 years old,
5. Barid, Sohn dess. Namens (Koch), Naz., 10 years old,
6. Tom (lernte Englisch an Bord eines Schiffs Capt. Loverdi), 8 years (Sohn eines verstorbenen Palghat-Maitri), Heide.

Sie sollen vorerst zur Probe behalten werden.

Vertrag:

1. mit Harris, das Missionshaus um 50 Rs monatlich auszuleihen,
2. mit Frau Buggy, ihr Haus um 15 Rs zu mieten, wovon 5 auf repairs verwendet werden dürfen.

25. Oktober. Versprechen von G. A. Harris, monatlich der Mission außer 50 Rs rent, 50 Rs for schools etc. zu geben.

26. Oktober (Samstag). In Frau Buggys Haus eingezogen und die Mädchenklasse der freeschool übernommen.

31. Oktober. Die Donnerstag-meetings aufs neue angefangen.

3.-5. November. Missions-Gebetstunde in Cannanore. Erste Kollektion. 24 Rs. Ananden zum Schulmeister der Malayalam-Schule statt James John ([illegible]) Herrn Lugard übergeben.

5.-7. November. Begleitete Br. Sutter nach Calicut, dortige Schule und etwaige Missionsvorbereitungen zu sehen.

8. November. Br. Sutter nach Mangalore zurück.

9. November. Mehrstündiger Besuch Br. Greiners auf seiner Vorüberfahrt von Nilgiris nach den nördlichen Stationen.

10. November. Michael auf einem Besuch, bittet um Verzeihung (s. 4. Oktober).

12. November, Dienstag, Abendstunden für Bibellesen mit den gentlemen.

Tellicherry Mitte, 15. November.

Verehrteste Komitee! Dies ist der 2te Bericht, der Ihnen von der neuen Tellicherry-Station gesendet wird. Indem ich ihn zusammenfasse, danke ich dem Herrn, der uns bisher in seiner Gnadenzucht behalten hat, schäme mich aber auch, daß unsererseits sich so wenig zum Lob seiner wirksamen Gnade sagen läßt. Wir sind in den Arbeitsfächern, wie sie vom Anfang an vorlagen, mit wenig Wechseln fortgefahren, nicht als ob wir die zweifellose Überzeugung hätten, daß diese Arbeitsweisen sich erfolgreich beweisen müßten, sondern weil wir nicht hinreichenden Beruf zu neuen einladenden Versuchen verspürten. Wenn einmal etliche weitere Brüder sich im Malayahlam-Land werden niedergelassen haben, ist es am Herrn, uns neue Wege zu zeigen und uns einstimmige Freudigkeit zu geben, daß wir auf dieselben eingehen können.

1. Von Brüdern ist bisher mir keiner beigesellt worden. Im Mai hatten etliche Brüder den Vorschlag gemacht, Br. Essig nach Tellicherry zu schicken, und Ende August, da andere Brüder die Versetzung Br. Essigs nach Dharwar für wünschenswert hielten, wurde von Tellicherry aus dagegen protestiert. Beidemal aber wurde von der Majorität beschlossen, daß die Malayalam-Station sich einstweilen mit einem Arbeiter gedulden müsse, bis Verstärkung von Ihnen gesandt werde. Indessen sind wir im August - September durch Besuch Br. Hillers (s. § 11) im Oktober - November durch Br. Sutters mehrwöchigen Aufenthalt, sowie 9. November durch einen halbtägigen* Einspruch Br. Greiners (auf seiner Rückreise von den Nilgiris nach den nördlichen Stationen) nicht bloß erfreut, sondern auch versichert worden, daß den übrigen Brüdern die Verstärkung der Malayalam-Mission recht am Herzen liegt. Uns hat der Herr, indem er unsere Gesundheit mit wenig Wechseln aufrecht erhielt, gezeigt, daß er unsere mangelhafte Arbeit sich einstweilen gefallen lasse, - und wenn er hier mehr getan haben will, wird er selbst bald mehr und bessere Arbeiter anzustellen wissen.

2. <u>Reisen</u>. Die Lage der Tellicherry-Station (6 Stunden von Cannanore, 4±5 Stunden von Anjerkandi, 2 Stunden von Mahe, 15 Stunden von Calicut) schien mir hinlänglichen Beruf zu geben, auf kurze Zeit das Haus meiner lieben Frau zu lassen und Verbindungen in der Umgebung anzuknüpfen oder fortzuführen. Mit Anjerkandi hat bis jetzt eine regelmäßigere Verbindung sich nicht ins Werk setzen lassen. Ich habe wiederholt die dortige Schule examiniert und mit unterschiedlichen hoffnungsvollen Taufkandidaten gesprochen - habe auch die Freundlichkeit der dortigen Gutsbesitzer zu rühmen - indem sie uns auf ihrem Gebiet Bambus schneiden ließen, soviel als wir für etliche Bauten nötig hatten. Doch haben wir noch immer auf eine deutlichere Berufung zu warten, ehe wir im dortigen Missionsfeld entschiedener auftreten können: und ich habe Hoffnung, daß uns diese bei der bevorstehenden Rückkehr des europäischen Herrn Brown wird zuteil werden. - Cannanore habe ich schon 5mal besucht. Es ist dort eine kleine tamulische Gemeinde ohne Lehrer, der ich zu verschiedenen Zeiten predigte. Auch prüfte ich nach Herrn Capl. Lugards Wunsch die ihm vorgestellten Taufkandidaten, die ich von dortigen unberufenen Lehrern sehr schlecht unterrichtet fand. Eine von Herrn Lugard errichtete Malayalam-(englische)Schule ist mir von ihm völlig übergeben worden, da sie aus Mangel an Aufsicht sehr verfallen war. Auf seinen Antrag ist nun am 1sten Montag jeden Monats Missionsbetstunde in der dortigen Kapelle, wozu sich die dortigen christlichen Freunde mit vielen europäischen Soldaten am 7. Oktober das erstemal einfanden. Am 4ten November wurde auch ein Becken angekündigt, in welches mehr als 24 Rs (zum Teil in sehr kleinen Gaben) fielen.

Der Herr wolle uns diesen Anfang christlicher Gebetsgemeinschaft in der Nähe noch weiter segnen. -

Die Besuche in Calicut (23. September mit Br. Hiller auf Holzkauf, 5. November mit Br. Sutter auf Kundschaft) waren zu kurz, als daß sich viel davon sagen ließe. Die Bevölkerung der Stadt wird zu 100 000 angeschlagen, wovon gegen 40 000 mohammedanische Abkömmlinge von Arabern, ferner eine große Anzahl von Portugiesen und eingebornen Katholiken. Wir waren vor unsern Augen als die Heuschrecken etc. Doch wenn der Herr mit uns ist und wir uns nicht fürchten, wird er uns noch in dasselbige Land bringen. - Auf dem letzten Reislein hatte ich meine liebe Frau zur Begleiterin, es war der Auszug von dem in Nettur geschenkt erhaltenen Haus in ein nahe bei Schule, Kirche und Bazar gelegenes portugiesisches Haus in Tellicherry <Ende Oktober>. Wir sind hiedurch in kein Arbeitsfeld eingetreten, sondern nur dem uns angewiesenen nähergerückt. Die mitbewegenden finanziellen Gründe s. § 11.

3. Die Missionspredigt hier wurde nur im August regelmäßig besorgt. Ich begann damals in den Abenden, auf dem Bazar Traktate zu verteilen und mit den Umstehenden zu sprechen. Was auch immer die Gabe anderer sein mag, ich hatte nie viel Freudigkeit zu dieser Art Arbeit - denn was ist sie hier? Mein Erscheinen schon sammelt einen Haufen, ich beginne zu sprechen, die Mohammedaner, welche die Mehrzahl auf dem Bazar ausmachen, schreien mir drein, verspotten meine Sprachfehler, und infolge davon halten sich ruhige, gesittete und vielleicht forschende Männer fern von mir, und müßige Buben und Marktsteher umringen mich. Im September ging ich nur einmal dahin, im Oktober nie. Ich glaube, durch die ersten Besuche einen Zweck erreicht zu haben, nämlich daß mich jetzt jedermann kennt als Lehrer des neuen Wegs - glaube aber nicht, daß auch viel 100 weitere Predigten irgend jemand einen rechten Begriff von diesem neuen Wege geben würden. Indessen führt mich mein Weg oft über den Bazar, ich habe meist Traktate bei mir, die ich den Fordernden spärlich gebe und lade dabei zu Hausbesuchen ein. Ich würde jedoch mit Freuden zuhören, wenn uns der Herr hier einmal einen gewaltigen Volksredner in indischer Zunge aufrichten wollte.

4. Für das sichtbare Kirchlein - wenn man den Namen brauchen darf - ist seit Juni der Gottesdienst in Malayalam gehalten worden. Das Leben Jesu wurde in täglichen Abendstunden erklärt (jetzt die Apostelgeschichte). In den Sonntagspredigten die Geschichte der Genesis. Am 1. September wurde das Abendmahl zum erstenmal gereicht: ich hatte vorläufige Unterredung mit denen, die es zu nehmen wünschten, und bin geneigt, unserer Kirchenlehre gemäß nicht zu skrupulös zu verfahren, wenn nur etliche dabei sind, mit denen man sich der Geistesgemeinschaft bewußt ist. - Den von Herrn Lugard getauften Oberknecht des Herrn Strange und seine Ratgeberin und Lehrerin Cutti Ammah sah ich mich genötigt zu exkommunizieren, da sie Heiden und Christen durch offene Sünden und Unbußfertigkeit ärgerten. Der erstere lebte Monate nach seiner Taufe in Bigamie, die letztere wollte ihm zum Austausch seines ungetauften Weibs gegen eine zur Taufe willigen Hure verhelfen. Cutti Ammah hat sich seither zum Abendmahl im englischen Gottesdienst eingedrängt, Emanuel ließ sich hievon abbringen, zeigt Reue und kommt nun jeden Morgen zum Bibellesen mit den Katechisten. - Im Juni trat eine Familie der Wettuwer-(Jäger-)Kaste, die früher in Anjerkandi gearbeitet und bei Michael einigermaßen gelernt hatte, in den Missionsdienst ein (2 Brüder Mangadi, Candappen, ihre ledige Schwester mit deren 2 Kindern). Ich gab ihnen Arbeit im Feld und Garten und täglich Unterricht: da wir aber das Weib in ihren

Fleischeswegen zügeln wollten, machte sie sich (September) in einer Nacht mit den uns anvertrauten Kindern aus dem Staub: der ältere Bruder, dem ich zu einem vor der Taufe mit List zu bewerkstelligenden heidnischen Heiratsplan meine Einstimmung nicht geben konnte, folgte ihr bald nach: nur Candappen ist geblieben, wie er sagt, aus Dankbarkeit, weil er durch unsere Arzneien von einer langwierigen Krankheit geheilt wurde - er liest und versteht die Bibel ordentlich, und ich gedenke, ihn bald zu taufen. <Gefahr der Fleischeslüste in unverheirateter Indira.> - Ein anderer junger Mann, Sundaren (von guter tamulischer Kaste), kam von Mangalore mit dem Wunsch, getauft zu werden, da er aber zu einiger Arbeit angehalten wurde - empörte sich der alte Kastengeist, er sagte, er sei gekommen, zu lernen und dann Lehrer zu werden - und da ich weder Reis noch Unterricht geben wollte, außer er arbeite hier oder sonstwo, ging er.

5. Besuche im Missionshaus hatten wir früher wenige: die Besucher hatten an der Brücke über den Netturfluß einen Pfennig zu bezahlen, und der Weg war weit. Doch kamen von Zeit zu Zeit Tier (Kokosbauern) aus ihren nahegelegenen Höfen, auch angestellte Eingeborne aus der Stadt: alle mehr oder weniger neugierig, die meisten mit leicht zu erratenden oder offen gestandenen Nebenabsichten. Seit wir in der Stadt wohnen, werden wir öfter besucht, namentlich auch von Bedürftigen aller Art angegangen. Das Hinduwort für Religion ist Dharman und ihre Vorstellung davon Freigebigkeit, Füttern von Kühen und Müßiggängern usw. Viele Besucher wünschen von uns Empfehlung an die Obrigkeiten zu erhalten und machen oft große Anforderungen, die an Röm 1,14 erinnern, nur daß gerade das Wort Gottes wenig bei uns gesucht wird. Wir müssen froh sein, wenn wir ihnen bei Gelegenheit einen oder den andern Nagel der göttlichen Weisheit einschlagen können. Beste Besuche: vom Munschi eingeführte. Der 76jährige Cugni Veidyen einfältiger Forscher.

6. Der Name Katechist ist gegenwärtig in den verschiedenen Missionsstationen vom südlichen Indien so gemein geworden, daß ich unter diesem Titel wohl die 4 gegenwärtig hier befindlichen Missionsdiener befassen kann. Sie sind
a) Schulmeister Tschinnappen, der mit mir von Tirunelveli nach Mangalore gekommen, den Missionsdienst eines Verwandten halber verlassen hatte (Dezember 1838) und den ich auf sein dringendes Bitten (1.Juli) wieder aufnahm. Ich habe ihn auf 3 Monate nach Anjerkandi in die Lehre geschickt, wo er unter Katechist Michael sich mit der Malayalam-Schularbeit ordentlich vertraut machte. Ich konnte aber nicht Zutrauen genug fassen, ihn unverheiratet an jenem Platz zu lassen, und einen von der Mission bezahlten Diener dort Häuser bauen zu lassen, dazu haben die dortigen Herren noch nicht Zutrauen genug. Er lernt einstweilen hier weiter und ist disponibel für die nächste sich darbietende Arbeit.
b) Gnanamuttu, Tirunelveli-Seminarist, den Br. Mögling Hochmuts halber von der Hilfsarbeit am Institut entfernt wünschte, ist am 27. Juli hier eingetreten und ist nach längerer Demütigungs- und Prüfungszeit mit den im Haus lernenden Knaben und Mädchen vollauf beschäftigt.
c.d) Am 18ten August langten die Gebrüder Vedamuttu und Ananden, 2 Tirunelveli-Katechisten, mit ihren Familien hier an. Schaffter hatte sie geschickt, da in ihrem Geburtslande der Name ihrer Kaste (Tschakkili = Schuhmacher) ihnen jede Türe verschließt. Alle diese lernten Malayalam, teils bei mir, teils in der Schule. Ananden, der im Tirunelveli-Seminar auch etwas Englisch gelernt hat, ist unter Herrn Lugards Aufsicht gestellt worden, die Malayalam-Schule in Cannanore als Missionsschule fortzuführen, auch der dortigen Gemeinde an Sonntagen zu predigen. Beide haben gute Zeugnisse von Schaffter mitgebracht,

ihr geistliches Leben läßt aber manches zu wünschen übrig, wie sich schon aus dem Faktum schließen läßt, daß sie heidnische Weiber geheiratet haben - die jetzt zwar Taufe wünschen, aber (jedenfalls die Frau von Vedamuttu) noch nicht hinlänglich Kenntnis vom Evangelium haben. - Michael in Anjerkandi hat mit Versuchungen zu Hochmut zu kämpfen, wie sie seine ziemlich unabhängige Stellung leicht mit sich bringt. Er hat bisher immer das Abendmahl beim Capl. in Cannanore genommen, obgleich er nach Tellicherry so nahe hat als nach Cannanore.

7. Die englische Predigt an Sonntagen ist bisher ordentlich eingehalten worden. Die Erbauungsstunde mit den Indobritons Donnerstag abends konnte nach Abgang des (christlichen) Richters im früheren Lokal nicht fortgeführt werden: seit seiner Rückkehr (Oktober) wird sie [in] <unserer Stadtwohnung> fleißig besucht. Sie halten das für eine Empfehlung zu Schreibers- und anderen Promotionen.

8. In der englischen Schule wurde die Donnerstagsvisitation und Unterricht der höhern Klassen in den Nachmittagen regelmäßig fortgeführt. Der Hauswechsel hat jetzt eine Änderung möglich gemacht, infolge wovon die ganze Mädchenschule (18 dayscholars) an Frau Gundert übergeben wurde. Die Mädchen lernen jetzt im Missionshaus <von 9-5 Uhr> Englisch lesen und schreiben (die natives Malayalam), Bibel, Rechnen und Handarbeit. Sie und die Mütter scheinen recht froh über unser Herabkommen zu sein. - Ich lehre in der Schule, die nächst dem Missionshaus liegt und immer noch von Frau Anderson bezahlt wird, täglich 1-3 Stunden englische Grammatik, Geographie und biblische Geschichte.

9. Die Malayalam-Schule in der Veranda wurde bis Oktober beibehalten. Die Zahl der Knaben stieg einmal auf 40, hielt sich aber gewöhnlich zwischen 20-30. Etwa 15 haben einen Malayalam-Katechismus auswendig gelernt und mehrere Traktate (Schöpfung, Sündflut, Tahiti-Missionsgeschichte) durchgelesen. Der Schulmeister befriedigt mich aber nicht - indem er immer heidnische Bücher mit einbrachte. Als daher das Lokal der Schule aufgegeben wurde, ist der Schulmeister entlassen worden. Wenn sich aber in der Gegend dort ein geschickter Platz zeigt, kann die Schule wieder mit einem neuen Meister aufgenommen werden. - Das Mädcheninstitut, welches Schwester Gundert beauftragt ward, in Tellicherry zu beginnen, zählt jetzt 8 Mädchen, wovon 7 Waisen sind. Wir hatten für einige Zeit 10, einmal 11, aber die Eltern nahmen aus verschiedenen Gründen die Kinder zurück. Dieses wollen wir auch nicht hindern und suchen vor allem solche Kinder zu kriegen, an die niemand Ansprüche hat. Die 4 ältesten haben jetzt ordentliche Spitzenarbeit zu machen gelernt, so daß sie mit der Zeit sich hiedurch den Lebensunterhalt verschaffen können. Die 2 arbeitsamsten, Eliza und Francisca machen uns auch durch ihr Betragen und Bekanntschaft mit der Bibel Freude. <Brinnens Tochter in Kost genommen, zahlt monatlich 12 Rs.> - 7 Waisenknaben, teils syrischer, teils syro-römischer Kaste, sind uns von Cochin durch Herrn Harris gebracht worden. Da ich sonst keine Malayalam-Schularbeit habe, sind sie von mir zu einer Probe behalten worden und lernen die Anfangsgründe unter Gnanamuttu. Sie betragen sich alle wohl, sind aber an Talenten sehr verschieden. Die besten werden vielleicht in Mangalore ihre Studien vollenden können.

11. Ökonomie. Das frühere Haus mit vielen Gaben verursachte mehrere außerordentliche Ausgaben, wie die Stationsrechnung zeigt. Die Kosten für die Haushaltung betrugen in 6 1/2 Monaten für uns (mit den Brüdern Dehlinger, Hiller, Sutter, je für einen Monat) 542 Rs, wovon 292 1/2 für eigentliche Haushaltung, 249 1/2 für Dienerschaft. Letztere kostete so viel, weil die Entfernung des Hauses

und die Ausdehnung des Gutes etliche außerordentliche Diener erforderte: die erstere Summe erklärt sich durch mehrere Besuche von gentlemen und Familien, welche die schöne Lage des Hauses einlud. Dachdecken und andere Reparaturen kosteten 134 Rs. Die Bauten, welche sich auf gegen 306 Rs beliefen, bestanden in 2 aus einer Veranda herausgeschlagenen Wohnzimmern (für künftige Brüder), in Katechisten-Wohnungen und einer Schule für die Mädchen (diese 142 1/4 Rs). Frau Harris hatte versprochen, die letztere zu zahlen, da aber diese liebe Familie jetzt das Haus bewohnt (wodurch ihnen die obigen Bauten zugute kommen) und dafür monatlich 50 Rs Hauszins geben, wozu sie noch jeden Monat 50 Rs Beiträge versprochen, konnten wir ihnen die Kosten jenes Gebäus nicht anrechnen. Es steht einstweilen unbenützt. Dies ist freilich schade, wir glaubten aber nicht, uns durch solche Rücksichten von dem unabweislich vom Herrn uns anbefohlenen Hauswechsel abbringen lassen zu dürfen. Lieber wollen wir dadurch klüger werden und uns in Zukunft mehr besinnen. Unser Saldo besteht in 632 1/2 Rs (NB wovon 254 Rs eine durch Herrn Büchelen erhaltene Schweizerdonation sind. Die Kosten des Mädcheninstituts, die sich auf beinahe 97 Rs belaufen, wollen wir den Gebern als hievon bezahlt darstellen). Da unser Hauszins sich nur auf 15 Rs beläuft, wir auch wenige Extraausgaben zu erwarten haben, glauben wir im bevorstehenden Rechnungsjahr mit Saldo, Hauszins und Beiträgen ausreichen zu können.

12. Noch etliches wäre zu sagen, aber Raum und Zeit drängen mich, kurz zu schließen. Da ich bei meinem gegenwärtigen Munschi neben Malayalam auch Sanskrit lerne und es jetzt durch seine Hilfe zu ziemlicher Geläufigkeit im Lesen gebracht habe, so wollte ich dies nicht unbemerkt lassen. Dieser Mann, dem ich monatlich 10 Rs gebe, weiß beinahe alle Hindu-Gelehrsamkeit auswendig und ist mir durch seinen Wahrheitssinn lieb geworden. Wenn ein Bruder Beruf verspürt, auf Sanskrit etc. einzugehen, scheint es mir weit besser, er lerne es hier sprechen und lesen zugleich, als daß er's in europäischen Kollegien nachschreiben lernt. Mit seiner Hilfe habe ich auch eine Malayalam-Grammatik geschrieben, die künftigen Brüdern nützlich sein mag. Im übrigen halte ich auf gelehrte Missionare für Indien wenig. Herr Baber, seit 40 Jahren im Dienst der Cpgni [Compagnie], glaubt, Moravians wären die Leute für Indien: er will mich bei den Gebirgsstämmen, die er zuerst bezwungen und befreundet hat, einführen - bereits Bekanntschaft angeknüpft - und wünscht, daß Nichtgentlemen, die Sägemühlen und andere solche Geschäfte ins Werk setzen können, sich unter den Leuten niederließen. Uns hat er hier eine Presse zu errichten versprochen, die wir für Tulu- und Malayalam-Traktate und -Schriften wirklich nötig haben. Über dies und alles hoffen wir auf weitere Weisung am besten durch einen Besuch des Herrn Inspektors. <Seide - Anjerkandi - Groves. Curitschin>.

18. November. Mr. Lugard and Maj. Lawe here zu Besuch. Hochzeit von Silvas Tochter.

18.-20. November. Mißglückte Mangalore-Reise (um Häberlin zu sehen).

23. November. Die zwei Söhne des Herrn Groves, Henry und Frank, auf Besuch angelangt (Henry ab 19. Dezember).

2. Dezember (Montag). Besuch in Cannanore zur monatlichen Missions-Betstunde. Schule visitiert, in ziemlich guter Ordnung. Paul, sogenannter Katechist, hatte die Unverschämtheit, tags zuvor dem zum Predigen auftretenden Ananden die Predigt zu untersagen, und als er nicht gehorchte, die Bücher wegzunehmen. Man will sie jetzt alle Monate abwechselnd predigen lassen. (Mit den älteren Schulmädchen im Boot).

Oben: Tellicherry - Boote

Unten: Tellicherry - Straßenszene

8. Dezember. Abendmahl in Englisch (Groves, Harris).

15. Dezember. Tellicherry - nach Beschluß der Dharwar-Hubli-Mangalore-Konferenz - zur Nebenstation von Mangalore erklärt.

16. Dezember. 2 Kanaren, Tier, stellen sich zu den Morgenlektionen für Vorbereitung von Schullehrern ein.

Debet				Tellicherry Stationskonto		Kredit
1839. An Reisen Konto				1839		
Apr. 10	- von Mang. - Tell.	23.22		Apr. 10	Br. Hebich bar	428.47
Mai 4	Br. Dehlinger	100.--			ab Br. Dehlinger	71
	Kleine Reise	21.35				357.47
Okt. 27	Auszug	13. 5				
	Br. Greiner	10.--	168.12	Okt. 31	Br. Mögling	1239.36
	An Haushaltung		542. 9		Br. Hebich Schweizer Donation	245.--
	Privatkasse		405.42		Indische Donation	780.--
	Hausreparatur		134. 2		Kostgeld, Hauszins	72.--
	Bauten		312.41			
	Mädchen		96.37			
	Portugiesen, Malayalam Schulen		34.41			
	Katech.	86.18				
	Munschi	58.--				
	Bücher	68. 8				
	Porto	90.38				
	Almosen	12.4				
	Verlust	11.25	326.43			
		Saldo	673. 6			
			2694.33			2694.33
				Nov. 1	Saldo bar	673.6
					Capl. Lugard Soll für Br. Hebichs Rechnung £ 30.	300.--

Tellicherry, 1. Nov. 1839

T. H. Gundert

3. Januar 1840. Frau Anderson (auf circuit) abreisend, gibt die Rechnung der Freischule in die Hand der Mission.

10. Januar. Drei Parsimädchen in der dayschool (in Februar 5. oder 6.).

15. Januar. Manni, die Mutter von Frau Schmid, eine Tiatti, stellt sich einem längst geäußerten Wunsch gemäß zur Vorbereitung für die Taufe ein. (Nach täglichem Unterricht gibt sie, 16. Februar, Sonntag, auf dem Krankenbett liebliche Zeichen einer von Jesu begnadigten Seele).

25. Januar. In Mahe mit meiner Frau und allen Kindern. Tschrittu*, ein der Wahrheit empfänglicher Mukwen, in Cannanore und Bombay Englisch unterrichtet. Der native Dr. auch lernt die Bibel lesen. Der Vikar nimmt französische und portugiesische Testamente zu Lesebüchern.

23 Nov

die 2 Söhne [illegible] Groves, Henry und Frank [illegible] (Henry [illegible] 19 Dec.) [illegible]

18 Nov. Mr Lugard & Maj. Law hier [illegible]

18.–20 Nov. [illegible] Mangal[illegible] (und Hebich [illegible])

2 Dec. (Monday)

Besuch in Cannanore [illegible] Miss. [illegible] Catechist, [illegible] Paul [illegible] Catechist, [illegible] die [illegible] Tage [illegible] den [illegible] Predigten [illegible] Cannanore [illegible] die Predigt [illegible] nicht [illegible] die [illegible] Man will sie jetzt alle Monat [illegible] predigen lassen. (Mit den alten [illegible] in Boot)

8 Dec Abendmahl in Engl. [illegible] Harris

15 Dec.

Tali[illegible] – [illegible] der Dharm. [illegible] Mang [illegible] Mang [illegible]

16 Dec.

2 [illegible], [illegible], [illegible] den Morgenlection [illegible] Unterricht [illegible] Schullehrern [illegible].

Debit. Tellicherry Station Conto Credit

Debit				Credit		
1839. An Reise Conto				1839		
Apr. 10 – von Mang.-Tell.	23. 22.			Apr. 10 Per Hebich baar	428. 47	
May 4. für [illegible]	100 —			ab für [illegible]	71	
Alaun Reise	21. 35				357. 47	
Oct. 27. [illegible]	13. 5			Oct. 31. Per Mögling	1239. 96	
für [illegible]	10. —	168. 12.		Per Hebich [illegible]	245 —	
An Haushaltung	—	562. 9		Per [illegible] donation	780 —	
[illegible]		405. 42		Kostgeld [illegible]	72 —	
[illegible]		134. 2				
Garten		312. 41				
Mädchen		96. 37				
[illegible] Malayal. Schule		34. 41				
Catech. 86,18						
[illegible] 58.—						
Bücher 68. 8						
Porto 90. 38						
Almosen 12. 4						
Unkosten 11. 25		326. 43				
Saldo		673. 6				
		2694. 33			2694. 33.	
				Nov. 1. Saldo baar	673. 6	

Capt. Lugard soll für

Tellich. 1 Nov. 1839 [illegible] Rs. 300 —

H. Gundert.

27. Januar. "Press of business prevented my calling on you, to communicate my brother's expression of thanks for your visits to our people here, and requests that you will have the goodness to grant Michael our Catechist the benefit of your instructions. J. Brown. Anjerkandi, 26th January 1840." Hiemit scheint der Herr eine 3monatliche Sorge geendigt zu haben.

30. Januar. Erhalten ein[en] Generalkonferenz-Brief von Br. Hebich.

Als Hauptpunkt von allen (10) notiert er

Nro 6 [<">] wurde taxiert, als bilde ich mir ein, in meinen Reisen als Inspektor zu erscheinen. Das will ich nicht, und wenn irgendein Bruder in seinem Herzen - wenn er's auch nicht aussprechen sollte, solche Ideen von mir hegt, so ist es mir unmöglich, länger zu bleiben. Denn dieselbe Idee, da ich solches nicht von ferne im Herzen habe, ist von einer so feinen und zarten Taktik, daß ich auf einmal in allen meinen Bewegungen gehemmt werde und ich hinfort für unsere Mission keinen Pice mehr wert sein kann.

7. Über Konstitution und die von der Komitee vielleicht drückend einzurichtenden Versorgung verheirateter Brüder. Wenn hierin nicht alle das Ganze im Auge haben, kann ich nicht bleiben.

8. Vorerst Spekulationen niederzulegen, nichts Neues (Inland) anzufangen, bis weitere Stärkung kommt.

9. Neue Brüder sogleich zu verteilen, keinem Parteigeist Raum geben, sonst will ich nichts von diesem Chaos. <Hauptaufgabe: daß kein Bruder für sich selbst etwas tut.>

10. Bittet um Reiseerlaubnis - zunächst für brüderlichen Besuch in Mangalore und Tellicherry.

Nur allgemeine Harmonie des 6.7.8.9. Punkts kann mich zum Bleiben bestimmen. Hiezu fügte ich bei: herzliche Beistimmung zu 10. Allgemeine Einstimmung zu 6.-9., mit Vorbehalt (über spezielle Details), weil der liebe Bruder sein Bleiben dadurch bedingt: und Anfrage, wie 9. zu verstehen ist.

1. Hermanns erster Zahn.

2. Boileau in Tellicherry; engl. preacher.

1.-4. Februar. Nach Anjerkandi, wo Fr.* Browns Schwester und Schwager, Kaufmann Olkports auf Besuch waren. J. Brown hatte Michael den Tag zuvor angekündigt, daß die Aufsicht über die Erziehungsgeschäfte von nun an dem Missionar übergeben sei. Predigte am Sonntag morgen (2. Februar) zu etwa 60-70 Leuten über die eherne Schlange als Panier der Heilung für die Israeliten und dann über Jesus am Kreuz als die einzige Medizin gegen des Teufels Gift für alle Heiden. Nachher (2 Uhr) Schulexamination; keine Fortschritte, da die Peppterernte zur Schularbeit keine Zeit gelassen. Sodann Taufe von Michaels 8monatlichem Jesudasen mit Erklärungen, was die Taufe bedeutet. Auch fremde Tier und Mapulas hörten und sahen zu. - Nachher Gespräche mit den ernster gesinnten Männern, fand Bekanntschaft mit Sünde und Gebot, auch Schöpfungs- und Erhaltungsgnade: aber keinen Begriff von der Rechtfertigung. Ich fürchte, der Katechist selbst ist versucht, sich weniger hierauf zu steifen und zu erneuern, da er von Natur sich ein Ansehen vor den Leuten zu geben weiß. Gnanamuttu, der halbe Katechist, will sich eines kleinen Diebstahls wegen nicht demütigen und fährt - o Verblendung! - in den Häusern herum zu beten fort.

3. Februar morgens. Lief nach Cannanore. In Lugards Hause Major und Mrs. Aubin und Dr. und Mrs. Blest von Mercara. Der letztere, Skeptik, war sehr darauf aus, über die deutschen Systeme zu hören; ist der Schädellehre zugetan, hört aber gerne, was ich aus der Offenbarung über himmlische Dinge und Kräfte, als Komplemente der irdischen behauptete. - An der Schule ist auszusetzen, daß Ananden sich nicht genug an die Malayalam-Lernart gewöhnt. Etwa 17 Knaben lernen dort. - Herr Lugard hat mir die Aufsicht über Oakes Poorfund (halbjährlich etwa 640 Rs den Tellicherry-Armen in Reis auszuteilen) übertragen. - Abends Missions-Betstunde.

4. Februar, nach Tellicherry zurück.

7. Februar. Besuch in Catiroor, wo eine Schule von den Tiern gewünscht wird. Legte den Männern die Hauptsache unserer Verkündigung vor - sie hießen's gut, der Schulmeister (einer vom Clan) gab zu verstehen in einer Erzählung von den früheren Tellicherry-Padres, daß nicht bloß einzelnen (wie vorher), sondern Familien der Anschluß an unsern Glauben wünschenswert erscheine (wohl besonders des [illegible] [illegible] halber), wenn das Werk der Padres in einen regelmäßigen Bestand gebracht werde. <tomb gefunden. Hermann brustleidend.>

Am 15. Februar begann die Schule mit 20 Knaben, am 17ten bei der ersten Examination waren's 34, alle Tier (1 Mädchen), 8 können lesen, und an die Examination schloß sich Lehre für die Alten an.

16. Februar (s. 15. Januar).

19. Februar. Die Tierin bringt einen 60jährigen Tier, Tschoittu, der um Taufe etc. bittet, aber nicht weiß, daß er Seele oder irgend was Böses hat oder je hatte. Bleibt nach 14 Tagen aus, weil Weib und Freunde widersprechen: will aber vor seinem Ende kommen.

21.-24. Februar. Besuch von Capl. Lugard.

Saturday 22. Visitation der Armenreisausteilung.

Sunday 23. Predigt. Vom Sakrament 10 Rs d. Armen.

1. März, Sonntag. Besuch der nach Hause reisenden Brüder Lösch und Dehlinger. Mit ihnen nach Cannanore, wo sie 10 Uhr auf der L... abfahren. Missions-Betstunde. Morgens 3 Uhr zurück nach Tellicherry. <Brief von Strange.>

28. Mit Frau in Catiroor.

29. Februar. Antigna, ein Conkani katholisches Mädchen, 9 Jahr alt, ins Institut aufgenommen. - Nach 8 Tagen wegen Heimwehs fort.

<1. März, Sonntag. Lösch und Dehlinger hier auf Besuch, mit ihnen nach Cannanore - meine Frau besucht von Mahe-Padre.>

8 March. Abendmahl in Malayalam. Emanuel, der aufrichtige Reue zeigt und regelmäßig in Unterricht und zum Gebet kam, wieder zu christlicher Gemeinschaft zugelassen.

14. März. In Catiroor immer gegen 40 Schüler.

22. März. Hochzeit von John, Madras-Christ, Buchbinder, mit Arogyam, Mavillaminis* Schwester.

26 March. Malayalam-Schule im Fort angefangen.

6. April, Montag, in Cannanore. Glaube, Br. West über die attemptierte Berufung des Tamil-Katechisten Andreas nach Cannanore zurechtgestellt zu haben (besonders seit sie durch Wests ablehnende Antwort zu nichts geworden ist) und setzte ihn durch die Nachricht von Anandens Exkommunikation durch Paul in Erstaunen. Lugard, auf der 2 Verhältnis anspielend, nannte West Bischofskaplan. - In der Schule nur 16.

7. April, in Anjerkandi, wo der Katechist den Bau einer Kapelle beaufsichtigt. Die Schüler alle hart am weißen Pfeffer arbeitend, Gnanamuttu in frecher Verhärtung beharrt.

10.-11. April. Kuttuparamba. Sprach mit Tiern und einem Nayer, sah und sprach auch den alten König. (Fr. Bubers[1] Tod. Begräbnis).

12. April, Sonntag. Anne, Arulappens Kind, 3 Monate alt, getauft.

19. April, Ostern. Manni, Tiatti, mit dem Namen Hannah Sarah getauft, Chinnamma, Pareiatschi - cfr. 28th July.

20. April. Tessier gestorben.

23. April. Vorbereitungs-Unterricht aufs Abendmahl angefangen nach dem Wunsch von Martha, Francis, Elisa und Devaprasadam. Bald unterbrochen, zuerst durch Heirat, Martha kaum mehr zu sehen, Francis durch die mit Br. Mögling gekommenen Knaben und Hochzeitansehen dem Fleisch anheimgefallen, Devaprasadam. Ende Mai mitunter durch das an David bemerkte Cuduma-Wachsenlassen nach Chittoor gezogen, Elisa endlich 6 July von Domingo gestreichelt!! ...

28. April. Br. Mögling von Mangalore auf Besuch eingetroffen. Anu und Rosine, 2 Concani katholische Mädchen ins Institut genommen (nach 3 Tagen davon).

29. April. Heirat von Chinnappen und Martha, Tochter von Schneider David und einer Tiatti (Cannanore), ältestem Mädchen beschlossen (erst anno 1843 entdeckt, daß er vor diesem mit Francis, die ihn einmal in der Nacht 6./7. April besucht und seinen Fuß gebunden, auch daran gezogen hatte, gehurt hatte?).

3. Mai, Sonntag. Mittags Hochzeit von Chinnappen und Martha vollzogen. Samuel Bhagyanatha, Sohn des am 22. März verheirateten Buchbinders John, (geboren 29. März!!!) getauft. <Anbay, Tochter Lazars, in die Schule gegeben. 15. Juni weggenommen.>

4./5. Mai. Mit Br. Mögling in Cannanore und Anjerkandi. In letzterem 70 namenchristliche Hörer: Besuche von Nayern und Tiern.

1. Sonst Baber.

8. Mai. Br. Groves von Chittoor auf Besuch, geht 12. Mai.

10. Mai, Sunday. Br. Mögling ab nach Mangalore. Browns Anfragen, das Strangesche Haus zu kaufen.

1. Juni. In Cannanore Taufkandidaten vorgestellt und examiniert (cfr. 5. Juli 1839):

1. Papa (Pareitschi - soll Susanna werden), Frau des Drummer Michel Muttayan, 36. Reg., mit ihrer Mutter
2. Alammal (Rebecca)
3. Latchmana, Sipahi, 36. Reg., Vellore, Paraier und
4. Illamma, seine* Mutter. (Die jüngere Tochter ist an den Fifemajor verheiratet, Christin geworden).
5. Tandarayen, pensionierter Sipahi (Abraham), zur Taufe bewogen durch eine christliche Witwe Maria, mit der er seit 8 Jahren lebt, von der er auch 3 Kinder hat und zur Taufe anbietet: Ruth, Susanne, Maria.
6. Palai, Großmutter von Marianne, Ayah bei Dr. Dix (war 7 Jahr alt, als die Franzosen Madras eroberten), lernt nichts.

Auch stellte sich eine Dominga Pereira, deren Gemahl Protestant ist, vor, ihre Tüchtigkeit fürs heilige Abendmahl untersuchen zu lassen.

5. Juni. Rama, 11 Jahre alt, Sohn eines Chetti, Waise, unter die Knaben aufgenommen - Candappen bereut frühere Fehler und bittet, daß er auch durch die Taufe vorm Rücktritt zu seinen Verwandten geführt werde.

10. Juni. Elisa, Tochter of Colappa, von Dharwar weggenommen, in die Mädchenschule gesteckt - Tom nach Mangalore, Devaprasadam nach Chittoor entlassen.

18. Juni. Martha und Sarah stark zur Rede gestellt, weil sie sich gegenseitig Hure gescholten. - Chinnappen nimmt so entschieden die Partie der erstern, ohne die Tatsache zu leugnen, kommt nicht mehr zum Gebet, während sie sich bevorstehender Juwelen zu der Abreise nach Palayankottai freut, daß eine Trennung bevorzustehen scheint. - <Er bereut, sie ist etwas gedemütigt>. (Schmidt, clerk, ab nach Calicut).

2. Juli. Br. Hebich auf Besuch angelangt. - 6th nach Cannanore.

3. Juli. Neue betrübte Berichte von Anjerkandi (2 junge halfcasts, G. Browns und Silvas Söhne).

9. Juli. Ein neugeborenes Kind von Katechist Vedamuttu begraben, starb nachts, 8. Juli.

12th July. Gnanamuttus Verbindung mit der Station aufgelöst, weil sein mehrfaches nächtliches Zusammensein mit Sarah in der Küche, ohne Licht, bei geschlossener Türe bewiesen wurde.

26th July. Der Vettuwen Candappa - Joseph, cfr. 20. Juni 1839, cfr. 5th June 1840, und Vedamuttus Weib - Maria getauft.

28th July. Die den 19. April getaufte Sarah will ungeachtet alles Abredens nicht mehr in der Mission bleiben, sondern ihren Sohn in Mangalore suchen (cfr. 18th June, 12th July - froh, daß ihre Zwischenträgerei mit den Mädchen zu Ende geht).

Vom 1. August an Versuch mit Berger von Cochin als Lehrer der jüngeren Mädchenklasse. Bis Mitte September.

4. August, Dienstag. Abends 7 1/2 Samuel Gundert geboren, 18. August, Dienstag, von Br. Hebich getauft (Harris and Andersons Zeugen).

5. August. Br. Hebich von Cannanore zurückgekehrt mit Listen über die dort eingerichtete Gemeinde.

8. August, Samstag, 9. August, Sonntag. Nach Anjerkandi, um Michael noch einmal zum Bleiben zu bewegen. Da er ohne Urlaub abgegangen, hatten seine Herrn eine Ehebruchsanklage gegen ihn eingeleitet, durch die er Sonntag entlassen wurde. Von mir gebeten, ging Br. Hebich noch abends hinaus, über Paul zu sprechen, kam Dienstag, 11ten, zurück, ging Donnerstag nach Cannanore, beredete Paul und führte in Freitag, 14ten August, in Anjerkandi ein. Vedamuttu einstweilen nach Cannanore beordert.

10. August - 17. Francis inkarzeriert wegen teuflischer Pläne, mit den Mädchen und gestohlenen Sachen zu entrinnen und ein gutes Leben zu genießen. <Durch Chinnappens und Sarahs Sünden aufgeregt.>

17. August, Montag. Br. Hebich von Anjerkandi zurück nach Tellicherry, nachdem er den Herren gestern englischen Gottesdienst eingeführt und Paul in sein Amt eingesetzt. (24., Montag, nach Cannanore).

21.-23. August, Freitag - Sonntag. In Anjerkandi, um die Taufe einzuleiten. Nach gehöriger Vorbereitung wurden Sonntag morgens
Timothy mit seinem Sohn (dem jüngsten von 3)
Andreas,
Johann, 20 Jahr alt,
Joseph, do.
Abel, 25 Jahre alt (Mittwoch, 12. August, von Herrn Browns Leuten in Tellicherry gefangen und zurückgeführt. Ehebruch seiner Frau!)
Gnanappu, Frau von Ruben
getauft und andere auf den nächsten Monat in Vorbereitung genommen. Predigte auch in Englisch.

25. August, Dienstag. Capl. Lugard durch - nach Visakhapatnam. - Elisabeth, Tochter einer christlichen Mulattin, 12 Jahre, von Cannanore aufgenommen (beginnt noch in diesem Haus, mit Tomi sich zu versprechen).

31. August - 2. September. Auf Maj. Lawes Schenkung seiner Meubles hin mit Frau und Mädchenschule in Cannanore.
<Sarah (28. Juli) reuig, von ihrem Sohn zurückgestoßen>.

4. September. Ab nach Mangalore. Dort mit den neuen Brüdern zusammengetroffen (8. September angelangt).

7. September. Cannanore 3 R. 4 P.
<Von Mangalore aus an die Komitee berichtet>.

25. September. Die Brüder J. H. Mengert und I. M. Fritz (11. Juni in Bombay, 20. September in Mangalore angelangt) treffen mit Br. Gundert in der Station ein.

27. September. Josephine, Tochter einer Shanatti von Travancore, die auf das achtmonatliche Kind um 6 Rs verzichtete - getauft. <30. November 41 von Frau Anderson abgeliefert, gestorben 43.>

29.-30. September. Cannanore für Major Lawe.

1. Oktober. Abendmahl in Tellicherry.

2.-4. Oktober in Catiroor, Kuttuparamba (bei Rajah), Anjerkandi. Paul ärgerlich über die 10 Rs, rühmt sich seiner Heilungen, behauptet, im letzten Monat sei aller Widerwille gegen das Evangelium überwunden worden, alle zur Taufe bereit, aber in der Cannanore-Kirche. - Abends klagen alle Getauften, daß er ihre und Michaels Lehre und Gedanken allsamt als teuflisch verwerfe. <"[illegible]">.

(Von ihm empfohlene - die alten Weiber, eine sagt, Gott ist [illegible] - die kleinen Kinder - Manuel, dem alle Sünde verziehen ist ohne Reue, Jonen, der gesteht, die Taufe zu wollen, um den Tier und Nayern zugängliche Plätze <Trinkhäuser?> betreten zu können - David, der stolze Vater Jeseians, der nur zu 10 und in Cannanore getauft werden will), über Timotheus bei mir um Urlaubfragen (für Sonntag) spottet.
<Ein Natan, Bruder des Thomas, hat von seiner Frau den Ehebruch Michaels gehört und wurde dann Zeuge, Titus der schlimmste - Martha die lauteste, ihre Mutter betrübt darüber.>

Am Samstag Paul gedemütigt, bittet um Verzeihung.

Sonntag morgens taufte (mit Befragung der zuvor Getauften - ein durch Pauls Abfall nötiger Grundsatz):
Samuel (Chineyen) Pauls Sohn, 8 Jahre,
Gnanamuttu, Puleiar.
Predigte auch den Herren (über 1 Petr 1) und gab das Abendmahl (nach Pauls und Johanns Versöhnung) an Paul, Gnanamuttu, Abel, Gnanappen, Johann und meinen Joseph. Der andere Joseph und Timotheus abwesend. - Erhielt die (8. September 1839) entlaufenen Neffen Josephs, Ayappen und Cali zurück. Hiezu Arthur, 3jährig, von F. Lascelles von Nilgiris geschickt und Esther, Elisas Schwester, 10jährig.

Montag, 5. Oktober. Cannanore - Abendmahl um 4 Uhr. (Cutti Amahs Zudringlichkeit). Abends Missionsstunde mit Br. Mengert und Harris, West.

Mittwoch, 7. Oktober. Mahe. Taufe von Arthur Alexander Cuthbert, Neffen von Menisse. Am Essen veranlaßte eine Erklärung über den Charakter der Religion als verschieden von Moral Silvas Ausspruch, Je sais seulement que tous ceux qui pensent de cette manière sont de grands hypocrites (nicht revoziert). <Fennel in Cannanore>.

15. Oktober. Babu, 3jähriges Kind einer Cannanore-La...läuferin, aufgenommen (nach 6 Tagen fort). Tom und Ramen nach Cochin zurück.

29. Oktober. Auszug in das von Herrn Fell überlassene Haus.

1. November. Elizabeth, Jacobs Tochter von Cannanore (Charlie, 12 years, Sohn eines Katholiken, geht am 19. November zurück) und die 2 Kinder von Millingens gestorben. Horsekeeper aufgenommen (fort im April).

31. Oktober - 3. November. Besuch in Cannanore. Abendmahl mit etwa 25 (Philipp und Lazar streiten). Mit Fennel erste Missions-Gebetstunde - Gemeinschaft versprechend.

5. November, erster Donnerstagstee mit halfcasts.

6.-8. November. In Anjerkandi mit Sirach, 53jährigem, syro-römisch gebürtigem, von Rhenius bekehrtem Canjerapalli-Christen, der tags zuvor - (ein Trost für das Zerwürfnis der 2, Ch. und M.?) von Madras über Chittoor (in May. Baynes empfiehlt) Tirunelveli und Quilon angelangt war. Paul demütigte sich wieder des Gehalts wegen, macht aber viel priesterlichen Unsinn (Gnanamuttu als [illegible] verrufen, weil er glaubte, die Seele sei im ganzen Körper statt unter der Rippe - Fastanordnung für Freitag, von Johann bedenklich gemeldet). <Sirach sagt, er hält einen Schneider mit Konkubine im Haus.>
Taufte 7. abends die Jünglinge: Gabriel, Manuel (schlug Januar 41 seine Frau, Herrn Browns halber), Silvan, Joshua (Abels Bruder, krank). Gnanamuttu bringt den Wunsch vor, Lydia zu heiraten; Abel wünscht sein jetzt wieder reuiges (?) Weib getauft.
Sonntag. Street-Predigt auf Durchreise.

13. November. Zurückgekehrt von Catiroor (Gespräch mit Brahmanen vor Tempel), fand auf Collector Goodwyns Befehl die Kinder von Cutwal examiniert über Art und Weise ihrer Behandlung, namentlich ob wir einen der fortgegangenen Cochinlads am Stubendach aufgehängt und geschlagen haben - auch über sonstiges Binden, Schlagen, Brennen usw. - Die Antworten der Kinder befriedigten den Collector, er will aber den Namen des Verklägers nicht nennen. (Augenscheinlich gegen Harris - NB am nämlichen Tag Harris in Not wegen Ambutis und eines Moplas Fall (casus), der mit der gegen Silva gerichteten geheimen Anklage gewiß zusammenhängt. Menisse sagt mir, Wald habe mich für darin beteiligt angesehen, also Rache von dieser Seite). <21. November darüber an Princ. Collect. geschrieben.>

15. November, Sonntag. Vedamuttu bringt Ramen, Neffen Curumbens, Taufkandidaten, der schon mit Vedamuttu gelebt und gegessen - Sirach [illegible] in Cannanore.

16.-18. November. In Kuttuparamba und Canote (Mr. Baber und Woods, Raja in Kuttuparamba) mit Knaben.

21., nach Basel berichtet.

23. November. Mit den Mädchen auf einer Exkursion in Mahe.

24. November. Michael - bittet um Entlassung, um wie Sirach herumzureisen und erhält Apparu mit sich.

27.-29. November. In Cannanore. - Im Hospital 2 Tier, Rama, ein Wassersüchtiger, und ein vom Schlag Getroffener, Taufkandidaten. - Herr ... hatte 11. November Herrn Fennel über die uns übergebene Kapelle in Unruhe versetzt, Lawe habe nicht das Recht, sie zu geben - (Gefahr von Ketzern für die Kaserne) und Capt. McAlpie visitierte die Kapelle Donnerstag (wegen Schulaufbrechung), Sonntag (wegen Verdrängung des Gottesdienstes in Fennels Abwesenheit), die Zahl der Anwesenden zu berechnen. Sonntag, taufte Rebecca, neugeborenes Kind von Joseph Hume* (der über katholisches Heiratsfest einer Verwandten Buße tat), gab das Abendmahl an 25.

4. Elieser und Elisa verheiratet.

4.-6. Dezember. Anjerkandi - Titus reuig, daß er sich zu falschem Zeugnis verleiten ließ, Maria, Abels Weib bußfertig - getauft. Abendmahl auch dem wassersüchtigen Josua, den Herren gepredigt über die Einladung zu des Lamms Hochzeit.

Mein Joseph zuerst von den Tiern am Eintritt ins Herrenhaus verhindert.

7. Dezember. Cannanore - Kapelle scheint beinahe verloren, McAlpie setzt alles in Bewegung,
Fennel hat an den Bischof geschrieben. Die 2 Ramer - Ephraim und Manasse, gestorben bald darauf, (der Wassersüchtige) getauft.

<Auch 11.-12. in Cannanore. Virappen und Mathurei ... durch Millingen übergeben. Christian
vom Hospital (und Uranie).>

25. Dezember, Freitag. 24sten abends Christabend - Geschenke an die Kinder. - Nachmittag bei
Harris ein Fest für sie. - Babers Bitte um einen Missionar für Manantoddy.

1. Januar 1841. Neues Jahr - gegen alten Sauerteig etc. Predigt an die Kinder - Rama auf Korrespondenz mit Francis ertappt, ohne die er nicht leben zu können vorgibt: veröffentlicht.

4.-5. Januar. <Gnanamuttu wieder zu den Knaben gezogen.> Cannanore. Das Haus bei der Kapelle
von Serj. Christie geräumt und Aaron eingezogen, Vedamuttu zurückgerufen - (Goldsteins übler Ruf den Katechisten vorgeworfen) - Joseph, Sipahi, Steggs Schwager
vom 5ten - 7ten bemüht, Francis zu heiraten, - Cuttiamah, ihre Tochter dem zu
taufenden Bruder Emanuels zuzuschaffen, - Tschiritah (Henriette) <Susanne 1842
September> und Canen* (Daniel) <Hermann> Kinder einer Tiatti, Mata, im Cannanore-
Spital aufgenommen, Ephraim herübergezogen (am 23sten Januar weggenommen). Zurück
im September 1842*.
Benachrichtigt, daß Herr Fr. Brown die Bezahlung des Anjerkandi-Katechisten
durch uns nicht billige, dieselbe Herrn John Brown überlassen.

8. Roberts ab nach Engl. Höhlen. Der Ayah Tochter Mottei bei uns gelassen.

8.-10. Anjerkandi (Herr John nicht draußen). Keine Taufe, Josephs Eltern (Philipp, Chloe zu
selbstvertrauend, doch wellinclined, sie besonders) und Ruben (keine Antwort)
zu schwierig für jetzt. - Dagegen Mose und Laban durch Freiheit ihrer Anklage
der Getauften (Lieblosigkeit in Timotheus <17. Januar folgt Timotheus' Ehebruchs
versuch>, böse Worte von Manuel) sich empfehlend, doch auch nicht einfache Liebe
zeigend. Die Malayalam-Lieder an 5 verteilt, erfreuten und regten die Lernlust
aufs neue an.
Abendmahl mit 12 (Joseph ißt noch mit Vettuwers).

11. Januar. Morgens gestorben Cugni Veidyen, ohne Christum bekannt zu haben.

12.-14. Findlay Anderson in meetings.

13. Goldstein off in Herdfordshire.

15. Januar. Mattu kommt hervor und bittet in einem Brief, nachdem ich so viel von Christi Liebe,
Leiden und Sterben für uns gezeigt habe, möchte ich ihn jetzt insbesondere
lehren, wie er Jesum wieder lieben könne und wie er ihn zu bitten habe - weinte
über seine Sünden, besonders Stolz und Jugendsünden gegen Vater und Mutter,
worauf ich betete.

15. Dr. Mayers infant, katholisch getauft, von mir begraben - Vater nicht zugegen und nachher
zornig, daß ich nicht gewartet.

17. Januar (Sonntag). Virasami, Emanuels Bruder in regelmäßigen Unterricht genommen (mit Cutti Amahs Martha?). <(27. Januar über Joh 1,3, Geist wirkt)>, <schrieb nach Basel >.

20. Der Katholik George von Cannanore hier auf 2 Tage - endlich Fennel als peon statt Lazar empfohlen, der entlassen wurde (ohne seine Schuld zu zahlen).

25-27sten. Br. Hebich von Mangalore (nun nach Komitee-Beschluß Cannanore) bei uns.

31. Januar. Fennel in Tellicherry, predigt, Abendmahl - Paul hat seine Verwandten, Katholiken, zu einem Hochzeitstrunk in Anjerkandi.

3. Februar - 20. Februar. Br. Weigle auf Besuch von Mangalore - die Cannanore-Kapelle entschieden der Mission, bringt Veitchya, Asirwadam und Joseph mit sich aus dem Institut.

12.-14. Februar. (13. Weigle in Cannanore). Anjerkandi - der Pfefferernte wegen war seit meinem letzten Besuch kein Sonntag, keine Wochenschule gehalten worden. Taufte Ruben, dem endlich der Mund geöffnet war (der Herr Brown erlaubte Freiheit am Sonntagvormittag). <nux vomica [illegible] 'Strychnin.> Paul wollte gehen wegen eines Schlags von Philipps Hand, des längst von ihm empfohlenen Taufkandidaten. Timotheus vom Abendmahl ausgeschlossen. - Nach der Rückkehr sagt mir Joseph in Tellicherry, Timon, Sohn von Timotheus, helfe besonders zur Hurerei der 2 jungen (die älteren Herren verhalten sich ordentlicher) und habe nachts auch Titus mit 1 Rp in Versuchung bringen wollen. Omah, das erste der Schulmädchen, sei die ärgste - Paul wolle auch darum gehen.

27. Februar. Vedamuttu mit Sarah, dem Mangalore-Mädchen, zurückgekehrt. Marguerite (1. März = Tochter von Sarah Heath aufgenommen. 12. Juli ihrer verheirateten Mutter zurückgegeben).

4th März. - Besuche der Abgesandten von Johanna - und von Rama, Cugni Veidyens 2tem Sohn, der sich zum Schullehrer in Dharmap. will vorbereiten lassen - Philipp, portugiesischer Schreiber, hindert Vedamuttus Gebet beim Reisausteilen, was mich zum Predigen bewog.

5.-6. März mit Frau und Kindern in Kuttuparamba.

6. März mit Millingen in Mahe, den neuen Chef Barreṭ zu sehen. - Deutschsprechende Pariserin.

8. März Ramen, Sohn Cugni Veidyens und - 10. März Teyen Ambu als Präparandi eingetreten.

In Februar und März Ankunft englischer Bibeln - Malayalam A und NT - die 3 000 Traktate - Dictionary von F. Anderson.

12. März. Besuch von Crozier, neuem Subcollector.

12.-14. März. Anjerkandi - Sankara begegnete mir und sagte von Gnanamuttus und seines künftigen Schwagers bevorstehender Hochzeit mit Maria und Hovah - harte Klagen über die 2 jungen Leute, deren einer Selva, jetzt mit Tripper behaftet, fort ist - Manuel erzählt seine Not mit Martha, seiner Frau - scheußlich zu hören - Taufte 14ten Jona, während Laban, Gnanamuttus Vater, wegen Unkenntnis der Sünde wieder warten muß. Verheiratete Gnanamuttu mit Maria, Tochter Lydias, Joseph mit Gnanamuttus Schwester Omah.

Oben: Tellicherry - Eingang zum Missions-Bungalow auf Nettur

Unten: Tellicherry - Missions-Bungalow auf Nettur

27. März. Sarah, Butler Emanuels Weib, auf dem Krankenbette getauft - er selbst mußte, venerischer Krankheit halber, der christlichen Kirchenrechte verlustig erklärt und dem Gnanamuttu sein Haus als Aufenthalt verboten werden.

28. März. Fennel Abendmahl - Elisa, die gestern Nachricht von des Vaters Tod erhalten, getauft (Nevis heißt die Taufe ein schlechtes Ding, Ram. wünscht sie sich, sein Wort gegen das Einerlei des Evangelischen und Römisch-Katholischen wird von Tomi für Hundsgespräch erklärt).

2.-4. April. Anjerkandi. Taufte Priscilla, Jonas Weib, ließ Gnanamuttu nicht am Abendmahl teilnehmen wegen gemeiner Worte, öffentlich nach seiner Heirat gesprochen im Wortwechsel mit Omahs Leuten. Sie berichten gegen Paul seine Bibelmißverständnisse (Mt 12 [illegible] soll verfehlt statt [illegible] sein), seine Selbsterhebung und daß er die fee von einem Fanam für die Hochzeit gefordert habe. War froh, ihm gegen Gnanamuttu helfen zu können.

8. April, Gründonnerstag. Abendmahl mit des Harris.

10. April. Mahe, Mme Baret und Deschambeaux (über sein Abendmahlnehmen -). Einladung von Menisse und Lloyd zu einem Sonntagsgottesdienst.

11. April, Ostern. Taufte Samuel (Virasami),des butlers jüngern Bruder und Rosa, Tochter Chinnappens - Gnanamuttu zum Abendmahl zugelassen nach öffentlichem Bekenntnis.

18. Sonntag mit Joseph über seine Kälte (Kaste in Anjerkandi, Lüste, Davonlaufen).

20. April. Besuch in Cannanore (mit den von dort gekommenen Mädchen, auch bei Fennel "über die Entzweiung mit Hebich").

21. April. Anfang der Chalier*-Schule mit Teyen Ambu. <nach Dharmap.>

25. April [illegible].

4. Mai. Tomi nach Cochin (bleibt als Gnanamuttus Knecht hangen). Domingo von Cannanore statt seiner.

5. Mai. Conollys besehen das Institut.

6. Mai. Erste Donnerstagsstunde mit den Schullehrern.

7.-9. Mai. Anjerkandi (mit Joseph Rama) - Conolly und Crozier bei Schulexamen - Disputation mit Moplas - Demütigung durch Unwissenheit der Getauften (wenn Gott entstanden sei, ja sogar - durch wen er entstanden), daher kein Abendmahl. Paul war krank in Cannanore.

16. Mai, Sonntag - Joseph und Francis verheiratet.

23. Mai, Sonntag (mit Hebich) nach Mahe zum ersten protestantischen Gottesdienst geritten.

26.-27., in Cannanore bei Hebich (Deschambeaux, Capt. Bell).

27. Gouv. Barrets Besuch.

30. Mai, Pfingsten. Vorgestern kam കൊട്ടാരത്തിൽ രാമുണ്ണി നായർ hier an, von Ambalapula Familienzwistes halber entronnen, nach Casi zu gehen im Sinne habend, von Cherucunnen umgekehrt, will hier bleiben und Christ werden - ist schon geschoren. - Gestern gingen Conollys und Crozier nach einem bedeutenden Besuch (Fennels und Hebichs Zwist betreffend) ab - luden beim ersten Monsun-break zu einem Calicut-Besuch ein. - Diesen Samstag ging Hebich zu Fennel und hintertrieb die Exkommunikation, versprechend, er wolle den Soldaten nicht predigen, bis er (Fennel) mehr grace erhalte. - Abends der (letzten Sonntag von Hebich verheirateten) <Samuel-Martha> Emanuel-Cuttiamahschen Familie Festmahl. Francis eingeladen ohne den Gemahl - ihr leichtfertiges Wesen mit Gnanamuttu entdeckt, daher letzterer entlassen. - O Geist Gottes, heiliger Geist, komm, komm!

4. Juni nach Anjerkandi. (Menisse Auftrag, will Browns Haus geliehen haben). Paul klagt über verringerten Kirchenbesuch und Schiedsrichterberuf, erklärt durch sein Teufel-predigen und Tanz mit Gestikulationen, Lachen und Ärger erregend. Tauft Chloe (Philipps Weib und Josephs Mutter). <Auch Timotheus zum Abendmahl gelassen.>

(12. Juni gestorbener) Sohn von Fr. Sch. begraben 13., Sonntag - ich predige für Fennel.

18. Juni. Silvan und Tychiny von Anjerkandi zum Lernen für Schullehrerbestimmung angelangt (Uranie fortgenommen).<14. September nach Tod der Mutter zurückgeliefert.>

20. Juni. Nachricht von Schwester Greiners Entschlafen (Freitag, 18. abends, als Br. Mengert seinen verneinenden Komitee-Brief erhielt).

21. Juni. Timotheus von Hebich gesandt, lernt mit den älteren.

24. Chattu, der Lahme, an Gnanamuttus Stelle.

27. Juni. Rama Titus getauft und Mattu konfirmiert, Heiliges Abendmahl, die Harris waren Zeugen.

4. Juli. Benjamin Vedamuttu getauft.

3. Juli. Br. Mengert unterrichtet uns von seiner an eine andere Komitee gerichteten Anfrage und seinen so geschehenen Austritt aus unserer Mission, fährt fort, als Gast bei Br. Fritz zu wohnen.

7.-8. Juli. Br. Hebich stattet seinen gewünschten Besuch ab, versucht umsonst, Mengert vor Abgang der monatlichen Post eines andern zu bereden.

8.-12. Juli. Meine liebe Frau zur Erholung von ihrer 5wöchigen Krankheit in Mahe bei Barrets (Deschambeaux < Fontanier* Menille*).

16.-18. Anjerkandi. (Der junge Wald wieder da). Cinnamonfabrikation, daher nur Abc-Schützen in der Schule. Die Maplas verbreiten die Sage, daß wir einen für Jesu ausgetauscht gekreuzigten bösen Geist anbeten. Beschuldigen mich, 4 Nebenweiber zu halten. Mose verspottet Nayer, Tier und Mohammedaner wegen ihrer Religion; betrogen um Taglohn von einem der letztern und weggeschickt, "du bist ja nur ein Pulien", sagte er, "Pulier sind die, die ihr Wort brechen, und in Feststunden Allah illa etc. sagend, sich sonst zu stehlen für berechtigt halten. Ich bin Christ, weil ich mich zu Christen halte." Aaron gibt gute Hoffnung, sagt Gnanamuttu. Ein Ephraim hört gern, will aber die alte Gewohnheit, die aufgehende Sonne mit Wasser zu begrüßen, nicht aufgeben. Ein Vettuwer, in einen Wirbelwind geraten, gilt für besessen. Ich predigte einem Dutzend Tier vor der Schule. Ein Zeichen von Aufmerksamkeit war, daß einer Einwürfe gegen unser Gottsterbenlassen machte. Ein Mapla gab das Unrecht Mohammeds, seine Lehre mit dem Schwert auszubreiten, zu. Joseph wußte die Auferstehung des Leibes nicht oder, "wenn er's gehört, müsse er es wieder vergessen haben". Predigte Samstag abends darüber. Manuel, Abel, Gnanamuttu sind gottlob mit ihren Weibern im Frieden.

25., in Mahe Predigt (Fennel hier). - Andersons und Harris zusammen beim Abendmahl nach schwerer Versündigung der erstern gegen die letzern. Daher (27 Tuesday) ich ankündigte, nicht zur meeting gehen zu wollen ohne Versöhnung, die auch in den folgenden Tagen (29) stattfand. - Anerbieten Findl. Andersons, 500 Rs zu dem protestantischen Kirchenaufbau zu geben, mußte schon deswegen vorderhand beseitigt werden.

1. August, wieder in Mahe: taufte Menisse Tochter Jane Georgiana, große Versammlung. - Abends in Tellicherry Abendmahl (auch Cuttiamah etc.).

6.-7. August, mit Br. Fritz und Knaben in [illegible], während Chinnappen und Vedamuttu mit Familie zu Gnans Hochzeit nach Cannanore gingen. Sie hatten das über die Maße betrieben und sind auch 1 Tag zu lang (ohne Verzeihung zu erbitten) ausgeblieben.

(8. August - 20. Frau Anderson auf dem Krankenbett mit strained back).

10. August. Mengert erhält einen Brief von Conolly über seine Nilgiri-Anstellung - wir, daß Flora dorthin in Miss Hale's institute aufgenommen worden. Mengert tauft ein Kind von Pereira (gegen mein Nichtordiniertsein -).

13.-15. August. An Vaters Geburtstag nach Anjerkandi <(begegnete in der Nacht dem lieben Vater als aus der Kirche zurückgekommen).> - Paul gerade krank geworden. Höre von Gn.*, daß Timotheus, Joseph, Jonen gelegentlich trinken - nichts von Ehebruch etc. - böse Reden. Aaron wollte sein Weib verstoßen, obgleich ungetauft, weil sie mit Pulluwer etc. [illegible] fragte. Es ist aber wenig Eifer da - ach, wie läßt er sich erwecken. ([illegible] Puleier, zum Tempel gehend, warten auf 2 Elephanten, die den geschwollenen Fluß zum Durchwaten klein machen. Goddesses [illegible] Cheranga - Frucht für Tiergeschirr[)]. - Der junge Wald von der Predigt angeregt.

23., in Cannanore mit Hebich - sah Frau Bell, Frau Haig, Miss Miller* - sprach mit Dr. Will über ein zu übernehmendes Mädchen. Höre von Millingens Fall (gestorben Januar 42).

27. Hebich in Tellicherry - Mengert Hoffnung, nach Bombay zu kommen.

1. September. Paul besucht, hat am Trinker Mose einen freimütigen Feind.

14. September. Ludwig Friederich Gundert geboren (Dienstag mittag).

17.-19. Anjerkandi. Titus und Mose haben sich mit des letztern jungen Schwägerin vergangen. Der erste soll sie heiraten - große Not! - Der junge Wald von Onkel geprügelt wegen Hurerei so kurz vor seiner Hochzeit mit George Browns Tochter.

21sten. Das Vettuwer Mädchen Kota in die Schule geliefert (am 3. November ab).

22. September. Br. Mengert ab nach Bombay.

26. September. Fennel hier.

27. September. Nachts Br. Mögling und Sutter auf Besuch angelangt.

29. September. (Besuch bei Lieut. Warden).

30. September. Sutter tauft Ludwig Fred. Gundert.

1. Oktober. Abends Brüder Mögling und Sutter zurück nach Cannanore (Fritz mit).

<Miss Buggy heiratet einen Katholiken, wird bald katholisch.>

10. Oktober. Erklärung mit den Harris (über Unterschiedliches - sie ärgerlich, nicht genug geehrt zu sein). - Abendmahl mit der Gemeinde (14 Personen, des butlers Frau zum erstenmal).

11. Oktober. Mit Flora ab nach Calicut.

12. Oktober nach Pon[nani].

13. Pon[nani] nach Tirtala.

14. Oktober. Marguerite Will bei uns.

21. Oktober. Ootacamund.

27. Oktober. Taufte Maj. A. Lawes Magdalene Elizabeth.

28. Verließ Ootacamund.

30. Verließ Hügel, kam nach Wandur, Conolly.

31. Sonntag, Predigt.

1. November. Calicut, Judge Thomas, Miss Mortlock.

2. Abends Tellicherry. (3 Br. arrived in Bombay). Briefwechsel mit Br. Hebich etc. über Besetzung Calicuts.

7. November. David Ravunni getauft.

10. November. Besuch in Cannanore (mit Hebich. Cooper, zu dessen licence ich schwur).

11. November, entlassen Canaren in der Fortschule - dafür der Vannan.

12.-14. Anjerkandi (Mose, Johann in ärgerlichem Streit).

13. November. Br. Fritz nach Mangalore ab.

Zu gleicher Zeit ich durch Geschwüre bei Seite gelegt.

Die für den 14ten November abends festgesetzte Taufe Cannans hatte nicht statt, da er sich zurückzog. Der Vannan versprach nun auch Taufe. Quis credet?

Am 21. November Predigt, glücklicherweise Fennel in Englisch.

<Bekanntschaft mit Dr. Andersons Klavier halber.>

28. November. [Predigt] ich, nachdem 27./28. nachts Br. Fritz eingetroffen war. Er fand uns von den seit Freitag gekommenen Coopers (16. November, verheiratet mit geb. Miller, Elizabeth) besucht. Indessen Briefe von Basel, man scheint für uns in Tellicherry zu sorgen bereit. So luden wir die 2 Brüder Irion und Hall ein (unter dem 26. November). - (Indessen Sutter mit liver* nach Europa, Mengert und Lösch in Bombay mit Weigle) [illegible] (a composit) [illegible]

30. November, Dienstag nachts Will. Bensley Anderson with Eliza, geb. Crew, von Tellicherry ab nach Europa.

4. Dezember. Nachdem Harris in Andersons Haus gezogen, fangen wir den Auszug nach Nettur an, vollendet 6. Dezember (5. Dezember Kirche ohne Coopers und Harris, Titus und Elisa married).

10.-12. Dezember, in Anjerkandi (ohne Paul, der seit 6 Tagen in Cannanore an seinem Haus mit Anjerkandi labourers schafft!).

Seit 14. Yogi Ananten Gurickel in Nayersschule.

18. Dezember. Varata <Adam> und Bapu <Esra>, 2 Knaben von Hebich gesandt.

19. Dezember Abendmahl.

20. Dezember. Appu das Tulu-Mädchen - und 3 Buben, Tamil, von Mangalore.

23. Dezember abends. Ernste Unterredung mit David (über Kleider, Schulden, Trinken - Heirats- und Fortgehensgedanken). Der Herr erneure ihn wahrhaftig und befreie mich und ihn von aller Heuchelei.

24. abends Christtagspräsente.

25., Christtag (Silvans Schwester stirbt ..., was ihn wegruft D.* Gnanamuttu Matthew zur Sonntagsfeier bringt). 25sten Mottei von ihrer Mutter zurückgenommen.

(26. Sonntag, erster Besuch von Harris im Haus, nachdem ich 23d in der ersten meeting ihres Hauses). Besuch von Forsyth, Subcollector (statt Goodwyn) - von Bird - bei Vaughan.

29. Miller.

1. Januar 1842, Samstag. Cannanore bei Hebich mit Frau und Kindern. Salome, Schwester Elizabeths - Versuch mit Magdalene neugetauft.

3. Januar. (Vaughan zu Brown gezogen). Geständnisse von Emanuel, Not mit seiner Frau Ehebruch, Krankheit.

5. Januar. Lieh Cannen 30 Rs, seine Schulden zu zahlen - begann Taufunterricht! Abraham von Tirunelveli, Calicut (Jacob) Cannanore (getauft 24. Dezember) mit Ruth, Susanne (Andreas Kinder) und Michael von Cannanore.

6. Januar, Epiphanias, Donnerstag - Herr, dein Reich komme (Mögling tauft 22 Knaben in Mangalore) - Vaughan geht mit Goodwyn nach England (geisteskrank).

10., ab nach Calicut mit Chinnappen und Abraham. Sprach mit Nayer, Tier und Brahmanen auf dem Pattimar, langte am 11. im Bungalow an. Abrahams Frau irrecoverable.

Am 12ten abends zu Conolly. Michael bei ihm, Vedamuttu bei Francis angekündigt. Letztere hat einen sich Christi schämenden christlichen Schreiber (mit mir auf Pattimar ungekannt). Die Nayadis sollen bei Chowghat gesammelt werden.

13., zu David Devasagamani Pilley, die Familie Vellahr, nicht mit Jesu bekannt, wollen Abendmahl! Der Shrestadar (zweiter, mit Aussicht auf erster Shrestadar-Amt) stolz gegen Chinnappen, sein blinder Barde, Heide, stolz und ungelenkig (Conolly "a vagabond") versifiziert die Psalmen. Durch des Herrn Gnade blieben meine Besuche nicht ungesegnet.

Am 16. Abendmahl,Devasikhamani, Pakyanaden, 3 Weiber, Johann (Francis ... Griffiths getaufter Knecht, der sein sündloses Weib Maria uns in Unterricht schicken will), außer Chinnappen und Abraham. Ich kam so weit zu glauben, daß Devasikhamanis bußfertige Worte wirklich ernstlich gemeint sind. <(Heidnischer Knecht. Mopl. Peon "Moh. Sünder" und Beschneidung).> Außer Besuchen von Traktatverlangenden war mir ein Besuch im Warakal-Tempel und Predigt zu Nayern und Brahmanen (siehe 5ten abends), und der Besuch von [illegible] (Cochin Katholik, in Trichur von Harley gesammelt) und Chavari Muttu von der Agampadien-Kaste merkwürdig. Beide scheinen in Wahrheit nach Licht und Gnade zu suchen.

17ten, im Cutcherry (Tellicherry records),

18ten, gelandet.

21.-23. (Br. Fritz begräbt Warden). Nach Anjerkandi, das Paul ungemeldet verlassen hatte, um nach Quilon zu gehen - ließ Chinnappen dort - Lucas und die Frau Josephs bitten um Taufe. Johann unversöhnt.

29. Besuch vom Chengattri* Covilagan Raja (empfohlen bei Peet) - Waters arrived < Vaughan.

30. Vedamuttu (an Francis empfohlen) besucht von Calicut aus, wo Michael von Tirunelveli arriving 29. Januar. David gestern, Samstag 29., zu einer [illegible] gelaufen (mit dem wegen Ehebruchs entlassenen Ramutti und anderen Knechten, voll Trunkenheit, Hurerei, Betrugs - aus der Kirche gestoßen (verläßt uns 9. Februar).

(31., morgens 3 Uhr, gestorben Millingen).

10., Donnerstag <3. Februar> morgens, Bruder Irion (1 Uhr) angelangt von Bombay, Bettigherry, Mangalore. Tags zuvor wurde David beharrlicher Unbußfertigkeit wegen entlassen. Herr, erbarme dich seiner armen, verhärteten fatalistischen Seele.

11., Freitag (Besuch mit Irion bei Frau Harris) mit Br. Fritz nach Calicut, langten am

12. an, sah Michael und des Akampadi Haus. Conolly - im Cutcherry. Predigte

13ten Englisch und Malayalam (wegen 2 von Devasikhamanis Haus).

14ten sah die Schule unter Fugle* und Baptiste, den Katholisch Gesinnten. Abends Essen bei Conollys und Thomas (news vom Kabul-Jalalabad-massacre). Zurück bei Land.

15ten bei Barrets. (Besuch im Badagara-Fort bei Brahmanen), arrived abends in Tellicherry.

16.-18. Besuch von Br. Hebich (news of Cannanore-Mucwas).

(16. Asirvadam vom Baum gefallen, bricht das Bein).

19. Sebastian Pereira getauft (nicht wie gewünscht vom Capl.).

24., der protestantisch-syrische Christ Jakub - Ananten und Ambu wechseln die Schulen mit Vannan. - Cannen kam an zwei Morgen in der Woche zum Gebet. Frau Barret hier, den Dr. zu befragen (in Not wegen ihrer Religion). Chinnappen zurück von Anjerkandi (wo Paul 22sten angelangt), gibt Bericht von Pauls häuslichem Streit, Timotheus und Isaaks Zeremonie, ein Weib fruchtbar zu machen, daher exkommuniziert, will sich rächen. Omahs Hurerei mit dem jungen Georg (vermittelt durch den elenden Timon). Moses heimliche Aussöhnung mit seinem Weib, Johanns Schwester.

25.-27. Anjerkandi, Lukas (mit Ada und Matthias, seinen Kindern, getauft) - hörte bald von Chineyens entsetzlicher Geschichte (er mit Pauls Weib verbunden zur Rache für dessen Ehebruch mit seinem Weib, ihrer Schwester).

<Elend mit Martha, Samuels Weib.>

5. März. Besuch in Mahe (Frau Barret bei [illegible]).

6. März - Sonntag. Nachmittags Strange angelangt, plymouthisch. (9ten Vorschlag, das Haus an Brown zu verkaufen, 7ten sein Besuch zugleich mit Chengacheri Raja).

9ten März. Luise und ihr Bruder Jochen, von Hebich gesandt (Vater gestorben).

27.-29. Februar. Chinnappen von seinen Verwandten bestürmt, nach Tirunelveli zurückzukehren, doch ist er geblieben, bis sie Christen werden (ich verspreche seine 30 Rs Schulden für seine Mutter zu zahlen).

10. März. In Hannas Haus, sagte, ich besuche es nicht mehr, solange die Römisch-Katholische, die Vedamuttus Weib schändlich verschlagen hat (Marthas Rache auszuführen), noch dahin gehe. Ambu gibt Beiträge zu der Frau Schmidt Geschichte (nächsten Tag ihr Zorn gegen Vedamuttu). - Frau Strange besucht, antiplymouthisch.

12. März, in town, ein Mucwer-Knabe der Fortschule an Hydrophobie dem Sterben nahe, verbat sich das Beten.

13. März. Mit Hanna ernstlich - sie bereut ernstlich (aber Lehnen von 4 + 8 Rs).

14.-22. Fritz in Calicut mit Knaben.

16. Essen mit Stranges und Hebich (hier 16.-18.).

18. Lloyd - Rosines Arm dislocated.

(19. Odena Ehebruch, verschlagen).

20.,Palmsonntag (Fennel hier), kläglich niedergeschlagen.

25., Karfreitag. Abendmahl mit Stranges und Harris. Ostertag mit den unsrigen (die beiden Marthas nicht, eine weil nicht bußfertig, die andere wegen des Leichtsinns mit ihrem Bruder).

26. Waters will das Haus entlehnen, kriegt's nicht. Verhandlungen mit Strange und Brown über dasselbe.

30.-31. in Anjerkandi.

31.-5. Morgens. Weg nach Mangalore.

6.-8. Suratkal und Cattagi <Kadika>, Ammann.

8., engl. meeting (Reade, F. Anderson, Caddle, Shubrick, Elton).

10. Engl. und Tamil-Predigt. Drucken des Gesangbuchs und zweier Karten.

14.-15., retour über Cannanore auf Hebichs Pferd.

19-28th, Br. Fritz in Calicut.

20.-24. Besuch der Begbies (Strange bei Harris).

22. Brahmin Raghuven von Madurai <durch Muzzy>.

25.-28. Besuch der J. Groves and Miss Austin <Frau Garrett>.

28. Raghuven von Madurai, 18 years.

29.-1. Mai. Anjerkandi. Johann bei dem Abendmahl. Abels Hanna und Joel (Sohn Jonens) getauft (Heirat von Caleb und Simon durch Paul). Josuas Kinder nicht getauft wegen seiner Unwissenheit. Besuch von Pulier in Payermala*, Cotakal unter dem Nayer Covattu Unni piram (über Hauskauf 2600 Rs). - Abends Abendmahl mit Strange und Harris.

2. Mai. Briefe an Francis, Conolly (über Calicut house), Spring (um Bibeln).

3.-4. Mai. Fritz und Irion in Cannanore.

5. Mai. Monsun?

8. Mai, ... Tochter von Harris geboren.

8. Mai. Corappen und seine Kinder Ayappu, Corappa und Chacci, Dorcas Mädchen von Chavakkad - 1. August. <Rama Nayer>.

Freitag, 13. Mai. Br. Fritz mit Titus Elisa, Anjerkandi. Titus, Rama nach Calicut. - Des* Brahmanen* Cuduna ab.

14. Mai. Besuch in Catiroor mit Br. Irion, Cannanore zu entsetzen mit wahrscheinlich Verlust von 24 Fl - wegen Lügens und Vernachlässigung der Schulen.

16. Mai. Elisabeth von Chittoor, seit 1/2 Jahr in Quilon, uns überliefert und* (Nancy Hughes zurück, 5. August). Im Sommer Silvan und Tychiny fort.

25. 30. Juli, in Calicut bei Fritz (2 Tage zuvor Tom entflohen, aus Furcht wegen entdeckten Pilferns).

Am 1. August Corappens Familie fort, Abrahams Unredlichkeit und Heimtückischkeit geoffenbart, die er nach wochenlanger Nötigung eingesteht. - Auch Canden folgt, ein seit 3 Monaten gemästeter armer Vettuwer.

2. August. Der Brahmane entflieht mit Abrahams 3 Rs, gestohlen, nachdem er durch Odena ein Weib erkauft hatte, gefangen den 3. August, ißt er mit den Knaben.

4. August, englische Schule aufgehoben (1. wenige Knaben, 2. schlechter Schulmeister, 3. wenige Teilnahme von Freunden, 4. Hoffnung, mit neuen Brüdern leichter was Neues anzufangen), gab Baptiste 15 Rs zu Schluß, er benimmt sich unfein mit Schulmaterialien.

5.-7. August. Anjerkandi. Asnath und Abigail (Isaias Mädchen), Nicolaus und Puranan* getauft.

9. August. <Josephs> Francis hat einen Knaben. Susanna und Isabella von Cannanore.

12. August. Br. Weigle von Mangalore predigt.

14. 21. August (22. August, Hebichs Besuch - Weigle und Irion nach Calicut bis 27.).

28. August. - Ich halbkrank, Nöten mit Francis Vater, der seinen Schwiegersohn und uns und sich bescheißt, mit Abrahams Heiratsgeschichte auf Elisabeth entschieden. - Endlich gar

29./30. August Mattus Liebesverhältnis mit Maria durch ihn entdeckt, ohne daß wir Heirat zugestehen können. Es ist eine Not!! Der arme Knabe wird nun wohl nach Mangalore zu gehen haben. Ihr wollten wir zwar helfen, sie ist aber eben gedemütigt und gereizt! (26. August, eine Malayalam-Karte nach Mangalore zum Druck).

31. August. Devasahayan von Cannanore.

2. September, heute kamen Corappen Dorcas (krank), Corappen an mit Hermann von Cannanore.

4. September. Heirat Abrahams mit Elisabeth - Jonathan getauft.

6. Dienstag. Nevis stirbt. Thomas geht nach Bangalore, vorgeblich, sein Weib zu holen, hoffentlich nicht mehr zu kommen.

7th Nevis begraben - Conways Donation von 100 Fl, erfreuliches Zeichen der Nähe Gottes!

9. Cannanore, with Weigle and Mattu.

10.-11. Anjerkandi. Yesheyen* getauft, und Corappen wieder auf und davon - ... durch Einkerkerung unterwirft sich Elisabeth 18., Sonntag.

19., gewaltige Erbitterung unter Joseph, Chinnappen, Abraham über von ihnen so aufgefaßte Verdächtigung ihrer Redlichkeit in Hausartikeln. Der Herr hat auch hier Gebet erhört und sie vor dummen Schritten aus dem Weg behütet, aber - Geist, heiliger Geist, sei doch und bleib bei uns (Lumperei mit Roes Korrespondenz).

7.-9. Oktober. Anjerkandi, getauft Josephs Weib, Ovah, die auch frühere Hurerei bekennt!! und das Hinzechen* von Paul, Victoria (V. Katholik).

12. Oktober. Elizabeth entläuft ihrem Mann.

14. Oktober. Nelli ... Cugni Ramen kommt, Christ zu werden.

15. Seine Verwandten stürmen. Zimmer versiegelt.

16. Der vorgeschlagene Hausbesuch schon um Sonntags willen verschoben - (Frau in der Kirche). <Lieder zum Druck.>

17. Isabella und Luise smallpox. Hausbesuch ausgeführt und Predigt mit Mühe.

18., morgens 5 Uhr mein Töchterlein Marie geboren. - Scheinbar ist Ramens Hausgeschichte in den Händen der Beamten durch Harris' Mißtrauen gegen mich oder die Sache verunglückt.

19. Hebich hier. Gebe mein Reifegat Crozier. Besuche Irby, Lawford, Hill beim Detachmentswechsel (Irby gegen Baber, Harris). Elizabeth endlich verloren, nachdem Hebich sie umsonst herübergebracht. Die Großmutter hat einen großen Teil der Schuld. Armensitzung. Ich Sekretär auf 2 Monate.

20., mit Ramen im Tucudi, versuche umsonst Ausgleichung, sie wollen ihm nichts zugestehen. Hör das Falschgezeugnis.

21. Drohungen über Anfall bei Nacht aufs Haus. Anschläge auf Ramens und mein Leben?

22. Anderson hilft in Ramens Sache durch einen Brief. - Marie M. ist plymouthisch, von Rolle getrennt. Briefe heim.

23. Sonntag. Begegne Harris am Abend, er ist freundlich. - Hanna entdeckt eine Mitteilung Cannens, die den Munschi der Zweideutigkeit anklagen könnte.

29. Fritz kommt auf Besuch.

30., Sonntag. Fennel hier Abendmahl. - Ich gehe nicht wegen Frau H. Sie besuchen abends. Fritz ist dort auf Tee am 31sten.

2. November. Hebich ist hier, Fritz abzuholen, der unsere Marie tauft in Hebichs Gegenwart, gehen abends fort.

4.-6. Anjerkandi. Not mit Esaia (über Schatz) und Silvan ausgeschlossen, weil er mich für Dieb seiner Pice hält und nicht um Verzeihung bittet.

7. Abends nach Cannanore. Missionsstunde.

8., zurück, begegne Hebich halbwegs.

9. Cungan, Ramens Onkel, besucht über tamable arrangement, ergibt sich scheinbar. Es folgen neue delays <carp of story>.

Am 11ten, auf dem Weg zum Haus von Anué* aufgehalten, Erlaubnis zum Siegelbrechen einzuholen.

Montag, 14. Dekret des Terms von 5 Tagen. Montag, 14.-19. Hall auf Besuch.

15. Morgen versprechen sie, durch Shristad ... Canar zu kommen und kommen nicht,

Mittwoch, 16., gewaltige Anstrengung Ramens im provincial court, als pauper zu suna* - unterbrochen von ihrem Kommen nachts 9 Uhr, 1/3 des [illegible] auf sie gesettelt mit 1/8 Schulden.

Freitag, 18., unangemeldet guard entfernt. Siegel in unserer Gegenwart gebrochen. Ornamente mitgenommen. Das Geld alles fort. Begräbnis von Pereiras Kind.

19. Mögling hier auf einen Tag, Irion fort mit ihm.

20., Sonntag. Schwere Woche angefangen. Frau d.. ... krank, Irion ... Die Tage in Ramens Haus, zu teilen zuerst die Gefäße. Beendigt am 23sten, Mittwoch, als zum Begräbnis [von] Andersons fast totgeborenem Kind abgerufen. (22. Jesuadian, am 20sten mit Asiru eingeliefert, bricht den Arm zum drittenmal, mag den Doktor nicht bemühen). Zugleich landet der Child Harold*. Vom Kirchhof zurückgehend, begegne Jgfr. Reinemund mit Missionar Speers und McKee* ... Presbyt* für Kathiawar), laufe mit ihnen ins Haus. Spät kommen die 2 ladies Miss M... (für Miss Hale auf Neilgh[1]) und Bailey an.

Donnerstag, 24. Auf Schiff. Hervey, 3ter Off., Liebhaber der erst... Jackson erster Off. der 2ten. Kuriose Geschichte. Lande ihre baggage.

Am 27., Sonntag (Vedamuttu in Ramens Haus), mit Miss Monk in Church (denselben Tag arrival der Brüder in Mangalore, nicht angekündigt). Mit ... ... in Ramens Haus, Dokumente zu ordnen, während Miss Monk,

Montag, 28., abends über Fr. Morris Haus* nach Calicut abgeht. Denselben Abend ereignete sich mit Ramen, was ich am Mittwoch hörte - Hurerei mit einer durch Kelappen, den unberufenen* Knecht, geschafften Tierin. Diesen Kelappen nahm ich Dienstag abends vom Haus zu mir, wollte ihn arbeiten machen. Er fügte sich nicht,

---

1. Wohl Nilgiris.

daher fortgeschickt. Am Mittwoch morgen kommt Ramen mit Bestürzung ins Haus, nach ihm zu fragen. Ich setze ihm zu den Tag über.

30. November. Endlich Geständnis der Sünde, zuerst an Vedamuttu, dann mir. Ich warne ihn vor den Folgen. Müde zurück des Abends. Noch bin ich auf über Hoffmanns Messianische Weissagung, so trappen Irion und Frid. Müller daher. Ehe der Bandi abging, melden sich Miss Mook, Albrecht und Frei am Ufer. Alles abgeholt, gespeist und zu Bett gebracht, ohne daß Frau es merkt.

Donnerstag, 1. Dezember, baggage und Chr. Müller vom Pattimar. Mit Frei ordentlich herausgesprochen*.

Samstag, 3. Dezember. Frei und Albrecht nach Calicut ab.

Sonntag, 4. Dezember. Bailey morgens früh angelangt, predigt Englisch.

5. Dezember. Munschi sagt, Ramen werde sehr zögern ... mit etlichen 100 Rs sich aus dem Staub zu machen: er trinke fort, gehe aus dem Haus etc. Da kommt's wohl bald zu einem Bruch!

7.-8. Baileys zu McAlpies Hochzeit in Cannanore.

9.-11. (Bailey zurück nach Kottayam). Anjerkandi. Jesaia noch zweifelhaft, ausgeschlossen, Gott erlöse ihn. Sylvan bereut, wieder aufgenommen. Manuels Weib Martha krank, schwanger, Buße tuend, getauft - er selbst wegen großer Freundschaft mit Jesaia und Heiden gewarnt, wegen Händel mit Paul (über Abendmahl-Reichen) ferngehalten, indem er ihn nicht um Verzeihung bitten wollte. Josephs Schwiegermutter klagt über ihn wegen Mißhandlung des (freilich zuvor schuldigen) Weibes.

12., mit Irion und Rama nach Curara, die Felder zu besehen.

14. Hebich führt Huber ein.

16. Bruch mit Mons...[1] wegen geheimer Umtriebe gegen Ramen. Er selbst ins Haus genötigt.

(Vom 12ten an कन्यापरिवासावस्थासंकटं).

22. Rama, zum Schatz-Ausgraben in seinem Haus zurückgelassen, treibt Vedamuttus Frau aus; ich kündige ihm auf, weil das mich austreiben heiße, außer Vedamuttu verwende sich für ihn. Abends zurück. Nach Basel geschrieben auch die [illegible] - Geschichte.

23.-24. Cannanore mit Frey und Mädchen. (Betsy zurück).

25. Christtag.

27. Teilung der ...

28., die Cungen Partie verklagt mich bei Harris wegen des Pfand sein sollenden [illegible]

29. Isabella Pereira getauft. Irion etc.

26.-31., in Calicut, von wo J. Müller zurück von Suvisishapura anlangte (30) und ... Januar 43 mit Frey fortging.

1. Januar. Taufe Cugni Ramens David.

---

1. Munschi?

Baptisms
Febr. 07-1817 John, son of J. Buggy and Victoria, born 29 Jan. 1817.
16 Nov. 1818 Elizabeth, daughter of George Scoones, Madras Mil. Serv., born April 25th 1809.
29 July 1819 John Thomas, son of Chr. von Geyer and Joh. Wilhelmine, born July 26th.
27 Oct. 1819 Henry Pearon, son of Th. H. Baber, born July 24th.
25 Oct. 1820 Maria, daughter of John Buggy and Victoria, born 15 Aug.
30 Dec. 1821 Daniel, son of Chr. von Geyer and J.W., born 26th Oct.
.... Charles von Geyer (Bruder von Mrs. Almeida).

F. Spring
1 Dec. 1822 Elizabeth Francis, daughter of J. Will. Schmidt and Eliz., born 10 Sept., died July 1823.
14 Febr. 1826 John, convert, 51 J. old.

I. Dunstarelle*
25 Oct. 1828 Anna Rozalina, daughter of J. W. Schmidt and El., [born] 5th Aug.

W. Malkin
15 Nov. 1829 Harriet Jane, daughter of J. W. S[chmidt] and El., [born] 24th Sept.

I. M. Calc.
7 Febr. 1831 Eliza Francis, daughter of J. W. S[chmidt], [born] 26 Jany.
9 Sept. 1832 Isabella, daughter of J. Charles Schmidt and Elizabeth.
26 Febr. 1833 William Edward, son of J. W. Schmidt, born 27th Oct. 1832.

P. Stewart
(7 March 1833 Cather. Jane and Henry Vaughan).
1831 1832 1830
3 March 1839 Emanuel, 29 y. old, 14 Apr. Thomas, Sara, Eliza
5y. 6m. 2y. 3m. 1y. 6m.

F. G. Lugard
24 Febr. 1840 Georges, son of Fr. Paul Pereira and Isabella his wife, [born] 20th Dec. 1839.

H. Gundert
28 Febr. 1841 Marguerite, daughter of Sarah Heath, born 13 Febr., Tellicherry.

J. H. Mengert
10 Aug. 1841 Ann, daughter of Fr. P. Per[eira] and Isa[bella] his wife, 2 months old.

H. Gundert
19 Febr. 1842 Sebastian, son of Pereira, begraben 18 Nov. 1842
27 Dec. 1842 John William, son of J. H. Gerard and Marg. J. Gerard his wife, 1 month.

Marriages
J. Will. Schmidt and Eliz. Edwards, 19 Oct. 1820. - Spring.
Ignatius Pereira and Domingas* de Conceison, 16 Oct. 1832. P. Stewart
18 Nov. 1839 Robert Corbett and Maria Julia d Silva.

Burials

15 Sept. 1819 J. Oakes, Master attendant, 42 years.

15 May 1823 Christian v. Geyer (60 y.), seine letzte Frau geb. Vanspaule, gestorben, <närrisch, Thomas und Samuel>, 2 Söhne in Bombay, ein Sohn im Ehebruch erzeugt, in Narrheit (Charlie).

22 Apr. 1824 Clara Maria Schmidt (26 days old).

10th Jan. 1828 Murdoch Browne; Esq. (75 years).

16 Apr. 1832 J. Buggy, medic. pract. (45 y.).

25 July 1832 Josepha Baptiste (40 y.).

31 July 1832 Fred. Vanspaule, Pensionor (31 y.), sein anderer Bruder Vansp., pens., gestorben in Bombay, früher verheiratet an Charlotte Vangeyer, Tochter von Chr. v. G[eyer], diese später an Anthony Almeida.

28 Aug. 1832 J. Ch. Schmidt, 33 y.

15 Nov. 1839 Cecilia, of H. Lavie*, Esq., 22 y.

11 Apr. 1840 Helen Somerville, of Th. H. Baber, aged 60 y.

13 June 1841 Charlie Schmidt, son of J. Ch. Schmidt.

1841 Georges, son of Fr. P. Pereira.

20 Jan. 1842 died Mr. Warden, pensioned navy officer, buried 21.

... list of Cannanore Christians (Aug. 40) (die* neoph. vom 26 J...[1)]40)

[1.]...l, 46 y. (Calicut). - 2. his wife Marian (Calcani), 28 (Quilon) - sein Sohn Chenaya, 12 J. alt.

[3.]...nander, 22 and 4. Rebecca, neoph. (16) from Palayankottai and 26. seine Mutter Elisabeth, 50 J. (Sunva...).

[5. M]ark Stegg (29), Pfeifmajor, 36th. - 6. Ann, seine Frau (22). - 7. her mother Maria, neoph. (56 from Vellore), 2 chil[dren] Henry 5, Charlotte 1 1/4.

[8.]... West, widow of Sergeant, 2d Artill. Madras (60), 3 children (one daughter married to Serj. Johnson).

[9.]...rian (27) Dr. Dix's Aya (Cannanore) with one son. - 10. her grandmother Salome, neoph., 80 (Pondich[erry]).

[11. P]hilip sexton (42) Chittoor. - 12. Mary, sein Weib (40), Trich. - 29. Nitiappu, sein Stiefsohn (28, Vellore). - 30. Michela, sein Weib.

13. Nathanael (35), <Bangalore>, Big Drummer, neoph., Poona, 36th. - 14. sein Weib Susanna, 21 (Ranipett). - 15. ihre Mutter Martha, neoph. (40).

16. Matthew (36), Cochin in sickhouse.

17. John, church peon (34, Trich.) - 18. Magdalen, neoph. (22), sein Weib (Madurai) - ein Kind, Emanuel, 2 J.

19. Lazarus, church peon (32, Palayankottai). - 20. sein Weib Anema (26), ein Kind*, Anbay, 6 J.

21. Joseph Humes (23, Pfeiffr. 36th Bellary), <Fest in röm.-kath. Heirat.> - 22. sein Weib Chelvam (18, Quilon), <is delivered>, 1 Kind David 3 1/2 J.

23. Jacob (38, Koch, Madras). - 24. Lea, sein Weib (36), 6 children 1. John 15j., 2. Joseph 12j., 3. David 8, Mang., 4. Elisabeth 7 y., 5. Salomon 3 y., 6. Ruth 1 y.

25. Maria, Koch Francis Weib (40, Quilon), 1 Sohn Sadrach, 6j.

26., s. 3., 27. Andreas (Tandarayen, pens. ..., 43, Pondicherry, neoph.), <hat ... Abendmahl genommen von seinem ordentlichen Weib, Trinkens und Schlags angeklagt (1 alte Tochter, heidn.)>. - 28. Maria, sein Weib, 3 Kinder Susan 6, Ruth 3, Maria 2.

29., 30., s. 11., 31. Witwe Rosa (45, Cochin). - 32. Anna, ihre Tochter, verkrüppelt, ihre Tochter Elisab., 12j.

33. Jesuadian, Vater des Manns von Cutti Ammas Sarah, Tranquebar, 53j., Koch.

---

1. Wohl Juli.

Tuesday, 1 Sept. 1840

[34.] Johannes (Vencatasawmi, Johnsons servant, 60j., von Masulip.).

[35.] Lacchmana* Joseph (Schwager Stegg Nro 5.), Sipahi, 36th Kisnagary bei Salem, 25j.

36. Maria Magdal. (Hume's, 21. Grandmother, 65j., Kisnagary bei Salem).

37. Hannah (früher an Sipahi Raji im jail in Bang[alore] verehlicht, 35j. - seit 16j. mit Francis Martin Soheim, priv. musician, 36th Reg., <jetzt getraut>.

38. Elisabeth (Marianne*), Madras, 22j. getraut mit bandserj. William Bird (Quilon), Kinder Henry Will. Bird, 5 y., Harriet, 2 y.

39. Mary (20j., Quilon), Frau des butler Michael (40 y.) - ihr Kind getauft Rebecca.

40. Mich. Smith, 36th Reg. (24 y., Bang[alore]) mit seiner Frau, 41. Marian Clemens - Kind Sophia, born Jan. 40.

Ausschuß

1. Abraham, 70 y. - 2. sein Weib, 76 y.

[3.] David, 36 y., ... butler (with ... who wants baptism, is in Andr's house, will Cutti Am's Tochter).

[4.] Paul Pereira, 55 y. - 5. sein Weib. - 6. ihre Schwester Maria.

7. Jesudasen, 22 (Sohn von 33.). - 8. sein Weib Sarah, 18 y. - 9. ihre M. Schwester Cuttiammah. - 10. Martha, ihre Tochter.

11. Lorenz, Drummer.

12. Francis, Mann von 25., Koch.

13. Visvasam, die Alte bei Lazarus 19., zu taufen John Paul, Lampen ... <Dejordan, Elisa Syntosky - 25 Rebecca ... ...>

1. Januar 1843 - 20. März 1851

[Die folgende geschichtliche Aufzeichnung ist dem Tagebuch vorangestellt.]

1781 Sir Edw. Hughes reduces Mahe and ruins Hyder's fleet in Calicut and Mangalore. - Tellicherry is after that garrisoned by Madras troops, defended against Hyder's Nayers.

9 May 81, Maj. Abington with reliefs, sent immediately to the lines, indefensible, proposes in vain an attack (the Madrasees go away 15 May). Abington has artillery one comp. Engl. foot, 10th and 11th bataill. Sepoys. Reparation of lines sudden, 3 months continually attacked and defended. 24th Aug. 300 rushed in, Moplas gave way, Sepoys rallied, the enemy lost much. 6 Sept. similar attack, many driven over rocks into sea. - The enemy undermines Moylan Fort, so often disconcerted* that they suspected their Pioneer Capt. of treachery and cut off his nose and ears - want of ammunition, a letter to Bombay being lost at sea.

13 Nov. a Nayer enters Moylam Fort with 2 heads in a basket quite putrid of Samuri and his minister. Z.* had about 1 Nov. gone to Manjeri to collect grain, a practice that Hyder connived at. But 800 Mapl. joined against his few hundred Nayers, by daybreak, killed and dispersed them. The prince jumped into a well, was discovered by one of his imprisoned followers and shot by Moplas, who sent his head and that of the fallen minister to Calicut and then to Surdar Khan, the prisoner escaped with them - many breaches made but the Mysor will not storm - Bombay order to retire, Ab[ington] conceals the order and protests strongly - help is promised, Cotiote* also helped from without the reinforcements arrived, sally 8 Jan. 82. One in the morning to Putney Hill battery, took camp pursued to Curichi*. Surd[ar] K[han] smoked out of a stonehouse in which hid (9 only killed) rest on Cotiote Caduttan. Iruwenad* Nombis*.

3d Febr. to Calicut, surrendered 12 Jan. - then Col. Humberstone 18 Febr. disembarked troops to make a diversion in favour of Coromandel. 27 March drive enemy thro' Trincolore Trinigardo Ramgari Vangalicottah Tirunavay 13 Apr.

Drying of clothes near Tirunavay when retiring before Tippoo and fording* 5 miles East of Tirun. 19 Novemb.

Sonntag, 1. Januar 1843. Arangillattu Cugni Ramen (David) getauft. - Gegenwart Irion, Huber, 3. Müller, Frey <... Mucwer Johann>.

2. Januar. Der Hubli Müller und C. Frey (letzterer nach fast einem Monat Anwesenheit zu wahrem Segen) ab nach Cannanore und Mangalore. <Heirat von Helena Newsham* (Bapt.) with Rob. Hewins, Cannanore.>

3. Januar. Liebe Frau nach Kuttuparamba (hat Leucorrhoe und Nervenleiden), kehrte abends zurück. Jgfr. M. hatte ihr Bett entfernt. Gespräch über ihre kuriose Mäusefurcht.

4. Januar, schrieb an Albrecht, daß ich der Komitee über seinen Verspruch was sagen werde.

5. Januar. Die Brüder schreiben auch darüber und über frühere Unwahrheit.

6. Januar, nach Kuttuparamba, um die liebe Frau nach Cannanore zu entfernen, bis der Lärm über Albrechts Geschichte verhallt.

7. Januar. Morgens früh 2-3 Uhr ab im Bandi, Frau im Palankin. Pferdgeschirr bricht, schaffe nach einer Stunde Rennens Friedrich in Palankin zu dem Schreier Samuel und Maria - Hermann und Miss Margrite im Bandi - ich vorauslaufend nach Cannanore. Abends im Boot zurück mit Herrmann. Treffe Albrecht an, der kurz ableugnet und verlacht.

8. Januar. Sonntag, englische Predigt - vor und nach Entdeckung der basislosen Geschichten - Abendmahl (ohne Albrecht und Miss Mook).

9. Januar. Albrecht geht fort - M. Gespräche mit J. M. eben noch nicht bekehrt.

12. Januar, Donnerstag, auf dem Weg zum Armenhaus, wie ich eines der Bücher abgeben wollte, vom Pferd gestürzt, und auf die Stirne und Augen getreten. Gottlob, ohne das Innere zu beschädigen. Ersehe daran Mucw.* Johanns Liebe, kriege Gelegenheit, mit David über Dank und Liebe zu sprechen. - Irion geht nach Cannanore, meine liebe Frau zu holen.

13. Januar. Frau returns mit Kindern.

15., Sonntag. Irion predigt Englisch - ich schon wieder Malayalam. Diesen Tag und Montag auffallend starker Regen.

16. Joseph bringt von Anjerkandi einen leugnenden Brief Jesaias - noch nicht zur Erkenntnis gekommen.

18. Durch Mangalore-Brief entschieden, nicht nach Basel zu schreiben - auch Hebich riet ab, die Brüder stimmen nicht ein.

20. Mengert und Frau besuchen - gesundheitshalber, während ich Cungen und Cugni Cutti über Güterverteilung vorhabe. Gehe nach Anjerkandi,

22. Januar, taufe Asuba, die blinde Tochter Purananis und Anima, Gabriels hochschwangeres Weib. Halte Heerschar vor dem Abendmahl. Jesaia läßt sich nicht finden. - Josua wegen Lauheit und Trägheit zum Lernen diesmal abgewiesen. - Asuba, von Gottes Geist auch über die bösen Regungen des Herzens wohl unterrichtet. - Von Trich[ur] der Zigarren-Culi.

23. Januar, Montag. Abschluß der Güterverteilung. <Collam 2, Vrischik*, der Lange - 11 Makara* gibt ihnen 1/3.> Codieri, Curara östlich Arangilla ist abgegeben. - Hebich besucht (auch Mengert[1] und den zurückfallenden Hill).

25. Cugni Cutti will an Davids Schuld 500 ablassen. Übersetzung vom Hohenlied.

26., Donnerstag. Chinnappen David Peital Schatzgräber Chineyen, Pauls Schwager, auf Versuch angenommen. - Die Mädchen fürchten sich vor dem Antichrist im Lesen Daniels.

27. Zahlte Cugni Cutti 1000 Rs für David, dessen Juwelen mein Pfand.

29., Sonntag (gestern die 3 neuen Brüder nach Cannanore, Bandi ins Reisfeld geworfen - auf eine Einladung von Fr. Blair nach Mercara beschlossen, nach Mangalore zu gehen, von wo Frey nach England zu gehen beschließt.

28. Timotheus nimmt unser Kindsmädchen Maria als Braut nach Cannanore).

1. Februar. Verandlungen mit [illegible]

- Harris auf Abendbesuch und Gebet, horrible Nächte. Kinder mit scorbutus oris. 3 boxes MA an Lawe.

2. Februar, Donnerstag [illegible]

- schrieb an F. H. Crozier über Verkauf bei Auktion 1. der furniture of David, 20. Februar, Montag; 2.) des Hauses, 10. März, Freitag. - Kelappen wegen der Mädchen nach Cannanore geschickt, will Chinnappen und Joseph wegen Veruntreuung verklagen, scheint nirgends auszukommen. - Ashari Chenu mit unheilbarer palsy ins Haus aufgenommen.

6. Februar. Fritz von Calicut auf Besuch.

9*. Februar. Einschiffung versucht, umsonst.

9. Februar, Donnerstag. Abends eingeschifft nach Mangalore auf Bombay-Pattimar mit Hanna, Joseph, den 4 Kindern und 10 Mädchen.

10. Februar. Morgens am [illegible], etwa bis Kasaragod.

11. Februar. Abends nach Mangalore. Frau sehr angegriffen. Alles ordentlich gelandet.

12. Februar. Englisch gepredigt. Mit Samuel nach Balmatha, erst am 18. den hymns-Schreiber gefunden.

13. Februar. Frühstück bei Anderson.

19. Februar, auch Englisch gepredigt <caxnura obscura>.

---

1. Von anderer Hand darunter geschrieben: Mengert Stuttgart.

21. Februar. Andersons laterna magica.

20.-25. Schreiben - Drucken - Steigers Colosser.

26. Frau oben in Balmatha, Fr. Greiner, morning sickness.

4 March. Komet gesehen. - Wards Klavier gestimmt, auch am 6. (dort Fr. Lascelles erwartet).

5 March. Malayalam-Predigt bei Anderson.

7 March. Blair von Mercara hier angelangt, Seraphin spielen etc. (Frey auf Brox burnshire nach England).

8 March. Mit Hermann, Samuel, Hannah und Mädchen nach Tellicherry ab (in 16 Stunden),

9 March gelandet. - Abends Brennen und Mengert gesehen.

10. März. Harris gesehen. Die Auktion von Arangillam findet nicht statt, weil David das [illegible] zu verbreiten vergessen (?).

11. März, nach Anjerkandi (Herr Brown bald zurückerwartet, Erstling Anima, Letztgetauft, nach Entbindung gestorben 9. März - schwoll stark an, schlief im Glauben ein. Ich taufte ihr Töchterlein Anima Gabriel sehr angegriffen. - Offene Ohren in der Gemeinde. - Jesaia legte ich seinen Hochmut vor - er antwortet nicht. - Paul bearbeitet ihn mit einem Kirchtüranschlag von Ps 68,21 und 1 Kor 10 über [illegible]. - Ich zahle ihm 10 Rs für seinen Schwager George, den Irion Ende Februars entlassen hatte. < [illegible] >.

12. März, Sonntag, zurück nach Tellicherry. Englische Predigt. Sehe Crozier, der die Schule neben der Fortmauer uns zu errichten erlaubt.

14. Hannah bleibt im Fort (vom Knecht Canna beleidigt), so laß ich die 2 Kinder unter Fr. M. und Gottes Aufsicht, während Irion das Dach deckt - Chima und Josephs Haus fertig - gehe nach Cannanore. H. predigt Englisch. Huber in good spirits.

15. Morgens spät (mit 700 Rs von Hebich an Greiner beladen) nach Palayangadi, wo Crozier erwartet wird (der 13. auf Vedamuttus Empfehlung Kelappen zu seinem Hausanteil verhalf?). Fühle die Leber angegriffen. - Abends nach Cavai. Muttu bietet seine Kinder aufs neue der Mädchenschule an. Payanur zwischen erstem und zweitem Fluß.

16. Morgens auf Boot in Hosdrug angelangt, laufe vor Sonnenaufgang nach Bekal, fieberischer Schlaf. Ich bin nach Europa zurückgekehrt, im Stift - abends, ehe ich Chandragiri (payasvini[1] und Perimpula, der südliche Ort daneben heißt Perimba) erreichte, begegnet das Pferd. Nach Kasaragod, kann wegen Ameisen nicht schlafen.

17. Morgens 4-8 Uhr Kumbla und Manjeshvar. Artill. Ensign faskew auf Marsch nach Mangalore. Abends - Frau sehr angegriffen, von* Mögling der Kindersorgen überhoben. Setze Blutegel und Kalomel wegen Leber. Vom Gehen am Montag keine Rede.

---

1. Wohl Payaswani (Fluß).

19., Sonntag. Blairs und Anderson hier. Zu Hause die Woche hindurch, schreibe an Medizin, die Weigle reichlich gab: Oleum Chamomillae ether. Blähkolik und Alp Gebärmutterkrämpfe, spastische Erbrechen (Schwefeläther, gelöst zu guttae 10-20). Kinderbrustkrampf, besonders Keuchhusten kurz vor Anfall, in Dysmenorrhöe und Amenorrhöe infolge von Uterintorpor, bei verschiedenartigster hysterischer Affektion (gegen chronische Otitis mit Olei Hyoscyami, Ol. Terebinthinae sulph. Olei peccin. rft. aa guttae XII).

24./25. Stunden bei Fr. Blair, ... - Dr. Lovell, kuriose Briefe von Basel, Irion soll seinen Eltern auch schreiben. <60 Fl für 2 Mess... und 1 ...>

26., Sonntag. Anders[on], Fr. Blair.

27. 55 Rs 2 As paid for Bettigherry clothes. Ab mit Frau nach Manjeshvar (abends verirrt, doch Palanq. noch eingeholt).

28. Kumbla morgens, Kasaragod abends (Ameisen).

29. Morgens Hosdrug - kein Boot, also auf Pferd bis Cavai (Milch auf Nordufer).

30. Morgens im nach Valiapatu, sehr heiß. Cannanore - Tellicherry. Alles wohl.

31. Harris besuchen, auch Joseph, Sarah, Lydia kommen nach.

5. April. Bührer von Mangalore (besucht 10.-13. mit Friedr. Müller, Fritz in Calicut).

8. Nasrani Antoni Bapu für Knaben.

9. April. Abendmahl (Joseph nicht dabei - er ist wund wegen des vielen Geldverbrauchs).

14.-16. Anjerkandi, Karfreitag und Ostertag, taufte Sitah, wife des Muppen Christian. Josephs Schwiegermutter und sein Schwager Gnanamuttu machen ihm Not, wollen sein Weib abwendig machen. Letzterer ... vom Abendmahl. Jesaia Tamil von Arnee. Dem andern Jesaia die abgeschnitten. - Der Calicut Titus (4. April durch Tellicherry nach Cannanore) hat Anjerkandi besucht, 9 1/2 Rupees vorgezeigt und wohl sein früheres Mensch, jetzt an Israel verheiratet (Mara), diesem abwendig gemacht.

17. Br. Bührer nach Cannanore mit Chr. Müller, Huber, von Hebich berichtet, daß er ihn nicht in Cannanore brauchen kann. Unangenehme Zugabe zu A[lbrecht]s Brief.

16. Therese* von Anjerkandi, Tier-Katholikin, angenommen.

19. Meeting um Philipp Rozario, eine* Silberdose zu geben.

20. Abends der erste rechte Regen. Besucht Irby und Armstrong.

23., Quasimodogeniti. Wollte Velu und Mangadi taufen. Jener entrinnt, dieser bringt den Namen Christi nicht heraus.

24. Hebich besucht und klärt über Huber und Heimschreiben auf.

24. Abends. Paul, der 10 Rs zu Kleidern entlehnt, vertrinkt's und macht öffentlich Skandal.

25., schreibe darüber nach Anjerkandi. Wein von Mahe, Korn von Mangalore angelangt.

26. Abends [illegible] Jgfr. M[ook] angegriffen von der Nachricht über Heimschreiben von uns und Albrecht.

30., Sonntag. M. Fr. in der englischen Kirche. - Taufe Simon (Mangadi), auch Kelappen (Isaak!) machte sich herzu - starker Regen. - Brief von Paul, daß Jesaia von Anjerkandi weg soll. <Der Murcottu Bapu, etliche Tage hier - läuft wieder weg, verliert Kaste.>

1. Mai. Huber hier. Candahar von Bombay, gestern geankert, heute Fr. Symonds darinnen gestorben. - Mrs. Howard läßt mich durch Armstrong rufen - bete an board - abends Begräbnis.

2. Mai, warte umsonst am Ufer auf Frau Howard, gehe hinaus, bringe sie herein, kriege durch Hanna eine Ayah für 25 Rs per month, sich des Waisleins anzunehmen. Armstrong geht für mich an board, starker Regen. - Züricher Horner.

3. Mai. Armstrong besucht, bringt Francis Brief mit 50 Rs angezeigt. - Alligator-Mutter und Eier.

4. Armstrong und Shubrick (command.) von mir besucht. - Abends kommt Jesaia und erzählt seine Sache, ich gehe hinaus am

5ten, Anjerkandi. John meinte gleich, ich komme wegen Jesaia - ich sagte, Paul sei mir das wichtigere - Jesaias Sache wollte er angelegentlich zu einer Verschwörung gegen seinen Menon Cannen, den Kalenderleiher, machen, er sei von andern getrieben - übrigens müsse er wegen Polygamie fort, aus dem reinen Orte reiner Herren. Ich sagte lächelnd - ich sei froh, daß er so das ganze auf mich schiebe. Wieso, sagt er, es ist doch gegen die christliche Religion? Ja, ich denke, so sei noch manches gegen die christliche Religion und man breche nicht gleich den Stab darüber - übrigens habe ich davon und von allen begleitenden Umständen gewußt, als ich ihn taufte. Es war mir eine Freude zu sehen, wie er es so leicht nahm, alles auf sein Getauftsein, also auf mich zu schieben. - Noch ist Joseph und seine Schwiegereltern nicht eins - sein Weib heute zu ihnen gelaufen - Gnanamuttu sagt, Joseph schlage sie, wenn er Cal getrunken. - Ach eines Sinnes sein und dabei den Wandel im Himmel haben, daß einem diese Seligkeit so schwer wird! - Christian, 42j., will seinem Weib in der Taufe folgen.

6ten des Morgens den Menon vorgehabt, ließ mich aber nicht viel mit ihm ein. - Abends Lärm, weil Gnanamuttu von Tiern abgefaßt wurde und der Paluri Adhicari Christen nicht für [illegible] will passieren lassen. - Versuchte umsonst, Joseph und sein Weib zurechtzubringen. Die alte Hexe widersteht und das junge Mensch sagt, ich <u>will</u> ihm eben sein Schlagen nicht verzeihen. Alle stimmen überein, daß dies Ausflucht ist. Ich lege einen Fluch auf das Haus. - Christian ist ordentlich, wußte zwar nicht zu sagen, wann Gott entstanden sei, aber doch durch wen [illegible] und daß er einen Sohn habe ohne Weib. Wahrscheinlich diesmal David morgens fort. - In der Woche zweimal Mango von Anjerkandi. Zahle 140 für Wein.

11. Mai, Donnerstag, nach Mahe mit Frau. Der Bandi bricht. Gottlob, der Weg zu Fuß hatte keine üblen Folgen. Mein Ayappen sieht den alten horsekeeper, der sich beklagt, ich habe ihn im Gehalt beschissen, er habe wohl von mir, ich nichts von ihm zu fordern! So ist also der ganze Streich zu Ende! Herr, fange was Neues mit ihm an und laß mich nicht an allen Menschen irre werden.

13. Mai. Besuche Shubrick, der nächstens zu unserem Abendmahl kommen will. - Große Geldnot.

14. Mai. Abendmahl - Gefühl, als ob nicht alles recht wäre. Predigte über Judas Ischarioth.

15. Mai. Während Fr. Müller nach Cannanore reitet um Geld und Bandi, schickt Hebich 500 herüber und den jährlichen report (aber nicht die Mangalore-Traktate, die er als sein Eigentum zu betrachten scheint). - Abends bringt Joseph von Catiroor die Nachricht, daß die Tier allg. Chinnappen des Ehebruchs mit einer Tierin, Manni, beschuldigen. Ich zog 16. März (da Chinnappen leugnete) Erkundigungen in Dharmap[attnam] ein bei Cuttakalaren Canen. Es sind 2 Versionen. Die eine, Chinnappen habe sich mit ihr in ihrem oder des Gärtners Chiri Canden Compound in Dharmpt. eingelassen und sei von einem Tier, der auf den Kokosbaum gestiegen, bemerkt worden, habe ihn durch Geld geschweigt (1 Rp). Andere sagen dies dem Gärtner nach, der viel Liebe für sie gehabt: Chinnappen dagegen sei von einem gesehen worden, wie er sie geküßt. Noch andere, daß Hurerei in unserem Compound vorgefallen sei. Die Angaben wechseln zwischen Februar und April (wo sie noch am Gang in die Schule als Kuli bauen half). Gewiß ist, daß ihre Mutter bei Chinnappen dient, daß ihr Mann (Gärtner bei Bird) sie seither im Stillen verstoßen hat und sie in Catiroor lebte, daß Chinnappen sie dort besucht hat (er: zweimal bei Gelegenheit von Taluk-Geschäften, ohne sich zu setzen, um sich über das böse Gerücht ins Reine zu setzen), (andere dreimal, und daß er dort gegessen), daß er den Wasserträger Ramen dazu mitnahm (Ramen: "wegen seiner Mutter <die nicht dort ist> Krankheit sei er dorthin gegangen". Chinnappen: "wegen einer Schuld". Ramens Onkel: "um zu kuppeln". Chinnappen und Ramen: "um bei der Nachfrage zu helfen") und daß ohne die Besuche die Sache nicht wäre herausgekommen (Cannan, der verstoßene Schulmeister, sagt, Tier haben Chinnappen schlagen wollen und seien durch ihn daran verhindert worden), (Tier sagen: daß er sie getröstet und versichert habe, es solle ihr an nichts fehlen). - Ich entlasse den Wasserträger wegen Lügen (er war mit Chinnappen hinter dem Bandi gegangen, sagte, er sei erst auf dem Rückweg von ihm mitgenommen worden, die Sache aufzuklären, und zu dem Gärtner: "weil keine Brüder im Haus gewesen, seien sie unverrichteter Sache fort").

17. Mai, war in Catiroor. Der Schulmeister Chattu wollte nichts wissen. Cannen, dem ich begegnete, zeigte das Haus. Niemand dort: die Mutter auf dem Feld sagt, wegen Chinnappens sei die Tochter verstoßen worden - er sei mit dem Wasserträger gekommen, habe 1. nach einem kürzeren Weg gefragt, 2. ... Nedungodu Ram wegen seiner Schuld - der Wasserträger sei im Haus niedergesessen, Chinnappen in der Veranda gestanden, der ältere Bruder dort gewesen, die andern nicht, was sie gesprochen, habe man nicht gehört. Alles scheu, etwas zu sagen.

Im Aufblick auf den Herrn, der Buße geben kann und uns nur mit Erweislichem strafrechtlich verfahren läßt, erlaube ich Chinnappen zu bleiben, falls kein deutlicherer Beweis dazu käme, sage ihm aber, ich sei der Wahrheit dieser Anklage gewiß, könne ihn daher weder als Kirchenglied, noch weniger als Lehrer des Evangeliums gebrauchen. Meine liebe Frau wird ihm sonstige Geschäfte anweisen.

Am Abend schreibt Chinnappen ein Geständnis - ich spreche aber nicht mit ihm, weil er es wie darauf ankommen lassen will, was Gott sonst noch von seinen Sünden offenbaren wolle, statt es frischweg selbst zu gestehen. - Der Herr leite ihn zu wahrer Reue.

18. Der Nellioden Tier geworden, zur Arbeit eingetreten, bald wieder fort.

Sonntag, 21. Jesaia hier - von einer Geschichte Johanns mit Josephs Weib, deren Bruder jetzt ordentlich sei. Timotheus fort nach N., sein Sohn Simon, der Omah geheiratet, will getauft werden. - Monsun bricht los, aber ruhiger als das letzte Jahr. Ich bei Harris statt Chinnappen, predige über Joh 3 "das [<das>] Gericht - ". Irion tauft Corbetts Sohn Robert in Walds Haus.

23. Abends - der Canisen, der schon mal dagewesen (vor 14 Tagen), wieder hier, will Christ werden. Gesteht seine Furcht, schläft im Hause, weil es zu stark regnet (?). - Titus und Elisa in Calicut, 19ten, ein Sohn geboren, bald gestorben.

24. Morgens starker Regen (neue bank durchbrochen), dann schön Wetter - übertrete den Fuß im Garten.

25. Blutegel und starke Blutung die Nacht hindurch.

28., bei Harris, predige den natives und bin froh, dem engl. Predigen einmal ums andere zu entschlüpfen, da mich eben eigentlich niemand gern hört. Herr, lasse es mir auch zum Gewinn ausschlagen, daß ich in dem engl. Fach zwar nicht mit viel Aufwand von Kraft, aber doch lange und mit Kampf fortgemacht habe und jetzt erst von keinem Profit desselben eine Idee habe.

Dienstag, 30. Mai. Heute bringt Vedamuttu den Ramen M. der Manni. Er sagte, Gott solle denen, die's getan, den Lohn geben, er wolle nichts tun. Chinnappen hatte ihm abzubitten, tat's erst auf mein Zureden auf den Knien. Zu einer Entschädigungssumme fürchtet sich der Mann, sich zu verstehen, um der Kaste willen. - Nachher mit Chinnappen ernstlich, warum ich nicht mit ihm rede und daß ich Wahrheit wolle, aber nicht von ihm erwarte. Ich lasse ihn nicht ausreden, als er sagen will, daß seit seiner Heirat nichts als dieses vorgefallen sei. - Nachmittags kommt er aus freien Stücken und gesteht, verdorrend an Leib und Seel, was wohl schaudern machen könnte. Also das ist der Mensch, bin ich! Nun auch Brief von Anjerkandi, Gnanamuttu gegen Joseph und Jesaia und Paul, weil sie mit seiner Schwester hart verfuhren - Paul gegen Jeseyen und seinen Vater David, gegen Johann und Gnanamuttu, die ihn öffentlich beschimpft, er will nicht in Anjerkandi bleiben, außer ein Missionar sei dort.

Mittwoch, 31. Mai. Huber von Cannanore - kurioserweise ohne meine Traktate und ohne die monatlichen Baslerschriften. - Br. Hebich ist seit einiger Zeit ganz auffallend aus dem Bruderverhältnis hinausgekommen, und nur sein Cannanore scheint ihm am Herzen zu liegen. - Rogers soll statt Deane nach Cannanore kommen.

2. Juni. Abends Anjerkandi. Sehe* Simons Kindsbegräbnis und höre das Geheul der Weiber. Wahrlich eine liebliche Melodie gegen das Gestreite von Gnanamuttu, Johann und Paul gehalten, die sich gegenseitig der Lügen bezichtigen. (Gestern 3* Pattimar an der Tellicherry-Küste gescheitert).

Oben und unten: Tellicherry - Kirche auf Nettur

Samstag, 3. Juni. Morgens kommt P[aul], er habe um eine Niederlassung von unser einem angefragt, die Herren haben gesagt, er solle eben an uns schreiben. - (P[aul] ist ungeduldig, weil ihm auch sonst viel Tort angetan wird mit Durchstechen von p[e]lts, Ausgraben von Jams, Töten eines Hunds, Schimpfen). - Höre in der von keinem älteren Kinde besuchten Schule viel über Joseph etc. - Frage nachmittags die Herren, von denen John das Wort nahm und, wenn er nicht anders wolle, dem P[aul] den Weg aus der Pflanzung leicht machte (G[eorge] scheint mehr uns geneigt - sagte letzthin zu Sim[on], er solle nur mit seinem Weib Frieden machen - die frühere Lebensweise sei alles Teufelszeug gewesen. Jetzt, da sie was Besseres hörten, sollten sie auch darnach tun! - Der Herr lohne es ihm zu was Neuem im eigenen Herzen). <Dies ist Pauls Heuchelei oder Selbsttäuschung.> - G[eorge] schwieg. Ich machte darauf aufmerksam, daß Katechistenentlassen ihnen weder viel Nutzen, noch der Anstalt Ehre bringt. Das wurde eingestanden, aber der Grund war eben kitzlich - alles lieber als das! Doch wird die Frage jetzt bedacht werden müssen. - Abends oben, Gnanamuttu sich verteidigend - glaubte ihm gerne, wenn er nur nicht so stolz wäre. - Simon, zur Taufe sich meldend, auch Thomas, aber dessen Bruder Nathan ist Todfeind der Simon- und Timotheus-Familie wegen Simons Weib Omah, Nathans Tochter. Er hat sie entlassen (wie? warum?), bald nach des Kinds Geburt - ihre Mutter soll ihr Schlaforte abwechselnd angewiesen haben? - Wie dem sei, Timotheus, von seiner Schuldenflucht durch seinen Sohn Isaak zurückgebracht, hat noch an des glücklichen Kindes Todestag dem Simon verboten, in seines Weibs Haus zu gehen, dem Is. das Grab zu graben. - Sowohl deswegen als wegen des suspiziösen Davonlaufs ausgeschlossen! Also Gnanamuttu, Johann, Timotheus, Ovah vom Abendmahl weg. - Thomas, obwohl er noch von Michael ... Kenntnisse hat (z.B. die 10 Gebote), nicht getauft wegen der Simons-Geschichte. - Kaum war ich von Anjerkandi fort, so wurde Gnanamuttu von Tiern (darunter Murikel Curumben) fast totgeschlagen, sein Weib mißhandelt. Für ihn ist's eine Gottesstrafe - aber ich berichtete es gleich an Crozier, von dem ich höre, daß die Tahs[ildar]s-order, von der Br[own] sagte, sie lasse auf sich warten, wahrscheinlich übersandt worden ist. Sonst* soll der Cherikal-Amtmann hinaus und untersuchen. - Das ist wohl die Teufelsrache, die ich schon unterwegs spürte, nachdem die Erlaubnis, alle 14 Tage hinauszugehen, abgerungen war. Waters gibt Rs 100.- Ich besuche (Montag) ihn 5 June.

6 June. Jesaia hier erzählt, wie schlecht J. B[rown] untersucht, statt 4 Tiern, die angeklagt waren, 40 vorgenommen, die Christen geschreckt habe (Paul, ein Hasenfuß, wagt sich nicht hin) und am Ende mußte der halb zu Tod Geschlagene alle Schuld haben. - Mir einen Brief mit heuchlerischem Dank über Gnanamuttu. Lüge über provocation und <u>Nacht</u>zeit, Bestechung durch Bananen und Ananas überschickt. Ich antworte mit einer Predigt.

Donnerstag, 8. Juni, zu Crozier, dem ich Aufschlüsse gebe, schrieb an Fr[ank] Br[own] in Europa einen Bericht, Dienstag, 6. Juni. Vedamuttus Schwester Perachi, ihr blinder Mann Petshamuttu (war schon Sipahi) mit 3 Töchtern, einer verwitweten Pechi, Irulai = Sarah <später> gestorben 1855 <selig>, Suppamma und ein Paller Carumben angelangt, uneingeladen.

Freitag, 16. Abends erstes Dinner mit Harris, nachdem Irion am Mittwoch dort gewesen.

Samstag, 17. - Sonntag, 18. Anjerkandi. Die Menons* und Tierknechte bemühen sich viel um uns. - Auch Ir[ion] mit mir ins Haus geladen. Thomas getauft. Gnanamuttus Herz durch die Schläge erweicht, wohl wird seine Mutter auch noch brechen müssen. - Der Tahs[ildar] hat sich viel Verdienst erworben, indem er die Untersuchung nach

Cherikal hinüberspielte. Die Tier zitterten einmal. - Im Regen aus und ein. Editors of the Madras Christian Instructor Care of the Superintdt. of the Amer[ican] Mission Press Madras. - Frey nach ... in Mauritius.

Mittwoch, 21. - Freitag, 23. Besuch des jungen May, Sohn von Vaughan, der Brennen besucht.

Donnerstag in Chalil, Medizin auszuteilen an die Cholera-Kranken.

Mittwoch abend kommt Onacken, ein Tier, früher Maler, in unserm Haus beschäftigt (Frau Buggys) und dort mit Traktaten beschenkt. Bald darauf (Sonntag, 25.) Vater, der ihm Lügen nachweist, ihn aber nicht bewegen kann fortzugehen. Auch wieder ein Lump mehr.

Freitag, 30. Not mit Joseph. Seine Mutter war von horsekeeper Ayappen verklagt worden, sie habe schon Reis verkauft (an Simon für 2 Fan, an Ch. für 2, an einen Mopla für 4). Da dies der Kinder Reis sein mußte, wurde sie dieser charge entlassen. Martha wies noch andere Untreuen nach. Joseph nahm sich ihrer an, wollte Untersuchung oder er gehe mit allen den Seinen fort. Ich ließ durch Simon ihm die Wahl stellen: er müsse sich demütigen oder gehen - demütigt sich 3. Juli.

Samstag, 1. - Sonntag, 2. Juli. Anjerkandi. Simon (nun mit seinem Weib versöhnt) und Thomas' Weib Dina mit T[ochte]r Margarete getauft. Lucas' Weib Gnanamma kann kaum zum Antworten gebracht werden. Der Menon und sein (ruhiger, eifrig, in Fasten und Beten anhaltender?) Bruder wollen Taufe. Sprechen lange mit mir, zeigen Bibelkenntnis. Helfe, einen Ofen aufzustellen. - Waters 100 Rs und 10 für Poorfund, 15 für Christen.

9. Juli. Kurioser Sonntag. - Höre morgens, daß David die Cholera hat (wie vorige Woche etlichemal Mary, Betsy, gr. Therese, Lydia, Catharine - Sarah), gehe zu Crozier. David war bei ihm gewesen, sah mich nicht mehr wegen Regens. Will nicht heiraten, bis schuldenfrei, hat aber in Cannanore Weib bei sich. - Wollte nach der Kirche ins Aranqill[am], wo schon Diebereien etc. anfingen. Aber Frau wurde ohnmächtig, in Brennens Haus ordentlich hergestellt, ging mit ihr heim. Unneri, ein losgelassener Dieb, schlachtet eins unserer Schafe und wirft's in Brunnen. - Untersuchung und Schimpfen - Jos[eph]s und Chinn[appen]s Vieh fressen den Gemüsegarten ab. - Zwischenhinein die Predigten. O Herz, bleib und werde fest unter dem Mischmasch und Getrieb.

10. Druckfehler zur Ker[ala] Utp[atti] nach Mangalore geschickt.

11. Nachmittags nach Cannanore.

12. Mittags. Hebich ist ruhig - hat aber auch, womit sich zu verteidigen im Großen, wenn auch im Kleinen Stücke übrig bleiben, die besser anders, sanfter, geduldiger behandelt worden wären. Aber er merkte eben von Anfang an einen Geist mehr der Jahrhunderts- als der Ewigkeits-Freiheit. Nahm nach meiner Abfahrt Hu mit nach Tahe, der über die Bauten usw. nun ganz außer sich kam, aber "ruhig" H.s ganzes Werk dem Teufel zuschrieb.

13., horsekeeper Velu zurück, bittet ab und wird angenommen.

Freitag, 14. David halbgenesen (hatte 2mal Crozier um [illegible] Erlaubnis in sein Haus gebeten) von Vedamuttu mit [illegible] und [illegible] angetroffen - bittet um Geld, ich antwortete scharf. Zugleich von Mangalore, daß um 861 die Sachen verkauft werden können. Gottlob, so endet es doch bald.

Samstag, Sonntag, 15. 16. Irion in Anjerkandi. - Ich bei Harris, Fr. M[üller] predigt Englisch.

Montag, 17. Taufe Marian Julia Papell, Mutter krank, der Papa vertattert über meine Frage wegen der Konfession, indem er nie in die Kirche komme. - Abends der Lärm mit dem fortgeschickten Ayappen, der sein Weib mißhandelt, Kind töten will, sich an der Gurgel faßt, durch meine Wassertaufe zu sich kommt, dann Aline fortführen will, auf der Straße niederliegt (Harris fuhren vorbei), Blutschuld auf unser Haus zu bringen, dann Josephs Haus anzünden will. Schick ihn an Crozier.

Dienstag, 18. Vor Crozier. - Abends wieder nach Tellicherry, Josephine zu sehen, die in den letzten Zügen zu liegen schien. Sie wünschte, zu den Mädchen zu kommen. So ließ ich sie heraufbringen, war sehr froh an Zucker und Eier, sagte oft: Manne* Mama, schlief gegen Morgen ein (19), abends begraben. - (Zuerst steambrief, der erste melancholische Eindruck von meinem Brief über Albrecht).

22. Vedamuttu von David aus dem Haus gewiesen, von Cugni Cutti benachrichtigt, daß dieser mich über die Schuld Ramens besuchen will. - Vedamuttu mit Joseph und Chinnappen auf mein Verlangen, ihre Streitigkeiten ins Reine zu bringen, hoffe, es gelang.

23. Taufe Nathanaels (Ayappen) und Theophils (Chancu) mit Josua und seiner Schwester Louise und Mose.

Montag, 24. Hebich auf Besuch, zugleich Devasah[ayam]s Verwandte, den Knaben fortzunehmen, lügen, es sei nur auf Besuch und sie sei die Mutter.

27. Choyi, als Mapla-Kandidat Aliumma genannt, ins Haus aufgenommen, er scheint nicht dumm zu sein.

30. Kelu, junger Nayer von Payermala. Predigt in Englisch (mit Bird im Bandi über Nilgiris, wo Cotterill etc. 200 subskribiert haben per month für einen Cambridger). Zur Malayalam-Predigt. Abel und Manuel mit Paul. Diesen Abend der Brief von Huber an Christian, der uns so erschreckt.

August, 3. Devasahayam fort, zahlt 2 Rs.

4.-6. Anjerkandi. Pulluven, schl...r Doktor und Schulmeister in Tier-Schule. Taufe Thomas 3 Kinder - Isaak ignorant. - <Odu Teruwil Vaduwen schlägt seinen Neffen blutig.>

5. Baber gestorben in Cannanore.

6. Fr. Müller beerdigt ihn. - George nicht in Anjerkandi wegen Krankheit seiner Tochter. Frau Papel[l], deren Kind ich getauft (3. August, Ker[ala] Utp[atti]s von Mangalore).

8. Irion mit Fritz zurück. Huber nach Mangalore. (Brief von Cal. Titus entlassen wegen Schlagens).

10. Choyi geht mit gestohlenem Reis durch.

11.12. Fritz und Fr. Müller in Cannanore - nachdem der Plan über Nayadis an Conolly abgeschickt worden war. - Der kleine Teufel Titus durch, von Hebich wegen Stehlens geschlagen, fortgesprungen durch Anjerkandi, Tellicherry nach Calicut.

13. Abendmahl. Devaprasad. zugelassen, ich habe Zutrauen zu ihm - seine Rede einfältig.

15. Von Con[nolly] Antwort, der Plan sei gut. Hebich abends auf Besuch, sehr froh, von Huber los zu sein, aber besorgt wegen der Geldsachen - rät meiner Frau, Reisen zu machen.

16. Rama Varier*, Menon von Pinaroy bittet um Verwendung bei Tucudi, ein Klient Fr. Browns.

17. Bei Conolly und Francis. Der Plan scheint zu reifen, schreibe an Brown, der den nächsten Tag Conolly in Kuttaparamba sieht.

(Fritz geht 18.). Irion

19.20. Anjerkandi. Bringt Nachricht, daß Brown böse darüber ist und nicht will. Georges T[ochter] gestorben (das Kind folgt 29. August von mir begraben). Nehme die 4 Bücher Moses wieder vor.

26. Besuch von Capl. Rogers.

27., seine Predigt, Abendmahl. Abends bei Harris, dessen Piano ich 26.-28. stimme (von Vaughan erkauft, in preference zu dem Piano des Doktors, der nach Madurai geht).

22. Besuch von Fr. Barret. - Waters bleibt. Bird nach Coimbatore. Morris nach Calicut. H. nach Mangalore. (Ich schreibe an Mögling nach Mysore).

28.-29. Merle d'Aubigné's reform.

30./31. Waters Piano gestimmt.

2./3. Anjerkandi. Taufe Edward Brown, Sohn Johns.

10. Abendmahl. Besuch von Shubrick. (Abschiedsbesuche von Fr. Morris und Anderson).

3. Pauls burial-Idee der lebendig toten Maria - Streit mit Silvan über Begräbnis ari*.

Calicut, 12. September. J. Br[own] Esq. ... Sir* the Government have it in intention to establish schools for the benefit of the Chunnu* population similar to those which they understand (from a letter written by Mr. Tementson* shortly before leaving the district) have been carried on in a very satisfactory way on your estates at Anjerkandi. May I beg you will do me the favour to give me such information on this point as will enable me to reply to the Government with more confidence. Antwortete auf Br[own]s note am 18ten Conolly.

19., während Brennen den steamer-Verlust meldete, kam die langerwartete Post an. Der Juli-steamer verloren. Albrecht nach M[angalore] oder Dh[arwar] versetzt, Huber nach Cal[icut] (war seit 3 Monaten in Mangalore).

19. Harris zu tea und Abendgebet.

20. Harris fort, ich sehe sie noch zuvor. Wollte nach Cannanore, begegnete aber Hebich, und

mit ihm zurück (Gnanamuttu gefallen, Aaron stolz). Paul von Anjerkandi weg, sein Kind sei viel schlimmer.

21./22. Von Dharwar, Mangalore, Cannanore, man wolle Huber nach Hubli. Antwortet ablehnend oder will wenigstens Metz dafür. Weigle geplagt durch Umtriebe der Frommen mit oder gegen seine Braut. Changara und Coren fort, der peon Domingo Fernandes angekommen, soll als Wassermann einstweilen dienen.

22. Abends nach Vadagara, Dr. Anderson dort mit Weib (gestorben im Dezember). Morgens nach Calicut. Albrecht war nicht da. Hörte das Nötigste. Gottlob, er demütigt sich. Eine lange Unterredung. Fritz will auch nicht Huber sehr gerne haben. Predigte Sonntag Englisch und Malayalam, sah Isabella Vedamuttu, die von Fr. Gr. keine Antwort zu kriegen klagt. Conolly, der nächsten Monat auch die Nayadis zu sehen kommen will.

Montag, 25., Gebet, wo ich auch glaube Albrechts Not mit gespürt zu haben und es mir angelegen sein ließ, das Alte nun zu schließen. Zurück über Mahe.

26. Nachmittags gesund angelangt.

27. Albrecht von Calicut.

28., nach Cannanore mit Irion. Der Adhicari löst wieder seine Kuh ab und droht Simon, einen unserer Leute, wenn einsam gesehen, zu schlagen. - Hebich behält A., und Briefe darüber werden 29. geschrieben.

29. September - 1. Oktober. Anjerkandi, von wo Paul alles eingepackt hat und davon ist! Der Schwachkopf. Das native Christentum stinkt wieder aufs Neue bei den Herren. Auch Manuel hat für einen abgehauenen Baum 10 Rs Strafe zu zahlen und beiseits 12 Fan Schulden. Gab ihm für jedes der Dinge je 1 Fan Beihilfe. - Johann fort auf Besuch. Josua noch immer ausgeschlossen. Sprach mit Jesaia über seine Freundschaft mit Paul. Dieser habe immer sehr über seine Herabsetzung von 15 auf 10 gefuttert und sein Weib habe nach Cannanore zurückverlangt. - Gnanamuttus Weib wünscht Taufe, ich rede ihr vorher zum Lesenlernen zu und verspreche, wenn sie es könne, fürs Öl zu zahlen.

2. Oktober. Fr. Müller nach Calicut.

5. Oktober, sah Stranges. - Abends im Boot bis zur Brücke gefahren mit Weib und den Kleinen. Zurückgekehrt, plötzliche Heiserkeit und seither Schmerz auf Brust und Husten.

7., mit Frau und Miss Mook zu Stranges.

8. Abendmahl. Taufte Simons Nathan (3 y.) und Abigail (1 month).

11. Fritz von Calicut - über Besetzung und Haus. Hund Bona geschossen. - Domingos Weib etc. von Cannanore. - (9. Oktober Wein von Mahe.)

13. Fritz nach Calicut - über Haus fast beschlossen, Besetzung nichts entschieden, als Weigles deed von Mangalore anlangt und die Herzen wackeln macht. Ach, mehr von der Salbung der Kinder und Einfältigen für uns alle! Der Herr walte das. Besuch von Armstrong und nachher Fr. Barret (gegen englischen Zoll).

15. Francis in der Predigt - über seinen von Madras hieher zu versetzenden Knecht.

16./17. Cannanore. - Pauls Briefe, will Hebich wegen 36x5 Rs verklagen! - Über A[lbrecht] nichts entschieden, da er seine Zweifel "für jetzt" will fahren lassen.

18. A[lbrecht] von Cannanore, weil ich auf von Fritz erhaltene Briefe hin ihm absage.

19., entschließt sich für Dharwar. - Abends Hebich, der jetzt beistimmt. - Bischof von Madras, Spencer, hier, native Geschrei. - Etliche Moplas sprachen von Christo, als würde er noch einmal geboren. - Theopil und Muttoren nach Süden, wieder eingefangen.

20. Albrecht fort.

21. Dinner bei Waters mit Bischof, den ich tags zuvor besucht, von Da... nach Cochin. - Meine Frau berühmter als ich. - Predigt und

22. Abendmahl mit winzig kleinem Kelche. Kelappen will's auch nehmen, ich sage aber, er sei nicht getauft. - Yesaia von Anjerkandi, man sage draußen von Gefechten in Caduttanad. Der Bischof sei untergetaucht worden von den über seine Cherunur-Träger erbosten Nayers. In Anjerkandi Gerüchte, wir müssen nach Mangalore, sitzen im Kerker, das Aufheben der Sklaverei und des Tinders sei wieder zurückgenommen. Paul, von Cannanore zurück, bringt Bilderb[eck]s Klage über meine 32 Jahr* Alte* und zur Taufe fordern, will mit Bischof sprechen etc.

Donnerstag, 26., in Tellicherry, zahle die Armen aus. Rama, später der edle Christ und Katechist Esau, Theophils Verwandter von Palghat - die Anna Maria vom Armenfond will Kinder geben, betrügt aber.

Freitag, 27.-29. Oktober. Anjerkandi. Spreche ernst über die Gerüchte mit dem Seiden-Mohammedaner und Tierknecht. Gnan[amuttu] erzählt seine Geschichte, zahle 2 Rs fine für sein sich seines Weibes Erwehren (gegen des Aliens Sohn), für Manuel 1 Rp (4 Fan). Paul kam am Samstag - sah mich am Sonntag ohne Gruß, Wort und Abendmahl. Taufte

29. Asuba, Gabriels Mutter und Matthai, Chloes Sohn. - Timons Weib will nicht in seines Vaters Haus wohnen. - Appan, Neffe Yesaias, uns übergeben <bis Februar 44, nach Calicut>. Yesaias jüngeres Weib ordentlich. Die Cheranadu-Geschichte macht Eindruck, auch Tier möchten uns gerner als Maplas um sich haben (Adhicari und Peons ermordet von der neufanat[ischen] Sekte, weil er einer Tiatti vom Übertritt abriet. 4 Sepoys fielen, Capt. Leader verwundet). - Mit den Herren wegen Josephs Wiederheirat, sie halten's für böses Beispiel - ach, daß sie einmal ein Gutes geben!

31. Essen bei Stranges abends - er rather kind.

1. November. 12 Uhr am Seeufer (Vadagara) Fox Apothec. zu Fuß. Nachts aufs Boot.

2. November. 2tes Boot, von 6-2 Uhr nachmittags, dann im Manjil Calicut.

3. November, sah McLeod bei Leader, hörte von Conolly die Cheranadu-Geschichte ([illegible]).

4. November, um 10 Uhr Boot für 10 Rs. Abends bis Trichur, ungegessen.

5. November. Sonntag morgens mit coffeepot ins Meer gefallen durch Bootumschlagen. Abends Cochin.

6. November, mit Blenkin - Hubbard in Alwaye an d'Albedhylls Tochter verheiratet. Abends aufs Boot.

7. Kottayam morgens. Church, Bailey. Besuche Baker, Chapman der interesstanteste, Johnston, Bakers Tochtermann. Abends Piano verbessert.

8., to Chapman library. Assemanir* und de Guien* boys maps. Johnstons Piano (über Humphrey, der wegen Oxford-Neigungen fort mußte).

9. Houghs Christianity durch*. Mit Monshi lang, er zeigt, daß Peet sich gegen die Übersetzungen von Kottayam auflehnte, über Gramm[ar], Dict[ionary]. Er läßt sich überzeugen, z.B. von [illegible]. Abends zu Knaben über Häresien, recht nett. Über Dionys. und Athanas., viel von syrischen Kirchen. Hubbard nicht viel, Peets Gemeinde beste. Predige auf Chapmans Aufforderung: "wir haben hier keine ... . Syrische Dokumente."

10. Capman gibt Bücher, auch Bailey. Abends mit Baker. Alles hier deutscher und ansprechender. Fr. Bachs* Rotlaufen. - Um 8 Uhr auf Boot, 5 Rs.

11. Cochin - Juden. (Briefe abgeschickt). Hubbard verleugnet sich. Die Blenkins Baron* d'Albedhyll - im Bungalow Capt. Williams.

12., Sonntag. 2 Predigten gehört. - Sargon.
An Bailey Schreiben um hebräische Inschriften für Samuel Rabbi.

13. Kodungallur - [illegible] - Dupont - Tahsildar.

14./15. Trichur. Harley and Kohl off, hier am brüderlichsten und missionshaftesten (?).

16. Chetwa. Arme Nayadis. Seyd Ahmet.

17. Chawucadu Artattu. Cunnancolancara[1] Priester.

18. Predigte. Abends nach Tirtala, Kuli spät.

19., Sonntag, nach Codacal. Bungalow. Nayadis.

20. Brief von Irion und Frau erhalten. Nach Parappanangadi.

21., nach Calicut. Sah Norton in Beypore. Besuchte Conolly und Frau Elton (wollen nach Tirunelveli).

22., im Boot morgens nach Tellicherry.

27., Montag, nach Kuttuparamba, um* Schule zu sehen.

28. Friedr. Müller - 7. Dezember (auf Besuch von Calicut).

---

1. Wohl Kunnamkulam.

1.-3. Dezember. Anjerkandi. Paul fort, "mind not well", Oppositions-Mission in Cannanore zu errichten. Christian hat vor einigen Monaten sich des Anrufens von Götternamen, um dem Schlagen von Tiern zu entgehen, schuldig gemacht. Gnanamuttu vielleicht mit Ephraims Weib Ehebruch versucht (29. Oktober ihr einen Fanam gegeben, wohl aus den 2 Fl, von mir erhalten, deren Gabe er auch gegen* Versprechen veröffentlicht). Andre sagen von einer Verabredung etlicher, sie durch Geld auf die Probe zu stellen, wieder andere von einem Attentat Pauls.

In diesem Monat Friederichs attatta ([illegible]) und sein liebliches durstiges [illegible] soll ich's jetzt wegwerfen?

5. Dezember. Ananden hinausgeschickt, Brown nimmt's an.

6. Dezember. Tschinnappen ab nach Calicut, hoffe es geht.

8. Dezember. Fr. Müller ab. - Metz kommt nicht hieher, wir sind betrogen durch die kuriosen Versetzungen. - Besuchen Stranges, Waters uns.

10. Dezember. Abendmahl, auch Francis Buttler, zweifelhaft nach aller Unterredung am Samstag. Strange nimmt teil daran und sieht den compound.

11. Hebich hier.

12., einen Capt. Sibald (?) begraben, der in Kennedys Haus starb, ließ den Dr. hören*, wie gern ich es hätte, lieber mit Kranken zu tun zu haben als mit Toten, von denen ich das erstemal höre.

14., höre von Arumugan, Sohn des Scanda Swami, Engineer-Schreibers, der Christ werden will.

16. Lange Unterredung mit ihm - scheint aufrichtig, aber kennt Jesum nicht, nur die Sünde der Abgötterei. Herr, lehre ihn beten! (Francis hier. Vedamuttus Isabella nach 1 1/2 Monat Aufenthalt fort mit ihm).

16.-17. Irion in Anjerkandi - alles ordentlich.

18. Edwards (Schreiber) verläßt Tellicherry nach Madras.

21. Hebich von Cannanore mit Geld, das Haus zu kaufen für Fritz. - Die schöne sun eclipse.

22. Handel abgeschlossen. - Sah Caldecott, den Astronomer.

24. Predigt. (22., in Cannanore englische Predigt für Hebich). Abends Christbescherung. Stranges, Brennen und Caldecott gegenwärtig.

25. Christtag. Hatten nur Malayalam-Predigt und Abendmahl in Engl. mit Strange.

26., nach Calicut - das Haus zu registrieren. Nahm Theophil, Mattu, Muttoren, Paul mit mir, auch Theresa, die den Nasr-Schulmeister heiraten soll.

27. Registriert. - Sah Morris Elton, J. Groves, der von Fr. Henry Groves Tod berichtete.

28., speiste bei Conollys (deutscher Förster verlangt) und Eltons (Schmid hinauszukriegen), suchte abends am Ufer, bis ich das Boot fand, das mich

29. morgens nach Vadagherry brachte, worauf zu Fuß über Mahe nach Tellicherry noch zum Essen angelangt.

Januar 1., 44, alle Kinder in den Schulen wandeln nach des Missionars Geboten, sagt ein neuer Schulmeister. Fügt bei, so scheine es wenigstens. Aber ach, wie wenig ist wirklich gepflanzt! Meine Frau faints auf einem Besuch bei Waters. - Abends kommt Strange und Brennen: durch Fr[au] Strange kommt

2. Januar der Dr. Kennedy, um nach Friedrich zu sehen.

4. Januar. Arum[ugan] soll wieder entschlossen sein, nachdem ihm die Nachricht von seines Vaters Versetzung nach Tiruchirapalli zur Versuchung geworden war. Er wünscht mich jetzt in Bapt[iste]s Haus zu sehen. Ach Herr, hilf dem armen Jüngling.

5. Januar. Sah Arumugan und predigte ihm Jesus. Kann nicht nach Anjerkandi wegen Friedrichs, so ist auch der Mädchen Besuch und Reise nach Kuttuparamba verschoben.

7. Januar, Sonntag. Eine Woche von Freud und Schmerz vorüber. - Ich hoffe, Herr, auf dich! Dein Name ist eine Festung. Der Gerechte zieht sich darein zurück. Und wir sind ja gerecht worden durch den Glauben. - In Mangalore Kampf und Sieg wegen der Brahmanen. Möge das auch für uns eine Vorbedeutung sein. - Und diesen Morgen hat unser lieber Friederich uns verlassen, wohin anders zu gehen als Herr, wohin du ihn rufst. Ja, Kinder sollen zu dir kommen. Ich auch, o Herr, du kennest mich. Ich bin dein Kind, du bist mein A und O. Viel ist schon zwischen mich und dich getreten, und wie eine Wolke wischest du es hinweg durch dein kostbares Blut. Jetzt sind es 1 1/2 Jahre, daß Friederich durch den Fall, wahrscheinlich innerlich verletzt, zu leiden anfing. Auch seine Seele litt darunter. Und wir Eltern haben in Nachgeben und Strafen auch vielleicht selten das Rechte getroffen. Herr, du bist für uns, wer soll gegen uns sein - auch unser eigenes Herz nicht, das sich gegen die Rechte deiner Gerechtigkeit so oft aufläßt. Es hat hier nichts zu sagen. Du machst gerecht, wer es nicht ist. Und ich bin's ja nicht, wo du mich nicht dazu machst. Segne auch dem Dr. seine Besuche, der werdenden Gemeinde unsere Schmerzen und unseren Trost. - Am 5. Januar nachmittags wurde es ernst mit dem Fieber, der Entzündung, wohl von Ulceration der Eingeweide. Noch am 4ten hatte er nach dem seashore verlangt, ich war noch am 3ten törichterweise mit ihm abends ausgegangen und hatte, ihn auf dem Arm, mit den Brahmanen zu lange fortgesprochen. 5., abends das Pflaster. Um 8 Uhr aufgeschnitten - einige Erleichterung. - 6., Erscheinungsfest (Taufe in Mangalore), der Dr. 2mal: das Kind scheint besser. - Abends, als ich mit den Leuten sprach, kommt meine Frau, bouleversée durch das Delirium des Knaben. Sein Gesicht wie verklärt, die ernsten Augen auf uns gerichtet, aber mit plötzlicher Angst wieder abgewendet. Ich setze 3 Blutegel, nach und nach wird er unmächtig. Wir beide mit ihm auf dem Bett die Nacht durch. Er kroch nicht mehr wie die vorige Nacht, um nach der Mama zu sehen. Seine Lydia schlief. Um 2 Uhr weckte mich die Mutter, er war wieder sehr fieberisch, etlichemal absent. Fragte noch einmal nach Tanni - erkannte mich und Mutter, nahm unser kiss freundlich an - dann hörte er nicht mehr, als ihm Wasser angeboten wurde. Die Aussicht auf andere Bäche, wohin das Lamm ihn jetzt leitet, tat sich ihm auf. Er blickte viel nach oben und festen Auges, bis es allmählich brach und ich's zudrückte (4 1/2 Uhr). Füße und Hände schon lange eiskalt. Die Brust und Bauch noch warm und hoch entzündet, als ich

ihn um 8-9 Uhr das letztemal wusch. Aber gottlob, nicht der Tod, das Leben ist unser Letztes. Droben also bei Großmutter und meinen lieben Geschwistern, besser noch bei Jesu, und einst will ich dich bei ihm auch wieder sehen, liebes Kind. Hatte erst dem Großvater geschrieben, daß er jetzt wieder zu Kräften gekommen sei, der liebe Rektor; nun ja - es sind eben bessere Kräfte als wir geben konnten. Herr, ziehe seine Brüder und das Schwesterlein nach! Er kniete oft nieder insgeheim, als betete er. Wenn auf dem Krankenbett, die Mutter konnte ihm prarthana (pattana) vorschlagen, so war es ihm allemal recht. Gesehen oder ungesehen, legte er oft das Gesicht in seine Hände: pattana: Papa, Mama, Amen! so in dem Winkel in das hintere Zimmer. Am 31sten Dezember saß er das letztemal neben seiner Lydia, ruhig durch die ganze Predigt, ohne die Mutter, während Samuel und Herrmann meist vorzogen, nicht zum Gebet zu gehen. - Fast seit Mangalore, wo ich ihn in der Nacht überstreng behandelte, fürchtete er sich, bei mir zu schlafen, zog nachts die Mutter, bei Tag mich vor. - War oft heftig in den letzten Monaten [illegible]. - Aber bald lieblich versöhnt.

8. Hebich von Anjerkandi nach Calicut wegen ... Haus.

10. Morgens im Boot mit Jgfr. M[oo]k, den Buben und Schulmädchen. Frau in Bandi mit Marie. Sahen abends die lauen Begbies. Malayalam-, Tamil-Predigt.

11. Morgens mit Capt. Cox an der streitigen Grenzmauer. Besuchte ihn nachher mit Fr[au] im entferntesten Hause, aber seine Frau war too busy. - Wollte zu Gyllilen* und fand ihn nicht, mit Frau zu Chapl. Deane und wurde nicht eingeladen, mußte außen bleiben. Abends die 2 Frauen nach Tahe und zu Parsi*.

12. Freundlicher Besuch von Cox. Zurück mit Kindern im Boot. Faß Bier von Brown.

18. Mulayile* Coren von Mananteri will Christ werden.

15.-22. Mattu von Mangalore auf Besuch mit Elieser und Reis.

19.-21. Anjerkandi. Manuel sagt Cumti* zu Timoth[eus], der ihn wegen seines Streits mit Abel gegen Jesaia anredet. Abel und Jesaia so ausgesöhnt, gab je 2 Rs für Haus. Christian und sein Weib bös, daß Irion von Sterben sagt, sollen Mantra brauchen (Titus). Halte Titus oft als Gast im Haus, der dann Lucas bestiehlt und Bücher und Kleider mit in die [illegible] nimmt, wo er [illegible] heißt in der [illegible], aber als Pauls pedissequence* [illegible]. Ich hieß Christian Diebshehler, da er von Titus Stehlen nichts wissen wollte. Bei meinem Abgang waren Händel los, in denen Manuels Schwester Christians Partie nahm. Gnanamuttu ordentlich und gemildert. Klagt, daß sobald er brüderlich spreche, alle böse werden und schweigen heißen, Verleumder schelten etc. Nachts 20sten, kommt Timotheus herab, schreit, sein Sohn Isaak habe ihn an der Gurgel gepackt und zu Boden geworfen. Gebe weder ihm noch Christian nach Man[uel] das Abendmahl. Ananden von Hebich gewarnt, nicht ohne sein Weib zu sein. War nur mit Weibs Schwester draußen. - Briefe an Komitee und alten M[ö]gl[in]g.

25. Deane und Williams, General, Dr., bei Brennen. - Deane besucht. - Abends nach Cannanore, Hebich zu sehen, höre von der prostration at Balmatha, bleibe mit ihm auf bis 3 Uhr morgens. Dann herüber - schicke ihm Kalomel für Dysenterie. - Mögling ist besser.

23.-30., die erste Dienstag-abends-Bibellese mit Strange.

28. Die 640 Rs 10 As 7 Pice für poorfund cashed.

29. Besuch von Barrets - sie böse.

30. Coren läuft mit Josephs Kleidern fort. Schreibe dem Tahsildar.

29./30. Besuch von des Mopla Bakis father, der ihn holen will - er geht aber nicht, fürchtet [illegible] und sagt, er glaube nicht mehr an Mohammed. Die Mädchen glauben, in Venus und Jupiter am Abendhimmel Friedrich und Josephine zu sehen.

2. Februar. Coren zurück, in großer Angst, hat reiche Verwandte, die ihn aber nicht sehr liebten wegen Mangels an Respektbeweisung - er verbeuge sich nicht recht, trage längere Kleider als die andern Tier. - Er nahm die Kleider mit, wohl nur weil sie morgens so schön und sanft anlagen und es ihm ohne sie zu kalt, mit dem Cambli warm zum Wundmachen geschienen. Ach Gott, was mit ihm anfangen. Er versteht nichts.

3./4. Februar. Anjerkandi. (Joha[nn] kommt erst am Abend von Tellicherry zurück), diesmal 2 Puleiar von Caccadu schon seit 8 Tagen bei Joseph, wollen [illegible] der Tambaran [illegible] - sie zu fangen (vorgeblich wegen Pfeffer-diebstahl), kam nur ihr [illegible] und ein anderer [illegible]. - Georg wollte sie gerade wieder zu den Herrn zurück-schicken, als mich eine gewisse Angst aus der Schule hertrieb und ich sie ihm abjagte zum großen Verdruß aller Tier und Mopla. Georg schimpfte vor mir über Jos[eph], daß er ihren Besuch nicht angezeigt, neben draußen sagte er Joseph verächtlich, daß man keine Leute aus diesem Grund in Anjerkandi annehmen wolle, sie mögen nach Illic. gehen. [illegible] ([illegible]) [illegible]. Tempel - der eine ist Tänzer. Versprechen beide, tüchtig zu schaffen. G*. hat augenscheinlich wieder mehr Zorn auf die Christen als seit langer Zeit (gab Gnanamuttu einen slap). Den Titus ließ ich durch G. einfangen und untersuchen. Jetzt heißt's, wer ihn nicht anzeigt, 12 Fan Strafe. - Mit Johann, der jetzt gesteht, aber wie lang! - Jesaia war töricht genug, gegen Mapla damit zu prahlen, daß wir 2 Mohammedaner in Nettur haben. Sie erklärten's für unmöglich und sagten: wohl Nasr.

5. Abends nach Kuttuparamba und Canoti, wo nachts Gen. Allan nachkommt.

6. Morgens nach Nedimaranjal, abends den Paß hinauf.

7. Morgens noch vom General (Tumbago*) begrüßt, durch den Wald und Feld nach Manantoddy, langte 8 Uhr an, um 11 Uhr die Kulis. - Mcqueen* Judgeadv. im Bungalow. Armstrong ladet mich ein - ich gehe zu ihm. Nachts Fieber.

8. Donnerstag, im Hause. Der General kommt an.

9. Bazar, Schule schlecht, zu Pew* und C*. King, Essen.

10., wieder bei King, lange recapitulation mit Apothecary Divine, der einzige Christ.

11. Armstrong hat mich mit dem Gottesdienstverkündigen angeführt. Er hat keine notice ausgeteilt. Hatte wohl keine Lust dazu, weil samstags die 2 Elephantenjäger (darunter Gough mit junglefever) in seinem Haus angekommen waren. Lange, halbvergebliche Unterredungen. Auch Garret, dem ich 2 Jacken geliehen, war sehr betrübt, sich entschuldigen zu müssen! Er schlug das public bungalow vor, und da hatte ich um 11 Uhr King und Divine mit seinen 3 Kindern zuzuhören. Nach dem Essen fort durch schöne Mopla-Dörfer nach Koroth. Morgens früh (plötzlich Bauchentleerung) die Ghat hinabgelaufen. Tiger im jungle, Pferd bebt. Cootiyadi Lancasters Pflanzung, dort ein Anjerkandi-Zimmermann Bastiao. Abends nach Cuttipuram durch Cunnumel und Chelacadu. [Malayalam]. Schöne Paranbus der Nayer. Bungalow ohne Milch und Peon.

Morgens 13., durch Umweg über Puttur Panur nach Tellicherry (statt Perinculattur [Malayalam]).

17. Domingo entlassen. Sein Weib bleibt vorerst. Zachariah Koch statt Thomas, der venerisch geworden.

18./19., settling von der Hochzeitsgeschichte M. M. - Hebich besucht Conolly hier über Manantoddy.

17./18. Irion in Anjerkandi - Manuel humbled.

23., letzter Besuch bei Barrets.

24./25. Joseph und Gabriel von Anjerkandi hier - berichten von Aarons Schlägerei mit seinem Weib, der er den Schädel fast einschlug.

27. Joseph kommt mit Piriyari zurück von Caccadu ohne sein Weib, die an [Malayalam] krank ist. - Lumpereien mit dem Teufel, der sich für Schlangenmord an der Kinder Fenstern* rächt und nur durch Blumen aus unserm Garten kann versöhnt werden.

29. Abends Cannanore. Keine Person für Manantoddy.

1 March, mit Hebich nach Cherikal, Schulbau. - Dann durch Trichamram (über [Malayalam]) nach Taliparamba, Teich mit Inschrift. Predigt auch in Pagode des Ventercolappen.

2 March, wie ich zu Raghu Varier ging, begegnete Conolly und Crozier zu Pferd. Viele Leute den Tag über. Auch [Malayalam]. Abends nach dem Fort bei [Malayalam] Md* von Taliparamba, dieselbe Feige wie in Cagnarottu. ([Arabic]) fort, gerade als ich davon sprach. Abends mit Mopla und Brahmanen über den projektierten Straßenbau, um den Teich zu vermeiden.

3. März, nachts auf Boot nach Cannanore, um 5 Uhr bei Hebich, zu Pferd nach Anjerkandi. Joseph hat mit Pirinai gelogen - Manuel etwas ordentlich, neue complaints von Laban gegen Susan.

4. März. Abendmahl. - Abels Kind ist tot.

5. März, letzter Barrets Besuch, sie hat Schuhhandel mit M. M.

6. Strange bei der meeting. - Milca fast zu Tod geschreckt. Papell buried. - Corbett durch Trinken dem Tod nahe, sagt, wir müssen uns bessern, als ich von der Zuversicht sprach, die Papell nicht gehabt zu haben schien.

7. Mit Cacculi Cannen, durch gestrigen Tod seines Bruders, des Schulmeisters Raman,geschreckt über Zahlung seiner Schuld. - Er möchte gern Dienst, ist aber eben liederlich. - Zu Connolly wegen Gespenst. Abends Essen mit Strange. - Connolly hat der Spukerei scheint's ein Ende gemacht.

8. Streit von Ayappen Corappen, Checcu (erklärt, warum letzterer getauft werden will). - Gebe an Br[own] 640 Rs und 200 advance, den Mapla von 1 Mede* - 1 Canni.

9. Bekr[1], der Mopla-Knabe, geht fort auf Besuch zu seiner Mutter! Herr, führe ihn wieder zurück.

10., with Corbett. Deane hier.

12. Dienstag. Dr. Harrison auf Besuch. Baker kommt zurück, nachdem ihm der Tod gedroht worden, seine Mutter ihm das Abgehen erlaubt. Hassans Bruder kommt, ihn lügenhaft abzuholen, wie es nicht geht, rechnet er ihn zu den Toten.

13. Pirinri und Piruntu fort mit Gestohlenem. - Tags zuvor, 12., Jesaia klagend über allg. Fanam-Entziehung wegen Holzvermissens. - Sein Bruder gestorben in Cannanore.

14. Fr. Müller auf Besuch.

24. Andreas (Corappen) und Salome (Cota), his wife und Kinder Henriette, Philippu* getauft. - 8 Tage zuvor Ganapati und Rama angelangt, bald auch Coren.

Kurios, wie sich oft gleich nach steamer-Abgang alles zu drehen scheint, damit man sehe, wie die endlichen Erfolge eben doch alle Gottes sind, was wir auch tun.

1. Ich schrieb an F. Brown in E., denke, er kommt nicht vor Monsun. - Ved[amuttu] kommt heute von Anjerkandi, sagt, Fr. Allport sei wahrscheinlich gestorben, die Brüder tragen sich schwarz, er werde erwartet.
2. Ich schrieb über die fine, vor 2 Tagen sagt J. Brown, er wolle es einstweilen zurückgeben (während Irion am 17ten 3 Rs etc. dafür gezahlt hat).
3. Ich schreibe über Unwilligkeit, Medizin zu geben. - Ved[amuttu] berichtet, daß auch Jesaia Vorurteile gegen der Herrn Medizin habe, da sie so wenig Liebe für ihn haben.
4. Ich schrieb über Mädcheninstitut, daß Irion nicht auf Vergangenes hin davon weg wolle - und siehe, am Samstag abend habe ich Mar., Elis. zu strafen, weil sie mit ihren Brüdern zusammenkamen, und am Sonntag bricht's mit Nath., Theoph. - Sus., Mar. los. Ich mußte Jgfr. M[oo]k sagen, sie habe kein scharfes Gewissen über die Mädchen, weil sie auch nicht scharf genug gegen sich sei. Ach, es ist gewiß wahr, wer glaubt genug an seine eigene Verderbtheit, an die Macht der unreinen Geister.
5. Der Muselm[an] Knaben Geschichte heimgeschrieben, und jetzt scheint's Bak. mit Muttor, Hass.* mit Candappen verdächtig zu treiben.

30. Jgfr. M[oo]k in Fr. Buggys Haus gezogen. Wegen der Mädchengeschichte war Salome vom Institut weggesetzt worden, meine Frau hatte sich dafür des Waschens der Kinder angenommen. Der alte Stolz brach vor, Irion schien ihr unerträglich. Sie wollte

1. Wohl Baker.

gehen und eine Dayschool haben. Dabei beständige Klage über Krankheit, daher 28. morgens mit ihr auf dem Boot um die Insel gefahren ohne Seekrankheit. Wollte, daß sie die zwei Gründe: 1. Schwäche, Furcht vor Männeraugen am Essen etc., 2. Schulplan - auseinanderhalte. Sie liegt meiner Frau in den Ohren, will leeches. Am 29. spreche ich mit ihr darüber nach der Malayalam-Unterrichtsstunde, sie vergleicht sich mit einer Mrs. Thompson, ich sage, sie sei es nicht, schlage wegen geistlicher und leiblicher Schwäche eher Mangalore vor, aber nein - sie will nur zu Fr. Essig oder in die Stadt, - faßt mit Fleiß eines meiner deutsch gesagten Wörter, "daß sie Männer nicht frontieren könne" auf, als wolle ich sagen, sie laufe Männern nach, sagt mir nichts, nimmt meiner Frau Berichtigung und die meine nicht an, eigensinnige Nacht. Am Morgen will sie meinen Ausdruck vergessen haben, der Sinn sei eben so gewesen, ich erkläre ihr, daß wenn sie auf der Verketzerung beharre, ich sie für falsch halten und noch einmal Müller darüber raten werde, dann zieht sie die Segel ein: will nach Dharwar laufen oder reiten (wegen Seeangst), fürchtet sich aber, für dem Albrecht nachlaufend angesehen zu werden - und erklärt mir, daß sie nie Vertrauen in mich gehabt, auch nicht in meine Frau, weil schon Herr Huber ihr gesagt, daß wir sie nicht wollen, will Häuser sehen, ich führe sie hinab, Buggys Haus ist leer, meine Frau überhäuft sie noch mit Siebensachen zum Haushalten, und sie geht abends. - Alles auch, weil Müller nicht da ist. Milca sagt in der Nacht, man habe sie [illegible], andere anders. - Ich schreibe an Müller, lieber bald zu heiraten.

31. März/1. April. Höre von Francis, die ich abgeputzt, daß Jgfr. M[ook] die Marie und Elise zur Vertrauten gemacht, Heirat und Mann verkündigt, sie es der Salome gesagt haben und weltkundig. - Im übrigen hat sie der Fr[ancis] gesagt schon lange, wir seien böse über sie und hat darnach ihr Geld versprochen, wenn sie statt ihr mit ihnen spaziere.

3. April. Müller in Eile zurück. - Devapras[adam] und Sarah verheiratet. Abends kommt Jgfr. Mook, will die Hochzeit morgen haben, nicht, wie ich vorgeschlagen, am Montag durch Hebich - also muß ich herhalten - le soir touchant ses suspicions.

5./4. April, Karfreitag. Betete mit Müller vor seinem Abgang - ich verheirate die 2 - gehe nach Anjerkandi.

6. April. Vedamuttu in Anjerkandi paßt auf ein Weib. - Joseph besucht seine Künftige. - Simon erkennt seines Weibes ungeborenes Kind nicht an, hat Händel mit seinem Vater. Ich höre, daß Piruntu und Pirinri bei Titus near Cannanore seien. - Fr. Allport gestorben, am selben Tag wie Friederich!

8. Hebich hier, <15. wieder mit> mit Supper, der heim will, Gebet und Vorstellungen. - Abends der erste Regen, dann öfterer Regen in der Woche.

19. Elisa von ihren Verwandten durch List fast gar fortgenommen über den Schatz Isaias!! - bei Strange. Irion

20./21. in Anjerkandi. Die Herren nehmen sich desselben nicht an.

23. Die Briefe über unsere Geschichte heim. Der Herr sehe dazu.

24. Irion [illegible].

25. Hebich abends hier, hat einen Umschlag zu unserer Geschichte geschrieben, ladet zur Cherikal-Schuleinweihung ein.

26. <an Ananden 10 Rs>. Mit angefangener Luftröhrenentzündung aufgestanden infolge von langem Aufbleiben mit Hebich.

27. Jesaias Schatzgeschichte von Strange und Conolly aufgenommen.

28. Seinen Ehebruch mit Nili vor 9 Monaten jetzt erst entdeckt - providentiell.

29. April, dined with Conn[olly] und Str[ange]. Höre, daß die Schulfrage gescheitert ist. Government will keine Miss. dabei haben, ohne vorerst zu Haus anzufragen. Neue Vorschläge werden erbeten.

3. Mai. Fritz auf Besuch - geb ihm 10 Rs.

4.-5. Anjerkandi. - Jesaia will leugnen, wenigstens halb. Der Nili Husband davongelaufen, wohl als er von der Sache hörte, ist am 30. April in der Fremde gestorben. Ihr früherer Mann, sagten damals die Heiden, von Jesaia durch Zauberei getötet. Daher ich es fürs Beste halte, dergleichen nicht auf mir zu lassen, sondern geradezu Br[own] zu sagen. Schimpfe, wer schimpfen will. Herr, laß dein Angesicht leuchten. Manuel hat seine Geldgeschichte nicht gesagt, von Irions R. keine Rechenschaft abgelegt. - Gnanamuttus Weib kam am 30. April nieder. Das Kind starb in der Geburt. Ananden hat sie getauft, ich gab ihr das Abendmahl. - Muttoren zurück und am 13. Mai wieder fort nach Cannanore. - Mattu kommt von Mangalore, mit oder zugleich mit Fritz, mit welchem 10. Mai in Mahe. Hayes Legitimist, ...-religiös = französisch etc.

12. Abendmahl (Franc., Jos., Sal., Eman., Simon nicht).

Am 14. Abendmahl mit Stranges, die gehen.

15. Frederick David Cruz, Shoemaker, mit Catherine Fernandez, widow of Francis, a tailor, wollen verheiratet und Protestanten werden. Lebten in Hurerei, sie ist schwanger, der Padre will sie nicht verheiraten, bis Papiere von Cochin kommen und hat sie schon 2mal für je 3 Verkündigungen zahlen lassen (1 1/4 Rs für je 3, 2 Rs für Hochzeit, 1/2 Rp fürs Läuten). Ihre Verwandten trieben sie aus dem Haus.

17. Dominga Gonsalvez of Mahe, widow, lives at Cannanore - brought by Pascoal de Cruz, her daughter Antonia Gonsalvez, 20-25 years, to be married with José Barcia (the mother is against).

Mattu ist jetzt Lehrer an der Bubenschule. - Marie <Calicut-Mary> sollte mit David verheiratet werden. Der macht Lumperei, hat auch Unterhandlungen mit Drummers Tochter. Zur Heirat mit Thomas kann Irion sich nicht verstehen. - Da kommt eine neue Lumpengeschichte. Vom ersten Tag an in Tellicherry hat sie Fr. M. bestohlen, alle Knechte und Mägde bestochen und dgl., nie ihren Reis gegessen, ihn auf die Miste geworfen, die Kinder und Leute draußen beschenkt. Sogar Hanna weiß es und sagt nichts. Mein horsekeeper ist noch der beste.

19. Besuch von J. Hayes während der Malayalam-Predigt. Irion von Anjerkandi. Lydias Tochter vor etlichen Tagen, ich hoffe im Glauben, verschieden.

20. Hebich auf Besuch. Es kommt heraus, daß David durch Verwandte die Sus[anne] für sich gesucht, die auch Anand[en] (mit 7 Rs für sich) für seinen Joseph erbetteln wollte. Hinab zu Müllers, die gerade Koch Zach[arias] mit Weib entließen. Die Frau hatte vor 14 Tagen bei einer 2-Fanam-Geschichte gewarnt, Fr. M[üller] nicht achtgegeben. - David gesteht seine Hurerei mit der Tannicartti und Betrügereien. - Der steamer bringt die bestätigte Versetzung Fr. M[üller]s zurück nach Tellicherry, Hub[er]s nach Calicut, kein neuer Bruder. - Hubli solle sich behelfen.

21. Monsun von Nord, sehr mild. J. Brown. Schiff hat einen jungen Purnell, mate todkrank gebracht. Sehe ihn auf Dr. Harrisons Wunsch. Jedenfalls für den letzteren ein Segen.

30. Mai. Unangenehme Versuchungen, so Gott will, zu Ende gebracht, noch ein Appendix zur letzten aufregenden Geschichte.

31. Mai-2. Juni. Anjerkandi (schon am 6ten Mai, Tag nach meinem Besuch, starb Maria. - Der Dr. Pulluven hatte ihr in Entzündung, Kopfweh, Durst [illegible], [illegible] und ein Stück Opium wie von Muskatnuß-Größe gegeben. Darauf gleich [illegible] fürchterlicher Durst, stirbt mit verbrannten Lippen. In den folgenden 4 Wochen ließ sich der Dr. nicht auf dem hill sehen - alle aber wispern von einem Plan der Tier, sich für die Anklage vor 1 Jahr zu rächen. Ich sagte es J. Brown, den es sehr angriff, d. h. mehr ärgerte und ängstete als betrübte: er sagte, der Pull[uven] verstehe seine Sache, in welchem Fall ich ihn, den P[ulluven] für einen knave erklärte). - Joseph fern. - Jesaia verstockt.

3. Juni. Hochzeit von Frederick David Cruz - und Catherine Fernandez. - Erste Bet- und Besprechstunde mit den 2 Brüdern.

2. Juni. Baker fort, sein Schwager nahm ihn mit, in 3 Tagen wolle er wieder kommen, das Gespeite nie wieder essen, komme er nicht, so sei es ein Zeichen, daß er im Gefängnis sei. Schon am 4ten hört Joseph von einem Mapla, Moaddin Kutti, daß die Vadag[ara] Moplas einen Anschlag auf unser Haus gefaßt und um keinen Preis B[aker] gehen lassen wollen.

7., nach Vadag[ara] mit Irion. Joseph geht nach Morattu (Nalupurakele Bavaji father's name), hört, er sei nach Cal[icut], andere hatten ihn gestern gesehen. Sagte es dem ersten Gomastha* in B[aker]s Abwesenheit, - ebenso

8. zu Crozier, der erst am 11ten nach Vad[agara] schickt.

NB vom 6.-16. Juni schönes Wetter, noch kein Monsun. - Nach Hause.

11ten Juni, nach Mahe to Hayes mit meiner Frau. Höre, daß Fr. Barret schnell unterwegs gestorben ist. - Die Maheschule hatte einige Tage mit katholischer Verleumdung zu kämpfen.

12. Begegne Baker auf dem Weg zum Reis - Vater von der Moschee ausgeschlossen, Schwesters Ehe aufgelöst. Dies die Gründe, warum des Onkels Krankheit vorgeschützt worden war. - Schlief [1] 2. Juni in Mahe, Montag nach Moratta, dann zu Onkel caca, von Vater gebracht (Cugni Pari Moyliar) cacas Sohn Moeddin Mudeliar sagte ihm, um was es sich handle, in ein near* palli eingesperrt. Wenn fortgehst, kommen wir zu Händeln, wetzten Schwerter. Er schloß einmal das Zimmer zu beten. Großer Auflauf, weil man ihn entronnen glaubte, sagte, viele bereit, wegen ihm zu sterben.

4ter Tag (Freitag), ins Zimmer gebracht zu schw[ö]ren, daß er nicht zu Sahib zurückkehren wolle. Er wollte nicht, Cutti Assan Mopla von Vadagara und 2 andere drohten mit Schwertern. Brachten ins palli (Cottakal Jemattu Palli) an 100 Leute, Säule ergriffen, geschworen. Sie legten ihm dabei die Hand auf die Brust, 3 Leute brachten ihn nach Mor[atta] zurück, ob an Pferd gewöhnt? Kauften eins, bestieg's einmal. Samstag palli, wo ihn Cugniattu Mopla Formeln nachsagen ließ, daß sein [illegible]. [illegible]. Er wollte nicht, der Cadawattu Cugnussan Cooti und andere schlugen ihn, aßen dann mit ihm am Tisch in palli. Als er einem Tier ein Traktat vorlas, zerriß ihn Moeddin. Er schlich sich einmal Sonntag mittag von [illegible] weg ins [illegible], kaufte Papier, fing an, dem Sahib zu schreiben. Sie sprangen nach, zerrissen's, ließen ihn noch einmal vor Cugni Pari M[oyliar] bei seinem Fuß schwören, nicht fortzugehen. Gab dann 5 parambu als ... Die andern wollten ihn Cacas Tochter heiraten machen. Als er sehr widerstand, ließen sie es auf 5-6 Monate beruhen. - Dienstag, 11., auf Straße gegangen. Morgens sah Harildar Mopla von Tellicherry und einen Tier-Peon in eines Tiers Haus, ging hin, der Har. rief ihn gleich fort über östliche Berge. In Mahe von 2 (auch der Abholer Moeddin Cutti) eingeholt, die ergreifen wollten. Der Har. verteidigt, nimmt B[aker] sein Haus, circuit, Cazys Haus besucht, über Tel[licherry] stark zugeredet. Viele Moplas versammelt, ihn zu fassen. Dann der Sahib gefragt, wo er bleiben wolle. Donnerstag morgen wieder gefragt, Croz[ier] brach* in* Furcht, ließ in Musa Peons Haus essen. Freitag bei Sahib, der sagte, er solle bei Padre bleiben, bis Verwandte kommen. Abends kamen 2 (der Vater) tief betrübt, ihr [illegible] ist groß, aber der Priester nicht unser Fehler.

Samstag, Irion Anjerkandi. - Abends Dr.s bei tea.

Sonntag, 16. Juni, endlich erster oder zweiter Monsun nach langem schönem Wetter. - Gananamuttu wieder wegen Israels Weib angeklagt. - Ananden zahlt 2 Rs ab.

Montag zu Waters.

Mittwoch, 19. Juni. (Tags zuvor Lord Ellenb.s recall über Madras angelangt). Briefe der Komitee. Müllers Heirat ganz außer question, recall in Aussicht gestellt.

Donnerstag, 20. Juni, Crozier.

Freitag, 21. Juni, zu Hebich. Predige Engl. Capt. Taylor mit unehelichen Kindern bei Bowden, Dr. Pringle.

22., zurück.

23., Sonntag. - Es kommt eine Chetty-Witwe von Quilon, Mema mit 4 Kindern Parvati Lacshmi und Crishna, Bappu auch noch 2 junge Männer, S... von Nagercoil, Shanan, der bessere, und der ältere Xavier, Katholik, der Hurerei mit der Witwe verdächtigt und offenbar mit ihrer Tochter versprochen.

Montag. Hebich besucht Müller zu trösten, trifft Crozier nicht, der nach Vadagh[erry] gegangen. Wir zu Dr.s, die eine meeting wollen.

Dienstag. Xavier zu Müller, S. beibehalten, geht auf eine Ohrfeige 28sten fort.

Donnerstag, 27. Ein Abendbesuch von Friedr. Müller. Bleibt bis 5. Juli.

Am 4. Juli bei C. M[üller], ihn zum Bleiben zu ermutigen. Er will bleiben, wenn man ihn auch gehen heißt.

Am 3ten erste meeting mir Dr.s.

4. Edward, geb. 15. August 1838. Sein Vater geht 1839. Alfred (Harris), gerade 6 Jahre alt, aufgenommen.

5.-7. Anjerkandi. Der europ. Br[own] schickt Grüße (hat meinen Brief wohl schon). - Jes[aia] wieder zum Abendmahl gelassen, nachdem er alles eingestanden. - Gn[anamuttu] von Johann, Caleb, Lazar, Israel wegen des letztern Weib (Mara) angeklagt, Ephr[aim] falscher Zeuge. Johann sehr lieblos. Auch er ist ausgeschlossen. Crozier will das Armenhaus haben zur Sklavenschule. - Holmes, von Hebich geschickt, von Onanie zu kurieren.

8. Mattu zur Hochzeit zu bereden. Irion nach Cannanore 13.

11. Hayes sagt der Schule ab.

12. Johanns Kleider etc. von Santo Cruz aus seinem Haus gestohlen.

14. (Irion in Cannanore). Kein Abendmahl. Wie drückt einen das Elend der Umstehenden, Christen Genannten nieder!

Donnerstag, 18. Juli. Paul Mannan zuerst gesehen.

18. Simon und Weib entlassen nach einem letzten Streit, in welchem letzterer von Salome das Ohr zerrissen wurde. - Sah einen Offizier Winyard <und Mannan>, der in Manant-[oddy] pflanzt und Kelappen <bald zurück> mitnimmt. - Gestern kamen der Schneider Samuel und Weib.

19., der Vater Elisas, Davis - elende, stolze Leute.

20. Thomas fort.

21. Hochzeit (Irion in Anjerkandi, wo Gn[anamuttu] gefined für nicht bewiesene Hurerei - 1 Rp). Morgens - der Alte betrunken.

22. Die Gäste fortgeschickt, auch Domingo. Versuch mit Paul, früher Stranges Koch <bald fort>. - Domingo beim Abmarsch mit 1 Rp beschenkt, zerreißt die gegebenen oder gestohlenen Bücher und streut sie auf der Landstraße umher, Mapla-Buben springen darnach. M. hat seine letzte 1/2 Rp dem Sam. mitgegeben. - Bakers Mutter schickt einen Tier, nach ihm zu sehen, ob ihn der Priester Fluch noch nicht umgebracht. Er sagt, er habe ein [illegible] dagegen. Er hatte am 20. abends eine kuriose Geschichte, und wir alle litten mit darunter, suchten ihn 1/2 Stunde umsonst, während er als bei Tag mit seinem NT bei 3 übermenschlichen Gästen saß, von deren einem er hörte [illegible], ein anderer sagte [illegible] - Er las aus seinem Buch vor, wurde mit R 6 aufgeschlagen, auf der Brust bewußtlos gefunden. - Wie er erwachte, war sein erstes [illegible]. - Fragen, was ist daran? Halte nicht viel darauf, doch scheint's ihm nicht geschadet, sondern seinen großen Schmerz wegen Weiterhinaussetzens der Taufe durch Br.

I[rion] gemäßigt zu haben (am Donnerstag abend war er schlimm dadurch, stolz - I[rion] kenne sein Herz nicht, Gott kenne es.)

30./31. Juli, sah meine Frau in Angst wegen Mögling, der aber besser scheint.

2.-4. August. Anjerkandi, at the Time's office in 2 Volumes Rs 15. D'Aubigne's History of the Reformation. - Jesaia elend stolz gegen Ayappen, ausgeschlossen. - Sarah, Silvans Kind,getauft.

11. August. Jona, Baker, Mark (Candappen), Lazar (Checcu) getauft.

18./19. Irion in Anjerkandi. Die Klage Isaias (Ananden habe seine Schwägerin geschwängert) alles schwankender Boden. - Abel opponiert Ananden frei, Matth. sagt, A[nanden] sei von Jesaia für sich gewonnen.

Am 20./21. kommt auch noch Bala Changara, sagt Is[aia] habe nach seinem Weib getrachtet. Wer weiß es zu schlichten!

20., durch Hebich, 21., endlich direkt die Nachricht von Müllers Entlassung. Herr, beschäme meinen Glauben nicht und laß ihn auch die andern teilen. - Zeige der lieben Komitee und uns, wie sie zu gehen hat und wie wir uns durchzuwinden haben.

24. Chalon of Madras will seinen Knaben John Barnard getauft und uns übergeben haben.

25. Cox in der Kirche. - Sie besuchen manchmal.

26. Hebich (die Müllers waren in Cannanore) kommt herüber. Ein Mopla, erst Mohammedaner, dann Nasrani Barid von Alway, aber schon lang in Cannanore, kommt um Unterricht. Sende ihn an Müller, der abends kommt und nun sagt, seine Frau habe eben objection gegen eine meeting: denn in unserer Besprechung war das klar geworden, daß alles von ihrem status abhänge und wir hatten demnach eine gegenseitige Aussprechung für nötig gehalten. Die ergab sich noch mehr als unumgänglich nötig, als Chr. Müller auszupacken begann: woher der fortdauernde Argwohn. Er sagte gedrückt, seine Frau habe ihm schon vorgerückt, wenn er ein Mann wäre, würde er sie schon bei der Komitee verteidigt haben. Wir beteten zusammen, nachdem er gegangen war, und Hebich blieb am nächsten Morgen,

27., auch kam Fr[au] M[üller],wir saßen zusammen. Mengert habe sie zuerst gegen uns eingenommen, gleich in den ersten Briefen habe sie vermutet, wir brechen sie auf, und darum habe sie sie nicht mehr durch uns geschickt, hat uns alle für Heuchler gehalten; nach der Hochzeit hat sie aufs neue angefangen, das damals Besprochene anders zu drehen, fürchtete bei jedem Schritt, M[üller] werde von uns angesteckt usw. Hebich behandelte sie sehr fest, ließ ihr auch keine Bedenkzeit, ob sie mehr Zutrauen kriegen könne, sondern sagte, jetzt oder wir lassen euch schnappen: welche Blindheit, Freunde für Feinde anzusehen. Es war wirklich was gewonnen.

29., kommt ein Mopla Bava (früher Narayana) von Poracadu, Christ zu werden, glaubt, er sei etwas Besonderes. Bald fort.

1. September. David (von Youph*) und Daniel (Ved[amuttu]s Kind) getauft.

11. September. John Barnard, Sohn von Herrn Chalon in Madras angenommen, 6 Jahr alt.

2. September. Joseph und Ved[amuttu] in Anjerkandi finden alles in Aufruhr wegen Jesaia, der durch Abel und Silvan alle übrigen auf seine Seite zog. Was kann man machen. Sie ließen Jesaia die Anklage gegen Ananden zurücknehmen, er sagte, er habe es nur in der Bedrängnis gesagt, aber oh des Elends. Abel hat also gewiß schändlich gelogen, als er gesagt, Jesaia habe es ihm schon vor den Händeln mitgeteilt!

Ging 7.-8. September nach Anjerkandi. Verlangte Trennung von Jesaia bei allen, die zur Kirche gehören wollten. 5 Namen: Timothy, Gnanamuttu, Matthai, Joseph, Johann. Andere von Jesaia geschreckt, der einen Prozeß anzuhängen drohte, mir aber nachlief, wie auch nachdem er mich eingeschüchtert, begierig seine Demut zu zeigen. Sprach mit Herrn Brown frei darüber, während der Menon sich bei dem Katechisten beklagte, daß ich, wahrscheinlich von Jesaia bearbeitet, so stark gegen ihn geschrieben habe.

2.-4., in Cherikal (und Cannanore) mit Jacob, Keppu Raja lange Besuche. Mögls* [illegible] übersetzt.

13. September. Brief ab, auch von Br. und Schw. Müller. Abends nach Chombala, um den Mogayen Mannen zu sehen. Auftritt mit den Mukya... wegen eines Sklaven, den ich mitgebracht. Der ältere Bruder bleibt dort.

14. Rückweg, von Mannen begleitet, der am 15. kommt und Paul M. getauft wird. Dem Herrn sei Dank, der ihm Mut zum entscheidenden Schritt gab.

18. Paul mit Vedam[uttu] zurück - 23sten.

23. Joseph zu ihm - sie gehen am 25sten nach Mahe, nach Govinda seinem ältesten Knaben zu sehen. Joseph treibt ... nach Tellicherry. Gehen spät zurück. Am 22sten hat Vedamuttu sie Lydia, den kleinen Rama Stephanus geheißen. Chadayappen, jetzt Jacob, getauft von Reeves in Bangalore durch Herrn Cole vor 17 Jahren, Sohn eines in Isle of Frann gebliebenen Soldaten, now bei Divine. Wünscht Marian, seine frühere Konkubine - vater- und mutterlos, zu heiraten. Er ist finster, Bitte um einen Brief von Divine.

26. September, verheiratet Supper in Winnenden, frei auf Napoleons Grab. Miss Kaiser für Br. Irion, Mengert soll schottisch werden. Auf Br. Müllers Entlassung geantwortet. Herr Brown etwas beruhigt über die Geschichten.

26.-27., mit Irion in Chombala. Hebichs nächtlicher Besuch, thunderstorm, wir liegen zusammen unter dem tropfenden Dach. Die Ottatengu ausersehen. Abends zurück.

29. Lydia, Pauls wife, mit Philipp Stephan und John Barnard getauft. Auch Alfreds Mutter ist bei der Taufe. - Abendmahl Joseph, Mattu, Johann, Emanuel, Devaprasadam, Paul, Vedamuttu, Theophil, Nathanael, Andrew, Lazar, des von Müller entlassenen Kochs Weib (der den heiligen Geist von Natur haben will) Hanna, Lydia, Salome. Ich schließe nur Simon aus, der sich auch hingesetzt, aber eben um nichts weiter ist. - Bücher (3ter Traktat) von Kottayam. Hebich hat wegen Morris* und* Gebeten ihn 14 Tage zu behalten. Lydia antwortet nett. Besuche von den Wests in Birds Hause.

30. Purameri Raja, an ihn geschrieben um Hausplatz.

1. Oktober. Andrea soll mehr trinken als der fortgeschickte (vor einem Monat) Ayappen.

5./6. Oktober. Anjerkandi. Gabriel will heiraten, ist ordentlich, Jesaia noch immer verstockt, Abel fern und kalt.

7., nach Mahe (Hayes warlike), Vadagara Payoli.

8. Calicut im Regen - mit Conolly über Förster (direkt an India house zu schreiben) und Cadutta N. Raja. Sah Strange, traf Govinda und Gabriel bei Fritz.

10. Abends fort.

11., nach Chombala, Mahe (Lloyd) über Morris, dessen niece Tessier geheiratet und zu Crozier und auf hill. Paul mir von Vedamuttu nachgeschickt [illegible]. Endlich soll Mögling herabkommen.

13. Conda Marakan kommt, wie zum Getauftwerden, in die Predigt. - Man wartet lange auf die overland. Die Samengad-Fort-Geschichte und der Colapur-Aufruhr erregen Besorgnisse. Dafür Mögling am Dienstag umsonst in Ariacod erwartet, von Fr. M. aufgesucht bei Wandur. Kommt plötzlich,

Samstag, 19., angeritten mit dem halbgemütskranken Missionskandidaten Gorion* morgens zwischen 10 - 11 Uhr. (Irion in Anjerkandi, bringt wieder Jesaias Briefe - Gabriel krank von Cottakal zurückgebracht). Mögling wird

am Sonntag, 20., wieder schlecht und fühlt die ganze Woche die Hitze sehr. Hebich auf Besuch

23., wozu noch Fr. M[üller] kommt. Dr.s Harrisons abends in der meeting, von Hebich angepredigt (er schon am 16. von Hebich wegen Trinkens gepackt).

Am 24. abends Hebich zurück. Mögling

am 25. eingeschifft, nachdem etwas overland gekommen.
<Frei auf St. Helena Schulmeister.>

26. Morgens kommt die Nachricht und Lebenslauf von Pauline Kayser - Gott segne sie und mache sie zum Segen. - Abends geht Fr. Müller. Auf kurze Zeit. Denn schon

29. schickt er Nachricht von Calicut, daß Huber aufs neue herabbeordert ist und jetzt kommen will. Anandrao (Herrmann) gefällt uns wohl. Stephan ist eben Pareiar, zärtlich für seinen Bauch und Ehre.

Am 30sten zu Nayer Chattu von Cherikal, der morgen gehängt werden soll, noch tags zuvor das Evangelium zu predigen. Ach Herr, hilf! - Der pensioner Griffin, der sein Weib ermordet, ist verstockter als er. Waters will uns seine 2 Kinder zuschicken. Halfcasts, scheint's, schlechter Art.

Am 29sten der Cannanore-Paul auf 2-3 Monate zum Kerker oder 10 Rs Strafe verurteilt, weil er einem Weib den Kopf zerschlagen, will's von uns vorgestreckt haben. Geschieht seinem Katechistenstolz recht. Erst neulich ist auch sein Sohn gekommen, dem er oft soll ins Gesicht gespien haben. - Anand[en] und Vedam[uttu] bitten für Abraham, dessen Weib Elisabeth eben eine wahre Hure geworden. - Joseph erkennt seine Schwachheit ein, da er sich geweigert, seine Schwester bei Fr. Müllers Mucvatti Dienste verrichten zu lassen. Der Nayer wird

31. gehängt, nachdem er sich nur dann zum Hören hatte hergeben wollen, wenn ihm Aufschub der Strafe geschafft werde.

2./3. November. Anjerkandi. Hauptsächlich mit Anan[den] über Rechtfertigung. - Jesaia läuft mir bis ans Wasser nach. - Die Leute lässig, finster.

4. November. Abends Irion mit 8 Knaben fort.

5. An Bailey 272 Rs geschickt und 4tes Traktat.

10. November. Condu Mar wie zur Taufe, kann aber nicht antworten.

13. November. Simon und Andrea fortgeschickt (das Lumpenleben hörte nicht auf, steckte Josephs Haus an).

15. Fr. M. von Calicut.

16./17. Anjerkandi, wo Isaia seit meinem letzten Besuch Buße getan (4./5. November), ist jetzt mürb. Der Nacken vieler ist gebrochen, aber noch kein Geist hat über sie geweht, der Frieden spräche und die Wunden heilte. Wieder mit Ananden und in Kapelle über Rechtfertigung aus Gnaden. Er will's jetzt haben und läßt sich fast gar etwas auf, daß man's ihm nicht zutraue, da er sich's doch selbst nicht beizulegen gewagt. Sonst aber ordentlich, man muß eben warten.

20. Jacob (Appen) mit Salome (Tochter des Chakappa, alter Fuchs!) getraut und nach Calicut zurückgeschickt von Friederich.

21. Hermann schwimmt.

21. Samuel schwimmt oder flößt. Aber keine Steambriefe, kein Sutter, keine Weiber. Ob in Suez geblieben? - Es kommen Weiber für Fritz und Jo*. Müller.

24. Paul hier. - Ich gebe ihm Geld zum Bauen, der Raja hat heute sein [illegible] geschickt.

27. Hebich hier. Gebet mit Fr. Harrison.

28. Abends Huber mit Chr. M. angetrappt <auch Baker und Sadrach>, geht

29. nach Calicut - Condu Maracan kommt schon etliche Tage nicht zum Lernen. Arumugen am 28sten wieder einmal ganz tot. - Simon meldet sich wieder.

Am 30., Canaren bittet um Taufe.

3. Dezember. Frau und Friedrich nach Cannanore zum Einkauf.

[illegible]

4. Mittag kam Arumugen (nachdem er schon am 28sten November besucht), und da ich über eine Entscheidung in ihn drang, suchte er zuerst die Geschichte des Jahres als ordentlich fortlaufend zu erklären. Sah aber endlich den großen Wechsel ein, gestand die Sklaverei der Sünde, wollte bleiben. Ich schrieb dem Dr. ab, am Ende kam noch der schwache Conde Maraccan dazu, dann C. Müllers, zu ihm sagte er, er habe die Nacht viel Not gehabt, sich schon morgens entschlossen zu kommen. - Dann Weib und Friedrich. Er entschloß sich selbst, Tee mit uns zu trinken. Dann morgens bei Mattu Essen.

5. (Almeira Schlüssel herausgenommen - George geht fort). Mit Arumugan - in John 1. Nachmittags kommt ein Tamilmann, ihn zu sehen und sein Bruder Deva Vischamani mit einem Knecht - wollen ihn gehen machen, es zieht sich hinaus bis 5 Uhr. Der Tamilmann hört ordentlich, meint aber, ein Besuch zur Mutter könne doch nicht so viel schaden. Der Vater sei noch zum Bungalowbau gegangen nach Cuttipuram. Conde M. ist etwas besser, scheint's [illegible] sagte er, blieb bis 6 Uhr.

6. Arumugan wird nicht besucht, daher Friedr. M[üller] nach Anjerkandi.

7.-8. (Klage wegen Abendmahl), am 7ten mit Arum[ugan]. Zellers Büchlein über die Taufe. Er ist tief angeregt von der Neugeburtslehre.

8. (Morgens Cugni Ramas Cungan bitten mich, an Conolly zu schreiben wegen des Carar). Abends Arumugan Theodor getauft. Zopf von ihm selbst angeboten. Der Herr helfe ihm aus zu seinem ewigen Reich. Höre, er sei einmal fast von Wyndham als Sipahi engagiert worden.

9. Arums father besucht - gehen halbwegs in sein Haus.

11. Crozier besucht. - Der gestern getaufte Sipahi (katholisch durch Pondicherry-Bücher und Verwandte - wohnt im Periah) kam zu uns, von Cr. her, und gab seine Tochter ab. Arogyam, ein nettes Mädchen - entsprang.

10. Emanuel entlassen, weil er (sein Weib in Cannanore) augenscheinlich mit der Tiatti Magd lebt - (das gestand er Hebich am 14ten. Hebich hier am 18ten). An Komitee (Manantoddy), nach Haus über Besuch in Europa.

21./22. Anjerkandi, gab das Abendmahl an 15, darunter auch den neuverheirateten Joseph (nicht Johann, der gerade Händel hatte, nicht Abel, der nicht sich demütigen wollte). Über Anands Schwägerin, die man eben nicht zu verheiraten weiß.

24. Abends Christgeschenke.

25. Christtag, auch Paul mit seinem Weib hier. Am Sonntag zuvor war er mit der ersten Baurechnung in Not gekommen. Vedam[uttu] war ihm mit den 2 Weibern 3 Tage auf den Hals gelegen. Keine engl. Predigt. Niemand kam. Abends Zeichen, daß eine Geburt nahesteht, nachdem ich morgens gehört, Irions Braut sei in Bombay angekommen - gut, daß ich nicht ging.

26. Morgens 2 Uhr Mädchen geboren - nachher kein Schlaf für die Mutter. - Mit Opium etc. gibt sich's - starke Verletzung. Nachmittags Briefe von Hause. Reinhardt, Wezel, Betulius etc. auch mit Ernst und Vater, Hoffmann <Hoffnung für Christen>. Am selben Tag geht Devapr[asadam] unentlassen fort nach Cannanore, weil er sich oft unredlich erwiesen und nicht Buße tun wollte, von Imanuel verderbt.

27. Bakers Bruder; Not seiner Mutter, die vom Vater entlassen ist. Ob sie herkommt. <Armstrongs Abschied>. Theodors Leute sprechen von Heirat, obwohl was für ihn zu tun? Ihnen ist auch eine Pareierin recht. Ob das schnell ins Werk zu setzen? Irion jubiliert in Mangalore.

29. Gärtner nach Morat, um zu sehen. Am Ende des Monats soll sich's entscheiden. Müssen sehen.

Mittwoch, 1. Januar 1845. (Tags zuvor Greiners Knabe geboren). Predigt nur in Malayalam. Abends Hebich erzählt von Lazaron, der nach Cochin ist und Taufe des Nayer-Knaben, den seine Verwandten umsonst zu kriegen suchten. Spricht auch zu Theodor, der tags zuvor das angebotene Amt unter Francis und Cotton ausgeschlagen hatte, aber fast nur, weil ich dringend riet, und wenn es einmal nötig werde, selbst dazuhelfen wollte. Über Heirat B[aker]s mit Susanne bei Hebich, T[heodor]s mit Rachel, Tochter der jetzt zur Kindsmagd beförderten Mema. Aber am 5ten (Sonntag) erklärte B[aker] bestimmt, nicht heiraten zu wollen, und spricht von Th[eodor]s Lauheit, er habe ihm gesagt, wenn er irdisches Wohlsein suchte, wäre er nicht einen Tag länger hier. Aber er wolle mit Jesu leiden und sterben. - Abends Besuch von Fr. Elphinstone, Dalrymple geht nach England. Besucht 6ten daher C. Müller, statt mir im Boot nach Cannanore mit Theod[or] und Baker: Ich hatte hingehen wollen, um Susanna zu sehen. - Gebe Berichte unserer Mission nach England mit.

7. Baker will jetzt heiraten - aber ach! Arabella oder Elisabeth usw., ist gegen Susanne, glaubt sie fortgeschickt. Der Teufel will ihm weismachen, als wolle man ihn erniedrigen. Erst Aufschub - dann will er Entscheidung erst am 9ten; nachdem ich mit Mattu gesprochen, gibt sich's, daß er sich fügt. Darauf für Th[eodor] mit Nema, die ihre Tochter nicht geben will, endlich gibt, weil ich bestimmt erkläre, sie nie mit Xav. zu verheiraten. Th[eodor] ist aber närrisch aufs Heiraten los, nicht zum Abendmahl, weil seine Weltlust sich deutlich zeigt.

12. Nach Abendmahl, wie Amen gesagt wurde (auch Paul und Weib dabei), kommt der nach Tellicherry geschickte Bandi mit Irion und seiner Frau.

13. Auspacken der Bücher, die in den Fluß gefallen.

14. Hochzeit von Theodor und Rachel, Susanne, Baker (Susanne am 12. von Hebich geschickt).

15. Hebich zur Taufe von Christiane Gundert.

16. Devapr.s Weib gestern an katholische überliefert.

18./19. Irion in Anjerkandi, ordentliche Gemeinde. Wir sehen Stranges am 18ten, Waters am 17., diese gehen 20. Januar, ohne unsere Briefe zu beantworten. Strange besucht 20. abends, nachdem zuvor F. Müller von uns fort nach Calicut zurück ist.

Am 21sten Gebet mit Baker, der vom Teufel versucht wird, wegen weltlicher Sorgen, uns zu verlassen. Vedam brachte aus dem Bazar ein beängstigendes ...ugwort. Die Woche durch öfters mit Baker gebetet. Kurios, daß er einen in Tamil geschriebenen Brief an seinen Onkel, worin er seine Anhänglichkeit an Christus beweist, mir ins Badzimmer steckt.

Am Donnerstag wäre fast gar Joseph etc. nach Chombala und Morat gegangen, aber B[aker] wollte seiner Mutter seine Heirat nicht als geschehen, sondern als erst zukünftig darstellen, und so vereitelte ich's nach ernster Anrede über die Versuchung. Der Brief an den Onkel folgte erst darauf. Ich bin elend, aber du, Herr, bist ja stark. Donnerstag die Uhr für Brennen bestellt, meiner Frau gegeben.

Montag, 27. Flower und Frau von Surat. Mit ihnen dienstags nach Cannanore und zurück am Mittwoch. Indessen ist Josephs Mutter (28. Morgen) gestorben, nachdem sie Sonntag hieher gebracht worden mit Fieber. Auch ihr Liebhaber ist am Sterben. Josephs Schwester in Vencada niedergekommen. Ach Herr, wohin diese Seelen? Sie können kaum für deinen Himmel sein.

Mittwoch, 29. Hebich mit uns hier, Flowers den Tag über. Abends Strange und Dr. Harrison, dem Hebich den Tod seines Compotators Barber vorhält. Der Dr. ist innerlich sehr geplagt, kaum ist ihm nahezukommen.

30. Die Tochter Jacobs und Marianes (verheiratet 26. September) in der Schule. Der Vater ein verhärteter Gefangener. Die Tochter nach wenigen Tagen fortgenommen.

1./2. Februar. Anjerkandi (jetzt sind's 6 Jahre seit meinem ersten Besuch). Abendmahl ohne Abel. - Fritz hier, 2-7ten, erzählt Schlimmes von seinen 2 Helden (Br. Huber sehr erbost? - -), geht

4. nach Cannanore, wo Hebich gerade der Schwester Cumming ihre [illegible] (Juwelen) als an ihrem 30. Geburtstag erhalten - mein 31ster!

5ten Strange predigt.

6., in Tellicherry Mucw[er]-Schule, dann erstes gemeinschaftliches Essen bei Frau Müller.

Freitag (7.) Fritz fort, Irion in Chombala. Händel von Mattu und Joseph alter Wurzel kommen zum Vorschein, darauf 11ten zum Schluß Gebet. (Am 3ten war Sarah, von Hebich geschickt, gekommen, hatte am 4ten ihre alten Hurereien gestehen müssen. Darunter Hassan angeklagt, leugnet's). Mahadeva kommt auch zum Unterricht.

17. Sarah wieder fort nach Cannanore, weil streng gehalten.

18., nach Cannanore, predige, mit West ... Hebich nach Payavur aufs Fest. Vedam will nicht nach Chombala, außer mit erhöhtem salary. Xaver will heiraten wen man ihm gebe.

20., zu Müller, wo Lloyd hinkommt wegen Corbetts Begräbnis, der morgens am Trunk gestorben. Ich predige ihm wegen Katholizismus <seither Lloyd nicht mehr gesehen>. Müller beerdigt Corbett.

21. Cannanore, predige wieder.

22. Hebich return. Ich kehrte spät mit Hermann und Samuel zurück im Bandi, hörte, Fr. Müller habe den Vormittag nach meiner Frau geschickt, wegen naher Kindsnot.

Erst 23. morgens schreibt Müller, hat den Dr. die ganze Nacht gehabt. Um 3 Uhr das Kind am Becken angelangt - den ganzen Tag über Wehen, die Fr. Müller schmerzlicherweise mit Dank ansieht. Abends kehrt der Dr. wieder, versucht umsonst die Forceps, versteht's auch nicht, sucht durch Perforation zu helfen - armes Kind! Nachher ist er an seiner wits' end. Das Hirn ist heraus, der Kopf will nicht folgen. Die Wehen dauern fort bis morgens. 110 Gran Landam* gegeben. Endlich Laporte, der Armenhaus-Dresser auf meine Bitte dazugenommen.

24. um 8 Uhr die arme Frau erlöst. Fr. Irion bei ihr. - Alles geht gut. Wir erholen uns allmählich von der ungeheuren Aufregung. Dank Dir, o Herr, für allen Anteil an den Leiden und der Erlösung! Auch nachträglich Dank für meine eigenen Kinder, die ich nur so kaltherzig - ich Holzblock! - aus deiner Hand dahinnahm.

27. Cugni Rama, 6j[ähr.] Sohn von Putta Chettichi (Pappada Chetti) und Virampilla in Quilon, Mutter tot. Brennens Geschenk der Ochsenbandi. Frau wieder von Ohnmachten geplagt. Wir reden

28. von einem Besuch in Kuttuparamba <Gestorben 28. Februar Br. Hall in Malasamudra>, endlich

1. März ich nach Anjerkandi. Frau im bullock bandi nach Cannanore mit Herrmann und Marie. - Abel ist in Cannanore, nachdem er neue Streitigkeiten in der Kapelle gehabt. Anand von einem Besuch hier, erst Samstag abends zurück, daher kein Abendmahl.

3. März. Strange fort nach Bellary, nachdem er uns noch furniture geschenkt. Mit ihm Isabella, deren Schwester aber hier bleibt.

7. März. Morgens mit Samuel im Boot unter Regen und Blitz nach Cannanore. Predige Malayalam, Tamil Ezech 9, Englisch über Mt 5,2-12. Capt. Cantis von Shubrick gebracht.

Samstag, Tahe.

Sonntag, 9. März. Malayalam Jer 8, Englisch Mt 5,2. Shubrick über Zeichen der letzten Zeit bis midnight.

Montag zu Fr. Cummin und den 2 Walkers.

Dienstag, Malayalam Jes 55, Englisch Mt 5,3.

Donnerstag, Cherikal mit Frau und Kindern. Marie von Ruhr hergestellt.

Freitag, Shubrick über nackt und bekleidet. Fr. Potts besucht.

Samstag, Frau und Marie nach Tellicherry. Ich nach Tahe.

Sonntag morgens (16. März) über Palmsonntags-Evangelium. Kriege 20 Rs von einem Soldaten. Herr, gedenke sein!

Montag, 18.[1)] März. Morgens mit den Knaben im Boot und mit Babu, dem zopfberaubten Neffen des Gärtners <nachher Katechist Gabriel in Dharmaputam*>, der in Tahe zu mir gekommen war, zurück nach Tellicherry. Fr. Cummin folgt nach und bleibt bis Osterdienstag abend.

Gründonnerstag, sprach mit den Mopl[as] im Bazar über ihr Mißhandeln der Katechisten <schwere Nacht mit Baker>. Vedam bestimmt nach Chombala. Sehe Crozier und Gough, aber keine Karfreitagspredigt.

Samstag, Br. Irion nach Anjerkandi. Conda Maracan und Mahadeven scheinen sich ordentlich zu machen und werden, ersterer zu seiner großen Freude, letzterer nach noch einem Kampf über Selbstgerechtigkeit

an Ostern, 23. März 1845, getauft (Cornelius - Thaddai und seine Tochter Rachel). Wir haben nach Br. Irions Rückkehr das heilige Abendmahl in Fr. Müllers Hause, etwas gedrückt! Doch dankbar für das, daß der Herr erstanden ist. - Francis' Vedamuttu war auch gekommen, über seine Fr[au] zu fragen, die schon lange hier* bei mir und Groves verleumdet hat.

29. März. Kelon von Mahe zu uns, Br. Lydias = Elieser.

30. März. Abendmahl. Cugni Cutti von Mahe wollte zur Taufe kommen, aber verhindert.

1. Wohl 17.

31. März. Vedam nach Chombala geschickt, nachdem des Naiks und [illegible] Verleumdung gegen sein Weib untersucht.

3. April. Abends nach Cherical (nachdem ich Baker wegen seiner Verwandten recht abgeputzt hatte). Fand Hebich, mit dem ich auf der antelope's hide schlafe.

4. Gehe die Sprüchwörter mit Jacob durch. Abends nach Cannanore mit Shubrick und Cantis.

Dann 5. über Cagnirottu durch mistake nach Anjerkandi. Finde Abel ordentlich, aber Matth.s Weib vor ihrer Verheiratung von Herrn John gerufen und Gnanams Schwester versucht, von ihr aber zurückgewiesen. Gehe mit den Sahebs den River down und höre dann von der Lumperei des Cal.* horsekeepers, der Bapu fortzunehmen versuchte. Komitee-Brief. Werde gefragt, warum in Balmatha 1 Knabe 55 < Tellicherry 25, in Mangalore 1 Mädchen 27 - Dharwar 20 - Tellicherry 33.

Donnerstag, 10. April, wo Huber bei Müllers. Fr. M[üller] kommt mit Irion von Chombala nach. Etliches über Mißverständnisse. Der muselm. Traktat kommt.

15. April zu Forsyth, der am 11. besucht, über Stranges "Heuchelei" spricht.

17. Br. Huber fort. Ich abends mit Hermann und Samuel in Chombala, am nächsten Morgen zurück. Das Haus ist gedeckt. Paul von seinem Bruder verfolgt, auch die Mahe-Verwandten sehr bös. Nachts starkes Gewitter.

19./20. Irion in Anjerkandi, wo Gnanam durch Jesaias Zeugnis in eine neue Not gekommen.

23. Bei Crozier über die troubles auf Bazar durch Mapl[as] und durch Jyeshta* (Rama in Chombala) - Forsyth, der auch dort ist, läßt sich gerne darauf ein. Crozier geht fort nach straits or so. - In der Nacht die Not mit Baker auf der Spitze: sein Vater war da. Es ist so etwas Tückisches um seine Geschichte. Ich ging hinab, fand sein Weib in Tränen - er sei irgendwo im Garten. Wie ich zu ihr sprach, ertönt seine Stimme geisterhaft tief aus dem Badverschlag am Fluß her, carttavo etc. Ich spreche mit ihr aus, rufe dann ihn und sage ihm, daß er mit der Anrede an Hassan [illegible] sich von jenem Herrn losgesagt usw. <Katechist Aaron in Cannanore gestorben diesen Tag.> Ernst und Güte machen ihn nicht weich genug zur geringsten Antwort, daher ich ihm Gottes Fluch drohend vorhielt und ging. Er hat nun wenigstens alles gehört. Wir 3 beten oben zusammen, auch Hassan mit den Knaben. H[assan] ist mir dabei wirklich mit seiner Weichheit zur Freude geworden. - Noch morgens heißt's, er ziehe gerade statt der Hosen ein Mundu an. Ich gehe nach Tellicherry. Jetzt ist die Art Bramarbasieren aus. Aber als er nach dem Essen kam, um Verzeihung zu bitten, hatten seine solennen Erklärungen, hinfort nur Christo dienen und leben zu wollen, einen dämonischen Eindruck. Er will's noch immer darstellen, als hätte er es in der Welt soviel besser als hier und opfere dem Herrn großmütigerweise das alles auf. Der Vater sprach von einer Verschwörung und drohte mit Dolch, Gift etc. Ach, daß der arme Jüngling statt der inspirierten Art Kindersinn kriegte.

27. Conolly hier auf Besuch, offeriert zwei Mädchen aus Corumbanadu -

am Dienstag, 29., kommt der Gärtner umsonst von Cannanore zurück, wo er die zwei Mädchen zu kriegen suchte, die ihre Mutter (in Kindbett gestorben) bei dem letzten Besuch geholt hatte. Nichts gereicht, der Cutwal unverschämt, der Commissioner verweist an Civil court (Irion ist diese Woche in Cal[icut]).

2. Mai <gestorben morgens, Br. Essig tot> gehen wir nach Mahe (unterwegs zu Conolly, der die Tier mit ihrer petition gegen Puleiar abgewiesen hat), zu Hayes. Nach der Rückkehr finden wir Christiane (vor 3 Tagen vakziniert) schlecht und dann in der Nacht Brechen und Purgieren, nach eltichen Tagen Fieber und Konvulsionen - bis ich in der Nacht auf

Dienstag, 6., den Mangalore-Plan aufgeben muß. Lasse Br. Möglings Pferd zurückschicken.

Mittwoch, 7. Hebich und Shubrick hier und beten wegen des Kindes.

Donnerstag, 8. Brief der Komitee an Fritz und an Conolly (Fritz prostituierend) hierher geschickt: Hebich kommt, ihn zu besprechen. - Wir kommen zu keinem Ziel.

10.-11. Anjerkandi. Taufe Persis. ... der Asuba (vom blinden Paul). Simon und Omah leben zusammen. Höre vom polla der Puleiar ihren [illegible] Poken, ein freier Puleiar Priester.

12. Br. Fritz hier, seinen Brief zu besprechen, bis 15.

18. Abendmahl, auch mit Shubrick (ohne Chr. M[üller], der in Cannanore). - Ich hatte erst Not mit Baker. Am Samstag erst demütigte er sich, bat auch die anderen wegen des Ärgernisses und meine Frau wegen seiner Faulheit um Verzeihung. An Theophil, Nath., Mark etc. auch gegeben. Theodor hatte sehr darum gebeten, erhielt es auch zum erstenmal (von Mittwoch 21. an Steambriefe über eine Katechistenklasse).

Am 25. nachts (Sonntag nach der Predigt, worin auch auf 3 F statt 25 Pice, eine kleine Lüge der Susanne angespielt wurde) gehen die 3, Baker, Theodor, Theophil fort, alle in Mundus, Muttoren noch mit ihnen. Wohin, weiß Gott. Gott, lasse sie nicht!

26. Chr. Müller sieht sie in der Moschee "freiwillig übergetreten". Kann sie weder durch Forsyth noch Conolly privatim zu sehen bekommen.

29. Sehe sie, vom Armenhaus zurückkehrend, B[aker] macht selam.

Sonntag, 1. Juni. Theophils Mutter bringt ihn endlich abends zurück. 500 Fl waren versprochen. Theodor der Anstifter des ganzen.

2. Juni. Theophil nach Calicut abgeschickt. Abends Prozession und Beschneidung der 2, man hatte zu eilen. Auf Pferden! Wäre Theodors Stolz nicht durch Ringdieberei im Cutcheri geoffenbart und durch Theophils Abfall gedemütigt worden, er wäre wohl frech genug gewesen, um sein Weib Lärm zu schlagen.

9. Juni. Mit dem Schneider von Collam* und mit dem jungen Schmidt angefangen, wie 6. Juni mit Simon, Schreiber 4. Juni.

7./8. Anjerkandi. Gnans Heirat im Werke <Christian böse> (6. Juni, Brief Theodors an Rachel, während wir Bier abzapften. 8. will sie, von Elisabeth beleidigt, fast zu ihrem Mann fortspringen. 7. Francis teuflisch bemüht, Hochzeitsgedanken und dergleichen unter die Mädchen zu werfen, weil Mark um Milcah angehalten hat).

Am 3. Juni abends begann ein kurios milder, oft unterbrochener Monsun, tüchtig erst am 15ten.

9., kommt Matthai von Calicut.

10.-12. Chirita, eine Tiatti mit 4 Kindern. Ihr früherer Tier, Canara, kommt <geht am 23. August fort>, das älteste zu holen, kriegt's nicht. Sie krank seit der letzten Entbindung.

14. Baker am Flußufer, Joseph hält ihn für reuig. Zuvor war er in Chombala gewesen, hat Theophil angeklagt, mit Geld von seiner Mutter, 6mal Ehebruch getrieben zu haben, und zwar einmal B. dazugenommen zu haben (Jos[eph]s Weib). Theodors Vater habe ihn, Baker, zur Rede gestellt, warum* er Christ geworden sei. Theodor sei über Josephs und Mattus league böse gewesen - Theophil habe beim Fortgehen bei Gottes Leben geschworen, Mopla zu bleiben.

Am 15., Sonntag, sehe ich Baker auf der Straße, er will aber [illegible] nicht um seines Lebens willen fliehen. Abends Mark und Milca verheiratet. Dieser macht nachher Unsinn, weil ihn Irion gern fortlernen lassen möchte und er Mädchenschulmeister werden wollte, was er zuletzt wird.

Am 18ten sehe ich Devapras[adam] und schicke ihn, da er nicht bereut, zu Hebich zurück. - Die Abc-Bücher kommen.

Sonntag, 22sten, sehe wieder Baker, der vom Ufer zurückkehrte, nachdem er Barid und Hassan soll gesagt haben, sie sollen sich nie in solche Teufeleien einlassen. - Abends kommt er zu Mark - beide schwätzen zusammen ([illegible] etc.), ich frage, warum "Buße zu tun", bringe ihn herauf. Er gesteht mit Mühe, schwankend, nur was wir wissen und wiederholt anscheinend ungern die Chombala-Neuigkeiten vor Joseph. Als es Nacht geworden war, will er Erlaubnis haben, zu gehen, 1. ein Geschäft für seine Schwester, 2. Kleid des Mutels* zurückgeben. Obwohl ich alles davon abhängig mache, geht er. <Kommen einige proverbs I>. Es ist offenbar alles Betrug.

23. Juni, mit Paul nach Chombala.

6. Juli. Friedrich Müller für mich in Anjerkandi.

13., versuche, Canaren zu taufen. - Es geht nicht, er scheint sich sein Leben mit Christus nicht ewig zu denken. - Abendmahl, auch Elisa (am 8. war Theodor an Fluß gekommen, schickte ihn zu Christian Müller, auf den er letzthin gespieen - wir lassen keinen ein).

18. Nach Mahe. John William Morris, S[ohn] des Capt. in Manantoddy zu taufen - von einer Tiatti Mada bei Menisse <das Kind gestorben schon nach wenig Tagen>. Kriege Gelegenheit, mit ihm zu verhandeln und zu predigen. - Auch bei Hayes. - Sehe auf der Rückkehr C. M[üller], der einem zu hängenden Pidaren noch das Evangelium verkündigt hat, ohne Forsyth zu fragen. - Frau M[üller] leidet an dysentery.

26., der eben getaufte Sohn jenes Morris begraben.

2./3. August. Anjerkandi Nicodemus (Leben, Vater von Gnan[amuttu] getauft) nach Kampf* über "wessen" Liebe ihn fähig mache. - In derselben Nacht uns eingebrochen und drawer fortgeführt, aber kein Geld. Ob Gärtner Sircanden horsekeeper oder Butler Cannan? - Fr. Müller zur Erholung nach Cannanore.

7. August. Ein junger Tier von Quilandi im Garten angestellt <bald davon>. Cornelius ist auch in Not, weil ihn die Mucwer jetzt erst hinaustun.

10. Jesaia auf Taluk geschickt wegen Händel mit Chenen.

16./17. Irion in Anjerkandi.

18. Hebich von Cannanore wegen der kuriosen Pläne Wests, pilgrimage and hairy gown. - Frau Müller von Cannanore zurückgekehrt, am 12. August von Uterinkrämpfen und Amenorrhöe leidend. Was?

15.-18., meine Frau 4 Tage lang liegend, etwas wie prolaps uteri um den Weg! aber der Herr hilft. - Wunderbare Berichte von Blumhardt über sein Pfarramt in Möttlingen und Ehesünden. Hebich besucht am 18ten.

21. August. Jesaia von Anjerkandi hier - nicht Buße, aber Not. Viele Klagen gegen ihn.

23., das arme Tier-Weib fort, schrecklich, wie eine Mutter so liederlich werden kann. Hatte sie mit Jod kuriert. Sie trinkt aber eben!

26., den Tamil-Schulmeister Sinivasa Ras festgenommen, der bei Fritz gestohlen - Huber auf Besuch - Rachel bittet um Taufe, geht am ersten.

29./30., mit Huber in Cannanore, laufe mit Hermann und Samuel halbwegs.

2. September, Dienstag - 10. Friedrich nach Manantoddy. Frau bettlägerig - ich mit gumboil. Daher 6./7. C. Müller nach Anjerkandi, von wo Jesaia, aus Kerker los, hieherkommt am 8ten, während auch Cugni R. wieder einmal einen Besuch macht. - Matth. war 3. September - 8. in Cannanore wegen Heiratsspekulation.

11.-14. Arulappen, ein Tamil-Franzos von Mahe, lügt viel und clever, soll bei Muzzy gewesen sein.

16. C. Müller und Frau im Boot nach Mangalore.

18./19. Ich mit Hermann und Samuel nach Chombala, Reformationsgeschichte mit Paul, Luther und Merle d'Aubigné.

23.-27. Irions, nachher auch Friedrich Müller in Chombala, von wo Crshna, ein Nayer vom Vettattanadu, hiehergekommen ist. Auch Bappu, ein Colla Tier, ist hier <bald fort>, venerischer Bursch.

26. abends - schreckliche Krämpfe (meiner lieben Frau), in denen sie sich schon tot glaubte, doch ist Christus ihr Leben, Sterben Gewinn. Hermann weinte ganz untröstlich. (Auch am 14. September <[illegible]> hatte ich Can[aren] zu taufen vor. Aber wie demütigend: er kommt soweit, zu glauben, Gott sei aus Wasser entstanden - zum Beten aufgerufen, betet er das Glaubensbekenntnis).

Am 1. Oktober besucht Hebich. Will zuerst nachmittags mit ihm nach Cannanore, aber wir kommen erst nächsten Morgen fort. Frau im Boot. Bleibe Donnerstag, 2., dort,

am 3ten morgens sehr früh im Bandi mit den 2 Knaben retour. Sehe

am 5ten Theodor in C. M[üller]s Haus - er sagt auf meine Frage: [illegible], und als ich frage, ob er meine, ich solle einem [illegible] Einladungen geben, leugnet er, [illegible] zu sein, so gehe ich. Er fürchte sich sehr vor Schlägen und ist venerisch. Ziemlich drunten am 6ten.

7., wieder mit Knaben hin und her nach Cannanore.

Am 9ten zu Pferd und morgens 10. retour, obgleich am* Donnerstag abend kommt Hebich von Cherikal zurück und begleitet mich morgens.

11. abends mit den 2 Knaben und Marie nach Tahe, wo wir Hebich predigen sehen und hören; ich auch. Abends zum Tier-Schulmeister und seinem kranken Bruder.

12. Abendmahl mit black und white, Frau in der Veranda, dann starkes Wetter, daher Rückkehr im Boot verhindert. Nach 1 1/2 monatlicher Dürre wöchentlich Regen, so daß ich auch

Montag, 13ten, nicht fortkomme (West besuche), erst

am 14ten halbwegs laufe mit Knaben und von Wind und Regen überfallen werde (doch erst im Bandi),

am 16ten, während ich rice austeile (und Offiz. Gage über Kirchenfragen berichte), kommt sie mit Marie im Palankin zurück. Nicht viel besser. (Am 16ten Vedam am Theresafest von Mahe-Mopl[as] geschlagen.)

19ten Irion in Anjerkandi.

22./23./24. Fr. Blair hier im Durchweg nach Mangalore, berichtet von Mission auf Hills.

27./28., mit Knaben in Chombala (nach Calicut konnte ich nicht, weil Fritz im Unmut über seiner Braut Nichtkommen bei Nagadis bleibt). Fr. Müller

27.-4. November in Manantoddy wegen ground, den Francis gibt.- Achynta zur Taufe bereit. Vedam hat eine Mugayatti getauft, die mit Kind bei Paul an Cholera starb. Auch Lyd* und Ach[ynta] wurden ergriffen, Gebet half.

2. November. Taufe Achynta (Daniel) kann's wieder nicht mit Canaren. Nath. macht sein greuliches Geständnis [illegible]. (Asirv[adam] nicht zugelassen, weil er so närrisch geworden war und zu seinem Vater wollte) mit Cornel[ius] schlecht. Abendmahl gesegnet (Christa Sang an Paul). Meine Frau betet das erstemal um Genesung, aber am 3ten wieder wie Todesnot. Am 4ten siegreicher. Am 1. November ist der erste Traktat auf unserer Presse fertig geworden (Auszug aus Zeller I) - Chr. Müller hatte die Presse am 24sten auf seiner Rückkehr von Mangalore gebracht. - Um jene Zeit auch Besuch des schlimmen Capt. Morris. - Babers Auktion.

3. November, sehr schlimmer Tag meiner lieben Frau, aber es geht allmählich besser.

8./9. Anjerkandi, Abschied zu nehmen. Gnan[amuttu] sehr ergriffen. Timoth. und Familie Schurken.

Am 11ten kommen Browns Söhne im Malabar.

10. November war ich tief bewegt von der Notwendigkeit einer Trennung der lieben Müllers.

Am 11ten besprochen und mit des Herrn augenscheinlicher Hilfe durchgeführt. - Potts, Soldat (Lu* Corporal von Dobend*), auf Besuch mit seiner lieben Frau.

Am 10ten einen zweijährigen Brief von Haus.

12ten November, Mittwoch. Hebich abends von Cannanore, bringt betrübende Briefe von Greiner etc. - Besucht

13. Müllers umsonst, nach Beten mit uns. Abends Benoni (der kranke Knabe Muttoren) getauft auf seiner Matte.

16., Sonntag. Abschied von englischer* Predigt. Besuch der 23 Anjerkandi-Christen. Daher Predigt um 3 Uhr, weil sie zurück müssen.

17. Besuch der Herren Browns, darunter Sohn von Frank, sehr einnehmend, doch ganz jung und unentschieden aussehend. Hebich schickt viel Leute, auch Hassan noch einmal, und Paul kehrt nach Chombala zurück, nachdem er Cannanore und Cherikal gesehen und Abendmahl genossen; mit mir an meiner Frau Bett gebetet und sich der unauflösbaren Liebe Christi gefreut hat.

18. Timoth. und Sanyasi von Cannanore.

19. Br. Hebich besucht abends, während auch Brennen da ist. Der hört noch einiges von meiner Frau. Taufe Rahel und Dorcas. Mit der Mutter happerte es.

20. Abschied Hebichs - Geldgeschäfte, auch Gage, der Offizier, kriegt noch was von Hebich. Ananden besucht (Schulmeister Abschied). Der junge Brown fängt an, sich des Geschäfts anzunehmen. Schließe die Geschichte Luthers, Pattimar bestellt.

18. April 1839. Hermann geboren - 28. April getauft. An Howard Montmein. A. Lawe (Geld), Herr A. Will. Waters, Groves.

21., Freitag abends mit Joseph, Mema und Rachel fort, in Bombay Pattimar um 35 Rs.

23. morgens vor Predigt nach Mangalore mit zwei Knaben, wohin abends die liebe Frau folgt mit 2 Mädchen. Warten lange, daher Zeit, mit Fritz, Ammann etc. zu reden. Mögling und Anandrao haben mit des letzteren Verwandten zu tun.

26., langt Mörike und die 2 Bräute an.

27., beide Hochzeit.

29. Fritz und wir abends an board.

30sten morgens hinausgefahren, Mulkis Jacobsburg gesehen (110 Rs).

1. Dezember. Honavar gelandet, Layer und Frau gesehen mit Christian, von Lascelles gehört.

3. Dezember abends zurückgefahren nach Goa, an Xavers Tag zu Capt. Guzman, der seit 17 Monaten keinen pay hat. Halb englisch und halb protestantisch gemindet ist. Armer Mann!

4. Dezember morgens starker Südwind, der uns über Vengurla hinaushilft (Folge des bei Quilon und Palayarkottai sehr heftigen Sturmes). Dann aber Gegenwinde. Abends oft geankert, endlich

Mittwoch, 10. Dezember, abends gelandet; zu Mengert, Ayiari Lane, Calba Devi Street, im Haus der Scotch Mission. Sie kommen spät mit Isenbergs.

14. Höre Cooke predigen.

19., bringe Frau und Kinder to Larkins, auf Malabar Hill, so daß

Sonntag, 21sten, sie von der großen Not der Brandts nichts weiß. Frau Mengert sehr hilfsbereit. Entbindung wie bei Frau Müller. Allan und Hume Americ. Miss. Bei Nesbitt 2mal, ich mache Dummheiten, möchte mich nachher gern aufs Maul geschlagen haben.

Am 1. Januar 1846 abends auf Victoria eingeschifft, aber geht nicht. Abschied von Joseph und den 2 Weibern Mema und Rachel.

2ten Mögl[ing] etc. kommen an board.

3. morgens ausgesegelt, zurückgerufen, mit Nachrichten von der Sutledge-Schlacht. Abends 4 Uhr endlich ab.

Am Sonntag, 4ten, Hermann und Samuel sick, auch ich fast, der Capt.* liest die Gebete.

Am 11ten Mögling über Röm 12. - Abendstunde bei den Engineers, Mark zu lesen. Capt. Wright Freimaurerei, Lieut. Arron* well inclined, Capt. Gorden kennt Hebich und Hiller, Grey und Dr. Barker um die Witwe Greenlaw bemüht, Dr. Stanborough* (Betrug 1 Cpt.* Jenkins?) um Mrs. Pelly, Dr. and Mrs. Pinhey retiring, Mrs. Moore, Frau des Capt., von Arcot her bekannt, Bischof von Malacca, mit ihm Lateinisch, ein Goa-Deputierter nach Lisbon, Frau Sancede*, französische Protestantin, Capt.* Dandicolle Freigeist, Mrs. Carr and Roome, the Blairs till Cairo, Dr. Miller von Bombay, der Fr. Sutter und Brandt attendete, magnetisiert und Dentist Berühmtheit hat. Der beste Kaufmann McKeane. Hatte etliche Not mit den Kindern (Christianes Alter), der Herr half durch - am 11.-12. nachts in Aden, Vulkan, Bimsstein,2 Pflanzen.

18., predige ich, was haltet ihr von Christo.

19. abends Suez. - Mögling erst 20. Mittag bei Domerque Hotel, fahren in vans.

21. morgens in Kairo bei Pini,

23. abends zu Lieder, sehr gegen meiner Frau Wunsch. Dr. Abbots Sammlungen.

25. Kruse predigt.

29. nachmittags in Nileboat. - Knechte Ahmed und Soleiman (Ali Dragoman 27. fort).

31. Januar. Fnah* und Atfe gehen durch Schleusen.

1. Februar morgens in Alex[andria]. Nacht sehr kalt. - Mögling zu Capl. Lyons, wir ins Engl. Hotel, franz. Moroque <ließ dort eine Kiste>.

2. Februar, zu Smart, Engl. Konsul Stoddert*, schwed. Konsul Petersen esprit fort.

3. Februar. Tod, american Consul mit Frau, die Schwester des Victoria Dr.s Bathurp*, am 27. geheiratet. Abends aufs Schiff Arciduca Ludovico*. Ahmed troublesome, stahl shawl, blankets, visitieren baggage, kein Abendessen.

4. morgens besser <Gegenwind>. Ein Türke Aga so und so mit nach Candia, sonst wir allein auf dem zweiten Platz mit einem Dornbusch aus Trieste*, der aber keinen Funken in sich hält.

8. Sonntag morgens in Syra angelangt, in Quarantäne, können Hildner nicht sehen. Träume, mein Vater wolle mich bei sich behalten bis zu seinem Tod.

9., auf Imperatore abends fort.

10. Falconere Antimilo* Milo, Cerigo - Frau von Capt. Grobheit so angegriffen, daß sie auf den ersten Platz geht. Kinder ruhrartig angegriffen.

12. Korfu.

15. Sonntag morgens Triest, Glocken.

16., gelandet al pelegrino. Herr ... Kern, württembergischer Konsul, Dr. Bushbeck, Herr Kempter.

19./20. In Omnibus nach Laibach. - In der Nacht die Pferde trotz alles Schlagens nicht weiter. - Herr Haymann

21.-23. Malleporte nach Salzburg (22. morgens über Wurzen nach Villach, 22./23. nachts über Tauern im Schlitten) im Hirsch.

24.-26. Mit Lohnkutscher Ragginger nach München. - Mittags zu Schubert, Augsburg Eisenbahn.

27. abends Ulm, Knapp, Schmoller, Frau Hebich.

28. <Abschied von Mögling und Herrmann> Göppingen, zum alten Müller, Plochingen Postleute. Abends Stuttgart, auf der Post Vater, Mutter etc.

1. März, höre Knapp predigen, sehe Hoffaker.

2. Missionsstunde bei Reihle.

3. Esslingen.

4. Großmutter von Esslingen.

5. Frau Sick, Dr. Schmied - Kinder zu Bauzenberger in die Schule, nach 6 Tagen Samuel: "Bauzenberger പിശാചാകുന്നു ." Er: "Samuel ist ein böser Knabe."

6. Klaiber Erlaubnis nach Indien.

8. Korntal, predige über kanaanitisches Weib und erzählt. - Schlagers Taufe - Dr. Mayer, ... Paulus, Frau Hoffmann etc.

10., zu Frau von Gemmingen, Stunde, Rep[etent] Leibbrand - mit Onkel Gottlob spät nach Nürtingen.

11. Wurms, Reichardts, Rümelin - Eisenlohr, Brakenhammer.

12., zurück morgens - Frau Dr. Steudel besucht - bei Frau Sick - abends Esslingen.

13., mit Onkel nach Botenheim - Elsässers Taufe. - Abends mit ihm nach Eibensbach, Leyrer Pfarrer.

14. morgens mit ihm über Weiler etc., Leonbronn, Sternenfels, regnet, Maulbronn um 1 1/2 Uhr - Frau Gmelin, Ernst, Eugen Reinhardt.

15. Pfarrverweser Gess predigt. Esse bei Pfleiderer. - Abends ich Missionsstunde.

16. Fräulein Stadelmann - Hirzel Bäumlein <Eph> - Kalchreuter Rep[etent] und List - Schulmeister christlich - Fr. Dr. Enz desgleichen? - Nachmittags fort über Vaihingen (Otto Fischer) nach Oberriexingen.

17., mit Reinhardt nach Schwieberdingen - allein nach Stuttgart. Finde Emma am Scharlachfieber.

18., nach Tübingen mit Dr. Ahlmann* und Prätorius von Kiel, straußische Luft. Zu Fr. Dr. Steudel, Johannes, Paul, Staib.

19. Carl Jäger etc. besucht. Dr. Schmid, Beck, Klaiber kommt zum Examen. Abends Stunde bei Steudels auch Speerschneider.

20. Fues* - Landerer. Abends E. Meier, Privatdozent, zu Zeller, kurz gesehen, Schrader, Dr. Mayer.

21. Frau Baas - Dr. Müller mit Rep[etent] Feuerlein nach Echterdingen. Stuttgart, Marie mit Scharlachfieber.

-------- so weit --------

22. In der Kirche bei Dettinger. Mehl. Abends Stunde des Jünglingsvereins bei Hoffaker. Höre, daß Hebich nach Mangalore ist.

23., bei Hoelders* Missionsverein. Waiz besucht. Böse Nacht, Scharlach?

24. Barth besucht. - Abends Gemmingen zu Stunde - mit Rauschenbusch nach Salon - 3 Juden im Omnibus - die Paulus und Hoffmann.

25. Stotz - Christlieb nach Großbottwar zum Missionsfest. Burk, Völter, viele Bekannte. Rede von Anjerkandi. Abends mit Betul[ius] und Josenhans, auch Schlienz, nach Winnenden.

26. Winnental, Zeller, Supper, Fr. Günzler - mit Chirurgen Mack nach Stuttgart, wo Reinhardt zugegen ist, den ich mit in Mehls Kränzchen nehme, wo Klumpp auch ist.

27. abends - (Marie scheint das Fieber überstanden zu haben, Samuel es zu erhalten). Im Omnibus nach Karlsruhe.

28., sehe Stern mit liberal und konservativ nach Freiburg mit elenden Schweizerfranzosen nach Basel - wo Otto Günzler empfängt.

29., Sonntag, sehe Hoffmann, abends Mögling von Beuggen, wo Zellers Geburtstag. Dann Begrüßung der Komitee.

30. Missionsstunde in Elizabeth. Mögling und ich reden - bei Ostertag zu Mittag.

31., bei Ryhiner Essen <"haben nur gar nicht gefallen">. Zeller hat Gobat vom Jerus[alem-] Bistum abgeraten. Abends Mögling fort - letter from Fritz.

1. April, zu Linder <Laroche> - erste Audienz bei der Komitee.

2., bei Hoffmann <über Ries und Hebich> - abends O. Helfer Linder - über Plan, nach Genf zu gehen mit Christ. Sarasin <ich will nicht>.

3., zu Christ. Sarasin mit Ries und Lotte Pelargus, Sebalds Tod. - Bei Maler Urech gesessen - zu Sarasin, die schwedische Jgfr. Fryxell zu sprechen.

4. Frauen Komitee. Nachher zu Fryxell, - hauptsächlich über Aussendung oder nicht. Abends Ries weitläufig über Afrika.

5., Palmsonntag. Martinsstunde.

6., Montag, Besuche.

7., Dienstag, gleichfalls - auch 3 Stunden mit Spittler und Mann. Abends von Günzler, Schaffert, Zaremba begleitet auf Post.

8. Zürich. Usteri Gessner und seine Englisch redende Tochter. - Stäfa Lisette, Ludwig, Fritz und Natalie. - Abends zurück, auch nach Kamblis Haus, wo Gollier Demissionaire aus Waadt.

9. morgens Schaffhausen. Veit und Fr. Pfr. Schalch - Essen bei Spleiss. Kirchhofer, Burckhardt, Missionsstunde im Münster, zu Ammanns - Marie antwortet besser als ältere Schwester. Vater meint, der Sohn werde sie nachziehen.

10., Karfreitag, Stockach, Tuttlingen, Präz. Th. Schweizer (will Kinder aus Schweiz) Stunde bei Eyrich. Besuche Frau Müller.

11. Heim, Gauss, Bilhuber - nach Aldingen ins Möglingsche Haus, sie begleiten mich auf die Post.

12., Ostern, angekommen in Stuttgart, aber kein Vaihinger Missionsfest.

13. Stuttgarter Missionsstunde, ich rede zu leise - auch zu Emma.

14., Osterdienstag, in Cannstatt mit etlichen 40 Freunden.

15. Kisten angelangt von Triest <mit Bühler nach Untertürkheim, über seine Stellung>. Besuch bei Fr. Dir. Süskind mit meiner Frau. Dehlinger besucht.

16. Ich frage wegen Jette an für Fr. M[üller].

17. nach Korntal mit Tante Enslin und Fr. Süskind. Sehe Staudt, Dr. Mayer, Marie Kern. Gottlob Kern in Paris statt Gent. Jette spricht mit meiner Frau über Indien. - Ernst kommt von Maulbronn in die Vakanz.

18., nach Esslingen mit Fr. Süskind, wo Eduard gesehen.

19., Quasimodogeniti, Missionsstunde mit Selma über ihren Glauben.

20. morgens zurück.

22.-23. [illegible]

23. zu Frau von Gemmingen, G. Römers Geburtstag, daher Essen. - Abends zu Fr. Sick und von ihr zu Fr. Baron von Varnbüler im Katharinenstift, wo erzählt bis 8 Uhr. Der Tochter des Grafen von Württemberg einen Götzen mit Du gezeigt.

24. Essen bei Mann.

25. Ewald Missionsstunde.

26., kommt Theodor von Barmen (bei Bartels, Feldhoff).

27. morgens bei Frau Knapp, dann in Omnibus mit Regenwetter nach Esslingen, wo auch die Nürtinger eintrafen; viele Enkel etc. um die liebe Großmutter an ihrem 77.[76?] Geburtstag. - Auf dem Weg fällt Schwester Emma aus dem Coupé - ganz bewahrt. Abends wir Söhne zurück über Gaisburg.

30. April. Die Baslerbriefe und Befehl zu Ausfertigung einer Missionsgeschichte zugeschickt! Während ich seit 21sten aus der Bibliothek über die portugiesisch-holländische Geschichte in Malabar lese. <Mit Mögling, der nach Birkach und Hohenheim geht>.

1.-3. Mai, fort mit Frau und 2 Brüdern. Erstlich* nach Leonberg, ich zu Dekan Haug. Missionsfest, Staudt über 87. Psalm - ich über Geduld Gottes - denselben Tag Mögling in Calw, zu leise. Abends nach Möttlingen, schlafen beim Schultheiß Gevattermann.

2ten nach Calw <Baron von Hügel> - wo Barth und Weitbrecht gesehen, Hirsau zugelaufen - schöner Tag - mit Barth über Missionshaus und Inspektor, zurück nach Möttlingen.

3., Sonntag, Predigt - Vorlesung der Anklage und Entschluß gegen die fremden Besucher mittags. Missionsstunde, in der Blumhardt und ich sprechen. Zurück über Leonberg, wo bei Josenhans eingekehrt - mit einem Straisguth von Lahr, dessen Bruder Missionar wird.

4. Besuch des deutschen Missionar Schaffners, der Hebich kennt, zur Brüdergemeinde gehört. Wetzel, der Pfarrvikar von Belsen, besucht - Missionsbetstunde.

5. Besuch Sam. Lieschings, seiner Schwiegertochter wegen. Briefe von Hebich, Huber. Meine liebe Frau will kommen, läßt sich aber zum Bleiben bereden.

6. Kunstausstellung - Klavier kaufen, an Young zu schreiben.

7. Ernst nach Maulbronn, sehe Ernst Reinhardt.

8., morgens Theodor nach Barmen über Stäfa.

8. Mai, morgens 4 Uhr, N Irion geboren <Kitschan Irion>.

10. Auf Feuerbacher Heide, ich mit Christiane zurück, weil nicht wohl - Sonntag.

11. Weib zurück, mit Fr. Pfr. Binder (Marie Wolf).

12. Besuch von Barth, zu Mögling, dessen Kisten angekommen sind. Kastenfiguren!

13. Konferenz: Knapp Vorsitz - mit Otto, Herm. bei Blumhardt, über Dämonisches etc. Betulius hilft zum Herzbüchlein.

14. Zu Fr. Kempters Missionsverein.

15. Fr. Kayser von Ploch[ingen] besucht, gebe ihr 52 Fl 45...

17. und 24., Sonntage, an denen ich zu Hause blieb.

Am 24. morgens Carl Weitbrecht besucht, Vikar in Bezgenriet - (nachmittags am Himmelfahrt, 21., auf Emmas Gütle - wo Hermann einen Spreußen fängt).

24. abends mit großer Begleitung, auch Hermann und Samuel, zum Bartholomä, wo eingestiegen - an Vaihingen, Dürrmenz vorbei - Pforzheim, Herrn Prof. Schumann von Esslingen erkannt.

25., in Durlach eingesessen, Kehl, Straßburg - Hausmeister Knoblauch Straße Nro 13. Dort Herrn Bof. Cuvier - er begleitet von Ville de Paris, wo Frau mit 2 Kindern nach der Station, im 2ten Platz mit 2 Engländern, abends spät Basel.

26. Frau zu Fr. Huber, Linda.

27., Mittwoch, wir beide zu Sarasin.

28., badete im Rhein.

29., zu Ostertag nach Gundeldingen. Abends Blairs von Florenz. <Tochter Morris ertrunken, verwundern sich über meine Dicke>.

30. Mögling morgens. Frau zu Christ.* Sarasin. Er geht bald nach Paris, wo Burnouf zu type* helfen will.

31. Beendige die Geschichte der Tellicherry-Mission. - Komitee-Tee mit Blairs - Frau in Gundeldingen. 2 Brüder nach China. Inspektor spricht über England - Gobat sucht die Verbindung mit Jslington zu heilen.

1. Juni, früh um 5 Uhr durch unsäglichen Staub nach Moutier, suche umsonst Schaffters Kinder oder Oliv. Bernard. Abends Biel, Neuchâtel. Frau libraire Michaud, wo ich von Frau und den 2 Mädchen Abschied nehme. Sie schlafen - Gott segne sie! Fahren nach Corcelles, ich zu Narbel, wo schlafe - liebe Frau, Borts Tante, seine Mutter nachher in Genève gesehen.

2. Juni. Boot mit Henry, Cousin von Concise - Yverdon mit 2 elenden Franzosen nach Lausanne, dort ein Bäcker von St. Imier, Post nach Genf, trinke am Rolle* Brunnen. d'Epices nicht da, aber sein Sohn erwartet mich. Von ihm zu de Wattewille*, bei seiner Schwiegermutter de Portu* Rilliet*. Tee. - An diesem Abend, wo der report über Evangelisation Frc.s verlesen wurde.

3. Juni. Oratoire. Gebet. Bibel, Gesang, report über Kolportage (2/3 Catholics converting*). Suif* errant etc. verbietet durch teuflische Traktatengesellschaft. Evêque de Mens* Bibelübersetzung - Gaussen über école théologique, 48 étudians exclusif pour dogmes large quant aux formes - frz. Pu... - 160 Dimissionaris - Gasparin, Smith, Greenock, Siedel, Gustav Adolph, Monnard Vaud, von Lyon Saussure - Bovet von Neuchâtel. Thomas d'Yverdon hätte gern auch einen Geistlichen der offiziellen Kirche gehört. - Essen spät, dann zu Gauthier* in Garten, Frau Stail (4. bei Essen) Passavant, spät im Saal über Vaud, Malan betet.

4. morgens zum Abschied ans Dampfboot Frau Stail. - Abends umsonst mit Hafenbrack. Französisch bekehrter Württemberger aus Kirchheim, zu Wend, dem lutherischen O[ber]pfarrer. Ich sehe abends seine Frau - nichts. - Vernier Evangelist* in den Straßen.

5. Nach Rolle* Rochats Haus, dort Miss Jenkinson. Zu Mlle Duhner. Abends Gebet mit Roch[at], durch Husten und Brustkrampf fast verhindert. Schlafe bei Dühner.

6., zurück mit Monod, nachdem ich noch die ...infantine gesehen. - Zum Essen Pilet, der sagt, Huber sei wegen schlechten Französischlernens nach Bach befördert worden, past. Baade* Merle d' Aub. populäre ref. Gesch[ichte] (Barth hatte ihn nach Württemberg eingeladen, weil die Palatiner von Ung[arn] ihn gern gesehen hätten). - Abends zu Gaussen vor Klein Genève, dort der junge kranke Professor Scherer aus Elsaß, hoch gefeiert, Zöglinge der Schule, Monod adressiert sie, gegen preoccupation, der eine hat über Trennung von Staat und Kirche, der andere über Gemeinschaft mit ...listen, seine Mäuse. Ich spreche über Konzentration und Autorität, erzähle viel auf Fragen, wie auch schon nach dem Essen. - Aber der Husten wird stärker. Um 11 Uhr zurück. Pilet der beste asteur.

7., böse Nacht, erst um 11 Uhr zu Gaussen, der wunderschön über Pilatus' Menschenfurcht mehr kommentiert als katechisiert, sehe Passavant wieder.

Nach Indien geschrieben. Nachher Mook aus Anhalt Bereburg*. Predigt, elendes bretschneid. Gesangbuch. Ich über Kraft Gottes, selig zu machen, die glauben. Abends zu Wend und Mook, Nachtessen oder Tee. Hafenbrack erzählt von seiner Familie in Kirchheim-Unterboihingen. Bruder in Basel, Fabrik Linder*.

8. morgens Abschied Vevey, zuerst zu Fr. Kraft, dann Mme Nay de Bloney*, wo auch de Sausure, dann Marie Monard, mit ihr auf Terrasse. Abends Kraft, Pfr. Grünewald kommt dazu.

9. morgens, Siedel und Grünewald bei Kraft, nettes Frühstück. Im Dampfboot Ouchy, mit Nachtsack beladen, nach Lausanne zu Prof. Herzog, mistake - Jayet nicht zu Haus, mißmutig. - Gelzer bei H. am Essen - ich im Wirtshaus - Germond nicht in Echallens, daher nach Yverdon, wo sehr nett bei Thomas - über Missionshaus in Laus[anne], Darbysten etc.

10. Mit ihm (Matthey schweizer Offizier in Indien um 1806) ans Boot, Neuchâtel, Corcelles über Peseux. - Unwohl, Brust nicht in Ordnung (Baden im Rhein? Zurückgetretener Ausschlag? Schweiß in Genf von b... zurückgetrieben, am 12ten Blasenpflaster). Pfarrer Guerlet

14ten mit Chable über Colombier nach Boudry, wo Bovet, Mlle Jacot. Ich erzähle dort in der Stunde. McKenzie, frz. Co...

15ten nach Peseux, die in England hörend und taub gewordene Mlle Roulet zu sehen - Marie und Mutter gehen mit.

16., nach Colombier. Mrs. Gros nicht in ihrem Laden, wohl aber die Mlle Dubois, die in Frankfurt war.

17., nach Neuchâtel, Michaud libraire - dann zum lieben Godet (Fred), Erzieher des preußischen Erbprinzen und Polemiker gegen Darby - sehr lieb. Esse bei Aug. Couvert*, Rue des Moulins, liebe fragenreiche Kinder. Zu Duparquier, der Klaiber zu sehen geht.

18. Essen bei Chable, meeting bei Claire, auch Frau Gros sagt, in Plym. lamentabel, viel Wissen, wenig Liebe.

19. Essen bei Henriette Fillinguer, etwas besser nach Aderlassen. Abends bei Guerlet, Jgfr. Roulet taub von England.

20. Abschied von Chable <der klagt über das Fernstehen der Geistlichen> - von Frau, die mit Christ. mich noch etwas begleitet, während Mar[ie] zu Ch. ist. - Uranie trägt meinen Sack über Serrieu* nach Neuchâtel, wo mir ein doppeltes Billet (durch Mich.) war <besuche noch Henry Collin> - im Coupé mit 2 Engländern nach Bern - zu Pfistererzunft.

21., Sonntag morgen, zu Schaffter Pfr., dann höre Predigt Hünerwadels - dann zu Baggesen, der von Luz, dem sel[igen] spricht, der soviel ... herangezogen hat, dann mit Geiser und andern Christen spazieren. - Zu Zuchthauspfarrer Fellenberg, mit dem Missionsstunde in der Evangelischen Gesellschaft - sehr nett über Pavel gefallenen Engel, alten Christen, der im Zuchthaus ist durch Salzanstellung - andren ein Geistlicher in Amerika, sehe Pfr. Hebler bei Post, bei dem Drew 3 Monate gewesen ist.

22. morgens nach Aarau, mit einer Frau nach Baden, die mich gestern gehört und so ziemlich glaubt (von Bümpliz - Pfr. Wgr.*) - dann elende Schweizer, die mich politisch, dann über Glauben (alles gegen Christus) - Zürich, Usteri, wo eine Missionsstunde angesagt wird <Staub>.

23. Zu Hubers Mutter, Rückenweh, Vater im Garten Bönningers, seine Hochzeit betreffend, viel insgeheim, seine Tochter über Kinderschule. Sandelholzbüchse, Briefe auf 3mal erhalten in Unterstrass* - Essen bei Notar Meyer - der Ust[eri]s Tochter hat, eine andere verlobt mit Pfr. Stückelberger. Abends Missionsstunde (Faesi* über Sandwich ...), dann auf Boot (wo Ludwig und Frau von Eglisau her mir begegnen) nach Stäfa - Regen.

24. In Stäfa sehe Herrn Engel und mit ihm und den Br[üdern] langer Disput. Die Frau Schwägerin findet die Bibel nicht sittlich genug und nicht Zeit genug zum Lesen. Abends bei Präsident Hauptmann Posthalter Moor, der die Vernunft für maßgebend hält, mit dem klugen Kondukteur, der kein ... will, nach Rapperswil - schöne Kirche und Burg.

Morgens, 25., St. Gallen. Pfr. Glinz - Missionsfest. Netter Bericht des Pf[arrers], dann ich, dann Spleiss über "dein Wort meines Fußes Leuchte und ein Licht auf meinem Weg" erleuchtet die getanen und noch zu tuenden Schritte der einzelnen und der Nationen*. (Nachmittags fortgesetzt "wenn nicht dein Wort mein Trost gewesen wäre, wäre ich verschmachtet in meinem Elende"). - Nachmittags über Bibelgesellschaft. Dann bei Spleiss in Schlatters Haus (Braut Jgfr. Hochstetter für Bührer?). Abends im Sternengarten. Miss. Graf von Sierra Leone kennt meine Frau und seine Mitteilungen. Spleiss 2 Fragen über getaufte und ungetaufte Kinder, über eheliche und uneheliche - fordert zum Gebet der St. Gall[ener] für Sierra Leone auf, wie sie in Schaffhausen für ihre 2-3 in Muskeln, Adern und Geflechten mit ihnen eins seienden Mitbrüdern draußen "Glauben über ihn beten", man spüre es draußen - über molekularische und dynamische Christen. Daher Kindertaufe verworfen.

26. (Thiersch über Kath. und Prot. <gesehen> nach Konstanz mit dem feingeschliffenen Aristokrat Ungläubigen - kein Zollikofer in Indien zu erfragen. Schaffhausen abends (wo Heim gesehen).

27. morgens in Basel - wo viele Freunde - Mögling nach Indien zurückzugehen entschlossen -

ich von Jaquet besucht.

28., Sonntag, Linder predigt, "was ist's, daß die Basler keine Söhne oder Töchter in Missionsdienst abgeben? Sind sie zu vornehm oder zu ungeschickt?"

29. Begrüßung bei Antistes.

30. Judenfest. Nachmittags Bibelfest.

1. Juli, Missionsfest (vormittags Rechnung 205 000 fcs* < 190 000), Mögling und Bernau nachmittags - Examen - ich rede im Frauenfest. <Esse bei Laroche - über Kegel>.

2. Juli, vormittags Konferenz, nachmittags Einsegnung, vorher auch ich und Bernau. - Inspektor sagt mir nachher, der Herr habe mir das rechte Wort gegeben (Deut 31). - Esse bei Linder.

3. Juli. Nach Beuggen mit Col. Hügel. Schöner Bericht Zellers (Aug. Bernard).

4. Juli. Mac Innes sagt, ich solle Haering sagen, er sei in Basel wo... - Abends mit Mögling ab.

5. Juli. Schaffhausen bei Frau Spleiss. Er selbst kommt erst abends von Visitation zurück, auf die wir ihm bis Rheinfall entgegen und den Kindern Fabeln erzählen.

6. Juli. Hohentwiel 30 Geistliche* (halb Schaffhausen, 3 Bad., übrige Württ.) zu Sigel. Spleiss über Taufe, wo niemand mitbetet, über atonement gegenüber Inspektors und Barths Lehre. Im Regen abends nach Tuttlingen, wo Dekan Heim sehr erschöpft vom Fest zurückkehrte. Um 1 Uhr nach Aldingen mit Remppis.

7. morgens, mit letzterem nach Schwenningen, sehe die Mayers (C. Müller), dann nach Tuningen zwischen Gänsen und Schweinen hindurch, eine Leiche ist das erste - zum Vater von Irion, dessen Schwester auch da ist (der eine Bruder aber dient in Sunthausen, Joh. front auf der Straße, die Schwester in die Ernte* in Schw[ei]z). Ich gehe bald zu Hauser, Chirurg, der mit Frau bekehrt ist, durch Andr., der sich den Winter dazu hergegeben. Die Frau besonders ist voll von ihm und tröstet sich in Bangigkeit (kränkliches Kind nach dem Tod mehrerer) des Glaubens. Dahin kommt auch Mutter, die bei der Leiche gewesen. Ich gehe nachher mit zur Frau Pfr., wo Pfverw. Wayblinger von Schurra, der die Leiche gehalten hatte, sie hört gern, er ist gläubig, aber schwach - eine Tochter und ein junger Sohn, Pfr. im Bad. Ich esse dort, wie auch die Mutter. Dann zurück, sehe noch Joh. (von Thomas gibt Andr. schlechte Nachricht). Dann fort nach Aldingen. Abends mit Mögling auf Post - er hält in Tübingen, hört von Inspektors Berufung nach Halle.

Ich, 8. morgens, in Stuttgart mit Johannes Josenhans. Kinder begegnen auf der Straße "mine Vater" - haben Englisch und Malayalam fast ganz vergessen. Nachmittags Schlaf. (In Aldingen hörte ich, daß 8. Mai morgens 4 Uhr Irions Knäblein geboren ist).

9., nach Korntal mit Mögling und von Korntal auf Salon (Samuel mit: hier gibt's Kirschenkuchen und Kaiserkuchen und alles, daher lieber nicht nach Indien. In Mangalore hat er gesehen, Mögl[ing] und das Brahmin[)].

11. Mit den 4 Knaben ins Bad nach Berg.

12., Sonntag. Victoria Kegel auf Besuch (auch 13.). Sie ist bescheiden, nicht gebildet, wahrhaft bekehrt, obenauf nicht stark ausgerüstet mit Erkenntnis, soweit der erste Anblick geht, hat 3 Jahr lang an K... Kinderanstalt gedient, wartete wohl auch noch länger, wenn man es verlangte. Jgfr. Schmoller, die mit ihr kam, lobt sie sehr.

13., mit [illegible] 1. Victoria, der ich alles vorsage, 2. mit Hochstetters Sophia, die den alten [illegible] heiraten soll 3. über [illegible] T[ochter] einer [illegible], die vielleicht auch möchte mit Hochstetter bei Barth, mit Hölders Stunde.

14. Hagelschlag.

15., mit Vater und den 4 Knaben nach Nürtingen – zu Onkel Gottlob लुयीस allein, seit 2 Jahren bekehrt, sehr demütig लीव, der Weltfreundschaft nicht abgestorben. Der Bruder und Mutter im nächsten Ort, Frickenhausen, auf Besuch. Wir gehen mit Heinrich und Gottlob dort durch - Hagelschlag - zum anderen Trost, dann weiter nach Neuffen, ja, noch mit den Knaben halb die Festung hinauf.

16., früh nach Owen - dort die Teck. Grabmäler in Kirche gesehen, weiter nach Weilheim gefahren. Faber, sehr liebliches Haus - Rede von Werner und Eschenmayer - zu Stpfr. Elsässer und seinem recht brauchbaren Vikar Müller. - Abends Kirchheim, Schulmeister Haug ist nicht da, mit Knaben Schloß gesehen.

17., nach Plochingen - zu Fr. Stadtrat Kaiser und Posthalter Weiss - sehr angenehm, Amalie leidender als im Februar - Vater und Knaben weiter nach Esslingen, ich nach Hohengehren, schöner Empfang nach wahrhaft indischem Regen, der auf die Begleitung der 2 Frauen (auch erstlich Haisch und Posthalter) folgte. Die Mutter gepreßt - T[ochter] und Vater entschlossen - sie scheint es auch. Nachrichten von Blumhardt, viel deutlicher als je - von Seherin Prevort. Abends Stunde mit netten Leuten.

18. Mit Hochst[etter] nach Esslingen, erzählt von Fr. von Kindener*, Hohentwiel, seine Geistergeschichten. - In Esslingen Augustes Kind sehr krank am Kopf (nach Brechruhr - stirbt abends, nachdem ich in Stuttgart angekommen).

19., Sonntag. Feuerbach bei Pfr. Plank und Missionsstunde in Kirche. Schuhmacher Kull und der alte Papa Reim begleiten über Tunnel und Eisenbahn heim. - Auf dem Weg hinaus war ein Nufringer Schreiner missionurient* mein Begleiter, quod Felix Faustung* sit.

20. Wagner Vikar, professeur nach Neuchâtel - Frau von Reinöl gesprochen, wiedergeboren am 22. März (?) von unreinem, stolzem, fahrigem Geist. Jgfr. Hölder und Baumeister zeigen sie mir, die Knaben klagen, daß ich in ihrer Vakanz so reise.

21. Esslingen, Begräbnis von Elsässers Elise, mit Onkel, Tante etc. bis Plochingen, mit Weiss über Mittag nach Reichenbach. Pfr. Helbling, nachher zu den 2 Munz (NB Von einem Eberle oder Bauerle in Loch ist die Rede, daß er viel für Arme getan, namentlich für einen Blinden, der erst jetzt liest). - Göppingen, im Omnibus böse Gesellschaft eines stolzen, verstiegenen Taglöhners, der seinem Töchterchen, als ich mit einem anderen Mädchen (Lina) Abraham, Lazarus und des Prodigals Geschichte durchgehe, sagt "gell, das glaubst du nicht." Der Allürische* weist aber sein Bramarbasieren zurecht. - Osiander sehr freundlich, in Post über Nacht. Morgens mit Sachsen und Bayern und Jüdin, die lieblich schwatzen, nach Geislingen.

22., 7 Uhr, Amstetten, Pfr. Binder und seine Frau, zuerst aber seine Schwester gegenwärtig. - Die Kinder Adelheid (in Möttlingen), Marie Thecla taubstumm - schreckliche Geschichte mit der Amtmannin in Mayenfels und ihrer Tochter Emma: er leitet alles Elend von ihr her. Pfr. Lang, sein Compromotional, besucht abends, ist nicht so gar hegelisch.

23. morgens Missionsstunde über Ernte, "wenig Schnitter", Gesch[ichte] Mannens, mit B. nach Nellingen, wo Pfr. Martz Pfarrgarten die 2 Birnenbäume, einer mit 3 abgesägten Ästen - ausgemacht, auf November ein Missionsfest zu halten. Steeb in Merklingen soll sehr mystisch und stolz sein, eine Sonnenblume* in seinem Haus, da er auf Bestätigungen und Erklärungen der Apokalypse wolle Hungers gestorben sein. Der Teufel, diese Wirksamkeit beklagen beide Pfarrer, gestehen doch, daß wir elende, schwache Tropfe sind. Ich nehme Samen für Hebich. Abends Ulm, bei Knapp sind so viele Besuche, Fr. Prälat Sigwant, ihr Sohn, Fr. OAmtm. Kausler von Heidenheim etc., ich im Kronprinzen.

24., bei Prof. Binder ordentlich - bei Präzeptor Renz immer noch Pietistenfurcht. Seine Frau, Schwester der beiden Rau, recht nett. Abends, während Knapp etc. auf Wasserpartie, zu Hochzeit ldr. Vetter und Schuhmacher Haller, die von Hebichs großem Geschäft reden (1834), mit Renz in Garten - vor Professoren und Offizieren über Mission - dann Stunde, etwa 40 - über Missionsstationen und 2 Kor 5, Gebet empfohlen - liebe Leute.

25., mit 2 Herren von Stein, dem Ditzenbacher katholischen Pfarrer etc. im Postomnibus nach Göppingen - zu Osiander, wo Lotte Camerer und ihr Vater, Prälat Camerer, zu Müller und Greiner, Gauss, guck, weißt? Nast zu Nachtessen, Umgeldkommissär, derselbe wie zuvor - sie aus Michelstadt, sehr freundlich.

26., Sonntag, höre von Rolle मद्धँ. Os[iander] predigt (nachdem er es mir ernstlich angetragen). Missionsfest 1. Osiander 2. Pf. Schmidlin von Wangen pro und contras 3. Gundert 4. Rudolph Lechler über China 5. Vater Lechler schließt segnend. Seine beiden Söhne, der Apotheker und der Maulbronner Hospes, liegen ihm auf der faulen Haut. - Präzeptor Weitbrecht sehr angegriffen - sein Bruder ist auch da.

27. Noch zum Pfarrverein und zu Wittich, der Petrarcas Laura von Kunstausstellung durch Lotterie gewonnen, nicht fromm. Gauss gibt Zigarren und je 30 Kreuzer meinen Kindern. - Schorndorf. Chirurg Schall, Müller, J. J.* Veil und seine beiden tüchtigen Söhne - zu Pfarrverein ins Rössle, wo Baur und Frank und Eduard. - Abends Missionsstunde recht voll. Frau Kies und Dehlinger - (auch am nächsten Tag begegnete Kies' Bruder mit einer Fuhre).

28. Eduard herausgelockt - miserabel - er ist ohne alle reliquiae christlichen Gewissens - Frank, seine Frau besser als der Helfer - zu Aldingers, wo Jettle sich nach Pauline eifrig erkundigt - ich höre, wie es steht, gehe nachmittags und predige den Eltern und Töchtern, Jette hatte gesagt, daß ihr die Stunde verboten worden. Aldinger ist starker Beobachters Freund. - Hoenes von Winterbach besucht, ladet auf 25. August zu Missionsstunde ein. Veit jun. begleitet, erzählt von Neukirchlichen etc. Zu Werner, Großheppach, der bis 12 Uhr von Blumhardts Offenbarungen durch Geister (6. Januar 1844) der Siegestag "aller Zauber aus", "gewisse Arten Zauber aus", "Erdbeben in Philadelph[ia]" nicht in Phil., "25 Mithelfer", auch Barth, "er nein! habe nichts gespürt" - "hast dich verhärtet" - B.* Gobat, es stehe sehr schlecht mit der Kirche Englands - bald erwartet von Berlin. Dann nach Paris.

29sten mit Omnibus (Provisor von Schorndorf im Heidenheimer Oberamt) nach Stuttgart. Kinder überaus froh über die 30 Kreuzer, die Gauss jedem in Sparhafen gegeben - Brief von F. Müller.

Sonntag, 2. August, in Esslingen. Eduard ist mir zuvorgekommen, sich über mich zu beklagen, daher ich kaum gefragt werde. - Zu Haas und Hohenaker - Missionsstunde. R. Kern, der mich auf der Eisenbahn attrapiert, sein Bäschen von Fr. Oehler geheiratet, hört auch zu - mit Adelheid Rothmund पान्यक्षमत् मच्व क्यानि nach Stuttgart.

Dienstag, 4. August. Samuels Geburtstag. Er wünscht abends, daß doch eine* ganze Jahr Geburtstag wäre. Nachmittags Pfr. Reinhardt von Spiegelberg mit seiner Schwester. Pfr. Hochstetter mit seiner Sophiebraut. Ich zu Kraft (Edward), Sohn des B.s zu Vevey - Hrng. warnt wegen [illegible]'s Trinken, das ihm [illegible] gesagt hat.

5. August, mit den Knaben Berg im Bad. Gobat gesehen auf Durchreise.

6. Abschied von Br. Dieterle (Forchtenberg), der nach West-Afrika. עבור אל Nachmittags nach Tübingen. Frau Prof. Steudel.

7. August, Freitag. Betulius bringt Nachricht von Fr. Haerings Tod. Er sucht einen Taubstummenlehrer. - Ich bei Ewald, gebe Mspt. und Bücher.

8. Betulius fort. Frau Kern, Fräulein Schübler.

9. Missionsstunde in Kirche gehalten, morgens Stunde bei Marstaller <Pinkerton erinnert sich an Hebich>.

10., bei Fräulein Schübler Missionsstunde - Privatdozent Roth, der gerne Veda-Bücher hätte (Fr. Hearing beerdigt). - Bei Prof. Meier und Beck - (inprct. Dg...) ... und Steinhofers Johannes drucken.

12., zurück von Tübingen.

13. Geburtstag des lieben Vaters. (Ich daguerrotyp.) Großmutter Enslin und Onkel von Esslingen.

15., nach Winnenden. Stadtpfarrer Wirth, wo

16. Predigt und Missionsrede, abends Missionsstunde. Hanne Christaler? (für Friedrich M.). 16., zurück (Eltern waren in Möttlingen gewesen).

17., mit Hoffaker und Dettinger nach Ludwigsburg zur Reutlinger meeting - sehe Rau, Binder von Ludwigsburg, Mayer von Pflugfelden - Salon.

21sten, Otto Herm. hier, zum Pfarrer in Unterheinriet ernannt. Ich höre von Blumhardts weiterem Werk, es scheint fortzugehen - bei Herm. auch - eine kontrakte Karlsruh-Person <Adlige> trägt den Stuhl durchs Zimmer. - Catherine Pfleiderer von Erdmannweiler[1], 7 1/2 Jahre wie Selma krank gewesen, geheilt, grüßt meine Mutter. - Staib von Bonn auf Besuch. Rep. Steudel, Bräutigam mit Frl. Liesching.

23. Ich administriere und gehe zum heiligen Abendmahl - predige über Jak 2 "[illegible]".

1. "E" korrigiert, ursprünglich "Hrd-" - es dürfte Hertmannsweiler bei Winnenden gemeint sein.

24. Bibelfest - ... Knapp in* Rappen, Missionsfest, Ostertag begrüßt, Stange sehr lang - ich - Stausmann* von Lorch, Lechler.

25. Konferenz bei Reihlens - Josenhans Vorschlag, Wall in Nordamerika zu helfen. Essen bei Knapp. Ein Herr Eisele, Philhellene, in Klosterstraße bei Mrzger*. Sophie Steeger hat sich als Missionsgehilfin angeboten (unehelich - von der Paulinenpflege in Winnenden).

25. August. Theodor Schweizer besucht (mit seinem Knaben im Landexamen). Bei Gmelin mit Großvater und Knaben daguerrotypieren zu lassen. Schillers Heimatjahre. Pfr. Steeb von Merklingen besucht.

29. Schleswig-Holstein meerumschlungen bei Herders Feier gesungen - bei Staatssekretär von Gös.

30., schreibe meine Festrede nieder.

31., schicke dem König die Sachen (Kastenfiguren und 1 Mspt.). Besuch von Fräulein Laroche, die von einer Schwedin für Bernau, von Kegel für Lehner, außerdem noch von einer Ludwigsburgerin und nach der Nachricht meiner Frau von einer Thalie Pashe in Rolle, spricht von Sophie Steeger hört.

1. September, bei Prokurator Römer - höre von Bertha und Selma Kaufmann, die unglücklich fromm = melancholisch - 4 Uhr Audienz Leg.rat Hummel und Oberst Rüplin im Vorzimmer. K[önig] fröhlich aufgelegt, fragt nach unserem Werk. Persönliche* Hindernisse, Brahm[anen], Muham[medaner], Katholiken, nach meiner Laufbahn, wundert sich, wie auf der Universität den Glauben behalten habe. Klagt über die dortige Krankheit, wie kann man verlangen, daß ich solche Leute anstelle. Man zwingt ja keinen, glaube jeder, was er will, aber predigen, die Jugend lehren, das ist was anderes - über Zeller - moralisch gut - fragt, wie man jetzt droben spreche. Als ich sagte, daß sie sich wissenschaftlich für unbesiegt* erkennend, von der Autorität allein leiden zu müssen vorgeben - "was wissenschaftlich nicht besiegte? was geben sie denn, was ist ihr Besseres, wo ist es - zeigen sie, ob sie über die christliche Moral etwas hinaufsetzen können["] - nach Stadtverbesserung, Sprache der Malab[aren] und wie sie Englisch und Deutsch lehren (Mögling, Anandrao). Ich erzählte von Bekehrungen. - Zu Fr. von Gemmingen - mit Haering und Bernaus zu Nacht gespeist (über Zauberei und Blumhardt).

2. September. Naturalienkabinett und Mspt. der Bibliothek gesehen. Keith, der prophecy man, besucht, er erzählt von Perth und der Erzherzogin* Pulatren, ihrer Freundin.

3. September, mit Bernaus und Fräulein Laroche nach Möttlingen zu Blumhardt, viele fragen und antworten. (8. Februar 1843, Erdbeben in Westindien - und dazu Eschermayers Brief). O. Herm. setzt Psalm 8 über Macht durch Säuglinge in Übung.

4. September. Besuche Frau Blumhardt und sehe die Entscheidungsbriefe der Kegel. Nachmittags halte Stunde für Knapp.

5. abends nach Winnenden (mit Winterle, dem Bräutigam einer Bräuning), höre dort, daß die Tochter des Missionars Müller, obgleich methodistisch, wahrscheinlich mit uns geht als Friedrichs Braut. Bei Betulius.

6. Backnang mit einem Maubacher bei Günzler. Volle Missionsstunde nachmittags - er begleitet mich bis Oppenweiler - nach Spiegelberg mit einem Willsbacher Schuhmacher, der

in Frankreich war und catholicism heuchelte - im neuen Pfarrhaus gut aufgenommen.

7. Ernst R. geht auf sein Filial - ich mit L. morgens beisammen [illegible] [illegible] . - Abends Spaziergang.

8., mit R. über Löwenstein, Ellhofen, Gellmersbach - Otto Herm. ist nicht da - nach Weinsberg zu Helfer Schelling, der nach Reinhardts Abfahrt mit mir auf Weibertreu - liest aus seines Vaters Offenbarungsepistel vor.

9., im Omnibus nach Bitzfeld, zu Fuß über Bretzfeld nach Adolzfurt, wo der alte Captain mit roter Mütze im Hof sitzt - seine Frau Ulmerin (Verwandte? Staudenmeier), K. Adelheid, nach Mlle Orleans benannt. - Er will Gott nicht zu oft belästigen - er habe ihm aber jedesmal geholfen - seine Erzählungen über Span[ien], Algier, Griechenland, seine "katholisch erzogenen Knaben Gottlieb, Salih Hebich" (Sohn des Kommandanten von Korinth) - sein Kind sein Gott - kann Blut Christi und Heiligen Geist nicht leiden, etwas Hilfe von den Verwandten hätte früher besser angestanden. - Zurückgesprungen nach Bitzfeld mit Seybold (früher Hospes) nach Heilbronn.

10. morgens Stuttgart.

11. Hoffm[ann] zurück von England, über Church Miss. Soc. Evangl. Alliance (Teilnahme daran von Bischof Calc. treachery benannt). - Ob Dogmatik nur in Islingt[on] gelehrt werden solle.

13. Brief von F. Müller über Baker. }
14. Brief von Hebich über Baker. } Nach Esslingen zu Tante Geburtstag und Vikar Kapff.

Bei Dr. Steinkopf, der mir Grüße an die Brüder in Indien aufgibt. Abends mit den 2 Knaben im Omnibus (neben einem Herrn Kaufmann von Lahr, Karlsruhe, Schwager Bultmanns). - Pforzheim Frühstück. - Durlach auf Eisenbahn - um 12 Uhr Kehl, verliere meine cigars auf der Douane - Straßburg im Hirsch, sehe Münster - Herren und Mlle Köbele, die den Kindern 4 Bälle gibt. - Eisenbahn mit einem Jesuiten, einem Basler Handwerker (der seinem Reisesack nachgewandert war) etc. Abends nach Basel.

15. Hoffm[ann] hatte vergessen, mir Quartier zu machen. Schafft[er] war fort, den jungen Günzler von der Post zu holen. Ich schlaf auf seinem Bett, die Kleinen auf dem Boden, bis er kommt.

16. Little Hermann in der Voranstalt besucht (Linder zeigte sich böse über die Kissinger Kur). - Nachmittags bei Linder, Hoffm[ann] (der von C. Müllers Töchterlein noch nichts wußte, weil er wohl die Briefe noch nicht gelesen). Huber, Ostertag, der sehr freundlich. Beide laden Frau ein. - Ich hole 200 Schw. fcs. Große Sitzung wegen England.

17., früh auf Post. <Abschied von Br. Wolters und Frau>. In Malleray diner. In Tavannes Hotel Couronne* verbrannt, schreckliche Details, die auf Samuel als den großen Zündler Eindruck machen. Pierre Pertuis, Sonceboz, Bienne. - Endlich nach vielem Fragen und Schlafen der Kinder Neuchâtel, wo ich bei Michauds die Pakete ablege und unter Erzählungen Peseux, Corcelles erreiche. Großer Jubel, Mutter auf der Steegne*, die Mädchen im Bett.

Am 18. beim Erwachen sieht mich Christianele und ist gleich entschieden "Papa", sie hat "ja" und " [illegible] " nicht vergessen, spricht wenig, Marie sehr gut: sie kannte Hermann besser als Samuel —— soweit an Knaben.

19. September, früh nach Loch mit Frau zu Henri Perregaux* Cousin. Sehe dort Krieger, der nach Calcutta will, Römers Neffen. Das Institut (Calames) der Frau Zimmerli, den L. Hotz, deutschen Prediger, Bührle von Reichenbach, reichen Bäcker und Beisteurer etc.

20., Sonntag und großes Fasten als an der Schweizer Bußtag. Um 240 fz. fcs die Uhr für Miss Flora Brennen gekauft. - Hotz predigt Gesetz. Um 2 Uhr zurück, langten vor 6 Uhr an.

21. Die Knaben gehen morgens mit Uranie nach Auvernier und ans Seeufer. - Nachmittags mit uns nach Cormondreche zu Tante Dothaux und ihrem Sohn.

23., nach Neuchâtel mit kleinem Wagen für die Mädchen zum Fahren, für die Knaben zum Ziehen und Schieben. Zuerst zu Cousine Rougemont im Waisenhaus - zu Michaud, der sehr freundlich (daselbst auch Narbel*) zum Mittagessen behält. Nachher verunglücktes Daguerrotypieren. Traktat [illegible] gemacht.

24. Wagner von Neuchâtel auf Besuch.- Diner in Cormondreche.

25. Frau Gros von Colombier, die Hermann gestern besucht hatte, auf Besuch bei der Frau - über Darbysts - zu Fr. Guerlet, die von Meillier gut spricht. Dagegen der alte Chable, seit dem 17. durch einen sonderbaren Tumor fast das erstemal ins Bett gesprochen - bisher kannte er körperliche Leiden nicht - sagt, er (Meillier) sei sehr gegen Mission als terrestre etc. und segnet die Knaben. Vendange, die Knaben trinken Most beim pressoir von Jean Fillinguer - 10 5fcs-Stücke von Papa Dubois entlehnt (dem ich gestern eine procura für Julie geschrieben). - 5 zurückgegeben. 2 von Uranie für 1 Daguerrotypieren.

26. Nach Neuchâtel mit der Familie, sie im Wagen, ich suche weit herum, statt am Landungsplatz (sehe Henry, einst in Tübingen und Pf. in Neapel). Abschied von weinendem Großpapa und von Uranie. Im Dampfschiff durch die Thiele mit einem Pf., der am Fuß des Chasseral wohnt, nach Biel, nachts 8 Uhr Solothurn (Samuel erbricht sich - Christ[iane] ausgeleert). Morgens Liestal, Basel (27. September). Ernst Kern in Basel eben angelangt. Hier höre ich, daß Mögling beim Fürsten soviel ausgerichtet, daß er sich für alles interessieren will. Die Komitee hat den Vorschlag, Dogmatik erst in Islington studieren zu lassen, nicht angenommen. Mögling den Brief übersetzt. Montag abend bei Pfr. Huber, dem vertriebenen Landgeistlichen*. Der alte von Brunn macht Not.

Mittwoch, 30. September. Sitzung über Lehrer und Geldangelegenheiten.

1. Oktober morgens früh Schaffert fort nach Strümpfelbach, Günzler und Kern eingeführt. Donnerstag zu Fr. Ostertag, ihr Anerbieten, Marie zu nehmen. Frau nicht nach Stuttgart. Abends bei Linder cour v...

Freitag. Sitzung der Frauenkomitee*. Mlle Leubaz soll ihren Lebenslauf schicken, dann schnell nach Basel kommen (Mlle Pasch Englisch lernen).

Samstag, 3. Oktober, bei Ecklins, wo sehr heimelich. - Mittagessen bei Hubers, nachdem ich zuvor 420 fcs von Herrn Linder geholt (davon 70 Fl an Fr. M.s Mutter zu schicken, und jenen Abend abgesandt).

Sonntag, 4. Oktober, wieder bei Ostertags, wo auch Schlenkers sind. - Er empfiehlt sich für sein kleines Museum zur Bereicherung. "Nein, der Herrmann ist größer, aber ich bin dicker" (Samuel an Fr. Schlencker) - Marie will durchaus bei Emilie Kruse bleiben.

Montag, 5. Oktober. Missionsstunde Herrn Insp.s über die Missionsgeschichte des Kaps der Guten Hoffnung.

Mittwoch, 7. Elende Briefe aus Malas. und Betg. gelesen. "Grundsätzlich Mißtrauen gegen alle Brüder. Essig behandelt St. als Knecht - Kies findet in Lehner zu wenig Bestimmtheit und Offenheit, in Dharwar viel Unzufriedenheit und Verstimmung gegen die liebe Komitee und besonders gegen den teuren Herrn Inspektor.["] - Beschlossen meine Rückkehr nach Tellicherry (der Sutters zu schnelle Rückkehr entgegengesetzt wurde) und Ausrüstung, Haus zu kaufen oder zu bauen mit 3000 Rs.

Donnerstag, 8. Samuel fällt in Brunnen. - Marie daguerrotypieren, darauf mit ihr und den Kindern zu Ostertags. Sie gibt gleich ihrer Docke Milch ein, sagt sehr unbekümmert adieu Papa. Ist über die Maßen froh an Emilie Kruse. - Brief von Fr. Müller Mook an meine.

Freitag, 9. "Das ist doch schrecklich, wenn mer d'Kinder so verläßt. So macht's niemand andere wie ihr", sagt Hermann. Umsonst sucht er die Mutter zu bereden, mitzugehen nach Stuttgart. Diesen Morgen zu mir - für Marie Taufschein und für sie und Emilie Heimatsschein (von Haering) zu schicken. - Vater schrieb gestern, aber wieder nichts von der Presse für Mangalore.

Samstag, 10. Oktober, endlich der Abschiedsmorgen. Mutter war mit Christiane zu mir gezogen, rüstete sie morgens, ging mit zur Eisenbahn, bis man zum Scheiden blies. Arevoir Mama, sagte Christiane, und wir gingen auseinander. Ich suchte so viel Zeit, als ich von den Kindern abbringen konnte, dem Gebet für sie zu widmen. 10 1/4 Uhr Straßburg, 12 von Kehl fort - Hermann, der gestern bitterlich geweint, will nur immer Geschichten hören (Genovefa, Heinr. v. Eichenfels). - Von Karlsruhe im elenden Omnibus weiter, doch

morgens 5 Uhr in Stuttgart (11. Oktober), wo Ernst in der Vakanz ist. Sehe Kapff von Münsingen - Schrader, Prälat Hauber und seinen Sohn, Präzeptor in Ravensburg.

17. Abschied von Bühler, der nach Basel. Mögling, ohne die Presse zu sehen, dahin gleichfalls ab.

18. (Maries Geburtstag). Predige über Jak 3. Knapps Stunde gehalten über Ps 23.

17. Müller, Methodistenprediger von Winnenden, mit seiner Frau hier, über Janes Heirat. Die Geldangelegenheit in England ist ihm, ihre Nutzbarkeit und weniger Geldverbrauch ihr das Haupthindernis, die Tochter macht sich Gedanken über Sonntagfeier. -

Ich besehe die Presse 19ten.

19. Lechler, Miss[ionar], nimmt Abschied: er geht über Calw.

20. Bei Frau von Gemmingen - Besuch Schafferts, und mit ihm bei Blumhardt, Präzeptor, nachdem Ernst ins Kloster zurück. Er meinte, etwas von seinem liberalism durch mich abgekommen zu sein. - Seit Genf in radical gefallen ist, scheint es auch Basel bevorzustehen, der Herr helfe durch!

22., Donnerstag, wollte nach Winnenden - aber Otto Herm., Pf. von Unterheinriet besucht und bleibt über Freitag.

Erst Samstag, 24. morgens, zu Josenhans und Müllers, wo nachmittags und Sonntag vormittag. Die Geldangelegenheit ist* hinten hinumgestellt, zum einjährigen Verschub scheint bloß die Hoffnung, Jane noch mehr zu kultivieren, mitzuwirken (eigentlich aber, daß der Vater sie gern hat auch als Hauptstütze des Methodism). Sie hat ihm erklärt, sie bleibe nicht gerne zu Hause - er kann auf keinen Fall nein sagen.

25. abends nach Waiblingen zu Bunz, Helfer Lechler besucht mit Josenhans und Schlienz und Missionsstunde in seinem Haus.

26. morgens nach Cannstatt und auf Eisenbahn. Stuttgart (wo Brief Ostertags über Marie), Presse gepackt und 78 Fl in Gold - von Frau Fjellstedt Josenhans übergeben, eingenommen.

28. Sindelfingen Missionsfest, mit den 2 Knaben im Einspänner hin. Abends der erste Brief von Irion - und 31. Oktober einer von Fritz.

1. November. Predigt über 1 Kor 15 in Spitalkirche, bei Frau Mörike, deren Sohn nach Dharwar.

2. November. Brief von Basel (über die 70 Fl an Schweizer) - Bertha Hüttenschmied, Tochter des gestorbenen Oberamtmanns von Ludwigsburg <Schorndorf>, erbietet sich, als Lehrerin auszugehen.

3. November. Korntal bei Staudt, der noch niemand für Albrecht gefunden. - Dr. Mayer, Schlager, Fr. Hoffm[ann], Apotheker Paulus. Sperschneider besucht auf dem Weg nach Indien. - Fr. von Gemmingen, wo Justine Schübler - zu Knapps über B. H.

4. November, lasse Bertha H. kommen - schon am Nachmittag Ja - ich gehe zu ihrer Großmutter und Tante.

12. Großmutter Enslin besucht mich.

14. Leyrer auf Besuch - Schwester der Frau Greiner hier vom Mathildenstift in Ludwigsburg auf Besuch.

15. In Esslingen Missionsstunden - spreche mit Selma über Eduard. - Bei Schaufler über Heimatschein.

Ostindien / Präsidentschaft Madras / Tellicherry / Im Jahr Eintausendachthundertneununddreißig / (18. April 39) den 18ten April wurde / in der evangel. Missionsgemeinde / Tellicherry / ehelich geboren und am 28. April / vom Miss. Herrmann Mögling / getauft / Herrmann / Eltern: H. G. Missionar der evangelischen Missionsgesellschaft zu Basel / Dr. Phil. / Julie Dubois gebürtig aus dem Wdlnd / Taufpaten: die Eltern des Missionars <Chr. Fried. Frau Fritz geb. Julie Köbel*> / Kaufmann Gundert Sekretär der Bibelgesellschaft in Stuttgart und seine Frau. Die Richtigkeit dieses Taufscheins bezeugt / Aldingen OA Spaichingen, den 14. Oktober 1846 H...

17. Besuchreicher Tag. Zuerst Wittich, der nach Neuchâtel abgehen will, um dort pasteur zu werden. Dann Hochstetter, dessen Tochter Sophie nun mit mir geht, dazu Prälat Hauber, mein alter Ephorus. Endlich während des Mittagessens die Müller von Winnenden, den zuletzt eine Missionsstunde von Josenhans scheint bewogen zu haben, die Tochter ziehen gelassen. Es geht ihm aber vom Herzen weg. Zu Haering, der Bestellungen halber. Hochstetter bringt von Schorndorf, daß man dort die B. H. für zu jung halte. Zu Fr. von Gemmingen. Beim Abschied Adelheid Rothemunds Frage wegen Römer in Zwiefalten, der um sie angehalten hat. Jane Müller bleibt bei uns über Nacht. Ich soll zu Liesching zu einem Nachtessen.

19., Donnerstag. Nachmittag mit Jane auf Eisenbahn, sie nach Winnenden, ich nach Esslingen - im Omnibus nach Göppingen (kehre bei Munz in Reichenbach ein), zu Lechler in Uhingen, wo übernachtet. Auch hier war* Frau Veil gewesen und hatte sich über B. H. verwundert - Herr, hilf!

20. Göppingen, Dekan Osiander. Zum Oberamtsgericht, wo Kälberer mit seinen unnützen Papieren sich und andere ärgert - zu Zeugmacher Müller, Gauss, Präzeptor Weitbrecht zu einem Bier, Schuhmacher Greiner. - Abends Missionsstunde in der Wilhelmshilfe, der Schneider begleitet mich hinein.

21. morgens Geislingen und Amstetten - Frau Pfr. Binder sagt mir, daß der Wunsch, in Nellingen was zu halten, bei Pfarrern angestoßen sei. Man schreibt an Martz.

22., Sonntag. Dankfest, das Jahr zu beendigen. Nachmittags nach Nellingen gefahren, von 2 1/2 - 4 1/2 Missionsstunde (Eph 6, bittet für alle und für mich). Nachher vor der Kirche Anreden um Gruß* und Hinauskommen. Ureßbauer Hagemeier, Seiler Hagmeier, Nachbar Näher, Schreiner Wittlinger. Sie haben viel Heimweh, nur eine Alb, nirgends solche Feldung, Marz' Söhnlein lieb zu seinem bald verstorbenen Schwesterlein aufs Grab. Missions..rig. - Nach Amstetten zurück.

23. Binder begleitet nach Geislingen halbwegs. - Zu Osiander über Mittag - mit einem Engineer, einst Madras serv., dann Bengal, kennt Francis. Nach Plochingen - Fr. Kayser ist bei Posthalter Weiss, die von Erzherzoginnen und Herzogin erzählt. Missionsstunde bei Haisch, wo mir Munz von Ludwigs Anwesenheit sagt - Fr. K[ayser] auch gleich über B. H. Frau Schallmüller sei davon sehr alteriert.

24. Schneller Abschied von Fr. Kayser und mit Omnibus nach Esslingen, Eisenbahn nach Stuttgart, von wo Ludwig im selben Augenblick abfährt. Am Essen Onkel Enslin und Jane auf kurzen Besuch. Jener hat sonderbarerweise Ottos Stelle aufgegeben. - Mit Ludwig etwas über die Macht des Teufels und des Namens Jesu: ich muß ihm von meiner Bekehrung erzählen, er ist Freimaurer.

25. abends Ludwig geht nach Stäfa zurück.

26. Ich packe und sende nach Basel, aber Bücher nicht gebunden, Kleider nicht fertig.

27. Helfer Christian, Stadtpfr. in Sindelfingen auf Besuch.

28. abends 50 Fl an F.* H. gesandt - an Jette 10.48 ... gegeben für Porto. - Besuch der jüngern von Lesten mit B. Hütt[enschmid].

29., 1. Advent. Besuch von Adelheid, die in Not ist.

30. Schnee. Andreae-Feiertag. Missionsstunde in Stadtkirche.

2. Dezember, Mittwoch nachmittag nach Tübingen zu Fr. Dr. Steudel.

3. Dezember, Stunde, darin sehr liebe Fuchsen* - Jes 6. - Nachmittags gekneipt, nachdem ich Fr. Prof. Kern, Zeller besuchte (er Reputr.* ich dien).

4. Dezember. Stunde bei Frau Reuter, die sonst Finck hält - dann Missionsstunde bei Steudels, nachher die Studenten bis 10 Uhr - über Wilh. Liesching, den verunglückten Theologen - Hornung stirbt denselben Vormittag.

5. Dezember, nach und in starkem Schneefall morgens 4 Uhr auf Post, nach 7 Uhr fort mit einem alten Soldaten Reicherter - rheumatisch im Rücken, daher nicht nach Nürtingen.

6. Dezember. Dr. Reuss besucht, der wohl seinem Ende entgegengeht.

7. abends Missionsstunde in Reichles Haus.

8. Schreibe an Ernst in Maulbronn und danke dem Buche für sein Gedicht.

9. Schlienz geht nach Basel auf Crishona - Paul Steudels Brief beantwortet. <Christ. Schlitten fahrend "Aus! Papa!">

Dienstag - Freitag (18.) war die Müller da. - Schwerer Abschied scheint's vom Vater. Sie geht über Tuttlingen.

19., Samstag, in Esslingen mit den 2 Knaben. Abschied von Großmutter und Onkel (Esslinger Wahl, Ege gegen Murshel) (= liberal und ...). Ernst kommt zum Abschied.

Montag, 21. Dezember abends - im tauenden Schnee nach langem Warten ab, Hermann trägt mir die grüne Botanisierkapsel. Samuel kann nach dem Gebet nicht weiter, weint und will ins Bett, Christ[iane] schläft <à revoir>. - Ernst an der Kutsche bis 11 Uhr. Fort mit Miss Hüttenschmid.

22. Dezember. Karlsruhe, Mitternacht Basel.

26. Dezember. Abschied von allen, auch der heiteren, doch etwas stutzigen Marie - nach Mühlhausen. (23. Dezember, als sie mich sah, "i han meint, es sig a Man und ist a Bapa gsi"). Im strengen Winter durch Frankreich.

[Die Eintragungen für das Jahr 1847 befinden sich in einem separaten Schreib-Kalender für das Jahr 1847 und werden hier eingefügt.]

Freitag, 1. Januar morgens in Avignon - Altertümer sehen, etliche Kirchen nach Frühstück. Abends Lambese, eine Provenzalin, setzt sich zu uns in die rotonde. In Aix ein Soldat statt ihrer. Um 11 Uhr in Marseille, Hotel du grand Orléans.

2., Samstag, mit Herrn Michelet Commis von Imer frères, 3me Calade, 18. zum Büro der Dampfschiffe und auf die Douvun*. Abends aufs Schiff le Nile, Gepäck hinzuschaffen (dasselbe, auf dem Mögling vor 2 Monaten).

3., Sonntag. Auf Notre Dame du Mont, später zu Imer - Kirche an Christ Rédempteur, einige französische Strophen gesungen, aber umsonst auf deutschen oder englischen Gottesdienst gewartet. 4 Uhr aufs Schiff.

4., Montag, um 8 Uhr vor Hafen hinausgefahren. Seekrank.

5., Dienstag, Sardinien gesehen.

6., Mittwoch, Epiphany. Insel Cimbre, C. Blanc und C. Bon - Delphine. - Nachts starker Regen. Malayalam angefangen.

7., Donnerstag morgens 11 Uhr Malta in sight oder eigentlich Gozo, daran und an Comino vorbei, um 4 Uhr Valetta - mit J. M. ans Ufer zu Rev. M. Hare (nicht zu Haus), Bishop

Tomlinson (sie über deutsche episcopacy), Mrs. Lewis not seen, Diener Carlo, grüßt Kruse, hat twins.

8., Freitag, erst um 1 Uhr fort, nachdem Kohlen eingenommen.

10., Sonntag, Cyrenaika gesehen.

12., Dienstag mittag im Hafen von Alexandria - gelandet ... customhouse, zu Fr. Moroque, der nicht aufnimmt (meine Matratze von der Kiste genommen hat), hotel d'Orient - musquitoes, < Jenny M.

13., Mittwoch morgens nach Kanal gelaufen im Regen, dann gefahren, mit Pferdevorspann nach Atfe, abends 9 Uhr umgeladen.

14., Donnerstag, mit Dampfboot nach Bonlac, sehe bei Baras beabsichtigte Flußbauten - gelandet, schnell nach Kairo zu fahren. Frau und Sophie zu Lieders - wir 4 im hotel d'Orient über Nacht.

15., Freitag, nach Bonlac, Gepäck zu passieren. Die 3 Frauen zu Kruse, wo Sutter gewesen war, Sperschneider ist; ich zu Lieder, wo die jüdischen Missionare Goldberg und Lurie* mit seiner Frau, Mrs. Tyler und Betts. Abend mit Homes (?) und Dr. Burgess, dem Stifter Liberias.

16., Samstag morgens mit 4 zu Esel auf Zitadelle, esse mit Frau bei Kruses, wo Mr. Taylor von Alexandria.

17., Sonntag, bei Herrn Müller vom amerikanischen Konsulat, der Dr. Sperschneider zur Reise ohne transit cpg. verhilft. Abends deutsche Erbauung bei Lieder.

18., Montag. Mit der transit cpg. 4 chairs, 2 Esel verhandelt - mußte nach Bonlac, meine tickets zu holen, die ich in der schw. Rocktasche gelassen - um 3 Uhr fort. Frau Lieder und Tyler begleiten - um 6 Uhr erste Station - mit Neumond weiter, sehr finster auf der zweiten (jetzt 4ten), wo 8 Uhr Nachtessen und geschlafen. (Marie erzählt von ihrem Klosteranfang). Reiterexpreß und 2 vans.

19., Dienstag morgens 4-5 Uhr weiter, um 10 Uhr in Centerstation, wo Meer gesehen <Berta Magenweh>. - Um 2 Uhr weiter - an Nro 5 Pferde der 3 vans gewechselt. Abends 8 Uhr Nro 6 (Fr. Schauer* von Fieber oder Krämpfen - brandy - Gebet).

20., Mittwoch. Um 5 Uhr auf, Kaffee. 6 - 9 1/2 nach 7, wo gerastet, 12 - 3 nach Suez, immer Station vor uns. - Mrs. Manson's hotel, Mr. Charles, Betts, Capt. Gordon, der Atula etc., auch Capt. und Mrs. Barker von Victoria mit 2 Kindern - triple cabin genommen und double. <Gerade ein Jahr, daß ich hier durchgekommen.>

21., Donnerstag. Dr. Sperschneider kommt glücklich auf Kamel nach. Abends am Meerufer und auf Dach.

22., Freitag zu Costa, französischer Konsul.

24., Sonntag morgens Telegraph working, but no news. Mittags Erbauungsstunde.

26., Dienstag morgens der Express (nagy). Mittags die 2 ersten vans. Abends 300 £ bezahlt.

27., Mittwoch, nach Frühstück embarkiert, sehe einen Engineer der Victoria, der sagt, sie haben weiter gelesen, wie Mögling angefangen, um 1 - 2 Uhr ab.

28., Donnerstag, mit den 4 katholischen Priestern, die nach Patna gehen.

30., Samstag, starker Nordwind.

31., Sonntag, Septuagesimae. - Ich lese prayers, Mitchell predigt, wie auch abends den Matrosen.

1. Februar, Montag. Windstille, heiß, Gegenwind.

2., Dienstag, man overboard (ich vom Frühstück aufgestanden, hörte, sah ihn). Stürmisch.

3., Mittwoch. Bab el Mandeb.

4., Donnerstag morgens Aden. Miss Hochstetter gibt mir ihres Vaters Büchlein. Capt. Taylor und Maj. Woodfall (über seine Kinder), sie werden nach Ellora versetzt werden. 200 Rs für Lehner. Abends in Eile auf steamer gekommen, wo Frau in Angst.

7., Sonntag. Predigt (über 2 Kor 5). Wir verlassen arabische Küste.

8.-9. Unruhige Nacht (vor Persischem Golf).

13., Samstag. Capt. Fraser vor Mittagessen overboard.

14., Sonntag abends in Bombay gelandet, Mengert, Isenberg, Brandt.

16., Dienstag, besehe in harbour die Mangalore-Boote.

17., Mittwoch, on board Pattimar bei Hume und Allan.

18., Donnerstag. Frühstück bei Nesbitt, Mitchell, Candy, Isenberg. Pattimar Selamti - Sheikh Harun. August Knecht bleibt lang zurück, vor der Bar geankert.

19., Freitag, langsam abwärts.

20., Samstag morgens 8 Stunden Aufenthalt vor Harnai. Abends Ratnagiri.

21., Sonntag, vor Malvan, heiß.

22., Montag, an Goa vorbei.

23., Dienstag abends vor Honavar.

24., Mittwoch abends Mulki.

25., Donnerstag, in Mangalore gelandet.

26., Freitag. Hochzeit Bührers, F. Müllers, Albrechts.

27., Samstag, weitergefahren bis [illegible].

28., Sonntag morgens gelandet, Begrüßung der Tellicherry-Geschwister - Deo gratias! Jahrestag der Ankunft in Stuttgart.

2. März, Dienstag, Auseinandersetzung mit I[rion].

3., Mittwoch, Hebich auf Besuch.

6., Samstag, Anjerkandi.

7., Sonntag, zurück von Anjerkandi. Abends 10 Uhr mein 6. Kind geboren L. F. [Ludwig Friedrich].

8., Montag, Mörike auf Besuch, zu den hills bis Mittwoch.

13., Samstag, nach Cannanore für Hebich, der in Taliparamba ist.

14., Sonntag, 2 Predigten in Malayalam und Englisch. Capt. Young, Oronnell*, Boileau etc.

15., Montag, zurück von Cannanore.

18., Donnerstag, Hubers angelangt.

19., Freitag, Klavier angelangt.

21., Sonntag, getauft Ann Caroline Hardie, daughter of Will. Hardie, Private HM, 25th and Marie Isabella his wife. Brief von Stuttgart.

22., Montag, Hebich hier, über den die Trassen* beschränkenden Komitee-Brief. Ludwig Friedrich getauft. Irions, Theodor und Tante Emma Paten.

25., Donnerstag, Hubers gehen. Besuch von Capt. Cantis und seinem Schwager Oronnell.

26., Freitag, Hebichs Brief an Komitee. - Ich schreibe Melodien für die Presse - eine Amme für Ludwig Friedrich genommen.

31., Mittwoch, nach Chombala, Daniel und sein Weib Christine zutraulich.

1. April, Donnerstag, in Vadagara mit Vedamuttu über seine Liederlichkeit. - Nach Cotakal und [illegible] mit [illegible] zu sprechen.

2., Freitag, Chombala - Good Friday. Taufe Louisa (Anbai) - Mutter von Timoth. in Mahe, Weib, Jesaia dort von Chavakkad zurück. Abends Tellicherry. Besuch von Mrs. McDougall - Curumbi (Selma) Tiatti (bis 2 July).

4., Sonntag, Ostern. Abendmahl, 19 Schwarze.

5., Montag, Irions nach Calicut.

6., Dienstag, Jacob von Calicut hier, ohne Weib und Kinder - mein Rat, sie zuerst zu holen und nötigenfalls nach [illegible] zu ziehen - C. Müllers: nach Vadagara zu gehen und zu warten.

7., Mittwoch, an Barth 3 Malayalam-Gedichte Deutsch geschickt.

12., Montag, 2ter Brief von Haus.

13., Dienstag, nach Vadagara Jacob, Paul, Thomas.

14., Mittwoch, Nadavenur - Cutcheri Nayer, Maplas hören gern, über Valitcheri nach Carumala - schlafen auf Fels Neduvur.

15., Donnerstag, Paul und Thomas nach Panur, ich Nadavenur. Tahsildar und Adhicari ([illegible]) - auf Boot, erzählend den 2 nachgekommenen Brüdern.

16., Freitag, Vadagara - Chombala - im Regen, große Flut - heim, Frau im Bett, Blutung.

17., Samstag, Anjerkandi - Ananden willig zu gehen - Arnold's life.

18., Sonntag, 3 Predigten, zurück nach Tellicherry in Regen und Überschwemmung, unerhört.

19., Montag, immer Regen - wir denken an Vedamuttu für Anjerkandi.

20., Dienstag, C. Müller schlägt Timothy vor - beschlossen.

21., Mittwoch, Timothy hier - ich schreibe nach Anjerkandi.

22., Donnerstag, General Leslie* besucht. Ein Anjutengu-Weib Maria mit 5 Kindern ihrer selbst und der Schwester Nemsa - Hannah, Rogi, Maria, Sebastiana (bis 31. Mai).

23., Freitag, Frau Cummin auf Besuch - Jacobs Weib kehrt zu ihm zurück (von ihm gekauft mit Schulden, die wir werden zahlen müssen).

25., Sonntag, predige Englisch - Miss Leslie und Mr. King von Manantoddy in Kirche und auf Besuch.

26., Montag. Nachmittags - weil sea rough - zu Pferd, Frau in Manjil nach [illegible] - auf Boot leider mit Segel erst um 2 Uhr an der Brücke.

27., Dienstag. Spät nach Elattur - ich laufe den Rest. Frau Fritz sehr tätig, Fr. Huber leidend - Irions gehen nachmittags nach Tellicherry zurück.

28., Mittwoch. Sende Coolies und Manjil nach Arikkod.

29., Donnerstag. Besuche Conolly - über Frank Browns Brief an Court of D... - Nachmittags Fr. Conolly zu meiner Frau. Abends auf kleinem Boot nach Arikkod (morgens 2 Uhr).

30., Freitag. Nach einigem Schlaf nach Edavanna. Abends Wandur.

1.Mai, Samstag. Um 5 Uhr auf nach [illegible]. Bleiben bis 11 Uhr. Ich um 1 Uhr, Frau um 2 Uhr durch Regen in [illegible] - ich um 4 Uhr, Frau um 5 Uhr in [illegible] - wecke Weigle mit Kuß.

2., Sonntag, ruhiger Sonntag (Theophil und Andreas sterben in Calicut).

3., Montag, schnell herab zu Fuß. Von Palacadu 30 Zickzack (18 bis an den Übergang zum konischen Teckhügel, 12 vollends hinab) <peons nehmen tracts> - in 2 1/4 Stunden nach Wandur, wo Eranad Tahsildar. Einige hören Capt. Price (?) von Mangalore.

4., Dienstag. Morgens 4-8 Uhr nach Arikkod, drückend heiß. Abends Regen.

5., Mittwoch früh 4 Uhr im Boot, bis 6 nach Putiangadi - zu Pferd über Chulur, Yerimala, an Chattamangalam vorbei, durch Putavay, dann über Fluß, bei Coduvalli auf Calicut-Straße, Muikal, Tamratcheri (11 Uhr). Kulis und Knecht 6 Uhr, Thomas und Paul kommen und erzählen, wie es ausging.

6., Donnerstag/ 7., Freitag. Th[omas] und Paul nach Panur. Ich mit Chattu Nambiar, der alles gesehen hat bis Kasi und Rameswar[am], alles gelernt hat und Schulmeister werden oder wenigstens ein Glas Wein trinken will, [illegible] anbietet und Yoga-Stellungen zu zeigen wünscht. Abends unter regendrohenden Wolken und Blitzen im N[orden] nach Nadavenur, wo der Mussu Geograph fragt, andere hören. Paul und Th[omas] kommen bald nach, die Mutter will nicht mit, weil alles zu sterben droht. Abends im Boot.

8., Samstag, 2 Uhr in Vadagara, zu Pferd nach Tellicherry.

9., Sonntag, Vedamuttu, wie er die Frage Pulayer in Cotakal zu unterrichten oder hier sich zurückzuziehen vernimmt, will nach Tirunelveli zurück.

10., Montag, Ananden kommt von Anjerkandi. Ved[amuttu] will fort, nimmt Abschied, sein Ehebruch kommt an Tag. Über Baker beraten. Paul nach Anjerkandi auf Besuch. Thaddais Rachel in Schule (Fritz' Mädchen geboren).

11., Dienstag, Baker mit mir und Susanna. (C. Müllers Kind stirbt).

12., Mittwoch, wir begraben es.

13., Donnerstag, Himmelfahrt. Matthai nach Chombala und Vadagara. Anand zurück, sagt, sein Bruder lege jetzt alle Schuld auf uns. - An[and] sagt, Brown habe im Oktober allen Christen die Straße verboten.

14., Freitag, Nachricht von Flora Brennens Tod am 10ten. Ich bete mit ihm.

15., Samstag, Paul kommt mit Vedamuttu, der um Vergebung bittet, durch [illegible] einer Tamilerin betrogen worden sei etc., nichts zu machen. Daher geredet und mit Gebet entlassen. - Die Bücherkiste kommt.

16., Sonntag, predige über Evang. Joh 7. Ananden kommt mit seinem Weib (F. Müller von Anjerkandi).

17., Montag, Hebich hier. - Frau Fritz in Calicut kränkelt.

23., Sonntag, Pfingsten. Mark klagt wegen Schulden. Sri (Lacshmi) von Cornelius gebracht, 5-6jährige Tochter einer Nayerin von einem Brahmanen. - Abendmahl 8 M[änner], 6 W[eiber], 8 Deutsche (Ananden, sein Weib, Thads Weib, Mattu und Weib, Mark nicht, dagegen Daniel).

24., Montag, Monsun (nach ein paar Tagen E and SE Wind und Regen). Veitchen epileptisch. Morgengebet gemeinschaftlich zu halten beschlossen.

27., Donnerstag, meeting unter uns.

28., Freitag, Nathanael mit Arabella (Baker mit Susanne wieder) Hochzeit.

29., Samstag, Cooly auf hills geschickt.

31., Montag, Sebastiana etc. fort (siehe 22. April).

1. Juni, Dienstag abends nach Cannanore zu Hebich (Col. Coffin - Halliday, Young, Boileau) - Gnanamuttu über Tirunelveli-Mission.

3., Donnerstag, fears about [illegible].

5., Samstag, Anjerkandi. Das erstemal bei Timotheus.

6., Sonntag, Anjerkandi. Abendmahl mit 9 Männern , 5 Weibern, overland über preuß. Landtag.

7., Montag, Friedrich vaccinated - schreibe heim über das Madras christliche Mädchen [illegible].

8., Dienstag, Chombala, Timotheus ist auch dort - Daniel repairs [illegible] . Bappini, Schwager Pauls, bußfertig. Abends Vadagara - Matthai, Jacob und sein Weib.

9., Mittwoch, Iringal - Puleier-Schule mit Gebet eröffnet, in Ramuttis Schule - 2 [illegible] besehen, für die Vedamuttu [illegible] nahm. - Chombala, gebe P[aul] 1 Rp für Bappini, mit dessen Familie schöner Abend, auch Jacob 1 Rp für sein Haus.

10., Donnerstag, Tellicherry - Frau auf Nilgiris fieberisch.

11., Freitag, Besuch von Serjt. Ringrow, der Christus für Mensch bloß nach Körper hält.

13., Sonntag, Bappini in Mahe gefangen.

15., Dienstag, Chombala. Unterricht.

16., Mittwoch, Vadagara. Jacob wegen seiner Kinder ängstlich, heißt sie nicht Samuel etc. [illegible].

17., Donnerstag, Taufe Silas (Bappini), c. 32; sein Weib Prisca (Themen), c. 30; Acha - Elisabeth, 10; Choichi - Phöbe, 6; Mannen - Titen, 4.

18., Freitag, Steambriefe. Enslin tot, Vater krank - Fr. Hoffmann tot. Antwort auf die Sache wegen der Ordination. Abends in Tellicherry gepredigt.

19., Samstag, Friedrich Mundfäule.

20., Sonntag, Irion in Anjerkandi. Ich predige Englisch und nachmittags Kinderlehre.

21., Montag, Sitzung, in der C. M[üller] sagt, er habe kein Vertrauen zu mir seit November 1845. Brief von Vedamuttu in Palayankottai angelangt, bittet um Charakter.

23., Mittwoch, nach Chombala (von Mahe an zu Fuß durch Wasser von oben und unten). P[aul] und Silas bei den Nayer in Orkatteri - das [illegible] kommt auf Einladung herein.

24., Donnerstag, mit Paul nach Mahe. Zu Timoth. Leuten - Gebet - [illegible] wer's glaubt - von Schmitz, Cox etc. empfohlen,

25., Freitag, wird abends böse über mich, weil ich ihn für Sünder halte und auch Trinken, Stehlen für möglich halte.

26., Samstag, betrinkt sich in Tellicherry und kommt zu stolzem Abschied zurück. Abends in Anands Haus gepredigt.

27., Sonntag, Irion predigt. Ich Kinderlehre.

29., Dienstag, Jesaia will Cota mit 2 Kindern entlassen, ein anderes Weib hier haben.

30., Mittwoch, Conolly will der Cher[ikal]-Schule helfen. Chombala. Daniel über seine Bekehrung.

1. Juli, Donnerstag, Mahe zu Timoth.s Mutter, dem Chandran gepredigt. Congichi wünscht Taufe. Jacob hier - hat 8 Rs Schulden gemacht, sein Weib zu kaufen und zu seinem Haus 15 + 4 + 8 Rs 4 As gebraucht.

2., Freitag, Selma off for 6 Rupees (see 2 April).

3., Samstag, F. M[üller] nach Anjerkandi.

4., Sonntag. Ich predige. C. M[üller] Kinderlehre.

5., Montag, nach Vadagara - Fieber im Bungalow. Veitchen epileptisch.

6., Dienstag, zu Matthai - <sein Weib Marie will Taufe> - wieder Fieber - purgiert - umsonst von Jacob eine Urkunde über seine Schuld an uns verlangt. Aufschub. Der [illegible] auf Besuch - ein schlechter Offizier im Bungalow <Bartauld von Hebich umsonst bearbeitet>.

7., Mittwoch. Chombala - Chandra auf Besuch - der Nayer Kelappa über Haus für Silas bauen und Boote und Netze. Schöne meetings (auch Timoth., Brown sei böse über das Kirchenalmosen).

8., Donnerstag. Mahe, Congichi. Tellicherry - M. K. tief verletzt und Friedrich etwas unwohl - meeting.

9., Freitag. Uhr nach Cannanore geschickt - predige bei Anandas Haus - Tier.

13., Dienstag. Irion in Cannanore.

14., Mittwoch, nach Chombala und Vadagara, wo die Tamil-Pareierin ihr Wickelkind mit Toddy berauscht.

15., Donnerstag, nach Cotakal, <Nangili> zum Veidyen und Sila, von Besuch des [illegible] über Haus und Schulden Jacobs - unser Haus zu versetzen - Chombala.

16., Freitag, zurück nach Tellicherry. Mattu sehr krank an [illegible]. Thomas bemüht um ihn. Elisas Furcht wird offenbar.

17., Samstag, Anjerkandi, wohin auch Paul und Silas - zu Jesaias Weibern und ihre Not.

18., Sonntag, Briefe von Haus - David, Kind Jesheyans, getauft.

19., Montag, Malayalam-K.-Zeitung beschlossen. Josephs und Anands Weib gegeneinander wie Heiden und Teufel.

20., Dienstag, an Anandas Haus predigend.

21., Mittwoch, Hebich hier - sein* Mädchen os uteri öffnend. Br. Weiss in Palayankottai tot - zu Josephs Weib über Buße.

22., Donnerstag nachts, Gefühl, als sei eines meiner Kinder am Tod.

24., Samstag, mit Susanne, besonders über Hurerei. Milca bringt sie zum Geständnis vieler Lumpereien.

25., Sonntag, Mark will morgens Arabella notzüchtigen - kommt abends zum Abendmahl (paries proxim!).

26., Montag, Mark fortgeschickt und der Quilon John; mit Thom[as] über Heirat. Chombala, Silas Cooly wie zuvor, findet [illegible] - Christine [illegible] - Tangel von Calicut durchtransportiert.

27., Dienstag, nach Vadagara, Tod Chois - des [illegible] von [illegible] [illegible] mit Jesu auf der Zunge. - Muh[ammedaner] streiten über Traktat, von Tiern gelesen. - Cugneccu, der [illegible] - Jacob schwach, gehe nach Steininschrift. Abendmahl in Chombala (5 M[änner] mit Jacob, der sich zudrängt, 7 Weiber). Taufe Hawah* (Cungichi) und Maria von Vadagara. 4 Rs an Matth., 2 an Paul, 12 an Jacob.

28., Mittwoch. - Thompson will Rachel (Parvati) haben, die andern mit. Dorcas geht auch gern (!). Vor Anandens Haus fast unter lauter Spöttern.

29., Donnerstag. Mark, der gestern abend, von Hebich gesandt, zurückkam, bittet um Vergebung, gesteht, zuerst gezwungen, den von Susanne gestandenen Ehebruch (zuerst in der Schule, dann im Haus) - die native Christen wollen ihn zur Buße bewegen durch eine gutgemeinte meeting.

30., Freitag. Susanne gesteht mehr als gestern - mit Arab. soll der Ehebruch verübt sein, Joseph hat Zweifel über Mark und seine Frau in der Zeit von Milcas Niederkunft. - Wir beraten, aber Mark reißt sich los und geht mit seinen Brüdern unter unsäglicher Grobheit und Verhärtung (Gott sieht's).

31., Samstag, Susanne sprach gestern von Fortlaufen (wie Elizabeth und Sarah) - Anand nach Cannanore geschickt, ihre Mutter zu holen. Ich gehe hinab, rede und bete für sie.

1. August, Sonntag. Irion von Anjerkandi über Kuttuparamba. Ananden kommt von Hebich, zu dem Salome sagt, sie glaube es alles nicht, und dann sagt die Tochter dem Mark (der dabei ist!), die Vettuwatti dem Mopla zu geben.

2., Montag. Susannas Mutter kommt, nachdem ich Hebich gerade hatte bitten wollen, sie nicht zu schicken.

3., Dienstag. Mema, Rachel mit Hiob, Dorcas, Bappa und Crishna nach Quilon ab (auch mit <u>meiner</u> Schuld). Milca klagt vor Salome und Susanne über Marks Desertion, Elisa kommt dazu und setzt eine Lüge über Milca und Baker in Umlauf.

4., Mittwoch. Hebich auf Besuch. Susanne und ihre Mutter arbeiten auf Scheidung (wegen Gestrigem und Schlagen). Hebich vereinigt sie endlich mit Baker, ich gehe zu Francis, die Cholera hat und die Geschichte von Marks und Mattus (Christtag 45) Einladungen zum Ehebruch erzählt, daher noch in der Nacht Mattu durch Schläge zum Geständnis gezwungen.

5., Donnerstag. Er geht morgens verhärtet zu Joseph, dieser mit ihm herauf, M[attu] gesteht erst wieder auf eine Maulschelle hin, daß er mit mehr als dem Herzen gesündigt. Gebet. Joseph gesteht Diebstahl von Geld (ca*. 4 Rs) und Kleidern auf dem Weg von Bombay, daher so liederlich seither (muß am salary gestraft werden). - Abends kommt Mark mit seinen Brüdern.

6., Freitag morgens gesteht er auf doppelte Schläge die etlichen Einladungen an Francis, tut mit Mühe Buße vor Baker, dann vor Nath. (auch in Jos[eph]s Namen) - fällt endlich nieder und ruft um Gnade, während ich, Thomas, Baker, Nath. beten. Steinigungszeichen. Er bittet Milca um Vergebung und wohnt bei Thomas. - Abends bittet Elisa um Vergebung wegen des 3. Augusts, gesteht aber nichts.

7., Samstag, mit Hassan und Georg über ihre Besuche in den compound-Häusern.

9., Montag. Marie in Chombala stirbt. Ich begrabe sie abends - höre, daß Mattu mit Mema wollte (ohne seine Blattern). Anand von Michael eines Ehebruchversuchs beschuldigt worden.

10., Dienstag. Vadagara, Jacobs Weib bei einem Besuch von Matthais Schwiegermutter braucht unzüchtige Worte. Von ihrem Mann geschlagen, läßt sie ihren Vater es wissen. Geht sie, will auch Samuel mitgehen. Inscript[ion] in Titara Mangalam abgeschrieben. <Cugneccu entschiedener>.

11., Mittwoch. [illegible]. Abends [illegible] von Nileswaram auf Besuch. - Sehe Morgens [illegible] und den Curuppu. - Silas Weib an Entbindung - nach Mahe to Louisa und Hawah. - Habe abends Milca - Fritz will, ich soll K.-Geschichte schreiben.

14., Samstag. C. M[üller] nach Cannanore - ich nach Tellicherry, Anand nicht in s. Haus - Maplas Fastenmonat.

15., Sonntag. Paul berichtet von seiner Tante Acha, jetzt in Timotheus Haus. Begrabe Juana, geb. Hendricks, C. Vongeyers wife, 35 Jahre alt).

16., Montag. Briefe von Haus - Teuerung vorüber.

17., Dienstag abends nach Mahe, sehe Acha, Chombala.

18., Mittwoch. Vadagara - Chanten ist tot, sein Bruder Onakken hört ordentlich Cugneccu von seinen Verwandten bedroht. Jacob liegt an [illegible] - Matth. in Cotakal fast den ganzen Tag. Abends Chombala.

19., Donnerstag, in Pauls Haus ... die alte Mutter hat gegen [illegible] probiert - Silas bittet um 5 Rs für [illegible] seiner Frau zu geben - Tellicherry. Gerücht, daß 200 weiße Soldaten hieher kommen.

20., Freitag. Anand gesteht Ehebruch mit Martha.

21., Samstag, rede schwach vor Tiern (besoffener Mucwer) und Maplas (Kazis Sohn).

24., Dienstag abends - nach Walk[er] mit einem Tier zu Hebich (sehe Birch, Mrs. Cummin), Paul zu Perachen in Tahe.

25. Mittwoch. Frau Walker will nichts hören, daher ich bald gehe. Abends zu Youngs, "hörst meine Vögelein" - sie betete gerade - zurück nach Tellicherry - schreckliches Rückenweh darauf.

26., Donnerstag. Chatfield hat Thomas vor sich, nachdem ihm der Amin umsonst verboten, nicht zu predigen ("ob er Jesum gesehen habe"). Chatfield läßt ihn erst gehen, dann ihm noch sagen, er dürfe diesmal gehen - wenn noch einmal, so folge Strafe.

27., Freitag. Joseph und Thomas von Moplas geworfen, von Peons zu Cutcheri gebracht.

28., Samstag. Anjerkandi - mit Martha (die 2mal Ehebruch mit An[and] gesteht). Gnanamuttu, den er nie um Vergebung bat. Josua, den er um Beischaffung Micas bat. Cuppa Maruttu, der für Anands Töchterlein zauberte.

29., Sonntag. Abendmahl in Anjerkandi. In Nettur, Susan will abortus gehabt haben, wie schon einen vor 2 Jahren (!). - Thomas in Cannanore schäbig behandelt von den Brüdern schwarz und weiß.

30., Montag. Ananden mit Schlägen zum Gestehen gebracht.

31., Dienstag, mit F. Müller nach Chombala, er nach Calicut.

1. September, Mittwoch. Vadagara, wo Boileau - gehe ins Fort zu Brahm[anen] - gebe Mattu Geld zum Anschaffen des parambu - Chombala, ohne Cugneccu, der nur so kam - David, Sohn Silas getauft.

2., Donnerstag. Amme entlassen.

4., Samstag abends bei Maplas, die Lärm machen wollen, Tier die hören. Der gescheite Mapla fragt, warum so wenig [illegible] in unserer Religion.

6., Montag, die 3 Bapus und Francis, Vedamuttus Schwager, dachten ans Durchgehen.

7., Dienstag. F. Müller kommt mit Irion von Vadagara. C. M[üller]s Töchterlein geboren morgens früh.

9., Donnerstag. Friedrich scheint Baucherweichung zu haben. - Brief der Komitee über Geld.

10., Freitag, nach Chombala - spreche mit Acha, P[aul]s Tante - Krankheit Ramas - Vadagara im Regen, in Matthais Mundu - Jacob voll Unwahrheit und Gleichgültigkeit (Schulden zum Zins von 20 Pice monatlich).

11., Samstag, zurück nach Chombala - taufe Sarah, Acha - Tellicherry. Friedrich besser, doch noch coma. Rama wurde durch Weibermilch [illegible] hergestellt.

12., Sonntag, englische Predigt. Friedrich besser, auf fieberische, gebetsvolle Nacht, in der auch Lampendeckel dahin ist.

13., Montag. Ich schlage vor, ob nicht ich nach Chombala ziehen soll mit Mädchen - darauf C. M[üller] eine Fortsetzung liefert zu 21. Juni, protestiert dagegen, daß ich ihn aus seiner Arbeit verdränge - frage, was der Komitee vorschlagen, ob Missionshaus in Tellicherry oder Ausziehen nach Chombala und wer?

14., Dienstag. Brief von Ostertag etc. - über Geldsache.

15., Mittwoch abends Br. Hebich hier als jetzt nicht mehr zum Trassieren ermächtigter Kassier - sehr angegriffen von Thomas Geschichte 29. August.

16., Donnerstag, ich falle mit Friedrich über Bank und Tisch, gottlob, ohne ihn zu beschädigen (Brustschmerz).

18., Samstag. Vedamuttu mit Familie von Tirunelveli angelangt.

20., Montag, spreche mit Vedamuttu, sende Brief über Bauten (4000 Rs, davon 1000 in indischer Donation, 1500 für 48 und 1500 für 49) - der Cannanore Timoth. etc. bitten ab (siehe 29. August), nach Chombala, Vadagara.

21., Dienstag, noch kein Platz gekauft. Quilandi mit 3 Patter, 1 von Gokarn.

22., Mittwoch, zu Pantelani Tempel und Fritz compound. Abends nach Nadavenur, langer Pferdeweg - Tahsilder besucht.

23., Donnerstag. Mehrere Besuche - Thomas kommt nach letztem Abschied von seinem Weib. - Abends aufs Boot, von geldsüchtigem Mopla 1 Stunde hingehalten.

24., Freitag, ungeschlafen nach Payoli Catcheri - nach Frühstück über [illegible] nach Vadagara. - Jacob möchte noch gern was für Schulden. Abends Chombala - abends Mondsfinsternis.

25., Samstag morgens Tellicherry. F. M[üller] nach Anjerkandi.

27., Montag, gehe mit Thomas nach Cannanore. Sehe Maj. Fanen und Coffin.

28., Dienstag, zu der native Gemeinde, die vom Geist Gottes angeregt ist, zurück. Alles recht ausgeglichen. Deo gratias.

29., Mittwoch. Taufe von Br. C. Müllers Marie Christine, Huber.

2. Oktober, Samstag. Vorbereitung aufs Abendmahl, besonders Hebichs, Paul und Baker.

3., Sonntag. Abendmahl, nachdem Jos[eph] vorgehabten Ehebruch mit Arab[ella] gestanden.

4., Montag. Thomas gesteht sein Hinaufsteigen auf die Kiste.

6., Mittwoch. Hebich hier, seine Sünden zu bekennen. Wir 3 bekennen auch. Hebich redet die Gemeinde an. Abends nach Gebet Marks Niederfallen, allgemeine Bewegung, Weinen, Schluchzen, Beten. Mark gesteht Hurerei mit Arab[ella] in Schule und Fortlaufenwollen - Elisa mit Samuel, Schneider, ... Anna mit Pontey*, David, Hagar etc.

7., Donnerstag/8., Freitag. 2 Tage der Bekenntnisse - zuletzt abends Francis böse besonnen.

9., Samstag, nach Anjerkandi zu Fuß mit Thomas. Gott mit uns. Arbeit oben, Schule, Timoth.s

Haus, Kirche. Bei Murdoch schon vormittags eclipse.

10., Sonntag. Nach langem Gebet mit meinem und Katechist Sündenbekenntnis Predigt 1 Petr 4. Darauf Gnanamuttu, wie schon unterwegs, Sünde bekennt ([illegible] unreife Mädchen, Michaels Hanna) - den Herren über 1 Tim 5. - Nachmittags über Joh 1 Licht - 4 bekennen noch vor Thomas, Gnan[amuttu], Gabriel, Abel, Nicodemus, Lucas will drauf trinken, sieht Feuer, zu Fuß zurück - Pferde, eines tot, 2 unbrauchbar.

11., Montag, wir beten und bekennen untereinander, böse Regungen, Milca nimmt mittags Wort von Bakers Versuchung und trägt's herum, Thaddai will erhalten haben, ohne herauszugeben. Joseph [illegible] der Chackili kommt zurück.

13., Mittwoch. Anna hat auch mit Milca geschwätzt. Milca gebrochen durch Gottes Gnade.

14., Donnerstag - Caroline bekennt < Xaver und Baker. Bete für Baker umständlich vor den Knaben.

15., Freitag. Coren und John auf der Durchreise von Mahe (Theresafest), besoffen hier, in Todesgefahr durch Umschlagen des Boots.

16., Samstag. Daniel bringt Elizabeth und Phoebe von Chombala, bekennt - Arabella und Baker, letzterer bekennt Mordversuch gegen seinen Onkel.

17., Sonntag, ich Englisch, erzähle vom 6. Oktober.

18., Montag abends Chombala, in Mahe Sarah bußfertig - Matthai mit Holz von Vadagara.

19., Dienstag. Mit Matthai - unwiedergeboren - Paul, besonders die Sünde, 20 statt 10 geschrieben zu haben - Silas, früher Hurer, später trinkt, Fischer-Werk liegt ihm sehr am Herzen - Christ. flink und ernst drauflos - Prisca und Lydia ordentlich, Martha matt. [illegible]

20., Mittwoch, zu Ramen und gepredigt, nach Mahe und Gebet, dann zurück.

21., Donnerstag. Brief nach Basel und Stuttgart.

24., Sonntag. Br. Irion in Anjerkandi.

25., Montag, die Knaben weinen abends - morgens hatte C. M[üller] uns seine Sünden bekannt und wir haben neue* gebeichtet (besonders Br. Irion, ergreifend sein Stolz, ich meine Gebetlosigkeit).

26., Dienstag. Br. Fritz kommt - abends Gebet mit ihm und Geständnisse vor dem Herrn. Nichts mit seinem Titus zu haben [illegible] .

27., Mittwoch. Br. Kies, Hoch mit Hebich. Bald Greiners mit 3 Kindern. Zuerst betet Hebich mit mir, besonders wegen des fremden Geistes (Lehner meint, Satans, nicht Gottes sei das Werk). Vormittags Hebich predigt - die Kinder etc. weinen wieder - unangenehmer Eindruck auf die Brüder, besonders Fritz, weil Hebich seinen Christian besonders angepackt hatte, geht verletzt fort, Titus hart.

28., Donnerstag. Die Brüder sprechen sich aus, mehr oder weniger "ungesund". - Dagegen ich erhalte Bekenntnisse (Mittwoch) besonders von Caroline, Missy, (gedenke Hermanns),

Mattus Weib und Isabella, auch Jesaia - erkältende Reden und Eindrücke.

29., Freitag. Die Br. bei C. M[üller]. Taufunterricht etwas schwer. Christian von Calicut fängt an zu bekennen, wie tot er etc. drunten gewesen sei.

30., Samstag morgens Greiners fort, abends die Brüder, letztere mit Gebet, Missy will Taufe oder zweifelt wenigstens.

31., Sonntag, Taufe von Hagar, Milca (Anna konf[irmiert]), Mine*, Martha, Lydia, Uranie.

1. November, Montag. Gute Nachrichten von Calicut.

3., Mittwoch. Ich bei Fr. Müller, Brustverhärtung - Christian in Vadagara.

4., Donnerstag, bei Conolly - Caroline tauft zum Spaß Maria, Elise, Ruth, (Anne Blandford läuft davon).

5., Freitag. Krishna Chalien fortgesprungen.

6., Samstag. Fried. nach Anjerkandi, von wo Joseph mit schlechten Nachrichten von [illegible] - zugleich geht es in Calicut los.

7., Sonntag, noch immer Regen - Taufe von Noah, Martin, Elieser, Uriel etc. Besuch Conollys.

8., Montag. Mark bringt Christian von Cannanore, in Chombala.

9., Dienstag. Vadagara - Maria sehr schlecht, nehme kein Essen von ihr an - Cugneccu halbtot und stumm - nach Chombala zurück.

10., Mittwoch. Gebet in Mahe - Tellicherry, sehe Hanna und erkläre ihr, daß sie außer der Kirche ist, sie entschuldigt.

12., Freitag, über Tahe - wo M... bekehrt - nach Cannanore, Briefe, besonders von Mögling und Lehner < das Neueste - predige Malayalam (Gnanam[uttu] Emanuel etc. abbittend) - englische Predigt, nachher Young, Col. Coffin, Birch bei tea.

13., Samstag. Mr... Gebet - H. justified even in Mangalore. - Morgens herüber - Post bringt die Finanzregulation für 47 - 48. Cugneccu von Vadagara bekennt. - Abends Gebet unserer 3 zusammen - Thomas Heiratsbeschluß.

14., Sonntag, vor Malayalam-Predigt Vedamuttus und Cornelius Heldentat, sich die rückkehrende Selma aus dem Boot schnappen zu lassen - trotz ihrem Schrei - Cugneccu abends im Gebet Ohnmacht.

15., Montag. Cugneccu springt morgens fort, gerade ehe seine Verwandten ihn holen wollen. Paul nach Anjerkandi - Jacob nach Vadagara mit dem Cal[icut] Christian, der gottlob gerade zurückgeht. - Beratung über die Finanzfragen. - Magdalena geschlagen, weil sie über Eunike log.

17., Mittwoch. Louise gestraft, weil sie Anne und Uranie über confess ausfragte - Anne bekennt noch frühe unnatürliche Unzucht (chim*), daher kein Friede.

18., Donnerstag. Matthai von Chombala, seine Frau läßt sich zurechtbringen, bekennt Sünden.

Oben: Anjerkandi - Zimtblatternte

Unten: Anjerkandi - Brownsches Haus

19., Freitag. Briefe nach Basel, speziell über Stations-Bedürfnisse. Ich habe Matth[ai] und Maria, die jetzt erst recht abbittet und die Sache erkennt.

20., Samstag. Anjerkandi, laufe mit Thomas, besonders bei Martha, mit Gabriel, Matthai.

21., Sonntag. Anjerkandi.

22., Montag. Auf der Brüder Zureden den Stubendienst an Nath. übertragen.

25., Donnerstag/26., Freitag. Abendmahlsvorbereitung.

28., Sonntag. Abendmahl mit 24 Christen (Francisca, Cornelius, die Tamil-Leute Hanna, Louise nicht, auch Baker und Sus[anne] nicht - Thaddai und sein Weib kaum).

1. Dezember, Mittwoch. Hochzeit von Thomas und Havva.

2., Donnerstag, nach Chombala mit*(in Mahe Sarah bußfertig). Pauls Weib bekennt über fornic und Arsenik.

3., Freitag. Vadagara. Die Ehen ordentlich, der Herr hilft - mit Babers altem Butler.

4., Samstag, über Mahe heim.

5., Sonntag. Irion in Anjerkandi. Lieut. Tripe* XII im englischen Gottesdienst.

6., Montag, er besucht.

7., Dienstag, nach Cannanore, Jemimah, Obriens Weib, entbunden, am Tode. Hebich schifft sich ein nach englischer Predigt.

8., Mittwoch morgens in Tahe, Gebet. Jemimah stirbt - nachmittags Begräbnis (married 13 December 46). Titus (Govinden), Choyis Bruder geht nach Tahe zurück.

9., Donnerstag, zu D. Young und Dun,Chirakkal. - Abends Boileau und A. Young, der mich heimbegleitet. C. Müller auf Kilur-Fest (ihm bekennt Pauls Mutter).

10., Freitag. 2 Gottedienste - Priester Num XVI, über Ephes 5. A. Young abends.

11., Samstag, nach Tahe - zu Cuttens Haus - Gottesdienst.

12., Sonntag. 2 Predigten über Tod Jesu, ein Opfer nach Hoffmann. Gnanamuttu von Anjerkandi in mit Weib und Mutter. Abends D. Y[oung], Dun, Boileau.

13., Montag, nach Tellicherry auf Hebichs Schimmel, dessen keeper nachts mit [illegible] Spektakel in einem Mapla-Haus macht (dazu Veitchen) - Frau C. M[üller] in meinem Zimmer. F. Müller nach Calicut, wo die Geldfrage und Fr. Hubers Krankheit alles loose macht.

14., Dienstag. Fred. voll Freude, steht am Sessel. Zurück früh morgens - 2 Predigten über Rom VIII [illegible]. Abends beide Young und Dun.

15., Mittwoch, sehe Frau Col. Coffin.

16., Donnerstag morgens 3 Uhr kommt Hebich, erzählt. Abends nach Tellicherry.

18., Samstag. Anjerkandi - der Herr gibt Zeichen seiner Gegenwart (Paul und Gabriel mit mir).

19., Sonntag. Eber getauft, Thomas Kind.

21., Dienstag. F. M[üller], Fritz und Huber kommen. Wir beraten den Brief an die liebe Komitee. - Auch Mattu von Cochin zurück.

22., Mittwoch. Br. Hebich auf Besuch. Brief nach Mangalore geschrieben - der Chaliar Krishna von Cornelius aufgefangen - losgelassen.

23., Donnerstag abends der Spektakel mit Friedrichs besorgter Fostermutter.

24., Freitag, darüber ausgeredet. Christtagsbescherung. Besuche von Mahe, Chombala, Vadagara (Chandra).

25., Samstag. Englische Morgenpredigt.

26., Sonntag nachmittags Taufe Michas (Chandrans), der nun des Sündendienstes müde scheint.

27., Montag. Micha verliert Weib und Kind, geht fischen.

30., Donnerstag. Thomas mit Weib nach Anjerkandi.

1. Januar 1848. Mit den Knaben und Irion nach Catiroor, erzähle Nadlers Geschichte - sie singen.

2./3. Nath. gegen Thom., weil letzterer sein Weib (Arabella) für gefährdet durch Michael hält.

Ich gehe 3. - 5. nach Chombala, Vadagara, lasse Michael mit Paul nach Putiangadi gehen, sein Weib zu suchen. Mannen in Mahe zugänglich, hofft, zum Glauben zu gelangen. - Nath. hält indes eine meeting, in der er mich auch anklagt, die andern, die mit Michael verkehren, an der Ehre gepackt zu haben. - Krankheiten Katarrhe, Fieber - Mark soll jetzt zum Bleiben entschieden sein.

7. Januar. Pony von A. und Dun Young von Cannanore gesandt, 9. horsekeeper.

11./12. C. M[üller] in Chombala, findet Mannen bußfertig, zum Glauben offen, auch sein Weib. - Michael hat die seine nicht erhalten in -

15./16., in Anjerkandi [illegible] Dr. von Callai bei Timoth. Murdoch erzählt vom Unglauben seiner Onkel, wenn er Bibel liest, ihre Ungeduld. Gnanamuttu etwas gedemütigt über sein hartes Benehmen gegen Gabr[iel], der wegen seines Weibs sogar davonspringen will.

19.-21., in Chombala und Vadagara ([illegible] <verlogen>, von Mopl. Cugnussan Cutti und 4 Tier, an einem Canaren verübt. Matti Cuttis Weib ist Zeuge). 21., heimgeschrieben. Freitag abends, 11 Uhr, Fr. Irion vom 2ten Söhnlein entbunden.

23. Die Briefe von Haus sehr spät; aber gut, Schweizer Krieg fast beendigt. Annas Mutter kommt, sie fortzunehmen.

24. Die K.-Gesch. Karte gemacht. - Abdorrahman, ein Muselm. von Mysore hier, will getauft sein. Anna schwankt. Vedam bringt Antoniamma, eine Waise von Manantoddy.

25. Gott gibt der Anna Sieg - ihre Mutter verflucht sie und geht (sie ist mit einem Regins verheiratet, wollte die Tochter einem andern geben). 25. Simon und Maria von C. M[üller] getauft in Chombala.

28. Tulkan und Antoniamma fort.

1./2., ich in Chombala, besonders mit Simon, dem ich helfe. Silas fängt einen [illegible] - entsetzlicher Ritt.

4. Februar, Geburtstag. Blumenstrauß und [illegible]

5. Die Fritz von Calicut.

6. Gaul verkauft <15 Rs>.

7., Montag, zu Hebich, der von Lehners Ankunft in the roads (Owen Glendover) berichtet, diesen zu besuchen. Nachmittags hinübergeritten - an board ship - sehe die 2 und ihre 2 Kinder. Möglings Fall vom Pferd, am 4ten scheint's: Herr, hilf! - zu Hebich, der Abendmahl gibt den Fortgehenden (nicht mehr den Invaliden, die zuvor aufs Schiff mußten).

8., morgens zurück.

9., Taufe von Jakob Wilhelm Irion.

11. Fritz, seine Frau und Marie zurück nach Calicut.

12./13. Fr. M[üller] in Anjerkandi. Murdoch sagt offen, seine Onkel wollen ihn aus der Plantage verdrängen - d. h. John, er mache es dem George ebenso.

14. Hochzeit Noahs und Hagars.

15. nach Cannanore statt Hebich, der gestern nach Payavur ging. Predige Malayalam und Englisch (Hiob VII), nachher mit 2 Young A. und <S> D. - und Dun - (über Röm 7). Method. Zuhörer, aus 94stem, das 25ste geht die Ghats hinauf.

16. John geschlagen, der Schweinereien redete (über 14ten) zu Ebenez., E. zu seiner Schwester. Mattu sagt's (valia kandam pidikka) - Elisabeth und Sarah beinahe beim Baden ertrunken. Gott sei Dank, der so gnädig hilft.

17., bei Müller, um für Johns Aufnahme zu bitten, gewährt.

18.-20., in Cannanore - höre, daß H.M. 25th nach China ohne Weiber (so* Annas Hierbleiben gerechtfertigt).

19., in Tahe, von wo 2 Kinder am 16ten gestorben waren, Maria und Isaak, beide gläubig. Ich freute mich der kranken Martha.

20. Hebich zurück von Payavur, ich predige Malayalam und Englisch. Abends 9 gläubige Offiziere am Tee.

21. morgens, im Boot zurück mit Buchbinderpresse. - Höre, daß Noah am 20sten sich gelegt hat (turns out smallpox).

22., nach Chombala, von wo Silas und Micha in Cochin Boot zu kaufen gegangen sind.

23. Vadagara mit Thomas und Daniel, die aufs [illegible] -fest wollten. - Matth. auf [illegible] abwesend. Sarah und Louise nach kleinen Händeln versöhnt.

24., zurück, Noah sehr schlimm, völlig außer sich - sein armes Weib nächtelang ohne Schlaf.

26./27. Anjerkandi. Elend mit Gabriels Weib. - Mit George Brown allein. - Noah entschieden smallpox.

28. abends zu King, Brennen, C. M[üller], wo Mögling ankommt, über Zukunft der Basler Mission, meine Skala, von was ich mir vorschlage (ich will aber nichts gewählt haben, lieber Herr!) - meine liebe Frau soll Ende April zurückkehren.

29. abends, mit Mögling auf Pattimar über Hebich. - Noah stirbt, begraben (Thaddai besonders tätig - auch Lucas bietet sich an und hilft. Joseph wird nachgezogen, ohne seinen ganzen Willen[)] (hatte am 19. Nath. zu einem törichten Fest veranlaßt, seine alte Heirat recht vollgültig zu machen). Th.s Weib sagte letzthin eine Lüge "cashoonut von Raben geholt".

Hier ist gerade Platz übrig einzuschreiben:

5. März abends, 10 Uhr, in Stuttgart die liebe Christiane entschlafen. Ehre, Ehre, Preis und Dank dem Lamm.

7. Fredericks Geburtstag - Joseph scheinkrank, voll Angst.

10.-18. März, in Cannanore für Hebich, der nach Taliparamba ging. Die Wesleyans scheinen etwas startled zu sein. Nachricht, daß Möglings Entlassung nicht angenommen ist, er wahrscheinlich bleibt. - Frau im Begriff herabzukommen. - Ich bei West, der mit 2 As täglich leben und jetzt auch nach China will.

21. Briefe von Haus, Ostertag - Briefe der Komitee nicht so ernstlich gemeint, nur auf Sparen abgesehen, nicht aufs Abgeben. Nun, der Herr wird's recht machen.

22. Brief Möglings an Hebich, ihn wegen seiner Geldsachen etc. zur Rede stellend. - Ich und Irion (er nach Calicut) fort in Süden, Mahe, Ch[ombala].

23. Vadagara. Viel Reden über den Curithi Cadu bebauen - vielleicht etwas für unsere Christen? - Abends Chombala, Micha und Silas Haus eingeweiht. Jenen nach Calicut geschickt, seiner Frau wegen.

26. Der Herr zeigt mir meine Untreuen gegen die Komitee, Menschendienerei, Identifizierung mit Br. Hebichs Gewissen etc., daher Konzept eines Briefs an Komitee. Br. F. M[üller] von Anjerkandi zurück am

27., abratend - Abendmahlsvorbereitung - die Woche durch Thaddai, Jona, Martin, Abel, Elieser, Gabriel, Adam, Paul, Thomas, Corech, Johann, von Chombala Paul, Silas, Micah (nicht Simon wegen Zorns, Aaron sündelos, Joseph ungebeugt, Vedam, Anand alt, Nath. selbstgerecht und betrügt Jona um seine Pflanzung, Thomas um sein firewood). <Mark und Luke fragen gar nicht. Luke böse.> Von den Weibern Hagar, Isabell, Lydia, Anna (Thad.s Weib selbstgerecht, Havah, Susann, Elise sprechen nicht an, Aline streitsüchtig und Luise sagt nichts). - Nachher zum kranken Mattu mit Abendmahl, Kali schwer an Pocken.

1. April, erster Regen.

2. April. Abendmahl.

3. April. Joseph auf 6 Rs herabgesetzt und Haus in Compound angewiesen. - Louise pockenkrank (?).

6. April. Bekenntnisbrief nach Hause. Joseph Wahl zwischen Folgen und Selbstwillen, sagt, er wolle gehorchen. - Pferd von Calicut gekauft um 60 Rs. - Friedrich läuft <horsek[eeper] vom 7ten>.

8.-9. Anjerkandi. Abendmahl mit 15. - Gottlob, 9./10., Nachricht von der Parisrevolution. Bald legt sich Nath. an Pocken.

Am 15. Friedr. Dysenterie, zum Teil schwere Tage, besonders 18., Hermanns Geburtstag, Blutegel (vielleicht unnötig). Briefe von Haus - Eindruck der Revol[ution] auch in Mannheim, Karlsruhe. Zensur aufgehoben, K[önig]e zittern, Throne wanken, nur des Herrn nicht.

21., Good Friday. Arab[ella] will nicht mehr beim kranken Nath. bleiben. Gestern (20.) Ayappen für Kali und Mann zum Wärter bestellt, die andern Wärter zu dem seit 17. kranken Simon und Weib getan.

22. Simon gestorben, abends begraben - Ayapp[en] läuft davon.

23., Ostern. Simons Weib und Maria, das Schulmädchen, gestorben und begraben.

25. Tod von Cains Kind.

24. Ankunft von 2 boxes (pictures zum Herzbüchlein und die Sachen für Weigle, Mögling, Dharwar, Mrs. Albr.).

27., ab nach Vadagara (Regen).

28., nach Quil[andi] und Calicut zu Pferd <Micha kriegt sein Weib>. Abends kommen Frau und Mögling mit Kitty*.

29., besuche Frau Conolly.

30., Quasimodogeniti - 2 Predigten - Mögling Englisch.

1. Mai, nach Elattur 2 boat.

2. Vadagara, Chombala, Mahe, Tellicherry. Die 3 Pakete arrive - Miss Keg[el]s box - paper von London und die 2 Steine für printing.

7., Sonntag, Vienna revolution vom 12.-13. März, Berlin rev[olution] vom 18.-19. - !!! Einiges Deutschland.

8. Brennen kommt und spricht von preußischer Republik, auch der österreichische Kaiser habe abgedankt - medicine, für Armenhaus 3/4 und für Irion und mich.

9. Nachricht von der lieben Christiane Heimgang, 5. März abends 10 Uhr. Der Name des Herrn sei gelobt. - Besuch von Hebichs Leuten, Katechisten, Knaben, Mädchen.

10. Hebich kommt herüber - Brief von Inspektor Hoffmann, der sich durch meinen November-Brief sehr betrübt zeigt.

11. Hebich geht abends zurück, seine Leute hatten mehr erwartet.

15., Montag. Sitzung "Mädchenschule abgenommen". - Fr. I[rion] und C.* M[üller] hatten sich bei ihren Männern beklagt, daher abends Frau umgeworfen, am 16. ausgesprochen.

<20.> 26. Kauf der 2 parambus - von Maplas um 40 Rs und 5 dazu. - Ende Mai in Chombala die 3 Mädchen von Micha getauft.

6. Juni, Abigail in der Schule.

30. Mai, F. Müllers Kind geboren.

5. Juni, Irion bringt von Anjerkandi die mail (Schönburgs Schloß verbrannt) und Gefecht von Württembergern in Donaueschingen).

3./4. Juni, in Cannanore auf Besuch.

11. Juni, Pfingsten, 30 bei Abendmahl (Anand und Jesaia wieder). Asirvad ist von seinem Vater Vedam davon, ich habe am 9. Juni die K.-Gesch[ichte] vollendet. Deo gratias.

18., Trinity (M. in Anjerkandi).

19.-21. Chombala, Vadagara, Cugnipenen in Chombala, Schwester Michas (am 17. geboren Daniels Kind). 19. Taufe von F. M[üllers] Kind.

27., lange Unterredung mit M. K. über ihr Benehmen - Krankheit von Samuel und Uriel, Folge von Masern. - Auch unter den Mädchen

20. nachts Fieber, plötzlich - immer bereit sein.

In der ersten Hälfte Juli Brief Ostertags, der zur Korrespondenz mit Mögling über sein (anonymes) Verklagen Hebichs Anlaß gibt. Darüber gehe ich 17. nach Cannanore (wo Zach. jenen Tag fort ist und abends Nath., Bruder Tim.s, ihm nachfolgen will, durch Gebet verhindert wird).

Am 18. Not mit Thomas und Hava, die ihm gar nicht gehorcht.

26. Juli, Briefe von Hebich und Mögling, dessen Reue ersterer nicht recht glauben will, weil er nicht nach Cannanore zu kommen göttlichen Wink hat.

30. Juli ... Selam.

1. August. Ich beschränkte Nath. auf 3 Rs, will nicht für sein Weib zahlen, die (29. Juli des Ehebruchs mit einem Tier bezichtigt, im Gebet halb geständig) jetzt stolz einhergeht. Joseph klagt, 6 nicht genug.

4./5. August, nachts Träume von Mord und von Ernsts Gefahr, fieberisch. Am 3. etwa einen Bußbrief über meinen Ungehorsam heimgeschickt.

9.-11., in Chombala und Vadagara. Ein stolzer Curuppu dort gesprochen. - Paul in K.-Gesch[ichte] tüchtig voran. Matth[ai] war in Calicut mit seinem Weib.

12.-13. Anjerkandi, wo Timoth. 6 Tage fort war (er soll künftighin bloß 5 Rs erhalten), darüber ist er sehr böse, ging am 20. nach Mahe hehlings, sein Weib zu besuchen, die scheint's nie mehr nach Anjerkandi zurück sollte. Dan[iel] und Thom[as] (der sein krankes Weib besucht) tun aber in Mahe kund, daß ich seines Weibes Rückkehr so sehr wünsche. Er nimmt sie 21. mit nach Anjerkandi zurück.

19. gehen Briefe nach Haus ab <und an F. Brown über 5 Rs> über Bau. Irion für 2 Br. zusammen in der Stadt, C. M[üller] zieht Chombala so vor, daß ich das unterstütze. Nun ist's Gott übergeben, der alles recht machen wird.

21. muß ich Mattu erklären, er könne nicht mehr zu den Mädchen - er hat auch Arab[ella] zu sich einladen wollen, wie früher Francis und hat ihre Brust betastet. Oh Elend! - Er wollte fort, war trotzig, am 22. abends rief ich ihn - Thaddais haben so hart über und gegen ihn gesprochen, daß er darum fort wollte. Am 23. sage ich das Th. Jetzt will der und sein selbstgerechtes Weib fort, aber nicht im Ernst.

23.-25. Chombala, Vadagara. Der Turuttih Chatten* in Vadagara nahe am Heraustreten - in Chombala, ordentlicher Fischfang. Matth. schwach in KG. (Am 9. nachts war ich mit einer Schlange im lichtlosen Schlafzimmer von Chombala. Am 25. abends greift meine Frau eine im Schublädchen der lace-pillows fast mit Händen).

Am 28., Montag, besucht Hebich nach mehr als 3 Monaten zu Fuß. Besprechung von Hausbau; wobei Irion mich durch die Bemerkung "ich gehe nicht gern nach Tellicherry" reizt. Ich war nachher elend - wir sprachen und beteten zusammen.

31. Nachricht von Bibelrevisionskomitee. 2 von unserer Gesellschaft sollen dazu gewählt werden. Fritz und ich (Irion der Mann des Ersatzes).

3. September. Abendmahl. Thomas, Cornelius (Daniel, Louise und Sarah (from Mahe), Isabella, Lydia und Aline [)] - deeply afflicted, Mattu hat sich mit Salomos Unzucht und unserem matten Gebet entschuldigt, Joseph sein Weib angelogen, wegen ihr werde ihm 1 Rp abgezogen. Mucw[en] Johann hat nie eine Lüge gesagt - C. M[üller] bringt die interessante news von Nayer, der Matth. 1/4 Rp gibt für die Wortverkündigung.

4. Fr. M[üller] und Irions nach Calicut zur Taufe von Fr[itz] Töchterlein - ich bei Forsyth und Murdoch Brown.

6., ein Lucas Narayana von Cal[icut], ein Chattu von Calicut Cann.* hier, ihr Glück zu versuchen, in Kürze fort.

9.-10., in Anjerkandi. Tim. hat bloß 5 erhalten, ich stecke 2 zu, daher viel Not von Weib und selbst. Manuel schlägt Caleb durch, der statt seines Weibs zu ihm kommt. Vielerlei Elend - ich lese little Henry and his Bearer - der alte Vater Gnanamuttus weint.

11., zahle für Paul und Luc[as] in Chombala 135 Boot.

12., die Geschwister retour von Calicut, auch Matth.

13./14., nach Chombala und von dort nach [illegible], aber zu heiß und zu naß, ohne Erfolg. - Frage, ob wegen bloßen Wissens solcher risk gelaufen werden darf. Am 13. die Briefe von Haus, von Vater, Reinhardt, Jette, Hermann und Samuel. Neuer Krieg mit Dänemark, auch Württemberg.

16. morgens im Boot nach Cannanore (leider Bootleute nur 1 1/2 Rs bezahlt und Lärm). Darauf besuche A. Youngs.

17. Abendmahl, abends predige ich Englisch - schöne Gemeinde.

18. Ladies'meeting mit Frau. - Abends im Nu zurückgefahren in Ochsenbandi halbwegs, dann geritten und gefahren. Immer Husten, Druck auf Brust.

24. Englische Predigt.

28. Weigle und Wesleyan Field kommen morgens früh angaloppiert.

1. Oktober. Field predigt Englisch.

2. Oktober, abends die 2 nach Cannanore zu Miss.meeting.

4. Youngs auf Besuch, abends kommen auch Temples von Tellicherry herauf, die wir am 5. besuchen.

9. Oktober. Hebich abends auf Besuch, hat ein Pegu Pony, am 7. ein Chirakkal-Fest gehabt und Duncan und Obrien verheiratet.

12. Dr. Birch hier auf Besuch - Pakyanatha von Quilon kommt an - auf trial, zugleich Emanuel zurück, der seine Kinder nach Cannanore auf Besuch nimmt.

16.-18., in Chombala und Vadagara mit Frau, Friedrich, Miss Kegel und Mädchen, sehe den Kranken, Chellatten Kelu, aber nicht Chera Curuppu, der über Christ alles in einem und Seelenwanderung zweifelt. Mar. Kegel in einer ihrer schlimmsten Launen.

21./22. Anjerkandi. Taufe von Petrus und Agia und Taufkandidat Paul, der Blinde. - Die Bibeln und NT von Kottayam endlich angelangt - Rechnung abgeschlossen.

23., nach Cannanore zu Hebich. Albrechts da - Hallidays besuchen.

24. morgens nach Madai - [illegible] - [illegible] - Unterredung besonders mit Mapl. und einem Nayer [illegible] - des Adhicaris son, der Begleiter zum Fort und auf Onadaipara.

25., nach Cavai, der alte Sipay Muttayan, sein Weib und 4 Kinder - Besuch auf Bazar - beim Priester, der verständig* und gelehrt ist.

26., nach Ramantali jenseits des Perimpula und von da nach Naranangodur (Inscript.). Predigt, Lärm [illegible] nachgeworfen, über Eli Istala* (Ettvillam*), wo gerade ein englischer Dr. landet, nach Madai 12 Uhr. Thomas befreit durch Gnade. Abends zwischen 2 Regen durch nach Chirakkal, Obrien und Duncan.

27. morgens Tellicherry, an diesem Tag der gestern von seiner Mutter und dem Teufel gefangene Adam und sein Bruder fort von uns. - Albrechts hier oben.

4./5. November. F. M[üller] in Anjerkandi (Timoth. in Geldnot). Herzbüchlein vollendet.

8. A. Young mit Detachements nach Calicut hier durch, ich nach Chombala (Michas Hausbau, dazu ich 2 Rs).

9. Vadagara. Mt. hatte [illegible], der Mapla Mulla lobt Christus gegen Muhammad. In Malayapur ein Namburi gegen Mapla mosque. Chatten ordentlich, von etlichen ermutigt, Christ zu werden, der Nayer sagt, Streit sei nicht mehr nötig, Glauben sei das einzig Erforderliche - bei Young, Boileau eitel im Geben an [illegible], West närrisch, Watt abgefallen vom Glauben. - Abends Albrecht kommt nicht - (am Meeresufer), daher heim, wo auch Paul mit Rajas Erlaubnis zum [illegible] Tempelbesuch anlangt.

10. Tellicherry. Mail mit Frankfurt Revol. Lichnowsky <18. September> und Auerswald erschossen! - Morgens war Mark fischen gegangen, hatte statt seiner Nath. rufen lassen und dann Arab[ella] zu besuchen versucht. Geht durch mit Kleidern, die er den Tag zuvor zusammengemacht. Sein Weib weiß es, zeigt seine Schrift nicht, folgt ihm am 18.-19., seine Brüder am 1. Dezember.

12., Sonntag. - Paul von Chombala will nach Cochin,Boote zu kaufen.

13. Fr. Get.* Young auf Durchreise nach Calicut.

14. Steambriefe, Revolution in Frankfurt, Rottweil, Baden gedämpft. Th. Mögling wieder auf der Flucht - von Basel Hausfrage verschoben und von Cannanore-Stationsbesetzungsfrage abhängig gemacht. Vedamuttu ist up, weil ich ihn in Nachmittagen Schuhe zu machen geheißen habe, geht wohl fort. Joseph in der Mädchenschule - sagt mir, Hebich habe ein Geschrei veranlaßt, ich sei mit entwendetem Geld nach Europa gereist. - Was mag daran sein, daß Gott mir dieses zu Ohren schickt, ehe die Verhandlung über Cannanore angeht. Jedenfalls soviel, daß ich dem Gelüst der Bekenntnisse und Erforschnisse viel abgeneigter werde. Vedam hatte seine Sünde damit beschönigt.

16. Fr. Lascelles hier. - Oh, welch ein erkältender, jammervoller Eindruck. Alles so glatt und freundlich und beschönigend, und doch das Herz nicht befestigt auf Gnade - und große profession ohne ernstliche Buße. Aber wer hat mich vorgezogen? Ach, daß ich am Fuß des Kreuzes bliebe und die Augen verschlossen hätte, auf andere zu sehen! Herr, laß auch die Worte nicht umsonst sein, die ich mit großer Anstrengung auf die Gefahr hin, alles zu verschütten, herausgebracht habe. <Ein Nayer von Patani.>

18./19. Irion in Anjerkandi (stürzt vom Pferd), keine Nachricht über die 5 Rs-Geschichte des Katechisten von Frank Brown. - Mengert besucht uns am 21., am 23. kommen Albrechts zurück und gehen 24., an welchem Tag Mengert von Calicut zurückkommt und 25. mit D. Young nach Cannanore geht - auf eine See-Exped., nach Gesundheit - am 24. der Diebstahl von Ram und dem Payani < [illegible] > man, nicht entdeckt. Abendmahlsvorbereitung sehr lau.

Am 20. war Hebich dagewesen, hatte Rechnung gebracht (25 000 balance, 18 000 donations) und gegen den Komitee-Vorschlag, ihm einen Mitarbeiter zuzumuten, protestiert. Da haben wir noch Arbeit auf den 29.

26., Sonntag. Abendmahl, nur 6 männliche, 4 weibliche natives, und doch war Matth. dabei von Vadagara samt Weib, Joseph, obwohl scheinbar demütig in der Mädchenschule, klagt über das Geld-Abziehen bei ihm gegen F. M[üller] und kommt nicht zum Abendmahl. Andere probieren es nicht einmal. Mattu besonders bös samt seinem Weib.

Am 27. abends redete ich mit Jos[eph].

Am 29. November Zusammenkunft mit Hebich und Fritz. H[ebich] beharrt darauf, niemand zu wollen und geht abends, wie auch Fritz.

30. November läuft der Knabe Bapu im Tölpel nach Cannanore. Kommt 1. Dezember zurück, an welchem Vedamuttu endlich fortgeht.

2./3. in Anjerkandi, wo der Herr Gnanamuttu wegen einer Klage über 2 Pice fine 4 [2?] Rs finet. - Daher Vorstellung gemacht <sie nehmen's am Christtag zurück>, abends nach Cannanore, wo Bösinger und Müller am ersten landeten.

Am 4. gehen sie nach Tellicherry - 17. Ich bei Hebich, Verhandlung über etwaiges Gehen nach Chirakkal. Darüber mit den Brüdern 5ten und 6ten heimgeschrieben.

Vom 11.-15. auf dem Fest in Kilur. Brunton und Stuart from Beypore. Conolly, Cotton und Vedamuttu von Calicut - Thomas versucht, nach Punur zu gehen, aber der Calicut Dan. wird krank bei ihm - heim über die neue Mucwerschule in Vadagara.

Am 16. Greiners von hills.

17., die 2 Uhrmacher-Brüder nach Cannanore.

18. Greiners in Cannanore - Klage Greiners über Mögling, der soll gemeint haben, Hebich habe mich durch Geld gewonnen.

21. abends zu Hebich, der krank gewesen war, noch ziemlich in Versuchung steht.

22. Miss Kegel von Calicut zurück.

23. Christtagsbescherung.

24., Sonntag, 25. Christtag, viele Besuche, besonders von Chombala und Vadagara.

1849, Neujahr. Der Herr waltet (die Knaben, die es ansingen wollten, verschliefen's).

7. Abendmahl gesegnet, 29 Schwarze.

14. Anjerkandi. Tim. wieder zurück - nach schweren Kämpfen, weniger mit seiner über Fieber klagenden Frau als unserer und Thomas, mit dessen teuflisch aufgeregtem Weib, die sich vor Verbannung nach Anjerkandi fürchtet und ihn auch nicht auf eine Weile gehen lassen wollte - nach und nach gibt sie sich - aber!

15.-16., nach Vadagara, von wo ich die Drucksachen nach Calicut schicke und nach Chombala reite, mit Chr. heim, der mitten im Bauen ist - in Calicut alles sehr displeased mit meiner Synopse wegen Stern (Huber gegen conjukt...) und Versuchung (Fr.s Steckenpferd der Opposition gegen Lange).

21. Predige Englisch - Fr. M[üller] ist mit Metz, dem Rückkehrenden von Nilgiris, in Cannanore auf Owen Glendower (22.), sieht Brandt von Bombay, der heimgeht.

Am 24. kommt Hebich auf Besuch, geht erst am 26. (macht mir Angst durch sein Noch-immer-Versuchtsein zum Heimgehen nach Europa). - Uriel kommt von Cannanore zurück, wo er etwas gehungert hat - frage, ob King eines Totschlags schuldig gewesen sei?

28. F. M[üller] von Anjerkandi zurück, bringt ham and cheese (?). Nachts 11 Uhr Zeichen einer Niederkunft.

29. nachmittags, 3 1/4 Uhr der Kleine geboren. Dank Gottes Gnade. Er wird 15. Februar Paul getauft. <Taufpaten[1] :> Die Mutter gegenwärtig, nachdem sie sich schnell erholt.

Ich war am 12. in Cannanore, sah Würth (unterwegs) und Mögling. Zugleich Adam und Esra von Rundale zurückgeschickt, leider mit ihrer Mutter. Mögling mit Hebich viel über mein Cannanore-Gehen.

Am 16. morgens nach Cannanore. Hebich auf Payavur-Fest. Ich sehr müde. Mögling ging morgens mit mir an Fluß, sprach von seinem Brief. West krank von Sonnenstich. ... scheinen bemüht.

17., zu Rev. Taylor Chaplain und Chapl. Kinlock, sehr weltlich - hoffe, er gibt das Armengeld alsbald. Abends Tahe.

18., Sonntag. Tamil-, Malayalam-Predigt.

19. Tellicherry. Ich finde Fried. M[üller] im Begriff, auf eine Reise zu gehen (Calicut). - Friedr. sehr froh, mich zu sehen - so ich ihn, er spricht etwas zwischen Bau und Mau als seines Brüderchens Namen aus und strengt sich mit den Namen Würth und Mögling sehr an. - Der Kleine ist lieblich, gedeiht rasch, Frau auf.

20. Cannanore. Morgengottesdienst, 2 Telugu- und Tamil-Knaben, um Bücher zu erhalten. Bei Birch, um über Dentons Tod zu fragen.

21. Hebich kommt schon morgens früh, wünscht, daß ich hinüberziehe und will dazu in Chirakkal zu bauen anfangen. Wir gehen abends im Boot nach Tellicherry, wo er die Sache vor Irion und (22.) vor C. M[üller] vorbringt. <Meine liebe Frau gerade durch Blutverlust angegriffen.> - Ein Brief Möglings von Arikkod kommt auch an, der Br. Irion dazu bereden soll.

24./25. Anjerkandi. Shadrauls* Weib und Br[uder] melden sich zur Taufe.

26. Anand klagt Thom[as] des Ehebruchs mit der Mogayi Mata an. - Ich bete mit Irion.

27. Reden und Gebet mit Thomas. Gottlob, daß es eine Lüge ist. Der Herr zeigt, wo unser verwundbarster Punkt ist, und wir bitten um Gnade, da mit Gebet zu widerstehen. Anand und die Mucwatti, die ihm hilft, schaffen Mata fort.

28. Br. F. M[üller] zurück von Calicut. Wilson bible cand.

2. März. Brennen auf Besuch - hat schon gehört, daß wir nach Cannanore ziehen - (von Frau M[üller]) und daß C. M[üllers] am 10. nach Chombala ziehen, was wir nicht wissen. - Er selbst in Cannanore zum Abschiedsbesuch. Taylor und Kinloch waren auf Besuch bei Br., wollen den Reisfund im nächsten Halbjahr besser zu verwalten anfangen.

3. März. Matthai auf Besuch. - Die Leute auf [illegible] ferner statt näher.

---

1. Es werden keine Namen genannt.

4. März, englische Predigt, kein gentleman. Paul etc. auf Besuch.

5. C. Müller abends von Cannanore zurück.

6., ich nach Cannanore, finde Hebich noch, der in Chirakkal anfängt zu bauen - 2 Predigten.

7. abends nach Tellicherry. Finde Friedrich in starkem Schnupfen, ja Fieber, Paul auch hustend.

8., besuche C. M[üller], dem es sehr leid ist, daß seine Frau ausgeschwätzt hat. Nachmittags mit Irion, der nur alles Menschelnde sieht und sich über Möglings Tun, als ob es fast magisch (durch Briefschreiben nach Basel) auf Hebich gewirkt hätte, ganz besonders aufhält, von Gottes Tun in der Sache nichts sieht. Ich danke dir, Herr, daß du mich nicht mir selbst überläßt, sondern mir von Schritt zu Schritt sichere und grade Wege weisest. - Abends nach Cannanore, unterwegs viel [illegible] und Festlärm.

9. 2 Predigten.

10. Tahe, wo Mädchen sehr unwissend. Sonderbarer Geist in J. S.s Tagbuch, voll von Gewißheiten und Offenbarungen ohne Fundament. Er dauert mich, braucht Demütigung für seinen, wie er immer fühlt, hohen Stolz.

11., Sonntag. Abends Freses Geschichte, im Hamburg Kerker erzählt, gelingt nicht recht, doch Sorge Christi fürs Kleine dargelegt.

12. morgens Tellicherry. Friedrich froh zum Verstummen darüber, daß er mich sieht und befühlt, ziemlich geschmolzen, aber 2 neue Zähne dafür. (Schlechte Nacht mit Kindergemauz). - In der meeting mit den Brüdern, Chombala diese Woche zu besetzen, beschlossen. Alsbald ausgeführt. Auch scheint mein Herüberziehen bei Br. I[rion] auf keine solche Hindernisse zu stoßen wie bisher.

13. Cannanore. Predigt über "Kleine Sünden". <Geburt des 3ten Irions.>

14., mail. Abends in Tellicherry. Selmas trance. Vater Ruckenweh. Paul Steudel auch von Cullens Missionsgedanken. Ostertag über den Komitee-Wunsch, mich nach Cannanore zu haben.

Darüber 15. die ersten Erklärungen mit Jgfr. Kegel - Abschied C. Müllers, der den nächsten

(16.) nach Chombala zieht, während ich,Fried. und M. K[egel] nach Cannanore fahren. C. M[üller] hat F. M[üller] verletzt, indem er die Armenfundsache ihm zuerst antrug und dann ohne ein weiteres Wort Br. I[rion] anhängte, der sich in derlei Autoritäten natürlich gefällt. - Abends kommt meine Frau und Paul im Palankin gerade vor Gottesdienst, in welchem ich über Ma. IX, ult. <fin.> predige und besonders Beaumont <Burman> starken Anstoß gebe.

Samstag, 17., in Chirakkal - alles eingesehen. Abends die Frauen fort, (Jf. Kegel sehr verstimmt). Hebich kommt, während ich mit Soldaten spreche, gutes Muts. Macht Pläne über das Bauen.

Ich 18. nach Tellicherry, wo nachmittags angekündigt. Tags darauf Brief an die liebe Komitee.

20. Besuch von Forsyth und Morris (Taylor und Kinloch wollen hier das Armenhaus zu einer Church-anstalt ummodeln).

22., ich gebe den Besuch heim. Dr. Young.

23., Wests auf Besuch (wie vor 10 Jahren).

24./25. Anjerkandi, wo George Edwards Leute sind. Viel über Madras und Sadar Court. Taufe von Sadrs Frau Ruth, Tochter Orpa, Bruder Jonathan - (am 24. Bühler durch nach Bombay, besteigt in Cannanore den steamer).

26. Meeting der Brüder, auch C. M[üller] das erstemal von Chombala in. Beschlossen, 3 Heiraten womöglich zustandezubringen für Lucas, Adam, Martin. Letzterer am bescheidensten und zufriedensten dabei, <hoho!> - Anjerkandi beschlossen, zu Cannanore zu schlagen.

27. abends im ersten Regen nach Cannanore 1/2 gelaufen.

28., Chirakkal. Ausstecken des Platzes für Schule und Nebengebäude.

29. Briefe schreiben für Hebich. Ankunft der Losungsbüchlein. Taylor hat Hebich layman und unordained geheißen: Der Parsi verschimpft Hebich.

30. Herübergeritten, Gauls girth broke in starting.

1. April. Engl. Predigt. Palmsonntag. Ich sprach unterwegs mit Miss Kegel über das Cannanore-Ziehen und spielte auf Fritzsche Pläne an, sie leugnet hart und überbestimmt, scheint nicht zu wollen und doch zu wollen. Darauf kommt sie noch abends in Garten und fragt, warum ich das vor sie hingeworfen habe. Ich erklärte wiederum, daß sie sich besinnen könne, bis Fritz heraufkomme, in welchem Fall die Frage gewiß vorkomme.

2. Heute erklärt sie meiner lieben Frau heftig, wenn man in Cannanore sie mit Mädchen zusammen bauen und placieren wolle, gehe sie nicht, sondern schreibe ihrer Komitee etc. O Herr, hilf dem Herz ohne Geduld und Glauben.

4. Thomas kommt mit Mutter, Mama Cheppala, Schw. Ittucuddi und ihren 3 Kindern an, sein Bruder Rama will folgen.

5., besonders mit Adam gesprochen, der Rosine will.

6., Karfreitag, gesegnetes Abendmahl (Briefe nach Haus). <Thomas Mutter spricht in der Kirche.> - Ananden, Vedam und Familie fallen in Fluß. Durch Gottes Gnade alles gerettet. Ach, daß das Zeichen wirkte.

7. An.s Deborah stirbt morgens, ohne sich erholt zu haben. Ich in Chombala, wo ich finde, daß nach Lydia und Isab[ella] ihm Aline die liebste wäre.

8., Ostertag, predige über Leben und Gericht <Joh V>.

9., Montag, Chirakkal - merkwürdig, daß ich mit hinaus muß und in der Sonne und am Bauwesen den Schweiß erfahre.

10. Die 2 Predigten in Cannanore des Thomas Pareichi Mutter wüst und händelsüchtig.

11. Zurück, finde Fritz und Familie. Taufe des Carl Andr. Irion - C. M[üller] ist da, verspricht den Maurer in 8 Tagen.

12. Lucas und Lydia verlobt.

13. In Cannanore (ohne Fritz, der mit wollte).

14. Steambriefe "quasi custos" - Unterredung vor Miss K[egel] und ihr Ultimatum.

15. Malayalam-Predigt, Quasimodogeniti.

16. Lydia entlassen - toll betrieben von den Chombalern.

17. Abschied von Fritz, der mich begleitet bis zur Brücke. Wieder 2 Predigten in Cannanore.

18. nachmittags nach Chirakkal geritten - langsam - das Haus leider abgedeckt, zu kurz vor Mondwechsel.

19. Wieder abends in Ch[irakkal] und übernachtet dort. Brief an Barth (nachdem er abgeschickt, wird mir's unwohl), Ostertag etc.

19./20. In dieser Nacht C. Müllers und Bührers Söhne geboren.

20. Besuch bei Fröhnert, Bandmaster des 94sten H.M. - Abends Dun und Birch wieder im service - und wie gestern Gewitter, so nun ruhiger durchdringender Regen.

21., nach Tellicherry zurück. Frau Durchfall - Schreiner suchen - Hochzeiten ausgemacht und 22. verkündigt im Morgengottesdienst (21. Hochzeit Lukas und Lydias - wozu auch Elieser geht). Diesen Sonntag regnet es wie im Monsun - und Gott wache über den Chirakkal-Plan!

24., Dienstag, in Cannanore, wo Zorn von Kempten ist und Gang zu Parsi. - Ich predige 2mal.

25. morgens Chirakkal nach gr[oße]m Regen. Dennoch steht alles - das alte Haus wird vollends bedeckt. Abends zur Frau (Ruhr) zurück. Diesmal mit gekaufter Geige gelaufen.

26. Zorn kommt von Calicut zurück. Fritz' Kind ist besser, dagegen Frau Huber fiebrisch. - Die Hochzeiten Adam-Rosine, Martin-Anna vollzogen. Der Herr mache was daraus. Meine liebe Frau besser.

27. Wieder nach Cannanore, sehe Wiggins*. Der lieben Großmutter vielleicht letzter Geburtstag.

28., zurück nach Tellicherry.

29., Sonntag, Thomas zurück, sein Bruder hat ihm Du und [illegible] gesagt. Das Vermögen ist alles in die Hände von diebischen Umwohnern - sein Weib gestorben nach 3tägigem Delirium - "Hölle", "Tellicherry". Ihre Brüder glauben durch Thomas [illegible] seinen Kindern gibt er 2 Rs - sie lassen sie aber nicht mitgehen, außer wenn er etwa sie die* Schwäger zuerst umgebracht, - er geht nach Calicut - Chinnappen (dem Ros. gestorben ist), kommt auch hiedurch. Ich freue mich der Gebetserhörung für Fritz' Kind. Jetzt um Thomas' [illegible] gebetet.

1. Mai, Cannanore, abends Stephan Obrien beerdigt (gestorben 30. April nachts).

2. Mai. Chirakkal am morning - Geld nach Tellicherry geschickt. Abends zu Fitzgeralds und West.

3. Mai, mit Joseph Fitz nach Chirakkal, wo nach heaviest wind and rain über alle Hoffnung heute das Dach gedeckt wird.

4. abends nach Predigt Tellicherry besucht (Pferd verliert ein Eisen und leidet am Huf).

5.-6., Anjerkandi (und 7. Abschied von Edwards, die nach Madras zurückgehen). Die Browns dachten, meine connexion mit Anjerkandi werde aufhören.

7. Brief der lieben Komitee. Sie wollen mich in Cannanore und C. M[üller] in Tellicherry haben, beides von uns unmöglich gemacht.

8., in Cannanore.

9. morgens im Bandi und mit Gewitterregen gelaufen - innere Hitze. Irion und F. M[üller] sind zur Taufe von Theophil Christian nach Chombala, von wo sie mit Huber abends kommen.

11., nach Cannanore, halbgebraten, weil das Pferd hinkt und kriecht. Nachmittags im Bandi nach Chirakkal, wo das Bodengepatsch noch nicht einmal im alten Haus fertig ist. Über Einzug geredet.

12. Zurück Tellicherry in Fieber <(steambriefe)>, daher auch 13. kein duty. Aber am Abend des 13. Unterredung mit Jfr. Kegel, die um Verzeihung bittet.

14., Montag, mit C. M[üller] Beratung - und Boatabsendung.

15. Cannanore, wieder Fieber - wünschte, daß Hebich für mich predige, das geht nicht. Der Herr hilft durch.

16. Chirakkal. Abends Frau, Paul und Marg kommen von Tellicherry.

17. abends mit Frau nach Chirakkal zu ihrer Verwunderung. Indessen schreit Paul bei Missy*.

18. zu Fitzgerald mit Frau - o, wie leer, sie kommen aber darum zum Gottesdienst (gestern sagt Webster "May the Lord pardon Mr. Tayler his lie", er habe von Calicut-Brüdern gehört, sie seien nicht zufrieden mit Hebich und er sei nicht ordiniert).

19. Tellicherry. Abschied bei Forsyth, Chatfield. Abends Jerdon (wo West eben einen neuen Jonathan in Fr. Jerdon findet). Die übrigen Kulis und Klavier abgesandt.

20., letzter englischer Gottesdienst und Abschied von Brennen. Im Malayalam-Gottesdienst Thomas' Weib angefahren, deren Mann wegen seiner Mutter Krankheit nicht kommt. Sie sagte, er habe sich im Armenhaus verspätet, also ohne Abschied fort.

21. morgens nach Fiebernacht (anfangend mit Gebet samt dem von Anjerkandi zurückgekehrten Irion) im Bandi fort mit Miss Kegel und Friedrich. Ich bin wie im Traum. (Höre, gottlob, erst in Chirakkal, wie hart es Fr. Irion meiner Frau gemacht wegen Fortnehmen unserer eigenen Gerätschaften. Sie bat nachher um Verzeihung -). Die Mädchen gehen nach Tahe, die kleinen fahren den größeren Weg dahin. Chirakkal station.

22., in Cannanore, verderbe mich durch die 2 Predigten, schicke Isab. und Cagatshi nach Ch.

23. morgens ich nach Chirakkal. Es kommen abends die übrigen mit Joseph und Familie - Wirrwarr - Fieber.

27., erster Sonntag, Pfingsten. - Frau geht nach Cannanore, weil Miss K[egel] nicht will - Katarrh entleert sich. Besuch Manuels von Anjerkandi.

28. Einzug der Tahe-Mädchen, Timoth. und Searle auf Besuch. Alles getrocknet. Abends fängt der Regen an. Halleluja. - Diesen Abend Ausritt auf Valarpatu Kirchhof. Mapla-Priester vom heiligen Abderrahman und den von ihm besiegten Choyiqurikel - über rel. heftig und mißtrauisch.

30., in Cannanore.

31. Hebich in Chirakkal. Abendmahlsvorbereitung.

2. Juni abends nach Cannanore, allwo

3. Juni gesegnetes Abendmahl, alle zusammen, der Herr sei gepriesen. Den Segen wollte der Teufel nachher durch Streit über Rückfahrt mit M[iss] K[egel] verderben - steambriefe gesandt.

5. Juni. Nachricht von Papa Dubois' Todesnähe. Werde vom Chirakkal-Tempel mit Hohn fortgeschickt, wie ich 4. Juni spottvolle Heimkehr von dem Fort habe wegen Gaul. Begegne 5. dem Raja mit seinem ponayer.

6. Juni Hebich hier, bringt Putshi - ich mit nach Cannanore. Sehe Birch - nichts von auction.

7., nach Cannanore und zurückgeritten.

10. Juni, Sonntag - leider cold, so konnte ich Hebich nicht aushelfen, der selbst cold hatte. M[iss] K[egel] in Cannanore. Meine Frau nicht ganz wohl.

11., besuche Hebich.

13., sehe Grace Hamnett*, lade sie zu Besuch in Chirakkal ein.

14., sie kommt nicht, bei Ringrow. (13. Besuch Thomas und auch des ersten englischen Bruders, Temple). Darüber ist Schw. Kegel entschieden, keinen Besuch anzunehmen und ärgert Hebich.

14., steambriefe über ältere Nachricht von Papa Dubois' Heimgang und Stuttg. König nach Ludwigsburg, genötigt, sich Preußen zu untergeben, dessen König sich absolut zu weigern anfängt.

15.-17. Anjerkandi. Lost the way twice - im ganzen kam ich zur rechten Zeit. Gottlob - die 2 Menons suchten die Christen zu falschen Zeugen zu machen, daher ich dem Unaiken eine tüchtige Lektion gab. Auch Tim. war im Pech. Der Herr helfe ihm mit seiner Schwäche. - Abendmahl mit 11, Tim. und seinem Weib, Nicod., Joneyen mit Nallamuttu, Ruben und Gnanappen. Petr. und Hagia, Gnanamuttu, Abel. Die Herren im ganzen freundlich.

18. West besucht uns das erstemal in seiner Dummheit mit Capt. Buller und Weib, Rom. Catholics und 5 Kinder, Lieut. Stoddart und Weib und ein Kind - letztere, ich höre, backslider.

20., zu Hebich in die Tier-Schule - Fr. Müller kommt nach Chirakkal, ich hieher zu ihm.

21., Hebich hier - F. M[üller] mit ihm zurück. Ich höre, daß er und Irion nicht wohl zusammen haushalten (durch M[iss] K[egel]!). Denselben Abend besuchen wir die Temples.

22*., der Raja besucht lange Zeit. Abends Hallidays. (21./22. nachts Friedrich genötigt, auf dem Bett zu schlafen statt auf Boden, erst durch scharfe Züchtigung möglich, daher erneutes Fieber).

24. Ich in Cannanore service. - Alles ordentlich.

27., ich in Tahe, Frau in der Frauenbetstunde. Des buglers Frau mit Helen und 2 kleinen Kindern in Ch.

29. Tellicherry Besuch. - Chr. Irion donnerfürchtig.

30. Anjerkandi - 1. Juli. Alles ruhiger - finde endlich den Weg.

2. Juli, in Cannanore, messe compound, höre, was ich schon lange gespürt, daß Jacob sich nicht in Untertänigkeit unter mich kindlich finden kann. Spreche mit ihm und auch mit Joseph, der gestern die Kinder durch Bazar geführt und für sie Zucker etc. eingekauft hatte.

3. Juli. Briefe nach Haus an Vater, Josenhans, Jette, Schaffert - wieder Fieber.

5. Juli. Hebich hier, gibt's den Kindern wegen Sonntag, spricht zu Jacob, dem Koch und seinem Weib, wegen Ausgaben, die meine Frau übernimmt für die Zukunft.

8., in Cannanore. 3 Stunden langer Gottesdienst - ... Joanna mit kleinen Mädchen in der Schule. Hebich etwas angefochten, weil Mögling mir Briefe schickt, die er nicht haben soll. - Jacob und Juda auf Besuch in Anjerkandi.

9., mit Frau in Cannanore - sie Betstunde, die Weiber sehr bös über Fr. Fitzgerald und Temple. Ich in Tahe über das Lernen der Knaben. Nachts Hudson und seine 2 Begleiter besoffen am Tor, und schleppe den Klotz von Soldaten in Jacobs Veranda. Am 10. morgens bitten sie um Vergebung und Frühstück. Ich wieder Fieber und fast verrenkt.

11., in Cannanore (mail vom Dresden-Aufruhr). Anfang des Katechisten-Unterrichts. Wir wünschen auch, daß Stanger nach Mangalore komme auf Möglings Antrag.

12. Hebich hier. Abendmahlsvorbereitung, für mich etwas annoying wegen Rücksichtslosigkeit, denn Friedrich hatte gestern abend Anfang von croup, schlimmste Nacht mit Calomel, schwerer Tag - Jgfr. war böse, weil ich über die vorhabende Heiraten ein frz. Wort sprach. Abends fängt Paul an, nicht schlucken zu können. Die Mutter schickt nach mir, höchst beängstigt. - Doch auch der Tag ging vorüber, und nach allem konnten wir

Sonntag, 15. Juli, alle zum Abendmahl nach Cannanore gehen. Jgfr. in schlimmster Laune. Sarah war sehr schlimm mit ihrem Mann Duncan am Freitag: ich wundere mich, daß Hebich sie doch für bekehrt hält, obgleich seit der Heirat es so fortgeht. - Mögling schickt reichlich Briefe, besonders über Elliots, Stanger usw.

16., mit Frau in Cannanore und Tahe. Gestern sind die Hochzeiten von Joseph - Elise, Paul mit Martha, Hagar mit Juda, John mit Chaliutti ausgemacht worden. Das ist somit im Reinen.

17. Des Koch Jacobs Weib stiehlt ein Päckchen pappadam (so viel als gewiß), ihre thefts von Chiroots*, Holz, Eiern etc. kommen an Tag. Ich offenbare es im Gebet. Sehe den 2ten Raja in seinem Schloß. - Am 16. hatten die Tellicherry-Br[üder] Timoth von Anjerkandi verlangt. Darauf am 18., Mittwoch, Antwort von Cannanore aus geschrieben. Am 17. steambriefe über Tellicherry angelangt. Meiner Kinder keine Erwähnung! Revolution in Pfalz, Baden und schlimme Vorbereitung in Württemberg.

19. Hebich hier, schrecklicher Teufelsbetrug über Duncan, an dem sein Weib einen Bundesgenossen gewonnen hat, sich an mir zu rächen. Daß ich am Sonntag mich gegen Hebich über sie als unwiedergeboren ausgesprochen (auch besonders das Wort Hure gebraucht) etc., kommt nun zu dem issue, daß er fort will und mich nicht leiden kann. Er sieht am Ende, daß er betrogen war. Aber ein Tag ging damit drauf und Hebich konnte mittags nicht essen. Bei Halliday hat er wegen des elenden Schneiders Samuel jetzt noch einen ehebrecherischen Umgang aufzuheben.

20. Br. Irion gestern lang in Cannanore, auf Hebich wartend, kam an, brachte den Tag zu mit ihm, besuchte den 3ten Raja.

21., mit ihm nach Cannanore und ich Anjerkandi, von wo 22. zurück, falle mit Pferd. Irion mit Hebich etwas außer dem Geleise.

23. Tahe.

24. der 3te Raja stattet mit Brahmanen seinen Besuch zurück, stattliche Leute.

25. Juli. Nach Cannanore und zurück - laufend, spreche mit Maplas auf der Gasse. Katechisten schreibend.

29. Jgfr. Kegel in Cannanore - hier Predigt mit den Zurückbleibenden.

30., in Cannanore und Tahe - sehr heiß.

31. Hebich nach Tellicherry und zurück, erzählt, daß gestern Br. Fr. Müllers Töchterlein geboren. - Sie wollen Paul statt Timotheus.

2. August, mit Hebich nach Cannanore. Hallidays, tea mit ihnen und Birch.

3. August. Tellicherry, ich habe die Sache zu schwer genommen (wegen Timotheus). Gebet mit den lieben Brüdern. - An diesem Tag läuft Titus von Calicut seiner Frau und dem Herrn davon und hängt sich an den Teufel in der Person von Esther. Predigt für mich und uns alle, sich von dem Erzlügner und Erzmörderer nicht bescheißen zu lassen. Ich höre das 5. August (4. August, Samuels Geburtstag, 9 Jahre alt. Lieber Heiland, segne ihn!). Briefe nach Haus, Uranie, Ostertag, Vater.

6. August. Tahe, sehr heiß - dort Abel den Puleier-Buben geschlagen. Chalien Cannen aus Tellicherry Gefängnis dort.

8. Cannanore. Briefe - auch von Ostertag (7. erhalten). Abends Hallidays mit Birch and Mrs. Francis (Tochter von Capt. Begbie) auf Besuch. Folgt Abendmahlsvorbereitung, in der ich Lydia, Ruth, Martha ausschließe, selbst sehr müde. Der Vettuwatti-Mann (sie 3. August von einem Mädchen entbunden) kommt zu uns, ist ordentlich. Timotheus von Anjerkandi am 11. auf Besuch.

12. Abendmahl recht gesegnet (neues Pflaster).

13. Tahe (Isaak davongelaufen und zurück).

14. abends Besuch von Chr. Müller (morgens der 2te Raj[a] bringt Patanjali).

15., mit Müller nach Cannanore. Er ist zufriedener mit dem Chirakkal settlement. Zu Dr. Birch, der Tart Emet ratet.

18. Fritz auf Besuch - abends mit ihm nach Cannanore.

19. Hebich predigt - nachdem ich zurück bin, geht er zu Dr. Purvis, dem Sterbensnahen.

20. Tahe, wo Obrien von Anjerkandi zurück, fröhlich zu Temples. - Abends kommt Fitzgerald nach Chirakkal, sagt, daß West Dr. Young sein Haus angeboten habe unter der Bedingung von einem sickcertificate for hills.

22., Mittwoch, letzter Katechisten-Mittwoch.

26. Noch einmal in Anjerkandi, was fast zu viel, gab das Abendmahl - von jetzt an Ruhe, Hunger, Wassertrinken - Pflaster.

4. September. Birch geht ab. Esther von Calicut geschickt.

14. September. Briefe von Haus (Rastatt auch unterworfen). Friedrich sehr elend, besonders in Nerven.

16. September. Abendmahl. Viele von Anjerkandi. Die Mapla-Geschichte (73 Rebellen von den Weißen des 94sten umgebracht). Trichinopoli[1]-Geschichte (400 vom Fels gestürzt oder zerdrückt). A. Young Brigademajor in Cannanore.

4. Oktober, mit Hebich und dem genesenen Friedrich Donnerstag abends zu Hallidays. - Schlechte Nacht.

5. Oktober morgens Tellicherry, wo er aufwacht - Brüder trennen Haushaltung. <vandri und nondri = toni zur Rückfahrt bestellt>.

6.-7. F. Müller in Anjerkandi. Friedrich lebt ganz auf - steambriefe per Barth geschickt.

8. nachmittags retour. F. Müllers Bandi, nachdem wir ausgestiegen, vom horsekeeper in Graben geworfen. - Dann die letzten Regen bis am 12., sehr schöner Tag, abends zu Rajas Teich ("Atsha pf" sagt Friedrich).

13. Paul von Chombala auf Besuch - sehr nett - abends homeletters, gute Nachrichten, Dank Gott. (Ungarn und Venedig unterworfen). Schlange im Schlafzimmer.

14. Sonntag, 15. Hebich in Anjerkandi.

16., ich bei ihm auf Besuch - Mögling schreibt wieder, ladet ein.

17. Durch Hebich betrieben auf ein elendes Manji mit Ebenezer - nach starkem Regen, in welchem Frau und Friedrich heimkehrten.

---

1. Tiruchirapalli.

18. morgens Eli, abends Bekal vor Anker - umsonst wollte ich ans Ufer - zum Glück, denn ich hätte das Tragen nach Mangalore nicht ertragen.

19. morgens Kumbla. Mittags wegen Gegenwind Anker vor Manjeshvar. Ich lasse mich landen - dann im Manjil nach Mangalore, leider sehr geschüttelt - Fiebernacht.

20., nach Balmatha.

21., Sonntag, größere Ruhe gewagt, Kissinger zu trinken angefangen. Der Herr segne es.

21. sehe Anderson.

23. Meeting Day, sehe Harris - Stanger kommt.

24. Briefe an Komitee, Barth und Vater.

25. Gnanamuttu retour. Er hat 160 Rs für rice 17 Rs bef... Ich lasse 100 Rs bei Mögling und habe 13 davon in Hand (von Hebich erhalten 290).

26. Brennens Leute gehen retour, die Edward hieher gebracht haben. - Der Dr. Kevin sieht mich zum erstenmal, 27., ordentliches Halspflaster und Rad. Scyll. mit Hyosc. an. - Gestern Besuche Herr Giles, Merchant von Bombay. - Gesundheit ordentlich bis am ersten November durch das verordnete Eintrocknen der Brust wieder Fieber etc. erst ca. 10. November Dr. again.

12. November. Briefe von Haus, Bühler fort, Metz auf hills, nach Mangalore Würth (Stanger fort!!).

13., ins untere Haus zu Fr. Bühler*, englische Schule, nach Harris Haus, Gebet mit ihm. - Abends sehe McFarlane, der für Brust codliveroil und counterviri* tants* anrät und mehr sieht oder hört als Kevin. (12., das 2temal bei Fr. Cummin).

14., mit Schlegel und Williams (durch Zorn und Fr. Bühler bekannt, er von Isny, Schwager Friedr. Lieschings). Uhren fertiggemacht etc.

15. abends mit Barid, dem bookbinder, (aber ohne Knecht) hinab- nach Gebet mit Mögling - auf Manji - auch Hoch begleitet. Nachts kommt [handschriftlich] und troubles - erst morgens fort - Seewind. 16. von Kumbla - Hosdrug. Nachts gerudert.

17. morgens um [handschriftlich] wegen Landwind um 11 Uhr Anker geworfen, um 1 Uhr mit Seewind hinein - abends 5 Uhr gelandet - an Hebichs Gate stehen Kinder und Weib bereit. Paul jauchzt und fremdelt dann - Nerven sehr angegriffen.

18., nach Chirakkal, ruhiger Sonntag.

19., nach Cannanore, um Rechnung abzuschließen. Obeirne kommt, irish christlicher Abenteurer examiniert, Hoch im ..., Hebich ihn im neuen Herz. Abends retour mit Hoch <letzter Regen>.

20. Nachricht vom Streit über Jesu Gottessohnschaft in Tellicherry (durch Jesaia, der am Sonntag hier war), alsbald geschrieben - behalt im Andenken Konferenz, Statt* und Bezirk (über Stanger schreiben - Bücherbedürfnisse - über Bibelübersetzung und Druckerei). Seither Landwind.

22. West mit Bensons, sie vom Kap - eine geb. Höhne, lutherisch, alle tot.

24., endlich morgens Hoch fort - ich in Cannanore an Komitee zu schreiben, die Bibelübersetzung betreffend, Hilfe der Basler Bibelkomitee anzusprechen: auch um Bücher - Rechnung fertig. - Abends Youngs hier.

26., Montag abends Hichens hier einen Augenblick.

29., Hebich wieder einmal hier wegen Abendmahl (war 26. in Anjerkandi, wo tags nach ihm Kinloch). - Nath.s Weib verliert Wasser, ohne daß sich Wehen zeigen wollen <erst am 6. Entbindung von einem Sohn>. Mit Hanna, der Fr. Schmidt Mutter von Tellicherry über Baptistes Tod, den ich erst erfahre, über sie selbst* - ach, sie weiß nichts von Sünde und Buße und Glauben.

30., zum 2ten Raja - rede zu viel, daher am Sonntag, 2. Dezember (beim Abendmahl 69, Anjerkandi), sehr angegriffen.

4. Dezember morgens nach Cannanore mit Fred. Schreibe an Komitee um Verstärkung durch 2 oder 3 Brüder im Namen der Stationskonferenz. - Abends Tellicherry - von dort 6. weiter abends im Boot (Fr. M[üller] begleitet - mein Schreiben um Druckerlaubnis für Epistel und Propheten hatte bei Irion großen Anstand gefunden, weil Möglings Name darin war). - Friedrich hat bald genug daran, schlechter oder no wind.

7., erst 8 Uhr morgens bei Varacal gelandet - mit Mühe gelaufen bis racketcourt, dort einen native um sein Manjil angesprochen und vollends im humhum herein. Huber allein. - Abends Dr. Buchanan spricht eher von congestions der Lunge als inflammation, empfiehlt Copaiv. Bals., zugleich die erfreuliche Erfahrung, daß kein Krieg zwischen Rußland und Türkei in Aussicht steht. Geduld des Herrn unsere Seligkeit! Die Gerichte aber desgleichen!

8. morgens früh - Fritz kommt - ich trinke Kissinger von Strange, vor Jahren hier geschenkt. - Abends Komitee-Brief (auf die hills) mit vierteljährigen Berichten und Briefen empfohlen.

9., Sonntag. Ich in der Stille.

12., bei Conolly im [illegible].

14., bei ihm zum Essen.

16. (Kinloch hier) in Fritz' 2 services - Chirakkal gebilligt von Basel aus, und bitte um allerhand. (15. abends Brief vom lieben Vater, der sehr angegriffen wegen meiner Gesundheit).

19., bei Dr. Buchanan (subacute inflammation of the mucous membrane of the bronchial tubes mit congestions and turbations of the blood circulation). Abends Elattur.

20. morgens auf backwater Vadagara, sehe Matthai* und Jacob. Chombala im humhum mit Friedrich zu Chr. Müller, seine neue Einrichtung mit Freude gesehen. - Abends 10 Uhr im boat von Lucas.

21. Cannanore und bald nach Chirakkal. Abends wieder in Cannanore und mit Hebich bis Mitternacht über Verwilligungstabelle (Gemeindekasse).

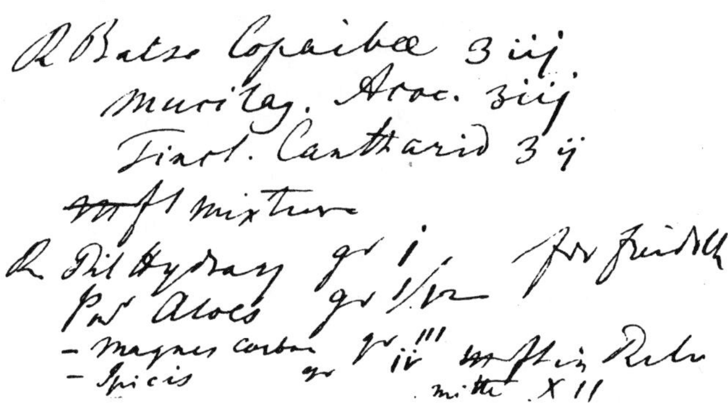

22. Am Komitee-Brief (über Verwilligung) - finde, daß Hebich alles hat whitewash und sonst reparieren lassen ohne Not - Warnung gegen Identifikation mit seiner Finanzerei.

24., nach Cannanore, sehen Dr. Hichens' Lady und die lieben Hallidays. Abends Christgeschenk den Kleinen, nachdem meine liebe Frau um Hebichs willen das beinahe hatte unterlassen wollen.

25. Frau in Cannanore.

26. Christs Geburtstag repetiert - oh, wie viel Gnaden seither.

27. Hebich hier: erzählt von seinem gestrigen Anjerkandi-Besuch (der ist nicht ganz nach meinem Geschmack - Abwehren des Geschenkegebens an den Katechisten, des G[e]lobens* an die Kirche etc., dagegen viel Taufkandidaten. - Timotheus hatte von Tellicherry aus erfahren im Juli, daß eine Versetzung im Werk sei - er und sein Weib gestehen seinen früheren Ehebruch mit Hava, Thomas Weib).

28. Besuch bei Capt. Young (sehe Robinson).

29. Elisabeth, des Kochs Tochter, im Manjil nach Cannanore zu ihrem Bruder.

30. Frau in Cannanore zur Taufe der 25 von Anjerkandi und Nath.s Gideon.

31. abends, ich gehe auch nach Cannanore, wo Hebich von abends 6 Uhr bis 12 1/2 Gottesdienst hält - gesegnetes Abendmahl!

Um 5 Uhr singen die Mädchen <auch die Wesleyans> das Neujahr 50 an - ich morgens retour.

2. abends Hebich holt der Elizabeth Vater und Schwester zu ihrem Totenbett.

3. Gabriel von Tellicherry kommt als Werber.

4., sein* Verspruch mit Isab. während Elizabeths Tod (8 1/2 morgens) verkündet wird. Ich nach Cannanore umsonst, um Weigles, Mögling und Hoch zu treffen. Mädchen zu Begräbnis. Nach langem Warten kommen Weigles.

7. Januar abends, statt ihnen Mögling am 8., und alle gehen am 9. fort nach Mangalore. - Besuch von Timotheus von Anjerkandi - sein Geständnis des Ehebruchs mit Hava (vor 2 Jahren gegen Thomas verschwiegen).

Am 16. zur Bezirkskonferenz nach Tellicherry, aber schlimme Nacht vorher, die Pocken in Tahe, in Anjerkandi auch mit Macht, am 16. noch geht Hebich nach Anjerkandi und Timotheus kommt von dort nach Tellicherry, um nach Mahe zu gehen. Fritz zurück mit mir (Missy und Fred.) nach Cannanore, von dort am 17. abends ab mit Hebich nach Mangalore.

Am 18. abends zurückgefahren und nun zu Land an Chirakkal vorbei nach Norden. Am selben Abend kommt Irion hieher, seine tags zuvor angekommene Frau und Kinder zu sehen. Morgens Briefe von Vater (wie am 12. von Theodor in Barmen).

20., Sonntag. Fr. Irion etc. in Cannanore zur Predigt.

23. Irion hier.

24. Fr. Irion und Kinder in Cannanore.

26. morgens schon kommen Irion, Bühlers und bald Hebich (gestern abend von Generalkonferenz angelangt), erzählen - abends Irions gehen.

28., ich und Frau bei Bühlers und Hebich in Cannanore. Diese gehen weiter nach Tellicherry. - Tobiah gestorben.

29. Pauls Geburtstag - Anfang der Wasserkur - Tim[otheus] von Anjerkandi in Tahe, sehr übel dran!

31. Hebich hier - will Mädchen taufen wegen der smallpox (Martha legt sich gerade mit Fieber) - denselben Tag gestorben Tim[otheus] in Mahe - Korrespondenz über seine Familie.

3. Februar, in Cannanore, Taufe von 15 Kindern und Alten - besonders Eunike und Claudia.

5. Februar. Brief von Vater und Reinhardt nur einen Tag nach Geburtstag.

6. Hebich in Anjerkandi, wo die jungen Burschen von Bombay angekommen sind. Predigt viel. 74 sind krank gewesen, davon haben nur 25 noch nicht gebadet.

7. Hebich in Chirakkal. Joseph hilft ihm beim Predigen als Dolmetscher-Jacob ängstlich, doch nur cold - Eunike von einem goat ins Auge gestoßen, liegt sehr geduldig.

9. Nachricht, daß Br. Bührer auf hills geht - Thomas Pocken hat - Paul geht allein.

10. Br. Mögling schickt Josenhans' Brief. - Isabella und Gabriel verheiratet. Regen von Morgen bis Mittag, daher weniger Kinder. - Gesegnetes Abendmahl.

12. morgens früh Isabella mit Gabriel nach Tellicherry. Ich habe ihr Haus zu besorgen.

13.-20. Hebich auf Payavur-Fest. Br. F. M[üller] statt seiner am Donnerstag, 14., in Cannanore (während Jgfr. Kegel und Friedrich in Tellicherry sind, Bührers zu sehen, die aber vorbeifahren).

16. F. M[üller] in Chirakkal, wir besuchen den Raja - der alte hatte am 14. seinen Geburtstag - großes Brahmanenfest, 1600 Rs. Aber Händel mit den Br. von Kumbla.

17. Herzliebster Jesu in Malayalam, schöner Sonntag.

19. Ich gehe nach Cannanore, sehe F. M[üller] und höre seine Predigt. - Briefe an Josenhans, nach Haus etc. (schulde noch Reinhardt und Ostertag).

21. Hebich wieder in Chirakkal, erzählt vom Fest (Deggs Geschichte aufgetischt).

28., wieder einmal Konferenz in Ch. (Timoth. nach Anjerkandi, Jos[eph] nach Tahe). Darüber in den nächsten Tagen Duncan aus dem Häusle.

4. März, in Cannanore.

5. März, entsetzlicher Landwind, Tür berstet, Klavier auf 1 Saite per Ton reduziert.

7. März. Friedrichs Geburtstag - ich einen steamer für ihn - er ist sehr elend in diesen Tagen. Wasserkur.

10. Hebich nach Taliparamba.

13. Chr. M[üller] auf Besuch mit Fr. und 2 Kindern, 2. Raja besucht.

15. Briefe von Hermann, Samuel, Vater (Neujahr-Gedächtnis-Bibeln, Apokryph. Stäfa Ludwig mason. Ernst - Beck - Ephorat).

16. morgens Grauls von Valarpata.

17. Sie und Frau nach Cannanore. Ich heftiger cold, durch welchen Bronchien flüssig werden.

18. abends Hebich retour von Fest (am 15. beworfen).

19. C. Müllers hier.

20., sie gehen nach Tellicherry zurück, ich mit Gr[auls] zu Valarpata-Fest fort, beworfen und geschlagen, retour.

21., schreibe an Chatfield*.

Anjerkandi getauft

23. August 40	Timotheus und sein Sohn Andreas	(x oft fern gehalten)
	Joseph x	
	Johann x	
	Abel	
	F. Gnanappu, Weib Rubens	
4. Oktober	Gnanamuttu x (Samuel, P.s Sohn)	
7. November	Manuel x	
	Silvan	
	Gabriel	
	Joshua x	
5. Dezember	Titus, tief gefallen - jetzt in Cannanore	
	F. Maria, Abels wife	
15. Januar 41	Ruben	
14. Februar	Jona	14 March
4. April	F. Priscilla, sein Weib	Gnan. ∞ Maria, Tochter Lydias
6. Juni	F. Chloe, Phil.s Weib	Joseph ∞ Ovah, Tochter Labans
27. Februar 42	Lucas / und seine 2 Kinder / Ada. Matthias	
1. Mai	Joel, Jonas Sohn / Abels Tochter Hanna	1. Mai
10. Juli	Jesaia Vettuw.	Caleb ∞ Swarni / Sim. - Omah
	F. Naomi, widow	6. Juni Israel - Maria, Joh.s* Schwester,
7. August	F. Purnam, widow	sie ist immer auf bösen Wegen
	Nicolaus / Jes. Kinder Asnath, Abigail	
11. September	Jesheyen, Sohn Davids x / Elisabeth, Luc.s Kind	
9. Oktober	F. Ovah, Jo.s wife x / Victoria, Georges Tochter	

17 Männer, 7 Weiber, 8 Kinder

12. Dezember	F. Martha, Manuel's wife, Purn[am]s Tochter
22. Januar 43	F. Asuba, Tochter Purn[am]s, blind / 31. ihr Kind Christian
	F. Anima, Tochter Jonens, Weib Gabr[iel]s, gestorben 9 March
11. März	Anima, Kind Gabr[iel]s
16. April	F. Sitah, wife of Muppen Christian (x)
7. Mai	Christian schlecht (x)

Tot. 18 Männer, 11 Weiber, 10 Kinder

Juni 43, darunter 5 Männer, 1 Weib exkommuniziert, bleibt Kommun. 23

18. Juni	Thomas, Nathans Bruder
2. Juli	sein Weib Dina <schlecht> und / Tochter Margret
	Simon, T.* Timotheus'
6. August	Sem, Mattai, Gnanam, Thomas' children
29. Oktober	Mutter Gabr[iel]s, Asuba und
	Matthai, Sohn Philipps
30. April 44	Maria getauft, stirbt Anfang Mai
11. Mai 45	Persis, Tochter of Asuba (vom blinden Paul getauft)

18. Januar 1846 - Juni 1850

[Eine Lebensgeschichte in Fragmenten - wohl aus Berichten verschiedener Missionare, zusammengestellt von Hermann Gundert]

(Ir.) Anfang 46 kam er als Samy von Tamr. auf seiner Reise nach Gokarn hieher zu betteln. Wir sprachen mit ihm und er erklärte: er habe, wie wir alle, viele Sünden und gehe, sie abzuwaschen. Wir erklärten ihm, daß wir ein sicheres Mittel wissen, wenn er dableiben wolle. Er willigte ein, 30 Tage hier zu bleiben, um zu untersuchen, was an unserer Sache sei. Die 30 Tage vergingen, er hatte aber schon so viel von dem gütigen Wort Gottes geschmeckt, daß an ein Gehen nicht mehr zu denken war. Er lernte nun fleißig und tat willig jede Arbeit, die wir, seine Redlichkeit zu prüfen, ihn tun hießen. Schon den 31. Mai konnte er getauft werden. Er wurde nun in der Druckerei angestellt und hielt sich musterhaft, las das Wort Gottes mit großer Begierde und hatte, so oft er zu uns kam, neue Fragen vorzulegen über diesen oder jenen religiösen Gegenstand. Nach und nach wurde er für fähig erkannt, dem Herrn als Katechist zu dienen und zeigte in diesem Amt bis zum Ende viel Eifer und Geduld, eine Liebe zu den Sündern und Bereitwilligkeit, dem Herrn zulieb Schmach zu leiden, die uns oft beschämte. Sein Lauf war kurz, und bald vollendete der Herr diesen lieber Bruder und nahm ihn zu sich. Vor aller Welt können wir ihm das Zeugnis geben, daß er uns, so lang wir ihn haben durften, nur Freude machte.

18. Januar 46. Ein Nayer aus dem Süden kehrte vor etwa 1 1/2 Monaten als Büßer auf seinem Weg nach Gokarn bei uns ein und entschloß sich zu bleiben, als er von einem Weg hörte, auf dem er ... seiner Sünden los werden könne. Er liest nun begierig das NT und schämt sich nicht, zu arbeiten, was eine große Sache ist bei Leuten seines Schlags. Wir haben deswegen alle Hoffnung für ihn, er scheint wenigstens wahr zu sein.

16. Februar (I.*) Govinda macht sich recht ordentlich, und wir werden bald seiner Bitte entsprechen und ihn taufen.

(M.) 28. Mai 46. Der ehemalige Sanyasi Govinda verrichtet seine ihm in der Druckerei angewiesene Arbeit in aller Stille und macht uns durch seinen eingezogenen Wandel und Fortschritte in der Erkenntnis der Heilswahrheiten viel Freude.

(I.) 31. Mai, Pfingstfest, ging nicht ohne Pfingstsegen vorüber. [<Ir.>] Govinda wurde nämlich, nachdem er schon oft darum gebeten und durch seinen Wandel, solang er hier ist, bezeugt hat, daß es ihm ernstlich um seine Seligkeit zu tun ist, durch die heilige Taufe in christliche Kirche aufgenommen. Sein Name ist Thomas, und seine einzige Sorge geht nun dahin, wie er sein Weib und Kinder in den Besitz des Friedens bringen könne, den er nun genießt. Letztere wissen nichts von ihm, seit er hier ist, und glauben natürlich, er sei auf einer Pilgerreise begriffen. Er verlangt sehr, sie zu sehen und ihnen zu sagen, was aus ihm geworden sei, auch wenn sie einwilligen, sie mitzubringen, ist aber im entgegengesetzten Fall auch ganz bereit, sie um Jesu willen zu verlassen. Nach der Taufe feierten wir, 27 an der Zahl, das heilige Abendmahl.

(I.) Februar 47. Wir haben alle Ursache, mit Thomas zufrieden zu sein - er wandelt dem Herrn wohlgefällig und arbeitet sich mehr und mehr in Sein Wort hinein, das er leicht auffaßt und in sich wirken läßt, wie sein Wandel Zeugnis davon ablegt.

(G.) April 47 machte ich mit Thomas und Paul einen Besuch in seiner Heimat. Wir fuhren von Vadagara auf dem Backwater den Fluß nach Nadavenur, wo ein Kreisamt ist. Dort hatten wir Zuhörer genug. Thomas, ihr altbekannter Elefantentreiber, war eine lebendige Predigt. Tahsildar und Adhicari stellten auch Besuche ab. Über Valitsheri (Hauptort des alten Curumba-Lands. Tempel und Schlösser - d. h.* etl. Sitze) liefen wir nach Carumala. Nachtquartier unter freiem Himmel. Auch so jagten wir die umliegenden Nayerhöfe in Schrecken. Pferde was Ungewöhnliches. Kühe fliehen im Schrecken, wenden sich, wenn das Ungeheuer vorbei, staunten und rannten in Scharen hintennach. Thomas fand seine Mutter vom letzten Besuch her bearbeitet, sie will nichts mehr von Götzen, betet zum Gott ihres Sohnes, verhindert, soviel möglich, Teilnahme der Familienangehörigen an Festen. Käme der Sohn zurück, sie würde trotz Ausschließung bei ihm wohnen. Auch Thomas' Frau mit den 2 Kindern erbot sich, wenn er hieher zurückkehre, mit ihm zu leben.

5. Mai erreichte ich Tamrach. von Süden, wo Paul und Thomas zu mir stießen und ihre Widerwärtigkeiten erzählten. Das ganze Land ist gegen seine Rückkehr. Kein Grundbesitzer will ihm ein Plätzlein leihen oder verkaufen, seit dem letzten Besuch ist alles Verleumdung, Intrigen, Einschüchterung der Weiber etc. in Bewegungen gesetzt worden. Die Mutter wollte noch bis zuletzt die Heimat verlassen und mit dem Sohn gehen. Da aber hier eins sich den Hals abschneiden, dort eins ins Wasser springen oder sich aufhängen wollte, und sie zugleich an Fieber darniederlag wurde entschieden, er, Thomas, solle nach Regenzeit wieder kommen, einstweilen wolle sie dort bleiben. Indessen ist doch ein Strahl vom Licht des Evangeliums hieher gedrungen.

8. Mai in Tellicherry. <C. M.* grüßt ein muh[ammedanisches] Büble - meint*, ich will nichts von dir, du hast <u>uns</u> ja verlassen. Er wußte nichts von der Welt und von Menschenherzen, bis ich zu Jesus kam, hatte nie geglaubt, daß Brüder und Freunde so werden können>.

<hieher aus Februar und Lebensgeschichte>

18. September. Thomas ist ein furchtloser herald geworden, wurde von Subcollector Chatfield, einem Feind, angewiesen, nicht mehr auf dem Bazar zu predigen, weil sonst die Maplas ... Er berief sich aber auf eines höheren Herrn Gebot. Wir haben auch der Forderung, die Chatfield an uns stellte, in ihrer Ausdehnung nicht nachgegeben, sondern nur versprochen, uns in acht zu nehmen. Thomas wurde darum 2mal von der native Polizei verhindert und verhört. Seine Art kam ihnen wie Trunkenheit vor, und so berichtet auch Chatfield an Conolly, der aber bald den Tatbestand erfuhr.

20.-25. September, begleitete Thomas noch einmal in seine Heimat - oft gepredigt - besonders Annäherung an Thomas' Frau und Verwandte versucht, völlig mißglückt (- sie nicht näher rücken). Ging mit ihm nach Cannanore, wo er sich für die Ehre unserer Station gegen Hebichs Leute tüchtig gewehrt hatte, daher etwas gutzumachen - sie hatten es ihm nicht glauben wollen, daß er [vom] Bazar gefangen geführt, diese waren eben von einer Bußbewegung ergriffen und daher sehr weich, beteten aber auch viel für Micunnu, wo so viel Finsternis sei.

3. Oktober. Heiliges Abendmahl, vor welchem Thomas sein Herz recht ausleerte und bisher heimlich Gebliebenes bekannte.

6. Oktober kam Hebich herüber, seine Sünde zu bekennen. - Viel zusammen gebetet und den Leuten von Hebich über 1 Tim 5,24 mitgeteilt (siehe Heidenbote). Mark besonders von Thomas bearbeitet. - Thomas geht mit nach Anjerkandi, erzählt von bhucampa*, wie er es nannte, viele haben Feuer vor sich gesehen, viele entsetzliche Tränen usw.

Dezember 47. Der neubekehrte Thomas hat angefangen, mit Kraft und Freudigkeit das Evangelium zu verkündigen, gerade als alte Katechisten ihren geistlichen Tod an Tag legten (Jahresbericht* Magazin). Weib und Kinder hat er nicht wiedergewonnen. Vielmehr ist jener ganze Distrikt durch einige solcher Besuche zu großem Widerwillen gegen den Namen* Jesu aufgeregt worden, weil er Familien auf solche schimpfliche Weise zerrütte.

10.-14. Dezember. C. Müller mit Thomas und Paul in Kilur auf Fest, schwere Arbeit. Denn Thomas war in jener Gegend zu Haus und daher insbesondere Fels des Ärgernisses. Spott und Hohn reichlich erfahren, aber doch durfte uns kein Unfall rühren und der Name des Herrn wurde bekannt. Am Tage unserer Abreise fielen 2 sonderbare Geschichten vor. Im heiligen Brunnen*, der sich im Innern des Tempels befindet und mit solchem Fleiß verwahrt ist, daß, wie sie sagen, keine Katze hinzukann, wurde ein toter Hund gefunden, also alles verunreinigt. Dann wollte auch das Feuerwerk, das den Schluß des Festes verherrlichen sollte, unter keiner Bedingung brennen. Wer konnte an diesem Elend schuld sein als der ungeladene Gast von Tellicherry, seit Menschengedenken ist so was nicht vorgefallen.

Juni 48. (F. M.) Maplas strengen sich noch immer an, uns und unsere Leute zu belästigen, letztere mit Steinen und Dreck zu bewerfen, wo sie sie nur erblicken. Da Subcollector, ein Feind der W..., früher Bazar-Predigt verboten hatte, erlauben sie sich irgendeine Bosheit, besonders an dem Katechisten, der dort das Evangelium verkündigt.

(G.) 24. Oktober 48 ritt ich nach Chirakkal, wo ich Katechist Thomas hatte übernachten lassen, nach Payangadi oder Madai. Ehe man das erreicht, erhebt sich aus dem weit ausgedehnten Sand der kleine Hügel Therumanu, einst ein berühmter Tempel, zu dem man von der Ebene auf Granitstufen aufsteigt. Der ist jetzt Tag und Nacht von einem Sanyasi aus dem Norden besetzt, der alles Vergangene und Zukünftige weiß, täglich ein Mahl von Reis hält und eine Handvoll zubereiteten Hanfs zu sich nimmt, hohem Besuch den Bescheid gibt und den Raja mit zum Dolmetscher hat. Es ist erst 3 Wochen, daß er sich auf dem alten Gemäuer eingerichtet hat, und schon ist das Land seines Namens voll und ein neuer Tempel erhebt sich schnell auf seinen Befehl. Nachts, bittet er, möge doch niemand sich dem Gipfel nahen, er könne nicht dafür stehen, was die um ihn sich sammelnden Geisterheere einem Uneingeweihten antun könnten. - Madai, altes Maplanest, brachte viele Zuhörer, besonders zum Herzbüchlein Erklärungen (neugedruckt in Malayalam).

25. Cavai, muhammedanischer Priester, der philosophiert.

26. ging ich über den Fluß dem Siebengebirg zu, Mt. Delly, wohin mich ein Nayer zu einem jährlichen Fest am Neumond des Oktober einlud. Von allen Seiten her sammeln sich Scharen, meist mit trinkbaren Kokosnüssen versehen, am unwirtlichen Meersstrand unter dem Berg und stürzen sich in die Brandung. Thomas, den ich vorausgeschickt hatte, konnte 1/2 Stunde lang predigen. Als ich aber mit einem langen Zug ankam, die mich unterwegs ruhig angehört hatten, verließ ihn alles und rannte mir zu. Noch 1/4 Stunde konnte ich sprechen. Dann aber mußte ich mich auf ungestüme Fragen einlassen, was mich herbringe, wer mir Erlaubnis gebe. Der Lärm wurde so groß, daß ich meine Leute gehen hieß. Nun stießen sie Verwünschungen aus gegen Jeshu Chritt, wie sie ihn hießen, und als ich das Pferd bestieg, um aus dem Haufen herauszukommen, neckten sie es, bis es mich davontrug. Dann flogen mir 100e von Kokosnüssen nach. Da sie aber nun über Thomas und meinen Knecht herfielen, wendete ich mich und machte Front, sie trieben mich aber wieder in eilige

Flucht und fuhren fort zu schlagen. Der Lärm wurde wirklich beängstigend, wir verunreinigen ihr Fest, hieß es, und da rieben sie Thomas' Gesicht mit Sand, füllten ihm den Mund, schleppten und zerrten ihn fast unter ihren Füßen hin. Sein Einfall, sich zu retten durch Aufraffen und Losspringen auf den Tempel, "er ist verzweifelt, tut irgendwas, laßt ihn gehen." So kehrte er samt Knecht, nachdem ich 1/4 Stunde außerhalb des Getümmels auf ihn gewartet hatte, zu mir zurück mit verlorenem Schirm*, wusch sich im nächsten Bächlein, nach Ettillam ... Häusern am Fuß des alten französischen Forts. Die Maplas waren gastfreundlich.

20. Dezember. Letzte Woche besuchte ich das Kilur-Fest, "Kilur ist jetzt nichts als ein Tempel auf einem die Furt des Vadag-Flusses überragenden Hügel, umgeben von etlichen zerstreuten Brahmanen-, Nayer- und Weber-Häusern. Früher scheint es ein bedeutender Platz gewesen zu sein. Die Turacheri-Furt ist berühmt als Grenzscheide des eigentlichen Keralas vom nördlichen Winkel. Noch jetzt machen sich verschiedene Sitten nördlich und südlich vom Fluß geltend. Die Kastenobservanz ist viel strikter auf dem südlichen (einst calecitschen) Ufer. Nayerweiber, die die Furt überschreiten, dürfen nie mehr in ihre Heimat zurück. Siva, der Gott des Grenzplatzes, hat vor Alters diesen Boden geheiligt und für jeden Dezember ein Fest mit Marktgerechtigkeit verordnet. Daher sammelt sich um diese Zeit alles mögliche Volk von Nord-Malabar, in K[ilur] zu kaufen und zu verkaufen, den Gott zu sehen und Gelübde zu bezahlen und der Prozession des Götzen vom Tempel bis zu einer, auf dem Marktplatz errichteten Pyramide zu[zu]schauen. Diese Pyramide mit Steinen etwa 25 Fuß hoch erbaut, steht inmitten von Ruinen nicht unbedeutender Gebäude. Sie wird mit Zweigen und Blüten geschmückt, um dem Gottesbild etwas zum Ausruhen zu dienen, während vor ihm ein Feuerwerk abgebrannt wird. Rings um die Pyramide her sind die Hütten licht* aus Zweigen aufgeschlagen, in denen die Waren auf dem Boden liegen. Da sitzen auf der einen Seite unzählige Bhatta (Tamil br), die Kleiderhandel treiben, auf der anderen in überwiegenden Massen die betriebsamen Maplas mit rohen und verarbeiteten Metallen, mit Kleidern und Gerätschaften aus indischen Händen und englischen Fabriken. Aus dem Innern bringen viele Steuerruder (eines um 7 C*). Die Curavar und andere niedere Kasten verkaufen abseits vom Getümmel ihre Mattenkörbe und anderes Geflecht, Haufen von Reis sind aufgeschüttet und verschwinden in kurzer Zeit. Tier bringen Kokosnüsse in Netzen und Bananen, besonders von der mehligen Sorte, je 2 der großen Trauben an die Enden eines auf der Schulter getragenen Bambus gehängt, Ingwer, Safran, Cardamom und alle Gewürze werden spottwohlfeil an die Küstenbewohner verkauft, die dagegen ihre getrockneten Fische und andere Seerzeugnisse austauschen. Wer kauft oder verkauft, stattet auch dem Gott seinen Besuch ab, dazu gehen Weiber und Kinder diesmal wenigstens im höchsten Staat, mit und für jede Person wird eine kleine Gabe bezahlt. Außerdem hat der Tempel ein schönes Einkommen von dem wirklich ins Große getriebenen Viehhandel. Für jedes verkaufte Stück wird 1/10 Rp Abgabe bezahlt, und die engen Straßen der Umgegend sind tagelang voll von zu- und fortgetriebenem Vieh, das zum Standort ein ganzes Reistälchen zwischen dem Tempel und Marktplatz in Beschlag nimmt. Man sieht da Gesichter von Spöttern und Feinden, die man von der Küste her kennt, daneben aber Fremde, die noch keinen Europäer gesehen haben und samt ihrem Vieh vor dem weißen Gesicht die Flucht ergreifen. Wohl begegnet man auch dem wilden scheuen Curitschin mit Pfeil und Bogen oder einem alten ..., vor dem sein Nayer Trabant mit scheidelosem Schwert und rot lackiertem Schild gravitätisch einherschreitet.["]

(Ir.) Diesmal kamen auch, vielleicht das erstemal, 2 Engländer, Eisenschmelzer aus Beypore, um Vieh zu kaufen. Ich traf sie im nahen Payoli-Bung[alow], wo wir zusammen auf dem Boden schliefen. Sie meinten, die katholische Religion, weil sie mehr zu sehen und weniger zu denken gebe, sei besser für die Hindus als das Ev[angelische]. Von diesem Bungalow aus gingen wir nun 3 Tage morgens und abends auf das etwa 3/4 Stunden entfernte Marktfeld, das Ev[angelium] umsonst anzubieten. Bei mir waren Thomas, der sehr begeistert sprach und aufs Unermüdlichste fortarbeitete, trotz Spott und Püffen, Math., der Gewinnende, Paul sehr mild und besonnen. Auch Dan[iel] und Jacob von Quilandi. Wir sprachen je 2 zu verschiedenen Auditorien und wechselten jedesmal unseren Standort. Einigemale wurden wir ganz ruhig angehört und ließen uns nachher in Gespräche ein, die manche Einwürfe beseitigten. - Einige erkannten die große Sündhaftigkeit des Menschen an, andere die Reinheit des Evangeliums, etliche Maplas auch den ignoranten Hochmut des Islams. Manchmal aber überschrien und verdrängten uns die Spötter, besonders die Muselm. und ein teuflisch erboster Fischer aus Tahe, der ganz rasend schrie, wie wir mit Geld und Gewalt, lockend und zwingend, alle um die Kaste zu bringen suchen, jeden Lehrer verdammen außer dem unsrigen und uns* so viel Blöße geben im Leben und Wandel. Neulich* hatte er die Lacher auf seiner Seite,und wir wurden durch Drücken und Stäuben fast atemlos. Andererseits hörten aber auch viele, zum Teil sehr respektable Leute, aufmerksam zu, gaben hie und da Zeichen von Beistimmung oder bescheidenem Zweifel und wiesen mit ernsten Blicken die unruhige Jugend zur Ordnung. Einer folgte uns, nachdem wir von Prüfung und Unterscheidung göttlicher und menschlicher Lehre gesprochen, und wünschte zu wissen, wie man zur Gewißheit kommen könne. Forschend[1] prüfen ist aber was Schweres,mit falscher Münze nimmt man sich Zeit und Mühe, die Seele zu retten, sollte alles ... kommen. Tschatten, der suchende Tier von der Flußinsel bei Vad[agara], mit 2 seiner Brüder hielt sich immer zu uns und wurde mutiger durch unsere Erlebnisse. Nachts, nachdem sie uns so schlecht behandelt, sollte das Feuerwerk losgehen. [18]47 war es nicht gelungen. Der Gott wurde befragt und gab (durch die Astrologen) zur Antwort, die Verspottung des Padre (C. M[üller]) sei ihm nicht genehm gewesen. Dennoch wurde der Feuerwerker, ein Tshetti, um 20 Rs gestraft. Er hatte es dieses Jahr mit besonderer Sorgfalt bereitet, aber wie wir morgens hörten, war es noch weniger gelungen als das letztemal. Auch nicht ein Schuß (Mordschlag) ging los. Dies schieben einige meiner Zauberei, andere dem Mißfallen des Gottes zu. Der Gott ... aber soll erklärt haben, sein Unwille über das Spotten und Lärmen bei der Pagode sei auch nicht vorüber. Daher ist dem geängsteten Tshetti für dies Jahr die Strafe erlassen. - Daß Herr Shiva, dem wir keine gute Christlichkeit gaben, so zu unseren Gunsten gesprochen hat, ist freilich etwas wunderlich. So 3 Tage gesät auf Hoffnung. Thomas wollte noch weiter gegen Süden, seine Verwandten zu besuchen, die in viel Not geraten sind. Plötzliche Krankheit seines Begleiters machte aber die Reise rückgängig. Von Pocken überfallen, wie von einer Macht, plötzlich - wie denn die Heiden darin eine Form der Kali sehen, die von ihren Opfern im Nu Besitz nimmt - andere schleichend.

[18]48 Dezember. Unser mutiger Thomas hat noch mehr Heidenfeste in der Umgegend besucht, legt da wahren Zeugengeist an den Tag.

(C. M. März 49. Paul und Thomas sind auf einer kleinen Missionsreise, die 10 Tage dauern soll).

(G.) Schon lange hat unser Thomas für seine Mutter und Verwandten gebetet, sie

---

1. Durch die folgenden 3 Zeilen zieht sich ein Strich. Sind die nachfolgenden beide Sätze zu streichen?

auch einigemal, 5. April 48 (Heidenbote), besucht, ohne was auszurichten. Im letzten Jahr wollte er einigemal hingehen, wurde aber einmal krank, ein andermal hatte sein Begleiter (Dezember) einen heftigen Anfall, so daß er ihn in Eile zurücktragen lassen mußte. - Seither erhielt er eine traurige Nachricht um die andere aus seiner Heimat, und 26. März machte er sich mit Paul dahin auf den Weg. Den ersten Abend hielten sie in Kuttyadi am Fuß des Gebirgs, wo ein Mapla, früher Mitknecht, seinen alten Freund Govinda erkannte und ins Haus aufnahm. Als er das Evangelium hörte, sagte er, es sei jedenfalls besser, Christ als Heide zu sein, und wohnte dem Abendgebet der 2 mit Interesse bei. Den nächsten Abend fanden sie ein Obdach bei einem alten Nayer-Bekannten in Payermala, der gab ihm zu essen und hörte verwundert zu. - Am 3. Tag erreichten sie Punur und fanden die Mutter Mama leidend, eine Schwester war gestorben, diese*, die die Mutter früher von der Begleitung des Thomas abgehalten hatte: ihre 3 Kinder von 10 - 1 1/2 Jahren waren im Haus geblieben, da nach Nayer-Art der Vater sie nicht ansprechen, noch sie von ihm Unterhalt erwarten dürfen. Über diesen Tod wurde eine andere, von Kindheit an fast blödsinnige Schwester ... so niedergeschlagen, daß sie sich aufmachte, den Bruder Govinda aufzusuchen. Von Haus zu Haus mit Betteln und Fragen sich forthelfend, machte sie in 3 Monaten eine Reise von 2 Tagen, hörte dann in der Nähe von Mahe, daß in Tellicherry Soldaten seien und suchte erschrocken den Rückweg. Wiederum in 3 Monaten erreichte sie das Haus in Punur und sagte, wo sie gewesen sei: Die Nachbarn aber erklärten, sie dürfe nicht aufgenommen werden, denn wer könne wissen, wessen Reis sie in der Zwischenzeit gegessen habe: nehme man sie auf, so verlieren die übrigen Hausbewohner ihre Kastenrechte. Was war zu machen? Man schloß sie neulich* aus. Seither treibe sie sich im Land um. Nach dieser Erzählung ließ die Mutter merken, sie sei des Jammerlebens hier müde, seit Govindas Abgang sei kein Segen mehr im Haus, im Feld und bei den Kühen: auch spotten ihrer die Nachbarn. Nun machten sich die 2 auf, um die Wandrerin zu suchen. <Zunächst zu seiner Frau, seinen Kindern, 2 ... geküßt.> An vielen Häusern wurde angefragt, oft wollte die Spur ausgehen, dann knieten die 2 im Wald (Busch) nieder und beteten, und Gott ließ sie immer wieder jemand finden, der sie gesehen hatte. In Arikkod war sie eine zeitlang bei einem früher mit der Familie bekannten Fechtmeister (Paniku) gewesen, einmal aber, in dessen Abwesenheit, eines Diebstahls verdächtigt und schrecklich gefoltert worden (durch Umwinden des Fingers mit geölten Lumpen und Anzünden derselben). Endlich am 3. Tag des Nachfragens trifft sie Thomas, eben auf dem Bettel im Vorhof eines Hauses von Chattumangalum. Sie weinte heiße Tränen, als sie ihn an der Stimme erkannte (ihre Augen sind sehr blöde) und kehrte mit ihm zur Mutter zurück. Dort wurde nun alles zum Aufbruch bereitet und der jüngere Bruder Rama, ein Guts-Bauer*, der schon etlichemal Thomas hier besucht hatte, erklärte sich auch entschlossen, zu folgen, sobald er das übrige Gut verkaufen könne oder das Bewegliche mitzunehmen die Mittel erhalte. Denn nach dem Abgang der Mutter werde es vor Spott nicht auszuhalten sein. Dagegen ist sein Weib fürs Bleiben: er dürfe nur erklären, daß er den Fortgelaufenen nichts mehr herausgebe, so können sie an Ort und Stelle sich prächtig durchbringen, meinen ihre Brüder und Ratgeber. Wie wird's nun mit Ram gehen? Ich fürchte, sie gewann es! - Die Mutter, Schwester und die 3 Kinder aber sind in der Nacht aufgebrochen, mit Paul und Thomas nach Nadavenur gegangen, von dort im Boot nach Vadagara. Als sie in Chombala am Haus von Pauls verstocktem älteren Bruder vorbeikamen, rief der zum Fenster heraus, so, habt ihr was gefangen (wie man sich unter den Fischern teilnehmend fragt). Ja, durch Gottes Gnade wieder ein wenig, war die Antwort. Es scheint, der kann auch noch nicht alle Regungen überwinden, so sehr er sich wehrt. Thomas kam glücklich mit seiner Last in Tellicherry an. <Sein Weib (wann?), früheres Weib tot, seine

2 Kinder, hat damit eine neue, für ihren wenigen Verstand schwere Aufgabe erhalten, wozu ihr der Herr Geduld und Glauben schenken wolle. (Über Weib Fr. M.)>.

Auf ihrer Reise verkündigten die 2 das Wort bei jeder Gelegenheit. Den hitzigsten Streit hatten sie mit Tshattu Nambiyur in Tamr., von dem ich wohl vor 2 Jahren schrieb. - Sehr gelehrt, bewandert durch ganz Indien bis hinauf nach Hardwar und Lahore, verachtet die Kleinigkeitskrämerei der Hindus, trinkt, raucht Hanf und möchte in seiner Art ein Alles-pro-Brüder Salom sein. "Ihr wäret gerade die Leute für mich, in 10 - 15 Tagen wollte ich auch zur wahren Weisheit herumgebracht haben, warum auch alles an einen Mann [Namen?] hängen, der für verschiedene Nationen* doch verschieden lautet.["] Sie aber blieben dabei, nichts wissen zu wollen als Jesus Christus und ihn, den Gekreuzigten, und verführten den starken Geist, Weise könne er wohl herumkriegen, aber nicht den schwächsten Christen, der wahren* Glauben und dadurch Gottes Kraft habe. Er wollte ihnen zu essen geben, sie nahmen's aber aus Abscheu vor seiner Verachtung gegen Gottes Wort nicht an. - Der Paniku war der offenste von allen, bat sehr die Folterung durch seine Verwandte ab und suchte durchaus das NT zu erwerben, da sie es auf der Reise brauchten, gaben sie ihm einen Brief an Cal[icut]-Brüder, bei seinem nächsten Besuch in der Kreisstadt dort eines zu bekommen.

May 30 (F. M.) Thomas' Mutter ist nun sehr krank und dem Tod nahe und verlangt sehnlich nach der Taufe: wenn sie auch in der kurzen Zeit wenig lernen konnte, will sie doch entschieden nur dem angehören, der für ihre Sünden starb. Wir konnten ihren Wunsch nicht versagen, tauften sie am heiligen Pfingstfest - sie ist nun freudig und wünscht, bei Jesu zu sein (heißt ihn Thomas - vision von Jesu).

4. April angekommen 65-jährige Mutter, er hocherfreut, nachdem der Fang* von seines Bruders Anhang sehr erschwert worden war. Seitdem sein Hauptbestreben, die betagte Mutter mit dem Heiland, in dem er für seine Seele alles gefunden hatte, was ihm mangelte, durch viel Gebet und mit zärtlichster* Liebe bekanntzumachen. Anfangs ohne viel Hoffnung, doch war das Angeld für Größeres der Rückblick auf Gottes Gnade, die ihm seine Liebe unter sein Dach brachte. Nach und nach kam Licht. Schwere Krankheit kam seinem Glauben und Gebet zu Hilfe. (Versetzung macht hohe Eingeborene krank. Wasser, Küste etc.). Die Gnade wirkte wunderbar und schnell in ihrem Herzen. Fröhlich haben wir sie getauft, 27. Mai, nachdem sie Zeugnis von ihrem Glauben abgelegt. Elisabeth, 2 Kinder in Mädchenschule Chirakkal. Das kleine Knäblein ruht bereits neben Großmutter. Thomas' Schwester wohnt bei ihm. Durch Foltern etc. hat ihr Verstand gelitten, wenig Aussicht auf Bekehrung - die Mutter entschlief einige Tage nach ihrer Taufe mit dem Namen Jesu auf der Zunge. (Hava mit ihrer Schwester Eunike und Mutter Lois wurden in 3 Monaten Witwen).

(S. H.) Payavur 14.[-]21. Februar [18]49. 2 Tage wurden Elephanten auf uns gehetzt, und zwar mit Zauberei. Das erstemal steuerte der Reiter mit einem kleinen Elephanten auf uns los, das Tier weigerte sich majestätisch ... auf dem Wege, sich uns zu nahen, wir standen gerade auf einer Erdmauer. Ich predigte, da trieb ihn der Reiter mit Gewalt auf uns zu. - Nun donnerte ich auf den Reiter, und der Elephant erschrak und nahm Flucht <Furcht>, rann[te] gegen eine andere Erdmauer und bewegte sich dann langsam nahe an mir vorbei. Wir alle zitterten. Und jetzt wurde wieder mit Andacht gesungen und in vollem Frieden gepredigt,

Halleluja! Den folgenden Tag sollten die Elephanten (die zum Götzentempel gehören) nicht mehr auf den Bazar kommen. Wir standen wieder auf unserer Mauer, sangen, beteten und predigten - während ich predigte, erschienen auf einmal 4 große Elephanten, wovon einer ohne Reiter, los, mit einem schrecklichen Geschrei (Trompete) unter die anderen wild rannte, alles läuft und ist in Konfusion. - Die Tiere bewegen sich auf uns los, 2 werden abgesteuert und 2 bewegen sich jetzt langsam an mir vorbei, so nahe, wie Leute aneinander vorbeigehen. Der Herr gab uns wiederum Gnade, fest auf unserem Posten zu stehen, wir alle zitterten wieder - der Eindruck aufs Volk groß. Jetzt sangen wir wieder, und der Herr gab mir Gnade, mit großer Kraft zu predigen, Halleluja!

12. und 13. Dezember 49 <In Payavur desselben Februar [18]49> waren ich (C. M[üller]) und P[aul] zusammen auf dem zu Ehren Shivas gefeierten Fest in Kir, wo es uns vergönnt war, nicht allein Christi Namen bekanntzumachen, sondern auch seine Schmach zu tragen, wodurch wir vielleicht den nach Zeichen und Wundern fragenden Spöttern etwas von Christi Bild vor Augen stellten. Aus einer augenscheinlichen Gefahr, die mir 3 Elephantentreiber mit ihren Kolossen bereiteten, errettete mich der Herr in Gnade durch das Herbeieilen des Katechisten Thomas, der uns am 2ten Tag zu Hilfe gekommen war. Der eine von jenen 3 Feinden ist Thomas' Schwester Sohn (also durch seine Kenntnis 1. der Elephanten, 2. der Personen).

1850. Am Jahresschluß[1)] wurden 25 neue Glieder in Cannanore getauft und darnach kehrte der Herr wieder mit der schrecklichen Seuche, die wir schon zuvor in Tahe hatten <Pocken Dezember 48>, unter ihnen züchtigend ein - es lagen über 90 Leute von ihnen davon krank, in Tahe starben daran 5 und in Anjerkandi 10 Seelen, nicht Heiden. Es gefiel dem treuen Herrn, unseren lieben, kindlich treuen Timotheus, der mit der Anjerkandi-Gemeinde als Katechist zu uns stieß, durch diese Krankheit seliglich zu ihm zu nehmen. Dieser Verlust, wenn ich so sagen darf, war hart für uns. (Die weiße Gemeinde hebt die schwarze gewaltig).

8. Januar, als Weigles da waren, kam Timotheus von Anjerkandi zu mir (Gundert) auf Besuch und machte sich durch etliche Geständnisse alter Sünden das Herz leichter. Ich wußte nicht, daß das Unwohlsein, das damals mehrere Gemeindeglieder in Anjerkandi befallen hatte, von einer gewaltigen Pockenansteckung herrührte, zu welcher wahrscheinlich der Besuch der Anjerkandi-Gemeinde in Cannanore bei Jahreswechsel den Zunder gegeben hatte. Dies war Tim.s letzter Besuch. Am 14. kam die Kunde, Timotheus, der auch als Arzt die 50 oder mehr Krankgewordenen besuchte, scheine ... sich legen zu müssen. Am 16. ging H[ebich] hinaus, fand ihn aber nicht mehr, seine Verwandten hatten ihn im Boot nach Mahe transportiert, denn auch seine Familie war krank und die Frau trieb nur, ins liebe Heimatsort zu kommen. Er hatte die Krankheit im höchsten Grad und verschied am 31. Von den zuerst Angesteckten starb keins, später 3 von der Gemeinde. Wir hatten Sorge wegen der Herren Brown in der Pfefferernte. Doch waren sie nicht unfreundlich.

<hier Cannanore und H. G[undert] Anfang 50>

31. Januar 1850 wurde der edle Timoth. nach unsäglichen Schmerzen an den Pocken

---

1. Es ist wohl der Jahresschluß 1849 gemeint.

Oben und unten: Chovva - Kirche

(von Anjerkandi nach Mahe gebracht), von Gemeinde geerbt, die er auch als Arzt bediente, von Haus zu Haus ging, tröstete, betete, krank im Boot nach Mahe gebracht, Frieden Gottes leuchtete aus dem von ... entstellten Angesicht*. Zu P[aul], der ihm zusprach: O Bruder, mein Gedächtnis hat mich ganz verlassen, ich weiß nur das eine, daß Jesus Christus für mich gestorben ist - Schmerzen, als wolle sein Leib zerplatzen: "Ich habe nichts Besonderes gesehen, aber es kam jemand und sagte mir ins Ohr, sei fröhlich und getrost" - ein sanfter, kindlicher Mann, in der vollen Kraft seiner Jahre, redet noch, obwohl gestorben.

(Ir.) Thomas erbte die Pocken (Februar) von seinem Schwager. Ich wurde Wasserarzt, und der Herr segnete meine Bemühungen. Thomas ist wieder aufgestanden. Er hatte die Krankheit in einem fürchterlichen Grade und "wird deren Malzeichen zeitlebens nicht verlieren". Dem Herrn sei Lob und Dank dafür, daß er uns diesen Mann ließ und uns dadurch einen neuen Beweis gab, daß er Gebet erhöre!

Juni. Kaum war unser treuer eifriger Katechist Thomas von der fürchterlichen Pockenkrankheit so weit genesen, daß er seinem Besuch sich aufs neue widmen konnte (- hier mein Besuch in Tellicherry), als ihn 2. Mai die hier grassierende Cholera überfiel. Morgens hielt er noch die Andacht im Armenhaus, fühlte sich aber schon etwas unwohl, unmittelbar darauf verschlimmerten sich die Symptome, schon mittags 1 Uhr war er eine Leiche. Das ist ein harter Schlag für unsere Station, nur das tröstet uns, daß wir der Rettung seiner eigenen Seele gewiß sind. Der Herr hat diesen lieben Bruder wunderbar geführt und früh vollendet. Ihm sei Ehre für alles, was er an ihm und durch ihn tat. Seine Witwe mit ihrem Söhnlein lebt nun in Mahe, wo die gleiche Krankheit ihren Vater hinraffte. (Seine Schwester, vor dem Tod nach Chirakkal gewiesen, wo sie bei Schw. Gundert ein Unterkommen fand und ihr dämmerndes Traumleben fortsetzte - Gottes Segen auf der ... die eine tüchtige Katechisten-Frau wurde.)

Einmal falsche Anklage gegen ihn, er meinte, Argwohn bei uns zu sehen und bat, ihn zu entlassen, er komme schon durch.

(F.* G. M.) Nachdem er gestorben war, freuten sich viele und sagten, nun ist doch dieser gestorben, und er kann uns nicht weiter mit seinem Predigen belästigen. Kaum war aber seine Stelle ausgefüllt (durch Matthai), so fingen sie zu lästern an, "bei den Padres helfe alles nichts, gehe einer, so bringen sie gleich wieder einen anderen." Aber einen wie Thomas haben sie, in den nächsten 10 Jahren wenigstens, nicht hergebracht, denn nicht die Padres machen solche Leute, sondern Gott selbst nach seinem freien Wohlgefallen. Stellen kann man ausfüllen, aber was an einem ganzen Kinde und Knecht Gottes gestorben ist, spürt man erst recht, wenn er fort ist und durch die Unmöglichkeit, es zu ersetzen, lernt, was man an ihm gehabt hat.

24. März 1850 - 31. Juli 1851

1850 März <24. Sonntag>, 26. Dienstag der* Karwoche. Puram procession early. Morgens noch mit Graul eine Unterredung, in der ϑεοτο... zum Stein des Anstoßes wurde. Dann meine Frau wegen Fr. Irions abortus ein paar Worte, worauf Jgfr. Kegel sie mit Zorn anfährt, ... Krämpfe hervorruft. - Nachmittags die Grauls (nach nochmaliger Rückkehr, Geld und Schlüssel zu holen) endlich ab <Lieder zum Druck nach Tellicherry> - ich atme auf.

27. Jonahs Brief an Mögling gelesen "die in Cannanore ebenso eigenmächtig, nur weniger ehrlich." Ich finde nicht warum. <Jos.* "er hasse* seine* literarische Miss. und wenn ...> Hebich hier, Vorbereitung auf Abendmahl.

28., Gründonnerstag, Bibelübersetzung wieder vorgenommen - der Herr segne es.

29. Abendmahl.

31., Ostern, wie anno 39. Damals Taufe der Mangalore-Erstlinge.

1. April in Cannanore bei Hebich und Young.

3. April. Besuch der 2 Soldaten Bird und Howarth. Abends nach Cannanore, wo Fr. Müller einen Ochsenbandi kauft.

4. April. Hebichs Brief und Stationskonferenz-Protokoll nach Basel geschickt. Cholera in Tahe (Marcus gestorben am Ostermorgen. Michael sehr krank).

6. Briefe an Ostertag, Vater, Hermann, Samuel. Abends der erste Regen, nur Tropfen, aber gottlob Kühlung (Tod Cannans, der mit Searle nach Anjerkandi war).

7. morgens Brief des lieben Vaters vom 23. Februar erhalten, er klagt, keinen weiteren Brief nach meinem vom 23. November erhalten zu haben. Samuels Auf- und Absteigen durch Steinesschaudelei, Hermann der 3., ... ruhiger, Theodors Freund Neeff an Jgf. Mör. verheiratet. - Von Komitee Meublegeschichten. Abends nach Cannanore, wo Weib und Kinder schlafen.

8. morgens nach 2 Stunden Regen und Tod von Nathanael (Tim.s Bruder) und Coran John (Cann.s Bruder) erst um 1/2 9 Uhr ab im Boot nach Tellicherry, Friedrich aufmerksam auf steamer, voll Hoffnung, stehend, Sam <Paul> im Sand* des Boots spielend, Frau erbricht sich - um 1/2 12 Uhr angelangt. Abends 6 - 12 Uhr im Boot ...

9. morgens nach Chirakkal.

11. Tod von Chandras* Knaben und den Nayer David Cannen im Spital.

13. Hebich hier am Samstag - Frau zurück, Brief Br. Hubers andeutend, daß die Meublegeschichte durch einen Tellicherry-Brief vorgerufen sei.

Ich schreibe am 14. "Nun zu einer unangenehmen Frage. Es ist mir nahegelegt worden, der Komitee-Beschluß, die Möbeln betreffend, rühre von dem Schreiben eines unter euch her, betreffend meinen Umzug nach Chirakkal. Sollte dem so sein, so wäre ich dankbar für die möglichst genaue Angabe des Inhalts."

... Brit. Maj's packets leave Marseille the 9th and 26th of every month. <25. Mai. 25. Juni. 25. Juli. 31. Aug.>.

15. Frau in Cannanore. Brennen auf Besuch, mit dem ich zu viel rede, ehe ich nach Cannanore will - im Gefährt fällt Friedrich vor uns auf den Boden ingane horse nale i cocku ([illegible]), das verhindert Br[ennen]s Mitfahren. Ehe Br[ennen] kam, wird der Pidara Appu mir zugeführt, wahrscheinlich gepackt, weil der Adhicari gehört hat, daß der frühere Adhicari, um restauriert zu werden, sich um eine Verwendung bewirbt.

18. morgens nach Cannanore gelaufen, um Briefe, die dort vergessen lagen, zu holen - Antworten auf den Brief nach Tellicherry befriedigend, ich lege die Sache beiseite <aber nachher schreibt Weigle, man wisse das auch oben>.

20., schreibe Nro 5 an Vater (und an Hermann in Stuttgart <inkl. durch Josenhans>).

21. abends nach Cannanore, wo Hebich Briefe erhalten hat von Anjerkandi (Nicodemus Zaubereigeschichte).

22. morgens im Boot nach Tellicherry, von wo Irions abends nach Chombala (er vielleicht nach Calicut). Ich besuche Thomas <sehe ihn zum letztenmal> und Brennen. Fitzgeralds und Thompsons kommen, mich zu sehen. Er ratet issue oder sea air.

27. (die liebe Großmutter 80 Jahre alt) morgens früh zurück, halb geritten auf F. Müllers Kavallerie-Pferd (sehe auch Gabriels und Mattus unterwegs), dann Hebich bandi (gestern ist sein Peter gestorben, der treue Knecht). Jgfr. Kegel in einem ihrer schlimmsten humors.

2. Mai, diesen morgen bringt Hebich einen Komitee-Brief über seine expenses, er erlaubt Cannanore-Gemeinde cassa, aber gibt nur 100 Fl weiter für Mädchenschule, nichts für Reparatur. - Diesen Tag stirbt Thomas selig an der Cholera um 1 Uhr mittags, nachdem er morgens noch im Krankenhaus gepredigt hatte. Vor 8 Tagen hatte ich ihn morgens besucht und im Gebet gefunden: er hatte damals große Freude an seinem kleinen Paul.

4. Mai. Nath. bringt diese news. Zugleich sende ich Nro 6 (an Barth) inklusive die sketch Hebichs und meiner Frau Briefe an Mutter und 2 Söhne.

7. Nachricht von Möglings Krankheit.

8., stärkere, dazu Weigles Not in Dharwar (möchte fast lieber davon) - Gebet.

9. Hebich hier (Himmelfahrt).

10. Nachricht von der Besserung in Mangalore (und in Dharwar, Weigle fängt an, sich der 4 Hubli-Jungen zu freuen).

11. Brief an Hoffmann im Namen der Mal[abar-]Distriktskonferenz. - Mr. A. K. Forbes Übersetzung der guzeratschen[1] price*-Schrift Bhut ni bandh. Ich strenge mich am 9. mit Hebich und 11. mit Raj zu sehr im Reden an.

<49 Juli (Jugendblätter), p. 26. Mohn zu Solaneen - 49 September, Betel Name [illegible] und was seine Wirkung.>

15. Mai abends der erste ordentliche Regen.

---

1. Wohl Gujarati .

16. Ich sende Nro 7 an Vater [<an>] über Basel (gemeinschaftlicher Brief der 3 Malabar-Stationen, an Hoffmann und ein paar Neuigkeiten an Ostertag), <Mamangamu* Arni Mills>.

17. morgens kommt Brief des lieben Vaters (März), Ernst, Hermann, Samuel und Ostertag.

19., Pfingsten, Abendmahl. Lehmann fast schiffbrüchig, steigt in Dabul aus - geldlos.

24. abends Monsun bricht an? Friedrich verkältet sich (Erbrechen, sore eyes - bald auch in Vau).

26., Sonntag, ich gehe nach Cannanore, weil Miss nicht mag.

27. Frau in Cannanore.

28., ich besuche Dr. Foulis auf seiner Durchreise nach Mangalore und unterwerfe mich seinem treatment - schönstes Wetter.

29. Möglings Geburtstag.

30. Hebich bringt mir die compd. decoct. of Sarsaparilla mit Kali Hydriod. und die solution von lunar caustic (also 4 Monate, nachdem ich die Wasserkur angefangen, die gottlob fortbestehen darf).

2. Juni, Abendmahl mit Dr. Foulis, nachher Essen bei Hebich (Youngs und Foulis gegenwärtig).

3. Juni. Mein Nro 8 (Zahl vergessen) an Vater, auch an Ernst, Samuel, Marie inkl. Ostertag.

4. Die overland letters arrive von Ostertag und Frauenkomitee etwas - sonst Mögling secret. Hebich Präsident der Generalkonferenz - nachts endlich ordentlicher Regen.

5. Hebich auf Besuch wegen seines Amts.

6., Donnerstag, Hagar von (2-köpfigem) totem Kind entbunden im Spital.

8., die neue Vannatti an Dysenterie krank - Koch Jacob schießt einen hühnerstehlenden Fuchs.

9., Sonntag - niemand nach Cannanore.

12. Auf Catcheri, den Nath. zu befreien, der wegen seines von Jacob am 10. geschossenen Hunds fast eingesperrt worden wäre. Youngs auf Besuch.

13. Hebich hier.

14. nachmittags Ankunft des neuen Pferds (kostet 65 Rs, Fritz gab dem horsekeeper 1 Rp auf den Weg). Abends des Vaters lieber Brief vom 3. Mai (Turnen zu genehmigen, über Privatgymnasium, abwarten). Hofmann Bad in Tübingen. - Mann Trich. cigars und Theodors vom 26. April. Dazu Möglings sonderbarer Vorschlag, mich nach Mangalore zu versetzen - geht mir im Kopf herum wie ein Mühlrad.

23. Abendmahl. Tags zuvor Br. Möglings Brief aus tief gedrückter Stimmung, Besorgung wegen der durch mich geschilderten Differenz zwischen Hebich und ihm: zugleich Herzkrankheit entdeckt. Schon am Montag ein Brief, der größere Zufriedenheit anzeigt, aber Herzerweiterung fast außer allem Zweifel.

25., erster Ritt mit Sporen nach Cannanore. Ich sehe Temple, um einem Schauer auszuweichen, welchen ich auch zuvor (am 19. mit Frau) besucht hatte.

26. Die Distrikskonferenz in Tellicherry, zu welcher Hebich für Cannanore geht. An Roth zu schreiben, daß das tribhashya ratnam, aus atreyam mahisheyam vararucam zus[ammen] alle auf Yajus shakha bezüglich zu haben ist.

27. Hebich retour von Tellicherry, erzählt, bringt Möglings Brief, wonach der Dr. ihn heimschickt, fast aufgibt. M[ögling] will bis Oktober bleiben, auf Antwort Hebich das nicht gestatten, sondern nach Mangalore gehen und ihn ablösen.

Am 28. kommt er, diese Besprechung abzuschließen <altes Pferd verkauft um 15 Rs>,

geht 29. nach Tellicherry. Ich schreibe an Mörike. H[ebich] kommt 29. abends nach Chirakkal, ich begegne unterwegs, dort heißt man's einen Martha-Dienst, aber ich rate zu gehen. Greiner sendet einen kuriosen Brief, hat Mögling noch nicht gesehen.

30., in Cannanore. Sonntags (Frau Hallidays Übelkeit in Chapel - Fr. Hichens near death). Abends H[ebich] in Manjil und Boot Mangalore zu.

1. Juli. Ich bin in Cannanore, lese homenews, möglicherweise war von England und France.

3. Juli morgens. Mein Nro 9 an Vater, Hermann, Samuel (an Ernst über pratisakya), Ostertag, Theodor, in deren* Brief Hebichs und Möglings - über ihre Ämterantretung und Hebichs appendix über Möglings Heimgehen. - Irion besucht. - Ich schneide abends Freds Geschwür auf der Leber auf (durch Wasserkur scheint's bewirkt). Gottlob!

5./6./7., an diesen 3 Morgen douche versucht, das erstemal den ganzen Tag betäubt, nach dem 3. Fiebernacht und einmal Blut gespien, also flugs aufgegeben und zu wetsheet zurück. Verzeihe mir, Herr, wenn ich ohne Gewißheit von dir mich durch I und Weib bereden ließ.

8. Irion in high dodge nach Tellicherry zurück, ohne daß Hebich kommt.

9. Würth nach Mangalore.

Erst 11. morgens kommt Hebich im Manjil - erzählt* von Mangalore, Greiner, Hoch*, Deggeler etc.

14., nach Cannanore, sah Br. Hebich, Abschied.

15. nachmittags ritt nach Valarpata, dort aufs Boot, langte am 16. nachmittags in Hosdrug an, durch viel Regen, Nathanael unter der cover des Palankins sehr kühl. - Händel mit Mapla, der 5 Rs statt 3 will und auch mit 4 1/2 nicht zufrieden ist. Abends Bekal, in der Nacht Fieber, kaum für möglich gehalten, weiterzugehen.

17. morgens Kasaragod, dort im Palankin Lehne aus Hosenträgern gemacht und gelaufen. Abends in Kumbla.

18. Mit Gottes Gnade nach Manjeshvar. - Gebet gegen Teufel. - Cooly von dort nach Mangalore gesandt, verspätet sich - ich lief vom arsenal an, wurde von Dr. Foulis in seinen bandi geladen, traf Mögling ordentlich.

20. morgens, erst den rheumatischen Bösinger gesehen und abends Greiner, dessen Kind Lungenentzündung hat, daher sie 21. morgens hinauf. Gottlob geheilt. Vom 19. an trinke ich codliveroil und setze hydropathy fort.

26., horsekeeper hier, Pferd in Ottala.

27. Pferd hier - erster Ritt. Fr. Foulis kommt auf Besuch. Morgens war ich bei Greiner auf Besuch.

30. In Möglings meeting (Ebr 2).

1. August, in der meeting bei Anderson, wo Maltbys (Eph 2).

4. August, Sonntag. Des lieben Samuels Geburtstag.

6. morgens zum erstenmal wieder laut gebetet.

7. Briefe fort (Möglings Geschichte der Keti-Verhandlungen). Briefe an Ostertag, Frau Christ von Frau, Vater Nro 10 und Kinder.

11. Möglings letzte kanaresische Predigt angehört (über 1 Kor 15).

12., homeletters.

13., seine letzte meeting über Ebr 2.

14. abends bei Andersons zum Tee auf Einladung mit Mögling und Hoch. Klavierspielen, Verkältung (wenigstens in den nächsten Tagen schlimmer als seit einem Monat).

15. abends endlich Mögling fort im Manjil, nachdem ihn noch Degg[eler] belagert hatte (sein ... aufzugeben und besonders gegen Korrespondenz mit Josenhans) - beim Abschied bittet Bösinger um Verzeihung.

16. abends durch Hebich das Ultimatum an Würth erhalten und nach Bettigherry befördert.

18., Sonntag, im Haus geblieben - allein. Morgens am 19. erbrochen - Schleim, seither nur Wasser (nach Dr.s Wunsch Umschläge auf Hals).

21. Lehmann von Dharwar angelangt.

Nabuchadrossor (rachar) in Babyl. u. Behistun

Dārjawus khsâjadija Vistāspahja puthra Hakhā manisiya (Aūramazdâ) -
Uwaža (= huaža, Khūž, Kovdz Kissia, = Susiana) - Sūr (...)

Māda (Wāda med.) Bābirus (med. Bābilu od. ...) Arabāja, Adurâ (Assur) – Xudrājā (Kardukh, Kurd, Χαλδ) (med. Karsraja od. Kasraja) – Armina (med. Arminja) Katpadhuka. Çparda (= Sardes) (Sparda (med)) Junā (...) darjahjā maritimi) – Parutja Açagarta (med) Pardawa (parthu) Zaraka (Δραγγαι) (Aσακ (med)) Hariwa (Αρεια) Bākhtris (med Bākhdhi) Çughda (Sughuda (med)) (Σογδια) Uwāražmija (Uwarazmis (med)) (Χωρασμια) Thataghus (Σατταγυδ) Harauwatis (Z. Haraqaiti) Hidhus (Z. Hendu) (Hidhus (med)) Gadāra (Γανδαρια) Çakā (Sakka (med)) Maka (Μεκοι) Mekran) – – Pārça (Pārçakarta = Persepolis) – Arbys Arca ... Darius ... = Αρβαρης

– Māda Uwaža Pardawa Hariwa
Bākhtris Sughuda Uwāražmis Zaraka
Harauwatis Thataghus Gadāra Hidhus
Çakā Humawarkā (od. Humawargā = Αμυργιοι (Sakai)) Çakā Tigrakhudâ
Bâbirus Athurâ – Arabāja – Xudrâ
Armina Katpadhuka Çparda Juna
Çakā ...daraja (med. Aswitthuwena) Çqudra (Σκυδρ...) Junā Takabra (Σκυδαι Herod. 5,2) (Takaphara (med))

Parutyā Qusijā (med. ...) Kuššija Mādijā (Matianer) Karaka

Ksjārsā ... khsāthram ... (Khsjarsa (med)) Qurus (med. Quras) ... khsājadija Hakhāmanisija ...
Artakhsathra (Hieroglyph. Artakhsesha) – Dārjawus ... Vistāspas ... Arsāmahja napāj ... Arijārāmana (τον Αριαραμνεω) Taispais (Τειςπεος) ... Hakhāmanis

22. Briefe nach Haus (Nro 11 Vater). 22. Shamrao zuerst gesehen. Unterredung, besonders vom 25. an, da Hoch nicht wohl ist.

Am 25. entschieden, nicht Mögling nachzulaufen wegen der Postrevelation, wodurch seine Verwandten das zuvor gehört hatten. Gebet mit ihm. - Nachher Ammann ordentlich. Nachmittags escapes*some books to Herrn Searle. 25. Anderson hier - geht zu Searle, Christian hält für nicht sin...

29. morgens wieder Gebet, ich entschuldige ihn bei S[earle]. Abends bleibt er, gibt string, schreibt seinem Onkel (auch von Swapna - Narayana Sheshadri "Blut Christi reinigt von allen Sünden") bittet sie, ruhig zu bleiben, trinkt tea mit uns.

30., zu Searle, der seine Kanaresisch-Stunde auf Balmatha zu nehmen sich versteht.

31. Ammann mit Lehmann geht nach Mulki zurück, freundlicher Abschied, er sehr beruhigt, durch was ich von Josenhans sage.

1. September, Sonntag. Simeons Leben - brokenheartedness.

2. September. Taufe Samuels Pinehas in Eile, sehe Fr. Cummin. (Gr[einer] kommt den Morgen von Utchila, etwas zweifelhaft über Shamrao - auch F. Anderson besucht seinetwegen. - Briefe von Haus an Mögling).

3. September. Searle will Shamrao 2mal des Tags haben, ja sogar, daß er drunten wohne, ich schreibe dagegen.

5. morgens erzählt Shamrao im Unterricht, wie der Jemalabad Shamaya ein Saccidananda auch ihn Mantras gelehrt habe, wie Hermanns Weib ihm Geld und nachher Juwelen gegeben, das später ans Licht gekommen sei. - Nachmittags, daß Searle (der am 2. gefragt hatte, when is that baptism to come off) ihm Manjil, Gaul etc. anbiete, um am 25. nach Gangawalli zu gehen und sein Geschäft zu tun. Abends meeting, Posnett betet für den kranken backslider (Col. White), erklärt Eph 4, 2ten Teil. In Bombay Times attack gegen uns, auch Spectator verdächtige Verteidigung.

7. Hochs Examen, sehr befriedigend. Abends mit Gr[einer] über Shamraos Taufe verhandelt, nachdem an Barth, Vater (12 Nro), Josenhans etc., Vevey und Corcelles Briefe abgeschickt waren, Dr. Ostertag.

8., Sonntag. Greiner tauft Johann Shamrao, der gestern von Searle aus Zorn über 1 1/2-malige Abwesenheit fast fortgeschickt, das Examen aufgegeben, die Hoffnung auf 90 Rs genommen wird.

9. abends. - Ich war zuerst bei Anders[on]. Nach dessen Rat John abends sich von Searle lossagt, bis zum exam ausharrt.

10. Würths letzte Dienstag meeting über oppression and fireside tyranny.

11. Anderson sagt dienstags und donnerstags meetings ab, weil Posnett am Mittwoch evening service halten will. Vom 10. an Hoch mit Deggeller und sein Bube unterwegs nach Mulki und Utchila. Mit John über Licht und Finsternis. Er [illegible] [illegible] geht zu Searle von 6-2 Uhr.

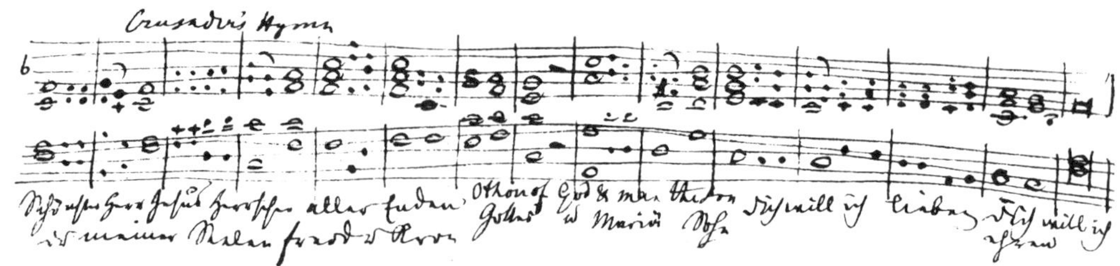

15., Sonntag <Adolphs Konfirmation>. Briefe von Haus, Vater, Kinder, Reinhardt, Ostertag, Jette, so reich wie fast nie. Ich war bei Anderson gewesen und hatte seinen Knechten gepredigt - fast zu viel. Nachts congestion und dergleichen.

17. höre ich, daß Weigle am 11. abends einen Sohn hat.

18. Searles Examen, damit ist John los: Briefe wegen der Schmähartikel in Bombay Times und Spectator.

22. Abendmahl bei Gr[einer] und Würth (Mögling wünscht John nach Bngl.).

24. abends, Hoch geht mit John auf Fluß nach Puttur ab (am 23. hat Searle den J[ohn] ohne Geld - 90 Rs, die ... versprochen hatte, fortgeschickt).

26. morgens Gaul nach Cannanore zurückgeschickt (seit 23. schön Wetter, noch kein Pattimar). Abends erhalte unerwartet schnell einen Pattimar - besuche geschwind Fr. Cummin und Dr.s (hatte einen Morgenspaziergang mit Anders[on], der verspricht, für John 90 Rs zu zahlen). Abends kommt Hoch glücklich zurück.

27. Morgen "Siehe, ich sende meinen Engel vor dir her" nach Kasaragod mit langsamem Wind - breche mich einmal. - Nachts bis Eli.

28., 2 Uhr, vor Cannanore, 3 Uhr in Hebichs Haus, 4 Uhr Chirakkal. Vau will mich nicht erkennen, gottlob, sonst alles ordentlich.

1. Oktober (Hebich zurück von Anjerkandi), ich gehe mit Young nach Cannanore, spreche den Tag über mit Hebich. - Friedrich lovesick wegen meiner Abwesenheit.

2. Oktober. Gaul nach Cannanore geschickt.

3. Oktober. Hebich hier - ich fühle mich nicht mehr so wohl, auch geht das Öl aus.

4. Oktober, etwas besser (- Reinhardts Geburtstag), gebe Paul ein Vomitiv wegen seiner throat, schreibe an Komitee HG 3.

6. Oktober <nachts Regen, nach Cannanore früh gelaufen>. Für Hebich SH 4, an Vater Nro 13. 53 getauft (besonders von Anjerkandi 43), großer Besuch von dort, strengt mich fast zu viel an.

8. Oktober, sehe Young, der erzählt, wie Robinson, Francis und die Frauen gewonnen werden, besonders der erstere, sein Bruder dagegen fast entschieden, baptist*, mein Gaul wahrscheinlich sich von seinem Fieber und der Erschütterung durch Möglings Gewicht erholend.

9. morgens, von Frau geweckt, sende nach Fr. Hewett (früher im <H. M.> 62sten bei Ferozshahr* etc. in camp), (Süddeutsche Warte fehlt* 1850 Nr. 14-17, Volksbote 15-18). Abends 4 Uhr der kleine David geboren, Hebich besucht gleich nachher.

10. Besuch des Morgens von Young.

12. Herr und Fr. Young kommen abends, nachdem morgens Jacob fortgegangen ist (von Mädchen und Weibern bejammert), Searle gekommen ist.

13. Louise, welche Rachel in die Schule geliefert, geht nach Mahe zurück.

14., Navaratri. Angriff von Mannis Mutter mit relations auf Haus und Schule von 2 - 7. Abends 9 Uhr kommt Young mit 10 peons.

15. Ich berichte an Robinson. Hebich kommt abends und holt Manni.

17. Hebich hier wegen Abendmahl - lange Vorbereitung.

18. Maries Geburtstag. - Robinsons Antwort und Tahsildar, der leugnet, meinen Brief erhalten zu haben, Rob[inson] wird heute abend erwartet, besucht am 19. abends. - Ich bitte Reinhardt und Mögling zu Gevattern - schreibe Nro 14 an Vater (Hermann, Samuel, Marie, Schw. Uranie, Barth), HG 4 über Glasell, der am 20. (während Abendmahls) vom steamer kommt (ich nicht zu Abendmahl, erhole mich wieder) und

21. mich besucht, von Graul erzählt (Ochs und Cordes sind seine besonderen Feinde). - Rob[inson] geht in den Süden, übergibt die Sache dem Tahsildar, der zuerst den Adhicari recht durchnimmt.

23. Jacob als Vakeel mit Jos[eph], Jud[a], Nath[anael], Cugn[i] gehen nach Tellicherry wegen des case vor Chatfield, letztere 3 kommen am 25. zurück.

Am 24. Hebich hier, erbrach sich des Nachmittags vom Essen - Friedrich wegen boils, Paul wegen Schnupfens unlittig, der kleine David gränzt noch immer an Fieber: besonders Nacht vom 26.-27., wo die Mutter fast meinte, er könnte ein Märtyrer werden wie die bethlehemschen Kinder. Aber schon am Abend besser.

28., erster Besuch des Rajas seit langer Zeit. Ich sage ihm von Shamrao - und sage, er sitze im Gefängnis und könne darum nicht frei und unparteiisch über Historie und <Natur>Geschichte urteilen (er: daß wir der Erde bloß 5000 Jahre oder so geben, sei großer Irrtum, unsere Geschichte falsch etc. <dagegen Lassens Behauptung über Veda und 27 naxatra als später>). Er: Leute gehen zu uns wegen Geld oder wegen Weibern, dem Shamrao vielleicht 100 Rs gegeben - wenn ein alter, ganz gelehrter Kasi-Pandit Christ werde, wolle er glauben - von Wissenschaftsenthusiasmus etc. gar nichts, nur die gemeinsten Gründe angenommen. Am Ende wollte er die Sanskrit Basavepurana von Hubli Swami, aber durch Gentlemen, denn natives betrügen so gewaltig. Also doch ein Unterschied, fragte ich. Bessere Erziehung, wie auch ihn sein Vater und Onkel gebildet haben. Ich sprach ihm ans Herz, lobte die downright idolatry seines Onkels noch mehr als seine infidelity und Doppelseitigkeit. Abends Frau nach Cannanore.

29. Jos[eph] und Jac[ob] zurück von Tellicherry, etliche fines von 10 und 5 Rs sind die ganze Strafe. Daher jenseits Triumph. Herr, laß uns mit allem zufrieden sein.

30., bei Young, sehe Frau und David und den sterbenden Gaul. Fred und Paul begleiten hin und her, halbwegs im Wagen. Auch bei Hebich, der an der Rechnung laboriert und 4 000 Fl verbraucht hat, während ihm nur 3 200 zu Gebot stehen.

31. Hebich hier abends, Daniel will Ruth haben, sein Philipp Lydia.

2. November, wieder in Cannanore, wo die jüngeren Francis erscheinen - mail von der hessischen Revolution.

3. November. Taufe Davids. Ich freute mich sehr dabei, auch Hebich, besonders daß er bei den Worten Holy Spirit den Kopf erhoben hat. Nachher Youngs und Francis zum Essen. Post bringt Ernsts Brief, dazu Ostertags und Josenhans', er hoffe, nach Indien zu kommen, wenn nichts ganz Besonderes verhindere.

5., den Gaul erschossen. Frau von Youngs zurück in strömendem Regen - Young sendet mir am 6. sein früheres Pferd - als ein Geschenk, wenn ich ihn brauchen kann.

Am 7. morgens Nro 15 an Vater (an Hermann, Samuel, Jette, Ostertag, Ernst).

8. Gaul gekauft, 50 Rs von mir - 100 von Young - das Kissinger Wasser (109 Krüge) kommt an: ich nehme 36.

10., Sonntag, das Öl kommt über Tellicherry. - Abends nach Cannanore (Velu begegnet und will dienen). Mannis Vater macht trouble.

11. Hebich begleitet auf dem Rückweg - horse shod(letzter Regen 14.).

15. abends nach Cannanore im horsebandi. Durch Hooly fest (oder) fast in Gefahr - nach Tellicherry, erst um 8 Uhr gelandet. Beim Herausspringen Fuß verstaucht, oben freundlich. Die Knaben verlustieren sich am 16. und 17. - Rede über Jos. Oberland Generalkonferenz. Kiel hat in Calicut ein Kind umgetauft, dies an Bischof berichtet.

17. F. Müllers Predigt, ...s Kinderlehre. Abends Gesang der Knaben.

18. sehr früh zurück (mit Fürst Concord[e]z).

21. mit Hebich über Ausgaben (am 20. gestorben* Georg Brown).

22. HG 5 an Komitee, die Verwilligungstabelle betreffend. Hebich fügt demselben etwas bei über sich, den angebundenen Kettenhund und 1 300 Kircheneinnahmen.

24. Hebich fragt bei C. M[üller] über Vikarieren an - es wird angenommen auf 2 Sonntage.

28. Hebich mit Schlegel von Bombay hier <sagt von Theodor Lieschings Heirat>. Bühl[er] hat ihm gesagt, Mögling werde nur so gesund, um der Generalkonferenz beizuwohnen, nachher gehe er doch heim. - Abends der Gaul macht mir Not beim Reiten. Hatte Kongestionen die Nacht hindurch und noch am 29.

Diesen 29. morgens Francis von Zwillingen entbunden.

1. Dezember, in Cannanore zum Abendmahl - Regen außerordentlicherweise - Velu und der alte horsekeeper Chekkotti kommen zugleich, um angestellt zu werden. Ich gehe zu

Fuß hin und her, laufe teilweise, von einem römisch-katholischen Soldaten begleitet, heim, der mich zuletzt ausschimpft.

2. Dezember. Horsekeeper angestellt, reitet und fällt dem Gaul die Knie entzwei. Hebich nach Palghat ab. - Ludwig 38 Jahre alt.

3. abends Regen.

5. Fr. Young bringt den Tag hier zu. Conductor Ball gestorben in Cannanore.

6. Dezember. HG 6 an Komitee. Abbestellung der Zeitungen, Nro 16 an Vater um schwäbischen Mercur - auch nach Corcelles und Ostertag. Abends kommen Briefe, plenty von Inspektor an Hebich, von Ostertag 2, von Vater, Kindern und Ernst.

7., zu C. M[üller], der auf meinem Gaul gekommen war, nach Cannanore und mit ihm zum Bischof Dealtry (sehe Rowlandson, Dr. Hichens und Kinloch daselbst).

8., Sonntag. Timotheus, der am 6ten hier gewesen war, um leave für seine Frau nach Tellicherry zu bitten, geht eigentlich* ohne leave mit dahin ab. In Anjerkandi klagen die jungen Herrn besonders über das Singen.

9. C. Müller hier auf Besuch.

10. Blätter von Mangalore. Schw. Kegel hört von ihres Vaters Tod. Isabella und Gabriel mit Kezia besuchen, abends folgen Thaddai und der Quilon-Paul - Brief von Dorcas.

11. Besuch von 2 Brahmanen, wundern sich über Vedas, würden's gern* lernen, glauben an alle Götter, und daß wir Europäer Ramas Bogen und in unserem [illegible] dadurch allein Sieg haben - ich wolle es nur nicht an Tag geben, wisse das aber wohl.

12. C. M[üller] auf Donnerstag-Besuch.

13. morgens Hoch mit dem angefochtenen Deggeller und Ebenezer etc. von Mangalore - glücklicher Bräutigam.

14. morgens Deggeller nach Cannanore. Ich schreibe an Müller ein Wort über ihn, das er übelnimmt.

15. Hoch morgens nach Cannanore, predigt dort abends, exc[ee]dingly nervous zuerst.

16. Brief von C. M[üller], der mir alles mögliche Geheimwesen und Herzabwenden der Brüder Schuld gibt. - Hebich sei am 14. von Palghat fort nach Cheruputcheri etc. <Cugnen gibt weich, bekennt seine Faulheit etc., sein Weib sehr nett.>

17. Young den Gaul zum farrier wegen seines Hinkens.

18., sie besuchen (der Fehler sei nicht im loins, bloß im leg), mir geht aus Hosea der Refrain nach, wir wollen nicht auf Rossen reiten. Abends begegnet Nehemiah mit Briefen von Theodor, Jette etc., sehr willkommen, aber alas Bruder Ludwig a drunkard! Was machte den Unterschied außer Gnade.

19. Morgenspaziergang mit Young. Gnanamuttu begegnet mit einem pony zum Verkauf. <Der Tecke Cannen, ein Nayer, von Brahmanen verstoßen, sucht Hilfe bei mir.>

20. Hebich kommt früh angeritten, erzählt von Palghat, Robinson und Calicut, wo großer Ärger über mich, Mögling und Verachtung Hebichs als schlechten Präsidenten. Er lacht sie aus, warum nicht arbeiten.

22., Sonntag, in Cannanore, schicke 17 an Vater, Hermann, Samuel, Jette, Theodor, Ostertag, Marie, SH 7 an Josenhans.

22. abends Christbescherung, Youngs sind zugegen, Kinloch hat am Sonntag öffentlich erklärt, dem Bischof gegen seine frühere Überzeugung folgen zu wollen (adoration of sacrament).

24. abends spät, Hoch kommt anmarschiert, erzählt noch spät.

25. Ich in Cannanore. Abends Hoch aufs Boot. Deggeller bleibt noch länger. Er besucht Chirakkal am 26. mit Hebich. Bei der Abendmahlsvorbereitung kommt Josephs böse Lust gegen Mädchen (Lydia) und Anniamma an den Tag. Sein Weib klagt über ihn. <Claudia bekennt, daß Isr[ael] sie geküßt habe etc.>

Am 28. besonders demütigt er sich darüber. An diesem Tag die schauerlichen Briefe, die M. von Bettigh[erry] erhält.

29., Sonntag - <ich schreibe an Graham, wegen Gaul> - ruhig.

31. abends Frau nach Cannanore mit David - bis 12 1/2 morgens Gottesdienst.

1. Januar 1851, ich nach Cannanore mit Fred und Paul - Gott hatte in der Nacht von 3-5 mit mir geredet. Frage, ob dies das letzte Jahr auf Erden. Brust beklemmt, doch gelobt sei Gott für seine Treue. Es ist mir der Übergang ins Jahr etwas schwer geworden. Ich murre fast, daß die Brüder mir nicht freundlicher und Mögling so widerwärtig sind - aber auch das ist von dir, o Herr, und lehrt mich, menschlichen Beifalls und Tadels schneller loszuwerden. - Es ist ein Jammer, wie gern ich noch allen gefallen möchte, ohne ein gleiches Verlangen, dir, oh Herr, in allem zu gefallen. Lehre mich meine Tage zählen und allem absterben, was aufhält. Reinige auch meine Liebe und Freundschaft von aller Parteilichkeit, daß nichts mich blende und irre mache. Friedrich ist leidend, ihn besonders unter den Kindern auf dem Herzen zu tragen. Ob der liebe Vater noch ein anderes Neujahr erleben wird? Dank dafür, daß du ihn so lang gelassen. Welche Krisis über Ludwig bevorstehen mag? Herr, erbarme dich - und laß auch Theodor recht bekehrt werden, ehe er sich niederläßt, Ernst, ehe er die Universität verläßt!

2. Januar. Hebich in Coodaly und bei Fr. Francis, er wird mit Steinen und Kuhdung beworfen. - Abends kommt Adam und Rosine auf Besuch, bleiben bis 4. morgens - sein Kind hat epileptische Anfälle, was ihm gezeigt hat, daß er's bei seiner Rückkehr an der rechten Reue fehlen ließ. - (2. Januar. Deggeller bei mir, sagt, die 2 Hauptverdachte seien 1. wir arbeiten darauf hin, Mögling zum Haupt des Ganzen zu machen, 2. Jos[enhans] habe insgeheim schon Mögling die Leitung der Mission anvertraut).

6. Januar morgens, Lewis im Spital, stirbt, Hebich kommt, bringt Vaters Brief und Jos[enhans'] Brief - report konzipiert - nachher zu Lewis' Begräbnis, das er erst auf 7. morgens erfechten mußte. - Frau und Kinder vom 5. an in Cannanore.

Ich gehe am 7. abends mit vollendetem report nach Cannanore. Young kündigt den Gaul als zu verschießen an.

8., nach Tellicherry mit Hebich im boat. Finde Huber mit Metz und Foulkes von hills, auch C. Müller. Distriktskonferenz - Irion gewählt für Mangalore-Generalkonferenz. - Darauf nach brüderlichem Verhältnis gefragt. Huber packt etwas aus, schämt sich aber im Ganzen, weil Fritz ihm die Stimme nach Mangalore gegeben und sich ausgesprochen hatte, als buhle man um ihn, weil er so ein guter Mensch sei. - Nachher mit Hebich und Foulkes herüber, die sich erbrechen. - Vor 8 Uhr angelangt und gleich nach Chirakkal. Die Kinder haben von Christian ein hölzern Schwert und Flinte gekriegt. Salmiak versucht <horse shot denselben Abend>. Abends spät Hebich mit Irion, Metz, Foulkes auf Island <Maledive> [illegible] nach Mangalore, wo 10. mittags angekommen.

12., Sonntag, in Cannanore, wo C. Müller schon gestern angekommen war, spreche mit ihm über seinen Brief im Dezember, Mögling etc., er nimmt's ordentlich auf - dann über Heirat mit seinem Timoth., der abends Jacob beratet und dann am 13. zunächst um Aline, dann Louise anhält.

Am 15. nach Cannanore, 200 Rs zum Reiskauf von Maj. Fanen* zu holen.

18. morgens kommt Hebich zurück, erzählt von Generalkonferenz - ist abends böse zu hören, daß ich wegen Alines zuerst bei David durch seinen Bruder hatte anfragen lassen, ob er nicht heiraten wolle. Dav[id] und die Knaben, auch Gnanamuttu, seien außer der Ordnung, unter den englischen Brüdern ist Mißverständnis wegen der Konfession eines Bruders, 2 sollen deswegen (von C. Müller schief berichtet?) zu Kiel gehen. Abends sind Metz und Foulkes hier. - Mit diesen gehe ich

Montag, den 20. (nach einer schönen Predigt Hebichs am 19. abends) nach Tellicherry im Boot und lasse den wieder leidenden Friedrich Abschied nehmen von Christ. Irion. Abends noch gehen Metz und Foulkes weiter, nachdem ich mich durch Singenlassen der Knaben wieder mehr verderbt hatte. Darauf ich im Boot mit Nath. und Friedrich zurück.

21. morgens in Chirakkal.

22. kamen die Brüder Bird und Howarth auf Besuch. Ich schreibe Briefe an Ostertag, Josenhans privatim (um Lehrerin), (Frau an Fr. Huber, Pauline Enslin und Marie) und 2 an Vater. Howarth nimmt meinen Messias mit sich, verpricht, vielleicht einen tuner für das Klavier zu schicken.

23. Hebich hier.

25. Übersetzung des [illegible] mit Zusatz fertiggebracht.

26. Hebich lang mit meiner Frau über das Bedenken, das sich in Chombala wegen Alines Kränklichkeit erhoben hat, er ist annoyed, daß man in seiner Abwesenheit um Aline anhielt. Ich nehme daher meinen Brief, in dem ich zur Fortführung der Sache geraten hatte, zurück und sage dem Timotheus ab. - Sneham dieser Tage sehr krank - erholt sich seit 1. Februar.

1. Februar. Müller will Aline nicht fahren lassen.

3., der alte Raja stirbt morgens, wird mit etwas Mörserabfeuern im Valarpata-Fort verbrannt.

4. Ich bin 37 Jahr alt (Goa-Wassermelone). - Nachmittags Briefe von Haus über Maries Besuch

in Stuttgart. Bibelübersetzung von Basel aus genehmigt, Mögling ausgescholten wegen Unterschlagen eines Briefs. Paul Steudel leidet wie ich.

6. Hebich hier für Abendmahl, er war am 3. in Anjerkandi gewesen, hatte das Abendmahl allen gegeben, am 4. Henry, Nehem[iah], Daniel etc. verklopft - jetzt Abendmahlvorbereitung - alle Mädchen voll Heiratsgedanken, Aline hatte ihre Stelle Martha angetragen, Sarah über Elise Lügen verbreitet betreffend Hurerei in der Tahezeit, alles voll von Gedanken des Fleisches, die Esther sich dann im Zorn zur Pflicht machte, ans Tageslicht zu bringen.

7. Die Kisten von Basel, d. h. für meine liebe Frau und auch Stationsbibliothek (aber keine hebräische Grammatik Ewalds - Silchers Harmonie- und Kompositionslehre zu fordern).

8. abends. Howarth und Waters von der Band, das Klavier zu inspizieren, nichts gereicht.

9., in Cannanore Abendmahl. Pauls Kind Anne getauft. Ich schreibe an Irion um seinen Gaul zur Reise.

Am 10. Februar steht die Sonne perpendikular gegen die westliche Mauer.

13. Hebich hier - über Robinsons Hauskauf. Er bringt Brief von Ostertag.

14. Von Mögling (ein Barthscher Brief). Abends kommt C. Müller mit seinem Timotheus <und bringt Manicam in die Anstalt> und noch Gabriel und Isabella wegen Haus.

15. Verhandelt wegen Aline, Verlöbnis. Heute wird Hebich in Payavur angekommen sein: er ging fast etwas besorgter als sonst. Dir, Herr, ist es ein Leichtes, Sieg zu geben. Meine Losung ist Hab 3,19 und fordert auch zum Gebet und Glauben an den, des der Sieg ist, auf.

16. Brief von Mögling zum Mitgehen auf hills.

18. Nro 3 an Vater, Ostertag, Kinder, an Marie Monnard, Uranie. SH 9, wozu ich Dank für Bibelübersetzungssache und geschenkte Cannanore-Stationsbücher.

21. morgens. Hebich kommt glücklich vom Fest zurück (Youngs haben gestern abend besucht, Col. Prescott suchte diesen Morgen, mich zu sehen). Mögling scheint sehr angegriffen durch die neue List der Oberländer, die die Korrektheit des Generalkonferenzprotokoll angreifen. C. M[üller] sagte von Tellicherry her, Albrecht sage, die Sachen seien jetzt nur verwickelter als vor der Konferenz.

26. abends Mögling von Cannanore, geht 27. (wo Hebich da war, Abendmahlsvorbereitung. Mädchen klagen über Miss Kegels Schlagen). Abends nach Tellicherry, ich am 28. nachmittags nach Cannanore und auf Manji nach Calicut, wo 1. März angelangt. Schicke Coolies fort.

Am 2., Sonntag, bei Fritz in Predigt. Mögling früh auf C. Müllers Boot angelangt, predigt Englisch. Abends auf das doppelte Boot nach Arikkod,

wo 3. März morgens angelangt <erstes haemorrhoides Blut>. Abends auf dem kleinen Rößlein zu reiten angefangen - verirrt vor Edavanna, wo spät angelangt. Brust beklemmt.

Doch am 4. nach Wandur, wo heiß und drückender Wind - Friedrich voll Heimweh weint.

5. morgens Cholakel, Friedrich erst um 11 Uhr angelangt, ist heiter. Dann den Berg hinauf - um 4 1/2 in Valcadu, wo Friedrich um 6 Uhr nachkommt. Schlafen dort, Mögling voraus nach Sispara, wohin er halbwegs laufen muß. Erste Stufe 12 Zickzack, 2. 18 - am 6. bei 16 Zickzack nach Sispara <Friedrich singt>, wo Capt. Ouchterlong ist - (schreibe an Komitee über Eisenlohr (Rieger) <Mögling>, 4 an Vater, an Ostertag, Brief von Mutter an Hermann).

Am 7. im Zelt von Surveyor McMahon, wohin Mör[ike] mittags zu besuchen kommt. - Die Briefe fertiggebracht und voraus nach Ootacamund geschickt. Abends viel gelaufen gegen Wind nach Avalanchs um 1/2 5 Uhr.

Am 8. morgens Mögling und Mör[ike] nach Ootacamund, ich allein durch fair ... nach Keti: wo ca. 2 1/2 Uhr angekommen, etwas befangener Empfang, Fr. Irion war durch die Anfragen, die sie gleich mitgeteilt hatte, in Not gekommen. Bühl[er]s meinten, warum nicht sie gefragt. Ich erklärte, daß wir zwischen Keti und Kotagiri schwebten, wenn bloß ein Zimmer nötig, könne ich bleiben. Abends spät erster Regen, Mögling und Mör[ike] kommen.

9. im Abendgottesdienst bei Mörike (Gebot, nicht zu töten).

10. Mögling beantwortet die Albrecht-Kiessche Sache, geht nach Ootacamund. Spaziergang mit Metz, der den zu den Badagas gekommenen Curumben zur Rede stellt.

11. Milchsorgen.

12. Spaziergang mit Mörike, Mögling entgegen, der nicht kommt (über Cockburns) - zugleich Errettung der Ayah von Fr. Irion, die mit Carl von einem Büffel verfolgt, fiel, von dem blind zustoßenden Tier aber nicht verletzt wurde.

13. morgens besucht Foulkes, nachher Dr. Schmid, der Vater grüßen läßt, dann abends, nachdem wir sie den Berg hinauf zurückbegleitet, Mögling, dem ich die heute von Vater, Samuel, Hebich, Josenhans erhaltenen Briefe mitteile. Auch von Miss E. Tucker, Hampstead, Middlesex, an Eliz. Blandford.

14. morgens besucht Frau Lascelles. Ich erhalte von meiner lieben Frau einen vom 10.

15. morgens Bührer auf Besuch, abends Mögling.

Am 16. Sanderson und heiliges Abendmahl. Mögling sei sehr müd, namentlich auch mit Schmerz auf der Seite.

17. nach Burntfoot? zu Frau Lascelles, die ihre Erfahrungen seit dem Besuch in Tellicherry 1848 erzählt, sehe auch Frau Ward, die etwas kühl erscheint, vielleicht mehr zurückhaltend <(Pellew deathbed rapt...) isle of Man>, von Fr. Pellew ordentliche, von Fr. Ogilvie mittelmäßige Nachrichten (sei bei Herschel in London). - Bührer ritt auf meinem Gaul zurück (Capt. Hoares, auf dem er gekommen, ist auf dem Heimweg mit Blutverlust gestorben). Metz fort in Khundas.

18. Mörike ins Todanadu. - Abends Briefe von Vater, Jette, Hermann, 2 von lieben Frau.

19., in Ootacamund, schreibe 5 an Vater, Jette, Samuel, Ernst, auch an Frau - erhalte Brief von Marie zu meinem Geburtstag. - Mögling hört durch einen Stationsbrief von Josenhans, daß die Arbeiterbrüder, sich auf Gr. berufend, ihn und Balmatha verklagt haben. Esse mit Sanderson und Mögling (sehe Rice in Komitee), finde Mögling sehr müde von 6 Stunden Sitzung, gehe mit ihm abends um den See zurück, begegne Bischof, Kinloch, Fennel, der freundlich anredet, gehe zurück nach Keti.

20. Fr. Irion nach Kotagiri morgens früh - Friedrich zu Pferd.

22. Fr. Irion <und Metz, Mrs. Mitcheson> zurück.

23., Sonntag. Mögling besucht Metz, predigt über Sonntagsevangelium.

24. Ein Capl. McLeod (Bengl. Engineers) mit bandi von Ootacamund nach Coonoor ist unserer Gastfreundschaft bedürftig bei Bühlers. - Ich gehe nach Ootacamund, wo M. bei Groves zum dinner, folge dorthin um den See herum, sehe Fr. J. Groves, Fr. Coffin, trinke Tee, zurück mit Sanderson, der besonders den Bischof lobt - "keine solche Predigt gehört, seit er England verlassen" - schlafe bei Mögling, der Kreuzweh spürt, nachts nicht ausgehen sollte, morgens zurück. - Dort erhielt ich die traurige Nachricht von Marie Achas Todesfall, daß sie nämlich wahrscheinlich sich im Teich ertränkt hat 20. März.

26. Friedrich eine Gautsches gemacht, er fängt an zu springen und zu gehen, ohne sich beständig tragen zu lassen. Metz geht wieder in die Khundas.

27. Frau Hullock und die Hodges auf Besuch (über J. Gr[oves]* vielleicht ihr Haus an Bischof zu verkaufen, er sehr elend, Marie chip of the old - Pferde, Hunde) - wegen Gaulverkaufs gehe ich abends nach Ootacamund. - Mögling und S. sind im Boot, gehe zu Schmid, Dr. und Frau nicht zu Haus, bei Fr. Mitcheson, die um ihren Mann besorgt ist, einen netten Knaben hat <Percy>. Nachher kommen die beiden. - Er begleitet in der Dämmerung zu Mögling, wo Tee, Abendgebet. Nachher Hardeys Brief beantwortet. Ich gehe am Morgen, 28., zu Fuß zurück.

29. Fr. Bühler nach Ootacamund (frage wegen Klavierspielens lieber nicht).

30., Sonntag morgens zu Fr. Lascelles, Mögling begegnet im Paß und geht mit. Er leidet auch von rheumatism. Fr. Lascelles will nächste Woche nach Honavar zurück. - Nachmittags Mögling und B[ühler] nach Ootacamund, während Satyanaden über Jes 53 erträglich predigt. Schlafe unten.

31. Mittags Mörike zurück - erhält Lebkuchen etc. von Europa - Bühl[er] bringt Sanderson mit. Ich schreibe den Quartalbrief an Komitee.

1. April. Mör[ike] geht nach Ootacamund, ich später auch auf Post, dann zu Mögling, der im Boot aus ist zu Hodges (unterwegs Norris Gr. begegnet mit Maj. Harris). Dort die Foulkes, Fr. Bühler etwas müde des Besuchs, Sanderson, Mögling. - Ich höre, daß Gr. zuerst Minchin wegen seines Sohnes zugesetzt, die Heirat zu erlauben, dann, sich auf seine Majorität berufend, ihm herausgab. Darauf der Sohn in Palhatti* trutzig gegen Gr., darüber die jungen Gr. so böse, daß sie ihm ausbieten und drohen davonzugehen, falls er ihnen aufgenötigt werde. Die Sache darf dem Vergleich zufolge nie vor Richter gebracht werden! Gr. will auch früher verspielte 30 000 Rs auf die neue Rechnung bringen. Dagegen wehrt sich Minchin und Onslow, zum Schiedsrichter erwählt, stimme bisher gegen Gr.

Am 2. morgens nach Keti.

Am 3. kam Groves, blieb über Mittag da - erzählte von England, Plymouther Strenge und anderen abolitionists (Second Death = Vernichtung). Darby etc. habe zum Grundsatz, das Böse am anderen zu meiden, also aufzusuchen. - Newm[an] infidel - Lord (Curzon) profligate. Newton sündliche Menschheit Jesu. - Gewaltig wenig Liebe wegen Suchens nach Licht. - G. Müllers Anstalt kostete 16 000 £, 350 Leute täglich gespeist. - Er selbst hat über 20 000 £ hinausgegeben, dient der Kirche als Warnungsexempel , beklagt sein Alleingelassensein - Lord Congleton ist Freund. Ich strenge mich zu sehr an - abends kam Br. Metz an.

4. Noch etwas müde auf der Brust. Ich schreibe für Mögling und urteile über die kanaresiche Übersetzung ab.

5., do. Abends kommen Bühl[er]s zurück, zugleich Mögling, Minchin sagt, es werde alles arranged durch Eingriff Carstairs, der endlich nach 3 Jahren die erste Rechnung von Palh. sehen will und die minchschen Knaben nach der Fabrikation zu sehen beordert hat.

6., Sonntag - müde - schreibe an Vater 6, Ostertag, Paul, Steudel.

7., übersetze 1 Kor 13.

8. Ich sehe Minchin. Bühler, Mörike, Metz besuchen Bischof und Caldwell.

9., ich in Ootacamund. Friedrich möchte gern mit wegen Nondri. Ost[ertag] schreibt, er wünscht, daß M[ögling] nach Europa gehe. Rücksichtsloses Handeln, immer unbesonnener, seine Freunde ins Schlepptau nimmt durch bezauberndes Wesen, wo sie fest entgegentreten sollten. - Auf Menschen zu viel vertraut. Maries Ohr. Pauline* fort*. ...werk gestorben. Kruse. Abends kommt Brief von Hoch (Vorschläge über Kullen und Hermann werden in Basel gewünscht), von Jos[enhans] an Mögling (krank über seine Sache, er soll nach Europa, habe die Schule vernachlässigt), von Hermann Mögling (Besoldung), Holloways pills etc. angekommen und probiert von Mögling ...

10. nach Keti zurück, Mögling folgt. 1 Kor 15 übersetzt.

11. Fr. Ward auf Besuch bei Fr. Bühler. Ich besuche auch, rede von dem Segen der Trennung - Fr. B[ühler] widerspricht, zieht's ins Absurde, Fr. Irion hilft durch ein paar schöne Worte, sie und ihr Mann haben auch etwas Neues erfahren. Fr. W[ard] ist einige Momente mit mir allein, ich sage ihr noch ein Wort der Ermahnung aus Hebr 12, 1ff., dann Gott übergeben, doch nicht ohne Rumoren, was doch den Widerspruch veranlaßt hat. Fr. B[ühler] ist gewiß, das nütze nichts, es sei nicht die rechte Art.

12. abends, Mögling kommt heraus mit Bühler, der zuerst für ihn vikariert hat, bringt Brief von der Frau, die ganz heiter im Geist ist.

13., Palmsonntag, Mögling predigt, ich schicke ihm Nath. in service, gehe auch nachmittags nicht, verschlafe durch Holloways. Abends mit Mögling nach Ootacamund.

14. morgens Friedrich kommt nach (zuerst zu Hodges getragen) - homeletters. M. habe Unwahrheit gesagt über die Kosten von Keti. Die Mangalorer erklären europäisches Weben für einen Luxus. - Meeting. Winslow, Dulles, sein Schwiegersohn, Foulkes, Dr. Schmidt, Rice , Sanderson, Mögling, Bühler, Mörike, Metz, Gundert wären mit Caldwell, wenn nicht durch headache verhindert, 12 gewesen. Herr, höre das Schreien

deiner Kinder, gib Frieden, Einfalt, Glauben und Sieg! - Abends im boat, Sanderson und Foulkes rudern.

15. Nach Tellicherry geschrieben und Gesch. gemacht. Abends Nath. auf Bazar, Friedrich mit mir zu Dr. Schmidt, der die Lobeda-Ruinen erklärt, zurückgekehrt, erfreut durch Nath.s Trauben, Plantains etc.

16. morgens nach Keti zurück - abends kommt Mögling, der noch Absagebrief von Haus erhalten hat.

17., Gründonnerstag - lieben Vaters Brief vom 2. März (Vater eines der 5 Pietistenhäupter). H. Kurz! Eph. Hoffm[ann], Dogmengeschichte, Sam[uel] Sirach. Ob gelehrt? Her.* gewiß - im Herzen zu bewegen. H. mehr ego*. Gustav Träg. Ludwig keine Antwort. Adolph M. durch Frömmigkeit in den Himmel - ausgeschriebener Bußtag. - Sam[uel] 2. Großmutter sehnt sich danach, zu unserm Herrn zu kommen, wenn wieder einmal zusammenkommen werden, wird viel zu erzählen wissen. <Cann* Eis - Friedrich Hasen>. Zu fordern Schuhe, etliche Hosen - zur Arbeit 1. Papier, 3 Sorten, 2. Schriftliches olei, Kerala Utp. und mein Exemplar, Jac. soll nach Rama Charita fragen, von Tellicherry Panchatantra - meine Exzerpte über Malayalam-Geschichte, namentlich 2 dicke Hefte Abbreviationsdeutsch und etwa der Miss Brennen Heft - Geld nach Bombay? Anjerkandi-Liste, welche Verzögerung. Schwäbische Mercure - Musikalien, Paulus, Judas Maccabäus - Layritz.

18., Karfreitag. Abendmahl mit Bührer, der gestern kam und nach Kotagiri einladet.

19. Mögling kommt abends, bringt Brief vom Eis in Chirakkal.

20., Ostern, Butler tauft Appaya Johanen und ein Kind. - Briefschrieben an Vater 7 (Samuel Sirach), Ostertag zurückweisend, Josenhans und Komitee über Sich-Herausnehmen zu tadeln.

21., diese werden fortgeschickt. Wir zählen Buchstaben für die neue kanaresische Typenfabrikation.

22. abends Ootacamund. Brief vom Karfreitag und ersten Regen in Chirakkal am Abend nach Gottesdienst.

23. Typenberechnung, auch noch ein Brieflein an Barth. Aber abends müde heim nach Keti (statt zu Rices meeting).

26. Mögling mit Mörike nach Kotagiri, sieht Stokes in Coonoor, sie haben Hagel des abends gleich nach der Ankunft.

27., sie essen beim Bischof - ich ziemlich übel dran, gebe Holloway auf.

28. Mögling und Mörike zurück, ersterer nach Purzelbaum mit Pferd, der ihm, gottlob, nicht geschadet hat.

29. Coll. E. B. Thomas besucht.

30. April, ich setze eine Fontanelle - arbeite an Thessalonicher weiter - schicke Grammatik nach Tellicherry.

1. Mai. Ich höre von Duncans Fortgehen - ach, wie die Menschen sich täuschen. Bischof besucht mit seinem Sohn und Minchin.

2. Mai. Möglings Krankheit jährt sich.

3. Mai. Brief an Josenhans <an Vater 8>, (Hebichs Fest in Taliparamba, über Vedamuttu und Söhne, über Duncan) Mögling hier.

4. Mögling nach Coonoor zur Predigt, ich bin vormittags allein. Ebr XI, 37 f. Mörike predigt über guten Hirten. Fr. Bühl[er] hört von steam-Brief, daß Onkel in Esslingen sich dagegen setzt, eine Kirche für Staudts 4-wöchentliche Besuche einzuräumen. <Afternoon Metz repetiert Kirchengeschichte.> - Möglings Puls auf 120, weil er in die Kirche zu Gaul in Coonoor hinaufgeht.

5. Mai. Mögling und Stokes von Coonoor, seit Sonntag entsetzlicher Wind 3 Tage lang, Bäume umgeweht etc., daher nicht zur monatlichen prayermeeting (Metz und Mörike gehen).

6. abends zu Mögling - treffe Hebichs Brief.

7. morgens Sewell besucht, nachdem ich wieder Krampf* im Schlund gehabt hatte, daher etliche Stunden in der Nacht wachend. - Gehe zu Fr. und John Groves auf Fernhill, sehe Winslow (der sagt, Baileys und Thompsons Widerlichkeit habe die Malayalam-Revisionskomitee vereitelt), dann Dulles, der sehr nett ist, fast wie ich vor 2 Jahren leidet. - Saturagaradi newly edited by Americans. Abends auf Spaziergang, sehe Hodges und begegne Barclay, der wenig und sehr kalt trinken und minder kalt baden heißt nach Dr. Francks Plan, sehe auch Coll. Thomas (auf der Brücke hin und her laufend, indem ich auf Mögling warte, der Bühl[er] hinunterbegleitet).

8. Mai, heute 2 Jahre, daß ich im Gewitter von Cannanore nach Tellicherry lief - Herr, sehe du meine Krankheit an, wie es dir wohl gefällt! - Ich war gestern sehr müde, finde mich aber heute um nichts schlimmer, also doch ein Fortschritt! - Gestern schrieb Bührer über H. M[ögling]s Gedanken wegen Herm. An[andrao] (wünscht ihn unabhängiger von H. M., obgleich im Grund mit den §§ ganz einverstanden!) - kehre mittags nach Keti zurück, sehr warm - ich fühle es alsbald.

9., Freitag. Minchin mit seinem Sohn Fred besucht, der von Halliday grüßt.

10. Einladung vom Bischof auf nächsten Mittwoch zum Essen nicht angenommen wegen Übelbefindens (Mögling hatte gestern abend bei ihm gegessen und fand's ziemlich langweilig - betreffend des Zusammenpredigens von Missionar und seinem Chapl. at Kotagiri fürchtete er eine fusion, möchte confusion herbeiführen). - Abends Mögling und Metz bringen Briefe, z. B. von Hamburg (Gutzls* Erfindungen in den deutschen Missionsberichten), Graufs report über Mangalore möglichst nachteilig.

11. Mögling predigt über Zeugnis Gottes, 1 Joh 5 [illegible] nachher Metz disputiert darüber. Abends Mögling mit Sanderson fort - Herr, behüte ihn.

12. abends Mögling mit Mörike nach Aval., housekeeper feverish, Coolies refractory, Gaul verliert ein Eisen, doch sei Mögling heiter gewesen.

13. Mörike zurück. Ich möchte nach Kot[agiri] schicken und es will nichts voran, wird auch gehen, wenn's Zeit ist.

14. Galater beendigt <Winslow hat Caldwells Vorschlag, wörtliche Übersetzung des Englischen zu ...idieren durch seinen Minoritätsreport vereitelt>. Winslow und Dulles besuchen Keti. Bischofs Essen in Vollmondnacht - geht ordentlich vorbei. Bühl[er]

hört von Ostertag, daß an die oberen Brüder eine kategorische Frage ergehen werde, die sie ohne viel Bedenken beantworten.

Abs Jani Anisii Sentent.
5 Sit conviciatio, exstar 1000 testium 12 Vitio careto recta quisquis praecipis
15 Cupis esse beatus? sustine abstine 19 Latere conviciatiam requirit salus
32 Superare fortunam potest, potens pati 44 Cani latranti praeda facile elabitur
50 Trudunt mala mali malum, boni bono – 87 Armatur sero galea sancium caput
89 Injuriam inferre est feri, ferre est viri 116 Plus quam labor desidia corpus conficit
121 Felix alieno periculo quisquis sapis 127 Cum naufrago fat evanatat viaticum
176 Vindicta felix potuisse ignoscere 194 Domesticorum inimicitiae gravissimae
203 Inane corpus est sed absque corde plebs 208 Cum nullo conversit qua a se pedisi-det
Symbola sapientiae nach Ludov. de Vivis Satellitium (Lyon 1558)
12 Potentiorem in te ne admittito – 14 Inter spinas calceatus 17. magnus ope minorum
19 Non refert qua sequo. 22 felicitas unica intus nil strepere 32 foris Argus domi talpa
Infideli nulla sera 50 Ebrietas neoma dida versiora 89. Populo cede non pare
91 Amicus ut non alius, ini mirus ut non idem. 127 ubi verax ne suspicax
140 Pauper egens non carens. Lud. Viv. introd. ad Sapientiam 16 Sequi debet
honor non expeti 87 Rebus ostende te scire non verbis. Vorschriften des Sententiae
S. Martini Bracarensis Episc. an König Mito. 11. avaritia rerum – gia
deficiente viaticum augere. 22 Innocentiae proximum confessio – In
tua fac curas, cetera mitte Deo – Malo sentire compunctionem
quam scire ejus definitionem

16. abends kommen Kulis, mich nach Kotagiri zu befördern. - Briefe von Vater etc., Hermann und Samuel, Landr. Ernst Voz ... - Ludwig nach Amerika (ruhig), Fritzle "Auch bei dir fange ich an, ängstlich zu werden" Hermann Klavier ... kann Rechnen nicht begreifen, Adolph berühmt als guter Kaufmann im Schlfrk. von Tübingen - Ernst status ex ... - Wahlen* der Gemeindeältesten kirchliche Demokratie Stand einengen* (einer Religion überzutragen*, die eine absolute sein will). Jette, 30. März, Hermann lernt Französisch, lehrt Emma von Fridolin und mechant Didin. Ludwig fort ... Fritzle aufnehmen. Esslingen*, Selm.* Staudt, Blanc, Kapff ...lam von den Römern, Tanten und Mama* - <conte ...> sympath. dissidentes instinct noch im Himmel dahin - martyres Geschichte (lies Boos). Kapff "mais j'avoue" du oder er - formes agréables - les dissidens ont un chemin plus facile à faire.

17. morgens nach Streit mit Kulis fort von Keti - in Coonoor Onslows (Gr[ove]s' debt, der Streit mit Minchin ist ihnen großer Kummer). Darauf durch 6 Täler nach Togelhatty, 4 Täler nach Kot[agiri] Regen, da schon die Saaten zu gelben anfangen - Friedrich und Kulis vor mir angelangt. Geschwister Bührer mit Gottlob Christ. und 2 Tulu-Mädchen, Eva und Ruth, das Haus, wo meine liebe Frau war.

18., berede Bühr[er], den Gottesdienst für die englische Gemeinde zu übernehmen.

24. abends Gewitter, Monsun? <Nein>.

25. Wegen regnerischen Wetters kommt niemand zur Kirche. Hoffakers Predigten und Briefe mir zum Segen.

26. Kolosser beendigt.

27. Nach langem Warten endlich kommt der Kuli und bringt die Kleider und Bücher von Chirakkal (am 30. April war er fortgeschickt worden). Ich war am Ende fast mehr als ungeduldig geworden. Solche trifles! Begegnete abends Fr. Cockb[urn], die fromm reden will, aber es kaum recht trifft.

28. Besuch Hoar.

29., Himmelfahrtstag - schreibe an Mögling zu seinem Geburtstag.

30., besucht Fr. Hoar vor dem Abschied nach Coonoor - ich versuche das erste sheet, scheint anzuschlagen. Abends kommt Metz von Keti, zugleich das verspätete Zirkular Josenhans' über die Generalkonferenz.

1. Juni. Bühr[er][1] predigt Englisch, fast nur Cockburns gegenwärtig. Fr. C[ockburn] lobt abends die Predigt auf Hörensagen über die Maßen.

4. Juni. Briefe nach Europa (um 6 Flaschen Lebertran und Ewalds Lesegebäude - an Vater 9. Dazu Hermann, Ernst, Jette, Reinhardt, Einschlag an Ostertag). Friedrich hat durch ein wenig Jackfruchtessen sich den Magen für die Nacht verdorben.

5. Juni. Friedrich predigt zuerst einmal sehr lebendig - erinnert sich, mich in Hebichs Chapel predigen gehört zu haben.

6. Essen bei Cockburns. Bühr[er] erzählt die Geschichte des Mangalore-Mädchens, früher Swintons Konkubine, die sich bekehrt hat. Fr. C[ockburn] zweifelt und läßt sich über Fr. Stewart (einst hier oben) aus - Friedrich predigt gestern und heute.

8., Pfingsten, Predigt Bührers, Whistlers besuchen die Predigt und

9. auch uns - sonderbare Gesch[ichte] ihrer Schwester, die Miss Fulton, die Capt. Eades abgesagt habe, weil an old jealous fellow - Friedrich schreibt mir in meine Malayalam-Grammatik etc.

10. Endlich Briefe von Mangalore und Dharwar.

11. Essen bei Capt. Whistlers und Miss Fulton. Bromley besucht, kommt nicht herein - Gespräch sehr leer - Schwierigkeit, auf der Stelle jede Gelegenheit zu benützen, um ein rechtes Wort miteinlaufen zu lassen.

15. Zu Bührers Predigt kommt auch der General, begrüßt und ladet ein auf morgen zum Essen.

16. General Gibson und Mrs. John Gibson am dinner, er ist seit 1800 im Dienst, gutherziger Mann, am selben Tag kommt Greiners Brief an Bührer, furios über Mögling, daß er seinen Brief an Komitee (der nicht bloß über Kullen und Hermann, sondern auch über Möglings ganze Stellung, Arbeit, literarische und Schularbeiten etc. sich ausläßt, höchst diktatorisch - "ich sage, die Gefahr ist nahe", und vor Möglings vielen Plänen warnt) noch beleuchtete, das heißt beschattet, ihm Gift nachgespien habe etc. - Zum Trost Sir William Burtons judgement, einem Brahmanen-Konvert seine Frau zurückzugeben, vom 7. Juni.

17. Brief von Hochstetter, Pf. Schaffert gestorben.

---

1. Häufig Bühler in Bührer korrigiert.

20. Besuch bei General und Capl.*, seinem Sohn (welcher letzteren gestern, 19., besucht hatte). <Senor* führt mich im Garten herum, zeigt seine Wunder und fragt is this proper - leiht Lagard.> Brief von Hebich und Komitee an Stationskonferenz 24. April. (1. Palghat - wenn Rob. unterhalten will, 2 Katechisten hingesetzt werden unter Cannanore, wenigstens halbjährlich auf etwa 14 Tage zu besuchen, sind ziemlich Leute getauft, dann Antrag auf Mission[ar]splazierung zu machen. - 2. Bitte um Eisenlohr* - Br. subordiniert als Vikar. Im 1. Jahr bloß beratend - Eisenlohr nicht tauglich befunden wegen Unterordnung - Gess* weiß - auch Augen übel. Daher Diez, früher Kaufmann-Schule von Hofacker - bescheiden, gehorsam, tüchtig, praktisch. Br. Diez kommt mit Kullen). Vater vom 4. Mai. Freude über Nilgiri-Reise. Erfrischen am Jugendmut des neuen Europa. Superintendent - nicht alle Miss[ionare] bekehrt. Paul Steudel nicht besser. Ernst Vikar (bei Hochst[etter]?). Ernst und* Kern grüßt. Schaffert gestorben. Selma ordentlich. - K*Älteste Pf. Mögling so froh. - Diacony von Arnold neue Kammer - Hermann Französisch, Samuel Sommerturen*. Mit Wohlgefallen herabsehen auf Kinder, wie sie sich so lustige Bewegungen machen. - Regnet alle Tage, Haering sehr krank.

21.-23. Mörike auf Besuch. - Am 22. liest er prayers, Bührer predigt, betet abends im deutschen Gebet um mehr Liebe in der Mission. Das ist das Eine Notwendige. - Maj. Rawlinson finish, daß Ninive sich über Koyunjik*, hebi Junus, Karante und Khursabad erstreckte. Nimrud heißt in den Inschriften Rebekha = Reheboth, was suburb of Resen or Elassar (= Larissa) - Calah at Hatra near Tigris. - Xenophons median wall part of Babylons enc... (Sittare = Der, wo Gr[ieche]n den Tigris passierten) - Havileh zuerst am mouth des Tigris und Euphrat, dann Beth Yakina der Assyr. Inschriften, Teredon des Nebuchadnezzar, Obillah der Sassaniden (increase 1 mile in 30 Jahren) - (Taha Dunigas der Inschriften = Susa). Havilah ist jetzt 50 miles von Sea, einst der Hafen, zu welchem das Gold gebracht wurde. 1 sundried brick hat Cyrus the Great, Son of Cambyses.

23., bei Cockburns zum Essen, er erzählt von Arthur Lasc[elles] (Streit, weil sein Vater mit Geldentziehung drohte, wenn A[rthur]s Weib für die Niederkunft zu ihrer Mutter ziehe - seither alles entzweit, und L. Absalom - will Geistl. werden). General gestern noch beim Gottesdienst, plötzlich krank.

24. Bühl[er] auf Besuch - bringt von Mangalore die Nachricht, daß Mögling zu verstehen gegeben wurde, es komme auf ihn an, sich, wenn er wolle, für gesund zu erklären.

25. Besuche Whistlers (über Freimaurer, er läßt seinen Hundsknecht schlagen) - mit Bühl[er] über meine Schreiben im Dezember - daß seiner Krankheit nicht erwähnt wurde, tat seinem Gefühl weh.

26. Bühl[er] fort - (böse mit B., weil die Eva nicht schnell hergegeben wird).

27. Ich erinnere mich an 1834, schäme mich des wenigen Betens, fange ernstlich an (will auch etwas Fasten damit verbinden), bete auch für den General, dem schon am Sarg gemacht wird.

28. morgens ist er bedeutend besser, der Dr. sagt, es sei ihm nichts dergleichen vorgekommen.

22nd Dynasty (Bebastite) Sheshank seine Söhne Shapud und Osorchon, Nimrot, Sohn von Osorchon II., Takilutha, Nimrot, Sohn von Takellothis II., Queens Rekamat, Darmam (Osorch. = Sargon. Takilutha = Tiglath) etc. assyrian Name - Goddess

Ken (Kina von Amos) assyrisch Astarte in der 18. Dynastie nach Egypt eingeführt, als die Verbindung zwischen Egypt und Assyr. anfing, standing on a lion. Sie ist gewöhnlich in einer triad mit Renpu und Khem (oder Chamno), therusische Götter. - Kushites follow Memnon nach Troya von Susa (Susiana = Khuzistan). - On the tablet of Karnak Neni-iu - über Naharaina - Arbel und Aneb scheinen Vater und Großvater des K[önig]s in den Inschriften zu sein <1490 B.C.>. - Nach Yakut heißt Mosul vor alters Athur - Larissa - Mespila = Nimroud - Kouyunjik - unter den asiatischen Nationen, die in Egypt Tribut zahlen, sind die Kheva, die Gold und Silbervases bringen. Saenkar (Sinjar <Singara>), Ruten (oder Rutennu, die gemalte chariots bringen and brood mares). Naharaim gibt als Tribut horses - die camelriding Shasu (Arabs) (besieged city Ashdod auf einem Khorsabad basrelief). - Die Eg[ypt.] teilen mankind in 4 Zweige ein. The Rut (= Eg[ypt.]), 2. Naamu (= Semitics "nations"), 3. Naksi* (Negroes), 4. Tamahu (Northers). Die Sharu oder Kharu der Egypt. sind (vielleicht Assyr.?) <Syrier, man holt Wein von ihnen in galleys>, doch sind sie mit Falchions und besonders kurzen Schwertern gezeichnet wie nie auf assyr[ischen] Skulpturen. - Khita oder Shita sind Asiaten mit large cap, long loose robe, oblong or square shields werden oft mit Naharaina und Singara zusammen genannt, etwa Chald <or Cuthaeans> - (Kittaei besiegt von Etulaeus von Tyre, der zu ihnen segelt nach Menandra) - Shairutana, ähnlich Assyr., runder Schild <aber maritime nahe bei Pulusatu oder Philist>. - Tokkari oder Takaru <oder Fikaru or Takalu> scheinen auch in Assyr. abgebildet, carts, von Ochsen gezogen, sind von philist. race (Ekron?). Rutennu oder Lodannu <לוּד> = Cappador oder Leucosyr, rothaarig, blaue Augen (Tyre in Hierogl. Turu). - Atur heißt in Egypt. river, ein Assuar kommt vor als Land, von Egypt. besiegt, ob Assyr.?

29. Bührer predigt die erste selbstgemachte Predigt. - General sinkt rapidly.

30. Nach Mitternacht ist der General gestorben. Wird am 2. Juli vormittags begraben. Abends wir bei Cockburns zum Essen. Hören den will, daß Briggs das Haus mit allem erhalten.

3. Besuche den Chapl. Gibson in Eile vor seinem Abschied. Abends 10 an Vater, darin 2 Briefe von Mutter an Kinder und Jette - einen an Barth, darin Kritiken über Bibelwerk Moses und Job - einen an Ostertag, darin Briefe von Frau an Fr. Ostertag und Marie, sowie an Uranie. Alles an Josenhans, an welchen per enveloppe Burtons Richterspruch.

4. Juli. Gibsons gehen ab nach Bangalore Mrs. J. Gibs[on] - Charles und Frau nach Ootacamund zu Capt. Hoare.

6. Abendmahl mit Cockburns, Fr. Whistler, Miss Fulton gegen* Onslows* Weib.

9. abends Mörike auf Besuch.

10., sende Christ. Mahatmya I part nach Tellicherry.

12., bei Cockb[urns], Samen für Weigle zu holen - ihr Wunsch, den service im eignen Haus zu haben, wird nicht gewährt. Hoch schickt seiner Braut Briefe* (5th July, Julia begraben, 6. abends Rösele).

13. Briggs in Kirche. Mörike predigt über Job* 16* und* 4*. Sifting of the Church. Abendmahl mit Nath. und Eva, aber diese hat Torheiten im Kopf, und der Knecht Sebastian hat ähnliche mit Ruth. N[ath.] sagt's, besonders schimpft er auch über das, daß man nicht ausfrage (nondi codikka), ehe man das Abendmahl reiche.

Am 14. stellt man es Seb[astian] vor, er auf und davon.

15. Essen bei Fr. Cockburn. Der neue Knecht vom judge für Dieb erklärt und

16. auf Catcheri nach Ootacamund geschickt, daher knechtlos. - Homeletters abends, Hermann bei Pf. Mögling, 3 Kaffee und 3 Butterbrezeln, Selma gut. Samuel Klavierspielen große Freude. H. unterhält sich mit Dichten, bis zu 1/2 Schiller gebracht habe, schon* genug. Brüderlein beschäftige sich mit was. - Vater, Paul Steudel für Beck, dieser gegen Pietisten. Hoffmann bleibt*, darf* reformieren*, Philosophie schmal weg[ge]kommen. Mögling wohl in Cannstatt - gesund - Kinder Gott übergeben, wünscht von meiner Genesung zu hören.

17. Fr. M. schreibt von Varids Tod (am 11.) <und Frere>. Sie wünschen Warte und Volksboten abbestellt nach Jos.s Brief vom 17. Januar 51, aber beruht auf einer Voraussetzung, die unter der neuen Einrichtung nicht existiert. - Fr. Galway mit Friedrich hat ein boil.

Am 18. tritt Sebastian wieder ein.

20., Sonntag, Mörike noch Magenverkältung.

23. Mörike nach Ootacamund (hat 22. abends über seine Aussichten mit mir versprochen <Ordination in Leonberg>, was mich verderbt, daher 26. unwohl*). Erinnerung an Hochzeit vor 13 Jahren. - Dr. Herbert G... von Bombay besucht am 21.-25. Nala I ... ausgefertigt

25. etwa, Robinson besucht abends (24. Generals cattle auction) mit seiner Frau, erzählt von Palghat-Huber.

26., ich laufe hinauf zu Allports house.

27., er im service auch Fr. Cockburn, das erstemal, seit der service zu verrücken gesucht wurde.

29., schon overland,ntl. epistles geschlossen.

31. Juli 51. Fr. Bühler und Kinder* bei Fr. Whistler.

1. August 1851 - 14. August 1854

1851, August, 1., bei Briggs, der von Generals Tod als mysterious spricht, augenscheinlich für ihn hoffte.

3. August. Giraud, der Bombay Dr., auch Robins[on] und Francis in der Kirche. Nachmittags kommt Metz auf Besuch, erzählt von Beuttler, Fr. Irion, naher Entbindung der Fr. Bühler, Caldwell etc.

4. August, ich besuche Robinson, der Hebichs Brief an Addis nicht billigt, d. h. nicht fair findet, er selbst würde den Katechisten auf solches Zureden hin nicht wegtun. Hat auch gemerkt, daß Huber etwas discouraged wegging.

5. August. Essen bei Cockb[urns] und Briggs (der über Engel Gen VI, Gottes Liebe zu allen etc. sehr frei und deutsch redet, in 1 Petr 3 sogar möglicherweise einen Heilsweg für die zur Sintflutszeit gefallenen Engel sieht).

6. August. Brief von der lieben Marie und von Hoffmann in Basel über geographische Beiträge. Schreibe 11 an meinen Vater, Brief an Hermann, Samuel (zum Geburtstag), Ostertag und Marie - an Sarasin über Arbeiterin, für Gess um Zeitschriften.

8. Metz nach Keti zurück, nachdem er seinen zuerst mir versprochenen Gaul an Bührer verkauft hat. Darauf kommt Beuttler (nach Trichur bestimmt, von Baker aus Kottay, von Harley nach Mulicheri gedrängt, sehr nett). Metz kehrt zurück, sie bleiben bis zum 9. morgens.

10. Bührer predigt über 2 Kor 5,19, bringt partook of our sinful flesh and blood - Briggs froh daran, streitet abends mit Cockburn. Ich mit B. über Gott Jesum zur Sünde machen.

11. Abschied von Briggs, dem ich für Weigle cuttings abbettle. Dr. Giraud (der sich mir gestern als Waldenser-Abkömmling by way of Pinache, Württemberg, von wo sein Großvater nach Schottland - entdeckte) schickt 90* Rs für die Mission.

12. Zu Giraud wegen Fr. Irion. Er kann nichts für sie tun, weil er kein speculum etc. hat.

13. Ich erhalte 22 Rs von Herrn Hunter für Wests Haus (zahlt für ihn 8 1/4) - <sende 21. davon 14 Rs an Schaarre>.

14., reite das erstemal aus auf Bührers von Metz erkauftem Schimmel. Diesen Tag um 1 Uhr mittags Fr. Bühler von einem Mädchen entbunden.

16. abends Fr. Cockburn streitet mit Bührer über election - er ändert seine sermon vom 17. ein wenig zu ihren Gunsten.

18. Bührer nach Keti auf Besuch. Brief von Vater. Ich zahle Nath. 1 1/2 Rs + 1 Rp voraus. Schreibe 12 an Vater und an Samuel.

20. Fennel von Kotagiri auf Besuch. Ich rede zu viel.

21. Bührer zurück - bei Cockb[urns] zum Essen. Er gibt als sein Glaubensfundament Christus für alle gestorben an. Sie ist ärgerlich, daß die jovial party bei den Kleinen sei, wir einer Quakers' meeting gleichen.

24., Sonntag. Oliver kommt in einer Yacht, seine schwindsüchtige Frau zu besuchen, von Bombay herab.

25. Schw. B. mit Friedrich etc. bei Fr. Whistler und einer Miss Gideon (or Kevan*).

Ich erhalte für Fr. Bührers blue cloth 2.-, von General tidies 9.-

Aus Hebichs Bericht. Europäische Abendmahlsgäste

17 verheiratete Männer — Schule Grd 80
30 unverheiratete Männer — Tell 30
18 Weiber, sind zus. 65 — Tahe 30
Sonstige Europäer 35
zusammen 100

	Männer	Weiber	Kinder	Heiden	Anstalt	Abendmahls
Chirakkal	5	10	9	5	52	25
Cann. Compound	10	8	5	2	-	17
Cannanore	11	12	14	5		23
Tahe*	13	3	10	4		16
Anjerkandi	25	38				
		18	38	69		83
	2	3	2			
	66	92	78	85		164

Zusammen 229 Kommunikanten

66
92 } 288 Christen — 373 Schwarze — 473 Groß und Klein
78 } 85 Heiden — 100 Weiße
52

Mit razor*. Drüben Bücher? I. Walker? (Möglings Hosen fragen*) (Gottf[rie]d schreibt schlechtes spelling Kiss Gulade* Guddu* Coffin treues Herz). Friedrich sagt dieser Tage [illegible] als ich ihm erklärte, daß wir alle sterben. - Nach Hause über 20 Fcs Christgeschenk von Corcelles über Ostertag.

Am 29. nach Coonoor, wo bei Hoare und Capl. Gibson eine Weile. Bei Sappers camp begegnet Irion, oben Mör[ike], finde Fr. Bühl[er] auf und sehe Fr. Winslow und Sohn.

30., nach Ootacamund trotz früheren Regens, sehe Col. Coffin und bei ihm Stones und Riggs, auch Stokes, der einspricht. Kann leider nicht zu J.* Walker und Fitzgeralds.

Am 31. Taufe von Wilhelmine Catharine Sophie, Fr. Beuttler auch Patin. Sauerkraut und Kuchen, die 3 Irionschen Kinder sind mit dabei.

Am 1. September Mör[ike] nach Cu... zu General Kennett, gleichmütig beim Tintenverschütten. - Um 4 Uhr Kotagiri.

3. abends Besuche, Wardlaw und Caldwell - <Friedrich hat Fieber und Kopfweh> wir begleiten sie zurück in Allports Haus.

4., suchen sie in Mt. Pleasant zu treffen, sie sind aber bei Cockburns zum Essen, dort einiges Singen. Caldwell erzählt von Tirunelveli, Cordes und Graul, auch der Madras-Gemeinde, die die Dresdener verlassen und zur englischen Kirche zurückgekehrt ist. - Dr. Girauds gehen heute nach Ootacamund zurück.

7. Caldwell predigt über Römer VIII, 13 <an Ostertag (und 13 an Vater)>. Gestern versprach er, mit uns an die Küste hinabzureisen.

9. Mör[ike] nach Rangasami.

12. Moses, Bruder von Mary, früher Knecht in Cannanore, kommt zu mir, aufgenommen zu werden.

14., Sonntag, wachte auf vom Traum, als brenne das Haus und ich gebe der Mutter die Kinder zum Flüchten. Nachricht, daß Paul in Cannanore zu Dr. gebracht wird, Arznei halber. Ich beschließe, zurück nach Chirakkal zu gehen. Mör[ike] predigt

15., endlich steambrief von Hermann, der über Abschied von Herm[ann] An[andrao] geweint hat. Vater über Ordination in Leonberg, wo Mutter (nicht er wegen Schmerz), über Dietz und Hermann und Pf. Mögling, Ernsts Examen, Th[eodor]s Fortschritt, Ludwigs application bei Nast etc. Überschwemmungen, Sorgen für Teuerung etc.

The palaces of Persepolis and Ninive restored by James Fergusson 1851.

Assyria
foundation of the empire 3095
(great Indian epoch ±3101)
86 nameless kings
([illegible] in Babylonia)

Anfang d. Calliſthenes' babyl. observat. 2237
8 Med. (or Chaldean?) kings? 224 y.
Nimrod (Eregius?) between 2300 – 2200
(Chron. arm.) 6 – 7 kings, [illegible] Pallast von (NW palace) Nimroud (= Resen Larissa), Kalah etc.
11 [illegible] 2092
49 Chaldean kings 2044
Nine Arabian kings 1586
[illegible] Ninus (nach Herodot 520 J. vor Sard.) 1341
in Ninive (= Koyunjik u. Nebi Yunus) u. Khorsabad (Telaneh?)
Building of Khorsabad, Koyunjik etc
[illegible]
30 – 40 kings ending with Sardanapal 821
(verbrannt in Koyunjik) not bef. 827, nor after 817
?8. Med. kings 224 y. Arbaces, ruler in Ninive (N.W. palace at Nimroud) 821
[illegible] Mandaukes, nach ihm Sosarmos (= Phul?) [illegible] Artoukas = [illegible]?
Nabonasar 747

Deiokes, ruler in Media, Ecbatana (at Takht i Suleiman) 711
Cyaxares 634
[illegible] Sarak 600
Cyrus 560

Egypt etc
foundation of empire by Menes 3906
(Lepsius 3893)
(according to Syncellus 3555 Jahre)
ca 3200 Pyramid builders (in Asia worked Sinai mines)
[illegible] 12 – 13 [illegible]
11th Dyn. more active
Invasion of Asia by Sesostris
[illegible] Asia [illegible]
30th [illegible] (Osortasen) 2400
Shepherd invasion (511 J. lang) 2340
([illegible] Philister) [illegible] Avaris
[illegible]
[illegible] Assyrian Manetho c. 2100
([illegible] Satrap. [illegible] assyr. Königs gegen Sodom) Abraham earlier
18th dynasty commences 1829
Thothmes III [illegible] Naharaina [illegible] 1750
1st king of 19th dynasty 1380
(the Greek Sesostris) [illegible] 1372
[illegible] Amenophis [illegible] c. 1322
Exodus (Bochoris, Josephus) [illegible] 1312
Mahabarat war c. = Troy war c. 1200
[illegible] Salomon 1015

Phul [illegible] Menahem (Median?) 769
([illegible] Phuleus [illegible] Chaldeans)
Tiglath Pileser 738
Salmanezer 729
Samaria genom. 721
Sanherib 711
Nebuchadnezar 604

Rawlinsons oldest group of Niniveh monuments Beltakat (= Belus?) Temenbar I., Hevenk* I. (= Ευηχον, ὃν καὶ Χομασβηλον Syncell). Katibar, sein Sohn (= Bar.s Knecht). Asar-adan-pal, sein Sohn, Erbauer des NW Palastes in Nimroud. Temenbar II., sein Sohn, Erbauer des Centr.palastes (dieser Tem. II. erhält ägyptischen Tribut nach der Obeliskeninschrift und was darin von Shalumas steht, geht vielleicht nicht auf den gegen Sodom), Husihem, sein Sohn (oder Shemir Hem) Hevenk II., sein Sohn, letzter König. Rawlinson findet, daß Sanherib den großen Palast von Koyunjik baute, sein Feldzug gegen Hizkiah auf einem Assyr. bull beschrieben (Sept. 51).

NB in Calicut Kerala V. Ram. fordern über ... Pferd Fr. Hub[er]s Gemeinden - in Keti wegen Musik... Ootacamund J. Walker, Caldwell, Wardlaw.

17. Maria, die Chittoor Wasserträgerin besucht. Ich abends zu Fr. Ward, bei Cockburns.

18. Frage wegen Maria, sie soll von des jungen Lascelles schlechtem Charakter haben. - Dagegen haben die Herren sie 2 1/2 Jahr lang nicht in die Kirche gehen lassen.

20. Mör[ike] nach Keti.

Geh ich im Feld, C. M[üller]

21. endlich höre ich, daß Fitzgerald ein Pony gefunden hat, ich kaufe ihn, lasse durch Mose wissen. - Cockburn hält service. - Abends bei Haldwell, höre, daß keine Coolies nach Sisp[arana] zu haben sind.

22. Bührer kommt. Ich schicke Coolies nach Keti und Ootacamund, Gaul etc. zu bestellen Nath. mit Friedrich geht fort. - Ich gebe an Bührer 45 Rs (15 banknote, 30 Geld), sie von 100 Rs, die B[ührer] bei Ir[ion] liegen hat, abzuziehen, die 55 in Calicut liegen zu lassen.

23. nach Mettuppalaiyam, wo nach einiger Zeit Mose mit Gaul und Mary ankommt.

24. morgens im Wagen nach Coimbatore.

25., ich gebe an Irion 1 bill auf Halliday von Rs 33 As 12 - (von Irion 11. 3 Q 1 pice, von Fr. M[üller] 21 Rs 3 Q 11 1/2 pice) - in Trenders Haus. (Ich habe an Fr. Müller 150 Rs zu schicken, 3. Oktober). Abends [illegible] dummer horsekeeper.

26. Palghat in Rob.s house nach ziemlich heißem Ritt. - Hubers Brief. - Abends Ritt um die Stadt.

27. Morgenritt. - Abends in R.s bandi off, bis Puttur eigene bullocks. Dann langsam nach Ottappalam, von wo 28. nach Tirtala, abends 6 Uhr.

29. nach Ponnani in Williams bungalow. Vedamuttu, der dort war, besucht mich - Regen.

30. auf backwater Tanur.

1. Oktober, by Manjil nach Beypore, sehe Glasson gleich, der mich auf sein Schiff - für Samorin erbaut - und nach Beypore zum Eisenfabrikanten Chartisten Jones führt und abends nach Calicut kutschiert.

2. Oktober. Unterredungen über meine Briefe.

3. morgens in Vadagara bei Daniel - nach Chombala - rührige Szene, nach Mahe zu Hayes. - Fr. Müller Nettur.

4. Oktober morgens in 3 bandies sukzessive nach (Edakkad) Chirakkal, wo auch Hebich ist. David sehr gewachsen und stark, Paul fein. <§ 291 [illegible] streiche [illegible] Hebich ist sehr unwillig über die Pläne, welche Mögling und Weigle in Betreff Mysores hatten - sie gehen auch durch die Wiederbesetzung Mysores seitens der Wesleyans zu Grunde. - Mögling hat Kopfgicht etc.

7. Oktober, an Ostertag mit 14 für Vater, auch an Hermann.

Am 11. abends erhielt Vaters Brief vom 2. September (mit Samuels und Ernsts). Inspektor Josenhans etc. sind in Bombay angekommen, aber nicht mit steamer nach Mangalore - Youngs besuchen 2mal an Mittwoch Abenden.

Am 14. waren Wests den Tag über bei uns - der neue Brigadier Elliot ein schwacher Mann.

Am Sonntag, 12., war ich bei Cannen, dem Schwager von Barnabas, der eben am Schlangengift verschieden war (Jacob hatte mich nicht wecken wollen, als die Leute nachts zuvor nach mir fragten).

17. morgens, als mich meine liebe Frau besucht hatte, fiel David vom Bett und erwachte mit Schreien. Sein Kopf mit Blut bedeckt, das sich eine Zeitlang nicht stillen ließ. Doch half uns der Herr bald aus der Angst, und er hatte den Tag über nichts davon zu leiden. Lobe den Herren, meine Seele! Mir scheint der Kleine überhaupt weniger wehleidig zu sein als die anderen, was eine große Wohltat wäre. - Abends bei Hebich im Gottesdienst. Brief von Fritz, um die Hubersche Sache abzumachen.

18. morgens, die lieben Bühr[ers] kommen von Calicut, Chombala, Tellicherry, erzählen.

19. bei Hebich, Abendmahl.

20. und 21. in Cannanore, schreibend an Rechnung etc. In der Nacht vom 20. auf 21. setze B.s Christian Blutegel - Brief 15 an Vater, Samuel, Ernst, Theodor über Triest.

21. in Cannanore Rechnung fertig, Bührer bei Youngs, den Dr. zu konsultieren, er erlaubt, die Reise fortzusetzen.

Daher 22. abends nach Valarpata. - Paul weint, als man ans Wasser fuhr - Abschied von den 2 Booten.

23. morgens Hebich im Manjil vorbei (Gnanamuttu in Anjerkandi hatte sich vergaloppiert und von Fr. M[üller] ihr Fernstehen gegen Tellicherry als eine offence anrechnen lassen, dafür Besuch nächsten Sonntag abgesprochen, jetzt abgesagt, weil ohne

Erlaubnis. T.* Murdoch verspricht Besuch in Cannanore. - Abends Youngs besuchen, haben Frere gesehen.

24. in Cannanore, ich besuche Freres "warum Hebich allein partout Katechisten nach Palghat tun wolle".

26., Sonntag. C. Müller predigt in Cannanore, ich besuche ihn erst abends, denn morgens wurde ich in die Ölmühle gerufen zu Schlangengebissenen - während der Behandlung sagt ein Mopla zu den Verwandten, wie ich jetzt den bediene, der mich auch mit Steinen geworfen. Darauf Angst, und als ich weitere Arznei sandte, wollten sie sie nicht, weil ich vielleicht mich jetzt durch Gift rächen wolle! Doch entrann der Mann mit dem Leben. Dagegen ein Sipahi, von der serpa gebissen, starb schnell. Maplas töteten* diese großen Brillenschlangen zum Entsetzen der Tier.

Ich kam 27. mit C. M[üller] nach Chirakkal zurück, sprechen über Hebich - muß "blind für Hebich sein" - sonst ordentlich.

29. <Fange den Ramasami, der Marys Silberkette gestohlen und verkauft hatte.> Gehe zu Magrath und Wests, durch ihn komme ich (30. abends von Capt. Carr besucht) zu Dr. Jowett, der

31. Oktober mich zuerst untersucht und electricity vorschlägt. Frühstück mit Carr und Gompertz.

1. November. Jgfr. Kegel schreibt definitiv um Heiratserlaubnis, wir fangen Fenster* für Diez einzusetzen an. Seit Sonntag Morgengebet, seit Montag Singstunden. Isabella auf Besuch seit 28. (29. ihr Haus zurückgekauft), will auch Frau sehen. - Am 1. November kommt Fr. M[üller] nach Cannanore, böse, daß der bandiman durch Versehen nicht halbwegs entgegenging.

2. November abends in der Predigt.

3. M[üller] mit mir zu bandmaster Fröhnert, der besuchen will, dann zu Carr, ich bei Jowett elektrisiert oder vielmehr galvanisiert. M[üller] geht nachmittags nach Tellicherry zurück. Irion um diese Zeit von Coimbatore mit Frau nach hills und dann zurück.

5. nach Cannanore, gerbe Georg und Amos, die fortgelaufen waren, sowie Mose und Michael, die fortlaufen wollten.

6., bei Dr. elektrisiert. Carr begleitet mich heraus. Abends spät kommt Frau und Paul im bandi. David wacht um 10 Uhr auf, lächelt, lacht, als er die Mutter sieht und schläft wieder ein.

7. Hebich und Diez <Ernst>, zum Morgenbesuch, dann Auspacken, besonders der Lebkuchen und Christkindlein, nachdem ich zuvor in Eile 16 an Vater, Jette und Marie durch Ostertag geschickt hatte (diesem von Kindern Brief schuldig, auch Dank für Rochat).

8., bei Jowett, die Galvanisierbatterie will nicht arbeiten.

9., bei Hebich in der Abendpredigt - nachher Carr und Gompertz.

12. Fr. Young auf Besuch den Tag über. Der schwäbische Mercur 2.-16. September kommt an, ebenso Brief von Frau Ostertag und Anzeigen von süddeutscher Warte direkt von Württemberg.

Schw. Kegel mit Friedrich und Paul nach Tellicherry und Chombala abgefahren im Boot.

13. Br. Hebich auf Besuch. Diez hofft, wie Lehm[ann], eine Schwarze zu heiraten, Ähnliches wird von Zimmermann in Afrika berichtet (Frau Thompson, die Geschiedene, geheiratet).

15. Ich reite morgens nach Cannanore, höre, daß Bösing[er] geht. - Abends Regen.

16., Sonntag. Narayanayyen von Palghatcheri besucht, der von Anderson und Johnston in Madras spricht, doch mehr von McLean und Cpg. - schmiegsam, bettelig, nicht ohne Kenntnisse, aber weder Geschmack noch Verstand am Wissen, viel weniger Gemüt für Schriftwahrheit. Hebich überschreit sich in der Predigt.

17. abends starker Regen, während vielleicht Miss Kegel mit den Kindern von Tellicherry nach Chombala fährt (in bandi und Palankin).

19. abends nochmals Regen (18. Pony shod).

20. Hebich hier, über Katechisten-Knaben zu schreiben.

21. Frau an Mlles Durand, Mrs. Ostertag, Marie, Knaben - ich 17 an Vater und an Ostertag, auch Bitte um etl. Musikalien nach Basel.

22. morgens 11 Uhr Miss Kegel und die 2 Knaben von Tellicherry (gestern von Chombala) glücklich angelangt, Paul besser. Milca bringt hooping-cough.

23. Abendmahl. Diez sehr froh darüber, hilft administrieren.

24. Irion nach Cannanore.

25. morgens hier, klagt, daß Cannanore sich von Tellicherry ab- und Mangalore zuwende - sagt zu Diez, Anjerkandi sei von Tellicherry weggestohlen worden.

27. Hebich hier. Ich zum Liturgiemachen bestimmt. Abends kommen Youngs, Frage, ob er als Fortadjudant nach Madras soll. Miss Kegel bös über den Gedanken der Ankündigung ihrer Brautschaft, dagegen schreibt Stang[er], ich solle sie trauen.

2.-9. Dezember. Fr. Müllers hier mit 3 Kindern. - Vom 7. an lunar caustic eingeblasen nach Haldwells Vorschrift.

11. Dezember. Die Verordnungen durchgegangen mit Hebich und Diez.

10. Dezember. Der 2te Weigle <Esep* Salem> geboren.

18. Hermann Anandrao auf dem Weg nach Sircy, seine Frau zu holen.

17. Briefe von Vater und Reinhardt - auch schwäbische Mercure. - Searle in Mangalore lernt rauchen. Greiners Rikele todkrank an Hirnentzündung.

18. Hebich hat Abendmahlsvorbereitung, setzt Samuel vor die Tür. Darüber dieser halb von Sinnen. Heute geht Hermann nach Sircy ab, seine Frau zu holen.

22., heute werden sich Inspektor etc. in Sircy begegnen. Herr, hilf!

24., bei Dr., der mir jetzt die Auflösung des lunar caustic mitgibt.

25., in Cannanore - Christtag - viele Mädchen nicht.

27. Friedrich mit Husten emetic. Dann Vau, am 28. David - kuriere am Kelu Canisen*, ohne seine rechte Zustimmung.

31., in Cannanore - Abendmahl mit den Anjerkandi-Brüdern etc.

1852, in Cannanore am 2. Januar, Bericht zu machen, gelingt nicht, bin H[ebich] im Weg - zu Youngs, wo Francis sind - Kota, Jesaias Geschiedene und Chiruta sind von Tellicherry angekommen - letztere will bald wieder fort, Hurerei halber. Nambi Silas wird 4. Januar in katholischer Kirche umgetauft.

6./7. Januar. Regen - Report gemacht, an Ostertag, Reinhardt und Vater l. geschrieben. Mapla riot in Maddenur und Schrecken in Anjerkandi, Sturm geläutet, die Christen bewähren sich. Inspektor umsonst erwartet.

7. Hebich bringt seinen report. Gaul springt sich lahm.

8. Owen Glendower, Frau und Schw. K[egel] mit Hebich gehen darauf.

9. Ich in Cannanore (besuche Lasc[elles] bei Dr. Magraths, die sehr aus der Ordnung sind, sprechen 2 Stunden lang).

9./10. nachts kommt Josenhans, erzählt, Hebich besucht morgens. Wir reden allerhand.

11., zum Gottesdienst in Cannanore.

12.-15. Konferenzen, schon am 13. ist F. Müller dabei, der Montag, 12. abends, Bunz von Tellicherry herübergebracht hatte. Am 14. sollte Anjerkandi besucht werden, aber am 13. abends erschreckte Young mit der Nachricht von weiteren Unruhen, daher geblieben und dafür die Rechnungen scharf kritisiert (13. abends über Mädchenanstalt und Frauenverein) <14. Frau Francis bei der meinigen>.

Am 15. abends Abschied, Frau und Kegel gehen zur Schlußpredigt, die vom Aufruf der Soldaten zum Zug nach Tellicherry (Befreiungsversuch des Suppi) und Vettattanadu unterbrochen wird. Darauf Inspektor mit Katechisten bis 12 Uhr abends. Bunz und Diez fahren nachts mit heraus.

Am 16. etwas mit Bunz geredet, dieser geht am 17. zu Inspektor, nimmt mein Protokoll mit sich. Hebich war am 16. mit Inspektor und Müller in Anjerkandi. - Dazwischen kommt am 14. Vaters Brief und Zeitungen von Napoleons 2ter Dezember-Revolution.

18., in Cannanore (Fitzgeralds zurück am 17.). Robinson in Kuttuparamba und Chavacheri, steckt Maplas ein. Inspektor fiel vom Gaul. Browns in Anjerkandi gaben schönen Empfang. - Hebich führt Katechisation ein.

20., an Inspektor über Gehilfinnen: 1. die Lehrerin ist Geschwister G[undert] übergeben, um unter ihnen und mit ihnen an der Schule zu dienen. Hat sie zu klagen, so geschehe das zuerst mündlich gegen die, welche sich verfehlt haben, die weiteren Instanzen sind Stationskonferenz, Distrikts-Präsident, Komitee. b) Sie hat sich in den Gang der Schule und den bisher beliebten Regeln zu fügen und darf ohne Einwilligung der Geschwister Gundert nichts eigenmächtig daran ändern. c) Hat sie Vorschläge zu machen, so bringe sie dieselben in den mindestens monatlich mit beiden Geschwistern zu haltenden Schulkonferenzen vor. d) Größere Strafen wie Schläge, Fastenlassen etc. nicht nach Gutdünken auszuteilen. e) Die Berichte an die Komitee werden von beiden Schwestern gemeinschaftlich abgefaßt. f) Die Frauenkomitee entschließt sich, ihre Aufträge, Anordnungen und Wünsche an beide Schwestern zugleich zu adressieren. - Ich schreibe auch über die Bibelübersetzung.

20. Hebich nach Tellicherry zu Insp. Robinsons, letzte Anträge (5 000 Rs + 500) zu überbringen. Dafür predigt Diez, den ich höre <und Sebastian samt Frau sehe> und ihm seine Fehler aufschreibe - kehre mit Spieß zurück.

22. Hebich hier, berichtet von seinem Tellicherry-Besuch, besonders bei Freres. Francisca bringt ihren Knaben von Tellicherry herüber, gleichsam schon entlassen.

24. Mögling kommt von Mangalore (morgens mit Müller nach Cannanore, abends Chirakkal).

Am 23. war Jacob in Cannanore wegen seiner Versetzung nach Taliparamba und wird davon bilious, daher am 25. sich ein Brechmittel geben läßt. - Mögling etc. in Cannanore zur Predigt, geht nicht mit nach Anjerkandi (wohin Hebich am 26.), weil kopfschwer, begleitet mich nachts nach der Predigt heraus.

26. Georg* besucht Mögling, der ihm Marg* zuschanzen wollte, ich suche ihn aber schnell fortzukriegen. Wir sehen die Valarbhatt-Burg.

27. Mögling nach Cannanore, Hebich zu hören. Ebenso am 29. zur Vorbereitung aufs Abendmahl.

Sonntag, 1. Februar, morgens kommt Stanger im Manjil - ich führe ihn ein - die Hochzeit bis nach der Calicut-Konferenz verschoben. Brief Ostertags, Sarasins, Zarembas, Maries. Abendmahl, auch Mrs. Thompson, des Dr.s Lady Hudson* abgehalten durch Church notions. - Abends nach 9 Uhr eingeschifft.

2. Februar nachmittags gelandet (St[anger] war sick gewesen), wir gehen abends, Inspektor und den Brüdern zu Conollys hinaus entgegen.

Am 3. Irions Predigt, darauf Präsidentenwahl Fritz - dazwischen Glasson auf Besuch.

Am 4. mein Geburtstag, Hals zusammengeschnürt - doch erhole ich mich, gottlob, bald.

5. Schluß, abends in manchu* retour.

6. nachmittags in Talay gelandet. Hebich bleibt dort und kocht - zu Brennen und in seinem Boot herübergefahren - er bietet Hoch an, guardian seines Sohnes zu werden.

7. morgens nach Chirakkal geritten. - Abends kommt St[anger] mit seiner Braut, die nach Tellicherry ihm entgegen ausgeflogen war.

8., in Cannanore Gottesdienst.

8./9. morgens gestorben Naomi, während Hebich betet. 9. Stanger und Miss machen Abschiedsbesuche.

10. Die Hochzeit - ich lese die Württembergische Liturgie - Essen mit Wests bei Hebich.

11. Sie packen.

12. Hebich von Anjerkandi zurück (wo Simon hurte). Abschied von Stangers - ich schließe mein Protokoll ab - man verhandelt davon, den Tangel gefangen zu nehmen, der aber von 500 Leuten umgeben ist. - Fr. St[anger] gibt noch Hebich viele Grüße auf, sie hätte nie geglaubt, daß es ihr so schwer würde.

13., ich rede die Mädchen an, M... und Elisabeth zu gehorchen - Zimmerwechsel.

15., bei Jowett, werde visitiert mit Stethoskop, er findet nichts. Vaters Brief und Mercur. Hebich nach Payavur, nimmt Nath. mit.

18. morgens Diez auf Besuch, abends Fröhnert das erstemal, die schöne Geschichte vom Col. Prescott und Stone, erster amateur flute player in der Welt.

20. Young erzählt, der Cal[icut] Tangel habe sich mit 10 000 M[ann] der Stadt genähert und gefragt, ob man was von ihm wolle. Der Capt. gedachte, sich im jail zu halten, so lang als möglich. - Conolly sagte dem Tangel, nein, er habe nichts gegen ihn im Sinn und sagte nachher, die crisis sei jetzt vorüber! Es ist überall bekannt, daß man den Tangel festnehmen will. - Brief der Frau an Fr. Christ. Marie Monard und etliche schweizer Mädchen. Ich wollte vorgestern nach Tellicherry ab. Hebichs horsekeeper ist krank.

21. Hebich zurück - alles wohl, aber das Fest nicht besonders besucht aus Furcht.

22., Sonntag, Frau in Cannanore, ißt bei Youngs - Hebich nicht ganz wohl.

23. Ich fange an, das Grundbuch zu schreiben. Abends versucht Jowett das erstemal, mir mit dem presser die Zunge zu halten und dann die Höllensteinsolution mit dem Schwamm in die trachea zu bringen, Dr. Menzies ist auch zugegen.

25., wieder in Cannanore am Grundbuch. Nachmittags im Boot nach Tellicherry, komme zum Tee.

26., sehe Frere, Robinson, höre wegen transfer und lese Rob[inson]s report über den letzten Mapla ausbreak near Maddenur.

27. morgens zurück zu Pferd.

28., begegne Young, der sagt, Brigadier Elliot habe sich für den Feldzug bereitzuhalten.

29. nach Cannanore - Jowett tupft mich (hatte mich 27. abends besucht), nicht zur Kirche. - Die Mapla shopkeepers bauen mir, um von unseren Hunden zu profitieren, einen 3fachen shop vor die Nase.

2. März in Cannanore. Hebich etwas in Furcht, weil Inspektor gern Jacob nach Europa nähme. 2. abends von Tahsildar ein Nayer-Weib <Manikam> aus Curumbanadu mit ihrem* Mädchen geschickt. Eines Chaliers Weib schickte ich heute ins general hospital zur Entbindung, nachdem der Arm schon herausgekommen war. - Ich muß Selma und Lydia wegen Unzucht schlagen (jene mit Bapu). Letztere hatte es von ihrem

Br[uder] Manuel gelernt und sagte zuerst so, aber Maria sagte ihr, M[anuel] würde darum Schläge erhalten, sie solle nicht ihn, sondern Bapu angeben - Maria leugnete zuerst - gestand endlich am 4. - Habe Hebich hier und Beurteilung der Gemeindeordnung und des Katechisten-Gehaltsplans.

7. Abendmahl (ob Marie es nahm) dauerte sehr lang, zugleich Papiere schreiben für den Transfer des Cal[icut]-Hauses und Vorbereitung auf Taliparamba, wohin Hebich 7./8. nachts geht.

Am 8. abends ich nach Tellicherry. Am selben Morgen war Gabriel von Tellicherry und Edak[kad] fort wegen eines dummen Weiberworts, das ihm aber eben zeigte, man <(Ir.)> liebe und achte ihn nicht (daß man ihn mit seinem Vater verglich, schnitt besonders ein). Ich lasse Isab[ella] umsonst suchen.

Am nächsten Tag schickt er sie nach Chirakkal, er selbst geht nach Edak[kad], holt seine Sachen und verkauft sie teilweise. An diesem Dienstag abend (9.), da ich die Cannanore-Papiere in Richtigkeit gebracht, kommt Inspektor nach Tellicherry.

Am 10. erzählt man ihm die Sache. David war mit Mattu hinausgeschickt worden. Abends mit mir nach Chirakkal.

Am 11. Reden mit Gabriel - es wackelt, zieht aber kaum. - O Herr, hilf! Welchem Buben habe ich Isab[ella] gegeben! Endlich nachmittags bricht's. Inspektor sendet ihn am 12. nach Tellicherry zurück - wir in Cannanore besuchend.

Am 13. morgens Taliparamba, Platz besehen, Fest besuchen, abends weiter nach Madai. In Nacht nach Cavai auf Boot.

Morgens 14. in Hosdrug. Inspektor verläßt abends (nachdem wir zusammen gebetet). Josephs Coolies kommen um 6 Uhr. Ich folge Inspektor bis 7 Uhr morgens am 15. in Manjeshvar. Von 11-2 mittags Mangalore. Weigle und Ammann kommen 16. abends auf unserem Weg zu Hoch.

18. Briefe von Vater und 2 Kindern - Onkel Adolph tot.

19. vormittags Mögling kommt, abends die Knaben.

21. Mögling predigt Kanaresisch. Sonst bleibe ich zu Hause.

22. morgens, wir begegnen Greiners mit Mädchen auf Rückweg von Mudbidri. Abends kommen sie und Bührers herauf.

23. morgens, ich besuche Foulis und Youngs, die seit 21. auf Besuch dort sind. Meine Reise berechnet zu 12 Rs. Bührer, owe 7 1/4 Rs, Greiner 4 Rs, Mrs. A. 11 Rs 6 As - gegeben an Weigle 35 Rs. - Erhalten von Metz 6 Rs (Klarinetten-Blätter und* General?) - von Bunz für Gold 5 Rs 1 A + 5 Rs, für Reise nach Tellicherry 2 1/2 Rs (registrieren) - Peller <16> 9 Rs - advance 2.

25. abends Hebich kommt, 27. Fritz.

28. Einlieferung der Katechisten-Zöglinge.

Lachm.s conjectures Mark 1,1.4 Ἀρχη – ἐρημω von Origenes in eines verbunden, die Anführung ὡς γεγρ–ὁδον σου ist wohl von einem Leser,

Εδου – οδου von einem anderen beigefügt. Denn Mark scheint AT-Stellen nur aus dem Mund der redend eingeführten zu bringen. Daher ist 15,28 και επληρωθη – ελογισθη auch unecht zu sein, die besten Mss. haben's nicht, Mark 9,23 το ει δυνη πιστευσαι – Luc 14,5 ονος – Joh 8,44 ὅταν λαλῃ το ψευδος qui loquitur mendacium, ex propriis loquitur quia patrem quoque mendacem habet. – Act. 4,25 πνευματος [illegible] der [illegible] – Act 7,46. τῳ οικῳ του θεου Ιακωβ (aus 131 Ps. 5) – Act 13,19 εδωκεν κριτας ὡς ετεσι 450 ἑως Samuel – 13,27 αγνοησαντες και κρινοντες επληρωσαν τας φωνας [illegible]. – 13,32 τοις πατερας [illegible] αναστησας [illegible] – 20,4.5 συνειπετο δε αυτῳ αχρι της Ασ. Σωπ. Πυρρ. Βεροιαιος, Θεσσ. δε Αρισ. και Σεκ. και Γαιος και Δερβαιος Τιμοθ. – Ασιανοι δε Τυχ. και Τροφ. οὑτοι δε προελθοντες εμενον ημας εν Τρ. – Act 21,5 [illegible] – 26,28 [illegible] [illegible] Alexandrinus εν ολιγῳ με πειθεις Χριστιανον ποιησαι [illegible] parva opera speras fore ut me Chr. facias – Jac 3,3. ειδε των ἱππων – [illegible] ουδε των? – Rom 5,6 ετι γαρ [illegible] ετι γαρ – 6,16 ᾧ παριστ. δουλοι εστε ᾧ ὑπακ cui domino vos obsecuturos profitemini ei prout obsequimini aut peccati servi estis & morte digni aut obsequentes & justi. – 7,23 [illegible] μου [illegible] – [illegible] ευχαριστω θεῳ δια Ι. Χ του κ. ἡμων. – 10,16 ηδε ακοη [illegible] (nicht Χριστου) – 15,25 [illegible] δεῳ χαρις δια Ιη. Χρ. [illegible] 7,25.1,8. – 1 Cor 8,1. παντες [illegible] v. 7. [illegible] ου παντες – 9,15 καλον γαρ μοι μαλλον αποθανειν η το καυχημα μου. (Julius 15,31) ουδεις κενωσει – 14,33 ὡς εν πασαις ταις εκκλ. των ἁγ. 2 Cor 7,8 βλεπων ὁτι [illegible]. Gal 2,12 τινας – ηλθον oder τινα = ηλθεν – Εφ. 1,15 [illegible]

Am 28. März, 28. April, 18. Mai, 14. Juni <17., 22.>, 23. Juli, 11. September, 28. September, 1. Oktober, 16. Oktober, 28. Oktober, 31. Oktober, 7. November, 10. Dezember hat Cullen keine dates.

27. März. Inspektor wegen Blutungen Opium und Bleizucker gegeben.

28. Gottfried predigt das erstemal in englischer Schule - voller Gottesdienst.

29. Hermann wird von seinem Weib um ein Essen gebracht, sie weint. Abends Generalkonferenz beginnt.

30. morgens abgefahren, Weigle etc. verabschiedet.

31. morgens gelandet, besuche abends den Dr., suche umsonst nach dem Honore deed - C. Müllers in Chirakkal bis zum 5. morgens.

Am 4. mit verbessertem Instrument in den Hals gestupft.

Am 5. den Quartalbrief geschrieben. Abends kommt Schw. Fritz mit Kindern (3 Brief von Ostertag und Lassen 4 Mercure).

Am 7. Hebich und Fritz von Generalkonferenz, sonderbare Erzählungen von Inspektor.

9., Karfreitag, in Cannanore. Abends Fritz kommt spät -

geht 10. morgens mit seiner Familie. - Nachts 10 1/2 Uhr kommt Bühler.

11., Ostern. Abendmahl, Bühler administriert - kommt spät heim.

12. Ich reite nach Tellicherry - Sitzung zur Übersetzung des Römerbriefs, Chr. Müller presiding.

13. Bühl[er] kommt (halbwegs in carriage), 1. Korinther angefangen.

14. Heute erst kommt os = [illegible] vor und Fritz gereizt <Brief von Haus - Ernst und Gustav krank>. - Morgens sagt Bühl[er] von seinem Plan, Badag[ara]-Sachen an die Orientalisten Gesellschaft zu schicken. - Irion über Inspektor und sein Verschwätzt-worden-Sein von Hebich in Vorkonferenz - Abschied, als sei's Schluß seines Tellicherry-Aufenthalts.

15. Nach Chirakkal zurück <ich finde Caroline Shipway* hier*> (am 13. Brennen besucht, aber kaum gesprochen).

15. abends Hebich geht nach Palghat, ohne daß ich ihn gesehen - <fange ordentlich Deutsch an mit Jacob>.

16. Diez kommt und Susan Baker.

18. Ich halte das Morgengebet, Quasimodogeniti <3 Leute im Dorf gebissen>, Hermann 13 Jahr alt.

20. Verhandlungen mit Nachbar Bapu, Adhicari, Tahsildar über Hunde und gun.

21. Frau Young (seit 15. von Mangalore zurück) bringt den Tag hier zu - über Möglings Karfreitag-Predigt. - In Cherucunnu wirft der Elephant die Annapurneshwari samt Wedelern ab,

zugleich eine Hurerei <des Mariyan> in ihrem Tempel.

25. Ich halte wieder das Morgengebet, Jacob übersetzt (am 23. bei Griffith, Chaplain, sehe auch Menzies dort). - Nachmittags fahre mit Frau zu Wilkinson. Wir dürfen aber nicht hinein. - Dr. in guter Hoffnung wegen mir.

26. abends 11 Uhr erster Regen.

27. heiraten John Wood, Commissariat Serjt., mit Bridgett Finnegan - nach Württembergischer Liturgie, aber er bringt Goldring und läßt sich vorher nicht sehen, spreche mit Hewitt, der wohl Rachegedanken gegen seine Frau gehegt, aber den Kopf nicht verloren hat. Abends nach einem Schauer um 3 Uhr nach Anjerkandi, werde durchein naß (bei den Moplas am Chaicaracal). - In Anjerkandi alles ordentlich (der Gaul setzt sich mit mir ins Wasser unterwegs), nichts Besonderes, außer daß John B[rown] noch mit Tiermädchen forthurt, oft 5-6 an einem Tag - Simon läßt mich 1/4 Rp + 5 Pice für ihn bezahlen - unrecht.

28. Regen abends.

29. morgens overland da. Abends nach Cannanore und Chirakkal geritten.

30. Diez da zum Predigt-Korrigieren (ich habe am 27. an Inspektor offen geschrieben über das, was mich drückt, Mögling trifft den rechten Fleck).

Am 5. Mai geht der steamer hinauf (der uns am 2. Eis und Äpfel gebracht hatte) und nimmt am 6. Josenhans ein, der mir noch eine schöne Antwort gegeben hat - am 3. hatte ich noch in Eile an Vater, Hermann, Ernst zu schreiben (auch über Kinderfrage).

Am 9. Besuche von Nayern, besonders über Klavier und Uhr verwundert, über Seelenfragen lächelnd - (diese Woche Hebich in Ootacamund, bis 10. morgens rumorend, dem Bischof nicht gefallend). Ich gehe nur 2mal in der Woche zum Dr., finde mich viel besser. Dobbie geht 2mal mit mir zum Fort und redet viel und freundlich.

Am 11. besuche ich mit Diez den deutschen bandmaster.

Am 14. morgens homeletters (Samuel über Examen, Ernsts Reise, Rümelin, Dampfschiff, E. über seine Gesundheit, Bier statt Wein - nichts von Gustav - Jette).

Am 15. schon in der Nacht starker Regen, Monsunwind. - Nachmittags versuche ich, Cannanore zu besuchen, ob etwa Hebich gekommen sei - aber kam nicht hin - furioser Regen abends und Teich eingefallen. ... Arbeit umsonst.

16. nach Cannanore geritten, predige das erstemal seit 3 Jahren (1 Stunde lang über 2 Kor 8,9), aber in den nächsten Tagen Kongestionen.

18. Diez kommt morgens, aber wieder nicht präpariert, ich lasse ihn eine Disposition machen und damit abgehen. Abends nach seiner extemporierten Predigt kommt Hebich, besucht 19. früh.

23., in Cannanore. Nachmittags besondere Erzählung vor Gemeinde - wir besuchen Dobbies. Vormittag Fr. Daniel in Kirche.

24. Hebich in Anjerkandi, wo Strange war, der gestern keine Christen gesehen hat.

25. Das Tiermädchen Tala wird ihm von der Polizei zugesprochen.

28., nach Tellicherry <der Ritt greift mich an>, den Druck des Römerbriefes einzuleiten - fast täglich Regen, aber unterbrochen, ob Monsun - sehe Strange und Shamrao, sehr unbefriedigend.

29., nach Chirakkal zurück, aber nur teilweise auf einem horse, das knappt.

30., Pfingsten. Abendmahl in Cannanore, Anjerkandi-Glieder an 40 - die Mädchen zum Teil ausgehungert - besuchen Youngs.

31. Hebich nach Taliparamba. Den schwarzen Pony zurückgenommen, nachdem er eine Woche zum Verkauf bei farrier Goulden ausgestellt war und zuletzt ins Auge etc. geschlagen worden war.

2. Juni, schreibe 7 an Vater, Ernst, Samuel, an Komitee um Erlaubnis, Apokalypse und später Evangelien zu übersetzen.

5., bei Raja.

6., in Cannanore und bei Dobbie, verspreche deutsche Lektion, 8. gebe die erste deutsche - nachts rechter Monsun. Am 6. war noch eben Hochzeit von Nath. - Uranie in Chombala - Elieser und Esther in Tellicherry.

Am 13. in Cannanore, schreibe Nro 8 nach Hause und an Lassen, gerade nachdem Vaters etc. Briefe angelangt waren. Auch die Mercure des Abends.

Am 17. Hebich hier - es hellt sich zu einem Abendritt auf, auch kommt Young heraus - ich besuche Caruvens wife. - Seit Arabell am 12. der armen Louise gesagt hat, man werfe ihr vor, dem Pangu nachgelaufen zu sein, legt sie sich - hat auch mit Menstruation gebadet und liegt 5 Tage mit Erbrechen.

Am 18. bittet Joseph um Elise, Diego um Miriam - heute besucht der Varier [illegible] von Payyannur, der das Ramacharitam singt, 81 Jahre alt, hat im 64sten Collan* gekämpft, viele Maplas erschlagen - kommt am 20. wieder, bettelt 1 mundu und hört etwas Predigt an - in der Nacht hatte ich Paul ein emetic zu geben, gegen Brustbeklemmung - daher nicht nach Cannanore. Frau geht mit den 2 anderen Knaben. - Hebich unzufrieden, daß man nicht mit Josephs Wahl zufrieden ist. Jos[eph] bekehre sie im Augenblick, aber bedenklich über ihre körperliche Konstitution.

22. nach Cannanore, mit Hebich über Josephs Wahl (sonderbar, er wirft mir vor, einst Pauls Wahl, die auf Sar. gefallen war, gemißbilligt zu haben).

23., schöner Tag, Paul ordentlich, aber jetzt David starkes Fieber. Zu Dobbies (2te Lektion) - Dr. Jowett wollte mich besuchen.

27., in Cannanore. David wohl. Hebich kündigt die Hochzeit noch nicht an.

29., bei Dobbies (3te Lektion fast zu angreifend).

1. Juli. Hebich von Anjerkandi zurück, zugleich Diez hier, sehr zurück im Malayalam, "keine Zeit".

2. Juli. Händel unter Checcotti, Pangu, Samuel über Aussagen gegeneinander etc.

3. Juli, nach Hause, Josenhans, Vater, Hermann geschrieben (Frau an Fr. Ostertag und nach Corcelles). - Ich habe den alten Gaul um 23 verkauft (am 2. Juli) <bezahlt 4. August>. Spüre durch Gottes Gnade neue Erhörung des schwachen Gebets um Gesundheit, fange etwa am 5. mit Kohle einatmen an (Kullen riet zum Kohlen essen - löffelweise, ich lese die mater* med. und homoeopath.).

11. Hochzeit von Joseph - Elise, Diego - Miriam. Abendmahl, Gnanamuttu und Familie ausgeschlossen. Rede von 1 400 Rs Bombay gehen.

12. Rede von Fritz' Kommen zur Bibelsitzung. - Etwas nervös, kann nicht schlafen ([illegible]) - nach Getrieb mit Jacob über Episteln

am 14. nach Tellicherry (mein und Hebichs Gaul etc.). Fritz kommt bald nachher. Galater.

Am 16. Pastoralbriefe erreicht und abends, nachdem ich Brennen (und beiläufig Strange) besucht hatte - noch Titus fertiggebracht. Str[ange] sehr mitgenommen (auch von A. N. G.s Pamphlet gegen ihn). - Fritz attackiert Hebich wegen Papstseins - ich wünsche mehr solche Päpste und erkläre, daß ich Hebich bei all seinen Eigenheiten für kindlicher halte als viel Demütiger-Scheinende. Er wirft mir vor, ich und Diez seien so von ihm unterjocht, daß wir nicht ein Wort zu widersprechen wagen. Ich erwidere, nicht so wie er gegen Hebich spreche, d. h. alles gleich amtlich behandeln. Er ist darüber verletzlich - meint, man mache ihm so die Amtsführung beschwerlich. Betet nachher auf nette Weise, wiederholt aber die Papstklage nachher wieder. Ich sage ihm, er solle sich prüfen, ob er mit Hebich so frei sei als ich mit Hebich (er hatte von ihm seine Pfiffe erzählt, Str[ange] zur Gabe einer lens* zu bewegen). Also auch nach den begütigenden Reden etwas aufgeregt auseinandergegangen.

17. morgens höre ich ihn gehen und gehe selbst.

Am 18. hatte Hebich Vaters Brief und Mercure geschickt - Dr. Whites entschieden zur Kapelle.

Am 20. geht Jacob nach Taliparamba. Joseph bringt Esther, die am Sonntag ihre Mutter zu sehen in Cannanore geblieben war. Mutter will sie nicht sehen - ich rede über Gnan[amuttu], der nach Calicut wolle. - Thaddai von Tellicherry auf Besuch, des* Abends besuche ich Dobbies, die bei Whites dinen, also zurück und zu Maj. Wilkinson. - Ein Chalier-Weib samt Kind stößt zu uns, sehr schüchtern (Temen und Nurumbi), sie gibt am 21.ihr Gold ihrem Bruder, dem [illegible]

22. Hebich auf Besuch. Jacob, der Weber, wählt Sara, die ihn aber durchaus nicht will.

24. Nach Cannanore, besuche Dobbies, schlafe bei Hebich, Jacob soll jetzt um Chombala-Elisabeth anhalten.

25., beim Heimgehen von Kirche wird Rasammi von ihrer Mutter angefallen - eine Volksmenge von 2* peons schlägt sich dazu - daher großer Auflauf bis zu Dobbies Haus, wo wir gerade waren.

26. Untersuchung vor Maj. Shepherd und dem alten Kommissar Watt.

29. Hebich hier. C. Müller stimmt bei, dem Jacob die Chombala-Elisabeth zu geben.

30., sie sagt zu. - Ich fange Konfirmationsunterricht mit 9 <10> Mädchen an - ziemlich angegriffen.

1. August. Hebich sagt, Gnanamuttu habe am 30. die Geldsache aufgegeben und wolle Katechist werden. Die Katechisten hatten ihre langen Klagen alle vorgebracht, aber nichts herausgekommen.

Am 31. war Hebich in Tellicherry bei Robinson und Strange (dem er ein hobby aufspielt). Wir besuchen Wilkinsons nach Kirche.

2. August. Marta nimmt Stockings an, 4. auch Louise den Marcus.

2./3. Jacobs Bruder von Trichur hier auf Besuch.

3. Robinson bei Young und Hebich. Griffith sagt a propos Palghat-Mission "für Heiden" - wünschte, es wäre hier auch so.

5. Hebich hier, bringt Katechist Peter von Palghat mit seinen 3 Mädchen - Missy trutzt mit ihm in der Abendmahlsvorbereitung, will nichts reden. - Er droht, das Abendmahl nicht zu geben - Asirvadam, der muhammedanische Renegat, meldet sich, um Buße zu tun.

6. Ich besuche den schwergefallenen Nayer im general Hospital, scheint am Sterben zu sein! (stirbt bald).

7. Brief nach Haus.

8. Abendmahl, auch Robinsons, Gompertz, Fr. White (nicht er, verhindert durch Gurkensalat). - Hochzeit von Jacob und Chombala-Elisabeth.

9. Hebich geht nach Palghat, der Rajah besucht ihn - und mich nach Konfirmationsunterricht, daher angegriffen.

10. Von Anjerkandi ein Mapla gewordener Tier. - Hoffentlich der Mühe wert! <(im September durch)>.

11. Fr. Müller und Huber nach Cannanore. Esther kommt, hier zu schlafen.

13. abends predigt Huber (der 12. abends hieher zum Schlafen gekommen war), geht 14. nach Tellicherry zurück, weil nicht auf den Sonntag eingeladen (durch Versehen) - <etwa 14., Diez verliert Briefe von Irion an Fr. M[üller] von Bührer* über 200 Rs und Kotagiri, Albrecht>.

15. Predigt Diez, ich nichts wegen Rheumatismus. - Hebich in Palghat, service von 8-2, von 4-11, tauft 1 Tier- und 1 Tamilen-Jüngling.

17. Frau in Hebichs bandi mit 2 Paar Ochsen nach Tellicherry und zurück samt den 3 Knaben <Briefe von Haus>. Cugnipens Julia sehr elend, nach 10 Uhr werde ich gerufen, bete noch, die Kleine stirbt, wird 18. abends begraben, nachdem auch Lucas' Weib, von Anjerkandi gebracht, im Spital von einem toten Kind entbunden worden war, das Timoth[eus] beerdigte.

20. kommt Diez, aber ohne Predigt - liest aus Booth.

21., ich schlage Esther Tala das erstemal nach langem Drohen, sie fährt fort mit Davonlaufen und mit Hebich zu drohen - Frau Carr bringt ihre 2 Mädchen.

22. Ich bete in Cannanore-Kirche. Sie erzählen von Jacob, der 13.-18. in Chombala gewesen war und durch Kaffeefordern Ärgernis angerichtet hatte <(war falsch berichtet)>. Browns Mädchen kommt mit heraus, um crochet zu lernen. Was ich von einer Sekte der Hebichites sagte, die nicht beten in seiner Abwesenheit, wollte Fr. Young fast auf sich beziehen, weil sie durch einen Schnupfen von der Montag-Betstunde war abgehalten worden. <Jetzt endlich klärt sich das Wetter.>

24. abends nach Anjerkandi geritten auf Hebichs.

25., spreche leise und lasse Timoth[eus] laut repetieren, in der Kirche korrigiere die singenden Knaben.

26. morgens retour, Fr. Young und Lazar <armen> auf Besuch. - Joseph erzählt von Pangus intrigue mit Nath.s Frau - und Poccitschi der gobetween - Francis gibt das Weitere - ich habe einen der Liebesbriefe in Händen.

27., schicke das Pferd nach Cannanore, um des horsekeepers los zu werden. <Dann verhöre sie - Schläge.> Verschlage ihn abends, da ich ihm bald, nachdem der andere horse-keeper auf dem Schimmel daher geritten kam, begegnete, und mit mir heim nahm. Er gesteht nichts <Onam.>

28. Ich reite morgens aus auf dem Schimmel, der gestern abend geflogen war - Pferdeknecht be-trunken. Lucas' Weib war gestern sehr schlimm. Man rief mich noch um 10 Uhr - dem Herrn empfohlen, der gnädig hilft, so daß heute besser. Hoffentlich kommt ihr Mann bald. - Rosine im letzten Tumult verletzt, zum Dresser geschickt am 27. - Lucas (mit 8 andern) nimmt sein Weib nach Anjerkandi, Sonntag morgens, nachdem ich Samstag nachmittag mit ihr, Sneh[am] und Salome das Abendmahl gehalten hatte.

29. Ich bete in der Kirche und gebe die news, der Herr hat sich der Fr. General Walker geoffen-bart.

30. Raja besucht.

3. September. Diez kommt zur letzten Predigt - abends nach 8 Uhr. Hebich besucht am 4., leidet an Hämorrhoiden.

Am 5. in Cannanore. Hebich betet, erzählt, hat gestern abend noch Carnegi von Gompertz zuge-schickt erhalten, der auch heute kommt - ich bei Youngs, wo auch Dobbie.

Am 6. morgens besucht Gompertz, erzählt von seinem Tun mit Carnegi und Maj. Strettels, und wie das der Herr gesegnet. Nachher Diez Malayalam, mit Jacob Deutsch und über sein Aber gegen uns (daß Arab[ella] Ahitophel sei (ob ich Absal.? "ein anderer habe so gesagt"), daß wir sie und Francis hören und alles gelten lassen, daß wir nicht recht untersuchen und auf die erste gehörte Seite hin urteilen, daß Joseph seine Frau Elise ja nicht in Chirakkal solle wohnen lassen, weil es Geschwätze gebe usw.), er ist nicht kindlich, was ich ihm sage. Am selben Tag gestorben in Anjerkandi Lucas' wife, Gnanamma. - Um 5 Uhr Sneh[am] verscheidet, nachdem ich noch über ihr gebetet. Der Herr gebe uns allen eine selige Heimfahrt. - Ich schreibe an Komitee (und Vater) wegen Hermanns Zulassung zum Landexamen und Friedrich (und Vaus) Heimreise nach Europa. - Kanara horsekeeper <von 6. an>, auch ein neuer Koch <auf 2 Tage).

7. nachmittags Sneh[am] begraben, Kinder etc. gehen nach Cannanore. Jakob bittet mir ab wegen dem, das er zu Joseph gesagt. Ich erkläre ihm über seine Stellung und wiefern ich ihm dieselbe erleichtern wollte. Es scheint ziemlich eingeschnitten zu haben. Brief ab nach Europa. Paul Zahnweh und am 8. geschwollener Mund, vielleicht durch mein Haarschneiden.

9. Hebich hier, arranges Hochzeiten auf Sonntag. - Abends der Peon Joseph außer sich wegen des Spottens der Katholiken. Ich bete nebst Jacob mit ihm. - Gottlob, er besinnt sich (wollte seine Schwester fortnehmen, weil sein Schwager in Tellicherry ist am seashore beerdigt worden) - der neue Koch engaged.

10. Horsekeeper hier, um den kopfscheuen Gaul zu zäumen. Endlich wieder Konfirmationsunterricht.

12., Sonntag. Hochzeit von Stocking mit Martha etc. <Tier Weib Tale, Hure, kommt hieher>.

13. Hebich in Anjerkandi. Diez 2mal hier, morgens und abends wegen der mail. Vaters und Samuels Brief. Ich war umsonst ihm nach Cannanore entgegengeritten, 2* Griechen hatten ihn verhindert. Die ersten Briefe von Josenhans, Geld da, Furcht weg - Gompertz und Carnegi kommen heraus.

15. Das Weberweib Teman ist in versprechendem Zustand. Stocking in Chirakkal seit Sonntag, aber nicht einmal am ersten Tag eingeladen zum Katechisten.

14. Morgens schicke Revelation, 2 Teile, nach Calicut - Auflage des Zellerschen Katech[ismus]. besorgt.

16. Hebich hier, Vorbereitung.

17. Samuel, Francis etc. machen Frieden.

19. Abendmahl. Diez sehr aufgeregt gegen Hebich - wird noch geschlichtet. Einsegnung und Verabschiedung der Taliparamba-Partie. D[iez] läßt mich seinen Brief an Eltern lesen, sehr ungesund, eigener Gefühle voll.

20. Diez hier zum Malayalam-Lernen. Gompertz gewinnt Grey, der vom letzten Abendmahl halb angezogen, doch geflohen war <seither wieder abwendig gemacht (25. September)>. - Schreibe an Theodor und Samuel und Josenhans (Hebichs Reisebericht). Hebich in Tellicherry, begegnet Griffith, bei Frere, Abschied von Robinson.

22. Hebich in Taliparamba, kauft um 100 Rs ein weiteres Feld an die Straße heraus. Der Raj bringt mich um 5 Stunden und heißt am Ende Gott und alles eine bloße Lüge.

23. Hebich hier. Diez schreibt an Leonberger, fragt um Erlaubnis, nach Tellicherry zu gehen.

25. Capt. McDonald von Bombay hier mit Miss Begbie, heiterer Tag als ich gefürchtet hatte.

26., in Cannanore. Ensign. Gray scheint verführt.

27. Stocking nach Taliparamba. Diez hier.

28. abends an des Raja Teich mit Kindern spazierengegangen. Ich war heiß, wechselte nicht, fand's daher für nötig, die Nacht durchzuschwitzen und 2mal zu baden, war damit am Morgen fertig.

29. Missy aber kommt zum Frühstück mit einer Leberentzündung. Ich fange an mit sheets, kaum Hilfe, dann 8 Blutegel auf 2mal, Calomel 3 gran, kaum Öffnung, viel Brechen <bin bei Prescott, den Paulustext zu verdeutschen>.

30. morgens 4 gran Calomel, reite zu Dr. White, bringe fomentations mit (Hebich auf Besuch, erhitzt und bilious retour von Taliparamba. - Diez seit gestern in Tellicherry). Jalap[e] erbrochen, kaum Fieber, aber viel Schmerz. Abends 3 Cal[omel] und 1 gr Opium. Sie hatte vor wenigen Tagen ein paar Hochsche Büchlein in Deutsch fast ohne Nachhilfe durchgelesen. Am Freitag ordentlich, da schicke ich auch den Bericht an Fritz, 1. Oktober.

3. Oktober, Sonntag, in Cannanore. Gray ist feindlich umgestimmt. Dagegen kommt Capt. Denton in die Chapel (am 30. September Maries Brief).

6. McDonalds und Miss Begbie hier.

7. Hebich von Anjerkandi zurück, bereitet auf die Taufe vor und verspricht gleich das Abendmahl den 2 katholischen Mädchen und der Aline, ohne reference.

3. Canisa auf Besuch, der Sanskrit gelehrt, von Cudeli.

10. Taufe von etwa 20, meist weiblichen Geschlechts.

11., wollten wir im Boot zur Distriktskonferenz nach Tellicherry, wie McDonalds zur See nach Bombay, aber gewaltiger Regen. - Ich ritt erst nachmittags durchnäßt nach Tellicherry.

12.-13. Hebräer - Revelation abgemacht, fast zu viel, kein Schlaf.

Am 14. begleitet Fritz zur Visitation (oder 94 H.M. zu besuchen) herüber - Hebich hat Abendmahlsvorbereitung <Charlies Vater, der rothaarige Vettuv[er] gestorben>, auch ich nahm am 16. die 3 neuen Mädchen vor.

17. Abendmahl und Regen. Abschied von Boorman, Seager etc. - laufe im Regen mit den Mädchen zurück.

18. endlich overland. Hermann will jetzt Kaufmann werden (Marie 10 Jahre alt). Frau angegriffen von den schlechten Zeugnissen über ihn. Lehmann hat die Komitee gebeten, ihn eine von Gr[einer]s Mädchen heiraten zu lassen.

20. Boswell, Capt., auf Besuch mit Young abends - Hebich in Taliparamba, 21. in Chirakkal.

24., in Cannanore am Muharran- und Dasrafest, besuche Dr. Whites - über s[eine] Zweifel - ein Weib Cheruta von Pullicunnu, dafür Mata mit dem armen Kleinen davon.

25. Gestern, abends, war Fr. Smith, eine Griechin, von Mangalore im Pattimar gekommen. Diese wird durch Young für mich engagiert, daher in Eile von Chirakkal fort nachmittags

mit den 2 Knaben - 8 Uhr boat - ca. 9 Uhr hinausgefahren.

26. Hosdrug im Morgen Wolken, wenig Wind - bis Kumbla.

27. vor Mangalore seit morgens, aber kein Seewind! Abends 7* Uhr durch Greiners auf Balmatha mit wiederholtem Schreien der Kinder.

30. abends nach Mulki, wohin Mörike vorausgegangen war.

31., Sonntag, 2 Gottesdienste.

1. November abends Mögling und Hermann mit Katechist Jacob etc. kommen hinaus.

2. November abends im Manjil und auf Pferd nach Suratkal.

3. November morgens bis 6 1/2 nach Balmatha. Mögling kommt abends mit übertretenem Fuß, Hermann mit Halsweh (Verkältung).

4. abends zum Essen bei Hochs, worüber Greiners etwas gereizt <Briefe von Jos[enhans] und Vater>.

6. abends eingeschifft, nicht ohne neues Weinen der Knaben, da ich nicht zu ihnen in den Wagen saß. - Boot, enges Pattimar von Cochin, fernes Gewitter, daher Ankern.

Am 7. von Kasaragod bis Cavai.

8. früh nach Cannanore, aber wegen frisch entstandenen Landwinds bis 1 p.m. vor Anker - um 3 gelandet - gelaufen nach Hebichs Haus. Friedrich weint darüber - abends Chirakkal - Frau kaum froh darüber wegen Putzens und Bauens.

9., nach Cannanore zu Hebich und Youngs.

10. Aline und Timoth. auf Besuch wegen Augen.

11. Caroline geht mit Hebich nach Cannanore zurück wegen Kopfwehs.

12. Aline zum Dr. <letzter Regen die Nacht durch>. Ich schreibe an J. Walker wegen falschem Gerücht von Hebichs Mißhandlung des prayerbooks.

14., in Cannanore und bei Youngs - homeletters.

16. morgens Mordhändel von Joseph und Francis gegen Nath. und Arabella, er schlägt rasend auf ihn hinein, will dann fortgehen, kündigt am 17. auf, Hebich schickt seinen Joseph dazu herein, doch war es schon vorher etwas in Richtigkeit gekommen. J[oseph] bittet um Verzeihung, ich bete mit ihm.

18. Hebich kommt nicht wegen Rechnung.

19. Irion besucht von Tellicherry, war gestern nach Cannanore gekommen, geht nachmittags fort. - Samuel schuldet von Mangalore her 1/2 Rupie.

22., nach Chombala nachmittags mit Missy in einem zurückfahrenden Vadagara-Betelboot, sehr schlecht, bloß 2 Ruderer, landete 12 Uhr nachts.

24. morgens kommt auch Diez, der in Tellicherry gewesen war, froh über Vollendung der Rechnung (20. fortgeschickt, meine home-Briefe an Ostertag, Marie, Josenhans am 21.) - wir besuchen Tessiers Garten.

25. morgens im Missionsboot nach Tellicherry, wo Missy bleibt.

Ich am 26. morgens mit Diez Cannanore - der tags darauf gegen Leber mediziniert. - Frau und Kinder gehen nachmittags nach Tellicherry und kehren 27. abends zurück <begrüße Schw. Irion von hills>.

28. Abendmahl, letztes mit Brüdern vom 94sten).

30. Hebich zurück von Taliparamba. Bird und Perkins besuchen. - Nachmittags kommt Mörike nach Cannanore.

1. Dezember. Mörike und C. Müller besuchen. Abends starker Regen. Mörikes Pferd langt darin an.

Am 3. starker Regen in Cannanore.

4. abends wieder hier Regen. Dach der Küche mit Ziegeln bedeckt unter beständigem Aufenthalt. Mörike und ich gehen am 3. nach Cannanore, wo am 1. der Wing des 25. angekommen ist, in nicht splendidem geistlichem Zustand. Am 4. geht Chr. Müller mit Aline nach Chombala zurück (auch Julie), nach Beratung des Dr.s (M. ist, wie ich höre, nur gar nicht befriedigt fortgegangen: er wollte Binnie oder* sonst einen zum Katechisten nicht mehr zu brauchenden als Aufseher seines Arrowrootmachens etc. anstellen, redete (statt Hebich zuerst davon zu sagen) Perkins an, der sagte, B[innie] sei im Spital, aber selbst Lust bezeugte. Wie er Hebich darüber ansprach, ging's los! Diez ging betrübt weg).

Am 5., Sonntag, in Cannanore, um Mörike nach Anjerkandi zu begleiten. Abends donnert Hebich, die Schrift sei nicht zu erklären, suffers no interpretation, während er drauflos exegesiert. Ich war mit Mörike bei Dobbies gewesen und hatte gegen das systematische Erklären (Hebichs) einige Worte gesagt. Mörike hatte gehört, wie Hebich in der Katechis[ation] die 2 Zeugen für Mose und Elisa ausgab, die also noch einmal sterblich werden! Ich merke, daß Young mit Hebich (und Dobbie) gesprochen haben muß über meine abweichende Ansicht. - Nachts pflatscht es an einem fort, doch

am 6. morgens mit Mörike fortgeritten, vor 9 Uhr in Anjerkandi. Dort höre ich, daß Strange am 1. hier war und den Menon Cannen selbst entließ (früher wegen Trinkens auch von mir Erkundigung eingezogen - bribery - Brief in Abdullas Sache, von J. Brown unterschrieben, ohne daß er den Inhalt wußte). Er geht weinend ab, J. Brown ist halb tot darüber. - Murdoch soll Hurerei anfangen! Ich sehe nachts ein Beispiel davon in der dazu besonders geöffneten Türe des Waschzimmers. - Miss[ionar]y meeting, ich erzähle von den Bekehrungen in der Tagore-Familie in Calc[utta], von den Madiais etc. Tim betet (Isaak Kelappen ist draußen fieberkrank).

Am 5. nach Haus, gefragt (HG I) über Küchen-Ziegeldach 100 frcs erste[s], 200 frcs nächste[s] Jahr. - Das 94ste kann wegen Regens nicht abgehen.

Am 7. morgens zurückgeritten , erhalte Brief über Hermanns Examen in Basel und die Liturgiesache.

9. Hebich hier, freundlich. Diez hatte expektoriert, daher

am 10. erste Konferenz zu 3 in Cannanore. Hebich gibt, wie befohlen, die Knaben ab.

12., Sonntag - heute endlich hört der Regen auf, Lascelles kommt zur Kapelle, zurück vom Kap, unterwegs nach Honavar, logiert bei Griffiths.

13. Hebich nach Palghat. - Young bereitet sich, nach Mangalore zu gehen, ich

am 16. nach Taliparamba (der horsekeeper hat von seiner 1/4 Rp noch nicht Rechenschaft abgelegt). Finde Stocking vorwärtsmachend, Paul lernt etwas Englisch. Abends zurück.

Am 17. in Cannanore, fast zu viel.

18.-19. nachts Regen an den Bergen und in Cannanore. 19. Sonntags-Gottesdienst wie sonst mit Diez.

20. Dezember. Fr. White, Miss Ricks nebst 7 Kindern und Mrs. Dobbie den Tag über auf Besuch.

22., heute besuchten mich 2 Leute von Pallicunnu, die eine Empfehlung zu einem Talukamt wünschten. Ich schlug's ab und sagte, es müsse ein schlechter Morgen gewesen sein, ja, sagten sie, es hat uns beim Fortgehen von Haus jemand nachgerufen.

24. Heute kam J. Walkers Katalog, ich nahm syrisches NT und Lexikon 2 - Homers Iliad 1 - Miller's Footprints of Creatures 2 - Baarrofts.* America 2 - Alison 31 - für Cannanore Wilson's Dictionary <4 volumes> 32 (oder 31) und Taulers Nachfolge.

25. In Cannanore, ich predige, daß Christus Heiland, Christ und Lord ist und dazu mitbringt seine sonship und humanity, ersteres zu tun, letzteres zum Leiden sich mortal machte, darüber entsteht Streit, Diez in hymn braucht auch das Wort mortal flesh - das Hebich früher von pulpit verdammt haben soll. Brown sagt ihm, wie Searle dagegen sei.

26. Ich bete und erkläre mortal von Möglichkeit zum Sterben, nicht Gezwungenheit und von Christi Selbsterniedrigung - um 1 Uhr kommt Hebich im Manjil, sagt zu Diez, dies sei wrong. - Ich sage von Sarah, die für Chombala gebeten worden war. Das macht ihn böse, ich nehme es daher bei ihr zurück.

27., ich will Kelappen Isaak besuchen, den White im Spital verpflegt hatte und von dessen nahem Ende er gestern zu Gnanam[uttu] was gesagt hatte, finde ihn tot. Diez kommt zu lernen, ist aufgeregt gegen Hebich. Ich habe wegen Fritz' Vorwurf, daß ich Dharmap[attnam] Fl* als Grenze seines Distrikts angegeben habe, an F. M[üller] und C. M[üller] (auch Mör[ike]) geschrieben. Woher das Wort kommt, läßt sich nicht entdecken. Hebich hier

am 29. zur Abendmahlsvorbereitung, sagt, daß Peons Josephs Schwester Elisabeth von ihm an einen Kathol[iken] versprochen ist.

31. früh kommen Youngs von Mangalore zurück. Abends 4 Uhr alle zum Gottesdienst, ich um 11* Uhr.

1853. Am 1. Januar ich zu Haus, Frau in Cannanore.

Dagegen am 2. ich Cannanore, Frau in Chirakkal, um auszuschnaufen. Hebich verteidigt seine Katechisten-Gehilfen-Anstalt und will zu den 4 Männern in Taliparamba noch einen fünften hinstellen - da ich das für Unnot erkläre, sagt er, du kennst die Not nicht, die die Leute mit Kaufen haben etc. Ich darauf zu ihm, er kenne die Landesverhältnisse nicht.

Am 3. abends kommt Fr. M[üller] mit Frau und 3 Kindern.

Am 4. Esther und Aline verschlagen, letztere hatte vor und nach dem Abendmahl mit Kitty und Nanele, erstere mit Milca sich fleischlich vergangen. Alle sagen nur einmal. Dies kommt gerade, nachdem erstere den Elieser angenommen hat und letztere von mir für Michael vorgeschlagen worden.

Am 5. kommt Micha und bringt Phoebe und Abigail, ziemlich besser in Gesundheit. C. M[üller] bittet um Gnanamma, die ihm Hebich am 6. abschlägt. F. M[üller] geht diesen Donnerstag nachmittags nach Cannanore. - Ich schreibe an Komitee HG 2, sende Liturgie, an Josenhans kurz über Kinder etc., an Vater, Hermann, Ernst - höre, daß Leonberger sich heiraten soll, entweder mit Hullocks Tochter <Enkelin> auf den hills oder mit einer der unseren: daß Lehmann nicht heiraten darf, weil noch nicht würdig - am 7., daß Samuel seinen Arm im Missionshaus beim Turnen wieder gebrochen habe. Fr. Diez heißt sie hübsche Knaben, der ältere ein gewandtes, etwas windbeuteliges Bürschchen.

8., auf Owen Glendower mit Fr. Müller und 2 Misses, um Elisabeth Charlotte Draper abzuholen.

9., in Cannanore - Frau besucht mit Fr. M[üller] die Youngs.

11. Die Müller gehen nach Tellicherry zurück - ich zu Carr und Gompertz, von welchen der letztere mich mit dem Q. Mr. Kerr des 79sten zu besuchen im Sinn hatte, aber -- zu Hebich.

12., mit ihm und den abzugebenden Knaben im Boot nach Tellicherry, wo C. M[üller] und Fritz etc. sind. - Distriktskonferenz, zu der ich auch genötigt werde - Druckfehler der Episteln vollendet. Man will Evangelien statt der Psalmen anfangen. Ich reite trotz Zurückhaltens spät abends herüber.

13., verderbe mich morgens mit Steinlegen im Gartenweg <oder bringe dadurch den am 12. gefangenen cold heraus>, konnte noch mit Martha und Jona, die sich zur Aufnahme meldeten, reden - aber nach dem Mittagessen Schmerzen, die nach dem Abendspaziergang zunehmen, wie Austreten des Blutstroms in der Brust nach allen Seiten, Schwierigkeit zu schlucken, die Bronchien ... pleuren und Achseln, alles schmerzend - Gefühl, als ob's um Jahre retardiert wäre - der Herr kann aber helfen. Ach, lege mich nicht wieder so ganz auf die Seite, wenn ich's auch vielfach verdient hätte, sondern laß mich auch im Leibe deines lieben Sohnes Auferstehung erfahren.

Am 14. wache leichter auf, Hebich kommt auf Besuch, sagte von der Konferenz, die wünscht, daß das NT völlig übersetzt werde, ehe man an das Alte gehe. - Manni mit ihrem 2jährigen Canara von Tellicherry abgegeben. - In Taliparamba ist vor 4 Tagen ein Calicut-Nayer <Barnabas> angekommen, der ein Traktat in Kilur vor 5 Jahren erhalten haben will. - Abends Briefe von Vater, Samuel, Jette, darunter auch die Nachricht, daß Ludwig in Cincinnati sich bekehren wolle - Gott gebe es!

16., in Cannanore, sehe Woodfall seit Februar 47 das erstemal.

18. Briefe nach Europa an Vater und Samuel, Uranie wegen Zins dessen in der Sparkasse, HG 3 an Komitee wegen der Kinder. West hier, um die Draper weiter zu befördern.

19., auf die Post geschickt. Woodfall und Mrs. Young den Tag über hier.

23. Januar, Sonntag, 1853, Frau nicht nach Cannanore. Paul hatte eine boil im Maul von einem Stoß durch Schirm, daher böse Nächte.

25., der neue horsekeeper Matti engagiert, von morgen an, kommt aber am 26. bloß, um bis zu 1. Februar leave zu fordern, weil sein Onkel gestorben sei.

26., entschlossen, den aussätzigen Gaul loszuwerden. Er läuft nicht mehr.

27. Hebich hier zur Abendmahlsvorbereitung. - Abends bringt Gompertz den Q. Mr. Kerr, mit welchem ordentliche Unterredung über das eine Notwendige.

Vom 24. an Jacob fieberisch - Katarrh? Pocken?

Am 28. endlich besser (Young verspricht, den Gaul halb zu zahlen).

29. Pauls Geburtstag. Carr reitet den neuen, von Grey erkauften, hieher. (27. Juda und Matthai zurück von Homsoor, letzterer sehr ungehorsam).

28., Auftritt mit Peon Joseph, der mir vorwirft, Hebich gesagt zu haben, er habe seine Schwester schlecht gemacht - will sie wegnehmen, - lügt gegen meine Frau zur Entschuldigung, er habe gemeint, sie habe darum das Abendmahl empfangen, um gleich nach Chombala geschickt und an Michael verheiratet zu werden - zu ihr sagte er davon nichts.

29. abends sendet Carr den Pony mit horsekeeper Barid.

30. nach Cannanore darauf geritten, Carr und Gompertz, letzterem für Sattel und Zaum gedankt. Griffiths hat Hebich dangerous man geheißen und den hosp. serjt. zur Rede gestellt, warum er ihn hineingelassen (am Morgen des 29. - Ist vielleicht Kerr daran, loszubrechen?). Abendmahl - Peon Joseph will's nicht, hält auch seine Frau ab und ist wütend, der Teufel habe keine Macht über ihn etc. - Regen in Cannanore sehr stark.

31. morgens Diez hier, beleidigt wegen report über Anzahl der Stationskonferenzen etc., klagt über die vielen weltlichen Geschäfte. - Durch Pangu der leper zum Verkauf geschickt.

2. Februar. Der Mavelicara Raja, Udaya Varma, besucht mich und Jacob, der ordentlich ans Herz redet. Abends Carr auf Besuch, erzählt, wie der Brigadier Justin unseren Dobbie hat ablaufen lassen. Jowett offeriert, wieder zu galvanisieren.

3. Hebich auf kurzen Besuch.

4., wieder der Raja - zu Hebich geschickt - mein Geburtstag. Vattaka - David asked "mon patsha = more vattaka" - Briefe mit Miss W. gewechselt. Elieser und Micha[el] kommen von Chombala, um Esther und Susanne zu holen.

5. Fr. Young, Dobbie und Hodgson auf Besuch - letztere gibt nichts heraus. Wir finden, daß die 2 Pärlein sich ordentlich aneinander gewöhnen.

6., Sonntag - Carr wünscht zu heiraten. Heirat von Elieser - Esther, Michael - Susanne. Ich besuche Kerr, Q. Mr. des 39sten, der vom Unglauben sehr angegriffen war. Er schenkt mir 2 Götzen. Ich gehe fort zu White, wo Frau. Dieser sagt, wie er dem K[err] Jesum gepredigt hatte.

7., in Cannanore zu meeting. Hebich hört über Duncan, der krank im Spital, Folge von drink. Asirvadam entsetzlich undankbar, klagt gegen Pangu über Hebich. - Jonathan will nach Mangalore zurück, doch ist's nicht entschieden. - Zu Dr. Jowett, der mir seine Galvanisiermaschine gibt.

8. Kerrs 3 Kinder, Johnny, Crewe und Archy auf Besuch, sehr nett.- Pithball or cork, hanging by a silken thread from the ceiling, approached by a dry glasstube excited by rubbing briskly on silk or woollen cloth, will be attracted, adhere a little be repelled and not attracted again till it touched som subst... connected* with earth. Apply an excited piece of sealing wax, it attracts, then repels and drives towards glasstube - lastly vibrates like pendulum between these 2. -

Viscous = positive electricity against resinous or negative, touch 2 balls on 1 thread, they repel each other - glass coated with a solution of shell lac in alcohol is excellently insulating and dry. - Electric light through excitat[ion] of glasstube in darkened room, wenn gezogen durch ein Stück Seide - und ein Funke, wenn das Glas der Hand nahe gebracht wird. Ziehe trocken[es] und warmes braun[es] Papier 18 Zoll lang und 4 breit durch warmen flannel, wo Hand dem Papier genähert wird, wann es von den flannelfolds schnell weggezogen wird, fliegen 2 bis 3 zollange Funken heraus mit crackling noise. - Galvanism = electricity excited by chemical action. Vielleicht ist chemical affinity nur eine modification von electric attraction (Faraday) - a zinc surface 7 times larger than the copper is the maximum for effect, or 16 times larger copper

than zinc - solution of coppersulphate ist advantage, because no hydrogen is absorbed - 1 neue und 1 gebrauchte Zinkplatte geben Elektrizität, ebenso 1 neue und 1 corroded plate of copper acted upon by nitric acid - ebenso 1 plate of copper in a glass vessel fill till C - D with solution of copper sulphate, pour slowly on it weak salt and* water so that no mix, then the upper part of the plate will be slowly acted upon by sulphuric acid. - Voltas battery, copper

zinc wet flannel, c.z. wfl*. etc. - magnetic* electric machines rest on the principle that magnets excite electric current in wires moved near them - A filled with a solution of common salt. B a tube immersed therein, furnished at its lower end with a diaphragm formed of a piece of bladder and filled with a solution of sulphate of copper - a plate of copper C connected with one of zinc Z by wire D are immersed in 2 fluids - there will be found in A partly chloride of zinc, in B sulphate of soda and copper crystals deposited on C.

10. Februar bringt Diez den Mangalore-Hermann auf Besuch, galvanisiert. Abends Spaziergang - erzählen.

11. morgens retour nach Cannanore. Der Sattel von Young verbessert - die Mädchen verhört, welche ausgemacht hatten, 7-5 der Katechisten-Schüler werden jetzt heiraten, Maria den Abraham, Christine den Titus oder David etc., ich schließe diese 2 und Aline vom Abendmahl aus. In diesen Tagen scheint in Carolin etwas vorzugehen, sie war gedemütigt , es kam aber was dazwischen, und am 13. konnte sie nicht zum

Abendmahl gehen. Hermann erzählt von seiner Bekehrung. Carr besuchte abends zuvor, die Mädchen singen ihm. - Abends Hebich nach Payavur (Dasa* und Georg sind schlecht).

14. Cannanore, set out mit Hermann nach dem Coorg-Land, nachdem zuvor Briefe erhalten von Vater, Hermann (der bereut), Ernst - 2 Uhr Friedrich zu Dr. White, dorthin wir und nach Chalottu.

15. morgens Miyil.

16. Gunnoti - Struttapula - müde die Ghat hinauf, Friedrich läuft 5 miles, schlafe im bandi in Ottacolli - Hermann ohne Bett in Perumbadi.

17., in Perumbadi - strawberries in Francis' Garten. Abends Virarajendrapet - wo Mögling und Stephanas angekommen sind. Dieser ist in sein Haus eingeführt, die Gläubiger* sind gekommen, Mögling eröffnet Aussichten.

18., in Aramer... 1 Stunde nördlich (Mercara-Straße), die Frau und 3 Kinder ißt mit Stephanas, des Br.s Frau hält sich etwas ferner, will aber im Haus bleiben. Ich reite in der Sonne heim. - Essen im Haus, alles tut mit.

19. Subehdar droht.

20., Sonntag, Predigt von Hermann und Nahasson (Kananäerin). - Nachts homeletters an Vater, Ernst, Hermann, Ostertag, Barth. Mögling erklärt, nicht heimgehen zu wollen - spät nachts kommt Stephanas mit der ganzen aus dem Haus vertriebenen Familie: gleich an Gustard geschrieben.

Montag, 21., Gustard ladet ein nach Kanthamurnadu. Aber abends schreibt er, daß er sorry sei, daß man solche lengths gegangen. Somayen sei als swindler nicht gut bekannt und man müsse zuerst im Civil Court entscheiden, wem das Gut gehöre.

22. abends Mögling nach Murunadu, kommt erst 23. abends zurück - an welchem Tag Ramaswami, der zurückgekehrte Tamil-Knaben Nath[anael] und Samuel bestiehlt, kaufe für 12 Rs Camblis*.

24., wir gehen ab, ehe Gustards ankommen, Mögling zieht ins tent, wir, d. h. Hermann und Titus, Israel, Theophil etc. nach Perumbadi, Ottacolli - wo Schlaf im bandi.

25., die Ghat hinab, Friedrich läuft von* Tappal-Haus bis Nro 39 Stein - sitzt auf, bald darauf starts das Pferd und er fällt ab - auf der linken Seite des Pferds, wird aber auf den rechten Arm geworfen, der vorn gebrochen ist. - Ich suche ihn zu tragen, auch im bandi, zu schmerzlich - endlich verbunden mit Rohrschnitten und gebetet, trage ihn und teilweise der entgegengeeilte Hermann nach Urutipule, wo Verband mit der box von Seidliz powder - chair aus Bambus, von 10-12 1/2 nach Gunnoti (Hermann war auch gefallen). Abends 2 bearers gefunden, mit Mühe nach Miyil. Doch hat er ordentliche Nachtruhe, ich dagegen schlaflos.

26. morgens Chalottu, wo Anjer[kandi]-Tier den Mist zusammenbringen für Zimt - von 2-5 Uhr zu Dr. White, dort angesehen, in horsebandi nach Chirakkal, wo Capt. Carr war, der gerade das kleine weiße Pony von Bernford gebracht hatte. Erzähle von Stephanas etc. Frau nimmt, gottlob, den Unfall ruhig auf.

27., Sonntag, Cannanore, unsere Rahel (Schwester der Lea, Vannatti) seit langem Hure mit Bapu, dem Nachbarn. - Schlage Jesuadian durch, der mit Sara gesprochen hatte. Hermann, der am 26. ganz hereingeritten war, hat Tellicherry besucht. - Ich finde die Bücher von John Walker aber viel versprechens nicht, an den Mspt. hat Irion seinen Schmuh gemacht.

28., auf Post. Mögling schreibt, wie Steph[anas] Schwägerin fort ist und die Gutstreitigkeit an Genl. Tubbon referiert worden ist. White und Foulis suchen ins 20ste Reg. zu kommen, das eben ohne Dr. anlangte: letzterer hat das Versprechen. - Gompertz besucht am Abend nach starkem Gewitterregen (auch gestern etwas) <1. März, Hermann, F. Müller etc. nach Mangalore ab> (Vater fragt, war 10. Oktober Taufe in Cannanore oder Mangalore. Hermann umgewendet - von Ludwig nichts da - Theodor, Adolph und Gustav keine Spur von religiösem Bedürfnis. Napoleon III. Antichrist nach einigen*. Hermann Uhr von Onkel Reiniger, Samuel Schnuppen von sonderbarem Wetter. Hermann Reue - "Kloster" gefällt nicht. Rechnen).

2. morgens, ich besuche Carr, bleibe einige Zeit (sie wollen mich in einem bandi heimfahren machen). Abends besucht er und sieht den von Kolik (Erkältung des Morgens) leidenden Gaul, gibt Friedrich noch einen Ceylon-Stock. Da wird der steamer angekündigt durch gun und einen Sepoy. Abschied mit Gebet - doch geht der steamer am 3. nach Calicut ab. - Hebich kommt von Anjerkandi zur Abendmahlsvorbereitung. Johanna besonders schlecht, alle Mädchen höchst heiratslustig. - Abends den Gaul noch zu Young, wo er purgiert wird und sich besser befindet.

4. Post (woher Lassens Brief). Abschied von Gompertz und Carr. Nachricht, daß Miss Begbie den Miss. Nisbett heiraten soll.

5. Ich habe die Mädchen vor Abendmahl, rate der Elisabeth ab. Ihr Bruder hat ihr gesagt, nur der sie haben wolle, sei ein rechter, alles unser übriges Volk Pareier und Vettuwer!

6. Abendmahl. Kerr und Mrs. und Mr. Hodgson sind dabei. Die Frau von Sündennot getrieben. Hebich hatte gestern alle 3 auf den Knien und erhielt ihr Versprechen. Kerr schrieb zuerst noch an Dobbie wegen Hebichs Irrlehre der Transsubstantiation (Dr. White, den ich abends besuche, sagt, Griff. habe ihm dies selbst gesagt). Friedrich reitet und läuft nach Cannanore, seit 2 Tagen Frau abends reitend.

7. Friedrichs Geburtstag, Kerrs Knaben sind den Tag über hier. Frau Hodgson in der Frauen prayermeeting. Pferd zurück.

8. Hebich nach Taliparamba aufs Fest, seine Leute waren gestern gegangen.

9. abends Diez auf Besuch. - Dr* Hugh Lindsay kommt und bringt 2 Compg. H.M. 25th,

10., nimmt 2 vom 94sten damit fort, darin Browns, denen Frau einen Tisch und 2 Sessel abgekauft.

11., nach Cannanore zu Dr. White, der Friedrichs Verband löst, dann herein und Diez etwas gelehrt. Die Nacht war sehr schwül gewesen, hier und in Cannanore Tropfen, am Catcheri starker Regen. Gottlob, daß Friedrich soweit ordentlich ist.

12. abends, Youngs besuchen und erzählen von der Ungesettledheit der Hodgson, Kerrs etc. - Morgens kam Diez und brachte Brief von Mögling, daß er seinen Abschied genommen hat.

13. Frau trifft die Curumbanadu-Nayerin in Kindeswehen und schickt sie nach Chirakkal, wo sie ein Mädchen gebiert. - Ich predige ohne Dolmetscher über Joh 6 eine Stunde lang. - Kerr, Hodgsons und Hart gegenwärtig. - Der Herr helfe. Von Sweet ein schöner Brief. Der Herr segnet ihn in Malap. - D[iez] hatte allerhand Törichtes gesagt (daß er schon englischer Soldat werden wollte, böse über Komitee und die vielen allotria und bureaucratie). Ich forderte ihn auf, sonntäglicher zu sein, worauf er abbat. - Abends extemporisierte er - ohne Selbstbeherrschung.

14. Ayappens Knaben werden von Joseph geholt, der arme Mann starb vor 11 Tagen in Vencadu.

18., wieder bei Dr., der törichterweise seine Frau von den hills herabruft.

19. HG IV an Komitee über Kritiken unserer Bibelübersetzung - an Josenhans über Mögling - an Vater und Samuel. - Abends kommt Vaters und Samuels Brief. Morgens Hebich retour vom Fest. <Julie besucht von Chombala, nimmt Kinder mit>.

20. In Cannanore. Kerr und Hart entschieden. Gestern nacht predigte ihnen Hebich bis Mitternacht, ebenso diesen Abend bis 21. nach Mitternacht. White offended durch Reden über seine Frau. - Hodgsons am 21. bearbeitet. - Die kleine Julie, von mir nachts (20.) getauft, gestorben 21. morgens früh - ich halte eine Leichenpredigt - beerdigt abends. - (Frau fällt fast vom Gaul) - Haus decken.

24., Gründonnerstag. Puram-Prozession begegnet Young, der von Brigadiers Streit mit Hart erzählt.

25., Karfreitag, in Cannanore.

26., ich schlage Carolin, die sich auflehnt, also nicht zum Abendmahl darf. Dagegen kommt Rahel zu mir und bittet ab <Die letzten vom 94sten Reg. nach Madras abgefahren>.

27., Ostern, heiliges Abendmahl, zu Youngs, wo Frere ist.

28. Miss Ricks mit 2 Miss White besucht. Es regnet wie gerade vor einem Monat, aber nur Sprinkeln den Tag über <Sturm in Madras>.

Am 29. erst ordentlicher auf Morgenritt und nachmittags.

31. Hebich hier und Joseph bitterbös über Jona.

1. April abends ordentlich Regen - man hört von Sturm: 1 Schiff auf Laccadive wrecked, in Homsoor, Kotagiri, Ootacamund Häuser eingeworfen.

3. April, Quasimodogeniti, ob Hermann Konfirmation? Besuche Kerr, bei dem Hart ist, nehme Susanne von Chombala wieder an. Gestern war Young bei Dealtry und predigte ihn an.

4. April. HG V an Komitee. Nal[a] 2 und Anfänge der Curg-Mission heimgeschickt, an Vater und Jette, ebenso Frau an letztere und an Hermann. Chr. Müller reist hier durch nach Mangalore.

5. April, tötete Kobra, der* Capello* im Zimmer - die junge Baker kommt in die Schule.

7. Elisabeth verläßt die Schule wegen ihres Bruders Treiben. Heute höre ich, daß mein Bericht wegen Möglings nicht fort ist, von Diez oder Hebich verschwedert, obgleich der nichts auf sich kommen lassen wollte.

8. Nagu, ein Tamil-Mädchen von Bangalore*, durch Hebich eingeliefert.

10., heute morgen hörte ich, daß Hebich am 8. wieder furios geschrieen habe gegen die, die sagen, unser Herr habe einen sterblichen Leib gehabt etc. Darauf sagte ich ihm, wenn er gegen mich predige, könne ich nicht von diesem pulpit Englisch predigen. Ich sagte geradezu, es sei Searles Tun. - Hebich suchte auszuweichen - nach allem aber hieß ich ihn Irrlehrer im Punkt des Leibes Christi, weil er sagte, er sei unsterblich gewesen, ganz verschieden von unserem Fleisch (denn "ich bin ganz Sünde") und Christi Leib vor und nach dem Tod sei derselbe gewesen, also keine Verklärung annimmt, sondern behauptet, weil er gegessen etc., sei er ganz dasselbe geblieben, also schon vor dem Tod der 2. Adam, der Herr vom Himmel mit geistlichem Leib. Er gibt nach und nach weich und erbietet sich abends, sich darüber zu erklären, sagt, er habe gegen mortal flesh gesprochen, nur weil viele es werden sinful halten, aber wir beide seien eins. - Doch war ich gedemütigt, weil sehr heiß geworden.

9. abends kamen die Singbüchlein von Erfurt an, die ich vor Jahren bestellt hatte, auch Dr. Foulis morgens bringt mir Evang. Christendoms und Bomb. Orient. <von Mangalore> Christ.* Spect.*

13., bei Hebich 2. Konferenz im Jahr <Sarah, Stephan in der Schule>.

14. Hebich nach Palghat ab.

15., overland zum Teil angekommen - Carr schreibt von Aden.

16. morgens Diez bringt homebriefe von Vater, Hermann (Reisebeschreibung), Marie.

17. predige über Joh 16, nicht zu meiner Befriedigung. - Nachmittags Hochzeit von Jacob Shancara und Aline - Joseph, peon, ist katholisch, soll alle seine Bücher verbrannt, die Schuld von 15 Rs für bribe erklärt und Andreas zum Entrinnen von ewiger Verdammnis eingeladen haben!

18. Hermann 14 Jahre alt. Ich schreibe an ihn, Vater, Ostertag (Frau an Schwester Uranie und Mlle Dühner), Marie ein Wort, Josenhans und sende Möglings Bericht.

19., die 2 Cochin-Weiber, die eine* Mutter von Dobbies Knaben, kommen nach Chirakkal heraus (wie schon am Sonntag Fr. Youngs Ayah). Ich predige abends über Joh 16. - Habe nachher zu Tee Boswell, Hart, Kerr, Dobbie und West.

20. Besuch der Fr. Hodgson mit Fr. Foulis (zum erstenmal) und Fr. Young. Kerr, Dobbie und Young kommen abends nach. - Ob Russia an Turk den Krieg erklärt? (Anfang März).

21. Martha bereut ihre Sünden und gesteht, wie sie sich, besonders von Aline, hat Sachen zutragen lassen. Ich schreibe nach Tellicherry - auch in Calicut hat sie mit Simons Weib <rel*> gestohlen, in Calicut 2mal gehurt. Gottlob, die Geschichte der Blutschande mit ihrem Sohn ist nicht wahr. Miss Begbies Hochzeit hat sich zerschlagen durch ihre Torheit (keinen Witwer wollen).

22. abends Dealtry besucht, zahlt 4 Rs 6 As für Fr. Fennel.

24., Sonntag. Ich predige. Nachmittags zu Hart, wo Kerr.

25., versuche Dealtry zu besuchen, werde nicht eingelassen. - Von Parsi kommen die Zeitungen <1. Januar - 5. März> (Augsb. Allg. Januar, Februar), wanted Beilage 46.48 mit Geschenken - die vom 7. - 12. März sind, erst am 9. Mai mit der späteren Post in Dharwar angekommen.

26., nach Cannanore zur Dienstagabend-Predigt. Kerr ist über trinity stutzig, will mich morgen sehen. Für Mögling Kirchenrock, Irions mats. Die Mysore map. 6 cod. oil, 3 castor oil.

Am 27. kommt Harriet White, sehr verdorben - ich finde sie am 28. über Versemachen.

29. Fr. Kerr auf Besuch. - Abends starker Regen - monsunartig.

30. Bericht nach Madras. Dobbie sagt von seinen Knaben Robert, John, Fitzrobert Geburtstag auf lid seiner Kiste. Matthai hat das letzte Fieber am 26. April gehabt <am 14. Mai wieder>. - Möglings Sieg* am 29. fahr... Bisch[of] <stritt mit ihm> wegen Hebich - Georg genau, an Amm[ann], gefragt - billig ein paar Katechisten zu erhalten, ob ich bleibe oder nicht. Haus in Fraserpet*? nicht Vir.

Samstag, 30. April, sprach mit Charlie (ordentlich), Rebecca (nichts), Magd, sie* kaum gesprochen.

Dienstag, 3. Mai, mit Dorcas (die erste, die ordentlich spricht und verspricht), Hulda (stumm), Abigail (offen), Lea (ziemlich entschieden) - halte abends Missionsstunde, ... N. I. kommt von Aden.

Mittwoch, 4. Mai, an Josenhans, HG VI, Vater und Carr,

begegne 5. Young <Madiais frei, in Europa Friede, Col. Whitlock eigen>. 5. Ruth (stumm), Danam (bittet endlich, antwortet nicht auf die Frage nach ihrem bisherigen Leben), Phoebe (nett - hat nach den Knaben umgeschaut, aber nicht bei Hebich gelauscht).

6. Ruth (zum 2tenmal* ordentlich, klagt sich der Lügen an), Magd. (nett*), Rebecca (schwierig, klagt sich der Lüge gegen Heiligen Geist an, weiß nicht, ob ihre Sünden vergeben sind),

endlich 7. nach nochmaligem Vornehmen beschlossen, 3 zurückzuhalten, Magd., Dorc., Lea, Rebecca, Charlie, Phoebe, Ruth zugelassen.

8., vormittags Predigt über Ascension - nachmittags Konfirmation, zu Young, der von der Sonne leidet (disembarkation). Alcock täglich erwartet. (In der Nacht vom 6.-7. hatte Francis viel blood verloren, daher nach Hebamme geschickt. Juda geht statt 1 Uhr um 4 Uhr - ich sende zum Hospital, wo White sehr freundlich <nachmittags entbunden von Mädchen> - er selbst besucht abends zum erstenmal).

9. Miss Ricks auf Besuch, reitet zurück. In der Nacht vom 8. auf 9., Mitternacht, weckt mich David mit seinem Schreien. Ein centipede muß ihn gebissen haben <in rechte Hand>, traf nachher Mama an Fuß - der noch 2 Tage geschwollen war - viel Schreien bis 3 Uhr.

10., predige abends - (Youngs, auch Hodgson nicht da).

11. morgens nach Anjerkandi, wo ein junger Lawlett ist. - Abends mit Tim. nach Nachtessen "Predigt", hervorgerufen durch "Moses hat sein Wissen über Gott von Aegypten" -

Gott gab den Nationen verschiedene Götter, wollte Heidentum, warum denn sonst die wahre Religion so spät schicken. Ich erklärte, durch Erziehung etc. Er sagt delighted, danach most interesting discourse, die Jungen "a sermon"! - Murd[och] soll huren insgeheim.

Am 12. predige über Himmelfahrt der Gemeinde. Luc., Sim., Abel können ihre Weiber nicht ernähren, weil sie keine Arbeit erhalten, denken ans Fortgehen, ich bitte für sie - umsonst.

13., retour - Young schreibt von Alcocks Ankunft, daher ich zu besuchen gehe. Esse bei Youngs - höre von Fr. Dobbies confinement mit totem Mädchen - sehe Alcock, den der Herr auch uns zu prüfen hergeschickt hat: schöner, humbler Christ mit viel Entschiedenheit und Liebe. Er erzählt auch von Lugard. - An Weigle schreiben 1. von Alcock, der ihn grüßt, wie auch Bühl[er], Mör[ike], Stang[er], 2. daß Leonberger klage, über seine Braut werden sollende von Fremden gehört zu haben, 3. daß Mögling fortgegangen sei, weil es ihm die Komitee und die gegen englisches Wesen unbedingt eingenommene Brüderparty zu hart gemacht habe, wie Weigle zu Walker, dieser seiner Schwester sagt!

14. Manicam läuft mit ihrem Mädchen davon, durch die Weiber gereizt, nur bis Hebichs Haus, von wo 15. zurück. <Am 15. Lascelles im Honavar-jail von einem prisoner geworfen.> Homeletters, Großmutter selig heimgegangen, Vater, Ernst, Samuel.

17. Predige wieder Englisch über Act 2, extr.

19., besuche Hart, der mir sagt, er habe sich in meiner Predigt so sündlich und arm gefühlt wie noch nie, dann zu Alcock in die Kirche (wo Magraths, die Whiteschen 4 Mädchen, Hodgson, Mrs. Foulis,Boswell - Maj. Wells und Dr. McGregor mit wives). Predigt über Joh V, wilt thou be made whole. Bosw[ell] begleitet mich ein Stück heimwärts.

21. morgens kommt Hebich (von Cal[icut] im Manjil), erzählt, besucht seine Leute.

22., Dreieinigkeitssonntag. Brigadier böse, weil Alcock in der Predigt über seine 3 Gods ganz brokedown - wir besuchen Boswell.

24. Alcock bei Hebich.

25. Boswell und Hart besuchen, sore eyes in den Knaben 1. P[aul], 2. Fr[iedrich], 3. D[avid].

28., die allg. Zeitungen vom 13. März - 5. April kosten 1.8.

29., das heilige Abendmahl - eben noch vor Munsun - die Anjerkandi-Leute hatten keine Erlaubnis.

30. abends Monsun, auch am 31., wo Alcock abends besucht und wir zusammen beten.

1. Juni <morgens Fr. Fitzgerald gestorben in Madras> abends Fr. Müller besucht.

2. Juni. HG VII über die übrigen reports. An Ostertag (über Kinderversorgung), Marie (von Frau), Eltern, Ernst, Samuel, neglect or misimprove the baptismal gift that is in him.

5. in Cannanore. Ich klage über Gnan[amuttu], der augenscheinlich bei Gabr[iel]s Haus mich an der Nase umführt. Rangeien, Bruder von Subrahm[aniam], soll der kaufende Chetti sein, der immer in Tellicherry ist und kein Geld gibt. Gabr[iel] fürchtet,

Gn[anamuttu] selbst habe es gekauft, so sagen auch die Tier. - Hebich weiß, daß er ein europäisches Haus gekauft hat und Geld will, daher der Ayah ihr Geld nicht gegeben. - Besuche Dr. Foulis. Pauls Augen am schlimmsten.

6. Ich halte die Missionary meeting.

8. abends Silas von Chombala auf Besuch, seine Tochter in Taliparamba zu sehen, deren Kind gerade heute begraben wird (7. kommt Stocking von Taliparamba mit einem Nayer Cammaran, der aber nicht bleiben will - St. hat eine Liste Schreibfehler, die Br. D. ihm geschrieben hat, zerrissen, aus Zorn).

9. Hebich hier - über Gnanamuttu, der sich entschuldigt, Gabriels Haus nicht gekauft zu haben. Hebich selbst aber will ihm anraten, Kaufmann zu werden, da doch sein Sinn auf Geld stehe.

11., wollte nach Anjerkandi wegen des leichten Monsuns - aber seit gestern mittag gewaltiger Regen, ein See um Nath.s Haus - Missy krank, Leber und Nerven.

12. Predigt über 3 ..., man geht nicht nach Cannanore.

15. Hebich bringt Inspektors Briefe über Mögling, ich schreibe für ihn.

16. Foulis besucht. - Es kommen Papas Briefe (Tante Ricke gestorben 1. Mai, an welchem Hermann konfirmiert).

17., ich besuche Kerr, Youngs, wo die Hodgsons sind, die sich eben erholt von Brustkrankheit. Alcock fort nach Madras statt Dr. Powell [der] gestorben (reist Freitag, 24., ab).

19., Sonntag, bei Youngs und Hodgsons - letzterer war am Freitag auf sicklist gewesen und zu Hebich in Kirche gegangen. Smith verklagt ihn bei Wells, dieser bei Brigadier.

Am 20. ich zu Alcock und Wilkinson (Kaye's Afgh[anistan] war?). Brig. spricht Hodgsons nach Calicut, läßt ihn nicht zur Examination (noch Carnegi), nimmt ihm die* Company. Young erzählt's am 22.

23. Hebich hier mit Kilroy und seiner Betsy, die bleibt.

24. Möglings Antwort. - Gottlob!

26. in Cannanore - bei Young, dessen Memoranda über Brigadier.

28. morgens Rosine gestorben, abends beerdigt.

30. Hebich mit Mrs. Ailly* und Right.

1. Juli 1853. An Vater (Onkel Simeon, Hermann über seine Konfirmation), an Ostertag (Frau an Uranie und Miss Dühner), an Josenhans privatim über Mögling - "nicht gegen Statuten - nicht alles persönlich["] - die Bemerkung über die wohlfeileren Missionare zusammenzuhalten mit seiner Rückkehr in diese engen Verhältnisse, z. B. der teilweise verbreiteten Stimmung über die Komitee bei der jetzigen plötzlichen Stockung der Geldquellen (Bühr[er] schreibt lieber zu anderen Gesellschaften) - ein Bericht über Coorg-Mission HG VIII aus M. Chr. Herald für Komitee. - Ich höre, Fr. Groves ist mit screw steamer nach England zu Norris Groves, der gefährlich krank ist.

3. Juli, besuche Dr. Foulis (mit Chombala-Kranken) und Kerr ([illegible] wie es David heißt).

4. Missionsstunde (über den chines[ischen] Aufruhr) - butler Emanuel war gestern böse mit seinem Pferdeknecht (eigentlich mit mir).

5. Pferd scheut, rennt davon mit mir.

7. Hebich hier - Abendmahlsvorbereitung. Judas Schulden kommen an den Tag - übertrieben bold.

8. Katechist Josephs Justine gestorben.

9. abends höre von N. Groves seligem Ende 20. Mai in Bristol.

10., Sonntag morgens durch Young vom Tod von Hermann Kaund[inya]s Weib - ohne Licht (6. Juli nachts nach 11 Uhr), Abendmahl. - In 6 Wochen 116 Zoll Regen gefallen. Jetzt etwas aufatmen. - Zu Dr. White, wo er nicht ist, hatte mit Foulis Fr. Woods Kind herauszuschneiden - doch stirbt sie am 11. an convulsions.

12. Irion auf Besuch, will seine Frau bringen.

13. Hebich nach Taliparamba mit einem posse Leute. Abends eine Maria Josa von Tahe mit 7jähriger Tochter Maria.

14., nach 6wöchentlicher Abwesenheit kommt Diez wieder auf Besuch, ziemlich beladen, weil sich Hebich so wenig in ihn schickt.

15. früh Briefe von Haus, wonach ich Vorsteher der Missions-Kinderanstalt auf den hills. - Hebich zurück von Taliparamba im hiha. Ein bettelnder Vannattan, dem ich zurede, hier zu wohnen: er will in 5 Tagen samt seinen 2 Kindern kommen. - Vater Nilg[iris] (für Reiterin!?), Mögling Konsistor, Taufscheine, Impfscheine - von Ludwig nichts - Samuel was? ob Kaufmann, er ob Griechisch, Wolfschlugen Pfarrhaus, Konfirmationsunterricht, früh auf. - Hebich hat ohne alle Not die ganze Bescherung über Kinderhaus auf hills in der englischen Kirche veröffentlicht, mich dadurch von Cannanore haltlos gemacht, ehe ich sonstwo hin verlangt werde.

16. Hebich besucht zu besprechen, scheint mein Fortgehen möglichst beschleunigen zu wollen.

17., regnerischer Sonntag. Hebich behält Ruth, seines Josephs Frau auszuhelfen. Zu Young - spreche über Kinderfragen - Diez geht nach Tellicherry, Sonntag - Freitag morgen zum Abschreiben der Kinderpapiere.

20. Irion bringt seine Frau zu Dr. Foulis,

21., besucht uns in Chirakkal - gelaufen - reitet zurück (er und seine Frau ganz entschieden, als ob sie statt uns nach Chirakkal kommen).

24., Sonntag, Jonathan und Snehan sollen nach Taliparamba als Weber, gehen ungern, ohne Beratung. Zu Dr. Foulis, bei Fr. Irion und dann zu Wilkinson, der für Erziehung in Indien spricht.

25.-27. Diez das erstemal in Taliparamba.

28. Hebich hier, getroubled durch Boormans Übergang zum Chapl. in Madras, während Anders[on] gegen ihn (und gegen Hebich ist). Frau besucht Fr. Irion, reitet zurück.

29., packe die Berichte zusammen für Komitee.

30., versuche nach Anjerkandi zu gehen, Rückenweh verhindert's. Hebich putzt D[iez], daß er ihm seinen report bloß lesen, nicht von ihm kritisieren lasse.

31. Juli, Sonntag - overland - noch kein Krieg zwischen Rußland und Türkei, aber drohend. Friedrich und Paul laufen zum erstenmal hinein.

1. August. Anna verschluckt Fischgräte - ich halte Missionsstunde.

2. August. Schrieb an Josenhans, Komitee IX, an Ostertag (daß die Br[üder] sich fürchten, die erst zu verheiratenden zu binden, wenn sie für ein Institut stimmen und daß Mögling, verglichen mit anderen, nicht ungehorsam sei), an Vater (über das Institut, daß die Komitee sich die Kinder eben fernhalten, nicht Deutsch lernen lassen wolle) - Samuel (irgendwas werden, Landexamen am liebsten), an Ernst (über Einheit des Geistes gegen den des Glaubens und Erkenntnis), Theodor (über rechten Kaufmann, Schilderung von H. und Diez). D[iez] schrieb einen Heiratsplan an seine Eltern. H[ebich] brummt der Komitee, daß trotz des tiefen Bedauerns über Vergessen einer Quartalrate sie 2 Posten lang nichts taten, uns aus der Klemme zu helfen und über unverantwortliche Abzüge.

4. August. Samuel 13 Jahre alt. Joseph höchst excited von Tellicherry zurück, will seine Knaben haben, weil dort niemand nach ihnen sehe. Ich verspreche, selbst zu sehen.

5. abends nach Tellicherry, viel talk,

ebenso 6. August. Abends retour, Samuel stellt sich fieberkrank, um seine Schuldenlast recht drückend erscheinen zu lassen. Francis ist weicher, daher ich das Herüberkommen der Knaben erlaube. Der alte Munschi ist in Menapurattu gestorben.

7., Sonntag, nach Cannanore mit Knaben und Diez, der die Nacht hier zubrachte. Hebich merkt, daß ich an Mögling geschrieben, er, Hebich, hoffe, wahrscheinlich beim Wechsel <der Station> zu gewinnen.

8. Hebich in Anjerkandi wegen schlechter Nachrichten. Simon und Enoch besonders reizen die Herren gegen Timoth. auf. Zugleich Brigadier furios gegen Young und Hart (Capt. French zugegen), wenn er etwas gegen das 20ste Regt. vorbringe, dessen Exerzieren doch Justin selbst für ein disgrace ausgegeben hatte, sei er entschlossen gewesen, es ihm zu geben - zugleich gegen Hodgson, Y[oung] "ich werde condemned unheard" wegen Bischof, Klage, wie Hebichs party so strong sei, daher elender Zustand, nicht einmal ein clerk lasse sich anstellen ohne seinen Willen (also hat Fennel geplaudert), warum er nie abends zu seinen Einladungen komme? "wenn befohlen, gehe er." Brauche dich nicht, auch nicht einmal auf Parade - dies war das Schlimmste. Auf Erwähnung der anderen Brigadiere und ihrer Zeugnisse und auf die Frage, ob er vor Hodgsons Sache mit ihm zufrieden gewesen sei, wurde er stiller. - Young ungewiß, ob er die Sache auf sich beruhen lassen soll.

Layard: Sennacherib baut den Palast in Ninive (Koycenjcik*) mit Hilfe von israelitischen Gefangenen und mit Libanon-Zedern, deren Geruch Layard bei einem arabischen Feuer entdeckte. Sen. in the first year of his reign defeated

Merodach Baladan (son of Baladan?), King of Kar Duniyas. - In the 3rd year overran Syria. Hezekiah, King of Judah, had not submitted to him 46 cities etc. which S.* took. He shut himself up in Jerusalem. S. took his treasure, 30 talents of gold and 800 of silver (Script "300") - taking of Lachish, Jewish faces given over to slaughter. Seal of Sabaeo* ("Soh", 2 Reg 17,4) found - c. 920 bef. Chr. wurde der NW-Palast in Nimroud vom ältesten König gebaut - Khorsabad-Palast, von Sargon gebaut, s[einem] Sohn Sennanherib 713 B.C. folgt s[ein] Sohn Esarheddon, dessen Sohn baute den SE palace in Nimroud, wahrscheinlich ist er der Surdanapal, der 606 sich verbrannte - tributary states zwischen Armen[ien], Pers[ien], Babylon, Arab[ien], Syr[ien], Lydia. - Israel. Könige waren lange tributär, wurden bekriegt, wenn nicht zahlend - Rawlinson in Kilu Shergat = Resen, Telasur, Ellasar, fand die Bulletins von Tiglath Pileser I., 200 Jahre älter als alle anderen Dokumente mit genealogy rückwärts bis anno 1220 - hier royal library, syllabaria etc., rechnen by sixties (numbers ganz semitic), cycle of 12 ... - Warka = Erech, Accad = Kaskar, Calneh = Niffer - splended ruin wurde entdeckt in Southern Chaldea bei Abu Shahrein.

10. Hebich nach Taliparamba,

11. hier. Wilkinson besucht uns abends. Apoth. Tyrrell will sich vergiften wegen Ehebruchs.

12., zur Stationskonferenz in Cannanore, wo Fr. Müller ist - über Gnanamuttu, ihn zu lassen - overland kommt - Russen über Pruth - Abschied von Fr. Hodgson, die nach Calicut geht.

13. Vater 70 Jahr alt. Weigle und J. Müller stimmen bei zu Erziehungsanstalten auf hills. - Brief von Vater erhalten. Abends kommt Mögling und Lt. Martin, Artillery, zu Boswell.

14. Stuß mit H., der Ruth zu Josephs Weib tun will während seiner Abwesenheit nach Palghat. Er möchte sie lieber ganz behalten (weil ich sie 10. mittags für Widersetzlichkeit geschlagen hatte seit ihrem letzten Aufenthalt in Cannanore).

15. Erklärungen von Tellicherry und Chombala gegen das Institut kommen (zuvor Weigle und J. Müller pro).

17., nach Basel und an Vater geschrieben.

18. Albrecht und Huber contra. Hebich hier Abendmahlsvorbereitung (tags zuvor hatte ich Maria, Rebecca und Carolin zu strafen, diese bitter, nachträglich ab).

21. Abendmahl. Stephanas und Familie zum erstenmal dabei. Auch Gnanamuttu und Abr[aham]s Tochter sollten es kriegen, obgleich von diesen aus Tellicherry durch den neugetauften Philipp (Chantammu) schlimme Nachrichten gekommen waren. Endlich gab Hebich mir und Mögling nach. Ich hätte sonst vorgezogen, nicht zum Abendmahl zu gehen. Dies sagte ich jedoch nicht. Hebich heißt alles horsekeeper Geschwätz und hält's für abgemacht. Aber daß Gnan[amuttu] sexton bei Fennel werden soll, geht ihm nahe. - Abends geht er fort. Mögling bleibt in Cannanore, wohin am 22. auch Irion kommt samt Söhnen auf Besuch.

Am 23. sagt Young, der Brigadier lasse merken, Cannanore agree nicht mit seiner Gesundheit. Col. Prescott hat in Calicut mit Hodgson lange geredet und ihm angeboten, ihn zurückzurufen, H. wollte lieber bleiben. <Kilroy zahlt für seine Tochter 2 Monate past (30) und 40 Rs 8 As darüber (bis 13. November).>

24. früh mit Mögling nach Anjerkandi, wo ich mich wäge (189, Mögling 231). Mögling reitet über Kuttuparamba Tellicherry zu, gelangt aber nach Cannanore. Abends auf dem hill. Schule (2. Ps), mit Timotheus über Gnanamuttu (er hat manches gegen ihn gesagt vor einem Jahr, auch Hebich mitgeteilt, Abrahams Tochter sei auf und nieder einer Hure gleich - es wurde nicht geglaubt). - Über Luk 17 Abendandacht.

25. morgens zurück. Irion besucht.

27. abends Elisa springt davon, wahrscheinlich Coorg zu, ich hatte ihr gesagt, sie scheine in früherer Geburt ein grasscutter gewesen zu sein, aber wir waren sehr zufrieden mit ihr. Ob mad?

28., 14. Trin. Sonntag. Ich predige über die 10 Aussätzigen. Diez nachmittags service. Mögling abends.

29. besuche Mögling noch einmal, der morgens nach Coorg abgeht - Elisa gefunden, will nicht bei uns bleiben.

30. abends overland - Jos[eph] sehr betrübt über mein Brummen - denke darüber nach.

31. Br. Fr. Müller hier - Diez abends.

1. September, Hermann im Landexamen - Herr, laß deinen heiligen vollkommenen Willen an ihm erfüllt werden. - Mit Joseph, ihm seinen Unglauben vorgehalten, in dessen Folge er bisher am Fieber darniederlag, dann gebetet und Warburgs Tropfen gegeben. - Mit Samuel gesettled. - 12 1/2 Rs für ihn gezahlt auf seiner Mutter jewel und auf sein Versprechen, keine Schulden mehr zu machen. - Schreibe über Fatalität "and" statt "or" in den bills von London.

3. September morgens die Briefe über Kinderfrage ab, an Ostertag und Vater.

4. Predigt, 15. Trin.

5., Montag, Missionsstunde (Diez hat am 2., Freitag abends, entsetzlich schlecht gepredigt, Young klagt, er selbst sieht es als Strafe für schlechte Gedanken an, aber nicht als notwendige Folge von seinem Dränsen). - Zugleich kommt Frau Müller am 5. abends nach Cannanore - Hebichs bandi ruht, weil am 4. auf Weg zur Kirche Rad gebrochen.

7./8. mit Diez nach Anjerkandi (wäge 187 Pfd), mein Pferd gimmelig.

8. morgens Schw. Müller nach Chirakkal, geht am 9. zurück nach Cannanore, 10. Tellicherry.

Am 10. besuche ich Cannanore, die Händel zwischen Henry und seinem stolzen Weib zu schlichten, nachher in Chirakkal mit Fr. Foulis und Young.

11. Predigt, 16. Trin. - besuche White - overland schon am 13., wo ich mit Prescott ausreite, der den Brig. so weak als dark nennt - es ist ihn seit 8 Tagen große Furcht angekommen, so daß er nun absolut fort will - gestern versuchte er noch sein Gehen aufzuschieben nach schon abgesandtem sick certificate. Die Dr.s trieben

aber, so ging er endlich, Frau und Tochter (und monatlich 800 Rs) zurücklassend, indem er zu guter Letzt noch Y[oung] beschuldigte (bei Prescott), er habe die letzten examinatspapers zuvor Dobbie sehen lassen. - Joseph ist seit 7.* September im Spital, Annie seit 9., ersterer auch heute, 14., noch nicht besser.

16. morgens HG XI an Komitee über Kinderfragen mit Bührers Antwort an Ost[ertag] und Marie auf ihr letztes, das am 3. Oktober ankam, gerade ehe ich die letzten Briefe fortschickte.

18., Sonntag, wieder Predigt vormittags.

17. abends war Martha Stocking von Taliparamba gebracht worden, wo Jacob vom 13.-16. besucht und sie schon in Kindesnöten getroffen hatte. Samstag abends wurde sie von einem schon 2 Tage toten Kinde entbunden - besuchte Sonntag, ziemlich ordentlich auch Montag 19., aber abends holte mich Vedamuttu zum Heiligen-Abendmahl-Geben - sie hatte schon heftige Schmerzen der Entzündung - am 20. Mittag besinnungslos - gestorben 21. bald nach Mitternacht, begraben abends von Chr. Müller, der ihr den ersten, jetzt auch letzten Dienst erwiesen hatte.

Am 19. zum Abendmahl reitend, begegnete ich Fennel, der mich im bandi besuchte, wegen Gnanam[uttu] fragte, in dessen Haus er wohnte, will ihn scheint's abtun - sammelt Geld, um Philipps Schuld zu zahlen.

20. abends predige ich und fordere Diez auf, was er* zum Anstoß der Brüder vor 8 Tagen behauptet hatte, jetzt zu widerrufen (Tag der Schöpfung = Periode, ich habe so gut den Geist wie du - zu F. M[üller]. - Er zögert, macht's dann aber ordentlich. - Mögling hatte 15. abends seine Kriegserklärung geschickt, daß er Christian zugleich mit dem Brief der Komitee wolle (danach höre ich von Mörike, daß er diesen zum Vikar wünschte, um nach Europa zu können). Mit Hinsicht auf diese Abberufungsmöglichkeit hatte ich ihm schon ordentlich herausgegeben, als am 17. sein Brief ankommt - er wolle nicht warten, sondern gleich Chr[istian] auffordern, seine Entlassung einzugeben. - Am 18. hatten wir Wilkinson besucht, er kommt dafür am 21. auf Besuch: verspricht Seymours Buch*.)

23., predige wieder, was mich etwas angreift und

25. zum letzten Mal (der Madr[as] Chr[istian] Herald wird mir frei zugeschickt), ziemlich angegriffen, reite nach Tellicherry, wo ziemlich still, sehe den zurückgekehrten David Cugni Rama.

26. morgens nach Chombala (während in Calicut Distriktskonferenz), sehe Aaron, den neuen Parawa-Christen. - Abends auf Christians Gaul nach Vadagara, wo Paul und Joseph vom Süden kommen, ebenso Daniel - auf Boot mit Regen.

27. früh begegne im bandi von Elattur Fr. Lascelles - zu Fritz und Irion, Revisionssitzung. - Abends zu Wards, sehen die Lasc[elles], hören von Honavar (Christians Abreise ohne Urlaub, Ammanns Eigenheiten). Sehe bei der Rückkehr die Fitzmaurices.

28. Sitzung - Lord's Prayer, stark mitgenommen.

29. Gehe mit Fitzm[aurice] noch spazieren. Enden Matth. und Konfirmationsbüchlein. - Lascelles besucht, scheint nach Europa sich retirieren zu wollen. Abends mit Irion nach Elattur, nachts auf 2 Booten.

30. früh nach Chombala geritten, ich nach Wettstreit der Großmut allein weiter, bleibe in Tellicherry über Mittag. - Abends nach Cannanore geritten, höre, daß gestern Maj. Shepherd schnell starb, seine Frau und Töchter bei Youngs (zuerst sagt mir's Frere, dann Prescott). Joseph ist daran, das Spital zu verlassen, ich nach Cannanore, sehe Hebich etc.

1. Oktober früh overland von Bombay nach Chirakkal, alles wohl außer Christine, entzündliches Fieber.

2. Oktober, Sonntag. Cannanore. Ich erkläre Hebich, die Abendmahlsvorbereitung übernehmen zu wollen, er hat nichts dagegen, ladet aber Diez ein, die Katechisation zu übernehmen (ich lade mich selbst abwechselungsweise dazu ein). - Foulis bei Joseph zum erstenmal.

3./4., schreibe an Komitee über Möglings neue Torheit, HG XII, Vater, Ernst, Hermann, fort am 5. - Hebich in Anjerkandi auf meinem Gaul.

Am 6. ein Brief von Mögling an Hebich, da er jetzt Christian erhalte, auch Ammann indirekt zusage, habe er, was er wolle und nehme also seinen Brief zurück. Hebich meint jetzt, ich habe übereilt geschrieben - Schluß der Abendmahlsvorbereitung am 8. mit service <Juda von Hebich fortgenommen nach Cannanore - dann nach Taliparamba ohne Beratung>.

9. Abendmahl - gehe zu Kerr, der das Haus zeichnen will, Gnanamuttu reitet nach Tellicherry.

10. Frau und* Herr Frere besuchen in pony carriage, Kerr kommt zugleich <Stocking, Diego und John werden (ohne Beratung) nach Kanara zur Kolportage geschickt>.

11. Hochzeit von Serjt. Harris, der mit seinen Verwandten besucht, auch Potts dabei, dem ich zurede.

12. Philipp Chantammu von Tellicherry hier, der die Geschichte von Abrahams Tochter und Gnan[amuttu] erzählt - kaufe für 34 Rs Maj. Shepherds almirahs etc.

13. Hebich hier, retour von Taliparamba, fängt an, Gn[anamuttu]s Geschichten zu glauben.

15. Nachricht durch Barth, daß unsere Vorschläge über Mögling nicht angenommen sind. Abends kommt die frühere Nayerin, dann römisch-katholische Maria von Collam, schwangere Witwe (?) von 16 N.I.

16., Sonntag, Heimatsbriefe von Vater, Samuel, Reinhardt. - Hebich ladet mich nicht zu katechisieren ein. <Ich antworte an Samuel>.

17. nachmittags, nachdem Frau in bandi fort ist, ich ihr nach, Tellicherry zu - habe zuvor Paul und Betsy für wüstes Spiel gestraft.

18. (Marie 11 Jahre alt) nach Chombala, halb gefahren, halb geritten, Physharmonien - Frau M[üller] wünscht die Chombala-Mädchen zu sich hinüber. - Zu Hayes im Vorbeigehen eingekehrt (noch diesen Monat wird das Stück Land N von Mahe an die Franzosen übergeben) - zurück Tellicherry.

19. In der Frühe (mit dem Mädchen Manicam aus Armenhaus) nach Chirakkal zurück. - David fällt vom Schultisch herab, 2 Löcher im Kopf, gottlob, bewahrt.

18./20. Jona von seinem jüngeren Bruder besucht aus Cuttanadu.

21. Möglings Brief mit der Nachricht, daß nach Barth die Komitee ihn nicht wolle, daher Hermann Kaundinyas Erklärung, mit ihm seine Entlassung nehmen zu wollen. Rechnung abgemacht - untersuche Matthai, dem Claudia ihre Tochter geben wollte und ihm das Haar salbte, Butter von ihm nahm. Sein Butterstehlen gesteht er erst auf 2 Schläge hin, auch daß er 2 towels genommen, nicht die Messer, sagt aber, des Kochs Schwager habe ihm eines abgefordert. - Infolge davon verbreitet Matth[ai] die news, Arab[ella] habe Camm. ihre Brust ins Maul gesteckt.

Am 22. spricht Jona darüber. - Ich war den Tag über samt Frau in Cannanore gewesen (gegen Regen galoppiert - Mrs. Frere, Fennels, Hodgson, Foulis, Wilkinson).

23. Hebich ladet mich ein, die Katechisation zu halten.

24. morgens, sehe den gestern angekommenen Hoch (Col. Budd zu 39stem Reg. ernannt). Ehe er mit Familie nach Mittagessen kommt, halte ich Untersuchung zwischen Matthai, Jona, Nath. (Jac.), Arab[ella], Ignatia, Salome (die schlechte Worte gebraucht hatte).

25. Peter wählt Ruth, die Witwe des verstorbenen Peter. Daher für Cornel[ius] in Tellicherry eine andere vorzuschlagen. Lascelles kommen zu Foulis, ich besuche sie abends (diese Tage seit 22. Regen), delightful meetings von Huber über prophecy. - Abends gehen sie weiter.

28. Herr Knight von Bombay einst Wesl. Local Preacher, jetzt Kaufmann und in religiösen Komitees, schreibt in Times etc. (über Fr. McKenzies Buch "die germ. Missionsfrauen unerzogen, daher nicht geschickt zu lehren" etc.).

29.-30. mit Hoch in Anjerkandi, predige das erstemal Englisch, Hoch Kanaresisch, durch Sebast[ian] gedolmetscht.

31. Dobbie schickt einen Record, wonach Nicolaus von Rußland die türkischen Modifikationen verwirft.

1. November, nach Cannanore, treffe Hebich, Young - die Antwort über Mögling - seine Bedingungen verworfen, seine Wünsche sollen berücksichtigt werden. Ich lese schwäb. Mercur am Frühstück - sub 13. September stehen die Knaben für Blaubeuren, aber kein H. Gundert darunter - du Herr, hast's getan. Ich danke dir dafür, obwohl mich's überrascht hat. So wird's, so muß es recht sein.

2. November. Joseph von Cannanore endlich zurück. Ich schreibe an Inspektor - sende Berichte (aber van Someren ist gestorben) durch R. Franck, auch an Vater über Hermann. - Abends die Not mit Jacobs Unterricht an die Weiber. Ignatia (Mutter von Dobbies Knaben) empört über die Anspielungen, welche sie in der Behandlung von Davids Ehebruch zu finden glaubt, steckt's hinter Arabella und Nath., als ob Jacob die Erdichtung Matthais glaube etc. Sie zeigt sich als ein gewaltiger Feuerbrand. - Sonst kommt's zurecht. Nath. demütigt sich - zugleich habe ich Konfirmationsunterricht angefangen mit 10 Mädchen: Anna, Jesuadial, Asnath, Abig., Pauline, Annie, Tabitha, Uranie (die nichts kann und gegen Jacob von Fortlaufen redet), Elisabeth, Kitty - Untersuchung über Elisabeth, deren Hand Henry in der Nacht im Monsun gefaßt haben soll (heimlich).

2. November morgens Sneham von einem Knaben entbunden.

6. November. Hochs gehen nach Cannanore (am 7. nach Tellicherry), 10. zurück, 10./11. besucht er.

12. abends ab nach Mangalore. Hebich läßt wieder Diez katechisieren. - Abends zu Fr. Shepherd und Töchtern. Ich finde Christine delirious - um 9 Uhr stirbt sie, noch vor wenigen Tagen ließ sie sich gern singen von den Mädchen und sang mit. "O, wie hat Jesus einen so lieb", sagte sie darauf. Ihr Wunsch, das Abendmahl zu haben, nicht gewährt.

Am 7. abends wird sie beerdigt, worauf ich die Missionsstunde habe.

Am 8. morgens zu Rahel, die elend ist, während ich ihr das Abendmahl gebe, <1 Uhr> sinkt sie zurück - stirbt unter unserem Gebet um 1 Uhr. Gottlob, sie lernte noch an den Heiland der Sünder glauben. Begraben 9. morgens, Friedrich und Paul gehen mit (Hebich kommt nicht zur Beerdigung, weil er mich dort glaubt). 2 Misses Shepherd mit Mrs. Young auf Besuch. Abends Sebastian Müller mit Ignaz Saldanha* <15. November gehen Shepherds nach Bangalore>.

Am 11. ein Brief von Jesaia, der rasend ist, weil sein früheres Weib einen Gatten findet und alsbald auf und davon will (sie habe es versprochen, bis zu seinem Tod ledig zu bleiben). Die Kuh von Aden - zugleich crockery von Frau White angelangt, die gestern besucht hatte, wie auch abends Hoch, Dobbie, Kerr. - Des letzteren Kinder sind seit 9. November bei uns, der Krätze loszuwerden.

12. November nachmittags gestorben der kleine Jacob (Sohn der Maria, früher Nayerin, dann im 16 N.I. Vagabund), begraben am 13. (getauft am 10.). - Hebich gibt der gentry das Abendmahl.

Am 13. nach Anjerkandi, predige den Herren und abends der Gemeine. Michael, der früher mit Choichi etc. gehurt hat, auch getrunken, gestand's Sebastian, mir nicht. Joseph heißt [illegible] Gnanamuttu [illegible] Gabr. [illegible] Andr.* ist auch besonders gefaßt von Simon, Isaak und der ganzen draußen stehenden Partei, samt den 2 Herren, welche im neuen parambu jedem, auch am Sonntag, Arbeit geben.

Zurück am 14. - Salome, der ich am 12. zugeredet hatte, worauf sie dem Cornelius ihr Versprechen zurückgab, ist furios über Samuel, der darin beteiligt erscheint. Sie hatte sich ihrer Erhebung gar zu stolz gefreut gehabt.

16., mit Young geritten und die gute Nachricht von Möglings Rücktritt mitgeteilt. Govinda der Tier-Jüngling von Cannanore, einst in Andersons Schule, besucht zum erstenmal.

November 17., nach Europa an Vater und E. Reinhardt.

18., Freitag, Diez endet Rechnung und besucht (im letzten Regen des Jahres).

20., Sonntag, in Cannanore. Diez schläft, Hebich katechisiert.

23. Owen Glendower hier. (22 Kisten etc. von Calicut).

24., die thread Kisten* von England, Young schenkt 58 Rs* dran* - Abendmahlsvorbereitung.

27. November, 1. Advent. Abendmahl, ich administriere - sehe auch Capt. Sweet und Carnegie.

28., ich spreche mit Joseph, ihn zum Geschäft zu bewegen.

30. Große review, sehe Youngs piano.

1. Dezember. Einzug des 21 N.I.

3. Dezember, an Inspektor, Vater, Hermann, Ost[ertag] (Frau an Henriette, Hermann, Marie, Fr. Christ, Uranie). Ich bin 2 Tage unwohl von Landwind und Fieber.

4., in Cannanore. Hebich läßt mich die Katechese halten, während er zu dem Abgehenden geht, um Seet zum leader zu machen etc. <Fr. Bühler etc. seit gestern hier, Foulis zu brauchen>. Wir sehen Kerrs zum Abschied, wickeln Archie in wetsheet, dann nach Chirakkal.

5. Dr. Whites gehen.

6. Dezember, der eine wing des 39sten geht mit Col. Budd, Carnegie etc.

7. Noch ist Kerr hier, durch mangelnde bandies aufgehalten. Fr. Cummin auf Besuch. Abends Bühler hier, der von Bischof erzählt, it is against common honesty to have something to do with those German Missionaries.

8. abends Bühler nach Cannanore begleitet, Irion kommt heraus, geht morgens 9. zurück, Fr. Cummin abends.

10. Bühler sagt mir, Hebich fordere ihm seinen George Kolb ab, um eine englische Schule anzufangen.

11., ich nach Anjerkandi. Hebich schickt gemieteten bandi, Frau etc. hineinzunehmen. Diez hat 200 rice f[ür] uns gebracht (obgleich Hebich laut erklärt hatte, er dürfe bloß für ihn bringen). - In Anjerkandi, Murdoch und John abends bei Sebastian und den Leuten.

12., besuche Tellicherry. Hebich kommt, den Georg, der eine Uhr gestohlen und mit vielem anderen bei Henry niedergelegt hatte, dem Müller wieder zu empfehlen, beide Müller ab nach Bombay. Ich mache die roadmap.

13., zurück (vor Hebich) nach Chirakkal.

14. H[ebich] mit Sweet nach Taliparamba. Letzterer kommt mit ihm 15. nach Chirakkal zum breakfast, H[ebich] eiskalt. Ich fange mit den gestern gekommenen 3 Katechisten aus dem Süden das Examen an, schließe es am 17.

Am 18., Sonntag, Fritz in Cannanore zur Visitation. Ich gebe ihm meinen Brief, worin ich bitte, von Cann* Stationsverantwortlichkeit wegen Aufhören der öffentlichen und privaten Verhandlungen freigesprochen zu werden. H[ebich] sagt darüber zu Fritz: Ich schade mir gewaltig durch diese Dinge.

19. Konferenz mit Fritz: Der Brief vorgelegt, Hebich entschuldigt zuerst, so sei das Geschäft, er könne es nicht besser machen. Ich sage, eben darum bleibe ich auf dem* Brief. Die Folge ist, daß alle die Einzelheiten besprochen werden. Wegen Nachmittagsgottesdienst sagt er, aus Bescheidenheit habe er mich nicht dazu eingeladen, auch andere Sachen sind so hingestellt. Diez hilft und spricht von der bisher

herrschenden Schwüle und wie ich zu seinem Leidwesen so völlig beseitigt worden sei. Die Folge ist, daß auf Samstag alle 14 Tage meetings festgesetzt werden. - Abends Fritz hier auf Besuch - sein Gaul zerdrückt der Frau Sattel. - Er sagt mir, Bühl[er] sei unzufrieden mit mir, weil ich über seine Badag.-Geschichte mich mißliebig ausgedrückt habe (nichts von Gott drin), Huber Streit mit Bühler über Lieblosigkeit.

20. morgens wieder Stationskonferenz in Cannanore. Darauf Henry, der Hebich viel beschissen hat, entlassen etc. - Von Kilroy Rs 108.3.8. zusammen 148.11.8 für Betsy bis 23. Januar 54 - 105 Rs für John Januar und Februar 30 - zusammen 135, balance in Kilroys favor 13.11.8. <Ich fordere 22 Rs bis 4./5. April 1854>.

24., nach Tellicherry, wo ich am Christtag-Morgen predige. Ich komme gerade zur Christbescherung, besuche Fr. Irion auf Rückweg bei Foulis.

26., zu Hart, dessen Stock ich früher von Cannanore aus erhalten hatte, der aber am 24. meinem horsekeeper abgenommen wurde.

27. Das 39 N.I. Regiment geht vollends weg.

28., entsetzlich kalter, starker Wind des Morgens, daher ein cold.

29. Fieber. Ich habe die Mädchen vor, 30. die Weiber, 31. die verheirateten (Samuel, ach, so unzuverlässig, Claudia und Eunike selbstgerecht). Nachmittags gebe Abendmahl an die Hierbleibenden, darunter Tahe-Elisabeth (die aus Zorn über das Nicht-nach-Cannanore-Dürfen sagte, dann wolle sie es hier nicht) und die (von Würmern geplagte, entsetzlich riechende) Tabitha. Nicht an Anna und Naxatram, weil letztere ihren Bruder gegen uns aufgewiegelt hatte (als müsse sie Reis stampfen, Mist schmieren und lerne nichts). - Frau reitet nach Cannanore.

1. Januar 1854, nach Cannanore, wo Wardlaw von Cap retour samt Frau - über Stangers (die Geld zu sammeln scheinen), seine Bibelübersetzung in Telugu etc. sehr angenehm - zu Dobbies und Fr. Bühler.

2. Januar an Vater, Josenhans (Bitte um Grimms Geschichte der deutschen Sprache, Diefenbach Lexikon indogerm., Hoffakers Leben), Ernst (angepredigt), Hermann, Samuel. - Wardlaw fort by transit. Ich sende Rigveda an Mögling. - Sollte auch um Schmids biblische Theologie schreiben, <Silchers 6tes Heft>.

3., overland. Die Türken scheinen den Russen in Wallachei eine Schlappe beigebracht zu haben.

4. David hat etwas Fieber - durch sheet geheilt. Tabitha sehr elend, von Würmern überlaufen.

6., Epiphanias, Frau bei Fr. Foulis (Fr. Wallace bekehrt in schwerer Krankheit nach Niederkunft) und bei Fr. Dobbie zugleich Schw. Irion und Bühler. Um 12 3/4 stirbt Tabitha, abends begraben.

7. Brigadier Prescott will mit mir nach Anjerkandi, wo Armut herrsche und Entlassung der Arbeiter angefangen haben soll. Stationskonferenz in Cannanore.

8., Sonntag (Hebich und John Kilroy (seit Januar bei uns) nach Mangalore). Ich morgens früh mit Brigadier (der am 7. milestone nachkommt) nach Anjerkandi. Er fürchtet, statt Justins, der insane nach Haus müsse, Brigadier in Masulip. zu werden.

Um 11 Uhr keine Anstalt zu Gottesdienst, ich rufe John, der die anderen 3 bringt. Also zusammen 5 Hörer - über Christi Geburt und Neugeburt. - Nachmittags (langes Essen) 4 Uhr zu Timoth., der von Entlassung des Zimmermanns, butlers, der Tier redet, pinching der armen Leute. - Prescott kommt zur Abendandacht, bleibt eine Weile sitzen, redet Frank zum Heiraten zu, fand die Leute sehr arm (gegen John).

9. morgens nach langem Zögern abgeritten. Um 8 Uhr zu Haus. Abends kommt Diez (Matthai als Weber abzugeben - Samuel sehr bös, weil wieder des Zauberns angeklagt. Samuels Mutter hat über* Timoth. viel geklagt, unser Joseph besonders hat's geglaubt. Frank Br[own] suchte Chenan zu bereden, daß Michael, der Schwängerer* Choichis, diese Schuld auf den Katechisten bringen solle).

10. Ich predige über Jesu Jugend und Wachstum.

11. nachmittags im Boot nach Hosdrug ab, angelangt 12. vormittags <Phoebe etc. nach Chombala>, nachmittags fort, bis 13. morgens in Manjeshvar steckengeblieben aus Mangel an Trägern - mache ein Liedchen in Malayalam [illegible] - endlich fort, um 4 Uhr angekommen bei Geschw. Hochs. Sehe nachher Kullen etc., Greiner, wo Hebich Ammann, Würth (erst* noch Bräutigam).

14. Examen der Katechisten-Schüler.

15. Ich predige in der englischen Kirche über Lukas 4. Abendmahl mit Brüdern und der schwarzen Gemeinde, welcher 60 Seelen durch Taufe zugefügt worden sind, Mör[ike] über Mögling (sein Brief an Gauri* Amma und Steph[ana]s, an die Coorg-Kirche durch Venn geschickt, dazu Sayers Schreiben an Venn.

16./17./18. vormittags Generalkonferenz. Ermüdendes Protokollieren. 18./19. ins Reine geschrieben, dann bis 20. nachmittags durch viele Hände abgeschrieben und an Komitee gesandt (kostet 7.12). Diesen Tag auf Balmatha, wo Bühl[er] mir meine Vergehen gegen ihn vorrechnete. Die Hauptsache ist, daß Frau von Kotagiri aus gegen ihn kalt geworden, seinen Brief zornig von sich geworfen habe (sagte Pauline W., die es sah), davon leitete er nachher ihr zweifelndes Fragen bei Fr. Irion her, ob Platz für mich in Keti sei.

21. morgens mit Gr[einer] und Fritz ans Ufer. Nath. noch mit Reiskauf aufgehalten. - Um 9 1/2 eingeschifft, segeln mit Gegenwind - (Erbrechen am Abend).

Abends 22. gelandet, finde Frau und Kinder bei Fr. Dobbie. Letztere springen entgegen. Hebich war Freitag abends fort und kam nur 2 Stunden vor mir an. - Vaters Brief erhalten.

23. Dobbie besucht abends - an Rajas tank.

26. Hebich von Taliparamba zurück, wo ein Weber herausgetreten war. Kullen kommt in der bandi (gestern mit Geschw. Fritz gelandet).

27. Geschw. Fritz hier, David weint bitterlich bei Abschied von Benjamin.

28., conference mit Hebich (der gestern Missionare heidnisch hieß, weil sie Weib- und Kinderversorgung, kurz, was für sich wollen). - Begleite abends Young und sehe dann Raja auf der Rückkehr in seinem neuen Haus.

29. Ich bleibe hier am Sonntag. Der Ramotti, der vor 8 Tagen bei Diez gewesen, aber nicht gut

aufgenommen worden war, kehrt bei mir, sagt, er suche schon lange, Christ zu werden, weiß nichts von Sünde (sein Vater habe im Onam einen getötet, er entfloh nach Cannanore, heiratete dort). Ram[otti] ist ältester Sohn <ein Trinker>, hat einige Felder, bildet sich auf sein Lernen und Können etwas ein. Das weiß er, "wer bittet, dem wird gegeben." Abends nach Cannanore.

30., nach Tellicherry. Matth[ai] Fin.* ins Reine gebracht. Über Taufe (Kullens Orthodoxie). Die türkische Flotte in Sinope vernichtet.

31. früh zurück, begegne am Chirakkal-Tor Diez, der von Taliparamba zurückkommt. Ramotti ist gestern von Müller und Weib zur Rückkehr vermocht* worden. Ich hörte gestern, daß Dorcas in Quilon einen Mann habe, der erst mit ihrer Schwester gelebt habe.

1. und 2. Februar, die Not mit Samuel, der, halb fortgewiesen, sich nicht beugen will, über Jacob (Hundssohn) und Rachel (als wurmreiches beef essende, grüne Pareierin) schimpft, endlich fortgeht, abends aber wiederkommt. Die katholische Maria (von Chombala zurückgekehrt <wo man sie nicht brauchen kann>) geht wieder davon, in ein Bordell - auch Margs Mutter (etliche Chombala-Kinder kommen am 1. Februar mit Paul und einem Vadagara-Caran Raman von Chombala zurück). - Ich schreibe an Komitee HG II, Ostertag, Vater, Jette, Hermann.

4., Samstag, 40 Jahre alt.

6. Frau bei Bühlers, die neben Foulis hinziehen.

7. Besuche Dobbies, die am 8. abends fortgehen. - Am 5. hatte ich die Nachmittagsgottesdienste.

9. Hebich hier. Ich habe Abendmahlsvorbereitung. Hebich will auf 11. keine Konferenz haben.

Am 11. abends den Büffeln begegnet, deren einer versucht, unter der Frau Pferd zu springen.

12. Abendmahl. Auch Kullen dabei, der vom Süden zurück ist.

14. Schon overland Briefe - Engl. und Franz. in Black Sea einrückend. Abends predige ich Englisch (über Rev 7, Jgfr. Stater ist auch da, Schwägerin Fennels und Goldsteins), nachher Capt. Pope* mit Boswell (dem ich die gun zum Machenlassen übergebe).

Am 15. besuche mit Frau Col. Carthews, sehr freundlich (Mrs. Cummin nach Mangalore zurück). Hebich von 14.-21. auf Payavurfest. Ich habe Stocking 2 Tage lang examiniert (7./8. Februar).

16. schrieb ich an Jos[enhans] und Vater.

Am 17. abends predigt Kullen,

am 19. morgens und abends Bühler (ich übersetze in Malayalam, von Landwind und Staub angegriffen).

20. Bühl[er] und K[ullen] auf Besuch.

21. abends, K[ullen] geht nach Cannanore, Hebich zu hören (ich habe für Sandeman über Hochzeitregistrationen geschrieben, gedenke Registrar zu werden).

22. Kullen nach Mangalore mit David.

23. Hebich und Diez hier zur Konferenz, Bäckerei ... Gnan[amuttu] verkauft sein Haus.

25. abends schlage ich die böse Maria wegen Händel - es ist Sivaratri, sie geht am Morgen (zum Canjimachen auf Sonntag) sehr früh nach Cannanore, soll unterwegs von Männern aufgefangen worden sein etc., klagt bei H[ebich] über mich.

Diez predigt diesen 26. in Tellicherry. Ich halte mich ruhig. Dagegen Frau bleibt in Ch[irakkal] und wird zuerst von Nath. angefahren, daß er keine Kleider habe. Dann jammert Francis, sie seien nicht geliebt, und Joseph klagt.

27. besucht Bühl[er] mit seiner Sophia: bringt die Badag-Geschichte - ich sehr angegriffen, rede mit Nath., kann aber nicht weitermachen.

28. morgens Ignatia mit 25 Rs nach Cochin geschickt (und 5 in der Hand, von diesen 30 bloß 10 ihr eigen). Jos. schimpft auf alles, Groß und Klein, weil seine Kinder nicht gut versorgt werden: verflucht Johannas Mary. Mir langt's noch nicht zu reden. <28. Caplan Rodgers besucht des Morgens> - Paul bringt Chombala-Kinder, darunter auch Martha, die Tochter jener Tiererin Elisabeth (Carinji).

1. März. Jacob denkt, Ignatia kehre nicht zurück. Ich rede mit Joseph, der endlich Johanna um Verzeihung bittet.

2. Verhandlungen mit Francis den ganzen Morgen. Nachmittags Hebich, der bei Sandeman in Tellicherry und Shipley Royal Navy gestern Tag und Nacht zugebracht hatte; vor ihm kommt noch Fr. C. Müller, die, im kleinen bandi angefahren, den Tag hier zubringt und Friedrichs guinea pigs mitnimmt (zu seinem nachträglich großen Schmerz). - Fr. Young und Foulis besuchen auch.

3. Ich schreibe an Vater, Ernst, P. Steudel, an Taylor in Leicester wegen Faden. - Joseph abends ganz aus der Art, weil ich auf sein Vettuwer-Sein zurückwies - er meint, Noahs 3 Kinder seien die einzigen Kasten, da ich ihn jetzt aber belehre über das, was nicht in der Schrift steht, so wisse er es. In 41 habe er mich darauf aufmerksam gemacht, solche Weiber wie Francis brauchen mehr Kleider etc., also sei die Mehrausgabe meine Schuld. Mein Ultimatum, ich wolle sein Salair nicht erhöhen, könne es nicht, weil die Arbeit so wenig sei und ich der Komitee Rechenschaft geben müsse, aber ich hoffe, ihm, falls die Preise zu hoch steigen, etwas nachzuhelfen, ohne daß er das für Erhöhung anzusehen habe. Er nimmt sich Bedenkzeit. Sieht uns, scheint's, entschlossen.

Am 4. endlich bittet er um Verzeihung - aber nur mit halbem Herzen. Nath. dagegen gerührter über seine Erhöhung des Geldes auf 6 des Monats, und Arabella sagt, daß Ignatia ihnen geraten habe, nicht so schnell ihre ganz erträgliche Lage zu verändern, für einen Monat vielleicht erhalte sie anderswo mehr, aber so ein beständiges Unterkommen nirgends.

5. In Cannanore. Sandeman, der über Registration der Ehen berichtet, darüber an Komitee geschrieben, daß Hebich Registrar werde. Ich schreibe auch noch an Ostertag und Barth.

6., machte einen Drachen für Freddy auf den morgenden Geburtstag. - Abends wollte er nicht spazieren gehen und war weinerlich. Ich sagte, ich habe etwas für ihn gemacht, und falls Diez komme, solle noch heute abend aufgespielt werden zum Anfang des Geburtstags. Das machte ihn lustig. Ich ging durch die östliche Dorfstraße und am tank vorbei, dort auf der Straße stand Diez, der der Frau begegnet war, und uns* da warm die Komiteebescherung mitteilt, wonach Greiner, womöglich noch vor dem Monsun, 16 Kinder heim zu spedieren hat. Ich suchte es unbestimmt zu machen, damit Frau nicht zu sehr erschrickt, begleitete Diez zurück bis Catcheri, dann retour, Etty*, der bei den Felsen gewartet hatte, springt voll Freude entgegen. Abends gebe ich den Drachen und lasse durch Nath. fliegen. Paul sitzt hin und weint, daß er keinen hat. Mein Gedanke, wenn Aufschub bis Dezember, 2 Kinder heimzuschicken: wenn nicht, dann nur F[riedrich]. Herr, Gott, versehe es!

7. früh nach Cannanore, Magrath zu besuchen, der uns nicht annimmt. - Zu West und zu Rodgers, sie spricht von Bilderbeck, guts- und mittellos. Zum Essen zurück. Rose hat ihre Jungen, über deren Ersäufen Friedrich weint, aber über seinen Geburtstag sich hoch freut. Ich schrieb an Greiner wegen Friedrichs Heimschicken.

8. Ich bete beim Morgengebet wegen der Kinderfrage. Es fragte sich, ob 1 oder 2 Knaben und wegen der Kleider. - Friedrich wünscht, in 2 Monaten zu gehen. Bühler besucht mit Sophie, zeigt Briefe über das Tischrücken etc. - Abends ins Valarpatna-Fort. Friedrich fragt, but if I go to Europe who will water my garden? Mutter sagte, der Monsun tut's. Er verlangt, ihm seine Ananas, wenn reif, in einem großen Brief zu schicken.

9., nach Cannanore, sehe Magrath. Medizinlisten, Groves' Geldsachen, Henry G. bittet, ihm seine Schulden zu erlassen - zu Young, korrigiere den erst gestern gemachten Anfang des reports. <Ich schließe den report am 28.>. Um 2 Uhr Essen. - Da Feuerlärm, rote Flamme hinter Diez' Zimmer. - Wir decken das Knechtshaus ab. Gnanamuttus Haus brennt, auch sein Gaul (ein Soldat wollte helfen: er "fort du Dieb!" Let this man alone). Ich hatte einem Parsi zugesagt wegen der 40 Rs, die er ihm für Abendmahlswein schuldete, an Rodgers schreiben zu wollen; um 2 Uhr solle er kommen, wenn Gn[anamuttu] nicht zahle: statt dessen kam das Feuer, dann Abr.s Haus der Ehebrüche und Lumpereien - herüber ans englische Soldatenhaus und Eckschule. - Es gelingt uns, durch Bambu[s]-Niederreißen und grünes Sach das Stroh etwas zu schützen - Gebet. Boswell hilft - die Soldaten formen eine Kette ans Meer, Spritze kommt. 18 Häuser verbrannt. - Zurück nach Chirakkal.

10. morgens besuche Diez - sehe den Aschenhaufen etc. Hebich schreibt auf meine Nachricht, er komme nicht herein. Diez will hinaus, ich halte ihn ab. Mögling kehrt zur Komitee zurück.

11. Frau nach Cannanore wegen Kleidern für die Knaben, die zu Bühlers mitgehen. Sandersons Brief an letzteren über Coorg Raja etc. <Magraths besuchen das erste und letzte Mal - ihr Mädchen sehr disappointed, David nicht zu finden>.

12., Sonntag. Ich marschiere mit den Knaben hinab zur Kirche, zeige den Brand - nachher Englische Predigt über Joh 17. Diez interpretiert, nimmt mir aber alle Lust zu ähnlichen Versuchen. Besuche Dr. Foulis, wo Irion gestern gekommen war, seine (10. März abends) neugeborene Tochter zu sehen. - Nachricht von Fritz' Binnys croup.

13. Hebich besucht Cannanore.

14. morgens besuche Irion, der auch Lieder fürs Malayalam-Gesangbuch gemacht hat. Am 13. morgens kam Hebich herein, beriet mit Young, Boswell, Diez, fragte bei Col. Ichonswar*

um Bauerlaubnis an - kehrte abends zurück. - Sinclair auf den Frenchrocks ist an der Bekehrung.

15. Joseph Candappen packt endlich auf, er geht, nachdem ich ihn gestern verscholten habe, weil er sich nichts sagen läßt, ohne wiederzubellen "ich hasse ihn, wir können ihn nicht sehen". Es war zuletzt Kleinigkeit; er ärgerte sich, daß ich gesagt, Jesuadial und Gnanamma sollen nicht in sein Haus gehen, nahm meine Erklärung nicht an, fuhr über Nath. her etc., so daß ich ihm aufsagte, es sei besser, er gehe. - Er bat heute etwas degenmäßig um Bescheinigung, daß er freiwillig gehe. Ich gab's ihm. Sonst aber hatte er gegen Nath. gewütet und gelästert, auch gesagt, um/ [illegible], Gold würde er hier nicht bleiben.

16., zu Young, wo Herr und Fr. Sandeman.

18., höre von Ship Lady McDonald, in Cochin, to sail 5. April, ob für Kinder?

17. Schreibe an Komitee HG V, Inspektor, Vater - overland, die Gesandtschaften verlassen London, Paris, Petersburg.

19. Cannanore. Kirche - Diez angefochten (will lieber Katechist werden, weil Ramotti, sein früherer Munschi, durch Stocking etc. bekehrt wird, während er Knechtsdienste tut) - auch Bühlers, weil Dr. Barker nicht für rätlich hält, das os uteri durch Schneiden zu öffnen - daher halten sie es für unheilbar.

20. Joseph besucht, liefert Jemima und Tamar wieder ein, bittet um Verzeihung, ich empfehle an Diez, Hebich nimmt ihn an.

21. Bühler auf Besuch - Fritz' Benjamin ist nun doch an Folge des croup entschlafen (nachmittags 19., Sonntag). - David von Mutter geschlagen, weil er ein Eidechslein durch Spielen umgebracht hatte, fängt nach einigen Stunden aufs neue deshalb zu weinen an und wieder abends im Schulgottesdienst (während ich singen lasse) laufen seine Reuetränen und will ihm die Brust fast bersten - oft näht er Haken und Schlingen in seine Kleider.

22. Friedrich* und Paul nach Cannanore, wo 2 Regimenter im Feuer exerzieren - Fr. Sandeman mit 2 Knaben, David und Mex, besucht. Abends unsere von Young zurück.

23. Ins Fort mit Fr. Sandeman, die Knaben fahren zu ihrer Freude.

24. Sandeman selbst kommt - längere Unterredung - wieder ins Fort. Spät abends kehren sie zu Youngs zurück.

26., Sonntag, Abendmahl. Choichi von einem Knaben entbunden.

27. Hebich Abendmahl in Anjerkandi, tauft Georg Browns Waisen.

28. Abends nach Cannanore, wo fast schlaflose Nacht <Nachricht, daß Kinder nicht heimgehen>.

29., im Boot mit Bühler und Hebich nach Tellicherry - Distriktskonferenz.

30. Bibelsitzung, zurückgeritten mit Bühler. Fritz war über seinen Verlust recht getröstet, der Kleine hatte Beten und Schriftwort noch liebgewonnen.

1\. April morgens kleiner Regen und starker Wind, der mich zu Bühler zu reiten verhindert - (gerade 4 1/2 Monate seit dem letzten Regen). <Pierre Schmidt mit Mutter besuchen wegen Heirat?>

2\. April, Sonntag, Betsy zum Abgang nach Ponnani auf Besuch an Hebich übergeben. - Paul in Chirakkal verschluckt 1 Casu. - Bühler entschlossen, am 18.* auf Nilgiri abzugehen.

3\. Ich schreibe an Komitee und Vater (aber nichts von Onkel Reiniger - Gruß an Salis - über Ludwig, noch drunkard), Ernst, Hermann, Samuel.

4\. an Carr in Aden wegen Brigadier Clarke und Caplan Budger. Hebich geht um 1 Uhr mit Betsy nach Ponnani.

5\. Irion besucht 1 - 2 Stunden abends (schickt 17 Malayalam-Lieder).

6\. Bühler besucht mit Sophie. - Für den nächsten Bericht den Tod Georgs in Seringap. (seine Onanie, Stehlen, Herzklopfen, ...bisch dem Benjamin eine Station vor Mercara daraus* begegnen, auf nichts antworten).

7\. <April 54 fortg.> Frau bei Bühler in Cannanore - Dr. Leslie und Frau durchreisend von Honavar.

8\., diesen Morgen kam ein wütender Hund in den Hof, in mein Zimmer, ins Hundles Häuschen, wo Paul gerade ein Junges hintrug, aber an ihm vorbei, tötete das Junge, dann hinein - man schloß zu und erschoß ihn. Aber beide Jungen gingen elend drauf, zum Jammer der Knaben, David besonders seufzte das ganze Gebet hindurch!

9\. Cannanore. Palmtag. Ich predige über Evang. Bei Foulis, der wünscht, daß ich mit Barker, dem unitar. Dr. arguiere. Die Kinder besorgt wegen der bitch Rose, trösten sich durch die Bemerkung, sie scheine ihre Jungen schon vergessen zu haben, und David kommt mit seinem coppercup und milkt sie (wagt sich auch an die Aden cow) <Paul freut sich, daß, wenn er zu Jesus gehe, es dort keine Hunde habe>.

10\., Montag abends kommt Br. F. Müller, dem ich einen Brief an Komitee zur Erklärung der NT Drucksache konzipiere. Er bleibt am 11., wo Bühler über Stellvertretung stark predigt, remarkably fine sermon (Barker, der zugegen, sei gerührt worden). - Brig. Brown am 10. gekommen, sein Streit etc. mit Prescott, der durch Young sich wehrte, wogegen Y[oung] der Sache zu entrinnen und sie zu beruhigen bemüht ist - <(am 20. geht Prescott ab)>.

13\., Gründonnerstag. Heute sollte Ramotti heraustreten, Herr, gib Kraft (gestern Malayalam New Year).

14\., Freitag, in Cannanore. Predige - aber kein Ramotti zu sehen.

15\., der taylor kommt (Andreas), der am 4. den pudding gegessen und dann fortgelaufen war. David begrüßt ihn von Ferne mit: pudding കട്ടെനവൻ.

16\., Ostern. <Briefe von Vater>. Predige über Auferstehung und Leib der Herrlichkeit.

17\. abends kommen Bühlers auf Besuch.

18. Abendmahl mit ihnen <Briefe an Vater, Ostertag (zu kurz), Tante Emma, Inspektor (über Sperschneider und Bühlers casus)>, nachher noch Unterredung, Singen - Abschied.

19. morgens begleite die 3 Knaben nach Cannanore, Frau reitet nach, abends gehen sie nach Tellicherry mit Bühlers. Diez besucht - (17. war Searle in Chirakkal, erzählt, daß Ramotti Händel mit seinen Leuten habe, Geld suche etc. - Er erzählt auch Scheußlichkeiten von Duncan (der lebe von Hurerei etc.)).

Freitag, 21., gehe mit Stocking, der von seiner Kolporteurreise zurückgekommen ist, nach Cannanore und predige daselbst (auch Dr. Barker zugegen).

22. abends Frau und Kinder kommen noch bei Tag zurück.

23. Diez liest eine Predigt des Morgens. Ich abends Quasimodogeniti-Evangelium.

24. Diez begleitet mich heraus. Aber* dem 1/2 Weg begegnet Pferd Frisky*, daher ich Cannanore zu galoppiere - er durch, am Graben vom Exerzierplatz unsicher - gefallen, wache erst auf, als von Sipahis ins 20 N.I. Spital getragen, wo Dr. Foulis mit Dr. Cole und Barker stehen. Im Palankin und Manjil (mit welchem Frau entgegenreitet) zurück. David hatte bitterlich geweint, als die news ankam. Abends besuchen die Brüder von Cannanore (Young, Foulis, Boswell), auch Capl. Rogers und Frau.

25., die Augen werden stark, daher

27. nach Anjerkandi, wo F[ran]k B[rown] (wegen Gonorrhöe) nicht ist, die Kapelle bedeutend erweitert, daher schwerer zu predigen, nur kommen leider die Leute durch Zwang, nicht von selbst. An diesem Tag besucht Huber (der mit Familie von Mangalore her besucht) meine Frau.

Am 29. reite ich, ihn zu begrüßen.

30. Ich predige vormittags, er nachmittags. Abends kommt Mögling mit der Braut für Nahasson und Elieser, ihrem Bruder. Ich begrüße ihn 1. Mai morgens - er bringt den Tag hier zu.

2. Mai, ich in Cannanore bei Dr. Barker, 3 Stunden, auch mit Mögling und Irion (der gerade samt Kindern hier ist und morgen seine Frau nach Tellicherry nehmen will). - Fr. Huber hat einen attack. Mail - Nicolaus' Reden zum englischen Gesandten über den Patienten, der einem auf dem Arm sterben kann (türkisches Reich).

3. Mai morgens, reite auf Post - 1 Brief von Theodor, sonderbarerweise mit den Stuttgarter Freimarken - öffne, als zurückgekehrt, sieh zuerst, was Hermann von Großvaters Heimgang <11. März> schreibt. Frau läuft einem fremden Hund mit Steinen nach. Ich warte bis nach dem Frühstück, bringe die Nachricht erst ins Morgengebet. Frau sehr bewegt, kann nicht weinen.

Am 4. früh sagt sie mir, daß eine seit 2 Wochen gehegte Hoffnung zu verschwinden scheint - Herr, sehe drein - du weißt das Beste für uns. Fr. Young besuchte am 3. abends <an Mutter geschrieben>. - Ich schreibe etwas über Gott Vater und Sohn für Barker.

5. früh, besuche Huber für einen Augenblick. Diez kommt mit Ebenezer heraus, der samt dem Mangalore-Georg etc. auf Besuch via Mercara nach Cannanore gelangt ist. Diez nach Taliparamba.

6. Susanne (Bakers Frau) mit 2 Kindern von Tellicherry gesandt, wir schicken sie abends nach Cannanore.

7. Huber predigt 2 mal (über großes battle, was Young ärgert), ich Katechese.

9.* Ich in Cannanore, sehe Huber noch einmal. Frau besucht ihn und sie.

10. Huber nach Tellicherry (böse über Diez' Haushaltung), ich abends Cannanore mit Misses.

11., nach Tellicherry im Boot, verspätet wegen Wolken, die sich über Chombala ergossen. - Taufe von Fanny Helene Irion, ich Pate.

12., zurückgeritten <abends in Cannanore der getaufte Jude Halberd* und der Walache Jowan>.

13., die Misses kommen im bandi, spät, weil der bandiman (durch Diez verleitet) nicht weit genug gegangen ist.

14., predige morgens Englisch und taufe Jemima Searle <Baker ist in der Nähe, sieht seine Frau>. Am 14. an Komitee, Theodor, Hermann (auch Mutter), Adolph, Barth geschrieben.

15., nach Taliparamba. Gauls Fall mit mir in einem Sandloch - er tritt mir auf die Füße. Den ganzen Tag an Louise und Sneha[m] und ihren 2 Männern Marc und Jonathan.

16. morgens zurück. - Aufenthalt an ferry - höre 16., daß die Jahresberichte nicht nach Basel sind vor 27. April.

18. Susanne läuft ihrem Mann nach mit den 2 Kindern. Gott, erbarme dich.

25./26. in Anjerkandi, wo ich von Timoth[eus] höre, wie Daniel in Mangalore über das Geldwesen der Cannanore-Katechisten geschimpft habe (gegen Silas). - Frank Br[own] ist in Tellicherry. William läßt sich den Tag über nicht sehen, weil er erwartet, daß ich ihn wegen Weibergeschichten zur Rede stelle. - Der Zucker von Palholli kommt.

27. Neumond, aber kein Monsun.

Am 31. schreibe nach Basel wegen der Januar reports (Frau an Schweizer Freundinnen, ich an Barth und Jette). Nach einigen entsetzlichen Tagen regnet's in der Nacht 1.-2. Juni. Ich stelle das Kinderbett aus der Veranda ins Zimmer. Doch erst Freitag nachmittag ordentlicher Regen (während ich zum Gottesdienst hineinfahre).

4., Pfingsten.

5. Missionsstunde über die Tulu-Mission etc.

7. abends Entbindung von Jonas Martha, ein Knabe. Kurz zuvor haben sich Mann und Weib bei mir aufs bitterste verklagt, so daß ich mit Ausweisen drohte, falls keine Ordnung zustandkomme.

Am 10. stärkerer Monsun.

11., nach Predigt in Cannanore (und Ankündigung von Abendmahl) Besuch von Mr.* Connell, H.M. 25th, Klage über nicht lead dürfen. Das Gesangbuch zum Druck nach Tellicherry geschickt (vollendet).

12., an Ostertag und Marie geschrieben.

14., in Cannanore, Predigt an Schwarze über Psalm 32 zur Abendmahlsvorbereitung. Nachher kommt Peon Josephs Schwester Elisabeth, als wolle sie Abendmahl, besonders aber um zu sagen, daß sie nicht übergetreten sei, ihr Mann sie auf einige Wochen nach Chirakkal tun wolle. Spottshalber suchen sie eine andere Wohnung - wünschen sie hier.

Seit 10. Juni ist Georg Schlosser hier anzusiedeln. - Unter unseren Chirakkal-Weibern viel Händel.

Am 13. kam Ramotti, früher Munschi, erzählt von Subehdar Kurumben, Maday, der hier Christ wurde (durch Kirby), sein Taufwunsch anno 37 in Aaron und Pauls Zeit etc., sein Nicht-Können als er wollte Christ werden - gottlob!

15. Fr. Young und Foulis auf Besuch (Fr. Fennell gestorben).

16. Briefe von Haus über Hermann, der Kaufmann werden muß - sein Eigensinn, Dichterwesen - Verliebtheitlein.

18. Abendmahl, Fr. Müller hilft dabei - nasse Heimkehr mit den Knaben, welche sich des Regens freuen.

21., ich erwartete Diego und Sebastian zu einem Malayalam-Examen, aber Diez vergaß es. Ein Peon zitiert mich nach Tellicherry, gehe nachmittags.

22., bei Frere und leg Zeugnis ab in des Sader Amins Court über David Cugni Ramen und Cunker, retour.

23., predige noch Englisch. Vor Mitternacht kommt Hebich, besucht auch 24. in Chirakkal und erzählt.

25. Hebich predigt und erzählt, ich Kinderlehre. Nachmittags kommt Cugni Ambez*, Ram's Schwestersohn, und bleibt, ich sehe ihn 26., nachher Konferenz.

28. Ich examiniere Diego und Sebastian in Malayalam.

29. Ich schreibe an Inspektor (über die Registration der Güter im Namen des Generalagenten) und Kommission, der ich meine 3 Kinder zu Haus zur Mitberatung übergebe - an Hermann, Samuel, Mutter, Ernst und Theodor (dem ich meine Vollmacht schicke), ebenso Pf. Reinhardt. - Bühler todkrank, höre es am 28.

30. früh, overlands-Briefe von Inspektor über Hermann, über das Akkordieren seiner Brüder etc., Gott helfe ihnen in Gnaden.

2. Juli, in Cannanore.

3. Juli, Col. Schonswar gestorben. Am 3. Juli Nathanael, Sohn Peters, über sein Wissen examiniert, Befund überaus mager.

4. Juli, bei Rogers über Halsteds 5jährigen Knaben zu reden (sehe dort Gnanamuttu, Pierre Schmidt etc.). Am 3. war Matthai von den Maplas weg zu uns gekommen, ohne Reue, bloß durch Eltern beredet, am 7. nach Calicut geschickt. Baker bittet um Aufnahme

bei Hebich. Er sucht sich bei dem Mapla, der die lithog[raphische] Presse hat, unentbehrlich zu machen, stiehlt unsere Tinte - Mark wolle zu den Maplas, wenn seine Frau entbunden sei. Asirvad stiehlt von Maplas geschenkte Kleider und Geld von Matth., sein Vater will Röm. werden, die Mutter hilft Asirvad. Jesudas ist gegen sie.

8. Mary W. über die Maßen schwarzgestimmt - spricht sich abends gegen Frau ordentlich aus.

9., in Cannanore. Hebich predigt beidemal. Albrecht ist nach Keti beordert, da auch Metz erkrankt ist.

10. Hulsteds Sohn Bava von seiner Mutter Cshauri* gebracht, silberner Leibgürtel, Goldring etc. Die Mutter gilt für die verschämteste aller Cannanore-Tierinnen, sagte Ramotti gestern. Die Großmutter Corotti, eine geübte Kupplerin. - Hebich entführt Chappi Elisabethama, die Tierin.

11. Nachricht von Br. Bühlers Tod. Nachmittags unter eben recht anfangendem Regen nach Cannanore. Abends fort, Tellicherry (wo Briefe abgegeben).

12. morgens im Morattu* Cadavu in Gefahr. Nachmittags zu Fritz und Conolly.

13. Besuche Harris, der abends besucht, mail (nichts* Besonderes).

14. morgens über Beypore nach Chettipadi Tanur (wo Ruinen verbrannter Häuser), an Codacal vorbei nach Tirtala, die letzte Station fast nicht zu Ende gehend.

15. Palghat. Obrien, abends Haultain, wo Capt. Jones.

16., Sonntag und humiliation day. Ich bei der kleinen Tamil-Gemeinde, Daniel dolmetscht. Mit lahmen Ochsen abends abgefahren, in Puducheri Ochsen aufgetrieben. In Valliar halbverhungerte Ochsen.

<17., laufe morgens.> Um 7 Uhr bei <E. B.> Thomas in Coimbatore, bandi kommt um 10 Uhr - starker Wind - Thomas und seine Tochter Isabella zu Addis auf Besuch. - Abends abgefahren - verschlafe in Gudalur.

18. morgens in Mettuppalaiyam, auf Woodfalls Pferd nach Bareliaru, auf Fr. Youngs nach Coonoor (Stanes und Woodfall), auf Stanes nach Keti, 3/4 Rest gelaufen. - Finde Fr. Bühler getröstet, mit Sophie an Mundfäule leidend <Fr. Hodges bei ihr>. Metz gesund. F. Orme im Hause der registrar und private secretary of Bishop erwartet eine große Erbschaft. Intimes* von Br. Metz' Rede.

19. Dobbie besucht. Listen gemacht.

Freitag, 21., zu Dobbie und Hodgson (wo Miss Mister, Dr. Scudder).

22. Albrechts (ihr Gustav eben genesend) retour.

23. Metz predigt. Chinappens Mutter Lydia erfreulich - Fr. B[ühler] sehr angegriffen, doch sagt sie, sie wolle mich hinabbegleiten.

24. Deutsche Bücherliste.

25., zu Dobbie mit Stanes (der gestern gekommen), Knox (dessen Frau und Kinder nach Europa gehen), Capt. Gage (der nicht zu Hause), Rev. Coles und seine Fr. Lydia Rhenius (alte Erinnerungen), Dr. Schmid (wo Fr. Arthur Francis), Hodges (nicht zu Haus), J. Groves (wo Jessie, Miss. Little), heim durch Lovedale.

26. Hodgson hier <spricht baptistisch> und Albrecht, den ich sehr betrübe, weil ich seinen Brief an Komitee (über Shimoga und direkt nach Dharwar wollen), wehleidig und advokatsmäßig heiße. - Abends an Komitee über den Stand der Dinge hier.

27. Ordne, was hier bleibt, mit Fr. B[ühler] und Metz. Orme spricht von 20 Missionaren, die er hier erhalten möchte, falls er sein Vermögen erhält. Cumud* und Jagadalle sind von der Ootacamund Church Committee für uns* offen gelassen.

28., in Ootacamund bei Fr. Lascelles (Friday meeting Capt. Gage), dann zu Albrechts (die eben nach Shimoga und Dharwar gehen wollen, "ich solle nicht Öl ins Feuer gießen", sein Abschiedswort), zur bischöflichen Lady Rawlinson* und Fr. Dealtry, zu Drew (sehr nett, froh über Hebichs Besuch), auf Postoffice (Hodges nicht da), zu Dr. Scott, wo Essen mit Fr. Campbell und Hardie, Miss. Little und Frau, Miss Mister - halb und halb - begegne Hodges, der andeutet, daß Minchin von Bühl[er] geliehene 300 Rs fordert! (23. Oktober 52 für furniture ... carpets geliehen) zu Hallock (über bandi-Packen), zurück spät - Orme schenkt mir einen schönen pencil, wie zuvor eine Laterne. Ich hatte ihm wegen seiner mason-schaft zugesetzt.

30., Sonntag. Abendmahl, Metz tut's mit Satyanaden, Chinappen mit seiner Frau Martha und Lydia, der aufgeweckten alten Mutter. Orme und Stanes hatten nichts zu hören. Dafür abends etwas engl. service. <Die Taufe in Cannanore (der 3 Tier)>. Ich schreibe in Madras Christian Herald gegen jene Subskriptionsliste, headed by the Bishop.

31., mail. Austria gegen Rußland, das von Silistria abzieht. Scudder besucht und ist entsetzt, republ. und revolutionär.

1. August, mit Schw. B[ühler] nach Ootacamund - Dobbies burial ground zu Hodges (wo Fr. Breithaupt und Garthwaite).

Mittwoch, 2. August, Briefe an Josenhans (6 Seiten lang über Geldsache etc. in Keti), zugleich Hermann und Ostertag.

3. August, zu Dobbie, Lascelles, Minchin (über trustee), Hodges (wo ich Minchins Brief sehe, der gegen Metz ist), burial ground mit Fr. Bühler. - Dinner bei Fr. Griffiths u. Francis, ... Scudder - bei Fr. Bühl[er] in Dobbies Haus, ein von Dr. Thompson ihr gemachtes Anerbieten, für sie zu sammeln.

4., mit Hodges und Miss Hale nach Coonoor zu Woodfall, Genl. Kennett (wo Molle), die Häuser des Funds angesehen, zurück spät, etwas irr auf Heimweg.

5. Rechnung abgemacht, doch nicht geschlossen.

6. Sonntag.

7. Kulis ab nach Cannanore (6).

8., bei Scudder tea.

Oben: Kudremukh 1979

Unten: Mangalore - Hafen

9. abends bei Fr. West und Lascelles.

10., spreche mit Fr. West und Kindern. Dobbie über Streit mit Hodgson, spreche mit Miss Mister.

11. Hodgson hier unten, auch Dr. Scudder.

12., trustee meeting mit ... Minchin, Hodges, Metz - Stanes?

5. August, entlehnt (Schularbeitgeld) Schw. Bühler	70.-
für padlocks (Fr. B[ühler])	4.-
8. August, 6 Coolies prepaid	9.12
7. September, post-paid	10.-
In Bellary Anfragen ob Polygl. Bibel AT II. Band, 2. Abteilung, 2. Heft, erhalten ist 1. (Jesaja), 3. (Jer von 16), 4. sind da	
für Jesuadial von Fr. Lascelles	14.-
für Fritz von ditto	17.-
<Sanskrit Vajra Suchi an Scudder, unsere publication an Garthwaite zu schicken>.	
An Dr. Scott	100.-
12. August. Ich gab Metz für Hebich (aus Schw. B[ühler]s für Station)	145.-
An Metz (vom Baufund, der 240.- beträgt)	74.9
An Metz (Baufund ... 70.-)	
An Metz (vom Baufundrest)	20.-
(Er an Fr. B[ühler] seine Bücher 21.2)	
14. August, erhalten von Fr. B[ühler] noch 130 Rs für Schularbeiten, gegeben an Metz für Bau ... dieselben 130.-.	
3 Polyglotte Bibeln bestellt für Drew, <H. M.> Scudder, Stanes.	

13. August 1854 - 1. Januar 1857

13. August 54, letzter Sonntag in Keti. Ich predige über Jesu Geduld, aber gerade vor der Predigt kommt Minchins Zuschrift, furious über mein Zurückschicken seines Geldes (für Schw. B[ühler]). Abends zu Lord's Supper bei Coles, Abschied von Scudders. - Ich trinke Tee bei Dobbies und Hodgsons <hole rheumatism> - Abendgebet - schlafe dort.

Morgens 14. mit Dobbie herab und gepackt. Hodges da. Ich lese und bete noch um Mittag, dann fort nach Coonoor - Sophie 3 Jahre alt. Besuche Col. Woodfall, den Gaul zu holen - dann zu Stanes, wo schon Fr. B[ühler]. - Ich soll Mrs. Leslie mitnehmen, bittet Woodfall.

15. nachmittags aufgebrochen und die Ghat hinab, zuerst mit Ludlow, dann Griffiths bis Bareliaru, von dort hinter Palankin her, während Stanes vorausreitet. - Abend kommt, die Coolies,Badagas,erliegen fast, spät ins Bungalow - im Wagen fort.

16. morgens mit Nathanael, Jesuadials Bruder, etwas gelaufen zu Thomas in Coimbatore. Er gibt Tigerhäute, zahlt Fahrt nach Palghat. Taufe von Mrs. Puchins Baby durch Griffiths, der mich in Chirakkal zu besuchen probiert haben will.

17. morgens Palghat, keine bearers zu kriegen. Mrs. Leslie sehr drunten, Haultain und Dr. Porticous* besuchen. Wir gehen zusammen ins Missionshaus.

18. morgens fort bis Codacal (zuletzt Finsternis, 2mal [illegible] kaufen). Fr. Leslie bei Maj. Yarden.

19. mittags durch Regen geritten von Tanur bis Calicut.

20. Ich predige Englisch, Fr. Leslie kommt bald darauf.

21. nach Quilandi (Conolly hat mir keine bearers bestellt, der peon muß sie von der See herholen). Vadagara, Tellicherry, wo Mrs. Leslie eingeholt und weiterspediert. Schlafe auf Nettur.

22. früh zurück nach Chirakkal, Knaben springen entgegen "Papa, Papa", auch Charles Halsted freundlich. Hebich und Diez besuchen nachher.

16./17. waren an Cholera gestorben Maria, Elise Jacobi, Philippin Silas, Rachels uneheliches Kind, Frau sehr angegriffen.

Am 25./26. Choleraanfall. Ich besuche Dr., der selbst auch herauskommt. Frau sehr matt.

Donnerstag, 31. abends (Juda ist morgens gestorben). Frau nach Tellicherry spediert, Fr. Sandeman hatte morgens besucht. Ich gehe selbst

1. September und fange zu schreiben an fürs Notenbüchlein.

2. September abends zurück nach Chirakkal. Brief von der Komitee über Cannanore, Hebich stark mitgenommen.

3., in Cannanore Beratung mit Hebich (Young nach Coorg?). (Möglings Vater und Spleiss gestorben, Brief von Marie in Basel über ihre Corcelles-Reise <12. Juli>).

4.-6. wieder in Tellicherry, Frau erholt sich. Mittwoch abends schlief ich in Chirakkal, nachdem ich Diez' Geschichte über seine Fragen angehört hatte.

7.-9. wieder in Tellicherry, schreibe zu Ende. Beutlers kommen 8. abends von Trichur an, wir gehen 9. abends zurück nach Chirakkal, Beutler und Whitehouse folgten (auf Freres Wunsch letzterer zu Rolston, um in der englischen Chapel zu predigen), müssen aber zu Fuß gehen, weil ihr bandi mir nachläuft.

10. Hebich predigt über 2 Tim 2,1, ich katechisiere.

11. Brief an Komitee über diese Sache von Hebich und mir.

13. nach Tellicherry zur Distriktskonferenz mit Hebich und Diez. Letzterer will heiraten, denkt an Schw. Kegler und Elisabeth Blandford. Fr. ist gegen unseren Brief. Whitehouse ist im Missionshaus mit Beutlers. Ich rede abends mit ihm.

14. Wh[itehouse] und Beutlers nach Cannanore (Wh[itehouse] to Rolston, vermeidet Hebich). Bibelsitzung, ich abends nach Chirakkal, Fr. nach Cannanore.

15. Fritz kommt mit Hebich morgens früh, nachher Schw. Bühler mit Sophie - Besprechung, wie heimzuschreiben.

16. Beutlers besuchen von 11-3 Uhr - Wh[itehouse] zogen nach Tellicherry zurück. - Kalb geschlachtet.

17. Cannanore. Abendmahl und Hochzeit von Lea, Rebecca, Jesuadial. Die 2 bandies von den hills kommen an. - Auspacken von Fr. Hodges' ham.

19. Young sagt mir, Sandemans seien gestern abend nach Tellicherry zurück. Frau und Mrs. B[ühler] sollen hineinkommen. Brief an Komitee fertig.

20. Hebich nach Palghat ab im Boot (nachdem er zuerst für Frau Bier gekauft), sehe ihn noch gerade als er aus dem Compound fährt.

22. Predigt über 1 Joh 1 angefangen.

24. Predigt in Cannanore. Ponatta cholerakrank, gestorben 25. abends.

Am 25., Montag, geht Frau und Paul nach Cannanore, wohin 23. abends Fr. Bühl[er] vorausgegangen war.

28. gehe ich mit David und Friedrich, sie zu besuchen. Der erstere bleibt statt Pauls. Die Physharmonica angelangt. Marq. Will vom Dr. untersucht.

29., ich predige (Mrs. Cook dabei).

30. Friedrich bleibt in Cannanore bei Mutter und David.

1. Oktober. Neuer Postakt tritt in Wirksamkeit. Ich predige über 1 Joh 2,1f*.

2. Oktober abends Missionsstunde über die Raren* - höre, daß Capl. Rhenius am 30. ankam und schön predigte zum Einstand.

2. Oktober morgens Briefe an Inspektor (über die Fragen, Cannanore betreffend), Mutter und Komitee, HG X (über Friend of India - education minute).

3. abends erhalte einen Brief von Josenhans, der leider krank ist, also niederschlagend für mich nach meinem Anbohren von gestern. Ein Coorg man und Nayer kommen von Coorg (Nahasson trieb sie durch Arbeit-Auftragen davon?).

6., predige in Cannanore (Mercure kamen um 5 As von Madras). Es waren wieder keine Wallaces da, die sich Rhenius zugewandt zu haben scheinen.

8. Frau nach Chirakkal zurück - ziemlich erstarkt.

11. Mit Young und Boswell nach Anjerkandi. Dort ist auch John Brown, Sohn des verstorbenen George, gerade nach Madras reisend, Frank ist besonders böse gegen mich wegen der proclam. at Sandmans über Zulassung der Christen ins Palayam, heißt uns Hundssöhne und was nicht alles, er aber höchst zivil ins Gesicht.

12., zurück.

13. Freitag abends Predigt. Die Leslies das erstemal mir in der Kirche.

15., Sonntag, ich besuche Foulis und Dr. Leslie zum erstenmal - overland - Austria noch nicht gegen Russen.

16. Briefe von Haus, Hermann im Landexamen wieder durchgefallen.

17. Schw. B[ühler] kommt abends nach Chirakkal.

18. Maries Geburtstag.

19. HG XI an Komitee mit Metz' Bericht, Brief an Josenhans, Barth, Mutter, Adolph, Emma, Hermann <2>, Samuel.

20., in Cannanore, sah Fort mit den Misses und Knaben, bei Diez ist der Cugnipu, Frau des Tahe-Dr.s, mit dessen Schüler und Knecht Kelukutti davongelaufen, durch Timoth. im bandi gebracht (nachdem sie 3-4 Tage bei ihm gewesen, der Dr. wegen Diebstahls geklagt hatte) - sie gescheut - ich sage, sie müsse getrennt leben - predige.

22. Predigt zu Schluß von 1 Joh 2. Ich nehme Elisab. Chappi und das Weib im bandi heraus - in der Nacht geht sie viel hinaus - ich gebe Arznei - sie kann nicht dableiben, geht

morgens fort, 23., der M[ensch] begegnet ihr in Talappu, auch ihn hatte es fortgetrieben, und von Christus könne er nichts hören, so lang er so allein sei. - Von den hills Brief, die Komitee habe Albrecht nach Keti beordert, Fr. B[ühler] die Erlaubnis gegeben, mit der Carawan* heimzukommen.

24., bei Fr. B[ühler], die zurückkehrte, Entschluß kommt. Abr. sagt, die 2 Leute seien zu den Maplas nach Valarp[ata] gegangen.

25. Young sagt, Schw. B[ühler] wolle nun nach Europa gehen, was ich gleich an Gr[einer] schreibe.

27. Ich predige Schluß von 1 Joh 2. Hebich umsonst erwartet. Es war ein angegriffener Tag. Frau hatte 4 Tag lang sich magenschwach und ekelig gefühlt. Hoffnungen, welche heute durch Rückkehr der Periode vereitelt wurden (wie im Mai). Ich verordne wieder Bier. Hurtis wünscht, sich uns anzuschließen, erzählt von seiner und seiner Mata Geschichte.

28., nach Chirakkal zurück, begegne zuerst der Frau Rhenius mit einem Frager*-Taylor, Hodding und Ramus vom 20 N. I. sind gestern, in ein Bordell im Bazar einbrechend, arretiert worden.

29. predige - Hebich noch nicht hier - Nachricht von Gottlob Bühr[er]s Tod am 26. Oktober von Leberentzündung. - Abends bei der Rückkehr ungeheurer Regen angefangen, wir stecken 1 Stunde im ersten Chaliar-Haus (Frau, Marg., David, ich und 2 Mädchen mit Fr. Pferd).

31. abends kommt Schw. B[ühler], da ich gerade Priscilla das Abendmahl gebe. Von Anjerkandi war Timoth. mit der 5 Personen zählenden Familie des verstorbenen Nayers gekommen.

1. November. Endlich Hebich zurück. Er besucht. Zugleich ein junger Nayer Crishna, der nach Gokarn wollte. - Abends C. Müller auf Besuch (Lehmann wolle partout Schw. B[ühler] haben). Brief von Greiner, für Schw. B[ühler] eine Kabine zu nehmen.

2./3. November, Hurrikan in Bombay (Huber).

4. November, von Mangalore gehört, alle oder fast alle Kabinen in Sering genommen. In Cannanore Konferenz - ob das englische Soldatenhaus für Diez zu bauen?

5., Sonntag, Hebich predigt, ich nachmittags - höre von Whitehouse etc., Sering sei in Mauritius fast sinkend angekommen, nur die Soldaten haben durch Pumpen gerettet - schreibe an Zorn, der, bankrupt, heute für sich Gebete auf unseren Stationen wünscht.

7. Fr. B[ühler] kommt von Cannanore.

8. Geschw. F. Müller besuchen - ich konfirmiere Hulda, Abigail, Danam, erstere stupid ehrlich - letztere behender, aber nicht sehr zuverlässig. Abigail allein scheint gründlich angefaßt. - Meine schwerste Nacht, 2 1/2 Stunden Gesichts- und Zahnschmerzen, daß ich hätte laut aufschreien mögen.

9. Hebich hier (höre, Marianne* West sei geschwängert von Coulborn).

10. Der letzte Regen (Stocking kommt herein von Taliparamba mit seiner Frau).

11. Die threadbox von Owen Glendower kommt.

12., Sonntag, in Cannanore, Abendmahl - wieder Zahn- und Gesichtsschmerz. Schw. B[ühler] ganz aus der Ordnung über Hebichs Reden. - Montag - schmerzvoll.

14., Dienstag, overland (battle of Alma 20. September), aber nichts von Kindern. Carr in Aden schreibt, wie wenn Hodson sie verlassen hätte.

16., letzter (?) Regen auf Spaziergang mit einem nahen Blitz.

17. Brief an Ostertag, Kinder, reports an Josenhans.

18. Micha nimmt Bathseba und Nanele zu sich nach Chombala. Frau sieht in dieser Nacht einen Traum, darin eine Glocke geläutet wird, das bedeute einen Tod - wer wohl das nächste sei.

18. Kommt der Colla paital von Illicunnu <läuft fort mit Choichi 5. März 55>.

19., ich katechisiere, besuche Boswell und Frere, der bei ihm ist (Boswell war am 15. abends hier gewesen, geht wohl bald fort nach Coorg).

21. Abraham hier. 2 Tier kommen von Chalattu wegen eines [illegible] Streits, sie hatten gehört, ich habe für die [illegible] eine Pagode Rückzahlung in Madras ausgewirkt, um dem Raja die resumption unseres Compounds unmöglich zu machen. Vom Evangelium wollen sie nichts, seien wie Stiere, arbeiten, essen, schlafen.

22., wieder 2mal Feuer beim Cannanore-Compound - gnädige Bewahrung bei starkem Wind.

26., dieser Tag wolkig - es rieselt etwas Regen. Hebich über Auferstehung, ich katechisiere. Nachricht, daß Fr. Greiner im Herrn entschlief, 23. November, 5 1/2, nachdem sie 3/4 Stunde zuvor von einem Knaben entbunden ("Christian Samuel" soll er heißen) - sie kann nicht an Tod gedacht haben, so gut ging alles, aber Schwäche!

27. abends Rhenius besucht - mit seiner Frau. Abends ordentliches Gespräch.

1. Dezember abends besuchen wir ihn - zurückgekehrt, regnet es ein wenig.

2. Dezember, Thaddai kommt von Tellicherry, erzählt, wie er um sein Amt gekommen sei, seine Frau hatte von Eliesers Frau durch Elisa gehört, Ad[am] und Gabr[iel] haben beide Ehebruch mit ihr begangen - das untersucht (aber sie sind* nicht gefragt) und falsch befunden - er wollte nicht um Verzeihung bitten - ich bitte für ihn.

3. Dezember in Cannanore, homeletters kommen, Hermann gedemütigt, zu Rominger ?Missionsgedanken? - Marie nach Kornthal.

5., an Komitee scharf über die Ämter, die sie umgehen, an Mutter, Ernst, Hermann, Ostertag, Marie.

Am 4. kam Thaddais Frau und holte Rachel, Irion habe gesagt, Th[addai] solle sich anstellen lassen bei denen, welchen er geklagt - sie gehen nach Quilon zurück <?> (30. November, Fr. Irions abortus. Dr. sehr böse, weil er das vorausgesehen und gewarnt hatte).

6. Dezember. Bella hat 3 Hündlein - ungemeine Freude der Kinder.

8. morgens früh ordentlicher Regen.

9., nach Cannanore, wo ich schlafe.

10. (nach Regen) Anjerkandi. Predige den Herren, die nicht kommen wollen <letzte Predigt an John Brown, Zeit der Visitation benützen>. Abends in der Kapelle. Beim Herauskommen Mapalchi* Cannan von [illegible] (oder [illegible]) gebissen, welche

ich tötete. An diesem Sonntag hat H[ebich] Schw. B[ühler] angepackt wegen Gelds und anderer Sachen.

11., ich zurück von Anjerkandi (halbwegs auf Hebichs Gaul, weil meiner den Rücken wieder wund hatte).

12. abends, Schw. B[ühler] kommt, erzählt von Weigle, der (auf steamer Eaglet gestern nacht vor Cannanore erschienen) diesen Morgen gelandet war. Spricht mit mir abends über ihr Geld.

13. Hebich passiert nach Taliparamba. Ich gehe mit Young, der den hubbub schildert von Schw. B[ühler] und seiner Frau, die leider schlaflose Nächte davontrug. - Weigle kommt samt seinem Carl (Titus hatte er in Cannanore gelassen).

14. Hebich hier, zugleich Abraham (über Joh VI).

15. früh mit Weigle ins Fort. Isabella und Rosine mit Kindern sind auch hier. Gabriel kommt am Abend, dem ich etwas sage über seine Geschichte mit Esther (der Frau des Elieser).

16., höre, Stangers seien entlassen.

17., in Cannanore (Fr. und Schw. B[ühler] bleiben in Chirakkal), besuche Foulis und Mrs. McDonald.

18., mit W[eigle] im Boot nach Tellicherry (nur 3 Mapla-Ruderer). Irion, F. Müller und Huber, der nachmittags im Manjil mit uns im Wagen und zu Fuß zurückgeht. Weigles Carl will ein weiser Sohn und seines Vaters Freude sein, entschließt sich trotz Tränen zurückzubleiben. - Abends Briefe von Komitee erhalten, auch Ostertag (Hebich geschimpft weil "von Sie auf Ihr"), Mögling hat Erlaubnis zur Heimreise.

19. Briefe geschrieben nach Basel (ich bin den Tag über in Cannanore dazu), auch an Theodor und Barth. Huber mit mir in Cannanore <ich rede mit Huber über die literarischen Arbeiten>, besucht Young und Foulis <wo Mrs. McDonald>, geht zurück.

20. Fr. B[ühlers] Geldbrief entworfen und besprochen.

21. Hebich und Diez hier auf Besuch.

22. morgens, Schw. B[ühler] fort mit Sophie zu Youngs. - Nachmittags ich mit W[eigle] zu Hebich.

23. Zu John Groves, der mit seiner Tochter Jessie bei Rolston wohnt. Paket von Basel (Grimm, Geschichte deutscher Sprache) - heute erst mein Saldo abgemacht. Abends nach Chirakkal.

24. Wieder nach Cannanore, Sonntag. Nach dem Nachmittagsgottesdienst mit Weigle und 3 Knaben (auch Miss Will) auf steamer Eaglet. Schw. B[ühler] und Sophie in meinem Boot. Wir kommen um 7 Uhr zurück (Fr. fürchtet sich vor Wellen, Paul [illegible] [illegible] David [illegible]). Da Frau dageblieben war, laufe ich nach Chirakkal hinaus - von wo [illegible]

25. Elisabeth nach Cannanore geht (die geweint hatte, weil die Knaben nicht kamen).

26. abends Geschenke gegeben, Knaben sehr zufrieden und fröhlich.

28. Hebich in Anjerkandi (J. Brown krank in Tellicherry).

31. morgens (mit* 2 Misses) nach Cannanore. Die Anjerkandi-Leute sind fast alle da. Ich predige abends, da keine Kinderlehre zustandekommt. Ammanns langen nachmittags an, nachdem ich zu Schw. Osbornes Begräbnis gegangen, dort den Capl.* gesehen (und John Obrien, a Tier, getauft 1826. Jesuadar in Bombay Establishment gestorben 1830 - 55 J[ahre] alt - Grabstein gelesen) hatte. Fr. und D. kamen dann erst in bandi - schliefen bald, wachten vor 12 Uhr auf und gaben sich ab mit den Leuten.

1. Januar 55 früh nach Chirakkal zurück - dort Gottesdienst, wie auch 25. Dezember. Abends sehr spät kommen Ammanns und bringen die 2 Knaben. Die Missies waren gelaufen, Gaul entgegengeschickt, kommt endlich leer zurück.

3. morgens mit Friedrich Alikodu* zu gelaufen, bis road. Ammann reitet nach Cannanore, kommt um 10 Uhr erst.

4. Briefe an Komitee HG XIV über Fr. B[ühler]s Geld, an Ostertag (auch von Frau), Pf. Peter, Mutter mit Kirchenordnungsentwurf.

5. Januar. J. Brown gestorben in Tellicherry. So habe ich ihm zuletzt gepredigt (10. Dezember).

6. Januar. In Tellicherry. Esther von Mann geschieden wegen Ehebruchs mit Amos. Frau Müller, die mit 6 Tellicherry-Kindern diesen Abend besucht, sagt's. Martha hatte am Morgen dem Mann Not gemacht wegen ihres Sohnes Matthai, der fieberkrank in Viraraj[endrapet] liegt. Jetzt konnte ich ihr sagen, was sie zu tun habe wegen all ihrer Kinder, endlich einmal sie Gott übergeben! Die Esther hat wohl schon mehr Ehebruch begangen und wahrscheinlich ihr letztes Kind abgetrieben.

7. Januar, Sonntag, in Cannanore (Schlacht vom 5. November, Sevastopol surrendered?).

25. November? <no!>. Chr. Müller mit seinen Kindern da. Nach Predigt (Habak 2) kommt Owen Glendower, ich fahre nach Chirakkal und besorge das Packen der Wagen. Esther, von Irion geschickt, gesteht nichts, daher mit Nashornhaut durchgebläut, nachher gesteht sie, daß sie zuerst bei Ad[am] schlief, der sie nachts rief (die Mangalore-Katechistenschüler waren gerade auf Besuch), Rosine, der sie es morgens sagte, meinte, das sei ihr eins, was der tue. - Nachher, Gabriel hatte nachts sich gemerkt, wo sie liege, kam, sie zu rufen, sagte auch sonst, muß man, von jemand gebeten, ihm nicht willfahren? - Isabella, der sie es klagte, bat sie zu schweigen, weil ihr Mann sie und Kinder im Stich lassen und davonlaufe, falls es herauskomme, auch vor 3 Jahren sei er wegen seiner* Liebschaft mit Rosine eigentlich davongelaufen, das andere nur geheuchelt. Der Herr sehe drein und helfe nach seiner Gnade!

8. Januar, Montag, um 3 Uhr auf bandies fortgeschickt, Frühstück. Die 2 Knaben angezogen, fahren nach kurzem Abschied mit mir ans Ufer. Dort war schon Frau White eingeschifft. Bald folgten wir, kamen Hebich zuvor, den [illegible] zu haben die Knaben gaudierte. Nah am Schiff hörten wir die Salutschüsse von des Brigadiers Abfahrt, daß das so groß war, wunderte die Knaben. Die Treppe hinaufgetragen, wurden beide bleich - wir fanden Schw. Bühler mit der freundlichen Sophie. - Müllers waren bald eingerichtet. - Hebich predigt - Maj. Ward von der Madras

Artillery retires - ein Dr. Bowhill von Bombay - Grant, früher Polizeioffizier in Ahmedabad, erzählt von der Lond. Mission dort (natives, welche die Christen der Kastenehre berauben wollen - wegen conspiracy zuerst fined - auf appeal hin 9 Monate lange imprisoned). - Um 2 Uhr Abschied. Hebich geht (zuvor schon Diez und C. Müller, dessen S. laut geschrien). - An Tellicherry und Chombala vorbei, langsam nach Calicut. 9 Uhr nachts Schuß - ich liege neben der Knaben Matratze auf Boden.

9. Januar morgens, Fritz etc. auf Besuch - bald mit carpenters die cots zusammengemacht. Bald wird's ordentlich. Ich zeige dem 5. Raja das Schiff. - Stanes viel bei Schw. B[ühler] packend etc. - ich erhalte von ihm für sie 1 bill für 35 £, in England zahlbar - die Knaben hängen sich viel an mich - Paul weint manchmal, das Gesicht ins Kissen gesteckt, nach Mama. Ich bringe ihm Essen und Bier. - Friedrich ist immer an mir mitzugehen. Gr[einer] rührt ihn zu Tränen mit seiner Frage: Gelt, du möchtest auch, daß dein Vater mitginge. Er erzählt nachher ([illegible]), wie das gekommen sei, er habe gemeint, Gr[einer], Ammann und Fritz

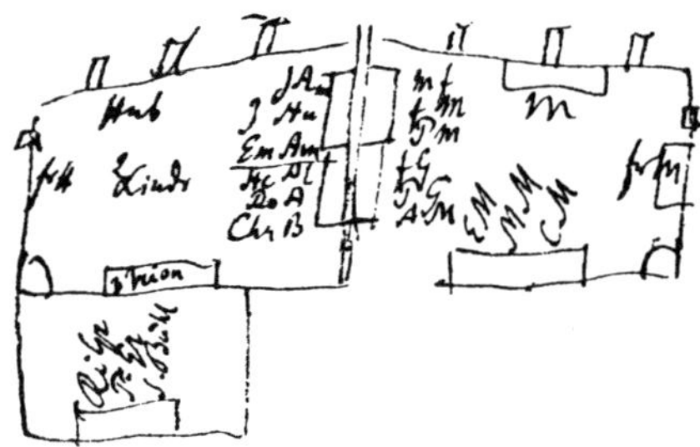

gehen mit den Kindern: nur ich nicht. Wir hatten noch eine Nacht - (Fr. M[üller] und Chr. M[üller] mit cold, daher Kaltwasser towels probiert und für sie gewacht). Fr. schreibt noch an Mama ein wenig, sein Bett hoch oben gefällt ihm.

10. Januar. Der Morgen kommt. Ich bediene* Clement (und Alfred) White. Noch muß ich allerhand zeigen - helfe nochmals bei Frühstück. Fr.s Gedanken übers ship - kein ship, ein Haus, unter das Wasser gekommen ist, wieviel Holz dazu nötig, kein einziger carpenter kann's bauen, wenn der dicke Herr dort hinüberläuft, senkt sich's doch nicht auf jene Seite etc. Paul sagt, er wolle nach Chirakkal zurück, wolle mir ins Boot hehlings nachspringen - auch, er wolle nicht weinen, wenn ich, ehe ich gehe, ihm eine dieser pomatoes verschaffe - endlich ist der harte Augenblick da - auf dem unteren Deck auf der Kiste umarme und küsse ich sie, empfehle sie dem Heiland, der sie sicher ans Ziel bringen kann. - Dann im Boot zurück - höre noch einige laute Papa von ihnen (besonders Fr[iedrichs] Stimme), als wir, Gr[einer], Fr[itz], Ammann, Stanes und ich, abfahren. Bald auch segelt der Owen Glendover langsam nach Westen, 9 Uhr morgens. - Ich predige abends bei Fritz, gratuliere Harris zur Verlobung mit Miss Rutherford - sehe auch Glassens abends - fort mit Ammann in C. Müllers Boot.

11. Januar in Chombala, wo Fr. Anderson angekommen ist. Laufe abends von Mahe nach Tellicherry. - Erzähle bei Irions.

12. Im Boot, das Brennen bestellt hat, nach Cannanore - mit Sam[uel]s süßem Brief, weinend vor Dank nach Chirakkal. David höchst lustig <Matthai schleicht fieberkrank von Coorg herab>.

13. Ammanns in Chirakkal, gehen via Hosdrug weiter.

14., Sonntag, in Cannanore. Kinderlehre - bei Youngs, Sandeman fieberkrank bei Boswell.

15. in Cannanore meeting (höre 2. Dezember Allianz Oesterreichs mit Westmächten). Greiner besucht, erzählt, daß Earl of Balearras* 13. in Tellicherry war, Br. Schwarz landete, der berichtete, daß er auf Owen Glendower alles wohl getroffen habe (das Schiff geht weiter nach N). Fr[au] hatte letzte Nacht Friedrich gesehen, der sie als Vaus Mama anredete und schwere Krankheit Pauls anzudeuten schien.

16. Fr. Anderson hier, bewundert Miss Nightingale sehr etc. - David weint ihrem Henry nach.

17. Nach Basel XV (über Erwerb der Calicut-Mädchenschule 120.10.6 minus 54.2.3, also bloß 66.8.6) und Mallalieus bill £ 25.18.4. Hoffe, damit Pfl[eiderer] zu zahlen. Herr Pf. Staudt und Marie, Carrs Briefextrakt (Taufe Daniels Virabhadras).

18. morgens, frage nach Sandeman, der seit 11. an jungle fever bei Boswell liegt. Hebich kommt von Taliparamba, wo er Weber wegen Händel der Weiber strafte. - Sandeman war dort gewesen und 2mal in die Kirche gekommen.

19. Rhenius besucht, weil Halsted (12. Januar) ihm geschrieben, den Knaben zu nehmen zu East... oder nativ Christen zu tun, selbst mit* diesen als Proxier zu taufen und später nach Calicut in die Governments-Schule zu schicken, sobald diese eröffnet werde: Rh[enius] wünscht auch, daß ich bei Schiedmayer anfrage, was ein Harmonium für eine Kirche von ca. 600 Leuten koste.

20. abends etwas Regen.

21. Brief von Halsted - in Cannanore, Sonntag. - Pfleiderer und Sauvain kommen während der Predigt-

22. abends besuchen mit Diez und bleiben den 23.

24. Ich höre von Jacob, daß Martha ihrer Tochter allerhand Verderbliches sage und die anfängliche Reue in Stillstand geraten sei. Es scheint, anfangs ein Rat Arabellas zu sein, nichts zu gestehen und fortzulaufen, zeigt sich endlich als ganz der Mutter Tun, jetzt Schimpfen gegen Tochter, dann gegen ihren Mann, dann gegen kastenübertretende Ehen, dann Zureden, auch Ungeschehenes zu gestehen, um bälder zur Ruhe zu kommen, darüber geht der 25. hin. Mattu besucht und bringt Christian mit ihrer Mutter, nimmt Thad[dai]s Rachel und eine Tolle* mit.

26. Ich habe die Mädchen vor.

27., die alten, besonders Claudia, die Matthai gesagt hatten, nichts zu gestehen, was andere Leute betreffe, setzen Arabella ordentlich zu.

28. Abendmahl, zu Dr. Foulis. Sandeman plötzlich von Erysipelas dem Tode nahe.

29. morgens (Pauls und Youngs Geburtstag), um 4 Uhr gestorben Sandeman, ruhiges Gesicht - gebissene Lippen. Er hatte sich gefreut, zu Jesu zu gehen. I could never take care of myself, it would have been a mercy to put me into a madhouse (gangrän <?> erysipel kam zu junglefever). - Abends Beerdigung. Brig. Carthew, Col. Clemons, Rolston, Maj. Gompertz - von uns Young, Boswell, Foulis, 4 Miss. außer Hebich.

30. Hebich kommt mit Inspektors Privatbrief, der wegen der Not zu Hause tüchtig anklopft; - wir entscheiden, daß Sauv[ain] nach Calicut gehe (Ussu beschossen von Engländern).

- Besuch einer Mary Pirucatchi, Schwester einer Vaduwatti, von Candys congregation in Bombay. Ihr Mann, Sohn eines [illegible] von Allepey (Sacristan*?).

1. Februar. Hochzeit von Moerike in Mangalore (Harris in Calicut). Young mit Carthew nach Mangalore.

2. und 3. besuche ich Frau Young morgens.

4. Geburtstag in Cannanore - Kinderlehre (während Diez in Tellicherry, wo Sauvain uns einen bösen Namen gemacht hat <eher Irion uns bei Sauvain verschwätzt hat>). Diez fand dort Schw. Kegler, deren Profil er fast gemein fand, aber ihre Reife in manchem anerkannte.

6. Ab Jahresberichte (außer von Fritz und Kies) mit Privatbriefen Hebichs (auch über seine Reise) und von mir an Ostertag, Hermann, Paul Steudel, Schiedmayer, von Frau nach Vevey und an Basler Mlle Sovin*.

7. Umsonst für Miss Kegler die bandi entgegengeschickt.

9. morgens finde Moerike in Cannanore. Um Mittag kommen seine Frau (Lilli Burk) und Schw. Hoch mit ihrem Paul und Mark samt Moerike - wir reden diesen Tag und Samstag. <Freitag abends Pfleiderer, erzählt, wie Irion den Sauvain angestiftet>.

11., Sonntag, nach Anjerkandi, treffe dort Georg und Charles Brown, Will.s Brüder* von Madras, der erstere mit Fieber und schwindsüchtig. Ich predige. Spreche nach der Predigt mit Murdoch, der Timoth. tüchtig verschimpft hatte, nachdem er 6 Leute, die sonntags zuvor nach Cannanore gegangen waren, entlassen hatte. Er will die Leute wieder annehmen, sucht besseren Gehorsam von ihnen zu erzielen, weiß nicht, was sein Vater tun will. Tim. sehr unzufrieden mit ihnen, möchte gern ein Feld haben, fern von hier. - Ich erreiche, daß G. B[rown] mit mir nach Cannanore soll zu Dr.

12. Februar morgens fortzugehen um 4 Uhr bereit, will G. wecken, finde ein Mädchen auf der Matratze gegenüber von seinem Bett auf dem Boden, neben ihr wahrscheinlich Ch., gehe hinaus, lasse den Knecht wecken. Vor 5 Uhr kein Cangi zu haben, daher hingehalten. Alles langsam, Murd[och] und Will stehen zuletzt auf. Ich reite mit, bis wo die Straße quer eingeht von Mapla shop an - dann zu Foulis, der krank ist, seine Frau kommt endlich heraus - sein Fieberanfall etc. Frere höchst gleichgültig wegen Fr. Sandeman. - In Chirakkal Frau und Miss Kegler (sie und Moerike über Kittel: schon in Luzern angefangen, Unsinn zu reden an Frauen, von Suez "diese Gesellschaft genügt mir nicht mehr", weiß alles besser, selbstzufrieden, seine medio* Studien ihm nachteilig - Unanständigkeit, große Eßansprüche - Gebet Wortschwall, ordentl. Lernen). - Am Abend kommen Hebich und Diez, um Konferenz zu halten - Feuerlärm. Am Strohdach hinten, wo Johanna wohnt, hatte Feuer angefangen. Zweifel, ob Hagar, ob Eunike? ob Zufall, ob gelegt? 2 Fälle von Verbrennen von Matten und camblies waren vorhergegangen, beidemal während Gebet (eines Hebich Donnerstag vormittag im Reisstampfzimmer, eines während Abendgebets).

13. bei Young - nichts von Sebastopol - aber der Kaiser wolle unterhandeln.

14. bei Youngs - sie und Frau Foulis gehen abends nach Mercara, Fr. Sandeman nach Bombay, Hebich und Leute nach Payavur. Boswell besucht abends (Capt. Fitzmaurice bekehrt), mit ihm ins Fort, wohin auch Diez kommt.

16., predige abends in Cannanore, nachdem ich zuerst paymaster Maj. Gompertz besucht. Die schimpfen auf den Neffen, sticheln auf die exclusive set, heben Weigles glänzend hervor.

7. morgens zu Rhen[ius] wegen des jungen Halsted. Ausgemacht, Calicut und Mangalore dem Vater vorzuschlagen, zu je 8-9 Rs. Ich frage, ob Rh[enius] zu Miss Groves gesagt habe - I take deep interest in you (auf ihr dislike Hebich). Er korrigiert's verlegen: you are then more of my people or so was), muß schnell ins poorhouse, kommt Brigadier McDuff.

18., homeletters, Tante Emma (bietet Geld, H. G[undert] studieren zu lassen), Samuel (nett), Hermann (aufgebracht), Theodor (Braut), Reinhardt (über Hermann), Mutter (kurz) - predige Eph 2,1-3 (auch Frere da), beides Englisch und Malayalam. Nachmittags geht Georg Brown, von Fieber kuriert, nach Anjerkandi zurück. Frage, ob Rußland unterhandeln will.

20. Kies' und Leonb[erger]s Bericht, nach Hause, an Ostertag und Uranie und Fçs. Dubois - Mutter Hermann, Samuel, Emma. - Abends predige wenigen in Cannanore.

21. morgens zurück. Hebich kommt zurück. Abraham hat besonders stark gepredigt - abends schicken sie Fritz' Brief, darin Komitee-Entscheidung, daß Diez bleiben soll etc.

22. Beratung hierüber. Diez predigt nachmittags den Weibern und Frauen.

23. Joh 1-7 an Fritz geschickt.

25., Sonntag, ich habe Kinderlehre (in der vorigen hatte Diez gepredigt, als werden die Kinder ohne Geist geboren - darüber redete ich mit ihm).

28. abends, Maj. und Miss Gompertz besuchen.

1 March morgens in Cannanore, von wo Hebich sich die bandi entgegenschicken läßt. Daher Schw. Weigle, dorthin gelaufen, hier* heraus im Manjil kommt. Nachmittags Mögling und H. Kaundinya etliche Stunden, ersterer voll des Seelenschlafs der Verstorbenen. Über Searle, daß er auf den Frenchrocks nichts sei.

2. März, besuche Mögling und K[aundinya] noch einmal, letzterer ganz auf pedes apostolorum, reduziert durch das Klagen G. W.s etc. über sein Sichgehenlassen.

3. März, telegr. Botschaft, 15 000 Sardinier sollen zu Raglan stoßen. Abends reitet Schw. Weigle ins Fort.

4. Cannanore, Hebich predigt - Abendmahl. Nachmittags wieder Predigt, darauf Young, Boswell, Frere mit Frau und Schw. Weigle am Tee - Nacht etwas Donner.

5. Im Boot langsam nach Tellicherry - sie erbricht sich, auch Caroline - David fragt, ob das das [illegible] sei, in dem die Brüder fort sind. Das Segelnwollen liebte er nicht, erst als es ans Rudern ging, wurde er getroster - Frau sehr nervös - lande an der Brücke, und im Wagen hinauf (ich voraus zu entschuldigen, daß Irion nicht nahekomme, ehe Kleider gewechselt). - Rede mit Irion - er kündigt Cornelius an, der am Ende doch noch Johanna kriegt - nichts über Komitee, dagegen über den von Mangalore entlassenen Benjamin und über Thaddai, von dem Laseron ein Zeugnis will.

6., zurück, Briefe an Inspektor (privatim), Theodor, Reinhardt und nach London (F. Müller, Schw. Bühl[er], Friedrich, Paul) diese fort 7. morgens.

8. abends kommen Frau und David mit Schw. Weigle und Kindern zurück im bandi und Manjil (sie waren einen Tag in Chombala). Hebich war erst am 7. auf Fest gegangen, des Landkaufs wegen (am 5. etc.), seine Leute am 6. mit unseren umbrellas.

Am 9. predige ich abends, ebenso Sonntag, den 11. Capt. Rollstone und Schw. Weigle unter meinen Zuhörern. Wir erklären Schw. W[eigle], daß wegen Hebichs Abwesenheit weder ich noch Diez sie begleiten können. Sie erzählt alte Geschichten, besonders von Fanny Johnson 1844-45-48. Dann von Mlle Perrot, später Mme Perrec in Esslingen (mit Kaufmann Weiss), die jetzt bekehrt sei.

Frau macht mich eines abends an R[aja]s Tank den Nayern predigen. Ich predige 13. und 16. abends (Eph 2).

Während ich am 17. Andacht halte, kommt Pangu, Hebichs Pferdeknecht, atemlos angesprungen, er bringt einen Brief über den attack dieses Abends, der in Taliparamba auf die Unsern gemacht worden und schließt eine application um Truppen an Col. Carthew ein. Ich mußte zu Young (der, wie Hebich wußte, mit Brigad. McDuff nach Calicut gegangen, aber diesen Morgen zurückgekehrt war). Fand dort Foulis und Boswell, übersetzte und fragte den Pangu aus - Young schickt mich zu Carthew. Ich falle auf dem Weg samt Gaul - langes Warten (daher Zahn-Fluß), endlich besprochen, zu McDuff geschickt, es folgt aber ein Billet nach "lieber nicht" - wir schreiben Hebich, zu fliehen oder im Missionshaus ruhig zu bleiben - ich gehe mit Brief Youngs zu Tahsildar - stockfinstere Nacht und Regelein! - Er schickt Hilfe von 5 peons hinaus. - Schlaflos.

18. nach Cannanore, Predigt, in der auch Col. Clemons mit seiner Schwester ist. Hebich schreibt beruhigend.

19. Wir sehen Hebich etc., vom Fest zurück - ich habe für ihn an Conolly zu schreiben, kann daher nicht Schw. W[eigle] begleiten, die mit Paul und Hannele 2-3 p.m. abgeht. Diez begleitet. - Abends Briefe von Jette, Mutter, Hermann, Samuel, Marie (der erste von Korntal).

20. früh. An Komitee XV (von allen 3 unterschrieben), XVI. An Jette (auch von Paul W.), Mutter, Hermann, Ostertag - erst am Abend kam, was ich an Josenhans schicken sollte über die Mai-Sendung und Barths Brief, der klagt über meine groben (?*) Schreiben an Komitee. - Schw. W[eigle] gestand meiner lieben Frau, sie hätte so gern einen rechten Prediger geheiratet.

23. Hermann Kaundinya kam auf Besuch von Coorg - mit ihm der Potconi* Gumasta* von Taliparamba, die Depositionen nochmals durchzulesen.

24., das Mädchen Chiya von Taliparamba mit Paul. Gehe mit H. K. ins Fort.

25. nach Anjerkandi (Hermann abends mit Katechistenschülern auf Boot nach Mangalore ab). Der elende William hat vielleicht im Reis-godown mit Jesaias Frau die Ehe gebrochen - lese ihnen und predige - abends der Gemeinde.

26., zurück. Hebich mit allen Katechisten und Chiya nach Tellicherry, (wohin Conolly erst 30.

kommt. Hebich vor Sullivan, dem Sohn von John Sullivan, gestorben letzten Monat).

28. um 3* Uhr p.m. fire in 21 N.I. lines. Es scheint 6 Menschenleben gekostet zu haben.

29. Hebich schreibt, er fühle ganz miserabel. Conolly noch nicht da. Abends eben zu Bette gegangen, da kommt der Koch und sagt, Hebichs Haus sei ganz verbrannt, außer der Kapelle, weil Gottes Wort darin gepredigt werde. Bete mit Frau. Dann kommt Nachricht, daß Wohnhaus erhalten ist (durch Elia und Jona), ich reite hinein - sehe Searle, der morgens von Rocks angekommen war, dann Diego, der noch im Haus war, als das Feuer am Stroh anging - höre alles Zeugnis. 4 Anjerkandi-Leute (!) sind gegangen, Hebich zu holen oder doch zu benachrichtigen. Alles von europäischen guards besetzt - zu Youngs, bei dem ich schlafe, ohne ihn aufzuwecken.

30. morgens ins Haus. Fange hereintragen zu lassen an, nachdem ich an Diez geschrieben. Boswell kommt, hilft. Zu Young zum Frühstück, overland telegraph: Türken haben Russen von Eupatoria zurückgeschlagen, Preußen westlichere Politik. Hebich kommt um 4 Uhr - traurig. Pires dumme Reden reizen die Soldaten auf, denen wir danken.

31. Hebich bei Major Wells, alles zu untersuchen wegen Gelds und goldener Uhr, die aus seiner Schublade gestohlen wurde. Es scheint alles auf Searle zu deuten.

1. April, Palmsonntag, in Cannanore. Hebich predigt über Feuer und daraus Retten (Hölle und Predigt des Glaubens), Pr[edigt] anmutig und ansprechend. Capt. Rollston ist da, den Rhen[ius] cut hat, weil er ihm von seiner Frau Sache sagte.

2. April. Alarm im Parnatcheri, als werde es verbrannt. 4 neue Feuer, bedeutende - die Hebich, Diez (heute zurück), Knight und Standen (mit Diez gekommen) im Atem erhalten.

Am 3. früh sah ich Frank Groves und frische alte Erinnerungen auf. Er ist nicht sehr lebendig, verspricht, nach Chirakkal zu kommen, hält's nicht.

Am 4. abends besuchen uns Diez und die Knights, er hat 150 Mud* rice gebracht. Ich schließe an Komitee XVII mit Bericht von Hebichs Attacke und dem fire - eingeschlossen an Barth, Ostertag, Fdk. [=Frederick] und Paul - auch R. Francks über Marseilles. - Mutter, Hermann, Samuel, Marie (auch von Frau), Jette, Theodor. - In der Nacht von 4.-5. wird Chiya wie besessen - will Haus anzünden, sich in den Brunnen werfen, liegt hin, sieht zerstört aus - schicke sie mit Knight nach Cannanore (in derselben Nacht wird Foulis krank, Erkältung? bilious attack? Cholera).

6., Karfreitag. Ich habe mit Chiya vor Sullivan zu erscheinen, gehe zuerst - er böse über Verurteilung von Masonry* - Ch[iya] ist besser als man erwarten konnte und will nicht zur Mutter.

7. Wieder nach Cannanore. Konferenz. Searle zu entlassen beschlossen.

8., Ostern. Knights, die Verküßten, sind wieder da - auch Rolston in Kirche. - Ich predige nachmittags.

9. morgens aufs Chovva-Feld.

10. abends spreche ich mit Marg. Will über ihr Fremdtun, Schweigen etc. Um 9 1/2 p.m. geht der liebe D... David Foulis zu seiner Ruhe ein.

11., sehe ihn morgens, gehe abends zur Leiche vom 20 N.I. Meßhaus an, sehr schwer für Young, bei dem ich Tee trinke und dann zu Foulis gehe und dort schlafe (auf 2 Betten nebeneinander, viele Muskitoes und Hitze).

Um 4 Uhr, den 12., nach Tellicherry (Traum von Schiff foundern, ich rette mich schwimmend mit Frau, Gedanken an Owen Glendower, da gerade vielleicht Landung in London). - Sitzung, den Luc. abzufertigen. Hebich bei Frere und Conolly. Ich schreibe seine complaint an den Principal Sudr Ameen. - Diesen Abend um 5 kam Frau Foulis von Mercara zurück - war über Mittag bei Mögling gewesen, getröstet durch einen Besserung meldenden Brief von Cannanore, erst vom 2.-3. milestone an Furcht wegen des sie anzukündigen vorauslaufenden Lascars. Young empfängt sie - Is he gone? Dann großer Schmerz, bald aber, how did he die. Freude über sein Bekenntnis. Young nimmt sie in sein Haus.

13. reite ich von Tellicherry zurück. Begleite Frau nach Cannanore. Dort bei Young. Ich höre Schw. F[oulis] weinen, sehe sie nicht. Mit David in Diez' Haus, wo ich abends predige, Eph 2, ult. (In Tellicherry gehört, daß Halsted mich bezüchtigt, Charles' dress changed zu haben und abgelehnt zu haben, ihn zu taufen*).

14. zurück, Chirakkal, Vorbereitung der Weiber Hagar wegen Händel, Claudia wegen falscher Anklage ihres Schwiegersohnes (als habe er Schulden infolge der Bewirtung von Nath.s Familie) abgehalten, wie auch Phoebe wegen Selbstgerechtigkeit.

15., Sonntag, Abendmahl (Diez cross gegen Hebich). Schw. Young kommt an, reißend schnell (sogar im Cambli getragen), daher Frau mit mir retour. Fr. West (seit 8 Tagen hier) fast geärgert, daß man wünscht, ihr Sohn möge zur rechten Stunde an unser Essen <[zu]> kommen, statt nachher.

16. morgens, sehe Fr. Young, home-Briefe - Samuel immer noch derselbe. - Abends 11 1/2 der erste Regen, ein rechter. Charles zittert und jammert über dem Donner, David lacht. In Cannanore werden die Leute viel Not haben, deren Häuser unbedeckt sind.

17., gestern und heute begegnen Comm[ander]-in-Chief Genl. Anson, von parade rückkehrend.

18. Hermanns Geburtstag - daß er suchen möchte von ganzem Herzen.

19. Nach Cannanore. Finde Zeitung und photograph von hills, besuche Conolly, mit Hebich über Registrierung etc., zurück, finde, daß Con[olly] in Chirakkal war. Gaulverspätung ließ mich ihn verfehlen. Diez war in Taliparamba.

20. an Komitee XVIII, Berichte von Nilgiris und Irion, an Mutter, 4 Söhne, Ernst, Ostertag, Fräul. Culm[ann] - Frau glaubt, gestern (wo Young Foulis' Cacatu und die bitch Fanny oder Gipsy schickt), werde der Landungstag der Knaben gewesen sein, einer habe sich an einem shop aufgehalten und sei von den anderen getrennt worden.

22., Sonntag, in Cannanore (Missy - die sehr reuig ist, bleibt zurück), ich dolmetsche für Hebich statt des brustkranken Joseph. - Abends bei Youngs, sehe Schw. Foulis zum erstenmal ordentlich getröstet - zurückkehrend höre, daß Dash, durch die neue bitch aufgeregt, auch Eunike schwer gebissen hat, sowie Tabitha am Morgen leichter. Frau gibt ihm Milch und Wasser zu trinken, was er sich gefallen läßt, worauf er eingesperrt (und zum Tod verdammt) wird. Indessen gehe ich dem Feuer nach, das wir von Catcheri an gesehen, vom oberen Dorf an durch Bambusknallen gehört hatten - Tempel an Rajs Tank verbrennt durch Versehen kochender Brahmanen. Ich bin dabei, wie brennender Kokosbaum gefällt wird. Frau aufgeregt, glaubt immer neue Feuer zu sehen, daher ich nach Tee nochmals gehe, den kleinen Raj begrüße (dessen Erbe [illegible] gefeiert werden sollte) und Wasser gießen sehe. - Nacht bang durch Hundegebell - Frau nervös - Claudia ächzt von* [illegible] (für Eunike gehalten).

23. morgens Hund erschossen.

25. Höre, daß Sullivan bei dem Raj sich über Hebich beklagt hat (23. hatte Hebich in Anjerkandi eine row mit den 3 Herren, er hätte, sagen sie, die von ihnen Fortgeschickten nicht nehmen sollen. Sie: es seien 2 Partien im Dorf etc. sehr bös). Wieder ein Feuer, 36 Häuser im 20 N.I. lines: eine geldsichernde Frau verbrannt <(nein)> - Telegraph sagt: kein Frieden - Spain und Portugal mit allies <nein>, Louis Nap. will in Krim. - Frau wollte David in der Küche was sagen lassen. Er: I's a Maity to tell*?

26. wieder Feuer - von Hochzeitlichem [illegible] Kochen (gestern von [illegible] Rösten).

27., ich lese Pauls Schiffbruch - denke an Owen Glendower (!) - an beständige Feuerfurcht. Gott gebe mir mehr Glauben in den Sohn. Gegenüber der Komitee ist nun mein Gefühl: Gottlob, daß Chirakkal noch nicht angezündet ist, es läßt sich das noch verhindern, ich will lieber gar nichts sein, nichts gelten und mich irgendwie demütigen, als daß solche weiteren Aufenthalte, die einen um Jahre zurückwerfen, stattfinden sollen.

28., in Cannanore bei Foulis auction, gehe nachher zu Young, der zum Dep. Ass. Adj. Genl. nach Bang[alore] berufen ist - Du, Herr, scheinst es darauf anzulegen, uns menschlicher Stützen zu berauben (Chatfield statt Conolly nach Calicut?). - Fr. Hodgson von den Dr.s aufgegeben, nimmt's mit Ruhe an. Herr, stehe ihr bei.

29., Sonntag. Young sehr in Gedränge, der Brig. redet ihm zu, er ... McDuff habe ihn empfohlen.

30., wieder Feuer in 20 N.I. lines, 3 compagnies ohne Hütten. Young wird des Antrags los und ist ganz lustig. Overland - nichts Besonderes.

2. Mai, in Cannanore bei Hebich (wo Kolb etc. sind, Ebenezer in Chirakkal), bei Young, um medicines zu holen.

3. XIX an Komitee <mit Protokoll über Searle>, Theodor, Adolph, Tante Emma, Friedrich und Paul.

4. und 5. Abendmahlsvorbereitung - frage wegen Maria, Ruth, Dorcas, gegen welche Nath. allerhand vorbringt, vielleicht von seiner Frau angetrieben (deren Pauline besonders von Annie und Carolin gehegt wird). Hagar böse - Claudia hat Not mit ihrem Schwiegersohn. - Gebe Marg. W. und Priscilla Abendmahl.

6. Abendmahl bei Hebich, Rolston dabei (angeregt durch Foulis' letze Reden und Youngs Erklärungen) - aber abends nicht mehr da - Frere sehr freundlich. - Hebich und mein will. - Barnabas zerschneidet die Tücher auf Webstühlen und bestiehlt Silas! zu Rolston geschickt. <Wir besuchen Wests>.

7. morgens, Hebich geht auf Reise. Ich nehme Abschied. - Abends Missionary meeting, in der

auch Frere ist - Munro nimmt Abschied. Kerrs grandmother 99 Jahre alt, bekehrt durch Nachrichten von ihm.

8. Frau weint, wie schon lange nicht mehr, wegen Lieblosigkeit gegen Friedrich. David tröstet sie oft durch Anlehnen seines Kopfs. Morgens darauf fragte er sie, Is you now a good boy? - (vor 6 Jahren meiner Krankheit Anfang).

9. früh, die 25sten einschiffend mit Dudelsackpfeifen vom 74sten.

10. Nachmittag Fr. Weigle entbunden, sagt Frau <nein> - Schw. Young und Foulis besuchen, letztere das erstemal. Rolston war in der prayermeeting bei Young gewesen, ohne doch selbst zu beten. - Abends John Groves' Brief, anfragend über seine unglückliche Tochter.

11. morgens - bespreche mit Young und nehme an unter Bedingungen <in bandenmaster's house Chelwam, servant, for marriage with a Cruz, sister of Ignatia, the Pandichi, 15. - und Mutter Cshauriamma, 5 distributed over some following months>. Abends Predigt 1 Joh 3-13, ditto Rolston da, gelangweilt, wie es scheint, auch Capt. Falconer und die Wallaces (über brüderliche Liebe).

16., nach Anjerkandi (während Timoth. Cannanore besucht), finde Frau Thom Silva dort. William sehr böse über Disziplin in der Kirche, Tod der Martha (Nacht von 7.-8. Sturm, den sie nicht hört, der Bäume einreißt, einen über Gnanappus Haus beugt), sie stritt zuerst mit Elisabeth und ihrer Mutter Susanne, hielt sich dann über Zurechtweisung auf "bis zu meinem Tod werde ich nicht Buße tun", kam nicht mehr in Gottesdienst (Karfreitag), aß Jackfrucht und erbrach sie die Nacht durch, Abweichen - schickte zu Herren, aber nicht Katechisten. - Morgens hörte der's, fand die Kinder schreiend, sie mit schon brechenden Augen. - Begraben von den Draußenstehenden. Darüber Will., nirgends so als bei Hebich, Tim, ja, in der Mission. Streit darüber, was Nutzen der Kirche, im Haus Schöpfer so gut zu bedenken - alle Sünden vergeblich außer Mord, Mörder schließe man aus, sonst niemand. Frank spricht etwas für Kirche und Zucht (gegen Trinken, Will. dafür, der Herr Gundert habe auch schon Wein mit ihnen getrunken, ja früher, von Tellicherry, habe ich immer eine Flasche mitgebracht, ein Mapla wollte mich Arrack bei Dozu* kaufen gesehen haben).

17. zurück, es kommen overland 1. Homenews, Owen Glendower 8. April in downs all well 84 days ... Malabar coast. Jubel am Himmelfahrtstag. - Nachmittags 5 Uhr Briefe - Samuel zeugt von Jesu Gnade, sonst Torheit, von Tante, Hermann, Mutter zu Samuel gezogen durch seinen Christenbotenkauf für sie. Komitee stark gegen Hebich, verweigern Geld zum Soldatenhaus - er solle als Präses sich zuerst ducken - sonst Verwilligungstabelle höher als früher.

18., meine Briefe ab, XX an Komitee über Registrierung - sodann Ostertag (entschuldige die Gedankenlosigkeit des Hebich-Diezschen Briefs), Mutter, Tante, Hermann, Samuel, Marie. - Predige. Rolston hat gestern bei Youngs selbst gebetet - kam aber nicht zu mir - Diez sehr aufgearbeitet, ärgerlich über Leute. Diego Kind geboren.

20. Predigt über 1 Joh 3 ult. Lese Briefe von den Boswells und Sandemans in Edinburgh, betreffend unseres Bruders Tod.

21. Die John Gr[oves] schreiben und akzeptieren.

26. Nach Kuttuparamba, ihm zu begegnen - umsonst - hin mit bearers, zurück reitend, müde.

27. Die Whites in Church - aber nur 8 Tage in Cannanore, er so froh, wieder in der old Chapel zu sein. Rolston hört's - auch die Clemons und Carthew scheinen etwas näher zu kommen.

28./29. Mai. Diez in Chombala und Tellicherry - wegen Lohn der Feldarbeiter. Young sagt mir von Rolstons Not mit Frau - Clemons "so gehen wir jetzt 15 J[ahre] voran, können nicht in 1 Jahr anders werden." Miss Cl[emons] liest von Fr. Rhen[ius] was vor, wie der teure Foulis jetzt in angel's anthems joine "must not laugh". Frl. Ricks erzählt von Fr. Wilkinson, die solche Not auf den rocks machte, auch von Searle. Ich erhalte Bücher und Arzneien von ihm. Sehe sie fort.

1. Juni abends - predige God is love, Frau Rolston in Kirche.

2. Juni, endlich kommt Miss Ellen, ohne den Br. J. G[roves], der mich für Narren gehalten hat. - Morgens Briefe von Hermann - ungescheut Heide. Samuel fürchtet sich vor Rückfall, schickt Hermanns Denkmal - Staudt über Marie - Tante disappointed in mir - Ernst über Examen machen. Nichts von Friedrich und Paul. - Abends mit Rich[ard] West gesprochen, der sich eine Tiatti hält im erumakaren Haus, vorher seines Butlers Tochter, wie die Leute sagen, er leugnet alles.

3. morgens nach Cannanore, Brief XXI an Komitee über das 2. Missionshaus in Cannanore. Tante (sie müsse Ungöttliches verfluchen, um davor gesichert zu sein), Hermann (über seine Wahl des breiten Wegs), Samuel (Kampf bis ans Ende), Ernst, Theodor, Fr[iedrich], Paul. - Monsunisches Wetter, doch nachmittags hell <Elieser nimmt seine Frau Esther mit hinüber>.

4., verregnet auf Weg von Post mit Briefen Fr. Müllers (Fr. Paul) und Schw. Bühl[er]s - doch nachher hell. Missionsstunde, nach welcher ich F. M[üller]s großen Brief kurz zuvor über Chombala erhalte, den Schw. Foulis und Young etc. vorlese.

5., übersetze für Mama die homebriefe über die Kinder. Nachricht, daß David Jacobi 31. Mai bei Gudelur an Cholera gestorben ist. Young ist sehr zweifelhaft, ob Hebich recht tut, so fortzugehen. Boswell zu seinem Regiment fortbeordert. Young klagt über die Vernachlässigung der englischen Gemeinde (karge Frucht, solcher Worte wie we raise a tower of strength which thou smashest with thy eyes! so wie slumberness und dergl.).

Am 7. Juni morgens gestorben der liebe Gottfried Weigle, nachdem man von Gefahr kaum eine Ahnung gehabt hatte. Wir hören das erst Sonntag, 10. Juni (nach dem Gottesdienst, an welchem humiliation wegen war[1]). Rolston, der sehr zweifelhaft gewesen war, ermannt sich wieder. - Mir geht diese Nachricht tief ein. Frage, was raten, Frau ginge fast gar hinauf, doch heißt es, Mögling komme herab.

12. Juni, in Cannanore wegen der Abendmahlsvorbereitung mit Schwarzen - viele Not - sehr müde - Boswell abends bei uns, wir sehen das pilgr. progr.* Gemälde, das Carr uns geschickt hat.

13., in Cannanore abends wegen Soldaten, deren keiner kommt, daher zu Youngs.

---

1. Krieg.

14. Habe Mädchen vor.

15., predige (über Liebe und Furcht - Rolston da, Sarah Stocking entbunden).

16., habe Weiber, putze sie tüchtig wegen Händel, lasse fast keine zu - Ignatia und Arabella rechtfertigen sich wie immer. Ach Gott, wieviel Tod. 16., XXII an Komitee, Mutter, Staudt, Barth, Friedrich, Paul, Fr. Müller - Fr[au] an Schwester Uranie, Mrs. B., Mrs. M., Hermann, Samuel.

17. Abendmahl (wenig Leute von Chirakkal, kein Soldat, also wegen dieser weiter nichts mehr zu tun. - Chiyas Mutter kommt, sie zu sehen, sie springen sich in die Arme und weinen. Künftig nicht mehr am Sonntag! - J. Gr[oves] schickt 58 zum Anfang. - Schw. Fritz schickt ihrer Schwester Brief über Kinder in Staßburg.

18. Besuche Boswell zum letztenmal und bete, er fort nach Coorg im Nachmittag. Abendmahl in Chirakkal.

19., zu Stocking, dessen Frau das Abendmahl verlangt. Lochin suppressed fieberisch - starker Regen.

20., nach Anjerkandi, wo Gnanappu dem Tod nahe, gebe Abendmahl first, dann der Gemeinde (höre, daß auch Georg Brown nach seiner Rückkehr von Cannanore hurte, ebenso 3 Offiziere, die hinausgingen).

21., zurück - wenig Regen. Brief von Fr. Müller. Miss Kulmann und den Knaben, Fr[iedrich] und Paul.

22., predige in Cannanore, Frau geht mit bis zu Stockings und nimmt Sarah mit sich hinaus, Manjil.

24. Fr. Müllers Tellicherry-Briefe kommen an, sehr interessant, predige über 1 Joh 5, 1-5. Boswells Ankunft in Almanda und Mercara. Höre, daß sich für Mögling in Madras ein Coorg-Komitee bildet. Sarah delirious fast den ganzen Tag. Gestern fing ich mit Miss Ellen zu reden an. Ernstliches Beten, meint sie, bringe Vergebung der Sünden. Ich weise sie mehr auf den Glauben ans einmal Geschehene.

25. früh, Sarah Stocking gestorben, aufgerieben vom Sturm in den Nerven, sie hatte das erwartet seit 6. Monat der Schwangerschaft, wo Fall. - Darauf Lärm, Martha hatte bei ihrem Mann die Frau des Mapla-Waschermanns gefunden, der vor unserem Compound sein Haus gebaut und eben vollendet hat, nahm gleich Ehebruch an und schlug sie, ihr Mann wollte sie nicht mehr aufnehmen, Martha sich nicht demütigen! - Mosley Smith schickt 1 000 Rs an Hebich, ich 100 Rs an Arbuthnot in orders auf Binny and Co. and Arbuthnot - (wodurch 500 Rs für Fr. B. im 5% Anlehen investiert werden). - Nach langen Verhandlungen mit Jona und Frau (letztere geschlagen) schicke ich sie fort, 1. Juli kommen sie nicht zur Kirche, gehen 2. Juli mit 2 bandies (waren mit einer box gekommen) nach Chovva, froh, daß ich ihrer los bin <sie im August von Chovva fort nach Kunnamkulam>.

29., ich predige wenigen unter starkem Regen, nachdem ich Young , der cold hat, besuchte. Rolston kommt nicht.

30., ich unterzeichne mit Diez und Young als Zeugen ein agreement mit John Gr[oves] über die Erhaltung des zu gebärenden Kinds mit den Interessen* von 1 500 Rs.

1. Juli, predige in Cannanore. Die Franz. Engl. nehmen outworking von Sebastopol und Kertsch, gehen über Tshernaya. Rolston zum Abendmahl in englischer Kirche?

2. abends, ich besuche Rolston zum Tee, nachdem ich 28. ihm den ersten Morgenbesuch gemacht hatte. Pope von der Artillerie und Miss Ramsay da - man scheut mich. - Diez macht halbjährlich* Rechnung.

3. morgens nach Tellicherry geritten - Distriktskonferenz. Abends kommt Mamas und Theodors Brief (Hermann sei incurable, meint Finking* - Gott weiß es).

4. Johannes-Evangelium revidiert. - Abends mit Fritz herübergeritten - Miss Ellen versteckt sich - Fritz schläft hier.

5. Ich begleite ihn nach Cannanore, zu mir kommt, von Rolston gesandt, Mrs.* Hawkins, die ich zu Horsefield zu bringen suche <umsonst>. - Ich sehe Young (wo R[olston] in meeting). - Diez' weißes pony von Boswell geschickt. - Frau fürchtet eine böse Niederkunft - Bella weinte <heulte> eine Nacht vor E.s Türe - Träume aller Art. - Indessen lernen Misses Klavierspielen. - Im Postoffice Moreira wegen unterschlagener Gelder nach Tellicherry transportiert. West ratlos. Ich hatte 2. Juli nach Europa geschrieben, Komitee XXIII, Ernst, Fr[iedrich], Paul <Frau> <Miss Culmann>, Fr. Müller, Barth (mit Bonus Brief), Frau an Marie.

6. Ich predige in Cannanore, kein Rolston.

8. Predigt, Rolston kommt - ich rede ihm zu wegen seiner Frau und Christi Schande vor der Welt tragen. Er: Es ist sehr schwer. Pope in der Predigt - Jesuadial hat eclampsia - stirbt nachmittags 3 Uhr - ich hatte gebetet, Frau blieb immer bei ihr. Wollte nachher zu Neh.* reden, er war verschwunden - nachher ganz rasend, will kein Weib, will kein Kind, wenn Menschen verlassen, Gott verläßt nicht, furios gegen Mission, oder besser, gegen Gott. - Zurückgekehrt, Anzeichen früher Entbindung bei Miss Ellen - ich schlafe mit starkem cold.

9., 2 a.m., William Allen geboren. Sie "ist er sehr dunkel?" - sein Vater war sehr schwarz. - Diez hier zur Konferenz.

12. Youngs besuchen gerade vor einem Regenschauer - er hatte viel Gefecht mit Rolston (er soll nicht wegen Schwachheit, sondern Unwilligkeit vor Gott klagen), overland news, Anapa genommen etc. in Assow Sea.

13. Rolston mit Frau in Predigt (er lobte sie nachher, aber gleichgültig).

14., naß in der Rückkehr von Cannanore. Curumbattis S[ohn]s Weib und 3 Kinder kommen, auf uns zu liegen. Darunter ein netter Knabe, Ramen.

15., Sonntag, in Cannanore. Predigt - Lady Foulis sehr getröstet und dankbar gegen Gott, ladet ihre Schwiegertochter ein. Nehem., dem ich zurede, läuft nach Chirakkal, Frau zu fragen (er hatte brandy getrunken, bis Diez die Flasche nahm - ist ganz verteufelt, lächelt zu allem).

16., endlich ein Brief von Rhenius, uns Charles abzunehmen, den er zu seinem Schulmeister stecken will (Vedamuttu?). C. geht fröhlich, David weint. - Abends bei Diez auf Besuch, der aber schläft (sehr regnige Tage seit 14.).

17. Diez abends hier - wir beten zusammen.

Am 19. (Hebich nach Bangalore), ich erhalte von Garrett für Walker 89.4, dazu ich 26 - in Hundy*, schicke zusammen 115.4 an Pfleiderer zur Übermachung nach Cannstatt mittelst Basel. - An Komitee XXIV, Mutter, Theodor (nach Tante E. R. fragend), Staudt (jetzt erst - und Marie, drin sie vor Hermann warnend), dazu Chr. Müllers report. An Hermann, mir nie mehr so zu schreiben (am 16. kam der Brief), oder ich breche ab, an Samuel (ein Brief sei wahrscheinlich in den Nil gefallen) - auch von David an seine 2 Brüder in Basel. An Ostertag über Photograph, ebenso an Schw. Bühler.

Predige 20. Young hat sore leg, liegt - verzweifelt an Rolston, den auch Diez' Gebete (thou hast broad shoulders etc.) sehr geärgert hatten, übrigens liebt er eben die Welt.

21. Frau hat Fieber - fainted fast am Frühstück - David sah's, suchte zu helfen, weinte, saß in tiefen Gedanken. - Abends, Fritz fragt, was mit seinem* verliebten Mitgehilfen zu tun?

22. Taufe von Effinghams und Eades Kindern, Predigt vor wenigen Engländern - Young liegt noch.

23. Diez zu Gebet und Konferenz.

27. Ich fange Rev[elation] 2 zu predigen an. West jun. bei uns, sich zu Tee aufdringend, redet davon, wie seine Tier einen großen Spektakel machten mit Teufel austreiben aus einem armen Mädchen -(Jac[ob] sagt vom Malayen*, der's austrieb, habe er gehört, es sei Wests Tiatti, er habe bezahlt und beigewohnt). Abends kommt Miss Kegler.

28. morgens nach Chirakkal zurück, Abschied von Miss Will (meine Frau zu ihr, hope you will write, sie trocken), will try zum Erstaunen von Miss Ellen, ich mit ihr, über ihre Reibung mit Miss Blandford "you always think me the guilty party", und nachher, die andere sei mehr humble, was ich durch childlike und childish qualifiziere. Miss Ellen in Tränen aufgelöst, hoffentlich ordentlich vorbereitet auf das, was kommt. Seien um 1 Uhr bei Chovva gesehen worden. - Der Brasilianer gentleman Bettler* bei mir <Joseph, Rodgers or Rodriguez d'Almeida*>, ich traue ihm nicht. Er sagt zu Young denselben Tag, er gehe nach Mangalore, zu mir, er wolle sich Briefe von Goa und Bombay erbitten.

29., Sonntag, Weber Jacob krank. - Die neue Jgfr. sterblich verliebt, findet's viel zu heiß hier.

30., in Diez' Haus, private Thompson kommt zu mir, sagt, sie haben Erlaubnis zum Herabmarschieren von ihrem Commanding Officer (Capt. Falconer hatten sie erbeten, zuerst von Col. Patton, der nichts von ranters und methodists wollte, dann von Brigadier - Young krank, konnte nichts drin tun). Sie wollen Gottesdienst um 6 a.m. (unmöglich) - doch wird in dieser Woche beraten und Gottesdienst getrennt, Englisch und Malayalam, beschlossen.

31. Vorbereitung mit den Schwarzen - sehr müde.

1. August, mit Floyd, Eades und McIntyre und Konferenz mit Diez. - Auch Abendmahl an Priscilla.

3., mit David nach Cannanore. Predigt und kein Schlaf darauf (David in meinem Bett unter den musquito curtains). Diese Nacht stirbt Weber Jacob an Nervenfieber.

4. zurück nach Chirakkal, David bei Youngs auf einen Tag und eine Nacht.

5. Umsonst die Soldaten erwartet, die headquarter-Erlaubnis noch nicht da: aber doch getrennt Englisch und Malayalam (Jacob krank, also ohnehin kein Dolmetschen möglich). Dann Abendmahl (dem baker Abraham nicht gegeben). David voll Freude an seiner Mutter love not yet gone; er hat solche Lust an dieser neuen Liebe, daß er sie durch eine Tellicherry-Reise etc. zu reproduzieren gedenkt.

6., XXV an Josenhans, Ostertag (über Maries Versetzung nach Gompelin), Frau an Miss Culmann <Berichte> (über ihr Nicht-Lieben Fried[rich]s), an Fr[iedrich] und Paul (ich auch), dann an Fr. Müller (Eliesers) und Jette (über allerhand), taufe abends Harriet Rodgers, T[ochte]r von ... Rodgers und Ann, seiner Frau, der musikal.-kränklichen. - Missionsstunde in Malayalam.

8., ich höre, daß der Jackalalla* Col. den Soldaten die Erlaubnis zum Kapellenbesuch verwehrt. T. E. McFadyen, once in your <Mr. Hamilton's> parish in Serleon* in Lady Charlotte Fletcher's family as tutor, courted Elisabeth Sinclair of Dunbarton. - Diez geht nach Taliparamba.

10., Freitag, Falconer in Kirche.

12. Rolston wieder einmal - ich taufe Amata, Beata, Mathilde, Josia und Theresa, die tags zuvor schöne Geständnisse machte (da zuerst der Brasilianer und dann Schw. Young kam). Höre von Möglings Heiratsgedanken.

13./14. Briefe an Komitee XXVI über Diez' Heirat mit E. B[landford].

15. nach Anjerkandi. Ramus vom 20 N.I. (Katholik) begrüßt mit Hornblasen - bei Timoth. die vorgestern in Cannanore angekommene Sarah Duncan mit ihrem Samuel, sie habe getrunken, sonst nichts getan - bei Asuba (...) recht nett erwähnt Ps 22 und vom Heiland und seiner Gerechtigkeit [illegible]. - Abendmahl - bei Elisabeth (schwanger, wassersüchtig, die, von ihrem Mann verlassen, Simon ein Kind gebar, jetzt wieder ihren Mann hat), sie hat keine Sünde - Naomi wollte, von einer Mapla berichtet, der [illegible] ein [illegible] oder sonstiges Gelübde bringen.

Zurück 16. mit etwas Regen, Briefe von Basel - Fest durch reichlich Gäste und Segnungen ausgezeichnet.

17. Predigt - Theodor (19. Juni verheiratet am Tag des Begräbnisses der Geschlachteten vor Sebastopol), Mutter, Tante schreiben - schon 2 1/2 Monate nichts von Samuel.

19., Sonntag, zu welchem ich mit Mühe hineinritt, denn nachts zuvor ging Frau an 15mal hinaus und hatte schon cramps trotz der augenblicklich gebrauchten Mittel - schlafe halb auf Sofa, halb auf ihrem Bett, endlich etwas in meinem, aber wenig.

<29.* morgens Priscilla gestorben, abends begraben.>

20. abends besuchen Fr. Young und Foulis und Diez, der gestern abend unangezeigt gepredigt hatte. Ich sage ihm Youngs opinion (nicht chapelfilling - 11* little points -), spreche über ihn und Hebich, was er nachher, vor Young falsch anwendend, vorbringt, nämlich das picks (pigs) they are und swines they are passe nicht in unser Jahrhundert etc., sehr hitzige debate scheint dort stattgefunden zu haben.

21. morgens, XXVII mit 7 1/2 Tolas wiegenden reports, kosten 4 Rs, Schw. Kegler schickt noch eine in der Nacht geschriebene expectoratior* nach.

23., schwerer Tag, vielleicht das schwerste Leiden in der Mission, ich höre von S. K.s Fall durch päderastische Belastungen etlicher Knaben oder Jünglinge. Zuerst von H. K., mittags kommen seine 2 Briefe nach und 2, die er an C. M[üller] in Chombala schreibt, Patenstelle anzunehmen. Ich schrieb morgens an Hebich, nach Mangalore zu gehen, nachmittags an Kullen und H. K. über Suspendierung von Amtsfunktionen. Oh, der Seelenmörder! Welche Freude bei Satan und seiner Herde! und wir so blind, so getrost! - Nachmittags auch, daß Schw. Hoch durch Erkältung nach Wochenbett auf den Tod erkrankt ist! - Und S. K. freut sich noch, daß er Schule halten und predigen kann! Die Brüder seien wie tot! Balmatha ein Trauerhaus ohne die lebendige Hoffnung vom 7. Juni.

24. morgens bei Young, dem ich's sage <bleibe in Cannanore>, besuche Falconer und abends Gompertz (über Francis, die mit Cannen Liebschaft hatte etc.).

26. Höre von Mangalore, daß man mich haben will, also Predigt über Thyatira (Hurerei, Francis sah einigemal zur Türe herein) und dann fort im Boot bis Cavai.

27., schnell nach Mangalore, wo ich abends 8 Uhr eintreffe. Mögling seit Samstag da, Hebich kommt mit Kull[en], der ihm entgegengegangen war, um 10 Uhr, wundert sich, mich zu finden. Schw. Weigle und 4 Kinder.

28. Konferenz. Kullen über Madras ums Kap heimgeschickt. - Nachmittags, das Institut soll einstweilen nach Mercara - sprach mit Kullen <bei Anderson - Lieut. Gompertz>.

29., was die Zukunft des Instituts - mit Kullen, sehe Schw. Bührer.

30. morgens ab mit 6 Trägern, langsam nach Manjeshvar. Um Sonnenuntergang in Hosdrug, beim Mondaufgang in Catucutscheri, dort verirrt, in Cavai Boot bestellt.

31. morgens 8 Uhr in Valarpata gelandet, Chirakkal gelaufen, Komitee-Brief, mich zur Schulinspektorei unter der Regierung auffordernd. - Predige in Cannanore. - Adjutt. Genl. hat erlaubt, daß Soldaten zur Kapelle marschiert werden - sehe Young, Falconer, umsonst Hebich erwartet, der 12 Stunden nach mir abging, kommt erst 1. September morgens - abends sehe ich ihn in Chovva.

2. September, getrennte Predigten, Englisch vor Soldaten, Malayalam in Schule. Stuß, weil er die Chovva-Leute ohne alles Fragen hereingerufen, daher schon Andeutungen, daß er bald wieder reise. - Am 31. Brief von Hermann und Tante Reiniger.

3. September, lange Konferenz, besonders wegen Chovva und den Leuten, Obrien sehr schwierig - Hebichs Erzählung seiner Reise - Frage, ob sich's austrägt. - Mittlerweile Briefe an Komitee XXVIII über Kullen mit allen Beilagen, an 5 Tolas, dazu Briefe an Hermann und Tante, von Frau an die 4 Söhne, den 2 letzten auch von mir, an Paul Steudel über S. K. und an Inspektor privatim.

5. September. Dem Samuel Unni einen Brief gegeben zur Arbeit in Calicut. - Diesen Morgen geht Schw. <Isabella> Dobbie heim "the world is mad - come to Jesus" - edle Seele, weitreichende Kräfte, in Christo einfältig gemacht.

Am 7. jene Briefe fort, nachdem am 6. Hebich, von Taliparamba zurück, hier gewesen war, tief gedrückt, denn Paul will fort, ist sehr gedrückt. <Hebich sagt über jenes,

"wenn man's nur rückgängig machen könnte."> Da ich nicht schlafen kann, schicke ich am 7./8. noch einen weiteren Brief an Mögling und Kaundinya, das Institut in Mangalore zu lassen, bis Komitee entscheide. Schreibe diesen XXIX an Komitee und dazu noch ein Wort an Barth (8.).

Am 9. in Cannanore wieder getrennte Predigt. Lese die Briefe von Katechist Timoth., woraus erhellt, daß er über uns klagt, wegen [illegible] schreibe er nicht (seine Grobheit gegen Diez im Geldablehnen). - Young sagt, wegen der Verwirrung in unseren Stationsanordnungen habe er schon gedacht, seine Subskriptionen einzustellen; es sei natürlich dies nichts, doch könne ich dran sehen, daß ihm's nachgehe. Hebich sagt vielleicht, er <Hebich> habe es nicht gelesen - um so schlimmer, so sind's Berichte über uns an Joseph. Also darauf anzutragen, daß Tim. auf sein Gehalt beschränkt und ihm dies angekündigt werde.

10., schickte physharm. an Fr. Foulis - höre von Mangalore, daß Hoch am 8. (zu seiner gefährlich erkrankten Frau) nach Ootacamund wollte, dagegen Mögling und H. K. sich zu verweilen veranlaßt wurden, bis Albrecht von Shimoga komme, so ist also unser Brief noch gerade recht vor dem Packen gekommen. Von M. und H.s böser Absicht zeugt auch, daß in einem Brief von Esra an Elieser stehen konnte, sie werden 1 1/2 Jahre in Coorg sich aufzuhalten haben, da wir doch nur von 3 Monaten gesprochen hatten.

Am 13. beschlossen, Timoth. auf sein Gehalt herabzusetzen - auch über Obrien an Haultain zu schreiben. - Da gerade kam die news, daß 11. September Conolly von 4-5 Maplas in Stücke gehauen wurde. - Völliger Stillstand mit Mangalore, währenddessen fühlbar ein Ungewitter brütet. - Brief von Hermann an seine Mutter, auch von Reinhardt, von Theodor und seiner Frau und Mutter.

20. Brief an Arbuthnot über Schulbücher.

21. abends nach Tellicherry geritten (morgens XXX ab mit Einschlüssen).

22. früh auf Irions Gaul Chombala, von wo C. Müller mitgeht.

23., Sonntag früh Calicut, wo ich auch den 50 highlanders predige (Rev 21,7), C. M[üller] Malayalam-Predigt. Ich besuche Frau Conolly bei Harris, Tee mit Holloway etc.

24. früh umsonst Warten auf Bootgelegenheit, um Mittag in Jonathans bandi nach Tanur (Beypore-Furt 2 Fanam abgefordert). Abends nach 8 Uhr in Boot von Brücke nach Ponnani (1 Rp), von dort gelaufen nach Viyattil.

25. früh vom [illegible] nach [illegible] (bade), um Mittag ausgestiegen nach Kunnamkulam und zu Beuttler gelaufen. C. M[üller] kommt nach mir. - Sehe Johnsons (von Benares - über College - Stolzenburg Start ein Tyrann? etc.). - In der Nacht Peet und Hawkesworth durch strömenden Regen, singen, als angelangt - später die Collins und Whitehouses.

26., Mittwoch, morgens mit H. Baker und Harley (später Chandy und Matthan) kommt Dixon von [illegible] und erzählt allerhand voll Liebe, von Freiberg mines an bis zu seinen jetzigen Arbeiten an Eisenbahn (right through temples). Begrüßung der Missionare, Abendmahl, Peet im Chorrock, Baker im Kirchenrock, die Leinenhosen* unangetastet - nachher ihre meeting, während welcher mit Dixon, sein* Katechist Joseph, halbkast. Knecht von Cannanore etc. Um 4 Uhr hineingerufen, von Peet gefragt - bis 5 1/2 Essen - festgehalten trotz Abgang der Kulis - ich zwischen Mathan und Peet (über C. Rhenius, von seiner Gesellschaft heimgeschickt*), Halsteds Sohn, über Jacob Ramav. Streit von Collins und Hawkesw[orth] über College-Erziehung. - Endlich noch zum Klavierspielen gezwungen - mit mehreren Missionaren nach 8 Uhr fort - zuletzt allein gelaufen - im Boot zurück, von Viyattil schnell Ponnani.

27., nach Tanur. Capt. Hogg von Juliana, neulich wrecked, sein Leben, Bekehrung 1838 durch Schwester, "under gospel under law" Venn's whole dirty - Traum von white linen mit schwarzem Faden* - verliert alles im Emigranten-Schiff in Hooghly 1851, jetzt wieder 6 000 Rs; sein Mitleid für Conolly, verbreitet arabische und persische Bibeln, z. B. in Jidda, verauktioniert Pfeffer in Chavakkad, Schiffsreste in Tanur und Parappanangadi - im Manjil nach Beypore - gelaufen bis 8 p.m. Calicut und dort Briefe (Möglings Aufkündigung).

28. Harris und Fr. Conolly mit Selby besucht. Dieser sehr warm. Bischof ganz anders über Hebich - mit Miss Will - mit Sauvain, der gern in ruhigeren Distrikt möchte. - Abends Elattur.

29. früh Vadagara, Chombala, in Mahe bei Tessier, gelaufen nach Tellicherry zu Brennen, der mich zu Irion führen läßt, dort festgehalten, übernachtet (Gaul nicht über das ford gelassen).

30. früh, Sonntag (2 Giraffen begegnet), an Chovva vorbei nach Cannanore - David und Frau kommen.

1. Oktober. Brief von Jette (auch für Schw. Weigle), 2. von Barth und Schw. Weigle (die betrübt ist), 3. von Fr. Müller in Stuttgart über Knaben. Die overland von der Tchernaya-Schlacht 16. August <auch Kullen, der vielleicht in advance abgeht>. - 2./3. Schw. Kegler bei Youngs.

6., von Fr. Bühler der erste. Elíab und Philipp von Tellicherry wählen, letzterer Asnath, jener Orpah, Samuels Schwester.

7. Predigt in Cannanore, zum erstenmal im langen Haus (wegen tiling Arbeit).

8. Briefe XXXI an Komitee (mit 4 A... zu Zeitschriften), Möglings Brief vom 26. August, Staudt, Marie, Fr[iedrich] und Paul (auch von David), Mlle North (von Miss Kegler), Fr. Bühl[er], Mutter <Samuel um Opern> (und Johanne G. von Frau), F. Müller (auch von Diez). - Schulde Jette, Reinhardt (auch von Maries Vakanzen), Barth. - Regnerische Woche, es wird ausgemacht, Elis. Blandford nach Calicut zu schicken. Mögling schreibt etwas milder, doch auf sein Recht beharrend, hoch.

9. Davids Geburtstag (erst abends entdeckt), ich stelle den Schreiber Appature an, Neffe des Tahsildar, sehr beschränkt und verwahrlost.

11. Hebich von Anjerkandi zurück hier, Young schreibt, der Malakoff-tower sei am 8. September genommen worden (Redan glückte nicht), South side evacuated, Russen wollen honourable terms annehmen, aber Louis Napoleon 7. September im Theater attentiert. K[önig] von Preussen schwer krank, Naples macht Unsinn.

14. Oktober, Sonntag. David springt in Cannanore die steinerne Treppe hinab und zerfällt die Nase und Oberlippe.

Oben: Mangalore - Missions-Bungalow

Unten: Mangalore - Shanti-Kirche

15., schwäbischer Mercur vor allen Briefen.

17. früh, Brief von Samuel (4. September), Ernst (17. Juni!), Hermann (daß Marie in Korntal bleiben dürfe, aber nicht in Vakanz darf).

18. Fr. Foulis wollte besuchen, cold verhinderte sie. - Elisabeth und Ann Blandford mit Schw. Kegler endlich fort im Regen (nachdem ich abends zuvor ihr von Diez' Gedanken gesagt hatte, von ihrer Seite Bestürzung, aber nach allem keine objections - Frau sagte, sie bitte in jedem Gebet um Todesbereitschaft) - im Chombala-Boot naß und ausgeleert nach Chombala, wo 3 Tage Verzug um strömenden Regens willen. - Abends sind Irion und Thomas angekündigt, kommen nicht.

19. früh Irion <Raja besucht>. Abends bringt Thomas Briefe, deren einer vom Komitee mich statt Weigle nach Mangalore ruft. Schlaflose Nacht.

20. Raja hier, nachdem ich mit Thomas ihn fast besucht hatte. Dann Irion und Thomas fort (zurück im Manjil nach Tellicherry). - An diesem Samstag, 20., ist der Schreiber Ananten angestellt zu 6 Rs.

21. In Cannanore das erstemal Fest* im Wagen mit Frau - über Laodicea gepredigt - spreche mit Thomas. Abschied von Fr. Foulis.

22., mit Thomas nach Anjerkandi (wo Hebich das letztemal fast geschlagen worden war, weil er abends sein gown von Christen ins Haus hinauftragen ließ). - Timoth. freundlicher als nach dem letzten brush erwartet werden konnte. Gott lasse ihn wachsen. Leute mehr aufmerksam.

23., mit Hebich besprochen und Briefe geschrieben <Frau Foulis ab nach Scottland> (schon am 20. abends bitte ich Mögling ab).

24. Post fort XXXI[1)] (mit Hebichs Zusätzen), an Ostertag und Frau (dies ging nicht ab) - E. Reinhardt, Samuel, Ernst Gundert, Marie von Mutter, Friedrich und Paul, Barth. Abends sehe Young <receive> und sage ihm's - sehr betroffen - jäher Tod von Katechist Josephs Mutter!

25. Hebich besucht früh. - Abends Begräbnis von Jacobs Frau, wozu David nach Cannanore fährt und nach 1 1/2 stündigem Warten von mir auf Catcheri Hügel mit dem kleinen Pferd zurückgebracht wird. Er meinte halb, nach Abgang des Padres komme Jesus und nehme die Seele (sichtbar) aus dem Grab. - Abends Hebich nach Chombala.

26. Ich bin bei Young, den Preis der Bücher berechnend - dann Malayalam-Predigt und englische.

27. Hebich war nach Mitternacht gekommen, sagt, C. M[üller] halte Hub[er], namentlich ohne Frau, für nichts, Sauvain dagegen, wenn verheiratet, für sehr wünschenswert.

28., in Cannanore Predigt, gehe mit Miss zu Young (wegen Bücher). Kaufmann Lawson in Taufe wiedergeboren.

30. abends Mögling schreibt, was ich ihm biete, sei zu wenig, schickt Guavas, die abends ankommen, an Frau.

31. abends kommt Möglings Verzeihung. Ich schreibe darüber.

---

1. Vgl. 8. Oktober.

1. November. Brief von Theodor und Mutter. Räumung Sebastopols etc.

4., in Cannanore Predigt. Thomas daselbst. Wir sehen Rolston zur Kirche zurückkehren, weil er am 29. einen* blowup mit Rhenius hatte (vor dem grade damals abgehenden Carthew und Clemons), weil nämlich Capl. und Frau nach wunderschöner Predigt über Kleider waschen in Lamms Blut 25. Oktober abends zum Schluß des Dassera, fireworks der* Manteh* girls gegangen war.

Folgt 7./8. Geburt von Rolstons Knäblein.

6. abends am Valarpata ford , auf Thomas zu warten (mit David im bandi des Collectors), er verspätet, daher zurück.

7. morgens mit Thomas auf Fort und in Bazar, auch Rajas Platz, nachdem ich zuvor in der Nacht über [illegible] etc. mit ihm gelesen hatte.

8. Brief von F. Müller und seiner Frau, daher Antwort

am 9. XXXII. (12 Berichte vorausgeschickt), Ostertag, Frau Corcelles, Fr. Müller und Frau, Theodor, Mutter, Adolph (Jette von Frau) und Würth und Ammanns report.

11., in Cannanore, wo auch Thomas, er hört, was Lutyens von Hebichs Gabe für soldiers sagt und wiederholt's, daher von Young angepackt - nicht sehr lustig zusammen scheint's <zurück abends wegen Schiff, war aber nichts>.

12. Thomas kommt. Ich gehe mit ihm zu den Rajas, höre von 12-6 p.m. ihre Streitigkeiten, spätes dinner, dann er über seine Nöte durch Vaters und Mutters Eifersucht gegeneinander, des ersteren auch auf die Kinder und Amtsuntergeordneten etc.

13. Hebich mit Thomas nach Taliparamba - Fr. Müller von Chombala auf Besuch mit S. Kegler - ich predige abends für Hebich 1 Petr 1 (in Malayalam die Bergrede).

14. Hebich zurück, erzählt, wie Th[omas] dem Abendmahl und tieferer Erörterung ausgewichen, zurückgegangen trifft er Dr. Stevens von Palghat, auf seine Frau von Europa wartend.

15., der Fall von Sebastopol gefeiert (soirée dansante). Frau begleitet Frau Müller nach Cannanore - overland Diez' Heiratserlaubnis, Ernst, Mutter, Theodor, Hermann, Samuel, Emma. Wir schreiben dann nach Calicut an Elisabeth Blandford.

Am 17. Abendmahlsvorbereitung, wobei die 2 Nairichis und die arme selbstgerechte Eunike mit ihrem öfteren Fortlaufenwollen offenbar werden. Übersetze für Arbuthnot die Gov.* Genl's proclamation über den Fall Sebastopols.

18. Abendmahl mit Frere, Thomas, Rolston, Dr. Stevens, letzterer bei uns über Tisch. Abends nach Tellicherry im Boot mit Arb[uthnot]s übersetzter proclamation.

19. Wir sprechen über Schulen, Schulbücher, Anstellung von Missionaren etc. mit Arb[uthnot]. Die Schulbücher will er in Kott[ayam] gedruckt haben. Disappointment. Thomas will eine Schule in Taliparamba haben. - Irion ist so ziemlich bereit, die englische Schule anzufangen.

Ich reite am 20. früh zurück, finde Mercure (und gestern* Brief von F. Müller). McFarlane, Scotch Capl., war bei Young gewesen und sprach davon, Hebich zu seinem locum tenens zu machen.

21. früh, Elisabeth sagt Ja zu Diez in einem netten, einfachen Brief. So auch an mich.

23. nach Cannanore, besuche McFarlane (über Duncan, Henderson statt ... - . Er will am 2. Dezember predigen), esse bei Young. - Abends Predigt. Rolston fragt, ob Apostel nicht regenerate vor Ostern (1 Petr 1,3), Dr. Stevens zum Tee.

25., Sonntag, ich predige 2mal Englisch (das erstemal den highlanders).

24. Briefe nach Europa, Ostertag (Brüder Dubois), Mutter, Tante, Hermann, Samuel, den 2 Kleinen in Basel, Barth, Theodor, F. Müller. - Schicke Hebichs und Diez' Bericht.

26. McFarlane und Falconer besuchen in aller Eile (zu Rhenius' dinner).

27. Dr. Stevens.

27. November 1855. Ich höre von Young etc., wie McFarlane über unser Wegziehen der highlanders schimpft, eigentlich aber sich vor dem Kreuz fürchtet, zu einer so schlechten Kapelle zum Predigen zu gehen (er hatte mich am 25. abends angehört und keinen Gefallen gehabt).

Am Sonntag, den 2. Dezember, erst schreibt er darüber, ziemlich entrüstet. Ich antworte,

gehe 3. Dezember mit Dr. Stevens nach Anjerkandi im bandi (das Diez, der nach Taliparamba geht, auch noch etwas benützt) und vom 8. milestone zu Fuß: höre, Frank Brown komme - diesen Morgen kommen Aldinger, Richter, Mrs. Hormuzdji* und Herr Rogers, Church Missionary, von Owen Glendower. Finden niemand, Konfusion, Frau Young - in der prayermeeting - empfängt sie. Nachmittags reitet Frau herein. Abends sieht man Diez zurücklaufen.

4. morgens kommen Dr. Stevens und ich herein - er erzählt von seinem Brautleben etc. - gehen nach Cannanore, begrüßen, bald kommt Irion, der Owen Glendower geht mit der Kiste fort, worin die Daguerrotypen der Kinder sind. Lamentation des Abends.

Mittwoch, 5., wieder in Cannanore. Doch wird das Daguerrotypieren zu nichts.

Am 7. gehen die Frauen und Mädchen, die Wunder zu sehen. Ich predige abends, während Maj. und Fr. Young nach Mangalore gehen.

Sonntag, 9. Dezember. Briefe an Inspektor (Kies' report), Corcelles, Vevey, Friedrich und Paul, an Kullen (mit Einschlüssen aus Owen Glendower) - predige vormittags, Diez abends (ziemlich well).

Am 10. abends taufe William George Rolston in der Mutter Bettzimmer - er sehr nett - zurück, höre von Orwell's arrival.

11. auf Orwell mit Frau und David - noch vor Diez - wir sehen Miss[ionar] Hunter für Lahore (Bruder des Nagpurer) <massacred at Sealcote Juli 57>. Capt. fromm (jedenfalls

seine Frau), Thomas Stanes, der bei uns wohnt - sehe Frau Stevens und 3 Kinder (walzten viel auf Schiff), Capt. Kerr, vorgestern angekommen, besucht uns - seine Kinder haben den hooping-cough. - Richter kommt wieder zu uns, wird durch eine vorgebrachte Ähnlichkeit mit Vagabund Herder so verletzt, daß er vom Essen aufspringt. Nachher begütigt, doch ist mir Angst für ihn.

12. Seine Schattenrisse <Chovva gut 1/3 abgebrannt>. Abends auf Gauls Hals nach Cannanore geritten - wieder zurück, weil sein Pattimar noch nicht geht.

13. Stanes' Auge Blutegel gesetzt. Richter geht endlich abends fort (15. morgens in Mangalore).

14. Predigt in Cannanore, wozu Stanes begleitet.

15. abends Miss Gompertz auf Besuch mit ihren 2 Brüderlein, Bowes und Dick, die ganz korrekt sich aufführen.

16. Predigt (Col. Stevenson, Col. Clemons und Schw. Wallaces, Snows). Abends auch die Gompertz - kurzer Tee. Wir schicken Jacob und Abr[aham] nach Calicut.

17. Dr. Stevens, seine Frau, Bella, Kaete, Harry auf Besuch, Frau predigt, nachmittags auch Capt. Falconer mit 2 Kindern (wünscht mehr, Kerr zu gleichen).

18. bei Kerr, der Hebräisch lernt.

19. morgens, endlich Young mit geschwollenem Gesicht auf die hills gesprochen von Dr. Brett, sagt von Albr[echt] wretched sermon, Fr. Weigle sehr still (Fr. Cummin weiß nichts von ihr). Gomp[ertz] klagt, daß man an niemand hin könne, Hoch spöttelt über Hebich. Nachts vom 15. auf 16. Mitternacht, Udipi-Missionshaus von Brahmanen verbrannt. Nur seinen Samuel konnte Greiner retten, vielleicht von einem christlichen Dieb Gideon* getan!

<20. Dr. Stevens und Stanes nach Palghat.> - Dieser Tage geht Nehemiah früh morgens fort, nachdem er sein Kind hier noch einmal besucht - der Schurke. <Seit 20. wieder im großen Missionshaus>.

21. früh in Cannanore, wartete auf Hebich, Young erhält sein sickcertificate von Mangalore. Ich schicke Briefe an Inspektor (kurz), Mutter, Ernst, Samuel, Hermann, Marie, Jette, Knaben in Basel (mit silhouettes), Adolph - predige.

22. nachts 1 Uhr kommt Hebich mit den 2 Blandfords von Calicut und klopft. Ich stehe da im langen Hemd, dann Diez, der Tee für sie macht. Ich höre Hebichs Erzählung vom 19. Dezember (Distriktskonferenz und das Ziegeldach, verklagt, weil ohne Erlaubnis) und vom 20. (Einweihung, wobei von allen Katechisten nur Jacob und Obrien sprechen). Umsonst wieder ins Bett. Früh zu Youngs und an den Fuß des Cutcheri-Hügels, in der Mitte David bemerkt, der sich erst hinter Christine, dann dem Gaul versteckt, doch näher kommt, voll unsäglicher Freude. Er will nachher mit ihr nur durch mich sprechen. S. Kegl[er] will nach Chombala (nicht wegen uns, sondern weil die Chirakkal-Mädchen sie zu sehr an Calicut erinnern).

23., Sonntag. Ich predige wieder Malayalam.

25., Christtag. Hebich hat die 2 Sprachen wieder beisammen.

26., umsonst auf C. M[üller]s Boot gewartet, die Briefe in Tellicherry 3 Tage liegen gelassen.

27., früh Schw. Kegler fort - gottlob (sie hatte z. B. meiner Frau den Arm gehalten, ein Kind nicht zu schlagen - mit Danam etc. in den letzten Abenden Kamerädles machen wollen - alles selbst regieren).

28., erst um 10 Uhr a.m. kommt Thomas und seine Schwester Bella, angegriffen, aber sehr nett. Abends Christbescherung, David außer sich vor Freude.

29. Thomas fort nach Tellicherry per Boot (keine Briefe seither, trotz alles Schreibens).

30., Sonntag. Dr. Brett und Sweeney von Mangalore per Boot, in Cannanore bei Young und Kerr.

31. abends Komitee-Briefe vom November (ich als Vorsteher nach Mangalore, Schw. Kegler nach Chirakkal, darüber später sie fast verzweifelt). Ich rede über den Namen Jesu - Diez und Hebich auch - Abendmahl - viel Gnade - nach Chirakkal zurückgeritten, doch kaum Schlaf.

Dienstag, 1. Januar 56. Frau sehr müde, kommt mit Dav[id] nachmittags - Brief von F. Müller gelesen (Kullen, Beichtvater von so vielen) und Schw. M. (Klage über Kleider der Missionsfrauen).

3. Januar. Hebich zurück von Taliparamba, wir besprechen uns den ganzen Tag über das Institut in Mangalore etc.

5. Januar. Brief von Mögling über die schauerlichen Sachen im N. (wahrscheinlich Udipi).

6., Erscheinungsfest. Brief an Komitee angefangen.

8., früh Mögling bei Youngs getroffen (Frau ritt mit hinein, Erinnerung an 1855 mit Knaben auf Owen Glendower). Abschied von Youngs, die der Herr für lange Freundschaft und viel Liebe segnen wolle. - Abends mit Mögling nach Cannanore gelaufen, wo kein Dienstags-service mehr. (Hebich hat Straßenpredigt) <overland an Barth, Ostertag, Komitee, Samuel, Hermann, Tante>.

9. zurück, Schw. Weigle und Albrechts landen vormittags, kommen Nachmittag.

10. morgens zu Albrechts hineingeritten und Metz getroffen - schweres Herz wegen der künftigen Dinge. Abends mit Hebich in 2 Booten fort nach Cavai - cold.

11., im Manjil, das zerbrach, nach Hosdrug, wo Hebich bleibt, Fluß mit [illegible] - in Bekal Tasse Kaffee bei West, der sich bishop* (Inspektor) heißt und uns seine 2 Kaplane - Kasaragod über Mittag, carpenter besieht umsonst den Manjil, ich binde mit Stricken. - Hebich erreicht Mangalore etliche Stunden nach mir.

12., sehe Schw. Stanger und ihren Gottlob <bei Carr und begegne Dr. Brett auf Straße> mit Lehmann und Esther im unteren Haus - unangenehmer Eindruck von Fr. L. - abends Gompertz bei den eben angekommenen Daguerrotypen der Kinder. Tiefe Augen meines Friedrich - die freundlichen unseres Paul treiben mir fast Tränen in die meinen. Ach, wie lange schon! will das arme Herz sagen. - Gestern starken cold gefangen, dennoch 13. Januar gepredigt über 1 Joh IV, 16. Abends nach Mulki aufgebrochen. Stehe bei May in Suratkal. Denn Collector und Festbesucher gehen auch hinaus, und wir müssen in Mulki die Nacht durch warten. Erzähle Ammann und Degg[eller], letzterer in großer Aufregung, als ob Hebich den Leuten oder Fisher in Udipi predige oder wegen bearer-Mangels den Peshear zornig anlassen könnte - fürchtet sich vor Brand. - Mit Gebet weiter

am 14. Die weißen Mauern und Säulen von Ferne. Sehe Camerer zum erstenmal, dann allerhand gesprochen. Hebich kommt um 10 Uhr, H. K. 1 oder 2 Uhr. Nach Mittagessen Gr[einer] gefragt (die Katech[isten] etc. hatten sich sullen vorgestellt und ich ihnen einiges gesagt), er gesteht, tief gefallen zu sein. Ist abwesend während unseres Tees - fast besorgt wegen seines Umherstreifens. Wir (Hebich und ich) gehen im verbrannten Bungalow auf und ab, während Cam[erer] und H. K. sich sonst aufhalten. - Schwere Nacht.

15. Mit Gr[einer] "wenn 1/2 Miss[ionar] gewesen sei, hoffe er, ein ganzer zu werden" - über sein Heimgehen (er lieber direkt nach Amerika oder Kaffeepflanzer - Agombe etc.), er mag's nicht, ergibt sich drein. - Mit den Leuten in Sam[uel]s Haus, Isaak von Gudde, Titus von Utih, Samuel selbst, später Matth. und (nachts) Charlie, den Knechten. - Wir sehen Aaron - von Calyanapur gerufen - und Gideon in seinem Haus (wegen seines verwandten Ramen* war auch auf ihn Zweifel des Gelddiebstahls gefallen). - Gebet mit Gr[einer], der im Palankin fortgeht nach heuchlerischem Gebet. - Camerer weint bitterlich - edle Seele. Ammann kommt spät, hat mit Min.s Mutter Judith nicht gesprochen.

16., früh fort im Dhooli nach Gudde - spreche mit Min. Eindruck, daß auch Lehmann ein Lügner ist. - Gr[einer] schon seit Jahren aufs Tiefste gefallen - Haus* Petr., der als wahrer Jünger auftritt. Abends Mulki, wo Metz Gotts Kirche gebaut.

17. früh in Mangalore, mit Pfleiderer geredet, der 1 500 Rs an Gr[einer] gezahlt hat, außer 500 vom Kirchenfond. Ich frage, ob nicht auf 1 200 oder auf 1 000 herabsetzen - kein Anklang. Hebich kommt. Dann zu Greiner, ihn Heuchler geheißen. Er bekennt von Johanne, schreibe an Mögling. Tag über auf Balmatha. Hebich betet noch mit Gr[einer]. Abends ich zu F. Anderson, der laut aufweint. Dann bei Tee und Gebet. Gr[einer] geht, von Müller etc. geleitet, auf Pattimar.

18. Allerhand Schreiberei. Dann bei Richter und Hoch.

19. Die Daguerrotypen der Kinder kommen. <Examen der Katechistenschule.> Kies abends fordert zu Generalbuße auf.

20. Abendmahl, wobei Carr, Gompertz, Brett, Sweeney, Qr. Mj. <Handibo*>, Serjt. West außer den Brüdern. Fennell zu gleicher Zeit von Mercara da, bitterböse über secession. Nachts geht Gompertz nach Cannanore zu Bäschens Hochzeit. Homebriefe via Cannanore.

21. Generalkonferenz. Ich und Hebich wieder gewählt - ob annehmen? Ich schicke Greiners Sache via Madras an Komitee, dazu Brief an Samuel, auch an Staudt und Marie.

23. Lehmann ist vor uns - noch nicht wahr -

24., gesteht jetzt erst, was er seiner Frau in Feringapett bekannt hatte.

23. abends, Jacob Ram. predigt, und die Katechisten Jonathan, Theophil, Israel, Esra werden eingesegnet.

24. abends schließt das Examen von Jacob.

Am 25. schreibe ich - abends auch noch an Hermann. Damit kommt ein Brief an Tante zustande (NB er soll von H. Kurz lassen).

26. früh mit Fritz und Metz auf Pattimar - Abschied von Frau Stanger und ihrem Gottlob etc. - Gegenwind.

27., Sonntag früh bei Eli Berg. Nach Sonnenuntergang Cannanore - an Owen Glendower vorbei. Gelandet, sehe Albrechts, gehen nach Chirakkal, bei Mögling.

28. früh Frau und David begrüßt und auf M.s Pferd nach Cannanore. Dort mit Mögling Grein[er] besucht - keine weiteren Geständnisse - auf Owen Glendower, sehe die altbekannten Plätze und die vornehme stern cabin: weiche dem Abschied aus - Carl ermahnt, selbst schluchzend, seine Mutter, nicht zu weinen. Joseph auf Pauls Arm mit Dysenterie - zurück im Boot, David sieht verwundert der weinenden Pauline ins Gesicht. - Chirakkal. Diez ganz gereizt, daß Elisabeth so zerstreut ist, bleibt bis 10 1/2 p.m. Daher ich ihn gehen heiße.

29., in Tellicherry Distriktskonferenz - Fritz und Metz gehen weiter. Abends kommen Mögling und Pauline.

30. Chirakkal <Diez besucht, ganz aus dem Häusle - ob Elisabeth oder ihr Brief wahr sei>.

31. Ich habe Gompertz sen. und jun. auf Besuch. Es kommt auch Frau West mit Sohn nach geborstener bubble des Pflanzungswesens. Kerr besucht den Tag über und geht samt Diez mit diesen zurück.

1. Februar. Ich predige Englisch. Rolston und Gompertz ritten morgens mit mir (über des ersteren Schläfrigkeit).

2. Februar abends Brief der Komitee an Fritz, wodurch ich nach Mangalore versetzt bin und bleibe.

3. Februar, Sonntag, englische Predigt über Satans Reich.

4. Februar morgens, Mögling und Pauline kehren von Tellicherry und Chombala zurück. Abends mit Frau zu Rolston, wo Col. und Miss Clemons und Miss Carthew <aufmerksam>, lese und erkläre Ebr 2. Spät heim (mit Diez, der nach Taliparamba).

5. Plan von Mögling und Pauline, uns voraus nach Mangalore zu gehen - umgeworfen

den 6., da Hebich und Hoch kommen, letzterer mit Frau, die Mädchenschule nehmen will, ersterer mir zu augenblicklicher Abreise ratet. Abends lange Konferenz am Teetisch, da Hebich manchen Anlauf nimmt, um Mögling seiner Liebe zu versichern und zu ordentlichem Aushalten zu ermuntern, aber nicht recht herauskommt.

7. Schreibtag 36 und 37 an Komitee, dazu mein Photograph und Hebichs, an Friedrich und Paul, Mutter an Samuel, Hermann und Marie (auch eine Beschreibung vom Owen Glendower - Abschied an die 2 in Kinderhaus). Cannanore report - Jacobs Predigt und Examenspapiere, Hochs Referat über Government-Schulen. Dies wird gerade fertig, während Hebich die Mädchen und Weiber aufs Abendmahl vorbereitet.

8. Hebich predigt in Cannanore ziemlich scharf gegen* Kirche (d. h. vorgebl. Sündebekenntnis) und verlangt wahre Buße nach Ps 51, daher Hulme*, ein Soldat, hinter sich geht, doch ist auch Rolston davon etwas angegriffen (erklärte es nachher "vielleicht weil aus der Mangalore-Kirche vertrieben"?). Diez sieht alles in Chirakkal, Rechnung abgemacht.

9., aufputzen und angefangen zu packen <Schicke Mercure nach Tellicherry>. Abends letzte Stationskonferenz in Cannanore, um für die Fortdauer von Hebichs Funktionen in Chirakkal zu sorgen.

10., Sonntag, letzte Predigt in Cannanore über 2 Tim 1,7 Geist, nicht der Furcht, sondern - Abendmahl, gesegnet (Brief von Young an Hebich gelesen, daß wohl und zufrieden mit Evans, dem er auch Ashwednesday, 6. Februar, in Kirche ging). - Nachmittags zurück in Möglings bandi.

11. morgens etwas spät (weil Hanneles Befinden schlecht) nach Cannanore. Ich funktioniere in der Hochzeit, nachdem Hebich ermahnt hat. Dann Abschied - Miss W. hatte noch - von Elisabeth befragt, ihre Eifersucht etwas erklärt und dann war Frieden gemacht worden - die 2 saßen zuletzt auf Sofa zusammen. - Abschiedsbesuche bei Falconer, Rolston, Maj. Gompertz (wo dessen Frau sich ärgert über Paulines neue Verbindung), sehe da Miss Beaman, David sehr aus dem Häuschen.

12. Packen. - Ich gebe dem Munschi Anantan sein Gehalt (6 Rs schuldig am 22. und 2 Rs Reisegeld). - Brief von Francis Carnac Brown, der am Sonntag Anjerkandi zuerst wieder besucht hat. - Hebich zurück von Taliparamba, beschließt, morgen nach Anjerkandi zu gehen.

13. Packen <während Diez besuchen>, ebenso 14. Abschicken der Wägen (18 bandies). <Hebich von Anjerkandi begrüßt, nimmt Abschied, geht nach Payavur>. Wir haben - nach Unterredung mit Anna <über S. K.s Berührungen> noch Gebet mit den Leuten, die ich Gott und seinem Worte übergeben. Lautes Weinen und Schluchzen darnach, sowie nach dem Tee, da wir Hände drückten (Nath. bat noch um Vergebung aller Fehler - treue Seele?). Fort mit Mögling, Marg. und Jette, außer Frau und David. Elis. eben mit Masern und fieberisch, weint bitterlich. Gott segne sie in der harten Aufgabe. - Auf Pattimar Eshwantee*.

15. morgens vor Chirakkal.

16. vor Cavai.

17. vor Bekal - Sonntag - Gebet. Die Mädchen erholen sich allmählich. David fragt, ob dies derselbe Mond wie in Chirakkal, ißt ungeheuer.

Endlich, 18. morgens gelandet. Mittags Frau abgeholt, nach Klein-Balmatha und ausgepackt. Es sind unten die Ammanns auf wenige Tage, oben Fr. Stanger, Pfleiderer, Plebst, Haller, bei uns Kaundinya mit Hermann, Joseph, Josia. - Ich besuche Andersons, die gehen, sehe Maj. Carr, Gompertz, Dr. Brett.

19., ausgepackt, die Dienstag-meeting 1 Petr 1 angefangen in Carrs Haus - Frau bei Andersons, während ich Marg. W[ill] ihre Lieblosigkeit und natürliches Herz auseinandersetze.

20., schlimme Nachricht von Seb. M[üller]s Reden zu Fr. Ammann (er habe sich auch nach den Fischweibern gelüsten lassen, hätte sie gern besucht, wenn man Gr[einer] entlasse,

entlasse man auch lieblose, neidische etc.). Stanger hier - Frau bei Frau Ammann, die endlich eine Liste der Schulmädchen machen will etc. <Esthers Kind ertrunken in Mulki>.

21. Fr. Cummin besucht, geht abends zunächst auf hill.

22. Besuche bei Kindersleys, Fisher, Col. Freeman - abends mit Plebst.

23. abends bei Brett zum Tee mit Anderson - habe Gebet. Zeugnisse und Briefe von Kinderhaus. Miss. W. fährt mit Haller herauf. Reden mit 2 Tulu-Bräuten.

24., erster Sonntag. Frau mit Carr in Sonntagsschule - ich englische Predigt (Bergpredigt angefangen). - Nachher in Tulu-Kinderlehre, von H. K. gehalten, etliche Worte angehängt - endlich Carr bei unserem Tee.

25. Heimbriefe. Das meiste hatte ich schon in Chirakkal abgeschickt, die Reporte via Southh. an Lieder* in London. Die Distriktsreporte mit Möglings Brief. Jetzt an Jos. 80 Rs für Fr. Bühler, Theodor, Uranie, Kinderhaus, Ostertag, Barth, Fr. Christ. Sarasin.

Als das am 26. früh fort ist, kommt Hermanns Dezember-Brief, wonach Gott angefangen hat, ihn zur Buße zu rufen. Auch von Samuel etc. nette Nachrichten, Gott sei gelobt. Abends bei Carr meeting (mit Frau und David). C[arr] schließt mit Gebet für Hermann. Am Morgen hatte ich Seb. Müll[er] tüchtig durchgenommen wegen seiner rohen Reden und seines Unglaubens. Rosa Wanderer kam etwa um dieselbe Zeit per Pattimar von Bombay, sie hat unsere Kinder in Basel gesehen. Richter abends in der meeting mit ziemlichem Unglauben (daß Gott den antediluvschen Vätern nahe, nicht über ihnen gewesen, mit ihnen gewandelt und dergleichen alles bezweifelt, auch arianische Subordination?).

27., ich schreibe an Hermann, rufe zur Buße. Josiah geht nach Santur, Frau zur Weibermeeting (und englischen Schule). - Abends Stangers fort (ich wage nicht zu beten) - für Samuel etwas aus meiner Lebensgeschichte zusammengeschrieben, Carr bei Tee.

28. früh mit S. M[üller], der seiner Braut von seinem Ehebruch mit einer Frau vor 3 Monaten gesagt hat, rufe ihn zur Buße wegen seines Unglaubens - es folgt Unterredung mit seiner Braut. Abends geht er fort, meint doch, es sei mit solch einer Brautbuße nichts getan.

29. abends Gompertz bei Tee.

1. März früh, Brief von Marie und Staudt (Frieden mit Rußland in Aussicht gestellt). Marie närrisch in love mit einer Olga Bunsen.

2. März, Sonntag. Ich predige Englisch, gehe in Tulu-Katechese, da ruft mich Frau zurück. Brief von Gudde. 2 1/4 a.m., daß Katechist Jonathan soeben angeritten sei und den Brand der Udipi-Kirche samt allen Sachen Ammanns berichtet habe. Camerer entrann im Zelt - Abendgebet.

3. Weitere Nachrichten, die ich wie gestern an Fisher schreibe. <Montag, Anand als Schreiber eingetan.> Abends Missionary meeting, wozu Carr, Gompertz, Brett, Sweeny kommen (box zu collections noch nicht gemacht). Hochs sind im Clarendon (wo der Tellicherry-Christian Koch ist), nach Mangalore gefahren.

4. Hoch besucht, später Ammann, der erzählt, nachdem er Fisher besucht hatte. Meeting bei Carr, wozu ich Miss Will mitnehme. <Brief von Theodor>.

5. Brief von F. Müller via Tellicherry, Distriktskonferenz, daß Ammann das Haus, aber nicht die Kirche baue, Hoch die Mädchenschule etwas erhelle und verluftige. Höre von Vergiftung der Brunnen im Missionscompound, welche von Feinden beabsichtigt sei.

6., mit Ammann bei Fisher, der kalt ist.

7.-8. Vorbereitung aufs Abendmahl, unterbrochen durch Kindersleys Besuche (er schickt 50 für Udipi), mit Jonathan, Simeon etc. - Katechisten-Schüler Joseph sehr böse und finster (ayal von H. K.).

9. Abendmahl, englisch und kanaresisch (kein Klingebeutel herumgegeben, dagegen über Zachäus gepredigt, auch Geldwilligkeit nach empfangenem Heil. Auswahl bei Abendmahl, S. M. sagt, es sei alles bei ihm angelegt gewesen (ihn ließ ich zu, falls er verspreche, zurückzurufen, was er bei Molle etc. gegen Jesum gesprochen) - Carr, Brett, Sweeney, Handybo (Gompertz nicht wegen boil). - Die bandi von Stangers kommt (bezahlt von ihnen bis 10. abends).

10., zuerst nach öffentlicher Darstellung Joseph in der Schule geschlagen, weil er gestern die Kirche geschwänzt. Briefe an Komitee (mit H. K.s und Camerers reports, ebenso Distriktskonferenzprotokoll), an Staudt, Marie, Samuel und Hermann direkt (ersterem über mein Leben bis August 35), F. Müller - dann unsere Besuche bei Kindersleys und Freemans (über Whites Bekehrung, balls harmless?). Abends bei Dr. Jowett.

11. früh Pfleiderer von Udipi zurück. Meeting bei Carr voll (Fr. Hoch und Ammann). Ich und Frau hatten auch Harris und Frau in Fishers Bungalow besucht, der sehr zutraulich - über Mapla soll nach Strenge gerichtet werden. 30 sind an smallpox gestorben im jail. Er war bei Chatfield in Tellicherry, der sich Socinian hieß etc.

12., in der Mädchenschule wegen Carao insgeheim (d. h. vor Katechisten Daniel und Leonhard), Verlobter Carolines, der Tochter des Phinehas, der Muselman werden will, während er die Frau wegen Vertrinkens seines Reises verjagt.

13. Seb[astian] Müller und Rosa Wanderer verheiratet in Tulu-Kirche, englischer Gottesdienst, Prov 20,24. Vor Binney. - Großes Essen.

14. Böse Nachrichten von Möglings Befinden, es war ihm so übel und schwach - H. Kaundinya entschlossen, hinaufzureiten - geht abends nach Puttur. Carr kränkelt, Gompertz korrigiert am report.

15. Mögling ist besser. Es kommen von Tellicherry und Chirakkal die letzten Schüler William, Davis mit Eunike und unser Tulutti samt Tochter. Dazu Sachen für Ammanns.

16. Ich predige Malayalam und Tulu. Nachmittags Hoch, kanaresische Kinderlehre.

17., die Müllers gehen (geldlustig? dankbar? er küßt etc., wie tief es wohl ging? Gott, gebe ihm ihm wahre Buße!). Ebenso Gompertz mit Sweeny und Haller nach Mulki, wo Degg[eller] sehr ängstlich. - Es kommen nachts von Mulki (und Udipi) Deu* Ante* und Narne, welche Zeugnis geben. Es stimmt aber am 18. (vor Binny) nicht recht. Ich bin 7 Stunden daselbst. Gott sehe drein. Abends meeting bei Carr (Fr. Ammanns David schreit eine Stunde lang). Hochs Vater gestorben, Komitee 400 000 Frs Einnahme, Dr. Barth kränkelt. Seit Montag, 17., die Mädchen des Compounds kommen zu meiner lieben Frau, nähen zu lernen.

Am 19., Mittwoch - Gemeindeglieder - Paul, butler, kommt von Calicut, prätendiert, von Gr[einer]s Sünden nichts zu wissen.

21., Karfreitag <den Katechisten-Schülern etc. in Vollmondsnacht Teller etc. gestohlen>, englische Predigt - und Tamil-Gebet zuvor. Nachmittags Fr. Ammann nach Udipi. Herm[ann] K[aundinya] kehrt von Mercara zurück. Schöne Briefe von Samuel, Hermann, Tante, Ernst, Jette (Samuel: freuet euch, und abermal sage ich euch), Carr etc. kommen und freuen sich mit uns.

22. Beratung über Lektionen.

23., Ostern, englische Predigt, Tamil-Taufen (2) morgens - Carr abends sehr bewegt.

24., kleines Pferd an Hoch geliehen.

25. Briefe an Hermann, Samuel, Tante, Emma, Jette, Ernst - an Komitee XL, Kinderhaus, Ostertag, Corcelles - Carrs meeting, nachdem ich mit Serjt. Maj. gesprochen, dessen 2 Mädchen heute zur Probe bei Frau waren.

26. Eunike nach Chirakkal ab. Unterredung mit Richter, der zuerst Fleischeslust gesteht, dann fleischlichen Umgang mit der Französin in Tacchellas* Haus vor seiner Verlobung - dann über seinen Stolz etc. hört, erzählt, wie in seiner Jugend, wie auf der Herausreise. - Ich sehr müde, fahre fort, bete endlich mit ihm, er nur - gib mir wahre Buße und sei mir Sünder gnädig - darauf im Hinausgehen setze ich zu, und er bekennt, wie (Dezember, Januar?) eine heidnische Hure mit ihm in Veranda gesündigt - (sie sang ihm, er summte ihr). Darauf Türe offen gelassen, sie kam nachts - 4mal - endlich 6mal, er zahlte zuerst 1/4, dann je 1/8 Rp, das letztemal in Passionswoche, weiß sich nicht hinauszuhelfen. - Nachts kein Schlaf.

27. Stationskonferenz, nachdem ich das seton* erneuert, schreckliche Losung. Die 2 Kinder Emma und Jane Coveny geb.[1] sind jetzt bei Frau durch Gompertz' Bemühungen.

Am 29. Frau Midgley[2], eines drummers Weib, samt 2 Kindern wegen Krankheit. - Wie Ruth, so hat auch Marie in Chirakkal sich gegen Schw. Diez aufgelehnt.

30. Tamil service (Daniel unerträglicher Übersetzer).

31. Verhandlungen mit der liederlichen Heuchlerin Lydia, Tamil-Christin von Madras. Wir lassen sie laufen, da sie nicht bei Hochs bleiben will. Hochzeit von Jonathan und Peters Tochter.

2. April. Brief von Friedrich, Paul, Miss Culman. Abends nach Mulki, von Suratkal an Regen, bis an Fluß - 2mal untergestanden. Deggeller.

3. April, Kirche etc. gesehen. Abends Udipi, auch dort starker Regen.

---

1. Es folgt eine Lücke.
2. Wohl Midgelly, vgl. 16.6.56 u. a.

പൌൽ ഇട്ടിരാരിച്ചൻ എന്ന സഹോദരന കൎത്താവിൽ കരുണയും സമാധാനവും ഉണ്ടാക. ഇടയിടെ ഇൻസ്പെക്ടർ സായ്പു നിന്റെ കാൎയ്യത്തെ എനിക്ക അയച്ചുതരുന്ന തരമാകകൊണ്ടു. എന്ന പോലെ കൊണ്ടു നിങ്ങടെ പുതിയ വൎത്തമാനങ്ങൾ പലതു അറിവാൻ സംഗതിവന്നു. ഈ അവസ്ഥയാൽ എനിക്കു സന്തോഷം ഉണ്ടായി. നിങ്ങടെ കുട്ടികൾ വളരെ ഒന്നുമല്ലായ്കയാൽ മാത്രമല്ല ആ ബാധിച്ചും പ്രാപിച്ചും തന്നെ എന്നെ നിങ്ങൾ ആഗ്രഹിക്കുന്നു ഉണ്ടല്ലൊ. എന്നാൽ തോന്നി. ഉപകാരം നിങ്ങൾ പ്രാൎത്ഥനയോടെ ക്ഷമിച്ചു കൊണ്ടാൽ ശുഭഫലം ഉണ്ടാവാൻ സംഗതിയുണ്ടാകും. എങ്കിലും ചില വാക്കുകൾ പറവാൻ ഉണ്ടു. ആ ഉപകാരമ യോടെ കേൾക്കെണമെ. ഞാൻ ഹിന്തുദേശത്തിൽ എത്തിയപ്പോൾ പ്രത്യേകം പള്ളിക്കാരെ പഠിപ്പിക്കേണം എന്ന വളരെ വാഞ്ഛ ഉണ്ടായി. ആ പ്രകാരം ആൻ തിരുനെല്വേലിയിൽ പോവാൻ ഉഴന്നു. ചിറ്റൂരിലും. വിശേഷാൽ വേദമുന്നല്ലൊ അപ്രകാരം ചെയ്തു. എങ്കിലും ഫലം എന്തു. കൎത്താവിനെ പഞ്ചിപറയുവാൻ അവന മനസ്സ കുറഞ്ഞു പോയി. അതുകൊണ്ടു ഞാൻ ഇൻസ്പെക്ടർ സായ്പിനോടു പറഞ്ഞു വേദത്തിന്നു ലൌകികപണിയിൽ ആക്കുവാൻ സഹായിച്ചു. കൎത്താവ് ആയവനെ നടത്തിട്ടു എങ്കിലും ചിപ്പെലങ്ങൾ വന്നു കൂടി എന്നു കൊഞ്ചിട്ടിൽ ഉദ്ദേശ സഹോദരന്മാർ കുറെച്ചു അറിയും. അവൻ മിശ്രവേല ചെയ്തു പോന്നു എങ്കിൽ അവൻ ഇപ്പോൾ ബൊധകരായിരിപ്പാൻ സംഗതി ഉണ്ടായി. അതുകൊണ്ടു ക്രിസ്തീയ പൊള്ളിക്കാരെ അധികം പഠിപ്പിപ്പാൻ ഭയന്നുവന്നു. എനിക്കു ദൈവ്വം. പഠിക്കുമാറായിരുന്നു. തലശ്ശേരിയിൽ പെണ്കുട്ടികളെയും പഠിപ്പിപ്പാൻ ആരംഭിച്ചിരുന്നു. പ്രൊട്ടെസ്തന്ത മറ്റൊരു ഉറയവർ ഇങ്കിരിയസ്സും പല പണികളും അഭ്യസിച്ചു തുടങ്ങി. ഗൎവ്വിയെന്നുപോലെ ദാസ്യക്കു അതു നല്ലവണ്ണം പറ്റി. എങ്കിലും ദിവ്യവാക്യം പെരിൽ എന്തു ഫലം. കണ്ടു. അവർ ഉപദേശിക്കുന്നവരായി തീരെണം. എന്നു വേണ്ടുബോധം. ഇപ്പോഴും നമുക്കു പക്ഷം ഉണ്ടായിരുന്നു. എന്തിന് ആയിട്ടില്ല. എല്ലാം നമ്മുടെ തെറ്റു തന്നെയോ. അല്ല നിങ്ങടെ ദിക്കിലെയും റപ്പു വിചാരിച്ചു നോക്കുവിൻ. എത്ര സിമ്പനായ എല്ലാം. ആ കുട്ടികൾക്കു പൈതൽ. വെട്ടുവർ പുലയർ പറയർ കുറവർ ദേശാന്തിരികൾ കൊച്ചിറികൾ ഇങ്ങനെ എല്ലാം. വന്നു കൂടി. ഇവർ എല്ലാവരും. ക്രിസ്ത്യാനികൾതന്നിൽ മറക്കുമൊ പുതിയ സ്വഭാവത്തെ ദാസന്മാരുടെ സ്വഭാവം. ഭക്തന്മാരുടെ ഇല്ലത്തും പലതും അനുഭവിക്കുന്നൊരും പരദേശവാസികളെ. കാൎയ്യം സിദ്ധിക്കു ബന്ധപ്പെട്ടവിഷ്ണം. വരുന്നു. എന്നു ക്രമത്താലെ ഞങ്ങൾക്ക അറിവു വന്നു. വിശേഷാൽ ഇങ്ക്ലിഷ ഭാഷ ശിക്ഷാവെണ്ടി. പഠിക്കു അതു എന്ന കരുതിക്കുന്നു. ഒരുന്നന്നു നല്ല വിദ്യാൎത്ഥി ഉണ്ടായാൽ അവനെ പഠിപ്പിക്ക ഇല്ലയൊ. ശെമ്മാശനെ എത്രവെ ഗാനത്തിൽ വിലാസിയിൽ അയച്ചു. യോസെഫിന്റെ മക്കളും മറ്റും കണ്ണൂരിൽ ഇങ്ക്ലിഷ അഭ്യസിച്ചില്ലയൊ. നിങ്ങൾ വഴിക്കാശിരിപ്പാൻ ആൾ വിരൊധിച്ചു. എങ്കിലും നിങ്ങടെ മക്കളെ ഇങ്ക്ലിഷിൽ ആക്കുവാൻ ക്രിസ്ത്യാനർ ആരും. ഇല്ലാഞ്ഞു. വേദമുണ്ടല്ലൊ യൊനഥാനുണ്ടു ഓരൊരുവൻ. പരിഷ്കരിച്ചും എത്ര അവൎക്കു പ്രാപിപ്പൊരാ. ഉത്തരം പറയാം. ദൈവം. ചെയ്യേണം. ചിത്രം. എഴുതുവാൻ. നല്ല വിദ്യാഭ്യാസത്തിന്നു ദൈവം ഇപ്പൊഴും പൊലെ വരങ്ങളെ കൊടുക്കുന്നു. പ്രായമാർ ഇരുവരെയും

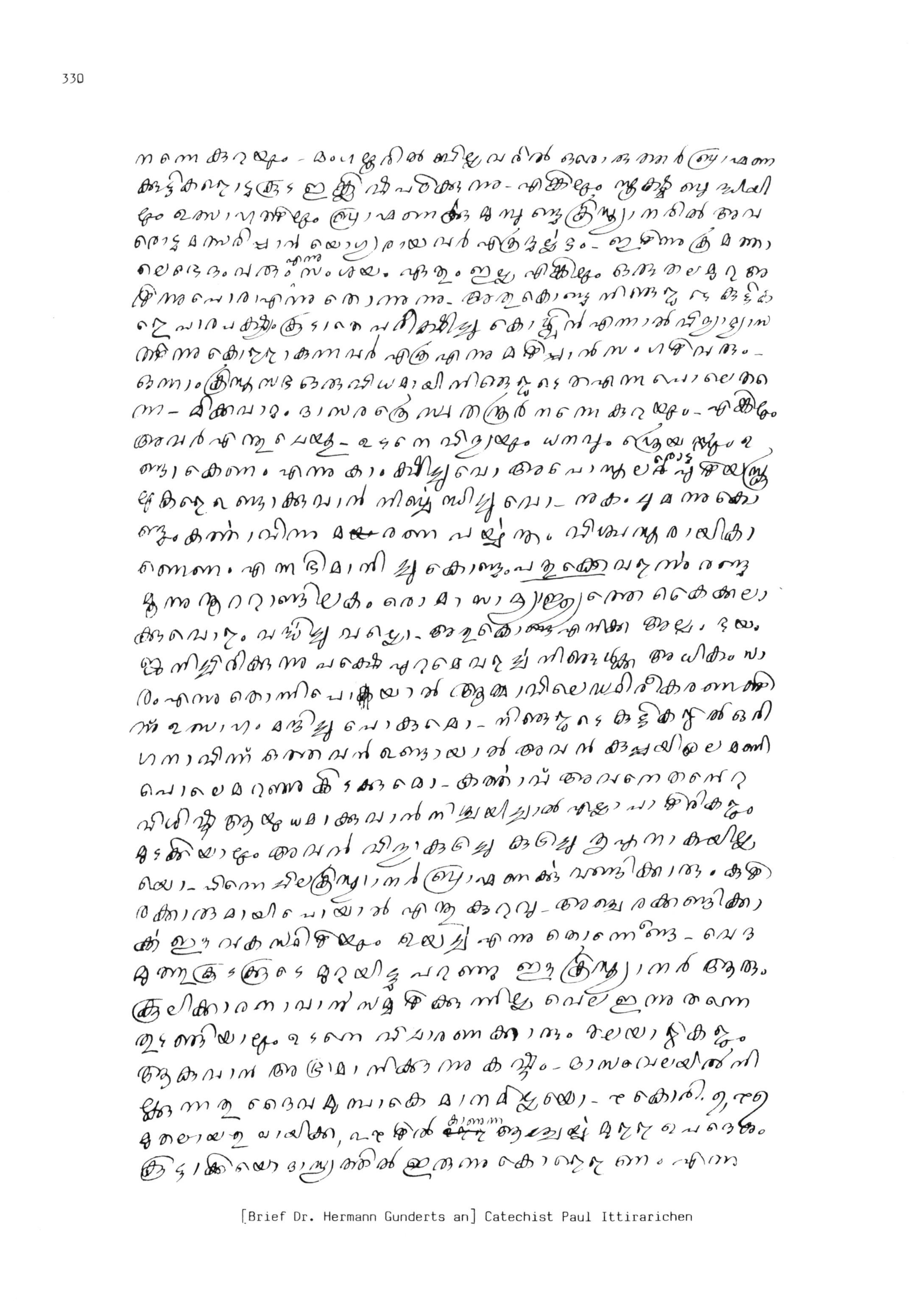

[illegible]

[Brief Dr. Hermann Gunderts an] Catechist Paul Ittirarichen

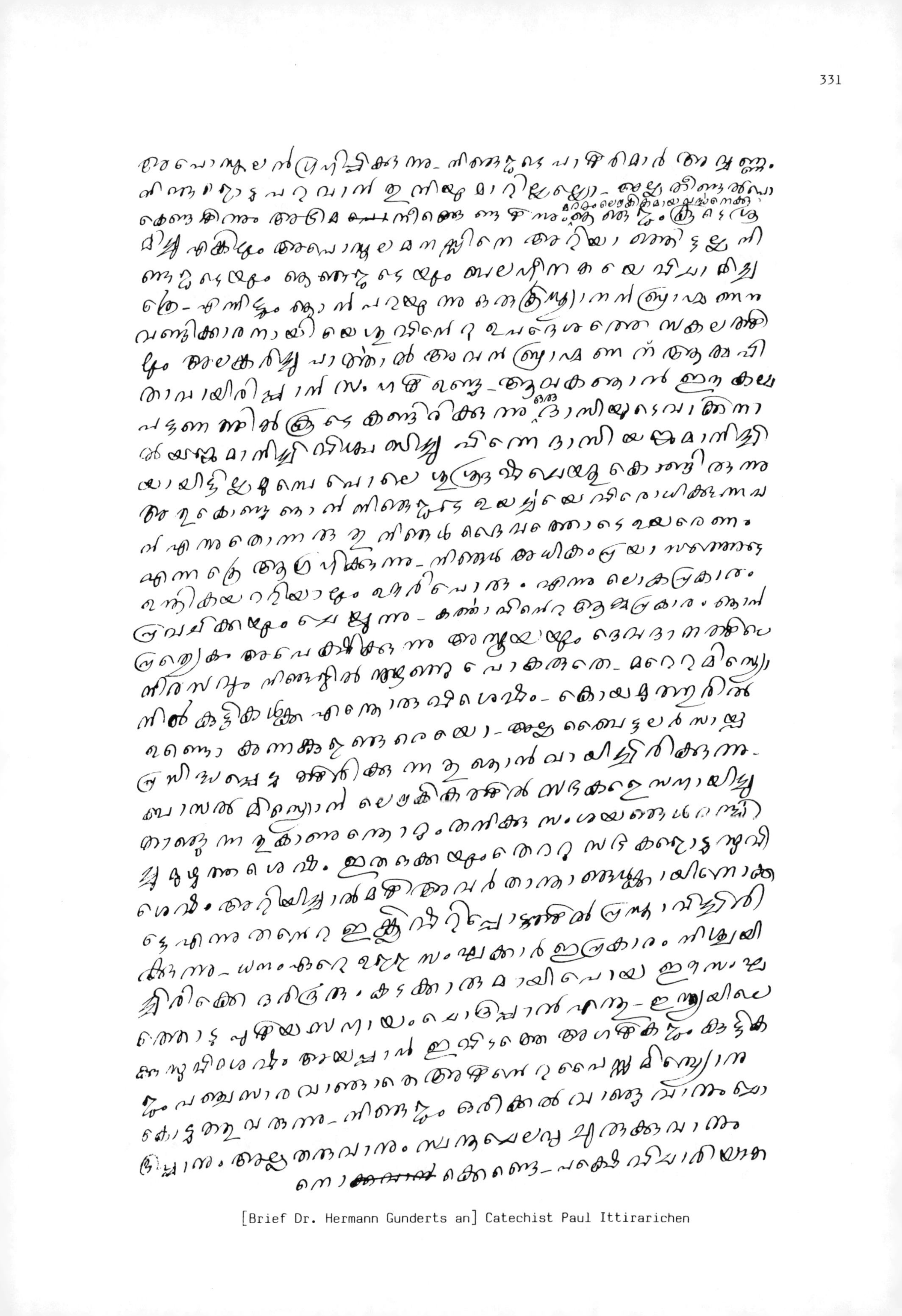

[illegible]

[Brief Dr. Hermann Gunderts an] Catechist Paul Ittirarichen

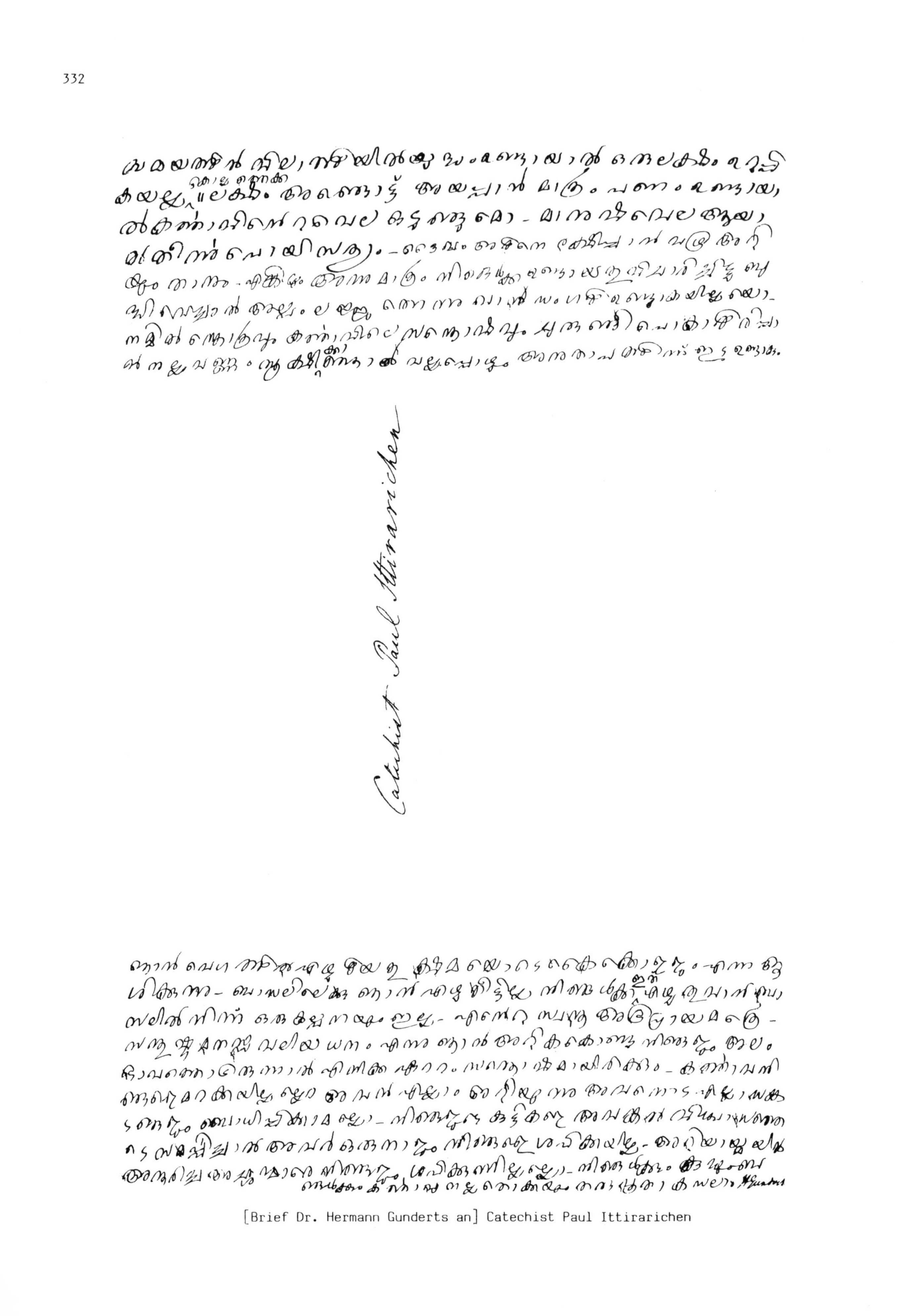

Catechist Paul Ittirarichen

[Brief Dr. Hermann Gunderts an] Catechist Paul Ittirarichen

Oben: Dr. Hermann Gundert um 1847

Unten: Missionare in Mangalore (mittlere Reihe, 4. von links Dr. Hermann Gundert; untere Reihe, 1. von links Gottlob Pfleiderer)

4. Wir sehen die Mauern etc. ziemlich beschädigt. Kirche in Asche. Taufstein, Altartisch, Kanzel von den Balken zerschlagen. Abends Gebet, nach Mulki, wo Deggeller gerade bei Binny* speist.

5. Mit Deggeller allerhand - ob von Bührer im Monsun zu ersetzen. Abends schnell herein - finde E. C. G. Thomas, der sehr zutraulich - er schläft hier, morgens früh nach der Laccadiv abzugehen.

6., Sonntag, englische Predigt, C. R[ichter] auch darin
Abends gemeinschaftliche monatliche Betstunde. Haller betet sehr arm.

7. Missionary meeting, Matth IX extr. Beschluß, R[ichter] nach Coorg.

8. Briefe an Komitee 41, Ostertag (mit S. M.s), Knaben in Stuttgart (3. Fortsetzung des Lebens und über Mercure), Frau an Marie und die im Kinderhaus - Lehmanns Bericht, an Titus ein Briefle. - Bei Harris über memorial an Governor* in Council und über Gr[einer]s Fall. - Abends bei Carr, keine Frau da.

9. bei Harris, Predigt den Knechten.

10. late dinner bei ihm mit Carr, Gompertz, Brett, Hoch.

Vom 9.-12. H. K. mit Richter sind auf der Reise nach des ersteren Gütern, Plebst auch, kam aber schon am 11. zurück. Drohungen in Calicut gegen Fritz, Collett* Clarke.

13., englische Predigt, in welcher auch Molle von Honavar. Nachmittags überlegt, ob von G. und K. gedruckt werden soll in report.

14. Harris ratet dazu: also getan. Der Herr segne es. <Ammann und Deggeller besuchen - Feuerprozeß>.

15. Die Carrsche meeting von Harris besucht. Wir mit ihm auf coach.

16., bei Harris Malayalam-service. Peon weiß alles. Über eine meeting an Donnerstag Abenden. Abschied von Richter,

der 17. früh von uns fortgeht. Diese ganze Woche Prozeß mit Swami etc. wegen Kirchenbrand, Ammann täglich bei Kindersley, von 21. bei Harris (dem's committed wird) im court.

20. Abendmahl. Von den Katechisten-Schülern Joseph nicht, sie kamen zu mir erst am Sonntag früh. Arme Beisteuer der Tulu-Christen.

22. Pony, von Young geschickt, kommt an. Abends Gazelle zu Tod gestürzt, 23., Gazelle gegessen.

20. kamen steam-Briefe von Hermann, Samuel, Marie, Theodor, Jette, J. Walker, Reinhardt. Große Freude und Eile - meine an Komitee, Knaben, Ostertag etc. fort.

24., die erste Sprechmeeting in unserem Haus, nur Harris, Carr, Gompertz, Schw. Hoch und Marg.

25. Harris besucht Presse, Weberei etc.

27., Sonntag. Ammann Tulu, Herm. in Bolma spricht mit Israel, den ich am 28. nach längerer Unterredung suspendiere wegen Onanie, die er auf Lehmanns Geständnisse (über sein cols*...) diesem gestanden hatte.

30., bei Harris, die die Sprechmeeting nicht sehr loben. Daniel beklagt sich bei H. K. über mich und die harte Behandlung von Israel.

1. Mai, ascension. Abends Harris' John geboren (ich Tamil mit sehr wenigen, Boas und Arulanden aus der Kirchengemeinschaft) <Israel den Nachmittag bei mir, aufgehetzt von seinem Br[uder], beruhigt von mir>. Frau Hoch bilious attack. Hoch in der meeting präsidierend.

3. Mai, Brief von Basel über Greiner, stark gegen Hebich und mich - von Staudt, Marie geschlechtlich versucht. <Kullen - nicht Kind Gottes>. An Komitee, Hermann und Samuel, Staudt, Marie, Ostertag, Barth, Theodor, Jette. - Enos will nicht nach Gudde, daher eine andere Arbeit zu suchen angewiesen.

4., englische Predigt. Abend Missions-Betstunde <über Michail Blinden, Geld für die letzten Katechisten-Schüler zu Tische etc. Hagar> über Hallers Anliegen gebetet.

5. Harris nimmt mit zur Missionsstunde (nachdem ich Jos.s Privatbrief erhalten), und dort ist Sweeny, der gestern Ebenezer, Robert von Cannanore mitgebracht hatte. Sach IV Geist gegen power. - Auf Rückweg sagt Harris, seine Frau habe viel Zweifel und Niedergeschlagenheit, sehe zuviel auf sich selbst.

6., bei Carr. Ich vollende report.

8., bei Handibo, den seine Frau nicht nach Mercara begleiten will, sie fürchtet sich vor Krankheit etc., sie lassen sich nicht auf mich ein. Die Abendmeeting gesegnet, auch Harris spricht etliche Worte <4 pups von Bella>.

9. Frau bei den Weibern zum Gebet. Sie wissen fast nichts.

11., Pfingsten, wir beten um Geist. Gott schenke ihn.

12., englische Schule angefangen, zugleich meine biblische Lektion mit etwa 20 Schülern. Harris ist auch darunter. Overland, Frieden vom 31. März. Brief von Mögling an Inspektor, ebenso von Hebich an mich und darauf meine Antwort direkt nach Cannanore (XLV). - Nachmittags kommen overland, ich als Distrikts-Präs. und Generalkonferenz-Schreiber bestätigt, Camerer mein Gehilfe - Lehmann entlassen. Briefe der Knaben (Hermann bei Kurz) und Marie von Korntal nach Basel.

13. Harris bei Carr.

14. Fr. Harris wieder auf, Abendmahlsvorbereitung, darüber am

17. Mordhändel von Leonh[ar]d mit H. K. und Plebst, weil sein Vater früherer Sünde angeklagt wurde, um ihn, den seit 17 Jahren Gerechten, von der Sünde zu überführen - unmöglich.

18. Abendmahl. Brett weiß nichts davon, kommt nicht, Harris auch nicht. Die Entscheidung wegen Möglings Heirat geht dahin, daß Hebich sie am 21. vollziehen soll. Mögling hätte sie lieber von H. K. am 29. vollzogen. Abends geht H. K. fort.

19. Briefe an Komitee, Kinder, Walker, Barth, Tante etc. Heute wollte Lehmann Hon[avar] verlassen, wohin Ammann am Sonntag kommen wollte, aber erst 18. früh wurde Hebichs Einladung, Schulmeister in Taliparamba zu werden, nach Hon[avar] abgeschickt. Nach allem ging Lehmann in großer Eile schon am 17. fort. - Verwirrung dort* - größere Verwirrung zwischen uns und Komitee. Nach Stokes' Brief, der in Omal* gewesen war, denken wir 3, Hebich, Mögling, ich an Trennung, die Komitee kann und will nicht nachgeben etc.

20. nachmittags <full moon> Wetter von Ost, Monsun angefangen <Lydia (Laxmi), 4 Jahre, von Tante gebracht>. Nasse meeting by Carr. Swami 5 000 Rs security.

21. Möglings Hochzeitstag <bei Kindersleys Essen mit Fisher und Binny>.

22. Bührers kommen von Mercara - ziemlich trocken, ferntuend. - Fr. Hoch wieder bilious attack, daher Marg., die wegen Schnupfen etliche Tage oben gewesen war, wieder hinabgeht. - Pfleiderer besucht von Mulki, wo er erst noch zu ziegeln hat. - Abends kein Missionsglied außer uns in meeting.

23., großer Regen. Hoch fieberisch, nicht in Schule, kein Zögling geht hinab außer Ebenezer. Abends Miss Will hier allein. Während Fr. Bührer nach langem Warten im Sturm zum anderen Haus fahren will, fällt das Vordach auf die Kutsche herab, sie springt heraus, mit Mühe kriegen wir den Ochsen von drunten los. Niemand verwundet, der Herr ist gnädig: Ihm sei Lob und Dank gesagt und auch die Schiffe und Pattimare empfohlen (Capt. Taylor nach Sedeshgr.! am 20. fort). - Dieselbe Nacht fällt Katechist Daniels 13jähriger Knabe Eliah um 8 Uhr, von Schule zurückkehrend, 60 Fuß tief in den großen Brunnen, um 8 Uhr, da Zweige brechen, bei Haller singen - er watet durchs Wasser, setzt sich auf Stufe, um 3 Uhr hört ihn der holeer* im nächsten Haus, und sein Vater holt ihn auf Leitern.

24. Queen's birthday (bei Frau Kindersley, der ich Messiah leihe). <Abends besuche Harris etc. ("lawsuit mismanaged")>. Straßen voll von Bäumen, viele Sipahi-Häuser gefallen, auch auf Mädchenschule.

25. Hoch schickt nach 2 Stunden Wartens zu mir, weil Tamil-Gottesdienst zu versehen sei! Wir haben hier nachts viel Wind, erwachen 26. mit großem cold, nicht in Schule (25., schreibe über Prof. Jowetts dissertation). Pauline nicht wohl, Fieber etc. Mögling scheint niedergeschlagen, Hebich stellt sie unter das Kreuz.

28. früh, Anands ... Mädchen stirbt an Konvulsionen, abends von Bührer begraben.

29. Zuerst meeting bei Harris, Fred Rutherford baptized. Carr, Gompertz, Sweeny, Brett und Hochs zu dinner.

1. Juni, Sonntag. Hoch predigt Englisch und hat wieder Fieber. A. B. klagt, er habe kein adhicara mehr.

3. Josiah geht zu seinen Verwandten wegen Mavas Tod <dem Anand ein Zimmer gegeben>. - Ich taufe Charles Midgelly in Carrs meeting, wo ziemlich Frauen.

4., bei Harris, Fr. Anderson sehr krank. Hoch zeigt sich wieder einmal nach längerem Nicht-arbeiten. Gestern Brief von Fr. Bühler.

5., bei Fr. Harris - Brett sagt, er meine fast, er gehöre nicht zu uns, habe hier nichts zu tun.

8. Ich predige Englisch über Seligkeit der verfolgten Christen. Gestern war G. W[eigle]s Todestag, Bührer träumte Samstag nachts, Weigle komme sagen, mit seinem (B[ührer]s) Predigen sei's nichts, er bringe Gr[einer] mit, Kull[en] hätte man nicht fortschicken sollen und dergl. Frau setzt sich her und sagt, meine Predigt sei nichts, nicht faithful, ob ich nicht schon längerher gespürt, daß ich nicht mehr Leben habe wie in Cannanore und dergl. - Frage, wieviel ist wahr daran. In der Vormittagspredigt allerdings vorhergehendes Gefühl, als werde mir das Beten schwer, und ominöses Zerreißen des Kirchenrocks im Hinaufgehen. - H. K. predigt Tamil und kriegt Wechselfieber, legt sich zuerst drunten, kommt dann herauf - report verschickt.

9. Die Miss. meeting von Hoch ernst und eindringlich gehalten, Bates vom 16 N.I. ist auch dabei.

10. Law vom 14ten N.I. auf den roads beschäftigt, besucht. Abends bei Carr, über die, die sich am rock of offence stoßen.

11., bei Fr. Harris Predigt über hochzeitliches Kleid - mit ihr, sie glaubt, sie sei noch nicht bekehrt, Aufforderung, heute zu glauben, Sündenvergebung zu suchen - A. B.s suchen, Pfl[eiderer] und Plebst zu veranlassen, ihre Knechte fortzuschicken, ich bitte, lieber Haushaltung zu trennen. - Es scheint in Chombala zu spuken, Schw. Kegler soll hin und ein älteres Mädchen-Institut fabrizieren.

12., bei Harris meeting (kein Carr noch Gompertz) über Empfangen-Haben.

14. Post, Hermann, Samuel 2, Onkel Enßlin, Marie, Friedrich, Paul, Miss Culmann, Ostertag, Barth - Hermann lenkt ein - aber, o Gott! Deinen Geist der Kraft (am 13. war wieder, wie vor 3 Wochen, Sturm).

16. Mrs. Midgelly, John Midgelly - Drummer 16 M.N.I*., Margaret, born Taylor. Charles, 20. Februar, baptized 3. June - (married 21. August 50 at Quilon).

15. Englische Predigt über Salz der Erde.

17. Nach Europa XLVI, an Hermann, Samuel, Marie, Friedrich, Paul, Miss Culman, Ostertag, Onkel Enßlin (über Präexistenz) über Chittoor bis Ende Juni 37. - Abends auch Harris bei Carr und Bates, der sich sehr nett anschließt.

18., schicke Pfleiderers bills an Lehmann, der 9. Juni in Bellary angekommen ist.

20., schon in der Nacht hatte ich Fieber, wurde auf dem Heimritt von englischer Schule (via Hoch, um den Munschi für H. K.s Bibelwerk-Arbeit zu bestellen) tüchtig verregnet, hatte dann Brustkongestionen: versuchte es mit Schwitzen und Baden. - Abends Dr. gab blue* pill etc.

21., doch in der Nacht Schweiß und relief. Ich habe gegenwärtig boils wie vor Jahren, fast ohne Inhalt, welche die Brust erleichtern sollen, und es schien, als wären sie zurückgetreten.

22., keiner von uns predigt Englisch; H. K. in Tulu und die Folge ist, daß Weber Lucas tags darauf Sünden bekannt. H. K., von mir beredet, fängt am 21. an, das Bibelwerk fortzusetzen.

Am 24. schreibt Mögling, wenn er's so mache, so trenne er sich von seiner Arbeit. Dann machen sie getrennt weiter, jeder für sich - der Argwohnsteufel arbeitet dahinter. K.s Gutmütigkeit sei mißbraucht worden. - Abends bei Carr, wohin auch Harris kommen. Dorthin auch am 26. (doch zu Harris).

Am 28. zu Harris zum Essen eingeladen. Er nimmt mich beiseits, Hoch habe, als er ihn diesen Abend besucht, 3 Weiber geschlagen, ohne alle Gesetzesermächtigung. Doch ja nicht mehr tun (Hochs große Aufregung wegen Liebesbriefen der Mädchen). Ich sitze bei Kindersley, der ordentlich spricht. Fennel über seine Kinder etc. Wie Fr. K. aufbricht, geht's ohne Gebet auseinander. <Fertig mit Acts in Malayalam übersetzen, und also NT absolviert>.

29. Carr, Gompertz nicht bei Fenn[el]s Abendmahl. Ich predige Malayalam, Tulu über die eherne Schlange. - Früh morgens Briefe von Hermann, Jette, Theodor, Ostertag, Uranie (H. bei Staudt).

30. Fennel besucht eine 1/2 Stunde.

1. Juli, bei Carr (auch Harris). G. sagt nachher zu C., da war doch wenig food drin (ich hatte über Staat und Regierung nach 1 Petr 2 gesprochen). C. sagt mir's nachher. Hoch, den ich zum Beten aufgefordert, bekennt gleichsam vor Harris seinen mistake im Schlagen der Weiber.

2. Juli, letters nach Hause, Komitee, Barth, Ostertag, Hermann, Samuel.

3. Juli, bei Harris - Gottes Tun, Beleben und Richten.

4. Abendmahlsvorbereitung, auch Joseph kommt endlich, hält sich für im Grund noch nicht bekehrt.

5., bei Fr. Kindersley.

6. Abendmahl - nur Carr und Harris (Gompertz weiß es nicht). Predigt über Mt 22, init* petition für C. Müller um Württemberg. Staatsbürgerrecht.

7. Missions-Betstunde - viele berufen, wenig auserwählt (Harr[is] nach Madras in Sudr.* berufen). Ich besuche die Bates und Lawe, execut. offic. Hurer, auf den aber Eindruck zu machen ist.

8., bei Carr über slaves (Harris wieder da, ihr Abgang öffentlich geworden). Deggeller ist auch hier, fragt wegen Geld und seinem* Lot* etc. (für Katechisten-Schule?).

9., bei Harris Knecht über "unprofitable servant" - gleicher Lohn für scheinbar ungleiche Arbeit - augenscheinlich kaum zu begreifen. Es scheint, die amerik. haben den brit. Gesandten fortgeschickt. - West ist auf Inspektion hier - bei Harris seit Samstag. - Donnerstag (10.), an welchem letzte reichbesuchte meeting bei H[arris]. - Ich bin in der Malayalam-Geographie fertig mit Irions Vorarbeit. - Am 9. mit H. K., Frau und Marg. W. in Caderi, Frau besonders steiglustig, ebenso David. - West am 10. nach Mulki, am 11. geht Deggeller ihm nach.

12., Samstag, Harris (nach Gebet) Madras zu abgefahren.

13., nach Predigt Briefe von Hermann, Samuel, Ernst (kurios "ältere Sohn"), Jette, Miss Culman und Friedrich erhalten. Gott Lob und Dank. - Ich soll Deggeller eine Erklärung wegen seines Stillschweigens abnehmen.

Gehe 14. nach Mulki, wo ich noch West treffe, und komme

15. zurück, nachdem ich mit Deggeller gesprochen und gebetet hatte. Hoch hält die meeting für mich.

17., meeting in unserem Haus (statt Harris) <Thomas und Obadiah aus Kirche>.

18. Mit Katechisten über Benjamin, den gambler etc.

19. Der Brahmin Timmanayya wirft sich vor uns nieder, wird angenommen, Knecht oder so was <(geht im November zu den Maplas)>.

20., englische Kirche Dankgebet für peace, collection 26 Rs an Fennel.

21. Briefe an Komitee (und reports) H[ermann], Sam[uel], Ernst, Jette, Paul, Friedrich, Barth (Kriminalprozeß)- zu Law und mit ihm gebetet (nachdem besonders Gompertz sich sehr angenommen).

22. Meeting bei Carr - H. K. fängt wieder lessons zu geben an. Mögling meint, ich habe einen Basel-Brief unterschlagen, weil er nichts von dort hört.

24. Fr. Bösing hier und meeting - Verhandlungen über Simsons* Frau, die Keimasaka gegeben haben soll.

27., Sonntag - Predigt über Gesetz und Propheten erfüllen (etwa 26. Plebsts Fall dem Dr. mitgeteilt, dieser hat um Miss A. angehalten).

29. Briefe von Hermann, Fr. Albr., Marie, Ostertag, Staudt - Dank Gott! Abends bei Carr über Weiber- und Männerstand gesprochen <1 Petr 3>.

30. Pfleiderer reist ab, Dharwar zu (mein Gaul troublesome für ihn).

2. August, sende via Madras Berichte der Brüder.

3. August, Sonntag, Tamil-Predigt (Pharisäer und Zöllner).

4. August. Israel, entlassen von Plebst, kommt zu mir, ich gedenke ihn an Hebich zu schicken, wenn er sich drückt*. - Abends Missions-Gebetstunde. Briefe an Komitee,H[ermann], Samuel, Friedrich, Marie, Ostertag, Barth, Frau Müller.

5. abends bei Carr <Nicholas Handibo, Mary Ann>, Sarah Handibo getauft, geboren 23. Juli 56 - Stimme ziemlich mitgenommen.

6. Bates hatte sollen von Honavar Command freigesprochen und dasselbe Grey gegeben werden, der vor einigen Tagen abgereist ist. Jetzt kommt erst Befehl, daß Bates hinauf müsse und Longcroft auf ihn zu warten habe, sonst werde Carr zu gehen haben. Fisher ist nach Puttur gegen einen Unruhstifter. - Hoch und Sweeny gehen, den ans Ufer geworfenen Walfisch zu sehen.

Abends 7. August kommt Ebenezer und klagt, Christian such ihn zu Päderastie zu verführen, schon längere Zeit, fast seit Deggellers Besuch, der damals für ihn bat (ca. 10. Juli).

8. August, Christian entlassen. Er hatte zu Eb[enezer] gesagt, ninna manasu bare kettadu. Wir gehen abends mit Sweeny ans Meeresufer, sehen, wo die Bäume etc. weggeschwemmt

werden. Frau Kindersley am Ufer und Brett (traurig, wahrscheinlich mit Korb von Frl. Anderson).

9. <Hebich kehrt nach Cannanore zurück> Weiyapuri, Carrs Knecht, ist bei mir, ziemlich verständig.

10. Predigt über eine vollkommene Gerechtigkeit.

12., shopkeeper Thompson ist auch in Carrs meeting.

13. Vaters Geburtstag. - Juans Weib hier, will das Abendmahl haben, höchst selbstgerecht, nachher zu Carr, wo ich Tamil meeting halte, ziemlich viele Heiden.

14., schöner Brief von Samuel und besonders Hermann, der schnelle Fortschritte macht.

B M F 10. 247 Doz Crochet thread. 26. 15. 2
206 " Persian thread 23. 3. 6
49. 18. 8
[illegible] 1 gross embroidy cotton – 7 – 20% Disct 9 19. 8
12 – Hogbes prints 7. 4 –
2 cans 1-7 39. 19 –
charges on 60 lb (11 [illegible] Hoch Leonb.) 48. 17
commission on 39.19 – at 2½ (= 1[illegible]) on 21.16 at 5 pct (1.1.10) 2. 2. 4
2. 1. 10
63. 17. 6

17. Abendmahl - ohne Carr, Brett, Bates, Handibo, die zwei ersteren waren zu sehr mit ihren Sünden und Nöten beschäftigt (C[arr] hatte am 13. gestanden, wie ihn oft die Lust herumtreibe), Bates wußte die Stunde nicht genau oder hatte keine Stiefel, weil sein eines Paar naß geworden war. - Gestern Herr Mayne von Bellary statt* Harris gekommen. - Abends bearers für Frau und David, aber sie erklärten, das Duty sei zu schwer für 8 und wollten nur zu 12 gehen, umsonst an den Cutwal geschickt, daher etwas beengte Abfahrt. Ich begleitete über den Fluß, wo Frau fast wie in Alex., Syr. und Triest aussah, daher beklommen. David ganz närrisch vor Freude, in Ch[irakkal] zu sein, er sah es hinter jedem Palmbusch. - Bald Nacht, aber kein Regen 25 Stunden lang.

18. Ich examiniere die englische Klasse mündlich.

19. Major Hodson und Frau angekommen. Abends in Carrs meeting über Sanctify the Lord God in gr.* hearts (sagte nachher zu Bührer, es sei solide Speise für Starke gewesen, d. h. habe nicht für ihn gepaßt).

20. Briefe an Hermann, Samuel (Putzer), das Photogr. von Mama und David an Linder*, Inspektor für H[ermann] und S[amuel]. Ein Wort an Friedrich und Paul (mit älterem Brief für letzteren).

21., keine englische Schule, Frau Bös[inger] in Kindsnöten. Erhalte den Reisebericht Mamas. Gottlob, auch für Davids Besorgnisse und Beten.

22. früh Fr. Bös[inger] unter Bretts und Jowetts Hilfe von einem starken Knaben entbunden. Bös[inger] selbst kommt abends heim.

23. Ich habe wie am 21. erste Singstunde mit den Katechisten-Schülern. Josef hat sich das erstemal entzogen.

Oben: Udipi - Krishna-Tempel

Unten: Udipi - Christian High School

24. In der Predigt Maynes und Hodsons.

25. Loth kommt statt Christ[ian]s in die Schule, von Deggeller geschickt. Bates, der am 22. von hier zu Fuß abmarschierte, hatte gestern in Mulki Sonntag gefeiert. Hoch meint, Haller habe Absichten auf M. W.

24., 26., 28. hat H. K. wieder schwache Fieberanfälle.

29., overland, aber nichts von Kindern, auch kein Mercur. Nachricht von Aussendung 5 Brüder (Herre <Tellicherry>, Boßhard <Calicut>, Lauffer, Hunziker, Keuler für Mangalore).

31. Predige ich über "du sollst nicht ehebrechen etc.". Carr scheint es haben abwarten zu wollen. Nachmittags laufe ich nach Vorausschicken des Manjils nach Manjeshvar, da kein Junge, der für das Pferd bereit werden wollte. Treffe dort Changara und gehe schnell weiter, fast ohne Regen. Erst von Palayangadi im Boot, 3 Stunden lang, finde Hebichs bandi, begegne den Mädchen, Diez, David am Hügel des Calari vatu kel, große Freude, ich verteile gingercakes. Frau mit Ruhranfall, Elisabeth dünn. So endet 1. September.

Am 2. in Cannanore, wo Hebich und Carr, bald Rolston (Hebich war schon gestern abend herausgekommen, verspätet durch Dr. Rentons Unfall, der, vom Pferd geworfen, Schlüsselbein zerbrach).

3., die Ordination von Jacob Ramavarma, Gegenwart des Herrn, vieler Heiden, auch Brigadier Thomson (erfreut), Col. Clemons Monkland (28th), Capt. Taylor etc. Die Brüder zurück nach Tellicherry. Irion bringt mir das erste völlige NT. Dir, Herr, sei Dank dafür.

4. Protokoll S. H. geschrieben (nach Basel an Knaben und Marie, wie 30. August an Hermann und Samuel), nach Chovva zu Isaak, Cannanore bei Rolston mit Brigadier Th[omson], Capt. Taylor etc. Hebich nötigt mich zu lesen.

5. früh - nachdem ich nachts mit Nath[anael] gesprochen - mit Diez nach Valarpata gelaufen, gesagt, wo es fehle - Abschied zu Davids Schmerz - bei Palayangadi 2 Stunden unter Kokosschatten, bis sich der Kanal füllt. 4 Uhr Cavai, die bearers schmeißen mich mit Manjil um, so besoffen.

6. Sonnenaufgang in Kumbla, zuletzt heiß 12 1/2 p.m. in Mangalore angekommen, wo Camerer auf Besuch ist, Fr. Kindersley still entbunden worden war.

7. abends, ich erzähle den englischen Brüdern vom Fest.

8., mit Sweeny im Boot von Andersons delight zu seiner* Pownah.

9., bei Carr <über Christen* in Hades>.

11., letzte meeting mit Sweeny, der Sonntag, 14., oben ist (spreche mit ihm über ministry). Abends Gebet zusammen.

Am 15. früh mit Knaben. Die erste Klasse auf Powna, die bald darauf segelt! Der Herr segne den teuren Bruder und mache ihn zu einem tüchtigen Arbeiter in seinem Reich. - Ich lese dieser Tage Groves'Memoir und wünschte, ich hätte den vielgeplagten, lieben Mann mehr geliebt.

Am 13. Briefe von Hermann und Samuel. Gottlob, alles wohl in Hohestraße 6. Von Kullen verzwickt, von Basel nett, Marie gegen* Gesetze.

19. Heute filed H. K. einen Prozeß gegen den 4 000 Rs schuldenden Set, der echappieren wollte. Mr. S. Kullen, Green Row, Abbey Holme, Wigton, Cumberland. Bombay mails leave 4. Oktober 18 O., 3. November 17 N., 4. Dezember 18 D.

Am 18. waren wir hier in meeting, der älteste [handwritten word] aber blieb weg, halb krank oder um dem goose-step auszuweichen, und ist in dieser Stunde aufs Schändlichste gefallen, gestand's am 20. Tags darauf dort mit Gompertz und Brett, die sich doch gegen Bekenntnis bedeutend sträuben.

Am 23. dann die meeting dort. Denselben Tag kamen die 2 Katechisten von Udipi, Samuel und Jonathan, welche Br. Ammann und der Mission aufgekündigt hatten. Schwere Arbeit, doch schnell abgelehnt, weil ich nicht glaubte, Ammann habe sie geschickt - harte Stunden. Bührer abends zurück von dort, findet Ammann sehr im Unrecht.

24., der Messwriter Asirvadam bittet um Abendmahl (lutherischer Kastenchrist von Madras, scheint ordentlich), Joseph Chellacutti, Carrs Knecht, um Aufnahme (ein trinkender Heide, dann röm.).

25., Donnerstag meeting - Brett ziemlich harassed* (Young rät Carr die Miss McMahon an, die aber nächsten Monat ins Panjab gehen soll). Deggeller hier.

Am 26. mit Daniel und Theophil über die 2 Udipi-Leute. Sie meinten zuerst, die beiden wollen nicht zerstören, Theophil gab zu, es sei sein* Zorn, der sie fortgerissen habe.

28. Abendmahl (27. Briefe an Hermann, Samuel, Komitee, Kinderhaus, Barth, Marie, Jaquet, Ostertag, zugleich kommen Briefe von Theodor, daß sein erstes Mädchen tot geboren, von Ostertag). In der Vorbereitung kam Michael wieder einmal, auch Asirvad, der Tamil-Meßbutler, ein Lutheraner, wollte fast kommen, leugnet alle Sünde! Kam nicht. Abends Händel der Trinker.

29. Lot stiehlt 1 toast*, von Zach. gesehen, leugnet, bittet dann, ihn zu schonen. Ammann schreibt, Gideon holte Versammlung über die Katechisten. Es sieht schlecht aus.

30., bei Carr mit Frau. Es war picnic der großen Herren in Gurpur, wohin auch Brett gegangen war.

1. Oktober. Fraus Geburtstag. Abends kommt Pfleiderer von Udipi an, bei Land zurück.

2. Oktober. Br. Leonberger kommt ihm nach mit dem grauße raute Bart - zugleich geht Carr nach Udipi auf Besuch, kommt 6. Oktober abends zurück (zur Missionsstunde).

5. Gompertz geht auf 5 Tage nach Kudremukh mit Fisher, Maynes, Brett.

6. Leonberger hält Missionsstunde ziemlich oberflächlich - Katechist Samuel spricht zu einigen von Zurückkommen, zeigt sich aber nicht.

7., bei Carr, auf dem Wege taufe Louise Dixon, 6 Tage alt, die um 12 p.m. gestorben am 8., abends begraben und den drummers etwas Englisch gepredigt. Bei Handibo, der an rheumatism leidet.

9. Davids Geburtstag: er hatte 5 Stücke gewünscht, sugarcane, sugarcandy, [handwritten Kannada script]

bible, hymnbook, letzteres gab Hebich, die Bibel Kaundinya. Zu dem anderen kriegte er Schokolade, eine box, Dictionary etc., war so gerührt, daß er das Gesicht im Kissen verbarg und weinte, I am quite ashamed, I am not so great, als auch Bührer noch was gab, surely I am not so big a gentleman. Abends über Lazarus' Tod. Dr. betet sehr herzlich.

10., in Eile geschrieben, 60 Fl an Hermann geschickt (an Friedrich und Paul, Hermann und Samuel, Ostertag, Theodor). Wir warten auf die Gäste von Earl of Windsor, die 30. September in Bombay gelandet sein müssen. Traum am 12. früh, daß Frl. Lang mich kurz abfertigte. Predigt über Vollkommensein.

13. Fr. Jennings und Bösinger hier (der Mann der letzteren hat nach Salem von seinem Geld und Haller geschrieben).

16. Briefe von Hermann, Ernst, Samuel, Kinderhaus.

16./17., verhandle mit Samuel von Udipi <zur Zeit des Swami-Prozesses. Ammann soll zu Jonathan gesagt haben, da Samuel nicht wiedergeboren ist, schicke ich ihn fort, wenn er über Besoldung spräche w...>.

Am 18. abends (Maries Geburtstag), endlich die Nachricht, daß der Pattimar da sei, Paul Hoch geholt habe. Ans Ufer, sahen Boot kommen und sie aussteigen, bes. Freude über Strobels kindliches Wesen, Hauser gesetzt, von seinem Schwager in Beschlag genommen, Miss Lang abends in Kenntnis gesetzt von dem mit Deggeler Verhandelten.

19. Fennel hier, predigt, ich bleibe bei Tamil und nachmittags Besuch von Rangappa, Crishna etc.

20. ausgepackt, Photographe etc., fast zuviel auf einmal, daher zerstreut.

21. und 23. war Strobel noch bei den meetings (bei der letzteren auch ein junger farming Verständiger, Anderson, nagelneu von Scotland, mit Lucian Harris herausgekommen, dieser nachher verarbeitet, Gompertz sein Wirt), geht dann nach Cannanore ab mit Leonberger Donnerstag nachts. - Besuch bei Ammann, der 22. gekommen war, an welchem ich Sarah, Weib des rifle Sipahi Daniel taufte: wie 21. Lydia, nachdem Philip James von Bösinger, mit dessen Vater ich zuerst über seine Briefwechsel mit Lechlers deutschem Gehilfen länger verkehrte.

Am 25. in Eile geschrieben an Hermann, Samuel, Marie, Kinderhaus, Inspektor (Geld 42 Fl an Mutter für shawls, an Fr. Bühler 42 Fl für von Mörike Eingenommenes).

26. Höre, wie Fr. Ammann ihren Mädchen sagt, Frl. Lang sei arm und sollte sich daher nicht so kleiden (etwas mißverstanden). Von Basel zu wünschen: Album des heiligen Landes, Thiersch Kirchengeschichte, Stiers deutsche Bibelübersetzung, Leo Universalgeschichte, neueste Ausgabe für Balmatha, Hofm[anns] Schriftbeweis.

27. Verhandlung von dem Malayalam-Matthai (Siricandan von Ponnani) und Besuch in seinem Haus.

28. Hochzeit von Deggeller und Miss Lang. Abends Abschied von Hauser, kaum von Ammann, der sich sonderbar dagegen wehrte, die meeting zu halten, worin wir ihm nicht nachgaben.

31. Oktober. Briefe von Fr. Bühler, Fr. Christ etc. an Frau. Von ihr ein Traum, daß nämlich sie David in Europa gewußt, zugleich aber ein Kindlein bei sich gesehen habe (möglicherweise von heute morgen Reminiszenz).

1. November. Fr. Ammann nachmittags zurück nach Mulki etc., ich schreibe an Deggeller wegen Katechist Nathanaels, der seinem Bruder ganz beistimmt und in Klage gegen Ammann einstimmt.

2. Predigt über Gebet (ich war gestern beim kranken Galbraith, konnte nicht ... wegen court-martial, höre heute von Capt. Bruce <39> Ertrinken. Hebich schreibt dringlich von Calicut wegen Schulinspektorat.

3. Fritz' Brief und Missionary-meeting über 118,17.

4., bedingte Annahme des Rufs bei Carr (schon gestern ist Fr. Coveny gekommen und hat ihre 2 Mädchen zu sich genommen. Ach Gott, laß nicht alles Gesäte umsonst sein).

5., in Tamil meeting und bei Galbraith, mit dem ich bete.

6., angegriffen auf Brust mit Johannes lesen etc.

Am 9. (über Vaterunser zu predigen angefangen) <die erste Nachmittagsandacht von Katechisten gehalten>. Briefe an Komitee, Hermann, Mutter, Emma <Verein>, Ernst, Kinderhaus (5 reports), Barth.

10., an M. A. Sweeny, care of Jamsetfie* Dorabjee*, Bombay Green, Bombay.

12. Peter von Gudde und Nathanael von Mulki hier - von Calyan[a]p[ur] bis Mangalore glaube niemand an Ammanns Liebe, noch liebe man ihn. Zugleich einiges über weltliche Unterstützung mangelhaft und mit den Jahren mehr und mehr spärlich. Jonathans Empörung, Samuels Reue (dieser seit 11. in Bolma für den altvenerischen Elieser). Peters Bitte, ihnen eine Zusammenkunft zu gestatten mit übrigen Tulu-Gemeinden. Deshalb an Ammann und Camerer geschrieben (von denen der letztere eben statt Deggeller in Mulki aufgezogen ist. D[eggeller] auf Mukh[1] zur Erholung).

13. abends während meeting (über Abendmahl, nach Fraus Bitte in Hebichs Weise gehalten, Frau Bührer soll dabei geweint haben) kommen Kittel und Kleinknecht. Mit ihnen Reden,

am 14. abends gehen sie weiter in den Süden (ich sende das letzte Heft der Psalmen an Fritz, der Liturgie an Irion). Ich ziemlich angegriffen, auch mit der unglücklichen Frau des Juan bei Fr. Marsh.

15., bei William Davis das Abendmahlgehen abgeraten.

16. Abendmahl (ich predige in der englischen Kirche, Hoch in der Tulu), Carr sehr nett. Nachmittags kommt Leonberger aus dem Süden zurück. Am 14. kamen Briefe <in Gegenwart von Savari Amma>, sehr reichlich, aber Ernst bitterböse über mich, zugleich Möglings Entlassung aus Missionsverband, mir sehr betrüblich in der jetzigen kritischen Lage, besonders da auch Mögling schon vor dem Gov. Genl. seine literarischen Vorschläge zurückgenommen und aufgekündigt hat, auch Chameirs kühlen Brief als Notifikation des Aufhörens der Madr. Curg Comm. aufnahm und danach beantwortete.

Am 17. bei Fr. Marsh, wo Juans Weib Protestantin* werden will, falls ich verspreche, ihren Mann nie mehr zu erwähnen, im Weigerungsfall wolle sie zu Rom zurück, was ich

---

1. Kudremukh.

ihr freistelle. Fr. Marsh über great disgrace to the Mission and its sin, einen Mann wie Juan aufzunehmen, der keine Nacht ohne ein Weib sein könne etc. Ich fühle, als wäre ich zum letztenmal dort gewesen, außer etwa, daß ich zu ihrem Sterbebett geholt werde. - Bitte um Binders lateinische Sprüchwörter, Prälat Haubers Brauch und Recht der würtbg. ev. Kirche, Vayhingers präl.* Schriften.

18., gab dem Tamil-Weib Sarah das heilige Abendmahl und schicke sie (wegen blauen Hustens ihres Sohn Philipps) nach 3-4 wöchentlichem Obenwohnen in die lines zurück.

19., die letzte meeting in Tamil bei Carr (in Zukunft in drummers lines).

20. Während der Donnerstag-meeting geht Plebst hinaus - auf einen Brief Möglings, der einen Hufschmied nach Puttur berief. West war 2 Tage in H. K.s Zimmer gewesen, weil K. mit Leonberger seit 17. auf seine Güter gegangen war.

Am 21. morgens, aus Schule gekommen, begegne ich Mögling <der mit H. K. von Panimangalore im Boot gekommen war>, der bald nachher sagt, als abgemacht, er bewerbe sich durch Stokes bei Church Mission - ich konnte wenig reden.

Am 22. früh bei Hoch dreht er um und will nochmals an Komitee schreiben, ebenso wir. Abends nach Mercara zurück.

Am 23. habe ich Tamil-Predigt. Wir wollen noch zusammen wegen Mögling schreiben, Hoch macht einen Brief zurecht am 25., schickt Hebich hierdurch den offiziellen Brief für Mögling, H. K. hat keine Hoffnung, daß er angenommen wird. Wir hören bald darauf, daß die Möglings herabkommen wollen, den Gouv. zu sehen. <Briefe nach Basel und Stuttgart>.

27. früh, nachdem ich Col. Cotton, bei dem Bourdillon war, besucht hatte, kam der Gouv. an. David entzückt mit dem Salutieren und Musik. Dann in der Nacht 2 a.m. die Möglings.

28. Sein Besuchen bei Gov. etc.

29. besucht uns Cotton und Dr. Sanderson - freundlich - nachmittags Gov. in englischer Schule. Ich hatte 28. dem Messdinner beigewohnt, wo Dr. Jowett aufmerksam, Gov. erkundigte sich nach meiner Zeit in Indien und dem Unterschied der 2 Provinzen. Am 29. zu Maynes eingeladen, wo Murray und Cotton mir zur Seite. Sein Plan,ein coastcanal harbour und* Sadashegar* größer als Bombay - Beypore und Ponnani zu improven - Kanal von Negap. nach Ponnani und dergleichen. Er hat sich für Presse und Weberei sehr interessiert.

30., ich predige über "dein Wille". - Hoch nachmittags. Zugleich bei Boas, der im Todesröcheln scheint <sich nach etlichen Tagen erholt>, bei Rifle Daniel, dessen kleiner Philipp einen fit hat, und als ich dort war, einen Wurm erbrach.

29. nachmittags gingen Mögling mit H. K. und Katechisten nach Subrahm[anyo]. Ich nicht lustig mit ihm* sein Plan an Gov. für 470 Rs monatlich eine kanaresische Literatur zu schaffen - ob er auch noch fragt und hört? - Seine Frau ihm beistimmend (Entbindung im April well, bei G. W. sei pushing, hier Radschuh nötig, letzteres viel leichter, sie weniger herzlich als sonst, er sagt, Chr. sei nicht mehr Katechist, sondern Schullehrer, hat von Richt[er] die Zusage, ihm überallhin nachzufolgen. Lehmann verzweifelt am Lingasagar-Geschäft, zurück nach Bellary.

1. Dezember Governor fort.

2. Dezember. Abschied von Galbraith, der in Pownah mit Col. Cotton etc. nach Cannanore abgeht.

3. Col. Cotton nochmals hier.

4. abends Nachricht von Sterneabin, welche im Seringapat, segle 5. Januar ab: Glücklicherweise geht Frau nicht nach Mercara, was schon bestellt war, um Dr. Bretts Johnny einen change zu bereiten - Besuch bei Fr. Mayne.

8.* In Bolma mit Fr. Bührer, Hochs, Carr und den Schulmädchen, David mit Haller beständig busy <im Gebüsch> herum. Ich freue mich über sein Wachstum (im Lauf hin und her), und sehe, daß es Zeit ist, ihn zu verpflanzen.

9., bei Kindersley - über ihr Piano-Stimmen, Harris in Mangalore zurückerwartet.

10. früh Kaundinya und Katechisten-Schüler zurück - an Hermann mein Bild von Richter und Briefe an Kapff und Reinhardt (von Fr. Stang[er] an Fr. Müller), an Josenhans (mit 2 reports von Diez und J. Ram.) - (in der Nacht zuvor Bellas Hündlein zu Davids Freude).

13. abends im bandi nach Panimangalore, mit Boswells Manjil nach Puttur - schöner Sonntag - junge Faunce* in Boulogne zu Atheisten erzogen - predige. Abends zurück, lange

15. <16.> früh an. - Dann home-Briefe reichlich und erfreulich. - Camerer langt an, hilft zunächst Bührer, G. C. Conrad Riegers große Herzenspostille. Steinhofer 1 Joh, Roos Lehre und Leben Jesu, Roos christliche Glaubenslehre von evang. Bücherstiftung.

17. In der Mangalore exhibition, die schwach ausfällt. Des Morgens Brigadier P. Thomson durch 11 Schüsse angekündigt.

18. abends, Brigadier in Thursday-meeting, sehr nett.

Am 19. abends war Schlußparade <gerade mit shopkeeper Peters Begräbnis>, wozu Carr ihm Fr. Kindersleys Pferd verschafft hatte, dieses, über die Flaggen scheu, warf ihn herab, so daß er das collarbone zerbrach. Doch blieb er auf Sessel bei der revue und redete zuletzt Hodson ziemlich lange schmeichelhaft an.

Ich sehe ihn 20. morgens, Tag, da die Sandelholzsachen ankamen: nachmittags Kindersleys Piano gestimmt.

21. Predigt - Hoch unsichtbar, so auch in den folgenden Tagen (während welcher exhibition. Plebst erhält einen Preis für seine Seife), ich rede mit ihm 23. über seinen Stolz und Teufels Anfechtung.

24. Bei Hochs Bescherung der Kinder, David weint zwischen die Freude hinein. H[och] macht's zu fromm, betet sogar, daß wir wohlbehängte Christbäume werden mögen.

<(Viraswami) Samuel Lascar born 1820, baptized June* 56. - (Vineiyatta) Sarah 1829 geboren, heiratet etwa 1846, Salith <?> 1847. Elisabeth 1856, gesund. - (Devanei) Ruth 1816 geboren, Frau von Madhura ...yikam, heiratete 1850, hat 3 Kinder: Jesaia 18 Jahre, Salomon 16 Jahre, Anandaya 10 Jahre.>

25., Christtag - morgens den Katechisten-Schülern und 3 Katechisten, auch Samuel, der am 22. gesagt hatte, er wolle - nach etlichem Besinnen - die Kan.-Schule in Sammuga anfangen. Fr. Brig. Thomson kommt diesen Morgen von Cannanore herauf, Hebich hatte sie nicht gesehen, scheint in Anjerkandi gewesen zu sein, allwo F. Br[own] allen Arbeitern erklärte, er brauche sie nicht, weil sie ihn bei Hebich verschwätzt, namentlich Timotheus muß fort.

26. Briefe nach Europa (Basel und Stuttgart).

28. Abendmahl, letztes mit Bührer. Fr. Thomson und Mrs. Madden etc. in der Predigt und beim Abendmahl, aber nicht Mrs. Ball oder Bösing[er], welche beide tags zuvor hier gewesen waren. Erstere eine natürliche Tochter von Maj. Gustard, der am 21. Dezember in Mercara starb, an den Folgen seiner - doch nur temporären Entlassung vom Superintdt. office. Sie war 9 Jahre bei Groves - anno 50 getauft, dann bei Campbells, wie früher bei Porters, hielt sich für bekehrt, ist jetzt in schwankendem Zustand, aber angenehm und augenscheinlich bei Christen sich zu Hause fühlend. Ihr Versprechen, zum Abendmahl zu kommen, hielt sie nicht.- 2 Tage zuvor war Fr. Jennings bei Bühr[er]s gewesen und hatte gesagt, sie habe gehört, Miss Will heirate, nämlich May etc. Gott sehe drein!

<8 Palghat mats Emma G., H. G., S. G., Miss Culm., Miss B. K., Ur.* 2, Marie; Zigarrentäschchen von Manilla Theodor Gundert; große Zigarre Ernst G. (über Basel); 3 Sandelholzstöcke, 1 Stuttgart E. G., 2 Corcelles, 1 weiterer calamus Rotang Stock von Akimale*; Sandellöwe H. G. (Papierbeschwerer); Steinbasawa (Stiergott) S. G.; Briefbeschwerer, kanares. Zauberbuch Missionshaus; box, Schmetterlinge Kinderhaus; blackwood paperknife Th. Gundert; cane stick Gundert Stuttgart; arab. girdle (über Basel) Stuttgart; 4 Sandelwood boxes 3 Gundert, 1 Dubois; 2 native slippers H. G. und S. G.; 2 native caps Kinderhaus und Stuttgart, durch Bühr[er] geschickt.>

28., gesegnetes Abendmahl, letztes mit Bührers in Mangalore, Frau Thomson dabei.

30. Briefe von Hermann und Samuel, Marie und Kullen, abends meeting, wozu Fr. Ball das erstemal kommt.

31. Konferenz, wobei Hauser (seit 29. hier wegen tollen Hundbiß), ob nämlich Ammann soll nach Keti gehen können, durch Camerer zu ersetzen - er geht 2. Januar nach Udipi, wo Ammann seinen Ramacharya etc. getauft hat.

Am Neujahr 1857 kaum 16 Leute in der englischen Kirche. - Ammann geht direkt nach Cannanore, von wo seine Frau nach Keti soll, er zurück nach Udipi.

1. Januar 1857 - 20. Mai 1859

1857, Neujahr, abends meeting (weil Donnerstag). Am Christtag sind die fünf Brüder in Bombay gelandet, also sind Scheidung (von Bührers, David etc.) und Begrüßung der neuen Arbeiter nahe beieinander. Fr. Brig. Thomson ist den Abend bei uns.

Am 3. in der englischen Schule etwas Vakanz verkündigt, auch Fall von Bushir. Ebenez[er] sagt, die Schüler der ersten Klasse wünschen, es gäbe keine Bibelstunde.

4., englischer Gottesdienst (2 letzte Bitten im Vaterunser). Abends bei Thomson - der auf ist, vielleicht sich durch Laufen zu sehr angestrengt hat. Wir gehen in ihr Haus in Cannanore, D. V., das sie sehr freundlich angeboten haben. Zugleich kommt Nachricht von der Katastrophe in Anjerkandi, als welche am Jahreswechsel fast noch alle übrigen Christen nachgezogen zu haben scheint, sie seien des Brownschen Joches müde. Abends das monatliche Gebet, bei welchem Haller sehr herzlich und ernstlich (David sagt, wegen Haller möge er nicht nach Europa), auch Joh. Müller, der tags zuvor angelangt ist.

5. Brig. Thomson schickt 100 Rs. Abends wird der Pattimar zur Abfahrt nicht fertig, daher wir erst

6. Januar, früh 6 Uhr, uns einschiffen, während Gompertz am Ufer steht (meeting über Kirchenbau). Bis nachmittags halbwegs, langsam in der Nacht um Eli gesegelt. Der Pattimar mit allen (überfütterten) Kindern landet gegen starken Landwind um 10 Uhr, ich mit Dr. Brett erst um 12 Uhr - zu Hebich, wo Begrüßung. Abends <nachts> in Brig. Thomsons Haus.

<Mangalore 9.-24.<17.> Januar, 9.<3.>-28.<17.> Februar, 12.<6.>-26.<20.> March, 9.<3., 17., 28.> April (via Bombay), 12. und 28. Mai, 11. und 27. Juni, 11. und 30. Juli, 13. und 30. August, 13. September, 4. und 18. Oktober, 3. und 17. November, 4. und 18. [Dezember]*>

7. früh, besuche bei Stevens (zurückgefallen), West, Capt. Taylor <acting Brigad[e]major> - Frau in Chirakkal.

8. Besuch von Fr. Irion, die 9. mit Joh. Müller nach Tellicherry geht, wohin am 10. auch Bührer folgt. Hier aber die Nachricht, daß Sering statt am 5. erst 10. von Bombay segeln soll.

Ich predige 9. abends und 11. morgens Englisch, besuche am 10. die Rolstons (kühl) - noch nicht Dr. Rogers, der sehr fein ist, gerade seine Frau nach Ottacolli geschafft hat.

11. predigen Fritz und C. Müller in Malayalam, ich sehe die Chirakkal-Mädchen und Anjerkandi-Gemeinde.

12. Distriktskonferenz von Mal[abar] (wie am 9. von Kanara). Wir besprechen die Anjerkandi-Sache, bedauern, daß Hebich irgendwelche einlädt, sind* natürlich dafür zu behalten. Frage, was an Br[own] zu schreiben ist.

Am 14. früh Nachricht, daß Brigs im Pattimar gelandet seien, worauf Frau sich nicht halten ließ, sondern flüchtete in großer Eile. Dr. folgte mit seinem Johnny. Wir besuchten um 10 Uhr und ich abends - aber Frau ließ sich nicht mehr zum Bleiben oder Wiedereinkehren bewegen. Abends zu Müller, von Tellicherry zurück.

Am 15. früh zu Tappal - Brief von Brennen etc. - kein Schiff, doch um 10 Uhr die drei Brüder

Herre, Bosshardt, Laufer von Mangalore, noch vorher Aldinger von Tellicherry herüber. Allerhand verzetteltes Reden. Ich mit David im Telegraph-Office. Abends Herre und Aldinger fort.

Am 16. Besuch von Frau und Miss Thomson mit Brennen auf Besuch zu Hebich etc. Sie erzählt Geschichte ihrer Bekehrung, Br[ennen] wegen annihilation und Chatfield.

Am 17. früh von Chirakkal zurück, wohin ich gestern gegangen war. Miss Blandford, Miss Will, Frau Diez, Ebenezer, Sebastian, Nath.* etc., halte Abendstunde. Früh morgens zurück mit Laufer und Bosshardt. 4 3/4 p.m. sieht Laufer endlich das Schiff herabkommen, ebenso berichtet Brig davon. Letzteren besuche ich und finde dort Dr. Rogers, der von seiner Frau gehört hat, Kerr sei der beste vom ganzen lot auf den French Rocks, auch an Fr. Carnegie ist sie froh. Brig war böse über unser Nichtkommen, schon waren alle Anstalten getroffen. Frau Joh. Müller hatte sich gestern den Fuß übertreten und liegt heute. Sobald David vom Schiff hört, wirft er sich weinend aufs Bett, ich tröste mit einem Chirakkal bullockheart.* Er mag nicht gehen, mit den anderen das Schiff zu sehen. Zur Mutter sagte er in sehr natürlichem Tone, what a pity that I was not born with a tape tied to you, then we could never be away from each other. Nacht etwas unruhig, er wirft sich ziemlich herum.

Sonntag, den 18., Hebich predigt früh Englisch - ich mußte hinaus, Davids Bett zu packen. Später Elisabeth hier - nach Malayalam-Predigt sage ich auch noch etwas über Kinder-hergeben und für und durch Kinder glauben lernen <Mar 5,36; 9,23f.>. Abendmahl der Geschwister (ohne Bühr[er], der schon auf Schiff). Nach 2 Uhr gehe ich voran mit Laufer, Diez, Joh. Müller, Frauen folgen, Fr. Bühr[er] mit Diez in einem Boot, ich mit Joh. Müller, dessen Joh. weint bald, "weil ich euch nicht mehr sehen werde." Ziemlich bewegte See und langes Rudern, wir zuerst dort. David fragt nach Dicke, Länge und Stärke von Schiff und steamer, ob dies ein storm sei etc. (daß Frau fragte, ob keine Gefahr, hatte er gleich aufgefaßt). Gelandet, in die Kabine hinab. Bald kommt der Rest. Gesehen Cacadus, parrots, leopard etc., auch einen kleinen Dunbar mit seiner Mutter, der zweimaligen Witwe. Er hilft in Kabine einrichten. Ich beschließe zu gehen, bald nach Diez etc. hinaus mit Mama, dann zu ihm, der sehr weint in der Kabine (wo er zuerst die kleine box öffnete und Werkzeug herausnehmen wollte). Ich führe ihn noch schnell zur Mutter an der Schiffsleiter, dann wieder hinab mit ihm und geküßt - herauf und ins Boot - mit dem schluchzenden Dr., der seinem Johnny davongesprungen war, mit den zwei weinenden und sich erbrechenden Mädchen Frederike und Esther zurück. Die anderen folgen bald, sagen, David, Johnny und Hanna haben am meisten geweint, Rosalie am wenigsten. Hier Brigadier und Familie das erstemal in Kirche - nachher zum Tee, die Tochter gegen Brett sehr zuvorkommend und trostbeflissen. Brett besucht auch

19. morgens, wo Ammann unnötig nach Tellicherry geht und wir trotz Südwinds warten müssen. Fritz mit Laufer und Bosshardt will (nach telegraph messages) fort, kommt zurück, kann erst nachmittags abfahren. Von Laufer und* B[osshardt] über Keulers Verliebtheit und Verlobung mit Miss Jerrom gehört. Endlich abends nach Gebet fort.

20. früh um Eli herum, abends vor Mangalore,

früh am 21. hineingefahren und gelandet, vor Gompertz, Hoch und Keuler. Abends mit letzterem gesprochen, suspension als Missionar angekündigt. Er hält sich für ziemlich fest.

22., erste Donnerstags-meeting. Mahomed Kasim besucht mich, der Munschi des 16. Reg., von Anderson im Englischen unterrichtet, sehr geneigtes Ohr.

23. abends in Richtigkeit gebracht, daß Keuler die Miss Jerrom aufgebe und es ihr angekündigt werde.

<Prof. Reuschles illustrierte Geographie; Müllbauer, Geschichte der kath. Mission in Ostindien; Sonst und Jetzt von Prof. Quenstedt; Flattich von Pf. Ledderhose 3. Aufl., erbeten 23. Januar>.

24. Briefe an Hermann (Dank für den am 21. erhaltenen), Paul Steudel, der um meine Antwort betrogen, Frau Fr. Müller (von Frau), nach Basel LIV über Brotschrift, LV über Keuler etc., zugleich privat wegen Briefzensur zu fragen. An Friedrich und Paul, Antwort auf ihre (21. J[anuar] empfangenen) auch an Marie, die niedergeschlagen uns entfremdet. Ich schicke zugleich K[euler]s Brief über seine Liebschaft heim und fange an, ihn zu dautzen. Frau ist seit gestern statt Hochs (die nach Mulki) im unteren Haus. Dr. Brett zieht auf Balm[atha] herüber.

25., Sonntag, predige Englisch, das Vaterunser zu schließen.

26., zu Kindersleys auf Besuch, abends der Cochin-Brief, worin David mich zuerst fragt, ob die Hündlein wachsen. Große Erleichterung durch den Brief, auch die Nachricht, daß der Lond. Miss[ionar] Whitehouse mitgeht, erfreute, Dr. Brett sehr erleichtert. Abends stirbt pensioner Boas, schon lang an Trinkfolgen darniederliegend.

Ich begrabe ihn 27. abends, halte Carrs meeting (schließe 1 Petr Brief) und bringe Frau wieder mit herauf.

28. früh bei Hoch, der von Mulki (Degg[eller]) erzählt, wie der mit Tränen eröffnet habe, daß Nath[anael] den Jonat. fortschicken müsse etc., bei Elieser, der in Blase* und an Fußlähmung leidet. Abends nach Mulki, wo D[eggeller] nervous - in der Nacht bis 3 a.m. nach Udipi.

Mit Hauser den 29. allein. Abends kommt Ammann von Gudde zurück, ebenso Titus. Dieser verlangt gleich zu sprechen. Wird sehr böse, daß er zum Bedenken seines Abtretenwollens von dem Missionsdienst aufgefordert wird - hält dafür, daß er viel mehr kriegen könne durch Feldarbeit - glaubt, er habe treu gedient (aber früherer, v. Gr[einer] verhehlter Ehebruch wird gesprochen* und zugleich: Tit[us] habe gesagt, daß keine neuen Christen kommen, sei ihm recht, so gebe es ihm doch nicht noch neue Mühe). Ich sage, am Samstag früh wolle ich in Utchila seine Antwort einholen.

Am 30. mit Ammann auch über Samuel und H. K. Ich erkläre, warum wir ersteren nicht länger hier* halten dürfen. <Morgens zu Gideon etc.> abends zu dem Palmara-Swami. Es war der erste Besuch im heiligen Udupi (Udupa vom Chandreswara-Tempel, wie der liebe Suwartappa sagt, der etwas zu werden verspricht. Gott erhalte ihn).

Am 31. früh nach Utchila, dort herumgelaufen und mit Tit[us] bereinigt, es soll so sein - er los sein von unserem Dienst (daß er mich bei Gideon verschwätzt, als habe ich ihn Lügner geheißen - als glaube ich sein Verschuldetsein nicht, während ich geleugnet hatte, daß er bloß zum Familienunterhalt das Feld angeschafft habe, sofern der Teufel ihn zu Reichtum aufstachelte). Dann 11 Uhr Mulki - Degg[eller] freundlicher mit Nath[anael], den ich auffordere, Jonath[an], den unverschämten Bruder, der nicht gehen will ("yanu tupe"), hinauszuwerfen. Briefe von Haus gelesen, besonders von Hermann fein, auch wieder was von H. K[ur]z. Komitee schlägt den Katechisten auf. Abends 9 Uhr Mangalore.

1. Februar, predige über Fasten.

2. Missionsstunde über Kinder Mt 18,10-14 mit zwei Knaben.

3., fange 2 Petr 1 über das Erbe der Gerichtigkeit Jesu an.

4. Geburtstag, Frau gibt blaue topi, Knaben singen um 7 Uhr, gerade vor Frühstück - in Tamil über den großen Glauben der Kanaaniterin.

5. Besucht bandman Myers, angeregt am 27. Januar bei Boas Begräbnis. O, Herr Jesu, versiegle ihm du dein Zeugnis.

7. Vorbereitung auf Abendmahl. Dieses am 8. (auch Elieser, dessen Kind Thamar ich am ersten nachmittags getauft hatte).

9., overland geschrieben an Komitee (Marie herauszusenden), nach Corcelles (Frau), an Ost[ertag], Friedrich (über David von Cochin), Inspektor privat, Distriktskonferenzprotokoll, Gulady Mulki Udipi Jahresbericht, Hermann (über seine Lehrzeit), Samuel, Jette (nur wenig), Tante Emma. - Von Deggeller gehört, daß Jonathan noch dort ist, er nicht fort will, seine Familie ihn nicht nehmen will etc., also gesagt, daß Nath[anael] im Notfall zu entlassen oder doch zu temporärer Versetzung nach Bolma zu schicken sei. Jacob Kamnia* begehrt auf gegen Hoch.

Am 8. Schw. Diez von Knaben entbunden.

12. Verhandlung wegen Mögling, der ein Zertifikat für Church Miss. oder Aufnahme von uns will - ich offeriere die 50 Rs per Bogen, doch 3 700 - 3 900 für AT des Bibelwerks, daran könnte doch was sein. (9-11 früh war H. K. mit Hunziker in Sammuga, seine Schule in Ordnung zu bringen) - Josiah begehrt auf, hatte zuerst H. K.s Vetter etwas geschlagen, war daher verklagt und getadelt worden, dann griff er einen Schulknaben an der Gurgel und konnte daher nicht zum Abendmahl. Als H. K. ihm vorstellte, nicht er, sondern der Knabe sollte um Verzeihung gebeten werden, erzürnte er sich über die Maßen, was ein Christ einen Heiden bitten solle: wollte zuerst gleichsam nach beendigtem englischem Schulexam nach Mulki - da ich's nicht erlaubte, bat er um seine Entlassung, bewog ihn am 12., sie zurückzunehmen. Degg[eller] kann nichts tun, wartet auf Ammann, Gott sei bei ihm (auch Lot, der Robert Fitzrobert ausgelacht hatte und von Hoch einige Tatzen erhalten hatte, gedachte ans Fortlaufen).

13. Josiah will fort. Ramavarnan 11. früh gestorben an Pocken.

14. Briefe von Theodor, Hermann, Friedrich, Paul, Ernst.

Am 15. englische Predigt. - Langer Brief Ammanns von Mulki, Robert Cocks & Co New Burlington ... Israel in Egypt, Aeis* and Galatea* occasional oratorio each 2.5 h.

Am 17. geht Josiah fort, ändert aber sein Reden schon in Mulki und will im allgemeinen nach Nord. Buchb. Luc[as] wußte das schon und schüttelte den Kopf über ihn.

21., kommt Schreiber Ram. <seit 17. engagiert und Rp 1* gegeben von Diez>. Wäscher Johann und

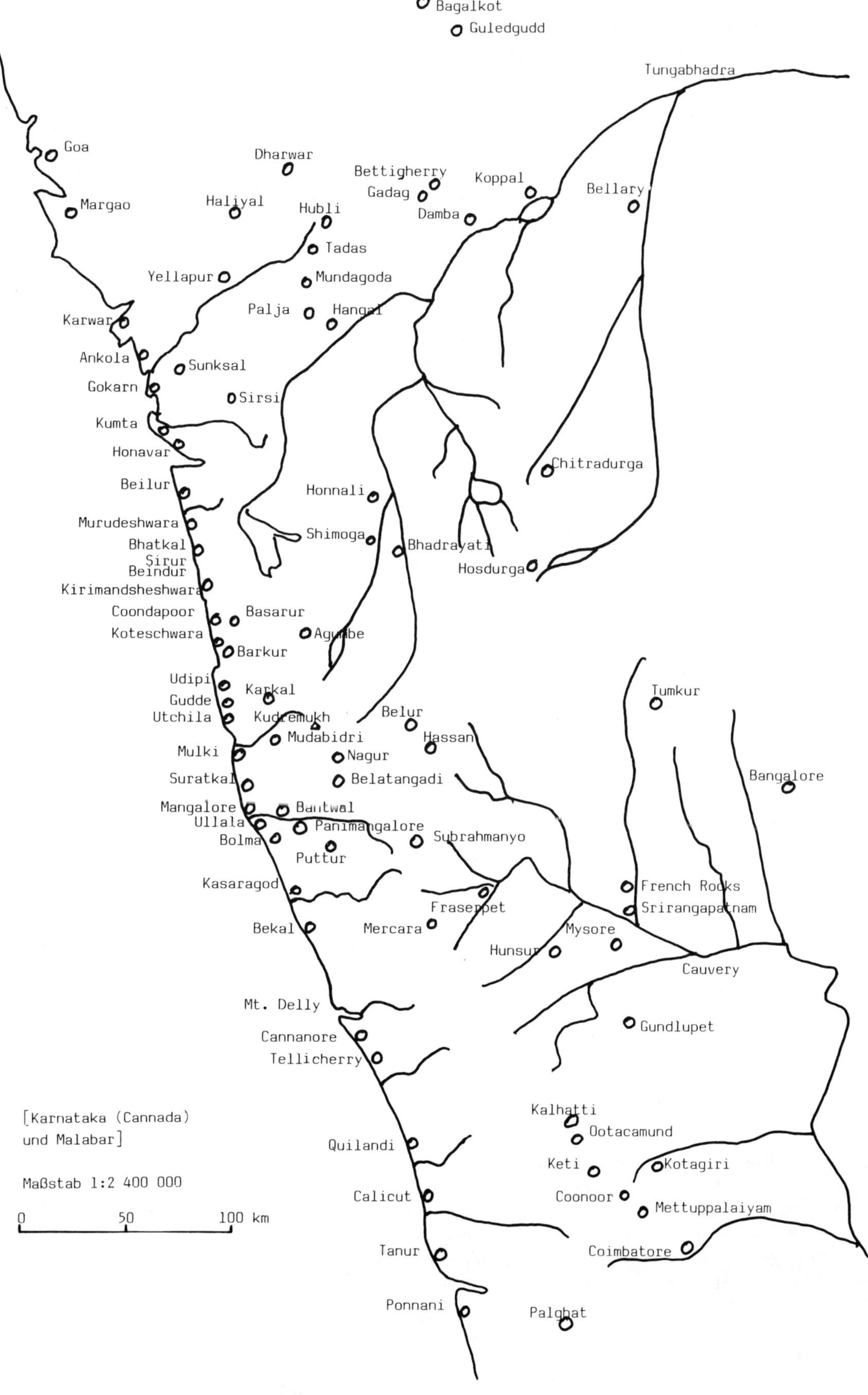
Bagalkot
Guledgudd
Tungabhadra
Goa
Dharwar
Bettigherry
Koppal
Gadag
Bellary
Margao
Haliyal
Hubli
Damba
Tadas
Yellapur
Mundagoda
Palja
Hangal
Karwar
Ankola
Sunksal
Gokarn
Sirsi
Kumta
Honavar
Chitradurga
Beilur
Honnali
Murudeshwara
Shimoga
Bhatkal
Bhadrayati
Sirur
Beindur
Hosdurga
Kirimandsheshwara
Coondapoor
Basarur
Koteschwara
Agumbe
Barkur
Udipi
Karkal
Tumkur
Gudde
Utchila
Kudremukh
Belur
Mudabidri
Hassan
Mulki
Nagur
Suratkal
Belatangadi
Bangalore
Mangalore
Bantwal
Ullala
Panimangalore
Bolma
Subrahmanyo
Puttur
Kasaragod
French Rocks
Fraseppet
Srirangapatnam
Bekal
Mercara
Mysore
Hunsur
Cauvery
Mt. Delly
Gundlupet
Cannanore
Tellicherry
Kalhatti
[Karnataka (Cannada)
und Malabar]
Ootacamund
Quilandi
Keti
Kotagiri
Maßstab 1:2 400 000
Calicut
Coonoor
Mettuppalaiyam
0
50
100 km
Tanur
Coimbatore
Ponnani
Palghat

Susanne, seine neue Frau, von Chir[akkal]. Tit[us] begehrt auf, will arrack contractor werden? Amm[ann] amtet lang in Mulki: die Leute werden immer böser.

Am 22. nachmittags gehe auch ich hinaus,

sehe 23. früh den Nath[anael] und Jonath[an], spreche nachmittags mit Josua und den anderen, die saubös sind, besonders der alte Aaron mit seinem dummen Geschwätz. Der Bub Hermann, der aufsteht und davonläuft, Jos., der nur sagt, ihr habt die Kirche zerstört. Da sehe ich, daß Nath[anael] noch der beste ist. Ach Gott! - Er hat Zeit bis 28., ob er Katechist bleiben und nach Bolma ziehen will. Gott stehe ihm bei! Hauser reitet abends mit mir herein. Immer Kopfweh und schlechte Nächte! Herr, erhalte ihn (auch an der Bißwunde Schmerzen). Degg[eller] liegt ganz drunten, sagt: ich bin eine Null, möchte gern fort, Herr, stärke ihn! Hilf dem Nath[anael], bekehre den Jonath[an] wie vor 4 Jahren, drehe der empörten Gemeinde das Herz um!

Sonntag von 15. auf 16. ist dem Koditur-Lucas das Haus angezündet worden, ich gebe ihm 4 Rs.

27. (Shamrao) ich bei Fisher mit Hoch und Mayne zum Essen und Schulkonferenz - zugleich über Shamrao gesprochen - er ganz infidel und wahrscheinlich schlecht lebend. Meine Briefe nach Hause, Hermann, Fr. Bühler, Theodor, Frau Müller, Ernst, Barth, Friedrich, Paul, Marie Monnard, Mlles Durand, Hebichs, Fritz', unser Bericht und Beilagen LVII - an Linder <Nadeln>, Bührer, David (2 von Frau).

28. Februar, erhalte lieben Brief von Hermann und weicheren von Ernst <Sarah nach etlichen Wochen oben Wohnen hinabgeschickt (ihrem* Mann ganz fern)>.

1. März, Tamil-Predigt über Perikope.

2. März, Missionsstunde über Ramavarma - und Hebr 13,7 <Nath[anael] hat seine Entlassung genommen>. Samuel von Sammuga war hereingekommen und hatte mit Kaund[inya] über die Ankündigung Ammanns in seiner Kirche gesprochen, daß Samuel nur als Schullehrer (nicht als Katechist in Sammuga sei). - Shamrao und Balls waren in Missionsstunde. Eindruck, daß Jac. Ram., solange wir ihn hatten, unterschätzt wurde, gestärkt am 3. durch einen Brief von Paul, wonach man in Cannanore jetzt sich ein wenig lustig über ihn macht.

5., Donnerstag, Hermann Kaund[inya] morgens früh nach Mulki, dann kommt Shamrao, entlehnt 15 Rs, endlich gehen nachmittags die Katechistenzöglinge. Ich schreibe an Degg[eller], was ihn wie einen Schlag trifft, doch läßt er's gelten, H. K. redet ihm zu, nach Mercara statt Oberland zu gehen, er scheint sich gar nicht mehr ermannen zu können.

7. Fr. Maddu hier und erzählt ihre Lebensgeschichte der Frau.

8., Sonntag, Hoch im Bett mit Zahnfleischgeschwulst, Miss Will ganz aus dem Häuslein, wünscht, nie von May gehört zu haben, hat niemand, der das Herz gegen sie auftut. Ich schreibe an Robins[on], daß ich lang genug gewartet habe, vollende schnell den 1. Teil des Malayalam-Lesebuchs.

9. Degg[eller]s kommen abends herein von Mulki, nachdem die Gemeinde dort ihn zu ihrem Fürsprecher ernannt hat. Diez hat in Chir[akkal] eine kleine revol., weil er Miss Kegler zu viel getraut hatte. Mrs. Hoch schwanger, sehr unfähig zur Arbeit. Hauser besser.

11. LVIII an Komitee, drin 100 Rs an Marie und Tante Uranie (durch Ostertag), Hochs Mädchenschule rep[or]t - an Hermann, Fr. Bühler (50 Rs Rechnungsabschluß) - Friedrich Müller (ob Marie durch Freres), Ernst - an Linder für Bührer (und für Titus einen und David und Fr. Bührer).

Am 12. schreibt Robins[on], daß er von Arbuthnot gehört habe, wie ich nun bald zum Inspektor ernannt werden solle - Frage an Hebich, was zu tun.

Am 13. abends gehen Degg[eller]s nach Mercara, er wie ein Gymnasi[a]st, der in die Vakanz darf. Herr, erbarme dich unser - Hoch hat diese Woche hindurch einen geschwollenen Backen. - May, den ich besuchte, hat an Miss Will nur nebenher gedacht, hält sie für wohlerzogen, zweifelt wegen ihrer Gesundheit.

15., englische Predigt - erst am 17. Briefe von Hermann, Samuel, Mutter, Ernst,

19., auch von Ostertag und Marie - Ulfilas von Massmann für 8 Fl bei S. Liesching <das apost. und nachapost. Zeitalter von Luther, 4 Fl>.

Am 16. besuchten wir die Kindersleys, die von Mercara nach 6wöchentlichem Aufenthalt für Mögling und Richter begeistert herabkamen. Ich empfehle Purusho, Hama und etliche christliche peons.

21. Thompson, der frühere Inspektor von Tamil-Schulen, besucht uns mit Kindersley.

22. abends kommen die Katechisten-Knaben zurück von Taliparamba. Hebich war von Hosdrug umgekehrt, weil er hörte, Fisher gehe wieder nördlich.

23. früh Kaund[inya] von Mulki zurück. Hat dort eine neue Versammlung veranstaltet auf nächsten Samstag.

24. Wir besuchen Kindersley und Thompson dort, sprechen über Schulen und education.

25. An Mallalein* übrige Bestellungen. Coorg report und Mgls[1)] an Inspektor - auch Bührer und David - und Barth - Stuttgart, Hermann, Samuel, Mutter Basel Kinderhaus (Marie, Uranie, Jaquet: diese 3 in Ostertags), letztes von den Mangalore-Schulen, Camerers Bitte um Heiratserlaubnis (worüber gestern an Isenberg), dazu mein Privat[brief] um Heraussendung von Mlle Camerer über Deggeller, Mögling (dessen Brief über General Cubbons Anstellung, darf missionieren und die 250 fest als Sinekure ziehen!). LIX über meine Anstellung, Rob.s, Fritz', Hebichs, meine Ansicht. - Abends Kaund[inya] nach Sammuga. Dieser Tage Herr A. Brand böse, daß sein Geschwätz über Kittas* Biertrinken uns berichtet worden ist.

29. geht Kaundinya nach Mulki zum Predigen und mit Ammann, Jonathan, Samuel, Nathanael etc. zu verhandeln. - Ich predige Tamil.

30., homeletters - ich keine - aber Brief von Arbuthnot, der meine Anstellung gewiß macht.

1. April, Kaund[inya] zurück, hat etwas Frieden gemacht, Ammann etwas Härte bekannt, die anderen sich etwas gedemütigt, aber doch will Nathanael sich ein Haus bauen, auch Paul

---

1. Wohl Möglings.

geht fort. <Am 1. April wird G. Carr ein rechter Aprilnarr.>

2. April, beschlossen, das Institut von Mulki hierher zu versetzen.

3. April, Ebenez[er] und Robert mit Pocken nach Cannanore.

4. April,H. S. Thomas, C. S. besucht, freundlich - ob christlich? Hatte auch von Rolstons Tod durch Cholera gehört in Bang[alore] <(30. März)>. Ensign Halsted neu gekommen, sagt, er <Rolston> habe seinem Onkel Barrow stark gepredigt, dieser wieder ihm, dem Neffen.

5. April morgens 4-5 Uhr erster Regen. Abendmahl als am Palmsonntag, nachdem ich den Engländern in der englischen Kirche gepredigt hatte. Thomas, von Carr unterrichtet, kommt doch nicht zum Abendmahl. - Abends stirbt die arme Frau Coveny. - Diese

6. abends begraben, worauf ich Missionsstunde halte (über Chombala-Stationsanfänge und verspreche von Ernte für Säen - Rechnung von Gott und uns. Paulus mit Philippern etc.). - Ich stimme Fr. Kind[ersley]s Piano, sie möchte es gleich auch 1/2 Ton höher haben! McIntyre geht nach Europa, Richter sei krank, Degg[eller] unzufrieden mit allem. Hebich will Israel nicht zurückschicken, weil er ihn unumgänglich nötig brauche.

Am 7. biete ich Cov[eny] an, sein Mädchen wieder zu nehmen, bete mit ihm. Abends bandmaster seit Januar das erstemal in meeting. Thomas kommt noch nicht näher.

8. Ich schreibe an Hermann, Ernst Stück Geschichte von April - September 46 - Komitee LX, an Ostertag, Josenhans privat (über Isenberg, der gestern sagte, seine Tochter wäre wohl bei Camerer wohlversorgt, doch soll's einstweilen Geheimnis bleiben und sie nichts wissen), Ostertag (Mlle Ruynat, Uranie), daß Mögling den Komiteebrief als totalen Abschiedsbrief ansehe, man also die Klausel, alles sei nur angeboten bis er in Regierungsdienste trete, zurücknehme. An David von Mama, ich an Friedrich.

10., Karfreitag, über Ebr 10 by one offering! Nachmittags heißt's, Degg[eller] wolle in aller Eile von Mercara herabkommen, weil er höre, man habe davon gesprochen, daß er nicht mehr nach Mulki solle.

12. Degg[eller] schreibt von seinem Herabkommen und bittet, die Schule nicht zu versetzen. Ich predige Tamil. Mein appointment in der Pt... Gaz. The Dir. of Public Instr. has made the following appointment, Dr. Hermann Gundert to be Deputy Insp. of Schools in M[angalore] and Cann[anore], 6 April 57.

13. Fr. Hoch mit 3 mauzigen Kindern auf Besuch.

14. Briefe von Hermann, Samuel, Fr. Bühler, Friedrich, Inspektor.

17. früh, Hebich kommt endlich ohne Israel, mit Joseph, Henry und Mine. - Ich taufe Edward Walker, Sohn der Kranken, die auf den Herrn hofft und auch das fieberkranke Kind ihm übergibt.

18. Hermanns Geburtstag. Hebich predigt. Hodsons, die ihm zuhören. Goddard sehr böse.

19., Quasimodogeniti, ich predige Englisch (Dr. Cleghorn in Kirche, auch H. S. Thomas). Hebich Englisch und Tulu, 2mal über Wiedergeburt (sein neuer Ausdruck im September: cold Rupees - eager - diesmal come to close quarters), etwas ärgerlich darüber, daß Frau meint, die natives haben wenig gehabt. Er spricht sehr geringschätzig von der hiesigen Gemeinde, will Altar umstoßen - die Kirche sei so häßlich etc. - hofft, mit 14 Tagen alles abzutun, täuscht sich über die Bedürfnisse des Distrikts und seine Fähigkeit, demselben im Flug zu genügen.

20., Montag, Distriktskonferenz über Degg[eller] (zu Hoch), Knabenschule (unter Pfleiderer), Leonhard nach Bolma etc., zugleich Briefe an Hermann und Samuel (Schluß meiner Lebensgeschichte), an Inspektor (über Korrespondenz), LXI an Komitee (abschließend über Distriktskonferenz und meine Inspektorschaft), Friedrich, Paul, David (auch von Haller), Fr. Bührer - reports von Metz, Kittel, Camerer, Hauser via Linder - Hebich und Pfleiderer nach Mulki.

21. früh, Deggellers Knaben kommen und sagen, daß Andr. allein Cholera hatte, sie werden hier gehalten - H. K. ist am 15. nach Mercara gekommen, gerade nach Entbindung von Frau Mögling. Darauf nach Alm[anda] keine Briefe. - Gott verzeihe ihnen diese Lieblosigkeit und zeige uns, wo wir Unrecht haben! Spät nach meeting kommen die Deggellers und gehen zu Hoch hinab. <Ammann geht zurück nach Udipi>.

22., mit Degg[eller] über seine Arbeit, er will lieber Handlanger sein als heimgeschickt werden; glaubt, die Mulki-Leute halten ihn für Lügner - und darum auch wegen H. K. und Mögling seine Zweifel geäußert.

23. Schluß von [illegible] fertiggemacht und an A. J. Arb[uthnot] geschickt (121 Folio-Seiten).

26., Sonntag - ich Englisch vor J. Robinson und Miss Fennel.

27. Hebich gekommen von Udipi und Mulki, hat mit den Katechisten nichts ausgerichtet, aber ein Weib in Killenji*, gottlob, getauft, stirbt bald nachher gläubig. Carr bekennt, es mit Abels Frau in Hon[avar] zu tun gehabt zu haben. Sucht Urlaub zu kriegen, um zu heiraten.

28. <Ich inspiziere die Mädchenschule (14) der Brahmanen und die nahe kanar. Schule (26)>. J. Robinson besucht abends Hebich predigt in chapel (auch Hodsons) über Joh 1.1.

29. früh, ich sehe morgens auf der Post nach, Briefe von Hermann und Samuel, aber Jos. Weigle 14. März heimgegangen. Nachmittags kommen meine instructions, letter von Sweny.

30., bei Fr. J. Robinson, höre, daß Fisher mit Capt. Taylor in Pownah nach Cochin fährt, melde mich an, - recommend old Brito to Robinson.

29. besuchte ich zuerst Herrn F.* Andrew, Vicar-General von Nancy wegen R[öm.]-K[ath.] Schule.

30. Besucht er mich und Frau - ich begleite ihn zur Schule, finde 90 in 5 Klassen, ordentliche Elemente, schlechte Verfassung. Höre den Katechisten ab und andere fragen.

1. Mai, gab dem Padre den Brief zurück, worin er bat, es sollen die 2 Lehrer Fitzg[erald] und Coelho* ihre 70 und 30 geradezu von der Regierung grant erhalten, während vorher ein headmaster 100 erhalten sollte, außer den 2. Schrieb an Arb[uthnot] mein 1* und schickte copy des bonds signed von den R[öm.]-Kathol. Abends kann nicht

gehen, weil schöner Regen und S[üd]-Wind.

Ebenso 2. Mai, daher Aufenthalt, kann an Hermann, Samuel, David und Knaben schreiben - auch an Barth mit etwas Beitrag, Josenhans privat und über Katechisten-Institut, öffentlich von Hebich unterschrieben, der Distriktskonferenz hat (Ammann klagt, Hebich untergrabe ihm sein Werk).

Endlich am 3., Sonntag, früh geweckt und fort, surf* bedeutend, Hanne* geht mit, Fisher erschreckt, wünscht zurück, heißt sich a nervous character. - An board Pownah, etlichemal Erbrechen, weil nichts im Magen, sehr schmerzhaft auf Brust. Langsam vorwärts (Herr Ormiston* von Colombo erklärt Kaffeepflanzungen).

4. früh bei Kasaragod. Gegenwind. Ich hatte geträumt, wie wir Bührer und seine Frau gesehen, aber auf die Frage von Kindern keine Antwort herausbringen konnten - ängstlich erwacht.

5. früh, vor Cannanore, ordentlich Wind. - Abends vor Calicut, spreche mit Fisher über Glauben. Er meint zu haben, hält ihn nicht für notwendig, so persönlich, wundert, warum so Großes durch diese kleine Erde und dann erst noch für so wenig Seelen - spät in Nacht. Capt. Taylor liegt daneben und hört <nein - er hat schlechtes Gehör>.

6. früh bei Palliporattu. Gelandet um 11 Uhr, Fisher wieder nervös über ... - Langweilerei im public bung[alow] (Fisher geht über Bombay mit dem steamer abends) - zu Whitehouse dinner - kaum gelangt zum Briefschreiben, wir sind bei Fr. d'Albedhyll. Denn Johnstons von Cottay oder Pallam bei Whitehouse. Besuche die 3 Schulen, gehe abends zu Tee bei Wh[itehouse].

7. früh ums Fort herum, a German <Mirus> im letzten Haus, bei Oughterson* nachgefragt, sehe die schöne neue katholische Kirche, auch Capt. Taylor en passant - Schule besucht. Vormittags und nachmittags froh in Genes XXII und nachmittags Church History, apostolic age, vom Herrn Jesu zeugen zu können - pleased mit Williamson, manner marked rather by softness than distinctness - apt to teach, insinuating himself into pupils' hearts. Mittags kam E. Cullin (ich leider in Eile neu angezogen, zu schlappig - Fr. Johnston lachte über mich, wenn ich's recht sah). Dann zu d'Albedhylls, junger Bruder des 1838 gesehenen, G. A. Harris ähnlich - zu Frau Cullin, geistlich angefaßt und wahr - froh an der gestern von chinesischer Reise zurückgekehrten unaffektierten Tochter - abends zu Mrs. Liebschwayer*, die ihre Tochter Josephine, Miss Rogers ruft. Ich predige Buße und Christus, schone Carr nicht, der mich an sie empfohlen. Als eine Pflicht geduldet und angehört, die junge will oft schon großen Glauben gehabt haben - rühmt Laseron und dann Bouthorne, weiß nicht, welcher Recht hat, vielleicht beide, a very serious gentleman, L. perhaps not so firm (wird* im Christentum befestigt), bedauert, daß Whitehouse bloß sonntags predige, nichts in der Woche habe. Ich sage das Nötige, gehe, als werde ich nicht gehört - zu viel gesprochen, daher froh an Einsamkeit. O Herr, hilf und laß mich meinen übrigen Atem in deinem Dienst gebrauchen.

8., nicht bei Johnstons, die gehen - abends zu Tee bei Cullin, der von Carr etc. spricht und die Oronnells kennt. Lawsons dort, denen ich predige; der jüngere böse über mein cant.

9. <Mai 57, Samstag> bei d'Albedhylls zum Abschied (rede mit Williamson etc., Lehrern gestern, heute verabschiedet, 9* in vernacular, 8. in girlschool), nach Monsunregen und

tiffin by Whitehouse abgefahren. Abends in Paleipuram für katholischen Bischof gehalten Toddy angeboten.

10. früh in Chetwa gelandet mit Chavakkad-Adhicari, Government müsse alles tun, sie nichts für Schulen - zu Kunnamkulam (engl. Cochin-Grenze bei Chattucolam) - Beutlers zum Frühstück, predige für ihn, und* nachmittags nach Padutsheri zur Predigt, rede mit Syrern <dies ist der Abend der Meerut tragedy>.

<The succession of the Cochin Rajs failed several times and was each time supplied from Characolam, a place situated a mile or 2 to the East of Triparati pagodu (between Cranganur and Chavakkad). Here the head of the Kshatriya-Caste "Tamban" usually resides>.

11., es sammelt sich zum Regen. Beutler hält mich auf, die bearers statt 9 p.m. kommen erst 11 p.m., und ich bin gerade fort, so fängt's an zu strömen. Bin im Wasser pandel, nachher laufend.

Morgens <12.> in Tirtala - weitergelaufen und sie zur Nachfolge genötigt: sehe Panniur gramam auf dem linken Flußufer im ersten Rezeß, südlich von der Straße über noch 27 der Schultern, ehe sie mich vor Sankhyakunnu niedersetzen. Dixon ist sehr happy, wir freuen uns im Herrn. Abends tüchtiger Regen.

13., über Sabhapatis, des getauften cashkeepers Ankunft von Madras erfreut, wo derselbe viel gelitten hatte - von Kuttippuram mit Dix[on] abgeritten, dann im Regen allein nach Codacal, zuletzt gelaufen, über Reisfeld zu Bosshardt, bei ihm über Mittag, predige den Leuten, sehe besonders Esau und Christian. Im Wagen nach Tanur (stark angebettelt von Christen), von dort im Manjil - aufgehalten in Parappanangadi - in Tanur wie in Chowghaut mit Adhicari gesprochen, Government muß alles tun, sie nichts.

14. früh in Calicut, Fritz aufgeweckt, besucht gleich und Besprechung - mittags zu Robinson in Cutcheri about schoolmasters for Taluk-Schools - Amshom-Schools and* cess* Niggerdom - any volunteers <bei Dr. Schmid und seinem Drocar*>, ein Pilley schreibt mir (sehr schlecht) - Neffe vom alten Devashikhamani und katholisch geworden.

15. Besuche bei Thompson (von Oxford, angenehm, offen - über geschlechtliche Sünden und Paley moral philos. - ob Mang[alore]-Knaben hier auszustudieren durch scholarships - sein Unterlehrer sehr schwach). Fr. Robinson nett (über Fr. Conolly, die sich arm wähnt und Gebet aufgab), Cooks und Frau Holloway (letztere schüchtern, nett).

16. Bei Dr. Drews, die sehr gut hören. Capt. W. Baynes, der nichts von Christus will, von Haultain bearbeitet wird. Abends Robins[on] schreibt über Amshom-Schools, nachdem overland von Hermann, Samuel, Marie, Friedrich, Ostertag, Jette gebracht hat, sehr erfrischend (am 16. früh hatte ich an Knaben und David und Inspektor geschrieben.).

17. Fritz liest Malayalam prayers, zum erstenmal gehört. Ich predige über Joh 16,23 etc. Nachmittags katechisiert Fritz, dann zu Lutyens, Predigt über practical hearer of the word (Jam 1).

18. Capt. Baynes besucht mich - ich bei Robinson, spreche ihm ans Herz - abends die Schmids <Aramella> bei Tee. Schreiber Rodriguez statt des Pilley - 19.

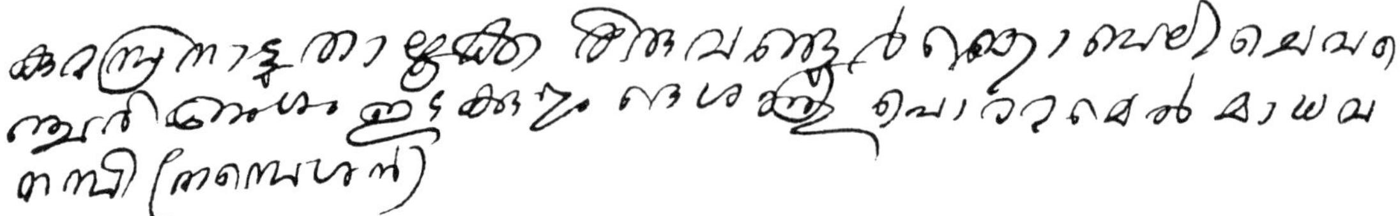

Sanskrit Kavya besonders kann grahana brechen - von Shrestadar geschickt, statt volunteers. - Abends report abgeschlossen und abgesandt, mit Fritz zu Robinsons und die zwei Misses Philipps zu dinner, spät zurück.

20. früh weiter nach Elattur, finde den Kanal geschlossen, die Schleusenbrücken eingefallen - auf anderem Boot nach Vadagara. Von dort langsam nach Chombala gelaufen, ohne Licht, mit Stock Weg fühlend. Unten am Missionscompound bricht endlich der Sturm los - ich finde den Weg nicht, halte aus und dann hinauf - in Küche und zuletzt ins Wohnhaus - etlicher talk und dann zu Bett.

21. morgens, sehe die spät nachgekommenen bearers, mit ihnen <im Sturm> nach Mahe (Ausruf [illegible] etc., erklärt [illegible] - nach Tellicherry während der Himmelfahrtspredigt.

22. Schule besucht (wo Herre) <zu Chatfield>, so nachmittags, und Brennen gesehen <erste Nachricht von Meerut und Delhi tragedy>.

23. Schule bis 12 Uhr. Deggellers gehen fort.

24., predige Malayalam und nachmittags Englisch, besuche noch Brennen. - An Mr. Hoogewerf wegen Taluk-Schule in Malappuram geschrieben. Arbeite in den Schulpapieren.

25. Cannanore, zu Youngs, sehr kräftig aussehend, gottlob - finde Hebich dort, begleite ihn, sehe Schw. Diez und ihr Samuelchen, Strobel etc. - abends auch Brigadier Thomson.

26. Frühstück bei Hebich und Diez, sehe Lehmann, der in die englische Schule geht.

27. Besuche den jungen Harris und Fr. Rolston (nein, diese 2 am 28.). Esse bei Thomson, der uns nachher anpredigt. Die Diez und Strobel sind auch da - spät in die Nacht.

28. abends mit Anjerkandi-bearers nach Chirakkal zu Sauvain (und Diez), will weiter, aber boat geht nicht, also zurück und dort geschlafen - sehr leer in Zimmern, die älteren Mädchen alle fort, die jüngern vertattert.

29. früh ab - bei Payangadi 1-2 Stunden aufgehalten, mit Maplas sprechend. Abends Cavai, mit betrunkenen Trägern nach Caducatsheri,

und weiter 30., bis abends 4 Uhr in Mangalore. H. K. und Frau begegnen, keine Katechisten-Schüler mehr (an dem liederlichen letzten Joseph bin ich wohl vorbeigegangen, ohne daß er sich sehen ließ).

31., Pfingsten, Predigt (Jer 31,31*).

1. Juni zu Robinson und Kindersleys - mit Hoch über die eingefallene englische Schule <Missionary meeting>. Briefe nach Basel und Stuttgart (gestern, als am Pfingstabend, erhielt

ich von Basel die Nachricht, daß Lehmann zu 600 Rs des Jahres von Hebich aufgenommen werden darf. Von Hermann den Anfang seiner Bekenntnisse, Jugendsünden).

2., wieder einmal die Dienstags-meeting.

4.-6. Visitiere die englische Schule der R[öm.]-Katholiken <der Malayalam-Schreiber probiert 6. Juni, angestellt 8. Juni>.

7., heiliges Abendmahl in der native Gemeinde, die - von Hebich in Fülle angenommen - sehr zahlreich sich einfindet. Gestern abend hatten wir eine vorbereitende Konferenz unter uns, heute abend das monatliche Gebet. Auch Haller, der 1. Juni abends angekommen war, betet ziemlich gedrückt.

8. abends kommt er und bekennt, im Herbst 55 auf der Rückreise vom Oberland in Yelwall mit einer Frau gefallen zu sein. S. Müller fiel denselben Tag. Er hatte durch seine Unterredungen zu allen diesen Lumpereien beigetragen, aber schon was in Gulady von Kullens Fall verlautete, ließ H[aller] an der Wahrheit der sogenannten Heiligen verzweifeln. H[aller] traf dann mit M[üller] zusammen, der erzählte ihm sein Fallen, hörte Hallers in return. Diesen Lenz erzählte M[üller] von der Sache in Dharwar und sagte nachher zu H[aller], Kaufmann wisse davon. Dort hörte er dann, daß es von M[üller] böse erzählt worden sei - er war in Verzweiflung, wollte davon, in eine offene forest-Stelle, welche M[üller] ihm vorher angetragen hatte. Würth scheint ihm zum Besten geraten zu haben. Er wollte besonders betrübt gewesen sein wegen der Schande für Christi Sache, nicht wegen sich selbst, auch besorgt, in Sünde zu fallen, wenn allein im Wald. M[üller] hat von seinem Knechte gehört, daß jenes Weib sich bei ihm in Yelwall erkundigte und Andeutungen gab. M[üller] hat diese Leute entlassen. Aber verborgen sei's nun eben nicht. Ich rate zu Bekenntnis. - In diesen Tagen viel Gebet für Diez und Cannanore (akute Dysenterie, besonders seit 31. Mai, Pfingsten, seit 5. Juni in Y[oun]gs Haus).

12., habe ich Saldanha bei mir, der vom Bischof gegen* engl. Schule etc. erzählt, er wollte schon um grant für seine Mädchenschule einkommen, aber

am 13. kamen P. Coelho und P. Vas und erzählten, wie der Bischof alles, auch die Mädchenschule, ihnen zu nichts mache (verboten seit gestern, wahrscheinlich um mir einen Treff zu geben). Gott erlöse uns bald von diesem Lumpendespotismus - Merkure kommen.

14., Sonntag, die Nachrichten von Hermann (ernste Bekenntnisse), Samuel, Friedrich (will lernen, um Missionar zu werden), Paul, der ins Gymnasium gekommen ist und dort so böse Sachen ausführen will (seinen promises* zu folgen).

17. schreibe ich an Hermann (wegen seiner Geständnisse), Jette, Samuel, Fr. Bühler, Fr. Müller, Barth - nach Basel an Josenhans (über Haller etc., Herr, hilf und gib Gnadenvergebung), Paul, Ostertag und Marie (schicke 300 dafür), Miss Culman, David.

18., in der Donnerstags-meeting Röm VIII, 2 ff., daß die Gerechtigkeit des Gesetzes vom Geist Gottes in uns erfüllt werden soll, worüber Dr. und Carr bös werden. Freude, daß Dr. Crocker in Cannanore bekehrt wird. Aber Diez sehr gereizt gegen Hebich und noch sehr kindisch.

20. Daniel, Aaron böse in Konferenz mit H. Kaund[inya] (Taufe gebe den heiligen Geist, vorher könne man ihn nicht haben). Ich fange die Inspektion von Hochs Schule an.

21. Tamil-Predigt über Luk 15,22-24, englische Schule und Mädchenschule.

Endlich, 24. abends, Telegramm von Seringapat in London 25. Mai.

28. Englische Predigt über [illegible]. Bald darauf die overland, Ende von Hermanns Geständnissen, sehr schöne Worte - Marie voll Fragen über ihre Zukunft, Ost[ertag] gegen Inspektorat. - Madras Mail kommt auch, eben als ich mit Dr. Brett zu Hoch gehe, in die Homenews zu schauen, wo sich auf einmal ergibt, Seringapat 26. Mai off Brighton fr[om] Bombay and Cape, Mr. and Mrs. Bührer with 8 children. Ist's ein mistake? Ist's Johnny, wie der Dr. alsbald annimmt und verzweifelt? Ist der Traum doch noch wahr? Lieber Herr, auch David sei Dir übergeben! Es wird aber eine lange fortnight geben.

29. Essen bei J. D.* Robinson, der meint, wir machen zu schnell voran in Erziehung matters etc., daß Gott erbarme.

30. Juni, bei Carr und warte bis 10 1/2 p.m. auf bearers, die mich nach der meeting forttragen sollten.

1. Juli, in Udipi, wo mich Camerer, Tahsildar Gonsalves und künftige englische Schulknaben vornehm empfangen.

2. Juli mittags in Honavar, nachdem ich in der Nacht in Sirur von Beindur-Trägern war niedergesetzt worden - in Schule unter Santappa, Rosario und Peres. Gottlob, doch etwas zu sehen.

3. Juli zu Richter Molle, auch abends am Essen,

ebenso 4., da auch Dr. Williams mitesse, außer Coll. Pochin, der Hebich in Coimbatore kennengelernt hat. Schließe Schulexamen, besehe Haus, Kirche, Schule, stelle Sant[appa] an, für Glas etc. zu sorgen.

Predige am 5. über Ruhe im Schiff unter Sturm, wenn Jesus schläft, besuche Capt. Walpole vom 16 N.I. Möglich, daß er zu glauben anfängt. Herr, gib ihm Glauben. - Umsonst auf Bestätigung von Delhis Fall gewartet. Nachmittags fort bei Manki im Sturm, mußte in Murudeshwara die Nacht zubringen, in Coondapoor von Shristedar des anwesenden Tahsildars aufgehalten, höre von Annappa daselbst, der gern Schüler würde, daß Tahsildar immer erst mit Sonnenuntergang sich zum Geschäft einfindet.

Weiter 7. morgens, in Mulki niemand da. Mittags 1 1/2 auf Balmatha. Der Herr hat durchgeholfen. Brett und Gompertz sind vor einigen Tagen nach Cannanore. Die Bestätigung der Nachricht von Delhis Einnahme noch nicht da. Schließe abends in Carrs meeting den Brief II Petr.

8., zu Elieser, der sehr elend, sich seinem Ende nähert, auch Fr. Hoch nicht wohl (dysentery? piles?).

Erst am 11. früh stirbt El[ieser], wird abends in confusion begraben. Schon kommen Telegramme von der neuen mail. Der Herr helfe über alles Schwere hinüber.

12. Youngs gehen nach Europa via Mangalore, so daß wir sie noch zu sehen bekommen, D. V. Carr will den Gaul kaufen.

Endlich, 13. abends, Madras-Post und Mercure <Bührer schreibt>, (Josenhans' jüngstes Mädchen stirbt Mai).

14. früh, Bombay Post, 30. Mai, Hanna <Fritz> wollte wegen der indischen Briefe lieber nach Cal. als Basel. Ich tröstete sie, so gut ich konnte, mußte aber selbst mitweinen. Sagte, sie solle draußen etwas spielen "Nein, die Buben lachen mich aus", "das dürfen sie nicht tun", "yes David put his head in just now and he was laughing". Das war aber nicht so. Denn als D[avid] H[anna] weinen sah, machte er schnell die Türe zu, setzte sich draußen in einen Winkel und weinte auch (London nicht heimisch). Ich hatte mit Plebst abgeholt. Gottlob, David, alle, auch Johnny wohl angelangt. 27. Mai in London, wollte 1. Juni nach Boulogne abfahren. Viele Briefe und, gottlob, erfreuliche. - Zwischenhinein taufe ich Diminys, des in jail gesteckten Drummers Sohn William, 10 Monate alt, weil ihm ein früheres Kind schnell weggestorben war <William Diminy, son of Matthew Diminy, musician late in 16 M.N.I., and Mary his wife, geb. 8. September 56 at Mangalore>. Der Schwager Montserrat hält die noch katholische Schwester (welche Mutter ist) - zu H. S. Thomas, ziemlich nett. - Abends bei Carr. Die 7 Rev[elation-]Briefe angefangen zu lesen. - Hoch (von Udipi retour) hört von Basel, ist praes. des Distrikts und Sekretär* der Generalkonferenz, wird aber gewarnt, es nicht zu machen wie wir, d. h. bei Versetzung der Anstalt gegenüber von den Berner Freunden und der an Pfl[eiderer] anspruchmachenden Industrie-Kommission. Zugleich sollen 5 Brüder (2 Kandidaten) overland kommen, und 5 sind in Windsorcastle, Capl. Parc nach Cannanore gehend. Vielleicht haben wir die Balmatha zu räumen.

15. Juli, der Dr. zurück von Cannanore, sehr froh, seinen Unglauben so beschämt zu sehen. - Diesen Tag stirbt Crishna, der erste Knabe der englischen Schule, an Dysenterie, sagte noch zuvor seinem Vater, als glaube er nicht, daß er sterben werde, und er solle sein Herz fest wie Stein machen.

17. Juli, Sarah stirbt früh morgens, während Frau bei Schw. Hoch ist, daher Vorwürfe nachher, sie nicht besucht zu haben. Es ist aber auch eine Wohltat, von ihr erlöst zu sein. Wenn sie nur auch wirklich Glauben gefunden hätte vor ihrem Scheiden. So aber bleibt's ungewiß.

19. Englische Predigt, worauf (?) Fr. Mayne mich zum Abendessen einlädt. Ich muß aber

20. zu Kindersley, wo Frau sich zuerst entschuldigt, warum sie nicht zum Essen gehen mag. Höre von Fennels Furcht in Mercara, commotion in Mysore. - Briefe an Hermann, Samuel, Ernst, Marie (40 Rs) und über Bücher* nach Stuttgart - Barth, Josenhans (über Tulu-Miss[ion]), Ostertag (100 Rs), 3 Kinder, Miss Culm[an]. - Gehen zu Kindersleys zum Essen, wo ich doch nicht erwartet bin. Miss Jellicoe* schreibt frightened von Masulipet.

<Safe date at Mangalore via Bombay Aug. 4. 21., Sept. 4. 25., Oct. 10. 26.,
via Madras 6. 20. 6. 20. 6. 20
Nov. 9. 26., Dec. 10. -
6. 20. 6. 20.>

25. Juli, ein lärmender Samstag, an dem ich bei Binny meine Reise bestellt (Shancara will nicht mitgehen außer zu 2., wohl aber Rama), Fr. Hoch wegen Magenbeschwerden mit ihren Kindern heraufzieht, Esther fortgeschickt wird, weil sie gestohlen hat und doch nichts bekennt, David, der Verwandte von Butler Emanuel, gewarnt wird, seinen Ehebruch zu bereuen, aber sich verhärtet*, so daß Ruth wohl von ihm los wird (!),

Cantiques de St Sulpice (18) – as 10
Lafontaine 6
Paroissien Romain français 14
Antiphonar Roman plainchant
1.12
Cantus passionis sec Joh a Matth 1.13
Catech Conc Trid –12
Concil Trident decreta –12
Gregor. de cura pastorali – 7

zugleich schreibt Kübl., wie man sich in Madras vor dem Muharra fürchte. Wir unterschreiben eine von Isenberg und Fenton veranstaltete Adresse an die Berliner Versammlung. Gompertz von Cannanore zurück - den report über Honavar-Schule bringe ich nicht fertig.

26. Die Bergpredigt beschlossen. Gompertz besucht abends und erzählt von Cannanore. Das Abendmahl angekündigt für Tulu-Gemeinde.

27. Changara geht ab mit Kuli nach Cavai, wird stundenlang aufgehalten am Fluß.

28. Dr. Brett erhält Briefe, auch home news - nichts für uns.

29. Ich gehe früh auf Post, Briefe, aber keine für uns - also warten wir noch mit viel Ungewißheit auf Madras Mail. Ich gehe nachmittags ab. Regen von Ullala an (stolzes Volk), ebenso beim großen Kumbla-Fluß, sunrise in Hosdrug.

30. Juli, Cavai, im Boot nach Chirakkal, wo zuerst noch meine Mucwas den Manjil den Maplas abjagen müssen. Sehe Sauvains, wo mir die Mädchen allerhand nachschreien, erst um 9 p.m. bei Hebich, der von Diez' Gereiztheit erzählt.

31. Tellicherry am* Abend. Spreche mit Herre über sein beständiges Hatzwesen mit Irion.

1. August, fort über Chombala nach Vadagara (wo Changan unnötig scheu bleibt), Quilandi, Calicut, wecke nur Bosshardt auf 10 1/2 p.m.

2. August, Sonntag. Abendmahl mit Fr. Dr. Schmid, predige für Fritz über Schluß der Bergpredigt. - Abends spät Zwillinge geboren, Knabe gestorben, Mädchen lebt, aber schwächlich. Erhalte 2 Briefe, einen von Barth und Josenhans und einen von Hermann, wonach David in Basel angekommen ist, "Staatsbursche" sagt Josenhans, der mir von der Komitee sehr annehmbare Bedingungen stellt.

3. August, sehe H. Phipps, bei Wells, ziemlich lebendig, aber hat schon viel vergessen, bei Robinson, der 24 Reg[imen]te von Europa verspricht (5 Inf. und 1 Kaval. für Madras), wenn man sich nur 2 Monate halte, fürs Muharam in Salem, Madras etc. ein Ausbruch gefürchtet - sehe Dr. Drew (der Robins[on] berichtet, was ich von Waffen in Tempeln sagte), auch Daniel von Palghat war gestern da.

4. August, examiniere T. Gresseux, ordentlich in Englisch, schlecht in Geschichte, Arithmetik (Brüche), Geographie und allem anderen. Ob Wasser und Luft agree - ist ihm noch zweifelhaft. - In englischer Schule was protection (salvation), was reform bill (sliding scale), Th. Schmid Primus. Nachm. bei Robinson - über Geld für Gresseux Schule etc.; in Malayalam-Schule die Methode probiert, am besten bei John, erste Klasse.

5. August, danke Komitee für freundliche Anerkennung meiner Dienste, Wunsch der fortwährenden Verbindung und die Art, wie dies vorher* näher bestimmt. 1. Meine Zeit fast bloß Amt. Ich sehe Stationen, hoffe zu beraten und zu berichten. 2. Frau - gibt ihre Zeit, aber kann nicht bleibend versprechen, an Anstalten zu arbeiten. 3. Dank für ermöglichten Rücktritt in Gesellschaft etc. Sage, wie Frau es wünschte - verspreche im allgemeinen, das übrige Geld für des Herrn Sache zu geben, aber auch einen Notpfennig vielleicht anzulegen. 4. Für Kinder will ich je 200 Rs geben und in Invaliden- und Witwenfund jährlich 100 - freie Wohnung unannehmbar, aber Wohnung unter Missionaren, wenn nicht lästig, sehr erwünscht. - T. R. Mac Cally <at La Bouchardieres>, of Allepie, 19 years at Trivandrum, kommt und bewirbt sich. - An Hermann, Tante, Barth, Inspektor und David. - Esse bei Robinsons, wo Hudshum* (?) ein Wayanadu planter, Wells, zu welchem F. Brown durch Brennen sich auf morgen eingeladen hatte (verteidigt den opium trade) - overland bei telegraph von Bombay, in Engl. ziemlich gleichgültig über unsere massacres - fort und im Manjil bis 5 a.m. nach Parappanangadi - Grobheit bei Beypore, der Cadaluandy ferryman fordert desgleichen 1 Fanam. Ich verliere meinen loaf an die Cal[icut] bearers, die ihn essen, mit 10 Mapla bearers nach Malappuram, wo 11 a.m. angekommen bei E. C. G. Thomas. Zur Schule, wo M. Hoogewerf - er will von Robins[on] Versprechen von 30 Rs per Monat haben und travelling expenses. Es spuckt, er ist besser gekleidet als ich.

6., mit Thomas über seine Familiengeschichte. Hault[ain] und Hebich scheinen von ihm zu viel verlangt zu haben. Clemons und Syme, jener Br. aber beschränkt, dieser umhergetrieben - ob suchend?

7., bei Maj. Haly mit Blomfield, Capt. Jago, Hunt etc. Ein Mädchen Susan, vom Vater, Lieut. Shaw, vernachlässigt.

8. In Schule <bei Floyd> - review of corps.

9. Wir lesen Luk 16 in Hebichs Chapel über Matth VII Schluß, etwa 30 zugegen. Ich hatte hinaufzulaufen, fast zu viel, doch währte es noch lange, ehe wir zu Bette gingen.

Am 10. früh kommt Dr. Cleghorn und Dr. Williams, Insp. of Hospitals, folgt bald darauf. Über A. N. Groves, Seb. Müller (der 8 Kulis hatte gegen 4 von Clegh[orn]), Clemons, dessen Frau er bedient hatte. - Abends sind Haly, Jago, Morgan mit Clegh[orn] und Williams, Syme und Clemons eingeladen - nach dem Essen Gebet, nicht sehr fröhlich aufgenommen, doch durchgesetzt - worauf Dr. Williams hinausgeht und in den Graben mannstief fällt, ziemlich mitgenommen, doch nicht verletzt. - Die letzte Unterredung mit M. Hoogewerf, der an seinen Vater schreiben und fragen will. Ich sage ja. In der Nacht bis spät bei Thomas, alles durchsprechend.

11., früh Abschied von Clemons und Thomas, begegne auch noch dem treuen Floyd. Über Fluß im Regen, durch 4 Reisfelder und über die sie trennenden Hügel geritten. Nach Chappilangadi, das letzten Kratern gleiche - dann über Felsenhöhen, zuletzt verirrend zu Dixon, der nicht da ist. Während ich Sabapati und seine (jetzt schmucklose) Frau und sehr zutraulichen Knaben besuche, kommt Dixon 6 p.m. angeritten. Er hält mich natürlich den

12. fest, so ungern ich drangehe, besuche mit Kebby das cutting und fahre im truck. Dem Paul Sabapati seine apostasy und Teufelspläne geoffenbart, vor Asirwadam - er verstockt* sich. Nachts noch gelesen. Ca. 12 p.m. fort nach Ponnani, dreimaliger starker Regen und Wind, endlich [illegible] ([illegible]) von See her alles naß. Gelandet

ca. 4 a.m. 13. (Vaters Geburtstag), zuerst im alten Bungalow/eine Stunde geschlafen, dann von Kilroy geweckt, zu ihm gezogen. Er ist sehr erweicht durch den Tod seines Sohnes Johnny im Februar auf Weg nach Bang[alore]. Scheint doch ordentlich zu hören. In School bei Brahm. Crishna Iyen - der allzu englisch angefangen hat, schwer zurückzudrängen und dazu fees not announced.

14./15. In Schule - spreche mit Tahsildar über alles Nötige - nachmittags fort nach Tanur. In Nacht nach Calicut,

wo 16. August morgens angelangt, aber alle meine Briefe nach Cannanore geschickt, alas.

Erst am 17. ein Brief von Frau - ich bei Robins[on] und Thomson, kaufe Bücher.

18. Ich engage H. Phipps für Manantoddy zu 20 Rs. Auch von Samuels Bruder handelt es sich ... Lehrer für Manant[oddy] - Thomas Robert Gresseux, 22jährig für Badagherry. - Gehe abends nach Elattur, nachts nach Payoli, muß wegen des die Schleuse durchbrechenden Wassers auf Morgen warten.

Besuche 19. den Tahsildar, einen Brahmanen, erkläre über die Schule. - Chombala, wo 7 Rs 6* P (statt 7.5 -) mir für Haller bezahlt wird. Tellicherry abends.

20., predige am Bußtag wegen meeting über Luk XIII Anfang. Nachmittags Cannanore, wo Hebich predigt, zum Schluß Brigadier gesehen, der alles im Fort zu einem Konflikt rüstete.

21. Schulen, wo Lehmann und Strobel - nachmittags desgleichen.

22. Schule und nachmittags Chovva.

23., Sonntag. Ich predige früh in Englisch an highlanders. Dann Hebich Englisch und Malayalam, Abendmahl (Agnes Thomson das erstemal). Abends Hebich.

24., noch mal in Schule - Anrede - mit Hebich nach Chirakkal, spreche zu Nath[anael], der Samstag ein Mädchen gekriegt hat und Sauvains nicht mag, so wenig als sie ihn. Spät auf boat, abends Cavai - erschwerte Überfahrt aufs andere Ufer.

25., früh zwischen Bekal und Chandragiri - Mittag in Manjeshvar, sehr heiß bis Mangalore 4 p.m. - alles wohl. - Von Tellicherry hatte ich nach Stuttgart geschrieben. - Hier höre ich, daß Goddard sich bekehren will, gehe gleich zu ihm. - Die Utchila- und Mulki-Gemeinden sagen sich aufs Gröbste von uns los.

26., wieder bei Goddard, der auch 27. zu Donnerstag-meeting kommt. Carr besucht nicht, daher ich 26. abends zu ihm hinabgehe, wo er ein piquet in der Kirche befehligt, wegen des Moharrum-Festes.

Auf Freitag, den 28., war ein row erwartet (padre Mauduit schrieb so von Virarajendrapet). Doch ging alles glücklich vorüber, und

30. war Goddard das erstemal in der Kirche. An diesem 30. früh liebe Briefe von Hermann und Samuel (und Marie! die sich vor uns fürchtet und es möglichst versteckt). Man beschreibt also das Zusammentreffen in Basel. Samuel ist von Carl Sarasin eher gedämpft, Hermann von Gess eher aufgeregt worden.

... heute ersehe ich aus Briefen des Schreibers Cannan an seine Verwandten, daß er und der kleine Ramen schon als Nayer uns verlassen wollen, aber auch, daß Shankara und Ramotti aufzukünden im Sinn haben. Ich rüste mich darauf, da kündigt Sh[ankara] sein Fortgehen an.

1. September. Goddard besucht, erzählt, wie er sich bei Williams (von Powna) und McGregor (Art[iller]y) als künftiges new light angekündigt habe - darauf in Selbstgerechtigkeit verfallen sei - abends in meeting, die Carr schnell verläßt, weil er am Samstag fort muß (oder was?).

2. September. Auch Dr. Brett hat sich bereitzuhalten, in Krieg zu ziehen.

3., bei Carr, der mit Salomons Schwester Hanna seit 1. April ehebrecherische Verbindung hatte, ein Kind fürchtet, ... ist sehr miserabel, lügt auch ein wenig. - Er kommt abends nicht zum Abendmahl, auch Handibos nicht, infolge von mistake, dafür Bates und Goddard. Letzterem kommt nachher Zweifel an Gottes Existenz.

4. Briefe an Hermann, Samuel etc.

5. Ich spreche mit Anna wegen ihrer Sünden, fordere auf, alles aufzugeben und sich durch Arbeit endlich zu ernähren, Carr nicht mehr zu sehen. Sie ist böse mit ihm. Nachmittags Bates mit rifle, und Handibo fort, auch der Maduranaik und etliche Röm.-Kath., die einen Segen wollen. Bös[inger] hat sie gema... durch die Sonne.

6. In Kirche über tares, kann kaum predigen. Carr nachher besucht.

7., in drummer lines bei Nancy, die Leute mitgenommen durch die Trennung, daher abends Miss. meeting besucht (über Psalm 32,5), auch Goddard zuerst drin. Ich nehme Carr dazu mit.

8. Besuche Carr und hole 240 Rs für jene Familie, nach Belieben zu verwenden, ihnen durchaus keine Rechenschaft davon zu geben - da ich mit Missy* zusammen 350 in die 5 percent stecken will, um ihr aufzuhelfen, schicke ich einen Teil mit nach Madras.

9., früh noch einmal bei Carr, der gestern bei uns zu Mittag gegessen, Frau geküßt hatte, dann abends bald nach meeting fortgegangen war; ich und Gompertz beten mit ihm, um 9 a.m. geht er per Palankin ab. Herr, sei ihm gnädig und mache was Neues aus ihm. Ich sage das jetzt erst meiner lieben Frau, die einmal ums andere poor man! ausruft. - Abends an H. K. (Carr to Gompertz from Panimangalore so far I have come. I am like a man in a horrid nightmare - the picture is turned - pray to the friend of sinners for yours affly* G. C. - (tell Gdt.).

1857 September, 10., Donnerstag, Eph II und Goddard, den ich in sein Haus begleite, dazu ermahnt, ein full pardon zu glauben und zu suchen. - Er hatte gestanden, wie böse sein Auge sei.

Am 11. kann er glauben, es erhalten zu haben, perspired from fear, aber es ist eben doch so - Gott so nahe.

12. Briefe von Hermann, Samuel etc., ganz selig über Baselbesuch, aber Theodor hat Samuels Missionsgedanken etwas durchkreuzt.

14., höre von Diez' Abschied nach Rechnungsgehetz, nicht sehr erfreulich.

13., predige über das Gleichnis vom Säen und Schlafen und Wachsen, fröhliche Zeiten des Wachstums. - Beratung über die Reise nach Ankola (zu der auch Dixon gern mitkäme).

15. H. S. Thomas das erstemal in Dienstags-meeting, Gompertz gibt den Tee auf, um Gott zu dienen.

19. Fennel besucht, freut sich über Goddard, warnt ihn vor Sekten - doch ordentlich. - Briefe nach Stuttgart und Basel - auch an Ernst, der jetzt Repetent werden soll.

20. Abendmahl nach langer Vorbereitung. Gestern hatte man Carrs Sünde im Vorbereitungsgottesdienst erzählt, es ging gut ab. Anna aber, von ihm schwanger, ist noch nicht herübergekommen. Allerhand Zweifel. - Ich in der Abendmahlspredigt durch beständiges Hereinlaufen der Leute besonders gequält. Gottlob, Goddard war nicht gestört - wegen seiner Erklärung an Fennel "preengaged" hat er ihm abgebeten und besonders Zug zu uns gestanden.

21. Gompertz abends zu Tee mit Goddard, der bei Kindersleys hatte zeugen wollen, und es gelang nicht. Daher böse mit sich.

Geht 22. früh zu ihr, beg God and you to pardon my lie. - Krankheit wahr, aber Hauptsache, daß ich ganz Jesus Christus dienen will, also nicht mehr in Welt gehen mag, daher - K[indersley] gerührt. Sie sagt's aller Welt. (Mrs. Walker, der ich das Abendmahl gegeben, geht in die lines zurück, getrost im Frieden).

22. abends über Philad. Thomas wieder da, seine ... von Hault[ain] aufs Äußerste gereizt. Herr, sieh drein.

23. früh, Nachricht von Schw. Fritz' Entschlafen am 20., p.m. 3 Uhr. Das Blut Jesu Christi, des Sohnes Gottes, macht uns rein von aller Sünde. Frau besonders nach Calicut eingeladen. Also das beschlossen und vorher schnell nach N[orth] Can[ara]. Alles mit Goddard ausgemacht. H. K. gerade von Sammuga zurück, Hoch von Bolma, nachdem er gestern morgen ... Morris nach dem steamer begleitet hatte, West in seine Stelle eingezogen war (dessen Brief an Gov. Genl. etc. warnend und "flattering" reply).

24. Zu Gom[pertz'] großem Wunder kommt Foord herein und will mit beten, kommt abends zu Donnerstags-meeting, es Hodsons Dinner vorziehend. Ich war bei H. S. Thomas, ihn von Haultain auf den Herrn weisend. F[oor]d hört gutwillig - spricht 25. mit McGregor.

Ich bin 26. abends 1-2 Stunden bei Foord, auf- und ablaufend. Herr, hilf <sein* französicher Knecht gereizt über dieses Zusammensein, war früher, Hebich abzuhalten, in der Veranda postiert gewesen>.

27., Sonntag. 4 kleine Gleichnisse abgehandelt. Abends kommt F[oor]d, der Fieber gehabt hatte, mit McGregor zur meeting.

28. früh, Delhi soll am 14. genommen sein. Am 27. schöner Brief von Jette zuerst, nachmittags von Hermann, Samuel (der erneuert), Marie, Mutter, Tante.

29., in der Dienstagsstunde den Laodic[ea]-Brief abgehandelt, wozu Frau Hoch noch kommt, trotz aller Anzeichen. Mögling meint, wir müssen bleiben - es kann aber besser gehen. - Robins[on] fürchtet, er oder Chatfield werde Richter werden statt Mayne, der wegen seiner Frau fortgeht.

30. früh, mit Frau und Goddard ins untere Haus, dann Abschied (sehr kurz), lang am Ufer auf G[oddard]s Sachen gewartet, dann zu Williams auf Pownah. Der ließ sich auf allerhand ein, doch mehr intellektuell (Kritik von Longfellows excelsior, das ihm ganz christlich schien) als biblisch und christlich, daher nicht nach G[oddard]s Geschmack. Langsame Fahrt etwa bis Suratkal (um 1 p.m. Hochs Mädchen <Pauline> geboren).

1. Oktober früh in Mulki, Gebet mit Goddard, der schlechter ist mit Dysenterie, auch für ihn. Nachmittags guter Wind, der uns bis Coondapoor hilft.

2., am Felsen von Bhatkal, Hogisland* vorbeigefahren, aber vor Honavar abends geankert, schlechte Nacht.

3., hinaus und bis nachmittags 3 vor Tadry harbour, in welchen sich der Tandal nicht wagt, obgleich schon das erste Schiff, Palestine, Capt. Kyle, darin ladet <(cotton screws)>. Zu Lowry (katholisch, infidel), Kleinknecht (mit ihm in Händel), dazu der Capt. Nichts Angenehmes - Sturm von Delhi am 14. bestätigt, noch keine Details. - Wir sprechen lang nach Nachtessen, kommen ordentlich aufs eine Notwendige, weil es aber nicht in Gompertz' einfach zeugender Art ist, ist G[oddard] nur betrübt darüber.

4. Oktober, humiliation Day, früh an Gokarn vorbei nach Ankola. Der Herr demütigt durch das Gefühl der Fremdlingschaft in diesem Land. - In Ankola finden wir Seb. Müller, ich trinke Kaffee. Sonnenverbrannt lange ich um Mittag in Bellikerry an. Goddard war ins Haus gegangen, um den Stolz nicht zu kränken, zugleich um das Kind zu sehen. Hätte es gern mit fortgenommen. Fieberisch. Nachmittags Schlaf. Seb. Müller kommt 4 p.m., das Essen erst ca. 6. Dann auch Sundari, mit der G[oddard] erst zu sprechen anfängt, nachdem er sich mit mir im Gebet gestärkt. Er geht ins Seitenzimmer, nimmt sie auf seine Knie - spricht alles, sagt, daß, wenn es Seelen zu retten gebe, er selbst ans Heiraten mit ihr denke - es bleibt aber dabei, bis Capt. Taylor von der Ind. Nav. komme (Ende November), soll nichts getan werden. Er entläßt sie mit einem Kuß. Erzählt das alles so unschuldig, daß ich nur warnen muß. Er zahlt solang 50 Rs per Monat, aber doch entschließt er sich, B[ellikerry] zugleich mit mir zu verlassen. In der Nacht Fieber,

daher ich 5. Oktober morgens nicht mit nach Ankola gehe, sondern außen bleibe, einen ruhigen Tag zu haben. Hörte gestern von Mangalore in Kürze. S. M[üller] schrieb an G[oddard], als habe er seine Geliebte aufgegeben, es ist aber zu wünschen, daß der Herr sie ihm abnehme. G[oddard] hat gepredigt, aber nichts ausgerichtet.

6., ohne Fieber aufgewacht - gestern war noch Brief von Mang[alore] gekommen, daß Haller sich heimlich mit Mercia verlobt habe. Gewaltiges Lieben darüber - mit Godd[ard] nach Ankola gelaufen - er geht zu Sundari und predigt ihr noch einmal tüchtig. Ich aber höre durch Saldanhas Brief und mehr noch (7.) von seinem Mund, daß Sund[ari] sich gerühmt, Godd[ard], der sie zum Christwerden bereden wollte, zuerst mit Forderung seines ganzen Vermögens aufgehalten zu haben, als er es freudig geben wollte, diente als zweite Entschuldigung, zuerst den Verwandten Abschied bieten zu wollen. Also viel Unwahrheit und Spott mit ihm getrieben. Auch habe er für sein Kind 1 000 Rs geboten, sie aber meint, es müsse zu ihrem Kushab erzogen werden. <Habe eine Goldkette vom late Mr. Poulton und cash etc. gestohlen, Taylor die Augen zugedrückt>. Den Tag über mit Tahsildar geredet, die Leute wollen weniger Englisch als Kanaresisch lernen, kümmern sich nicht um Wissen - lesen kaum irgendwas - Platz zum Schulhaus bei Katcheri. - Müller reitet neben mir her nach Sunksal.

7. früh 2 1/2 angekommen und geschlafen. Sehe Saldanha und seine Frau - gestern und heute viel mit dem ungläubigen, unlustigen M[üller] verhandelt, der endlich abends erklärt, er wolle den Herrn suchen, um Sündenvergebung zuerst bitten, ernstlich sich darum umtun - o Herr, gib, daß es so werde. Beten zusammen. Fort 11 p.m.

8. Durch Arbeil nach Yellapur. Sehe Tashildar, über Privatschule, zu der 15 Rs monatlich hier aufgetrieben werden sollen. Erst nach 6 1/2 p.m. kommen bearers, und welche! In finsterer Nacht viel gelaufen durch Wald und Dreck. Über Fluß bei Tatthalla gewatet, später - bei besseren Trägern - noch einmal geschwommen.

9. früh 8 a.m. nach Haliyal, großer Platz, offene Gegend - an Madras und Bombay und Egypt mahnend, von jedem ein Stücklein. - 3 Mahr[atti]-Schulen - Major Leggitt im Bungalow, der seine Frau verloren hat - Peshear kommt und bespricht - Englisch wird gewünscht. Bhima Rao trägt seine Memorierungs-Kunststückchen vor, sonst ordentlich. Mit Leggitt, der gegen Schulen, für railroads etc. ist, später über Schrift. Nach dem Essen namentlich wird er warm, erzählt von seiner Frau und Kindern, ich hoffe, der Herr hat die Predigt gesegnet, daß er zuerst um Sündenvergebung bittet und so Jesum sucht. Erst spät nachts im Dreck fort nach Regen, schlechtes Fuhrwerk.

Ich laufe am 10., 6 a.m., noch 3 Stunden bis Dharwar. Wagen kommt erst 11 Uhr nach. Kaufmann begegnet zuerst, scheuer und steifer, als ich gedacht hatte, glücklich über seine Braut. Hendrich* offen und frei, etwas selbstvertrauend und vorlaut, fürchtet, ich wisse schon von seiner August-Predigt, die er als hochmütig bereut - von Engl. für treasonable erklärt, daher er seither nicht predigen durfte - sehe Häuser*, blicke in alte Korrespondenz - von Whittle besucht, der über s[einen] Br[uder] urteilt wie andere. - Abends besehe Fort, neulich repariert gegen einen Handstreich,

reite 11. früh nach Hubli hinüber. Sehr heimelig. Haus noch, wie Frey es gebaut. Gefühl von stetiger Besitznahme, ohne glänzende Partien. Predigt wohlmeinend, breite Mittelmäßigkeit, voll guter Räte und wenig von Christo (Joh IX, der Blindgeborene kommt zum Glauben). - Frau sehr anziehend und gewiß im inneren Leben gediegen. Kinder (Elise, Emanuel) naiv und überaus zutraulich. Ich teilte mit, was ich vom kranken Johannes aus Basel hatte. - Sehe Herrn Ade und Baker, den Dep. Inspr., besuche diesen

am 12., und er besucht abends dafür. Hat keinen kanaresischen Lehrer, kriegte gern von mir - die <steamletters ab via Triest> englische Schule in Dharwar ist geschlossen, alles strebt auf self supporting schools hin, in denen doch nicht übers Memorieren hinausgegangen wird. Ein in sich beschlossener, widerlicher Schulmeister, trinkt, spricht von den propensities, die der Schöpfer uns gegeben, würden alle zum Christentum coerce, aber besonders die Aristokratie und später Monarchie abschaffen, allen Nationen gleiche Gesetze geben etc. Teilt mir das Geheimnis von seines Bruders (eines Caplans H. M. S. Fox, gestorben*) Haß gegen ihn wegen mesalliance mit.

13. früh mit Mond fort, etwas hehlings, erst 12 1/2 in Tadas angelangt, wo der Engineer des Distrikts ist (Capt. Anderson?), freundlich und unterrichtet, weicht der Hauptsache aus, und ich finde den Rang nicht, ihm ans Herz zu sprechen. Nach dinner fort im Wagen durch königlichen Dreck, von einem eingefallenen Abzugsgraben aufgehalten,

erst 14. Oktober, 9 a.m. in Mundagoda - dort Splieniana* geschrieben. Nachmittags aufgebrochen, gelaufen bis in die Nähe von Pale, auf der Straße gehalten,

nach Mitternacht, 15. Oktober fort, an Pale vorbei durch Koch Lukes Versehen und erst in Ekambi gehalten. Patel, ein Hale Peiki, der sich Tippus erinnert, Fernandes, ein forest-over-seer unter S. Müller, der sich ordentlich zu Europäern stellt und den Eingeborenen das Cannada-Varttica erklärt. Abends nach Sirsi gelaufen in public bungalow und auf Post, Knechte spät nach.

16. Dipavali, daher keine Schule. Sadr Amin Ganapaya zeigt die Tellicherry Provl. Court recommendations - Tahsildar Lehrer Vencatarao - zu mir kommt Whittle ins Bungalow, nachher ich zu ihm ins Haus, monomania to stem the lido of iniquity in North-Cannada Familie[n]* dauert*.

17., in Schule, nur 27 gegenwärtig, spreche mit Vencatarao und Shamrao, statt* des Sadr Ameen, taufe Havildar Solomons Hezekiel - netter Eindruck - endlich fort, begegne 6 p.m. Goddard, gelaufen mit dem Herrn aus den Netzen des Weibes - sein Eindruck ist "seines Kindes Mutter sollte eben Christin werden" - (also sie heiraten?) - der meine zu warten, bis Gott Licht zeigt, im Notfall aber das Kind nach Europa fortzustehlen - von McGregor gute Nachricht - nachts nach Dervimane.

Früh 18. die Ghat hinabgelaufen, welch ein Dreck! Finde in Kumta Collector Pochin, durch seines Kinds, seiner Frau Tod etc. vorbereitet auf Gottes Wort. Frau Molle, die gerade ihr 12jähriges Mädchen verloren, sehnt sich nach Trost aus Gottes Wort. Ich kann ihnen* Christus predigen. Nachmittags eine Stunde zusammen und Gebet (Joh 3 gelesen und erklärt). Die Gujarati merch[an]ts versammeln sich wegen eines großen Betrugfalls, der aber gütlich beseitigt wird. Spät zu Bett, dankbar für diese Gelegenheit.

19. früh von Kumta nach Honavar in Manjil - bei Molle, der sich philosophisch zu trösten sucht, Jesum noch nicht will - zu Walpole, der seinen immer entschiedeneren Unglauben an das Evangelium bekennt. Ich halb getäuscht in meinen Erwartungen, wie sie mir früh beim Gebet unterwegs gekommen waren.

20. wollte ich in der Frühe fort, aber keine bearers kamen und der Knecht hatte es beim Tahsildar zu nichts gebracht! Mußte bleiben, besuchte Schule. Santappa will von Honavar weg, bietet sich für Taluk-Schule an. Abends zu Molle zum Essen, diesmal ruhiger. Mit ihm und Walp[ole], und nicht die Fehler der saints vorgenommen wie zuvor: dagegen Schweigen von religion, Pochin ist heute zu Fr. Molle, sie zu trösten, Herr, sei mit ihm.

21. früh, embarkiert im Pattimar mit katholischen Conkanis - bis Bhatkal - Anker.

22. bis Utchila, hinter Felsen geankert, im Süden Gewitter.

23. bis Suratkal vor Gegenwind geankert, Freitag abend 6 p.m. ein Fischerboot gerufen, ans Ufer, nach Mangalore im Manjil. Camerer ist in H. K.s Zimmern, 10 p.m. Ich lese die home-Briefe, gehe 11 p.m. ins Schlafzimmer, Freude des Wiedersehens. Frau sagt, ob sie gehen, ich bleiben solle.

24. früh Gompertz besucht, aber Arb[uthnot]s Brief entdeckt, wonach ich 23. hätte Col. Pears in Cal[icut] meeten sollen - zu spät. - Angela, coalship, on fire, zuletzt scuttled - die Leiche des Capt., von spirit Feuer halb verzehrt, ans Land gebracht, frühere mutiny, daher wohl eingelegt*, erst vom steamer aus wird Hilfe gebracht. - Ich freue mich über Camerers Wirken.

25., Sonntag. Letzte Predigt über das Gleichnis vom Netz. McGregor drin, kriegt alsbald Fieber. - Ich schreibe home-Briefe - abends ab.

26. Abschied bei Robinson (über Whittle), Kindersleys, Fisher habe ich nicht gesehen.

27., besuche McGr[egor] auf Krankenlager, abends letzte Dienstags-meeting. Darauf noch ein langer Brief an Haller.

28., früh im Pattimar, mit Flower, einem Schreiber von Bombay, und Anna samt zwei Knaben bis Kasaragod.

29. früh lang vor Cannanore, abends 9 1/2 Anker.

30., gelandet in Calicut. Anna begehrt auf und verläßt die Mission. Ausgepackt.

31., besuche Robinson, Holloway, Cook, abends Frau Schmid, seit einem Monat Witwe.

1. November. Fritz predigt - Frau die Liturgie so lästig - ich nachmittags Missionsstunde.

2. Besuche Crocker (krank? ungeduldig?), Lutyens, Crowther. Habe McCally zu schreiben, der aber nicht Malayalam schreiben kann.

3., zu Wells, Crocker ruft Fritz (mit Pflaster auf Leber), geht abends nach Cannanore ab.

4., zu Smith, der über mein Nichtbesuchen in Honavar geklagt hatte. - Die Woche durch Malayalam-Klassen examiniert.

6. abends Fritz nach Codacal, Aldinger war morgens zur Aushilfe von Tellicherry gekommen.

8., Sonntag früh, ich predige Malayalam ohne Liturgie.

9., die übrigen Besuche mit Frau abgemacht.

10. Fritz kommt zurück.

11. abends nach Elattur.

Oben: Ochsenwagen

Unten: Boot auf Backwater

12. in Badagherry, Gresseux examiniert, nur 25 Schüler, Shrestadars Sohn erster - über Bau einer Schule - Frage, ob Govt. etwa 100 geben werde. - Abends Chombala.

13. mit Diez im boat nach Cannanore gefahren <wo 5 Brüder Converts [illegible] gelandet>. Besuche Taylors, die an Jesum glauben und die Welt aufgeben - ebenso Haultain, der über E. C. G. Thomas klagt, als nie bekehrt, nicht hören will, was sein Vater rechtfertigen könnte - will nichts mit solchen zu tun haben, als ich von Carr etc. sprach, oh, but these are falls - er versteht's nicht, daß man nach profession mit Leuten sich plagen muß, ohne alles aufs Genaueste zu nehmen. (Hebich doch etwas erschüttert, weil Sharpe, der junge Ass. Coll., auf Th[omas] als new light schimpft, übrigens sagt Hebich mir dies nicht selbst, sondern mir nur den, wie Sh. über Irion, Schule und mich schimpfe).

14. Besuche <englische Schule, 75 Schüler da> Brigadier - unlittig, böse auf Hebich - box ausgepackt mit Faden etc., verteilt.

15., predige früh Englisch, die 1st Royals sind da, das 2temal nach Cannanore geschickt von Pt. Galle, und vielleicht das 2temal nach Masulip weiterzuschicken. Overland mail in.

16., Montag - man sucht Pattimare. C. Müller mit Convert nach Tellicherry etc., um mit Fritz zusammenzukommen. Diez' Bau tüchtig kritisiert.

17., ich abends nach Taliparamba von Chirakkal, wo ich mit Sauvains... gelaufen <Donnerwetter von Brücke an> - bei Paul und Diego.

18., examiniere Schule, oben an Straße gebaut (60 - 70 Rs), 25. Mai angefangen, 12 Schüler, wovon 10 zugegen. - Alles Elementarunterricht, der Lehrer hat 10* Rs (?) - zurückgelaufen. Hebich gibt sein bandi nicht, daher in Sauvains nur bis lines - mit Strob[el] am custom-house 2 Stunden, bis sie uns fortnehmen im Boot.

19. früh, 1 a.m. gelandet, besuche Schule (Sharpe, der Assist. Coll., der mich nicht annimmt). Brennen (wo planter Bassano - über seinen Knaben in Mangalore).

20. früh, Convert geht nach Calicut ab. Hebich heiße sich special Missionary - erkläre Christi Naturen und Trinität durch 5 Rosenblättchen (worin Sohn Mary's, Jesus, Christus 3 ausmachen).

22., Sonntag, englische Predigt, ohne Brennen, aber 2 Brownsche Töchter, denen ich gestern abend samt dem Vater bei Brennen begegnet war. (Kurioses Zusammentreffen, er predigte Toleranz und Verbannen der Intoleranten, z. B. des ital[ienischen] Bischofs von Mangalore, der die katholischen Knaben aus der Mangalore- und Tellicherry-Schule fortweist). - Nachmittags Irions Kinderlehre. Der Gaul endlich von Mangalore mit einem grasscutter geschickt.

23., nach Canote, Erinnerungen an frühere Jahre mit Frau, Kindern, Baber.

24. früh Vedimaranjal, nachmittags Periya.

25., nach Manantoddy gelaufen, Gaul lahm. Capt. Cunningham vom 3 L.I. in Bungalow, meidet mich, Schule elend, Phipps hat sich zu des Offiziers Schreiber gemacht, scheint kein

Malayalam gelernt zu haben, hat nichts davon in der Schule eingeführt - ich besuche Devine, der seine Frau verloren hat, von seinen Söhnen in Calicut etc. spricht, kein Leben verrät.

26., mit Ph[ipps] und Schule - abends Corottu (zuerst Pallickel, dann [1]).

27. morgens früh wieder gelaufen. Der hinkende Gaul kommt nach. Von Kuttyadi nachmittags im Boot nach Elattur.

28. früh dort angekommen. Frau hatte ein bandi gemietet, über dessen Saumseligkeit ich - vorauslaufend und zum Zurückgehen genötigt - ganz töricht ärgerlich werde und den Stock brauche, was mir dann Tage verderbt.

29., ich predige über Sach 9 (Advent). Abends mit Hall und Crowther Abendmahl, nachdem sie erst den evening service gelesen!

30., mit Schreiber ausgemacht, er soll 10 haben statt 15, weil ich einen Malayalam-Schreiber (in Tellicherry) halten muß.

1. Dezember, bei Wells und Tennant*.

2. Dezember (Ludwig wo? wie? und wer hat mich verschieden gestellt) mit Aldinger bei Robinsons.

3. Dezember, allein bei Cook, wo auch Thompson (der seine highchurch zeigt) und Holloway (ziemlich weich, seit seine Frau durchs Fenster gefallen ist).

4. Dezember früh von der Post Briefe geholt, daß Marie also gehen sollte, nachdem schon abbestellt gewesen war - Samuel hat nun Sündenvergebung.

5. abends, höre, die Partie komme 1/2 Monat später.

6. Ich halte Missionsstunde. Aldinger predigt. Schreibe home-Briefe, Hermann, Samuel, Ernst, Barth, Inspektor (mit Constantin Scholz' Leben).

7. Frau Bean besucht. Abends reite ich nach Condoty und finde ihn (Capt. Engineer Bean) dort, Tee (über Nimmo, Sündigen des Christen).

8., mit ihm nach Malappuram - Schule nicht zunehmend - ob Platz? Esse abends bei Beans und zerbreche mit meinem Wachslicht eine Blumenvase von Thomas.

9., spreche mit Ram Sing, Th.s Knecht, der von ihrer Elefantenjagd erzählt! Abends über Chapilangadi nach Tulaparambattu Chungam.

10., früh nach Codacal, freue mich über Bosshardt - Christen machen sich groß, sich nicht wie Heiden vor Cholera zu fürchten, aber 11. früh muß ich auf Heiden-Kulis warten über Pallipuram reite durch Fluß nach Ponnani - naß in Smith's Bungalow, dorthin kommt Tomlinson von Palghat - Schule von Crishna Iyen in ordentlichem Stand gehalten, aber hartnäckig englisch - Cholera stark, daher Beten und Gelübde der Mapla, 12. abends ab.

---

1. Lücke.

13. früh, sonntags, von Tanur nach Calicut geritten, an der railway-Herrlichkeit vorbei - Fraus Auge sorgsam erhalten, obgleich ein Stecken in Lyd[ia]s Hand dreingekommen war. - Grüßung fröhlich, doch Conot* ziemlich schwach (schleckig?).

14., wir gehen Fritz entgegen, der 6 p.m. zurückkommt.

15. Exam in englischer Schule, drei Klassen schriftlich probiert - Fr. Crowther vom ersten Sohn entbunden.

16., wir besuchen Herrn Hall und seine Frau und Fräulein.

17., ihr Gegenbesuch, auch Fr. Smith, Mahmad Tayer - Dast Giri - 686 - (Bancote) zu 20 Rs - (5 Rs vorausbezahlt).

19. Preisausteilung in englischer Schule, Holloway und ich sprechen.

20., Sonntag früh, Briefe erhalten von den lieben Söhnen und gleich beantwortet.

21. (Tag von Maries Landung in Bombay) abends auf Pattimar oder vielmehr benderboat, nach langem Warten auf ein Boot. Erst um 2 a.m. fort, mit Landwind bis Tikkoti morgens.

Abends, 22., nach Cannanore, wo ich Hebich über Matth 1 predigen höre und erfahre, daß Richter an mir vorbei nach Calicut gesegelt ist, seine Sache selbst ins Reine zu bringen, nachdem ich ihm gestern wegen mangelnder Witwenpension ein Nein nach Coorg geschrieben hatte.

23., bis Ullala, 7 p.m. Anker geworfen, früh gelandet.

24., sehe Degg[eller]s unten, oben die Brüder - besuche Kindersleys und Miss Chatfield. Fisher ist nicht da. Abends Stunde bei Brett und Gompertz. Br[ett] wirklich besser in der Freude des Evangeliums.

25., Christtag, will umsonst Tamil predigen. Katechist Dan[iel] hat Fieber.

26., picnic der gentlemen, höre von Maries arrival.

27., predige Tamil, nachdem ich Kaundinya gut predigen gehört hatte. Degg[eller] will diese jungen Leute nicht predigen hören, wehrt sich auch, die Kinderlehre zu übernehmen.

28. Ich sehe die katholische Schule - höre, daß Baptiste von Cannanore (Schreiber des Bibi*) eingeladen ist, aber 70 Rs fordert und 600 Fl Entschädigung, falls man ihn fortschicke - Mangesherao* klagt, daß er bloß 20 Rs habe, sein Bruder ist kanaresischer Schullehrer für ihn, ein 4ter neben Chinnappens Sohn ist nötig - kein atlas, keine maps noch classbooks. - Mit Fr. Degg[eller] gesprochen. Wir brauchen Geld, ihn heimzusenden.

29. Hermann, Samuel, Ernst - Briefe abgeholt, zugleich Komitee, hart gegen Malabar, sehr streng gegen Hebich.

30. Ich antworte, bade im Meer.

31. Verhandlung mit Padmanabha wegen Kasaragod - er will mehr Geld als 15 Rs <ich gebe nicht nach, daher er sich's gefallen läßt> - ich stelle Kalyanapur-Santappa für Karkal an, 2. Klasse der Taluk-Schulmeister (20 Rs Salair), ich zahle ihm voraus 20 Rs für furnitures, ebenso Padmanabha seinen für Kasaragod, Kalyanapur, Santappa Saraswata 20 years (February 56), admittet March 48 - (189 1/2 marks of absence), good behaviour, English translation, history, writing, dictation, pretty good. - Arithmetics, geography, learning by heart, sciences, good (no mensuration).

Mangalore Padmanabha Saraswata 21 years, (February 56) admitted January 47 (81 1/2 marks of abs[ence]). Good behaviour, Bible translation, courtpapers, history, idiom exercises, drawing mensuration, pretty good - arithmetic, learning bei heart, geography, introduction to sciences good.

Director 17 November 57 N 12. He trusts that the committee will be able to fulfil the conditions on which the grant of Rs 100 - for furniture and of the same sum for books have been sanctioned.

14. Dr. G. will furnish the committee with the prescribed forms of bills and of a Mem° of receipts and disbursements similar to that submitted monthly by the manager of the Germ[an] M[ission] School. Von Beutler Naturgeschichte 37.8, (6 größere*, 6 kl[eine]) Atlasse 15.-, zusammen 52.8 - ab 5 für Barths Circular, 9 für Mercure, aber zu 5 für Mspte - also 43.8. Davon schickte ich Hub.s* cheque 34.8, schulde ihm noch 9 Rs.

1858, 1. Januar. Ich habe Tamil-Gottesdienst mit wenigen, mehr am 3., da ich selbst auch wärmer werde. Raja von Kumbla besucht, verspricht ein Ramayana.

Am 2. wohl Abfahrt der Bombay-Partie. Ich schreibe Letztes über Spleiss.

Am 3. <bookbandi von Madras> nachts Gurpur, über Mudbidri, wo 4 Stunden auf bearers gewartet nach Karkal, sehe Basti* der Jains und von fern den Gumatesvara Manegar, Anton Paez, Munsiff Timappayen, der Schulmeister Santappa kommt noch in Zeit früher Bheirasa, Wodear Jaina Raj - Schulplätze Musafferkhan? ein Goldschmiedshaus? - Fisher wird hingehen und sehen!

Kinder besehen und geprüft 4., ohne viel Aussicht als etwa 20 ordentliche.

5., über Mudabidri (nochmals warten) zurück nach Gurpur, Mangalore - finde R. Fitzgibbon und Frau, die erzählen von Marie und Gesellschaft von Mars[eille] bis Bombay, wie Engl. J. W. Barnes <Esq., seit 26. Dezember in Karachi> M[arie] zu heiraten wünschte, sie sehr lustig, Hauff sehr steady etc. Er ist abends in meeting (Hebich ist auf Distriktskonferenz in Tellicherry, besonders böse ist Inspektor mit ihm wegen der Versetzung von C. Müller und Diez).

6., wir haben morgens Missionary prayer meeting, Fitzg.s und Gomp[ertz] etc. dabei. Nachmittags nach Kasaragod, wo ich nach kalter Nacht erst

7., 8 a.m. eintreffe - sehe Padmanabha und Schüler - an 17 - meist Saraswata - wollen Englisch - der Munsiff (auch Timmappaya) ordentlich, spricht von 300 Rs für ein Schulhaus - der Tahsildar (Vencatarao, Deshasta) fürchtet Bibel, will sonst günstig sein - Plätze besehen bei Catcheris. Der Kumbla-Raja (Ramanta-Familie) wohnt in Maypadi - sein jüngerer Bruder ist's, der uns besucht hat (besitzt ein Vanmika Ramayana in Malayalam). Abends Kumbla.

8. früh Mangalore, schlafe noch und erhalte Brieflein von Marie.

9., Samstag, an dem ich katholische Schule examiniere.

10. früh, Brief von Kleinknecht, daß Pattimar in Tadry, dann nachmittags begegnet Keuler (da ich eben Fr. Degg[eller] zum Heimgehen geraten) und sagt, sie kommen. Ich gehe hinab, begegne Hochs bandi, höre "Ach, da kommt mein Vater" und sehe die Tochter. - Auf Balmatha heißt's = David.

11. Vencataramaya Saraswata, 27 years, Engl. School for 3 years in Mr. Mögling's time - was in office 10 years, Coll[ector']s Kutchery postoffice (S. Ball first. J. Gomes brought charge against him) - no Geogr.

Rangappa, son of Anandaya, Concani, 23 years (47-53 Engl. School), first class, first boy - behaviour, reading, grammar, translation, maths, survey, sciences good - was Monitor August 52 - March 53, readmitted July 53 - February 57 (receives* very good recommendation certificate). - Gomastah, in Nazir's court and customhouse.

Mit Marie über ihr Herz - sie weint - hilft am 11. packen mit Miss,

begleitet 12. auf Post und zu Gompertz-Bretts meeting. (Gompertz geht in besonderes Haus, zum besten seiner Mitoffiziere.

Komme erst am 14. fort (die Katholiken schicken bloß Schulbills, keine Memum* ihrer Einkünfte und Ausgaben, weil ihr grant so unceremoniously bewilligt worden).

Donnerstag früh ab. Abends bei Hosdrug.

15. früh Eli, abends Tellicherry.

16. früh Elattur, um 10 Uhr gelandet und zum Missionshaus gelaufen - in Schule getroffen (Barnes Heiratsfrage hatte ich in M[angalore] beantwortet: sie läßt nichts heraus, bis 19. abends zur Mutter).

18. abends bei Frau Schmid, leichter Abend. Suspension des Holzagenten Smyth.

22. etc. nicht wohl, Leber aus der Ordnung. Marie erklärt sich etwas, zeigt wenigstens Brieflein, die ich verbrenne.

25., Montag, nach Quilandi, halb gefahren, halb geritten. Schule unter Phipps angefangen, Tahsildar hilfreich. Batt*, Munsiff, leiht Ph[ipps] das Röm.-Kath. Buch von Father Andrew.

30., endlich doppelte Briefe der Söhne. Gott Lob für den schönen Schluß des Jahres.

31. früh schicke ich Europa-Briefe ab. Predige Malayalam. Am Abend des 30. Abschied von Minchins, die im Eastern Monarch fortfahren.

1. Februar abends, im Manjil nach Süden.

2. Februar früh, ungern an Codacal vorbei nach Tirtala - ungeheurer Ostwind, gegen diesen abends nach Vanienculam geritten <(hier Krankheitsanfang)>.

3. früh Lakkadicotta und an Maj. Young geschrieben. Abends nach Mancara.

4. früh in Palghat bei Obrien, besuche Coll. Smith und Fr. Tomlinson - Joseph ist hier mit seiner Frau Elisabeth.

5. Briefe von Haus - nachdem ich morgens mit Tahsildar, Shrested etc. auf Taluk gegangen war (Postmaster Cross, sein Sohn* in Palghat statt Malappuram). - Bitte um Govt. School, nicht grant in aid - Zimmer gezeigt, hinter Taluk - Desmier, französischer descendant, kommt, von Morgan unterrichtet (wahrscheinlich auch im Trinken), polite - Arunachalam Pilley, einst Robinsons Schulmeister, vielleicht für Calicut zu empfehlen - Tee bei Tomlinsons, Obr[ien] sehr nett, will für seine Kinder nur salvation, nicht mehr dress etc. Ich schreibe an Young in Edinburgh.

6. früh nach Alattur, R. R. Pereyra fieberkrank, sein Mapla-boy hat ihn um 2 Rs bestohlen und ist fort (ich will klagen, er bittet aber den Beamten, nichts zu tun, er könne jetzt in der Krankheit diese Sünde nicht noch auf sich nehmen). Vielleicht kann Parameshwaran für ihn als Monitor eintreten, tut er's, so habe ich ihm 3 Rs versprochen - Tahsildar fort auf leave, den Head-Gomastha besucht. Ich lasse vier slates und Malayalam NT dort, examiniere die 8 Buben, die schnell gelernt haben und P[arameshwaran] ein gutes Zeugnis für anhaltenden Fleiß geben. Ich bitte Obr[ien], ihm bis zur Cur* 10 Rs vorzustrecken. Abends Vadakkancheri.

7. früh nach Pattikod, wo ruhiger Sonntag. Brief an F. Anderson (der junge Morris gefallen durch List eines Adhicari, der seine Schwester ihm nahebrachte, seinen Bruder zum Peshear in Tirtala befördert kriegte - er selbst durch zu frühes Aufschneiden der bubo vom dresser fast lockjaw, so fort).

8. früh nach Trichur, besuchte Harley erst abends und fand ihn von Kunnamkulam zurückgekehrt, Fr. Harl[ey] nicht sichtbar, daher ich nicht länger warte. Briefe erhalten (Caldwell kritisiert). - Heute erst hörte ich, daß meine Anthologie des Malayalam von Peel etc. kritisiert und, weil nichts Biblisches dabei ist, gestrichen worden ist.

9. früh, von Trichur langer Weg nach Kunnamkulam, wo Davies* und Lechler expected.

10., nach Vadakkukadu, hinaus nach Edacara und 3 p.m. in Ponnani Schule examiniert.

11., in Pudiangadi Codacal bei Bossh[ardt], der schön lernt - reite abends ins 1/3 verbrannte Tanur.

12. nach Calicut in 1 Trum, weil in Parappanangadi der Amin nicht hilft.

14., Sonntag. Ich halte Stunde über Matth IX extr. (auch Glasson da).

15. Rob[inson] zurück von hills. Wir sehen ihn kaum in den nächsten Tagen. Über Schule sprechend, scheint er zu wissen, daß Arb[uthnot] für Malayalam nichts weiter geben will wegen der großen Kosten der (englischen) provl. Schule. - Also für Palghat doch ja eine Missionsschule (und Rob[inson] wolle 500 Rs, etwa als 6monatl.

grant ersetzend, zum Anfang geben), ob nicht vielleicht prov. School aufzuheben? Mit dem Geld davon ließe sich eine Zi... School und viel grants machen.

Dies am 16., da ich auch Thomson besuche, den ich im Malayalam examinieren soll - Marie bringt ihre Gedichte zum Lesen <Besuch in Cannanore und Tellicherry 22.-27. Februar> - am 14. home-Briefe und 18. Friedrichs Brief mit Neujahrwunsch, der Marie weinen macht. Ich schreibe 20. nach Stuttgart reichlich - Leber <?> aus der Ordnung. - Fr. Schmid böse mit uns, daß Richters Fall nicht vorausgesagt worden: nachher ist's ihr leid, da sie sich doch auch nur als begnadigte Sünderin ansieht.

Im März zunehmende Krankheit, gehe 25. nach Cochin, mit Dysenterie, lande schlechter, zu Whitehouse, der mich bei Dr. Leslie einquartiert - nitr. arg. pills und Vollpumpen des Bauchs - kurioses Gefühl.

Am 30. wird um Mama geschrieben wegen der Verpflegung, da Leslies nach Alwaye gehen.

1. April kommt Mama mit Convert.

Am 3. schreibe ich durch Whitehouse um meine Entlassung aus dem Regierungsdienst - Leslies nach Alleppey.

14., on board the Rival, Capt. Vowel, sein Sohn boy, sein Vater steward.

Am 17. in Calicut abends gelandet.

23., zu den Robinsons.

25. zurück, um Convert und Bossh[ardt] zu sehen.

26.-1. Mai, wieder dort, oft mit Marie, oft mit Mama. Sehe Col. Pears und E. B. Thomas. - Dr. Ross hilft mit astringent tincture.

Am 8. E. Thompson in Malayalam examiniert.

13., von Calicut fort, mit früh[em] Morgen in Codac[al] und Bungalow umsonst gesucht in Finsternis.

14. Strobel kommt nach* allein - in der Nacht von ferry nach Tirtala geschlichen, weil Muh. bearers ihr Fest feiern wollen.

15. früh auf, doch spät in Vanienculam.

16. Lakkadi mit Nasrani Kulis - abends Palghat. Ich ritt den Morgen, die Station im ärgsten Regen. Abends schön[es] Wetter.

17. Obrien gesehen und mit ihm einige Häuser beschaut. Tomlinson besucht.

18., müde - abends kommt Str[obel]s bandi,

Pl.* erst am 19., besoffen, mußte, da er nicht hören wollte, entlassen werden. Abends 19. in Alattur, leider auf bandi sehr verschottelt. Sehe Pereyra, sehr trocken, aber bescheiden.

20., der Tahsildar inquisitiv über alles, examiniere erste Klasse lang - interessante Buben - inspiziere übrige Schule - zurück ohne Regen, angegriffen.

21. und 22. sehr drunten durch Blutabgang, daher wieder nitr. arg. und enema gebraucht.

Am 23., Pfingsten, gottlob, auflebend. Nette Briefe von Friedrich etc. in Basel, wollen Marken.

24. früh nach Coimbatore. Komme noch vor Nacht an, ziemlich müde von purg. unterwegs. Addis.

25. Dr. Cornish besucht, sehr freundlich - das Klima scheint anzuschlagen, am 27. auch die Arzneien.

28. Rev. D. Fenn, von hills nach Tirunelveli via Trav[ancore], besucht - sehr anziehend, demütig und entschieden, empfehle ihn an Strobel. Er erzählt auch von Arulappen, der auch adult Getaufte wieder tauft, zweistrebig wohnt, viele Leute beschäftigt und des Herrn Aushilfe rühmt. S. N. Ward besucht und erzählt von seiner Frau und Lascelles, farming in Wales. Ich gehe das erstemal zum Frühstück und Dinner.

29. Habe Schreiber Ponnuswami Modl* im Nachmittag, höre von Goddard in Calicut - heim, da Vater tot.

31. abends weiche ich den Hodges aus und gehe in des jungen Boswells Haus.

Dahin kommt, 4. Juni früh, gerade da Hodges mir seinen ersten Besuch abstattet, auch der liebe Strobel, in Palghat von Dysenterie befallen und von Fenn gewarnt. Frage, ob ich Fr. Poulsons Haus für die Mission kaufen soll.

Am 7. an Fr. P[oulson] geschrieben.

9. kommt Robinson an, verspricht noch 100 Rs fürs Haus zu geben, seine 500 an Strobel in 5 Monaten nach und nach auszuzahlen. Ich finde auch Capt. Francis, Col. Fr. Cotton, Mr. Fraser, den Engineer und die ältere Miss Phillipps mit Jemmy Robinson dort.

13. predige ich über 1 Petr 1. Das Blut des Lammes, fast nur Dr. Cornish, Wards Gast, und Fr. H. S. Sullivan da, die ich tags zuvor besucht hatte.

14. Examen der Schule (Arb[uthnot] denkt, der headmaster Maddox wisse z. B. fractions nicht zu behandeln), nachdem ich 10. mit Addis in einer Schule gewesen war und Langweile unter der Fabrikarbeit ausgestanden hatte.

15. abends nach Essen bei Wards fort.

16. früh in Mettuppalaiyam, finde Moerike, lasse mich halb tragen, reite die letzte Hälfte, zu Hochs in Nro 2 Haus.

17., stoße homeletters ab.

18., besehe Jackatalla, Wiggins wurde gestern begraben.

19., besuche Keti, wo besonders Plebst zu Hause, abends mit Hoch zurück. Alte Erinnerungen an 51 und 54.

20., ich predige über Hebr 9. Hoch nachmittags [illegible].

21., sehe Arb[uthnot] (über meine Stellung, hat seinen Brief an Court nicht abgehen lassen), über Bücherübersetzen: Arunachalam Pilley im Calicut Court von Cook empfohlen, für mich zu acten, eher Crishneyen, grants in aid von Calicut genehmigt. Vom 1. Mai an Bücherrechnungen an den Curator in Calicut und Mangalore abzuschicken. Schulhaus in Malappuram. Zu Scudders - General Kennetts Häuserverkauf, wo Fr. Hayne sich zwei anschafft - Metz mit Col. Clemons.

22., zu Tom Stanes in sein neues Haus, wo Georg Thomas.

23. Dobbie besucht und erzählt von allerhand.

24., bei W. Stanes, der den Fuß übertreten hat, er viel zugänglicher als seine Frau.

25., bei Fr. Francis, wo ich auch Frau Phillipps finde, über E. Thomas und andere Halb- und Ultrachristen.

26., bei T. Stanes, Gebet, und sehe nach Kotagiri hinüber.

27. In Scudders Tamil-Church. Gute Sprache, armer Inhalt. Nachmittags Predigt über Hebr 9, extr.

28. Besuche Chinnappen, Martha und Josua.

29. Moerike besucht, erzählt von Kittels Mutlosigkeit (coup de soleil).

30. Hoch in Ootacamund.

1. Juli, ich besuche Frau Hayne.

3., sehe Boswell auf dem Weg von Coimbatore nach Visakhapatnam. Besuche Durlongs* (30. Juni, Mittwoch-Stunde, Galater angefangen).

4. Kirche, sehe und höre - nicht Bischof, sondern Barnes. Nachmittags Predigt Ebr 10. Fange an, nicht mehr offiziell zu frankieren.

7., nach Keti (wo Frank Rogers Schwesterlein Ada) und Ooty - zu Frau Pope in Stonehouse, weiter Dobbies in Bellevue. Dort Capt. Harkness krank, sehe Maggies Daguerrotyp., abends in Zion-Chapel über "Gib mir, mein Sohn, dein Herz", Col. Clemons und Fr. Groves.

8., im Regen früh zurück.

10. Erhalte nur 1/2 salair.

9. Bei Fr. Francis und Robinson. <9. Dobbie und Frau hier bei Stanes>.

11., predige nachmittags über Ebr 10,5ff., Hoch über die 4. Bitte. Bauch etwas aus der Ordnung.

14. Hoch to Ooty.

15. Gov[erno]r kommt herauf.

17., ich nach Keti mit Hoch, hoffte, Pope zu sehen, der sich nicht zeigt.

18. Predigt in Nro 1 statt meinem Zimmer.

19. Zu Mrs. Phillott* und Miss Thorburn wegen meiner Ketzerei (daß Gott froward sei mit den froward - daß ich nichts von einer revision des letzten Urteils wisse, es also doch vielleicht eine gebe).

21. Plebst verläßt nach 5tägigem Aufenthalt, J. Groves hat ihn mit seinen Zahnbeschwerden vernachlässigt, besuchte mich am 20. und sprach von Jessie, wie so gut sie sei (R. Dobbie erst neulich unterrichtet von der Geschichte). Fr. Young hatte großen Lärm gemacht durch Mitteilung an ihre Schwester in Madras, Mrs. Cardozo tells Mrs. Braddock, sie Herrn Dr. van Someren. Er will ihnen verbieten, ladies und gentlemen aufzunehmen. Der Lebensunterhalt die tiefste Frage.

22. früh, mit Metz zu Thom. Stanes, der seinen Finger gebrochen hat - Frühstück. Dann Kotagiri zuletzt unter Kodamale, den der Nebel von Osten gebracht hat. Besuchen Cockburns, sehe <von Maggie> gemalte Vögel etc.

23., früh zurück mit erneuerten Reminiszenzen an Friedrich Gottlob etc. Kehre in der Tamil-Schule bei Edapillu ein, finde bloß 6 Kinder, angeblich wegen [illegible].

24. abends bei lovefeast, das Scudder seiner Tamil-Gemeinde gibt.

25., predige dort Tamil über den Altar, den wir haben - nachmittags Englisch über Paul's exhortation in Hebr 10. Frank Groves dabei, geht 26. mit J. Gr[oves] nach Ooty und zurück, ich in Stanes Pflanzung.

26., besuche Fr. Baylis, erzählt von Neyyur etc. Meads Verweltlichung, Not der Vereinigung, während sie alle unter sich independent sind.

27., sehe Fr. Coffin dort. (Furcht in Hyderabad wegen Moharum).

28. Keti (mit Pl[ebst] über Pope und Kittel), Ooty bei Dobbie. Rob[inson]s Frau gegen Hebich, Liutzt, Capt. Harkness hat von Mögling über Hebichs confession System gehört und ist zweifelhaft. Mrs. G. Dobbie in schöner Gemütsverfassung - wenige in Chapel. Sehe Major Gabb* mit Fr. Lugard. Col. Clemons und Schw. reden von Mrs. Brennen, die für sich gebetet zu sehen wünscht.

29., von Harkness begleitet zurück, Fr. Coffin und van Someren besuchen.

31. Fr. Mögling schreibt vom Bruch ihres Mannes mit Basel.

1. August, ich vormittags Predigt über Ermahnen zur Liebe und good works. Hoch [illegible].

2. August. Briefe Hermanns über Onkel Simeons Heimgang. Lese viel in Niebuhrs Briefen, das mir warm macht. Bei Fr. van Someren und Miss Hale.

4., meeting in unserm Haus über Gal 3,1 etc., auch Boswells sind dabei und Plebst und Moerike von Kotagiri her. (Coffin, 11 July, I can't tell you how thankful I felt as the conviction came over my mind that our beloved child must be true - as regards the Scott I believe them to be utterly unworthy of credence. The other person who turns out to be Mr. St. I did suppose had seen what he stated but even in his case he appears to have made a statement without sufficient foundation and certainly ought to have been ashamed of himself for hinting at such a scene of any young girl without the fullest certainty of the fact. The whole affair has been a most painful as well as a mysterious one[)]. Hoch bringt dies von Ooty mit.

Plebst geht 6. nach Keti, kommt 7. von dort zurück.

8. Abendmahl in Mrs. Hayes Haus.

9., ich gehe zu Fr. Coffin und stelle ihr jenen Brief zu.

11. Pferd von Mettuppalaiyam zurück mit Whitehouses während der meeting. Sie schlafen hier.

12. Wh[itehouses] gehen nachmittags ins Bungalow, wir abends Tee bei Fr. Groves, Coffin, Timmins, Hastings, Broome.

13. Essen bei der geprüften Schottin*, Mrs. Lawson, und ihrer Tochter, Mrs. Bennett, lebendige Erfahrung der Nähe Gottes in den minder modischen.

14., nach Keti zum Abschied von Plebst, teilweise mit Wh[itehouse] gelaufen - dort Regen aus Osten.

15. Predigt in Tamil-Kirche, zuletzt von Scudder gefordert* wegen seiner Magen-spasms <1 Petr 2 Ende> - in der englischen Kirche über remembrance und patience, auch Wh[itehouse] gegenwärtig, weil Taylor indisposed. Besuche mit ihm noch den jungen Boswell.

16., bei Mrs. van Someren und Miss Hale zu Tee. Scudder begegnet und sagt, Wh[itehouse] habe mich als Plymouthbr[uder] zu hören gefürchtet, er ihn enttäuscht.

17. Briefe von J. J., daß die 2 Knaben in die Voranstalt aufgenommen sind. Gottlob. Hermanns Brief am 16. sehr unsatisfactory, er heißt sich selbst angegriffen, und ein Angriff auf ihn ist freilich gemacht.

18., nach Ooty, 2. Hälfte mit W. Stanes, der über election und perseverance calvinische Gedanken vorbringt, ohne doch selbst assurance zu haben. Besuchte Pope, wo Fr. Taylor über Tamil, Malayalam, Kanaresisch (ob h oder p ursprünglich, hen ein Beispiel). Peet, Graul nicht einladend, noch first rate. Zu Smythe in des alten Dr.s Missionshaus, Fr. Schmid, die cold hat, zu W. Robinsons in Hodges neuem Haus, er eben von Trich[ur] herauf wegen Miss Philipps, Gefahr der Schwindsucht, Bischof besucht sie und ist zufrieden, zu Dobbies zum Essen und meeting mit etwa 16 adults (über 1 Thess 1, extr. 2). Fr. McAlpie etc. beim Tee, Fr. Mary Dobb[ie] nicht gesehen.

19. früh in die public gardens und zu Whitehouse, die von Groves reden, dessen Leben Scudd[er] gegeben hatte, <zurück> (an Reinh[ardt] <Jul.>, Marie was Rechtes werden. Machte mit Sam[uel] Besuche. Mich. lebendigst, Hoffmannsche Idiosynkrasie fast nicht, Sam[uel] drein geraten zurechtlegen. Nach Maich[ingen] durch Gott. Ich nach Württemberg? Die drei Kleinen, Möglings Signalement - Kirchenverfassung. Hermann nüchtern werde - Ostertag 24. Juni. Ich nach Calicut eher als Mangalore bestimmt. Mögling Bedingungen. Propag.).

20. Moerike, von Kotagiri zurück, besucht uns.

22., predige über Ebr X, extr. aus Habakuk. Besuche Mrs. Boswell am Abend.

23. Frau Baylis hier, Schw. der Miss White, jetzt Mrs. Mario. Metz besucht von Keti.

24. Ich zu Arb[uthnot], dessen Frau auch erscheint. Über die Bücher (500 Frau Colens* wegen adaptation der Tamil-Maße und -Gewichte), maps (ob ihm Berghaus schicken?), Sketches of Asia Mrs. McNeile, über India Bill. Nichts von einem appointment, er will erst jetzt fragen, ob die remonstr. heimgeschickt worden sei, seit Lord Ellenb. hinausgedrückt. Über Malayalam-Schulen, Monitors - Malap.-Schule, durch Thomas verzögert, zu beschleunigen. Die Schule in Bantwal durch Billaw, Schulmeister, zu eröffnen.

25., nach Keti mit Hoch (höre Plebst in Bangal., Hauff sei Genl. Sekretär). Moer[ike] begleitet mich zurück nach Abschied von Geschwistern.

27. Kohelet beendigt. Briefe von Haus. David so lustig über Uhr, Bopser, railway, Baden, Friedrich zählt Tunnels und Brücken, Paul in Stuttgart lieber als Basel, will 10-Kreuzer-Marken - Ernst, Datum Eklat - glauben, ohne zu fühlen, weil ich glauben will, Dogmen noch nicht alle angeeignet. Prof. Roth grüße Fr. Dr. Oehl[er]. Wer ist Prof. Helferich? Von Mögling nur Essen. Hermann Goethesche Aufregung - schmäler werdender Weg. Roming. scheiden schwer. - David mag nicht studieren, reich werden. Samuel, 11. Juli, Voranstalt, aufs Tüpfele erhört - ein leerer Miss[iona]r* leicht gefallen. - Anfechtungen des Teufels für Hermann. Herr* dazwischen getreten - die paar mühseligen Jahre in Basel. Ein kleiner Missionar.

29. Predige nochmals für Scudder - Abraham, der Badag-Convert in Church, Moer[ike] brachte ihn herüber. Abends Engl. über Ebr 11.

30. Robinson besucht früh morgens, nachmittags mit Hoch, Moer[ike] zu Stanes, mit Boswell hinab, bei Thomas' garden kommt Tom. zu uns, eben beglückt durch Regen auf seiner Station. Mit Bosw[ell] nach Metap. geritten. Rama leidend an Asthma. Im Wagen zu Addis - sehe Ward und Robinson dort, zu Cornish - versuche Fraser wegen Stanger, nicht da. - Abends fort nach Palghat. Regen. Hier Monsun. Bei Strobel im neuen Haus (zu kaufen erlaubt) und in engl. Schulen. Not in Chirakkal wegen Sauv[ain]s, deren alles müde ist, wie sie jedes müde zu sein scheinen.

2. September, nach Alattur, die Schule vielleicht nach Kollengode zu verlegen. Urlaub für 8 Tage (3.-11.).

3. Sehe Child, den Subcoll. und Tomlinson.

4., in Vanienculam mit bandi - abends nach Tirtala geritten, durch Fluß, finde Obrien dort.

5. nachmittags nach Ponnani.

6. Schule in Ponnani, Crishna Iyens Br[uder] vielleicht sein Helfer. Abends nach [illegible] und Tanur.

7. früh in Calicut. Diarrhöe.

8. Miss Hodges kommt, von Herre sonderbar töricht festgehalten, während eine Frau für ihn gesucht wird.

9., zu Coll. Grant und Thompson. Die Hodges kommen.

11. Munschi John mit seiner indischen Geschichte bei mir.

12. Briefe von Samuel und Hermann und Betulius (7. August, Samuel, Packen. Reinh[ardt]. Er hofft, durch Glauben zu überwinden - über Hebich, wie er ihn auf die Kanzel brachte).

13., bei Cooks (S[ohn] geboren), Holloway, Fr. Grant (Schwester) Harreit* kommt mit Marie in Unterricht.

15., nach Malappuram, in Parapp[anangadi] 3 Stunden aufgehalten - Thom. fort.

16., in Schule, nur 15 da. Erste Klasse ordentlich.

17., zurück nach schlechter Nacht. Thom. hoffte, mich mit Fritz in Codacal zu treffen.

19., Sonntag, predige Malayalam. Grants und Miss Hodges* besuchen abends.

21. Fritz kommt.

22. Ich besuche Beans, Lutyens und Dr. Cleveland, zu Grants Abendessen mit Hodges* und Fritz.

23., zu E. Thompson, Abendessen.

24. Irions kommen, nachdem Holloway besucht hat. Seit dem 20. fühle ich mich besser. Schreibernot, weil Gresseux nicht kommt - Besuche bei Holloway etc.

Samstag, 2. Oktober, mit Laufer und den meinen aufs Pattimar.

3. Oktober, vor Chombala, abends vor Cannanore.

4., bis Bekal (Dekalattu).

5., nachmittags gelandet (da gerade ein Arnold Morton sich in der katholischen Schule für meinen Nachfolger ausgegeben hat).

6., sehe Keuler sehr krank, Hunziker matt, auch Pfl[eiderer] angegriffen.

7., besuche Fisher, Chatf[iel]d, Thomas - halte Stunde.

8., warte auf Papier von Madras für examination, indessen fortgefahren mit examinations der katholischen Schule.

10., predige in der Kirche, über 90 Leute (wegen engl. Soldaten).

12., meeting bei Gompertz, worauf zurückgekehrt, ich Keulers letzter Stunde beiwohne. Würtele scheint sich zu erholen.

13., ich beerdige Keuler - im Regen - Dr.s Ross und Campbell.

15., nach Bantwal via Panimang[alore] (vom Pferd gebissen).

16., sehe katholischen Tahsildar, Salv. Mascarenhas. Hunziker wünscht, nach Basel geschrieben zu haben, wie er sich jetzt für recht ledig halte, zurück ohne Schule, weil ...

17., predige Engl. (am 15. hatte ich die letzten kanar. Papiere nach Madras geschickt).

18., sehe McKecheier, Dr. Ross und Campbell, Mssrs* Halsted und Lawe - Frau und Tochter (Geburtstag) mit Miss Chatfield in Brahmanen-Schule.

19., nachmittags reite nach Mulki - sehe Ammanns, Camerer und Männer - nachts weiter.

20. früh, in Coonoor Bungalow. Mittags Regen bei Kirimandsheshwara. Abends in Murudeshwara, im Regen nach Honavar.

21., früh in Schule (Manjoarth* krank), später zu Dr. und Pochin - Molle - Dr. Williams nicht zu Hause - der junge Molle kam mit Marie heraus - ich spreche mit Poch[in] über sein verdächtiges Verhalten zu Fr. Molle.

22. Schule, erste Klassen, Rosario besucht - nachmittags zurück.

23. Udipi - bete bei Würtele, finde Frau in Mulki, spät mit ihr zurück.

24., Sonntag (Fennel hier). Nachmittags Gomp[ertz] hier mit Hunz[iker], der bei ihm wohnt.

25. Laufer nach Calicut, Col. Stewart besucht.

26., meeting bei Gompertz.

27. abends nach Kasaragod mit unverschämten Trägern.

28. Schule. Munsiff. Die Leute wollen schnell bauen, site eingesehen, Kaste fast bloß Saraswata-Knaben, abends zurück.

29. angelangt, Briefe von Basel (Schlunk nach Cannanore, Briegel und Mack nach Mangalore).

30. Ich suche, der katholischen Schule Finanzen auf den Grund zu kommen, kopiere - in vain.

31. Somayen hier, über Bantwal-Schule - noch keine fees - predige Engl., schlecht, ohne Salbung - zu wenig Einkehr, abends nach Karkal.

1. November, bei Paez Moonsiff - Santappa - die Kasaragod-Schule besser - ob Sant[appa] nach Sirsi zu versetzen - abends zurück.

2. November, in Mangalore, wo examination - Papiere die Fülle - nur Ebenez. zur Hilfe. Briefe von Basel, Bührers kommen heraus. Briefe von Friedrich, David und Paul.

3. November, im Korrigieren der Examensarbeit finde den Betrug von Surya Narayana im geschichtlichen Papier.

7. Predigt in engl. Kirche. Ankunft der overland-Briefe und Abgang anderer. Abends Abendmahl mit vielen Brüdern. Ich nehme Marie in die Gemeinde Christi auf.

6., abends Hoch zurück von Coonoor via Kunamkulam und Calicut.

9., bei Gompertz, abends meeting, sehe Dr. Ross von Udipi zurück, keine Hoffnung für Cam[erer] (gestorben 1 Uhr nachmittags).

10. Gestern und heute engl. Schule, 2 Mädchen- und 2 kan[aresische] Schulen besucht. Harte Arbeit - Saldanha besucht, verspricht 1 000 Rs für fund von Codial..., 4 000 von Bisch[of] zweifelhaft, 5 000 haben sie zusammengebracht, der Fath[er] Andr[ew] und die 3 christlichen Brethren kommen wohl nicht, Bisch[of] will educational Department nicht von sich unabhängig wissen.

11. früh ins benderboat, nachts [illegible].

12., abends wegen Gegenwind nach Cannanore, hören Hebich predigen.

13. nach Calicut, noch spät abends gelandet.

14., Sonntag, sehe die 2 Thomas abends, Henry auf hills, Haultain kommend, hier zu kommandieren <homeletters>.

15., zu E. Thompson, über das Examen von Veitti etc.

16. früh, Hault[ain] kommt, wir besuchen sie abends, sie zum Tee.

17. Hunziker kommt (in Bima mit Capt. Taylor), gerade als Haultains zum Tee da sind.

18., den Prediger I bis XII abgeschrieben.

19., bei E. C. G. Thomas und H. Frere, mit ersterem über sein Fernstehen, letzterem über seine Ehebruchsgerüchte. Er leugnet entschieden, gesteht Unvorsichtigkeit im Zulassen und Beschenken der Christine, deren Sohn er sich habe zeigen lassen.

20., abends mit Taylor gegangen, den Gov[ernor] zu sehen, Frere sieht sehr mitgenommen aus.

21., Sonntag, Regentag. Engl. Stunde mit Brüdern und Taylor - Hault[ain] will später kommen - Gov[ernor] in Kirche mit gesetzl[icher] Predigt über Jehova Zidkenu.

22. Tiffin bei Governor - ich bete vor und nach statt Kaplan, 32 Personen.

23. Gov[ernor] off in Feroze frigate mit Capt. Taylor, der Hault[ain]s mit uns besucht hatte (zugleich zu Williams und Dr. Cleveland). Canticles fertig. - Ich sehe Lutyens etc.

28., Sonntag, engl. Adventspredigt, während Fr. Hault[ain] weint, neben ihrem Bruder sitzend. Cochin Leechman hier.

29., zu Quilandi - letzter Regen (flood in Tanjore etc.).

30., in Schule, schlechte numeration - auch sonst langsamer Fortschritt - mehr boys als früher. Phipps hatte mich am 28. besucht, wegen seiner Versetzung nach Badagh[erry] zu fragen - auch über den vorgeblichen Schulinspektor Arnold Morton sich zu erkundigen - ob in Munsiffs Haus zu ziehen für 2 Rs monatlich hire, wovon Ph[ipps]

1/2 zahlen würde - Collector gefragt, ob man nicht eine Schule bauen könne. Zurück, finde die Katechisten des Distrikts beisammen.

1. Dezember, examiniere vormittags schriftlich, nachmittags mündlich, beginne auszufragen <Mögling in Basel genommen>.

2. Dezember, Donnerstag, beendige das - glaube, daß es bei denen* von Tellicherry am schlimmsten steht, fühle mich ziemlich angegriffen - Würteles Besuch angekündigt.

5., Sonntag, bloß Hault[ain] und Thomas da mit Hamneth.

6., overland letters fort, Briefe von E. C. G. Thomas über seine Sache.

7. Frau Hault[ain] hier, spricht sich aus als nicht bekehrt, aber besorgt für Brüder, deren Erbitterung gegen Vater ist das einzige Hindernis gegen Verkehr, damit sie nicht herumgebracht werden. Mit Taylor, der neben Cleghorn landet, auf Beemah und fort.

8. Rede mit Lewis, der seinen Boden wechselt, bald fromm sein will, bald nicht. Abends vor Cochin geankert.

9., gelandet, sehe Dr. Lesl[ie], wohne bei Whitehouse. Besuche die Schule. Abends sehe Taylor, der die base an der Küste mißt. Großer Salon bei Wh[itehouse], wo ich Mirus von Hamburg sehe und spreche.

10. Schule - in der Nacht Erinnerung an die Anordnung mit Thompson über provincial Schulexamen.

11., früh zur Post. Fritz' Briefe, suche ein Manji mit Chanker (von Quilon, höhere Fischerkaste). Abends fort, nachdem ich Whiteh[ouse] in der Schule habe Stunde halten hören (morgens mit Cullin über Anjengo).

12., früh vor Cuilengulur* - abends nicht viel weiter - Ram bringt Milch.

13., starker Wind durchs gap. Geduldsprüfung durch unnötiges Vor-Anker-Liegen. Endlich abends bringe ich sie weiter.

14., vor Parappanangadi, um 12 gelandet. Dann Examen mit Col. Pears bis zum 18. Am Abend des 14. kommen Hault[ain]s zu Tee, und ich bespreche mich mit ihnen, ehe sie nach Cannanore zurückreisen.

19., Sonntag. Ich predige Malayalam (da Fritz in Palghat ist). Thomas kommt nicht mehr - reite abends nach Elattur.

20. Badagherry, Schule examiniert, besonders erste Klasse sehr nett, fleißiger Lehrer - Tahsildar (von Cherupulcheri) verspricht Hilfe zum Bau, etwa 200 Rs (ob 50 von der Regierung). - Abends Chombala.

21., zu Herre in Tellicherry, wo auch Sauvains wohnen, examiniere die Schule - Nettur.

22. Schule, spreche mit H[erre] über seine Aufregung - sehe Brennen, abends Freres, wovon Fr. Fr[ere] sich frei über Thom. und Hault[ain] äußert, sie fahren mit mir auf Nettur.

23. Schule zum Schluß - reite und fahre mit Würt[ele] nach Mahe und Chombala. Mit Diez, der eben Abendmahlsvorbereitung hat - im Boot nach Calicut, wo

24. früh angekommen. Abends die Bescherung, zu welcher Thomas kommt, sein Herz ausleert und forteilt nach Vayittiri mit seinem Br[uder] Georg und dem jungen Minchin. Frau Grant und die Cooks sind da. Nachher Brandlärm, der Baum war ungelöscht eingeschlossen worden! Marie, froh an einem Tischchen, bringt mir

25. früh unvollendete slippers ans Bett. Ich predige über δόξα ἐν ὑψ. und Christi Ebenbild, in uns geboren. Convert abends nach Quilandi.

26. Würtele geht Sonntag abends (an dem ich Jesaia I-IV vollende) nach N[orden] ab. Am 24. waren auch Bührers in Mangalore angekommen und hatten die Nachricht mitgebracht, daß Hedwig Bauer, durch das Gelächter ihrer Brüder stutzig gemacht, doch vielleicht die Brahmanen-Heirat aufgebe.

30. Fritz geht nach Vayittiri ab.

31. Ich halte Abendstunde.

Predige 1. Januar 59 und am Sonntag, 2. Januar. Warte lange auf homeletters, werde von einem Gefühl verfolgt, als kommt etwas Schweres. Herr, segne dein Werk im Neuen Jahr, nimm auch mich zu Gnaden an, wenn es mein letztes ist. In deiner Hand ist alles sicher geborgen (Mal 3 Ende).

3. Januar. Irion kommt früh morgens, abends Fritz mit Mrs. Glasson und ihrem Sohn Campbell von Vayittiri. Am 2. abends war E. C. G. Thomas hier gewesen auf dem Weg nach Malap. und Kotagiri. So ist auch dieses Zusammenleben vorüber? Ob zu deiner Ehre? Siehe drein, oh Herr!

4. Januar. Umsonst Peet und Beuttler erwartet, dafür mit Irion die von Basel befohlene Versetzung Alding[er]s nach Chirakkal, Sauvains nach Tellicherry besprochen - Not - ebenso in Coorg Not mit Richters Protest gegen Möglings Verfahren (am 4. nachmittags kommen endlich die 3 südlichen <Arb.s>, von nächtlichem Regen aufgehalten.

5. Conference über engere und weitere Komitee für Revision. Peet tut sein Bestes, uns mit nötiger Einladung von Cox und rules über Übersetzung der Eigennamen < Ἰησοῦς im Hebr-Brief> zu schrecken und Matthan verlangt, daß die Namen im NT nach griechischem, nicht hebräischem Muster bearbeitet werden (Ἀβεε).

6., noch etwas Unterredung, besonders mit Beutler, der in Trichur viel aussteht, dann gehen die Herren fort, nicht ohne daß ich beim Bibellesen noch einen unpardonable Fehler mache, den P[eet] dann in Codacal erzählt.

9. Abendmahlssonntag, wozu der morgens angelangte Capt. Taylor und die Glassons kommen - (auch ein Pflanzer McLean wollte wenigstens zur Bibelstunde kommen). Abends mit Taylor spazieren, begegne Dr. Ross, der mit Detachment von Cannanore gekommen.

10., erhalte 450 von Arb[uthnot] für C. Müller und Irion.

11. Grant, zurück von Cannanore, besucht (die Sepoys erschießen im Tirunelveli riot wegen Christenbegräbnis ... Personen).

10., abends bei Holloway mit Fritz, versuche meinen Glauben zu bekennen, er hört wenigstens geduldig an.

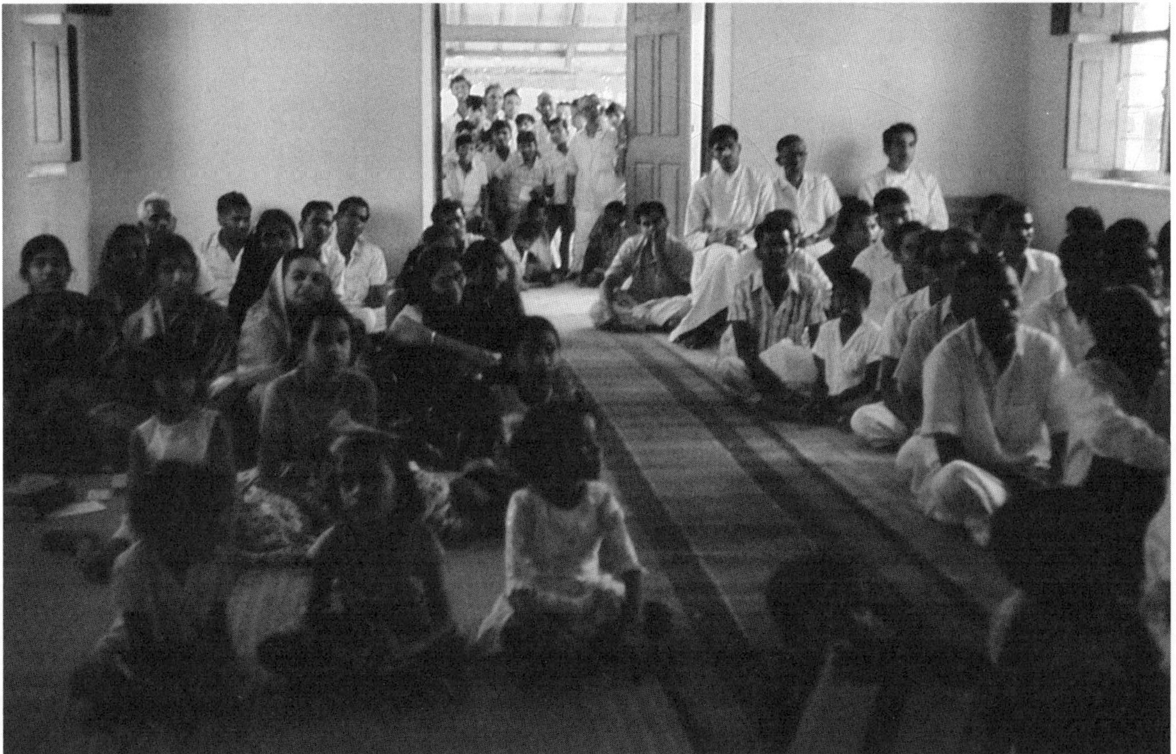

Oben: Kirchliches Anwesen

Unten: Versammelte Gemeinde

13. Fritz geht mit Kindern nach Tellicherry.

14., abends mit Moerike und Taylor in dessen Bimah ab.

15., lande abends in Tellicherry, wo Fritz Fieber hat (Wayanadu), sehen Burkhardt warten auf Fr. Herre.

16., Sonntag, sehen die Herres und Sauvain, der letzteren nach heraufkommt - starke Dosen - Brennen von Taylor ordentlich angefaßt, abends aufs Pattimar.

17., früh Taylor und Fritz nach Cannanore gelaufen, bringen 9 a.m. Hebich mit seinem Schwanz, der Landwind bringt uns noch bis Yeli*.

18., morgens 10 Uhr gelandet in Mangalore, sehe Bührers, höre von Kindern, erhalte Daguerrotypen etc. Hochs Theophil sehr herab.

19. Gompertz in Harihar Prediger durch Cholera-Anlaß (Handibos Sarah gestorben), Würth, J. Müllers.

20., besuche Miss Chatfield (Fisher ist nicht da), lange Unterredung, gestützt auf was ich von Spleiss gelesen - starke Unterleibsbeschwerden.

21. Auch Hebich besucht Miss Chatfield, Katechisten Examen.

22. Fritz, in Hauffs Haus krank, kommt endlich herauf, Mögling von Mercara herab.

23., Sonntag und Abendmahl - ich und Fritz bleiben oben. - Frage, ob ich heim soll - entscheide Du für mich - eben noch ein Ruf, im Madras-Examen mich zu beteiligen - Mögling erzählt abends den Brüdern, wie es mit seiner Aufnahme zugegangen sei.

24. In Hochs Schule examinierend.

26., während Generalkonferenz sitzt, abends Abschied.

27., ist schon alles fort, ich erhole mich,

reite 28. nach Bantwal, sehe den Schulmeister und Schule, fahre nachts im Boot zurück,

komme 30. nach Mangalore. In Tulu-service - Nachricht von Cholera in Harihar, Mrs. Walker gestorben, triumphierend.

31., suche Miss Chatfield, Fennell und Thompson zu besuchen, treffe niemand.

1. Februar, abends wollen wir uns einschiffen, Finkh und Kat[echisten-]Zöglinge mit uns,

aber erst 2. früh geht das numberboat hinaus, langt

3., nachmittags 3 Uhr in Calicut an, wo gelandet. Moerikes sind noch da.

4. Geburtstag. Marie bringt mir slippers.

6., Sonntag. Stunde, in der auch Glasson ist.

7. früh, Brief von Arb[uthnot] erhalten, wonach ich entlassen bin. Gottlob, daß mir mein Weg so deutlich vorgezeichnet ist. Abends geht Finkh nach Chombala. Strobel war in Tirtala sehr erkrankt, von Beuttler verpflegt, erholt sich schnell. Ich sehe Thompson in der engl. Schule mit Finkh und Moerike, böse Nachricht von Ital.*. Schreibe an Komitee wegen meiner nächsten Gedanken. Abends Finkh

8. abends Moerikes ab. Sie ist meiner Frau und Tochter ordentlich nahegekommen, er ernstlich im Suchen christlicher Gemeinschaft. Fr. Grant hier, ladet Frau zu sich auf den Berg.

10. früh kommt Taylor, den der Bischof Dealtry gebracht hatte und zugleich Strobel im Manjil, der von kurioser Behandlung seitens der Wirtin in Kunnamkulam erzählt. Taylor hatte schöne Tage in Honavar, Mangalore, Cannanore und Tellicherry, geht vielleicht heim. Ich muß abends von ihnen Abschied nehmen. Strobel nicht recht hergestellt, Taylor begleitet noch und fragt, ob Grants ordre (wegen Sharpe), daß Hebich nicht auf die Feste solle, nicht schlimm sei. Hebich selbst krank, von Rhenius deshalb heuchlerisch bedauert, von Bischof nicht besucht. Ich esse bei Bishop Dealtry (in Cooks Hause), der herzlich ist, von meiner Entlassung und Möglings Sache redet, auf agreeing to disagree 1 Glas Wein mit mir trinkt, aber umsonst gegen Holloway mein Wort für die Richtigkeit der majorities sucht. <Caplan> Barnes sitzt bei mir, liebt Taylor, wundert sich, warum Hebich und Rhenius nicht zusammenarbeiten. Spät fort mit 2. Offizier der H.M. 60sten Regt. Detachments, falle mit Pferd.

11. Bischofs diner bei Holloway, wozu ich nicht gehe.

12. Bischof sieht Provl. School (nicht die Mission).

13. Konfirmation der Browns durch Bischof.

14. Briefe von Haus (Theodor) und an Knaben. - In der Woche Frau bei Grants bis Freitag, Convert in der Umgegend itinerating.

Freitag, Laufer nach Tellicherry und Cannanore zu den 2 Hochzeiten - ich endlich entschlossen zum Heimgehen.

Predige noch Malayalam am 20., dann meist bettlägerig.

27., wollte Wein trinken und schluckte codliveroil - Glasson wollte zur Predigt kommen, für die ich mich gerüstet, brachte G. Thomas mit, aber Laufer schickte ihn ungefragt fort. Gl[asson] in Not wegen seinem locumtenens Capl. Barnes, denkt an Stanger, geht nach Vyth.[1] zurück.

Ich fange 1. März etwa den Quarterly report ernstlich an.

8. März, Irions kommen, bleiben bis 12. Ziemlich abgearbeitet, wir besuchen Frau Holloway und Frau Williams. Fritz war elend am Anfang des Monats mit rückkehrendem Fieber, wird besser.

12., kommt Pfleiderers Brief, daß er 450 Rs an J. Ritchie*, Bombay, geschickt habe, für mich

1. Vayittiri?

einen 2. Platz zu bestellen - noch in diesem Monat - daher ich an ihn berichte, nicht diesen Monat, sondern April und, wenn nicht möglich auf 2. Platz, auf 1. - M. Fernandez examiniert und nach Collengode bestimmt. Zugleich F.* L. Almeida im Sinn gehabt, der kommt aber nicht mehr, und F. hat Böses über seine Ehrlichkeit gehört. Ich hoffe, es wird alles noch recht, aber die Zeit geht überaus nahe zusammen. Herr, hilf durch!

14. früh kommt Würtele, unterwegs auf die hills.

15. früh Strobels (nach Palghat) hier angelangt.

16., von Arb[uthnot], daß wohl Garthwaite mein Nachfolger werde, zugleich Erlaubnis, die records an Thompson abzugeben, gottlob - abends kommt Bosshard - 18., geht abends.

19. abends in Gaz., L. Garthwaite to officiate as Dy Inspector vice the Rev. H. Gundert resigned.

20. Kirche. Samuel Subaya wird eingesegnet.

21. Strobels und Würtele gehen ab.

22. Holloway kommt und sagt, der steamer gehe erst am 30. von Bombay ab.

24. Hebich von Cannanore angekommen, bringt 50 Rs von Haultain für Diez' harmonica, die ich wegen E. Th.s Brief nicht annehmen kann.

25. Rhenius besucht, den ich wegen seiner Reden an Barnes (vom Erzbischof von Canterbury an bis zum jüngsten Deacon lüge jeder, der das prayerbook an einer gewissen Stelle lese) und wegen Einladung der Mangalore-Weber zur Rede stelle. Er leugnet letzteres, sowie das Vorstrecken von 300 Rs. Hebich geht nach Malap. ab, wohin ich ihn angekündigt habe.

26. Thom. schickt auch 50, die ich return.

27. Abendmahl, vorher predige. Teyen Ambu ist da, in Bombay getaufter Verwandter von Pudutcheri Gurikal, kuriose Korrespondenz mit Haultains und Thom. über die für Fr. Diez' Harmonium versprochene Geldsumme und meine Bestellung des Instruments. - Erwartung des steamers - meine Passage im Bombay-steamer ist gesichert.

2. April, Glasson kommt ins Haus zu wohnen, begleitet mich vielleicht.

3. Ich halte Stunde über Luk 12, hypocrisy. Abends Patti Velan fr. Palghat, nicht sehr bright, aber guter Eltern Kind, will Christ werden, geht nächsten Morgen nach Palghat zu Strobel.

4. Krishna Iyen besucht von Ponnani - Fritz nach Chombala und Tellicherry.

7. früh, Stanes und Miss Louise Scudder von den hills auf Besuch.

8. Glasson zahlt 10 000 etc. in Court.

10., steamer durch nach Cochin. Meeting über die Einladung zum Abendmahl.

11. Fritz zurück, erzählt. Stanes etc. mit Marie und Mädchen nach Beypore auf Besuch - Gresseux besucht - Vishu.

12. früh steamer, hatte noch ordentlich aufzuräumen mit accounts etc., dann fort, mit Glasson auf Carnac. Abends Cannanore. Also gerade 2 Jahre in Government employ. Adieu Frau und Marie. - Auf Sir J. Carnac mit Fritz, Convert, Laufer etc. spät fort, nehme 1st place auf Stanes' etc. Zureden. Abends Cannanore, 3 Stunden, nicht ans Land.

13. früh bei Mangalore, wo ich mit Glasson Kaffee trinke, bade, Pfleiderers Bau sehe, merke, daß Hauff meinen Brief an Hoch gesehen hatte, schnell weiter.

14., vor Kumta keine Stangers.

15. früh Goa, aber hineingedampft nach 5stündigem Warten, besuche old Goa - Franc. d'Assisi, Kathedrale, Tomb von St. Fr. Xaver - abends Col. Guzman - mit Walton, dem Taugenichts, welchem Glasson 20 £ gibt zu neuem Anfang im Wayanadu.

16. früh fort, Biran fast gar zurückgelassen, um Mittag nach Vengurla, erst 5 Uhr weiter gegen zunehmenden heftigen Nordwind. In der Nacht Bett durchnäßt.

17., Sonntag, kurzer Gottesdienst über Come unto me. Der Küste entlang mühsam gearbeitet, der ital. dancer* seiner Diamanten beraubt, abends before Ratnagiri geankert.

18. früh weiter, zusehends besserer Wind.

19. früh, endlich nahe bei Bombay. Mit Dr. Harrisons wirklich interessante Gespräche. Zu Isenberg bei Babulla Tank (Frhr. von* Fletchers an).

20. Mit Mitcheson zu P. and Or. Comp., nehme Platz für mich und Percy M[itcheson]. Hole Paß, komme zurück und finde Stangers, daher Mitch[esons] bei Col. Berdwood* übernachten.

21. Paß visiert von franz. Consul, viel herumgehaudert.

22., Good Friday, predige Tamil vor etwa 30 Leuten in Moncy* School.

23., mit Glasson zu Mitch[eson] zu gehen verabredet, von Mazagum (wo Dr. Harrison gesehen) zu Butcher's Island in einer Stunde gefahren.

24., Ostern, predige Seeleuten über Thomas' Glauben, angenehmer Tag.

25., mit Capt. Grounds und M. zurückgefahren. Glasson unwohl. Briefe von Cal[icut] mit home-Briefen. Nachmittags baggage auf steamer. Abends besucht Dr. Harrison, bringt Geschenke und 250 Rs für Sovereign.

26. abends auf Ottawa, spät in der Nacht hinaus. In meiner Kabine der arme Middlecoat 7 M.N.I., Baumbach von Bombay und Percy Mitcheson.

27., sick.

1. Mai, Sonntag, Predigt über Röm IV ult.

3. Mai früh in Aden, abends hinaus.

4. früh durch Bab el Mandeb.

8. Predigt über Joh XVI παράκλητος ἐλέγξει περὶ ἁμαρτ. κ. δικαιοσύνης.

9., bei Sinai starker Nordwind.

10. abends vor Suez geankert.

11. früh gelandet, nach viel Zaudern abgefahren. 3 p.m. in Kairo, Shepherd's hotel, dinner (dann weiter 6 p.m.), 9 p.m. tea in Rosette*.

12. morgens früh in Alex[andria]. Glasson, Harrison, Mrs. Holloway etc. 12., 9 p.m. in Panther embarked.

13., den Ital. Tedesco etwas gesprochen.

14. Percy macht den Affen von Fr. Dr. O Flaherty betrunken, daher geschlagen früh morgens. Um Mittag 270 miles von Malta. Kriegsnachrichten in Egypt.

15., predige über Gehorsam-Lernen Ebr 5. Vor Valelta - ich lande nicht - Major Willoughby*, der Schüchterne, gibt sich in der Abenddämmerung als Christ zu erkennen (bei Pope Indpdt in Lenmington*, Warwickshire), Freude darüber.

16., an Marsala vorbei durch Inseln.

17. früh Cap d'Urso durch Bonifacio-Straße.

18. früh an Provence-Küste, Frühstück in Eile, dann gelandet, zum Hotel d'Orleans. J. D. Weiss, Marengo Straße, dann in seinen shop mit Pf. Roth zu Salavy und 249 Fcs für 10 £ geholt auf terminus, sehe noch einmal die englischen Freunde, aber wegen der baggage, die ich erst abholen muß, langt's nicht mehr zum Express-Zug. Trinke Bier mit Roth - um 12 Uhr fort über Arles, Avignon nach Valence, dort abends eingekehrt.

19. mit Express nach Dijon über Lyon, Mâcon, Chalons - in Dijon Regen, lange gewartet - viel Kanonen und Truppen vorbei - nach Besançon und Belfort gefahren. In der Post eingekehrt bei Deutschen mit einem engl. franz. deutschen Kaufmann Krell.

20. früh mit Express nach Mühlhausen, dort aufgehalten, um 10 Uhr nach Basel, Missionshaus, Gess etc. begrüßt. Zu Kindern in Voranstalt. Herr Kolb ruft Hermann und Samuel heraus - Samuel sagt Vater und umarmt langsam nach dem feurigen Hermann. Mit ihnen zu Kindern. David springt entgegen, zweifelt halb, will mich mehr am Bart erkannt haben. Später kommen die zwei aus der Schule. Hermann hält für sie an, und wir gehen zusammen ins Missionshaus, auszupacken. Ich wohne, von Herrn Meuret eingeladen, im Kinderhaus, wo ich zuerst mit ihnen gebetet hatte.

Eltern und Geschwister von Hermann Gundert

Ludwig G. (1783-1854) oo I Christiane Ensslin (1792-1833)	Ludwig G. (1812-1859)
	Hermann G. (1814-1893)
	Theodor G. (1822-1909)
	Ernst G. (1830-1915)
oo II Emilie Mohl (1800-1879)	Adolph G. (1836-1898)
	Gustav G. (1838-1909)
	Emma G. (1841-1904) oo Georg Plebst (1823-1888)

Kinder von Hermann Gundert und Julie geb. Dubois

Hermann G. (1814-1893) oo Julie Justine Dubois (1809-1885)	Hermann G. (1839-1921)
	Samuel G. (1840-1880)
	Ludwig Friedrich G. (1841-1844)
	Marie G. (1842-1902)
	Christiane G. (1844-1848)
	Friedrich G. (1847-1925)
	Paul G. (1849-1871)
	David G. (1850-1945)